Arnold Hasselblatt

Urkunden der Stadt Göttingen

Arnold Hasselblatt
Urkunden der Stadt Göttingen
ISBN/EAN: 9783743435698

Printed in Europe, USA, Canada, Australia, Japan

Cover: Foto ©ninafisch / pixelio.de

More available books at **www.hansebooks.com**

Einleitung.

Nicht ohne Stolz darf Göttingen auf die Ausbeutung seines städtischen Archivs blicken, eine Ausbeutung, wie sie in gleichem zeitlichen Umfange keine der Nachbarstädte aufzuweisen hat. Mit den vorliegenden Urkunden zur Braunschweigisch-Lüneburgischen Geschichte aus dem Archiv der Stadt Göttingen überschreitet die Veröffentlichung der Göttinger Archiv-Schätze die Schwelle des Mittelalters und versetzt uns in die Bahnen einer neuen geschichtlichen Entwicklung, einer Epoche durchgreifender Veränderungen in der Gestaltung der Verhältnisse in Stadt und Land, auf politischem, socialem und religiösem Gebiete, deren Ausgangspunkte mit dem Schlusse dieses Bandes bereits deutlich vor die Augen treten.

Wie die Editionen aus dem Göttinger Archiv in der Stadt Göttingen ihren Mittelpunkt finden und in erster Linie für die Geschichte der Stadt in Betracht kommen, so gebührt bei dem vorliegenden Unternehmen auch den Vertretern der Stadt das Verdienst der Initiative.

Bereits vor Jahren hatte Herr Bürgermeister Merkel Herrn Dr. Höhlbaum, den Herausgeber des Hansischen Urkundenbuchs, der damals seinen Wohnsitz in Göttingen hatte, um eine streng wissenschaftliche Neuordnung des Stadtarchivs ersucht. Selbst nicht in der Lage dem Wunsche zu folgen, forderte Herr Dr. Höhlbaum mich im Herbste des Jahres 1875 zur Uebernahme der Arbeit auf, indem er zugleich in einer Eingabe an den städtischen Magistrat die Grundzüge des Systems darlegte, welches für die erspriessliche Pflege der Urkunden massgebend sein sollte. Der Magistrat und das Collegium der Herren Bürgervorsteher waren im Prinzip durchaus einverstanden. Es galt, entweder durch Ordnung des

Archivs die bequeme Benutzung desselben für die Wissenschaft zu ermöglichen oder aber durch weitere Veröffentlichungen die Erforschung der städtischen Geschichte zu fördern. Die Entscheidung gab das von dem um die niedersächsische Geschichtsforschung, insbesondere um die Göttinger Lokalgeschichte hochverdienten Herrn Dr. Gustav Schmidt in Halberstadt 1863 und 1867 herausgegebene Urkundenbuch der Stadt Göttingen, welches Materialien zur Geschichte der Stadt von den ältesten Zeiten bis zum Jahre 1500 umfasst. Eine Fortsetzung dieser Sammlung erschien um so wünschenswerther, als das Schmidtsche Werk nur einen äusseren, keinen inneren Abschluss gefunden hatte. Die urkundliche Grundlage für die Erkenntniss der folgenden Entwicklung, die für die Geschichte der Stadt eine tief einschneidende Bedeutung gewonnen hat, war noch zu schaffen. So beschlossen die städtischen Behörden, von dem ursprünglichen Plane einer Ordnung des Archivs zunächst abzusehen und eine weitere Publikation der städtischen Archivalien zu ermöglichen, indem sie eine bestimmte Summe für die Bearbeitung anwiesen. Herr Dr. Höhlbaum übernahm die Einleitung des Unternehmens und verhiess, ihm bis zur Beendigung sein Interesse und seine Förderung zuzuwenden. Gestützt auf diese Zusage glaubte ich, der ergangenen Aufforderung zur Uebernahme des Urkundenwerkes Folge leisten zu dürfen, zumal ich in dem Schmidtschen Urkundenbuche die Grundlage für die eigene Arbeit bereits vorfand. Die mit dem Unternehmen verbundenen Schwierigkeiten wurden freilich anfänglich weit unterschätzt.

Bei dem Mangel einer streng durchgeführten Ordnung im städtischen Archiv, wo nur für einen Theil des Materials Repertorien existiren, musste das ganze Archiv von Fach zu Fach durchgesehen werden.

Aeussere Verhältnisse drängten zu beschleunigtem Abschluss. Ich konnte daher die Arbeit nur bis zum Jahre 1530 führen. In der Folge setzte sie Dr. G. Kaestner nach nochmaliger Durchsicht des Archivs bis 1533 fort, bis in die Zeit, wo die Reformation in Göttingen vom Landesfürsten anerkannt wird. Ihm fällt auch ein wesentlicher Antheil an der Herstellung der Regesten und Texte in der Zeit von 1522 ab zu, er bearbeitete ferner die Beilagen und die Register für die von ihm behandelten Theile.

Dank den Bemühungen des Herrn Dr. Höhlbaum wurden die für die Publikation erforderlichen Mittel beschafft, ohne dass es erforderlich gewesen wäre, die Stadtkasse von Göttingen um weitere Subventionen anzugehen. Der Vorstand der Wedekindschen Preisstiftung bei der Königlichen Gesellschaft der Wissenschaften in Göttingen, welcher bereits den zweiten Band des Schmidtschen Urkundenbuches wirksam gefördert hatte, sagte auch diesem Unternehmen in liberalster Weise seine Unterstützung zu. Auch der Provinzial-Landtag von Hannover, den Herr Dr. Höhlbaum um eine Beisteuer angegangen hatte, bewilligte ohne Zögern durch seinen ständigen Verwaltungsausschuss für die von seinem Präsidenten, Herrn von Bennigsen, und von den Herren Bürgermeister Merkel und Professor Frensdorff in Göttingen befürwortete Angelegenheit eine namhafte Summe. Hiermit war nun die Möglichkeit der Publikation des Urkundenbandes geschaffen.

Es bleibt mir die angenehme Pflicht, denjenigen meinen Dank auszusprechen, unter deren Mitwirkung diese Arbeit ans Licht treten kann. Den löblichen städtischen Behörden von Göttingen, dem Verwaltungsrath der Wedekind-Stiftung, dem hohen Provinzial-Landtage von Hannover. Vor allem dem Herrn Dr. Höhlbaum, welcher das ganze Werk angebahnt, mich in den Stoff und die Archiv-Arbeiten eingeführt und die Vollendung der Arbeit mit Theilnahme begleitet hat. Reiche Anregung und Belehrung verdanke ich Herrn Professor Frensdorff. Die Nachforschungen im Archiv wurden durch das liebenswürdige Entgegenkommen der Herren Bürgermeister Merkel und Stadtsecretär Fröhlich in mannigfacher Weise wirksam unterstützt. Den Genannten wie allen andern Gönnern, welche das Unternehmen mit Rath und That gefördert haben, sei an dieser Stelle aufrichtiger Dank gesagt. Auch die Verlagshandlung und die Druckerei haben mich zu grossem Danke verpflichtet. Der langsame Fortgang des Druckes wurde durch Umstände veranlasst, welche ganz unabhängig von ihnen sind.

Das von G. Schmidt herausgegebene Urkundenbuch bildet den Ausgangspunkt für die vorliegende Publikation: sie nimmt den dort abgerissenen Faden wieder auf.

Im Gegensatz zu Schmidt wurde nur das Göttinger Stadtarchiv ausgebeutet. Die beschränkten Mittel gestatteten nicht an eine systematische Durchforschung auswärtiger Archive zu gehen, daher wurde vorgezogen, sie ganz bei Seite zu lassen. Auch die Vorgeschichte des Unternehmens rechtfertigt diese Beschränkung. Anderseits stellte sich die Aufgabe, das vorhandene Material auch für Ereignisse zu berücksichtigen, die mehr der allgemeinen Landesgeschichte und den grossen Angelegenheiten angehören, als der speciellen Geschichte von Göttingen.

Dem entsprechend wurde der Titel für die Publikation gewählt, welche fast ausschliesslich unbekannten Stoff zu Tage fördert.

Von einer Beschreibung des Archivs kann an dieser Stelle

abgesehen werden, da G. Schmidt, Urkundenbuch der Stadt Göttingen II, pag. VII—X, und G. Kästner in einer kleinen Gelegenheitsschrift[1]) eine solche liefern.

Die Rechnungsbücher[2]) der städtischen Kämmerei, die vom letzten Decennium des 14. Jahrhunderts in nahezu ununterbrochener Reihenfolge erhalten sind, wurden, obgleich die Finanzfrage in dem behandelten Zeitraum eine brennende ist, nicht in die vorliegende Edition hineingearbeitet. Ihren Werth haben sie in ihrer Geschlossenheit; eine Verzettelung ihres Inhalts in die Anmerkungen hätte wenig zur Erklärung der einzelnen Nummern beigetragen und keinenfalls ein volles Bild von der fortlaufenden Zerrüttung des städtischen Haushalts zu liefern vermocht, da ihre Ausbeutung je nach den vorhandenen Urkunden finanzieller Natur lediglich dem Zufall wäre anheim gegeben gewesen. Für die Jahre der Reformationsperiode aber hat sie Dr. Kaestner herausgezogen: dadurch ist es ihm gelungen, Irrthümer richtig zu stellen, welche sonst aus der Zeit- und Geschichtsbeschreibung der Stadt Göttingen herüber genommen wären.

Aus diesen archivalischen Quellen wurde der Stoff nach folgenden Gesichtspunkten gesammelt und aufgenommen. Es wurde berücksichtigt:

1. Die innere Geschichte der Stadt. Besondere Aufmerksamkeit fanden die auf die Finanznoth bezüglichen Schriftstücke.

2. Die Beziehungen der Herzöge von Braunschweig-Lüneburg zu einander, zum Lande und namentlich zur Stadt Göttingen.

3. Göttingens Beziehungen zum Reiche, zu fremden Fürsten, zu anderen Städten, namentlich zur sächsischen Städte-Vereinigung und zum Schmalkaldischen Bunde.

Ausgeschlossen blieben, sofern nicht ein accidentielles Interesse hinzutrat: Gegenstände, welche sich ausschliesslich auf die Interessen Auswärtiger beziehen, die zahlreichen Schenkungen an die Kalandsbrüderschaften zu Göttingen, Quittungen, Klagesachen Privater, solange sie nicht vor das herzogliche Forum gezogen werden oder zu Fehden führen[3]).

---

[1]) *Nachrichten über das Archiv der Stadt Göttingen. 1878 Juni 11 (zur Begrüssung der Versammlung des Hansischen Geschichtsvereins in Göttingen).* [2]) *Theilweise ausgebeutet von Havemann in seinem Aufsatz über den Göttinger Haushalt am Ende des 14. und während der ersten Hälfte des 15. Jahrhunderts in der Zeitschrift des hist. Vereins für Niedersachsen, Jahrgang 1857, p. 204 ff. und von Schmidt a. a. O. II, p. 204 ff.* [3]) *Die zahlreichen Schreiben über die Rietbergsche Fehde wurden nicht wiedergegeben, weil dieselbe wie so viele Fehden dieser Zeit fast nur auf dem Papier ausgefochten wurde und im einzelnen zu wenig Charakteristisches bot. (cf. N. 340 Anm. 4.)*

Der Charakter eines Urkundenbuches ist strenge gewahrt: nur Urkunden und Briefe werden in dem chronologisch geordneten Texte wiedergegeben. Eine Ausnahme bilden die Instructionen und die missverständlich aufgenommene Nummer 424. Erzählungen und sonstige nichturkundliche Mittheilungen finden in den Anmerkungen (cf. p. 21, 24, 61) oder, wie die städtischen Statute, im Anhange ihren Platz. Dr. Kaestner nahm in den von ihm bearbeiteten Jahren auch einige Recesse in den Text hinüber: materielles Interesse wird die Verletzung des formalen Princips entschuldigen.

Von den hier gebotenen Urkunden ist der grössere Theil in Regesten-Form wiedergegeben worden. Fest begrenzte principielle Gesichtspunkte für die Wahl zwischen Regest und vollem Abdruck liessen sich nicht aufstellen. Im Allgemeinen waren hierbei die äussere Fassung und die Wichtigkeit des Inhalts massgebend.

Das Verzeichniss der Rathmannen ist fast ausschliesslich den Rechnungsbüchern entnommen. Nicht überall konnten ihre Lücken aus Urkunden ergänzt werden; desshalb ist der Personalbestand des alten Raths nicht blos in den Jahren herangezogen, in denen er Licht auf die innern Unruhen wirft. Bei neu eintretenden Mitgliedern des Raths und der Kämmerei ist angemerkt, wenn sie als Nichtrathmannen an der Verwaltung der Stadt und der Gilden Theil nahmen. Die jährlich wechselnde Vertheilung der Aemter unter die Rathmannen wurde nicht berücksichtigt.

Bei der Anfertigung der Regesten und Behandlung der Texte wurde angestrebt, den an eine moderne Edition gestellten Forderungen gerecht zu werden. Folgendes sei besonders hervorgehoben: Bei Regesten von Vorlagen, die modernes Tagesdatum haben, wurde von einer Wiederholung desselben in runder Klammer Abstand genommen. Das Jahr der Vorlage wurde in runder Klammer nur solchen Regesten hinzugefügt, welche in die Zeit vom 25. December bis zum 1. Januar fallen, da neben dem Weihnachtsjahre auch der jetzt gebräuchliche Jahresanfang in den Göttinger Urkunden in Anwendung gekommen ist. Das Verwaltungs- und Rechnungsjahr beginnt mit dem Montag nach der Gemeinwoche. Nach dem Vorgange von Schmidt ist es, wenn nicht beide Jahre angeführt werden, mit der Zahl des Jahres bezeichnet worden, dem die drei letzten Viertel angehören. Die Auflösung der Tagesdata unterblieb bei allgemein bekannten Zeitbestimmungen, wie Michaelis und Weihnachten.

Die Familien-Namen sollten im Regest nach der am häufigsten vorkommenden Schreibweise der Vorlagen zur Wieder-

gabe gelangen; leider ist in dieser Beziehung die angestrebte Gleichförmigkeit nicht durchgeführt worden.

Blieb ein Theil der Vorlage im Abdruck fort, so wurde solches bei kürzeren Auslassungen durch einen, bei längeren durch zwei oder drei horizontale Striche angezeigt. Lücken in den Vorlagen wurden durch Punkte, Zusätze der Herausgeber durch eckige Klammern angegeben. Bei häufig vorkommenden Abkürzungen blieb die Klammer fort, so z. B. bei j. f. g., das je nach dem Sprachgebrauch in juwe forstlige oder furstlige gnade aufgelöst wurde, u. dgl. m.

Für die Reinigung und Vereinfachung der verwilderten Orthographie wurden folgende Regeln von mir aufgestellt:

1. Die columnirten Vocale, welche selten vorkamen, wurden heruntergezogen: rât, rāt wurde raet, rait gedruckt; das ebenfalls selten, fast ausschliesslich in der ersten Zeit anzutreffende ij je nach Bedürfniss mit y oder ii wiedergegeben. Wo w unzweifelhaft für den einfachen Vocal u steht, wie bei haws, wurde es in u verändert, sonst beibehalten. Die heutige Schreibart entschied über die Anwendung von i und j, u und v.

2. Die Verdoppelung von Consonanten unterblieb:

a) im Auslaut nach langen wie kurzen Vocalen, z. B. breiff, levenn wurden gekürzt in breif, leven. Eine Ausnahme bildeten die stark betonten einsilbigen Worte, wie schall und will. Das ck und gk wurde nach Vocalen beibehalten; nur ok, welches ebenso häufig wie ock in den Vorlagen anzutreffen ist, wurde durchgängig in der ersteren Form geschrieben;

b) vor und nach einem Consonanten, z. B. krafft und kraftt in kraft;

c) bei der Verbindung der tenuis mit der media (welche nach a) und b) vereinfacht wurden) hatte in der Regel die media den Vorzug; aber auch die allgemein übliche Schreibweise wie die der betreffenden Vorlage waren massgebend. So wurde beispielsweise im Allgemeinen stadt = stad, radt = rat gedruckt, sofern sich nicht in derselben Vorlage die Form stat beziehungsweise rad vorfand.

3. Die Anhäufung sß wurde auch zwischen zwei Vocalen zu ss vereinfacht.

4. Das Dehnungs-h fiel fort.

5. Die Orthographie der Eigennamen blieb unverändert.

Leider sind Abweichungen von den hier mitgetheilten Regeln nicht vermieden worden. Der Umstand, dass Göttingen nahe der Grenze des Sprachgebietes liegt, machte die Behandlung der Texte besonders schwierig.

Für das Register wurde die Verbindung von Orts- und Personen-Register gewählt. Da der Name der Stadt Göttingen in den weitaus meisten Nummern erwähnt wird, wurde er nicht in das Register eingetragen; einzelne Localitäten Göttingens fanden dagegen Aufnahme. In das Sach- und Wort-Register wurde das sachlich und sprachlich Bemerkenswerthe aufgenommen. Ein festes Prinzip liess sich für die Auswahl nicht durchführen; über die Aufnahme konnte nur das Ermessen der Herausgeber entscheiden: Erschöpfung des Stoffes kann dieses Register nicht beanspruchen.

Von der erläuternden Literatur kommen in erster Linie der für seine Zeit gut gearbeitete zweite Band der Zeit- und Geschichts-Beschreibung der Stadt Göttingen (3 Theile, Göttingen und Hannover 1734—1738) und W. Havemann, Geschichte der Lande Braunschweig und Lüneburg, Bd. II, in Betracht. Die Kenntniss dieser Werke wird vorausgesetzt. Deshalb werden sie nicht überall da citirt, wo sich eine Beziehung zu ihnen herstellen liess.

A. Hasselblatt.

1. *1500 Jan. 11* (am sonnavende na der h. dryer koninge dage).

Herzog Erich [der Aeltere] von Braunschweig-Lüneburg bescheinigt für sich und seinen Vater Herzog Wilhelm der Stadt Göttingen den Empfang der Neujahrsbede von 100 Mk., doch nicht also, dat se [die Göttinger] — — der von rechts wegen edder jarlikes tinses plichtig sin, sundern dat se unse bede darinne erfullet hebben und dat wy se — deste bet vordedingen mogen[1]).

Arch. 921; Or. m. verletztem S.

2. *1500 Oct. 16* (am tage s. Galli).

Landgraf Wilhelm von Hessen verlängert die von ihm im Juli 1493 auf 8 Jahre übernommene Schutzherrschaft[2]) *über die Stadt Göttingen auf weitere 12 Jahre.*

Arch. 88; Or. m. S. Gedruckt: Schmidt, Urkundenbuch der Stadt Göttingen II, N. 399.

3. *1500 Oct. 28.*

Herzog Erich verspricht den Ständen von Oberwald, nachdem ihm diese eine ausserordentliche durch ihre Verordneten zu erhebende Landsteuer von je 1500 fl. auf sechs Jahre zugestanden, Befreiung von allen andern Abgaben mit Bestätigung ihrer Privilegien.

Wy Erick von gots gnaden to Brunswig und Luneborg hertoge etc. bekennen openbar in dussem breve vor uns unse erven und alsweme: So de werdigen erbarn und ersamen prelaten manne und stede unsers landes Overwolt, dar Gottingen inne licht, unse leven andechtigen und getruwen hebben angesen de merkliken mannichfoldigen besweringe und

---

[1]) *cf. Schmidt, Urkundenbuch der Stadt Göttingen II, p. 422 Anm. 44.*
[2]) *cf. Schmidt a. a. O. II, N. 383.*

schult, darmede wy und unse lande sampt one, so tom regimente gekomen, belestigt und beswert befunden, darvon uns denn samptlick und bsundern mannigerleye ansprake besweringe und unvrede entstanden und vortmer erwassen mochte, up dat wi nu des hynforder mit one dersulven schuldener halven mogen befredet werden, hebben se uns eyne nyge stuere und bede, de hir im lande nicht mer wontlick gewesen, als nemlick negen dusent Rinsche gulden in ses jaren nehist nach eynander folgende uptobringende und uttogevende, nemlick jo des jars vifteyn hundert gulden vorwillet. Sodans wi denne von one to danknemigen willen und in gnaden angenommen. Und uns dar entegen und beneven to alle orer behoif vorheten und togesecht, vorheten und vorseggen uns jegenwerdigen in und mit craft dusses breves, dat wy se mit neyner bybede efte schattinge in den benombden ses jaren belestigen edder wormede besweren willen, sundern de ut togange dersulven ses jar lang gantz doit und ave sin schall, und vortmer de benombden unse prelaten manschup und stede ore nakomen und de ore laten bi oldem gewontliken herkomende gerechticheiden friheiden und gnaden. Und ef ok in dussen vorgeschreven ses jaren jenich vohide upror und vordarf dem lande upstunde, alsdenne schullen dar, efte de gerichte in solker vehide vordarft und vornichtigt, dersulven bede efte schattinge vorlaten und nicht gefordert werden und dat darmede mit[1]) gedachten[1]) gerichten halden na raide vorberorder[2]) unser underdanen. Wy willen ok desulven schattinge nicht to unsern handen nohemen, sundern wene de landschup darto vororden und schicken de schattinge uptoborende und unse schuldener darvon und mede to entrichtende und to betalende, uns desulven geordenden darinne doin vorhandeln und vornomen, des willen wy se nicht vordenken, sundern daranne eyn gnoglick gud gefallen hebben. Und ef dejenne de so geordent werden den schat uptonohemende unser hulpe und fordernisse bedorften, dat de upkomen mochte und uns darumme ersoichten, alsdenne willen wy one derhalven gnedige hulpe und fordernisse doin. Wy willen ok nicht, dat de unse vorbenant dusse ses jar lang uns efte unsen schuldenern schullen mer vorplichtigt sin von sick to gevende, ok neymandes von densulven unsern schuldenern hoiger vorwysen, sundern so vele sick, wu vor angetogen is, jo des jares to den negen dusent gulden na antal geborn will. Des to eynem orkunde hebben wy unse ingesegel an dussen bref witliken doin hengen. Und gegeven na

---

[1]) *Stehen auf einer Rasur.* [2]) *Vorlage:* vorberorden.

Cristi unsers hern gebort im vifteynhundersten jaren am
dage Symonis et Jude der hilgen apostelen.
    Arch. 355; Or. m. S. Cop. daselbst.

4. *1500 Dec. 17.*
*Bischof Bartold von Hildesheim und das dortige Capitel
und die Städte Hildesheim Hannover Einbeck Northeim legen
die Irrungen*[1]) *zwischen Herzog Erich und Göttingen bei.*
Wy Bartoldt van gots gnaden bischop to Hildenßem
unde administrator der kerken to Verden unde geschickeden
des werdigen capittels der kerken to Hildenßem unde der
erliken stede Hildensem Honover Embeke unde Northem
bekennen opentlik, dat wy up hute dato desses recesses
bynnen Hildenßem hebben gehandelt twischen dem irluchtiden
hochgebornen fursten unde hern hern Ericke hertogen to
Brunßwigk unde Luneborch up eyn unde den ersamen unde
vorsichtigen fulmechtigen unde sendeboden des rades unde
der stad to Gottingen unde der orer up ander ßyt, dat
denne van genanten beyden parten also angenamet unde
befulbordet is in desser nagescreven wyße. Tom ersten
schullen de van Gottingen den genanten fursten unsen hern
vaddern unde gnedigen hern vor oren unde des landes, dar
Gottingen ynne licht, regerenden fursten erkennen holden
unde darvor eren unde werdigen, sick syner leve unde gnade
na aller gebore und billicheyt denstbarlich irzeigen doch den
plichten, darmede se vorstricket sin deme hochgebornen
fursten unde hern hern Wilhelm hertogen to Brunßwigk etc.
syner leve unde gnade vadere beholtlik unde unafbroklik.
De van Gottingen schullen ok den benompten fursten oren
hern hertogen Ericke myt dem jargelde van den termynen
epiphanie unde Martini vorgangen unde vorschenen unde
also fort tokunftich jarliges doch der gestalt, wo vor geschein
unde nicht anders, erkennen unde gutligen vornogen. De
van Gottingen schullen sick der gemeynen lantbede unde
stures des landes to Gottingen, wor unde wanner de eyn-
drechtligen bewillet wert, nicht weddern, sundern deme
up genanten fursten to gude van den oren forderen, doch
so, dat de van Gottingen in deme sture und hulpe to donde
nicht anders, wan wo van older unde oldem loflligen her-
komende hergebracht unde geschein is, benodiget unde an-
getogen werden. Ok schullen de van Gottingen syner leve
unde gnade gerichte bynnen unde buten Gottingen ok
allen and[e]rn herlicheyden unde overicheyden, woranne de

---
¹) *cf. Schmidt a. a. O. II, N. 396 und 398.*

sin, anne wiltbanen vischeryen gerichten unde anders nicht
vorkorten unde vormynren, sunder syne leve unde gnade
aller furstligen overicheit, so sin leve unde gnade de in be-
sittinge und brukinge heft edder to berechtiget is, unvor-
hindert gebruken laten. Forder is bededinget unde van den
genanten parten bewillet unde vorlaten unde sunderges van
deme genanten unsem leven hern vaddern unde gnedigen
hern hyr entigen to der genanten van Gottingen behuf be-
willet, dat sin leve unde gnade schall und will de van Got-
tingen alse or rechte landesfurste unde her vor syne ge-
truwen erkennen ansehen unde beschutten mit oren gudern
unde se unde de ore by rechte laten unde beholden truwe-
liges ane geverde. Ok schall sin leve unde gnade den rat
to Gottingen unde de oren doch der vorfatinge, so twischen
syner leve unde gnade unde deme hochgebornen fursten
hern Wilhelm lantgraven to Hessen derhalven upgericht,
unde ok den van Gottingen an orer besittinge unschedelick
wederumbe to deme gude to Boventen[1]), dat anne unsen
hern vaddern unde gnedigen hern gekomen, gestaden unde
wedderkomen ok henfort unvorhindert rauwßam gebruken
laten; ok ungeverlich vor de vif unde drittich morgen landes
in dem dyke to Lengeleren vordrenket wedderstadinge doen.
Unde so Vederwisch unses hern vaddern unde gnedigen hern
amptman de dre mk. jartinßes to Esbeke Hanse Holthusen
tostaende bekummeret, den kummer schall unde will unße
her vadder unde gnedige her gentzliges afdoen, Vederwische
so ernstlich anholden de dre mk., de van ome upgeboret,
gegulden werden; doch is durch uns vorgerorden bischoppe
capittel unde geschickeden der stede ut wilkore der genanten
parte erkant unde wy erkennen ok jegenwordiges, dat de
kornte to Boventen van deme negenundenegentigesten jare
gefallen unde vorkomen unsem hern unde gefaddern — van den
van Gottingen unde den oren gutliges schullen vorlaten unde
remittert syn, doch unschedelik eynes idern partes rechticheyt.
Forder alse de van Gottingen ok angetogen hebben umme
itlige gudere, darup se sigel unde breve hebben unde van
deme hochgebornen fursten hertogen Wilhelm ergenant
entweret sin, will unde schall de vil genante unse her vadder
unde gnedige her den van Gottingen unde den oren rechtes
staden unde plegen in geborligen enden edder nach lude
unser vorbuntenisse[2]), darynne wy mit seyner leve unde den
genanten steden samptliges sitten. It schullen ok de van
Gottingen syner leve und gnade wes syn leve unde gnade

---

[1]) cf. *Schmidt* a. a. O. II, N. 359.   [2]) *Ibidem* II, N. 397.

to one to spreken unde hyrynne nicht vordragen ok also gerecht werden. Unde deme also na, so wy biscop capittel unde stede vorgenant van den van Gottingen umme vorhoringe unde schedinge to donde, de de van Gottingen twischen dit unde den hilligen pinxsten nafolgich don mogen, ersocht, alsedenne unsen hern vaddern unde gnedigen hern up gelechlike tyd unde dagestede bescheyden unde alsedenne fort up dem dage de twiluft, wo na unser samptvorbuntenisse vorordent, vorhorn de to scheyden unde bitoleggen flitigen understan schullen unde willen; alles ane geverde. Ok schall syne leve und gnade dat gerichte, wo van older gewest, up den Leyneberch wedderumb leggen, doch dat sick de van Gottingen de van Rostorp unde Grona des ok holden schullen; ok schall sin leve unde gnade datsulve gerichte fredesam unde eynem idern to synem rechten ungeverlich felich holden laten nach rechte unde older gewonheyt. Syne leve unde gnade schall der van Gottingen meygere und gudere, de van older fry gewest, nicht besweren, sunder schall sick an den gewontligen densten, alse de van older her geschein, benogen laten. Sodaner unser fruntligen hyr vor ertalden beredung hebben unse her vadder unde gnedige her ok de van Gottingen alle artikel intsampt unde bisundern bewilliget angenomen unde tolest heft unse her vadder und genedige her, up sodane unse fruntlige voreninge den van Gottingen syner leve underdanen alle erwassen ungnade wedderwillen unde gram ok alle vorbot tigen de van Gottingen unde de oren sampt den ergangen vorvestingen den van Gottingen unde den orn upgelacht unde geschein ok de van Gottingen der appellacien utgegaen genßliges vorlaten unde eyn tigen dat andere afgesecht unde neddergeslagen. Darmede de parte up genant der vorscriven stucke genßliges gescheiden unde fruntliges schullen voreniget unde vordragen sin; alles ane geverde. Unde to urkunde aller vorgescreven hendel unde fruntligen voreninge hebben wy Bartoldt biscop vorgenant vor uns unde unse capittel unde wy borgermestere unde rat der stad Hildensem vor uns unde umme der andern stede bede willen desse fruntlige voreninge getwivachtet unde uusem hern gefaddern unde gnedigen hern eyne und den van Gottingen de andern mit unsen anhangenden ingesegelen vorsegelt overantworden laten. Geschein am donnerstage nach Lucie virginis anno domini vifteynhundert.

Arch. 291; Or. m. 2 S. Daselbst Cop. und Lib. Cop. C, f. 246. Registrirt: Schmidt a. a. O. II, N. 400.

5. *1501 Jan. 16* (am sonnavende na Felicis in pincis).
Herzog Erich bescheinigt den Empfang der Neujahrsbede.
Arch. 774; *Or. m. S.*

6. *1501 Febr. 28* (dominica invocavit). *[Göttingen] in der Wohnung des Heinrich Hummen* (uppe der dorntzen in Heinrich Hummen huse).

Dietrich von Schachten Ritter und Amtmann zur Plesse belehnt im Auftrage des Landgrafen Wilhelm von Hessen, nachdem Dietrich von Plesse seine Herrschaft dem Landgrafen als Lehn aufgelassen hat, die Göttinger Rathmannen Simon Giseler den Aelteren und Heinrich Giseler als Vertreter des Rathes mit allen Plessischen Gütern[1]*), die der Rath bisher zu Lehn getragen.*
Lib. Cop. Papyraceus I, fol. 71; gerichtliches Protocoll.

7. *1501 März 22* (feria secunda proxima post dominicam letare). *Im Hause Helmold Kokes.*
Junker Dietrich von Plesse von sich aus wie N. 6[2]*).*
Lib. Cop. Papyraceus I, fol. 71; gerichtliches Protocoll.

8. *1502 März 6* (am sondage, so men singt in der h. kerken letare Hierusalem).
Johann Hovet Pfarrer von s. Johannis in Göttingen und herzoglicher Kanzler überweist mit Zustimmung Herzog Erichs als Lehnsherrn der Johannis-Kirche ein zur Pfarre gehöriges Haus an Katharina Wittwe Trisselmanns zu lebenslänglicher Nutzung gegen die einmalige Zahlung von 14 Mk. Göttingisch und die jährlich Martini zu entrichtende Abgabe von einem Stübchen Wein oder einer den Preisen im Rathskeller entsprechenden Summe Geldes. Herzog Erich bestätigt dieses Abkommen.
Arch. 795; *Or. m. d. anh. S. Herzog Erichs und Johann Hovets.*

9. *1503 Aug. 25. Celle.*
Herzog Heinrich der Mittlere von Lüneburg an Göttingen: übersendet N. 10 zur Eröffnung und Vorlage an die andern nach Göttingen zu berufenden Stände.

Den ersamen unsern lieben getruwen burgermeister und racte zu Gottingen.

Von gots gnaden Henrich herczog zu Brunswig und

---

[1]) *Zusatzbemerkung:* Dyt sin de guder primo 4 mk. in der Steynmolen 9 fl. in der Wendermolen. *cf. Schmidt a. a. O. I, N. 240, 241.*
[2]) *Nachschrift:* Dusses leynß halven und anders in dem Helmold Kokes unserm juncker vorbenaut to eren weß vorzechget, darto uns 1 mk. is gerekent, de wy von derwegen dem genanten Helmold hebben up sin ersoikent gegeven.

Luneborgk herzogen Otten seligen son. Unsern gonstigen
willen zuvor. Ersamen lieben getruwen. Wir haben itzunt
eynen brief an frye hern prelaten manschaft und steddo des
lants zu Gottingen ußgefertiget mit bovel, das unser bot
denselbigen uch ubberantwurten solle ufzubrechen und zu
vorleßen der zuvorsicht, ir wissent in den dingen staitlicher
zu geberen dan die andern houbter gemelter lantschaft. Der-
wegen mit ernstlicher bit begerende: ir wullent uch in ent-
pfangunge solchs briefs noitdorftiglich zu betrachten und zu
ubberwegen in solichem dorinne verlubten tun alßo bewyßen,
das die andern houbter und gliddere in korzem bie uch
erschienen und solicher unser scriftlichen meynunge, im
brieve und dor ingelegten copyen schriftlich angezeigt, grunt-
lich wissen entpfangen und uns des semptlich ire und uwer
meynunge widderumb verstendigen mugen, als wir uch
glouben solichs tun werdent. Kompt uns zu gutlichem danke
widderumb gutiglich zu betrachten. Datum Zcelle uf fritag
nach Bartolomei anno domini etc. tercio.

Landschaftliches Vol. I; Or. m. S.

10. *1503 Aug. 26. Celle.*
*Herzog Heinrich der Mittlere von Lüneburg an die Stände
des Landes Göttingen: verlangt auf Grund des 1491 von ihm
mit dem verstorbenen Herzog Wilhelm und seinen Söhnen auf
12 Jahre geschlossenen geheimen Vertrages, dass seinen Vettern
keine unbedingte Huldigung geleistet werde*[1]).

Den eddelen wirdigen in got erbern duchtigen unde
ersamen unsern lieben andechtigen unde getruwen fryhern
prelaten manschaft unde stedden des lants zu Gottingen
semptlich[2]) unde besundern.

Von gots gnaden Henrich hertzog zu Brunswig unde
Luneborg seligen hertzogen Otten son. Unßern gunstigen
gruß gnedigen willen unde alles gut zuvor. Eddele[3]) wir-
digen in got erbern duchtigen unde ersamen lieben an-
dechtigen unde getruwen. Nachdeme unde als wir uch durch
unser geschichten rete deßmals uf dinstag[4]) nach Dionisii
im eynundenuntzigsten jare der myndern[5]) zael uf sonder-
liche vortracht zwischen deme hochgeborn fursten etwen
hern Wilhelmen, dem der almechtige[6]) gnedig sy, hern Hen-
richen unde hern Erichen hertzogen zw Brunswig unde

---

[1]) cf. *Haremann in der Zeitschrift d. histor. Vereins für Niedersachsen,
1860, p. 182 ff.* [2]) *B;* fruntplich *A.* [3]) eddeler *A.* [4]) Oct. 11.
cf. *Schmidt a. a. O. II, p. 362—364.* [5]) *A;* wenigstens *B.* [6]) *B*:
almechtiger *A.*

Luneborg etc. unßern liben vettern unde unß ufgericht myt unßer gerechticheit, so ir uns vorwant, an den gnanten unßen vettern hertzogen Wilhelmen zeligen lobelicher gedechtnisse erblich gewyst haben; wilche vordracht zwischen iren liebden unde uns zwelf jar stehen unde duren solt unde wiewoil wir uch erblich obberwyst haben uf guten glauben, das solt uns an unßer erblichen gerechticheid doch unvorfenglich unde unscheddelich syn in maissen das die vortrachts brieve zwischen ine unde unß daruber gemacht myt claren worten gnuglich antzeigen, der wir uch zw wyter underrichtung hirinne vorslossen warhaftige copien zuschicken. So dan nw die zwelf jare uf vorgangen pasken verschienen gweist sint und gnanter unser vetter seliger hertzog Wilhelm in got sterblich vorscheiden, ist unser gutlich gesinnen unde begerung bittend an uch semp[t]lich unde besundern ir wullent in anschung berurter anzeigunge[1]) unßeren vettern keyne holdunge tun, die uns unde unßern erben an unser gerechticheid zur helfte des landes nachteil approch hinderunge adir schaden geberen mocht, sondern uch dorinne alßo zu halten wie uch woil fugen unde gezymen woll, als uns nit zweifelt, ir werdent uch der gebur allinthalven flissigen. Kompt unß von uch zu annemingen denglichen gefallen, dar[2]) wir umb uch semptlich unde besundern in gnaden unde allen guten zu erkennen nicht vorgessen wollen. Wiewoil wir uns vorsehen, ir werdent uch des gutwillich bewysen unde unser zu unser gerechticheid auch gedenken, so begeren wir doch uwer beschreven antwort[3]). Gegeben in unßerm sloß Zcelle uf sonabent nach Bartholomei anno domini etc. tercio unter unserm ingesegel.

Landschaftliches Vol. I. Cop. (A). Daselbst eine zweite dialektisch abweichende Cop. (B).

11. *[1503 Ende Aug.]*
Göttingen an [Herzog Heinrich den Mittleren von Lüneburg]: weigert sich, N. 10 zu öffnen und die auf das Verhältniss des Landesfürsten zum Lande bezüglichen in seiner Verwahrung befindlichen Urkunden abschriftlich mitzutheilen[1]).

Hochgeborn irluchtide furste gnedige leve her. Wu juwe guade uns itzund geschreven und eynen bref an dusse lantschup holdende uptobrekende unde to vorlesende etc. togeschicket, hebben wy vorstanden und weren, wor wy ummerst mochten juwen gnaden denste und willen bewisen,

---

[1]) anezengunge *A.*   [2]) dat *B.*   [3]) antwart *A.*   [4]) Dieser Entwurf scheint nicht ausgeführt zu sein.

des in beredicheid truwlick geneigt. Averst dewile sulk bref an de eddelen werdigen erbarn und ersam fryhern prelaten manschup und stede dusses landes hilt, hebben juwe gnade sulvest aftonemende, wes uns in dem sulken bref to oependo und de andern vorgnant to bescheidende wil geboren edder to donde syn; hebben av[e]r umme juwer gnaden boden mit densulven juwer gnaden schriften an de ende¹), dar sick dat geboeren wil, gewiset unde willen unsers deils, wanner de wedder an uns langen, uns fort derwegen nicht anderst denne wu sik eigent und der gebore [na] hebben und holden. So²) ok gnedige leve here in andern schriften begeren juwen gnaden, wat wy von breven by uns hedden, de etwen des landes to Gottingen halven twischen unßer gnedigen herschup gemaket und hinder uns gelecht weren, geloflike avescrifte totoschickende etc., syn nicht weynigers itwelke breve derhalven, de vorgescrevene unse gnedige herschup allenthalven belangen, by uns to behoif der erlicken stede dusses landes gelecht, hinder den juwen gnaden avescrifte to gevende uns (so juwe gnade sulvest ungetwivelt erkennen konen) nicht wil gefoigen. Sunder wanner juwer gnaden daranne gelegen weren sulker breve inneholt to erkundende, mochten juwe gnade derwegen by de andern und uns schicken de to beschinde und behorende. Wes wy denne unsers deils in deme juwen gnaden tom besten ummerst vorfoigen konen, schullen juwe gnade uns gantz willich und gneigt sporen.

Landschaftliches Vol. I; Entwurf.

12. 1503 Dec. 7 (octava s. Andree apostoli).

Einbeck an Northeim: erinnert, dass das von seinem Rathmannen in Catlenburg dem Hermann Paster Rathmann und Rittmeister von Northeim nebst Einlage übergebene Schreiben³) des Bischofs [Konrad] von Osnabrück laut späterer Meldung des Secretairs von Northeim an Göttingen zugestellt aber von diesem damals noch nicht erledigt war; drängt Beschluss zu fassen; hält eine Gesammtantwort von Göttingen Einbeck und Northeim für rathsam.

Briefsch. IV, B; Or. m. S.

13. 1503.

Konrad Bruns Canonicus der s. Peterskirche zu Nörten und vom Propste Tile Braudes verordneter Official verspricht,

---

¹) *Herzog Erich?* ²) *In der Vorlage darunter:* id syn. ³) *Das Schreiben des Bischofs v. 17. Oct. (dinsedages na s. Galli) betraf die Fehde seines Bruders Johann Grafen von Rietberg mit den Städten Hildesheim Braunschweig Göttingen Einbeck und Northeim. Suppl. z. d. Cop. Vol. V. cf. N. 340.*

*nicht in die Befugnisse des Raths von Göttingen einzugreifen,
nachdem ihm der Aufenthalt in der Stadt gestattet worden*¹).

Arch. 1672; corrigirte Reinschrift; von derselben Hand: Ad mandatum domini oficialis prefati Johannes Sthein notarius subscripsit.

14. **1504 Jan. 17** (am middeweken Anthonii abbatis).
*Die Städte Magdeburg Braunschweig Hildesheim Göttingen
und Einbeck schliessen ein Bündniss gegen jeden ausgenommen
das Reich und die Verpflichtungen gegen die resp. Landesherrn
und andere; sie wollen dem bedrängten Bundesgenossen mit
Verhandlungen beistehen, den angegriffenen auf seinen Antrag
unterstützen: Magdeburg und Braunschweig mit 200, Hildesheim und Göttingen mit 134, Einbeck mit 100 wolgerüsteten
Fussknechten oder für den Mann monatlich je 2 fl. zahlen;
die Art der Hülfsleistung hat der Unterstützende zu wählen;
auf Erfordern streckt vor: Magdeburg und Braunschweig bis
zur Höhe von 9000, Hildesheim und Göttingen von 6000 und
Einbeck 4500 fl. Rh.; im Fall äusserster Noth sollen ausserordentliche Massregeln berathschlagt werden; dem Feinde darf
nichts geliefert werden bei Verlust des Gelieferten oder seines
Werthes und 1 Mk. Gold Strafe an die befehdete Stadt; die
zu den pactirenden Städten führenden Strassen sollen geschützt
werden; der Schädiger eines Bundesgenossen oder seiner Angehörigen darf im Gebiet der andern nicht gelitten, sondern muss
auf Verlangen zum Zweck rechtlicher Verantwortung angehalten
werden; die vertragschliessenden Städte dürfen die von einem
Verbündeten wegen Aufruhr ausgewiesenen nicht aufnehmen,*

---

¹) *cf. Schmidt a. a. O. II, N. 303, 319, 334, 364.* Die weitern
Wünsche des Raths erfahren wir aus einer Aufzeichnung auf demselben
Bogen wie N. 13. Wolde men ok hir eynen commissarium liden, demsulven mochte men ok anmoiden sodann reverß *[N. 13]* dem rade int
erste to gevende. Averst id were dem rade und borgern erlick und
nutlick, wen men yo hirbynnen den commissar[i]um wolde hebben, dat
men int erste des by unsern gnedigsten hern von Mentze schickede und
wes von sinen corforstliken gnaden darjegen irlangede nemlick desse
puncte hir na vorteickent und do men mochte darto fynden: dat sin
forstlicke gnade uns von den gerichten Mentze Erfford und Helgenstadt
eximerde, de unse darhin nicht getribulert worden; scholde den unsern
jerlickes boven hundert mk. todregen; de von Duderstadt Helgenstadt
und ummelangenßhere mosten alßdenne de unße hirbynnen fordern; dat
sin gnade neynen comissarium uns edder unser stad undrechlick vorordon scholde; dat sin gnade uns vorlovede, wen eyn preister edder gewiget persone frevilde edder sick jegen syne ordentlicke richtere unhorsamlick hilde, de raid den anhollden und den dem comissario presentern
mochte, den so na nottroft to vorwarende und to straffende; dat de
commissarius, wen eyn verordent worde, int erste dem rade syne commission entogede und dat reversal vorbegreppen, ehir he synes gerichts
brukede, dem rade vorsegelt bevalide.

sondern müssen, falls dieselben in ihren Gebieten angetroffen und ihre Schuld danach ist auf Antrag dem Rechte seinen Lauf lassen; [— —; in Rechtshändeln eines Bundesgenossen] sollen ihm auf seine Kosten dafür taugliche Personen, falls vorhanden, von den andern überlassen werden; die Angehörigen der pactirenden Städte dürfen nicht ihre Güter untereinander mit Beschlag belegen; bei bekentliker Schuld, soll die Stadt[1]) den Beanspruchten (sakewoldige) anhalten, dat he in dren veirteyn nachten willen make, bei Verweisung aus der Stadt bis zur Bezahlung der Schuld; bei andern Schulden hat sich der Kläger der Entscheidung des Rathes oder Richters des Verklagten inappellabel zu unterwerfen; die Städte wollen binnen einem $^1/_2$ Jahr das Urtheil fällen, geschieht es nicht, so darf der Kläger sein Recht suchen, wo er will; hat der Verklagte anderswo[2]) zu zahlen sich verpflichtet, so kann ihn der Kläger daselbst in Anspruch nehmen; Streitigkeiten der Städte unter einander sollen gütlich oder schiedsrichterlich von einer oder allen Unbetheiligten binnen einem $^1/_2$ Jahr endgiltig geschlichtet werden; auf Verletzung des Vertrages von Seiten der Bundesgenossen stehen 5 Mk. Gold, eventuell durch Beschlagnahme aufzubringen; bei einem Angriff auf einen oder alle der Pactirenden wegen des Bündnisses darf kein Separatfriede geschlossen werden; der Vertrag gilt 10 Jahre; andern Städten ist der Beitritt zum Bunde offen; die Bundesglieder sollen sich alljährlich zu dem von Magdeburg und Braunschweig bestimmten Termin in Braunschweig namentlich ein $^1/_2$ Jahr vor Ablauf des Vertrages versammeln; von den 3 Originalen wird je 1 in Magdeburg Braunschweig Hildesheim niedergelegt.

Lib. Cop. Papyraceus II, 287—290. Das eine Blatt ist am obern Rande zerstört, das sichere aus der Vorlage von N. 83 hergestellt. Angeführt: Bode, Gesch. des Bundes d. Sachsenstädte, Forschungen z. deutsch. Gesch. II, p. 268. Hier datirt: am Mittwochen nach (?) Antonii.

15. *1504 April 29.*
Der Rath verkauft dem Knappen Hans von Grone die Nutzung des Amtes Friedland für 3500 fl. auf 3 Jahre[3]).

Wy Simon Giseler de eldere Simon von Medhem Hans Wyschemans Hans Stockeleff Henrick Hummen Henrick Witzenhusen Tile Greven Wilhelm Klockener Henrick Giselers unde Henningk Lindemans raidmanne to Gottingen bekennen opinbar in dussem breve, dat wy von unser unser nakomen

---

[1]) Wol des Verklagten. [2]) Vorlage: under wegen, wol verschrieben für ander wegen in N. 83. [3]) cf. unten N. 465 und Schmidt a. a. O. II, N. 106 u. p. 70 Anm.

in unßerm rade unde unser stad gemeinheid wegen rechts
unde redelickes kopes hebben vorkoft unde jeginwordigen in
kraft dusses breves vorkopen dem vesten Hanse von Grone
Guntzels zeligen sone knapen synen erven und erfnamen de
woninge brukinge nut upkome und geselle der borch unde
ganzen gerichts to Fredelande, wu de syn in dorpern for-
werken lande hoven hoyvendensten plichten broken unde
unplichten kormede herwistbeden ineybeden meigergelde
tegiden molen, in holte in felde wischen water und weide
ersocht unde unersocht in aller mate, so uns de von unserm
zelig[e]n gnedigen junkhern von Brunßwick vor tiden vor-
schreven unde ingedan is; darto de nut unde brukinge des
entilen tegiden to Mechelmeßhusen, ok des forwerkes unde
tegiden to Elkershusen, so dat allet vor tiden vom stifte
tom Garden vor den wagen, den datsulve stifte an dat huß
to Fredelande plegen to schickende, darhin gedan unde over-
gelaten is, doch utbescheiden den denst unde plicht des for-
werkes unde gudes to Neddern Jeße, dat hir bevorn Giseler
von Munden dem jungern zeligen von uns gefryet is, unde
ok den denst unses gudes unde forwerkes darsulvest geheten
de Blabach, doch dat de meiger dessulven gudes de andern
plichte, de sick darvon geboren welkerleye de syn, don unde
plegen; ok dat de meiger des gudes to Lutken Sneyn dem
stifte Reynchusen tobehorich, dat itzd Hans Brader fruchtiget,
alle jarlikes twey mk. unde dat de meiger des gudes to
Ballenhusen demsulven stifte ok behorich, dat nw tor tid
Cord Heddenhusen under dem ploige heft, alle jerlickes
eyne mk. vor den denst, dewile Fredelande in unßern handen
unwedderkoft is, an dat huß to Fredelande geven in maten
dat so twischen den von Reinchusen unde uns besproken is;
doch dat de andern jerlicken plichte unde gebore, de darvon
gan, so dat suß lange is geschein, ok gedan unde vorplogen
werden: allet vor driddehalf dusent gude genome Rynsche fl.,
de uns von dem vorbenanten Hanse von Grone an reidem
golde woll betalet unde von uns fort in unser stad witlicke
nut unde fromen gekart unde angelecht sin. Derwegen wy
nw von unser unser nakomen in unserm rade unde unßer stad
gemeinheid wegen hebben Hanse von Grone vorgenant synen
erven unde erfnamen de borch unde woninge des huses
Fredelande sampt der brukinge unde upname der geselle
unde upkome vorgerord vor dusse vorgemelden driddehalf
dusent fl. wolbedachts modes und mit gudem berade ingedan
unde overgeantwordet rauwelick to hebbende to besittende
unde na alle orer nottroft to gebrukende dusse nehist na
enander folgende drey jar, de uppe paschen nehist vor-

gangen¹) angegan sin und so fort na enander duren schullen. Des schullen unde mogen desulven Hans von Grone syne erven unde erfnamen de borch Fredelande nw von stunt innemen unde sodann tid over mit portenern torneman wechtern dogende knechten unde anderm gesinde so des von noden will sin na alle orer macht unde mogelicheid truwelick bestellen vorwaren unde vorsorgen, dat uns unde one de nicht vorlustich noch afhendich en werde. Desulven portenere wechter unde gesinde se alle to unser hant unde der borch behoif, de so in bestellinge unde vorwaringe to hebbende, mede schullen in eynes von uns darto vorordenten jegunwordicheid laten loven unde sweren, so vaken des to donde unde se de annemen sunder geverde. Und ef de borch Fredelande dorch bode wachte edder andere des vorgeschreven Hanses edder siner medeben[omten] vorsumenisse gewunnen edder in der gestalt one afhendich worde, dewile de sulke jartael in oeren handen unde vorwaringe were, so scholden one sodane driddehalf dusent fl. vorgerord dar entjegen vorloren, so dat wy one darto to antwordende ganz unbehaft unde unvorplichtet, sunder redeloß scholden syn. Velle ok heftich angest warninge edder vorsammelinge volkes, dardorch uns edder one beduchte de borch boven ore degelickes gesinde widere bestellinge bedorfte, schickede wy denne one to der behoif ver edder vif werhaftige; de tid over sulkes angstes schullen se desgelick so vele dar entjegen nemen unde hebben boven oere gesinde; unde desulven von uns so geschicket schullen se nicht vorwisen, sunder hedden edder kregen se to one edder orer welkem jenigen, wan dat uns to kennende geven. Keyme averst eyn hertoch hir int land dat were in saken feheden edder unwillen uns edder se belangende edder uns edder se nicht bedrepende, dardorch denne de borch wider vorwaringe bedorfte, so schullen se de tid over sulkes angestes hertoges und fehide boven ore degelickes hußgesinde alse portener torneman herde schaper swene ackerfente wagenknechte eßeldriver unde dergelick drittich man orer frunde edder anders mit harnsche unde were gerustet to sik uppe de borch nemen, dar se doch ore reisigen knechte kock unde kelnere so furder se tor were dochten unde mede waken wolden unde uns daran genoigede, mogen mede inreken. Darto wy one denne ok drittich man mit eynem unser radesfrunde edder sust eynem unserm gelofsamen schullen schicken de borch helpen to vorwarende bewaken weren unde entsetten, de se denne alle eynen mant lang mit

---

¹) *April 7.*

kost unde drinken schullen unde willen vorsorgen; unde wy willen one sulke tid over vor jewelken der unßen jo des dages twey schillinge in erstadinge sulker kost reken und geven. Stunde averst sodanne hertoch fehide edder angst lenger denn eynen mant, schullen unde willen wy unde se den seßtich mannen samptlick edder wy den unßen unde se den oren, wu dat denne best under uns in rade gefunden unde besloten worde, kost unde drinken reddelicker wyß vorplegen. Unde ef wy one to vorwaringe unde entsettinge der borch jenige were edder radschup an bussen armborsten pulver steynen pylen edder anders welkerleye dat were lehnden und schickeden, wes denne, wan sulk toch fehide feltleger und angest vorby, noch unbedervet und by enander were, willen se uns unvorucket full und all to Gottingen wedder inschicken ane vortoch unde wedderspraken. Unde ef de borch Fredelande denne so noch boven sulke bestellinge uns unde one, dar god vor sy, afgewunnen edder sust afhendich, dardorch se unde wy sampt edder se alleyne edder wy alleyne bewegen worden darumme to manende, mochten se, wolde id one geleven, to uns mit twelf perden unde knechten uppe gewontlicken unde redelicken solt gelick wy denne andern unßern rutern geven in unse stad ryden, darumme helpen furdern unde manen, willen unde schullen des alsedenne so by enander bliven unßer eyn hinder dem andern sick nicht zoenen noch africhten in neyne wyß, wy beide part syn denne erst alse Hans von Grone vorgeschreven und syne medeben[omten] to oren drittehalf dusent fl. hovetsummen und wy to unßer borch na aller nottroft wedder gekomen. Unde wo dat von unßer welkem anders vorgenomen worde, de scholde dem andern denne to dem synen vorgemelt behaft unde vorplichtiget syn. De borch Fredelande schall ok unse und der unßern open heym- und toflucht syn to alle unßen noeden unde wesende, wo de ok syn werden. Wy unde de unse schullen ok darup unde af von one unde den oeren na alle orer macht werden entsat gereddet und beschuttet. Se en schullen ok nymandes, de mit uns unde den unßen unwillich in fehiden eft vorwaringen edder sust in ungude von uns geweken were, noch dejenne, de wy von vorschrivinge und vordracht wegen in unßer stad edder in dem unßen nicht lyden mogen, uppe de borch Fredelande noch in dem gerichte nicht innemen heymen noch fulsten in neyne wyß, sunder sick der gentzlick ane alle todat utern unde entslan; unse borgere inwoner bur unde vorwanten nicht slan slan laten fangen noch to stocke foeren noch dat to gescheynde foigen noch schaffen, desulven ok noch andere gefenklick nicht innemen noch schatten, sunder, hedden se edder gewunnen to den unsern sake eft ansprake, de an belechlicken steden int lechte to handele unde geborlickem utdrage komen laten, id en scheige denne, dat sulke gefangen in unßen fchiden unwillen edder uppe unsem schaden worden gegrepen. Se unde de oren en schullen ok neyne fehide noch vorwaringe von Fredelande don edder maken ane unse wetten unde fulbord, darup edder von nicht roven, de rover mit der name nicht innemen, de ok aldar edder sust im gerichte nicht lyden noch jenige forderinge hovewerkes edder men dar jenich gerovet gud bute edder slyte nicht gestaden. De inwoner im gerichte darsulvest sust ok der unsern meiger unde guder to unwontlicken densten edder unplichten nicht bidde[n] furdern noch dringen nicht benodigen noch in jeniger wyß besweren, sunder by fryheiden unde rechte laten, dat mit one unde id sust aldar wu dat von alder wontlick is gewesen holden, uppe dat de von dar nicht gedrungen, sunder so vele de bet vorheget de guder ok nicht vorwostet werden. So he averst edder syne medeben[omten] darboven jenige der menne in dem gerichte beschatteden mit unwontlicken plichten, schullen se, worden se des von uns gefurdert, ungeweigert weddergeven edder, so des nicht gescheige, schullen unde mogen wy one dat in der wedderlose an der hovetsummen vorgerord korten unde innebeholden. Frevelde ok edder breike dar jemant an gerichte edder sust, sulker broke unde frevels, worden one de mit rechte togewiset, mogen se sick gebruken unde furder nicht, de en worden one denne von uns in fruntlicken dingen mit oren willen vorminnert. Ef ok jemandes sodan gedcilde broke unwontlick unde sick darinne besweret beduchte, mochte sick des ungefart an uns beropen unde uns darumme besoiken, wes von uns derwegen denne Hanse vorgeschreven edder sinen medeben[omten] darinne to- edder afgewiset worde willen se darby laten unde fredelick wesen. Se en schullen ok de wagen und lude des gerichts Fredelande nymandes to denste leynen, sunder wy mogen der, des wy uns in dussem handele hebben vorwordet unde beholden, to lantschattinge herfarden unde unser stad gebuwet unde befesteninge behof, wan uns des to donde wert, reddelick wyß gebruken, alse dat ok sußlange darmede geholden unde wontlick gewesen is. Ok en schullen se sick des provestes convents unde stifts tom Garden noch ores wesendes nicht underteyn noch se wormede benodigen, ok mit bode edder anders nicht besweren, anders denne so vele one von denste unde herwistbede des landes unde der menne to Dransfelde will geboren, sunder uns darmede to schaffende, wu wy dat im besten erkennen unde vornemen, gentzlick geweren laten, one doch an sulker gebore unde gerechticheid, de datsulve stifte an de borch Fredelande jerlickes to donde plichtich is, unschedelick. Dewile ok de gnante Hans mit synen medeben[omten] Fredelande inne hebben, schullen se in unserm denste syn ryden unde deynen mit orem sulvest live ver knechten eynem jungen unde seß perden woll gerustet, wan wy dat heischen. Deste min nicht Fredelande na notdorft bestellen unde truwelick woll vorwaren laten. Des schullen unde willen wy demsulven Hanse dusse jartal seß elen Leidisches und desgelick siner elicken husfruwen seß elen Leidisches jegen pingsten unde ome jegen den winter seß elen geferwedes Gottingesches wandes, darto synen ver knechten unde jungen uppe desulven tide sommer unde winter want (gelick wy andern unßern reisigen knechten unde jungen plegen to den tiden want to gevende) geven. Desulve Hans schall ok umme unßen willen, wan wy des gesinnen, fehide unde vorwaringe ok vigentlicken don unde, wan wy na ome senden und bidden to uns in unse stad edder sust na uns to ridende, schall he, wan sulk rident in unse stad felt, mit den perden unde den sinen ryden in de herberge; unde wy schullen in sulkem na uns ridende syn unde siner medeben[omten] ok siner knechte unde perde kost hofslach und aventur stan. Reisede he ok sines eigen werfes in unse stad, scholde he desgelick mit sinen knechten und perden in de herberge uppe sine kost unde aventuer ryden; doch schullen wy ome alsedenne indem he dar in eigener personen were mit vorsorginge eynes edder twyer nachtfoider nicht weigerhaftich fallen. Unde ef he sulvest edder sin sone in siner stede edder siner knechte welk in geschicke unsers deinstes worde neddergelecht gefangen edder geschattet (dat got afwende), willen wy ome twey hundert mk., aver synem sone so in siner stede gefangen hundert mk. unser stad weringe unde jewelkem der gefangen knechte eyn foider unsers hers, alse wy sust unsern reisigen knechten, wan sick dat in sulker gestalt tegen se begift, geven unde tokeren to bate sulker schattinge; so furder sick de schattinge allenthalven so hoch droege, one ok dar to harnsch unde perde, wat se der vorloren, edder, ef se denne edder sust in unserm geschicke unde denste jenige perde vordarft hedden, de na reddelicker werderinge betalen unde furder nicht; desulven vordorven perde se uns ok von stunt in achte dagen darna, so de weren vorderft, uppe unsern marstall schicken unde uns dat witlick don schullen; gescheige des averst nicht, en dorven wy one darto nicht

antworden. Worde ok im gerichte to Fredelande uppe uns
in fehiden edder anders angegrepen und de gnante Hans
syne medeben[omten] von uns ungeeischet tor jacht keymen,
darover nedderleigen edder an oror have schaden neymen,
willen wy darmede jegen se holden alse ef se dorch unse
heischinge tor jacht gekomen weren, unde gewunnen se wes
darover, scholde uns gewunnen syn, utgenomen wat in de
bute hoeret. Wu one ok orenthalven in dem gerichte to
Fredelande fehide bejegende edder or vedderlicke erve an-
gegrepen worde unde se so tor jacht keymen darover nedder-
leigen edder schaden neymen, dar en schullen wy one nicht
to antworden noch jenige bate edder stuer to don noch den
schaden erleggen. Worde one averst one fehide dat gerichte
to Fredelande edder ore vedderlicke erve andrepende, dar
wy orer to eren unde rechte mechtich weren, dat so vor se
geschreven edder geboden hedden unde men des nicht wolde
upnemen, alsedenne en willen wy se nicht vorlaten. De
gebuwete unde tuene upper borch, daranne unde ummeher,
so de itzund syn schullen, se buwelick dackgar unde in
wesende beholden unde neyne nye gebuwete darup edder
vor nicht buwen, id en gescheige denne mit unserm rade
unde guden willen; unde ef an den graven unde tunen umme
de borch edder sust noch wes to donde unde to arbeidende
syn worde, schullen se mit den luden dusses gerichts unde
andern unsern undersaten, de wy one unde ok de radschup
darto schicken, mit unßem wetten unde rade dusse jartal
entilen maken unde bereiden. Wolden wy ok to befesteninge
der borch an muren bolwerken unde graven edder anders
wes maken, denjennen von uns darto geschicket schullen se
kost unde drinken vorplegen reddelicker wyß, jewelkem per-
sonen der geschickeden jo des tages vor achteyn penninge
unßer stad weringe. Willen wy ok de borch Fredelande
mit der tobehoringe vorgerord in utgange der dryer jar vor-
gemelt wedderkopen unde an uns bringen, so wy uns de
macht unde wande in dussem handele hebben beholden, so
schullen wy dem gnanten Hanse edder wu he am levende
nicht en were denne synen erven und erfnamen den wedderkop
in dem lesten unde dridden jare twischen sinte Michaelis
dage unde wynachten tovorn vorkundigen muntlicken edder
schriftlicken unde alsedenne in der hilgen pasche weken dar
nehist folgende ome und synen medebe[nomten] sodanne
driddehalf dusent gude geneme Rynsche fl. binnen Gottingen
gudlick unde woll to danke weddergeven unde betalen; doch
also, ef se uns denne wes schuldich weren, des wy ore vor-
schrivinge edder ware kuntschop hedden, welkerleye dat

denne were, one dat alle an der vorgemelden hovetsummen
afgekortet syn unde werden schulle one jenigerleye ore insage
behelp edder indracht. Unde wu wy de vorkundinge uppe
de vorgemelden tide so nicht en deiden, denne schullen unde
mogen se Fredelande mit der tobehoringe vorgerord noch
dre jar na dren jaren in weren unde brukinge hebben unde
beholden, bet so lange de vorkundinge unde betalinge ge-
schein unde gedan werden in maten dat so vor gemeldet is.
Unde wan denne de betalinge so is gescheyn, alsedenne
schullen se uns de borch Fredelande mit hußgerade ingedome
radschup unde aller andern tobehoringe, alse one de itzund
von uns ingedan, ok de neigen hove landes to Groten Sneyn
so de nw syn beseiget mit eynem sittende meiger unde
ploigesdeile, darto ok dat borch unde Hilwardeßhusche land,
in maten dat itzund bestalt unde beseiget, dem gnanten
Hanse ok in unde overgeantwordet is, wedder in unse were
unde to unßen handen alle woll geploiget und beseiget frede-
licken unde mechtichlicken stellen unde overantworden sunder
alle indracht unde wedderrede. Wu averst sulken landes
wes unbeseiget were, mogen wy darvor na achtinge, so vele
id wolde kosten, dat to beseigende an der vorgemelden hovet-
summen innebeholden unde one afreken, dat se so ane insage
willen laten gescheyn unde tofreden syn. Unde ef unse
gnedige herschup von Brunswick de borch Fredelande mit
oren tobehoringen von uns binnen dussen vorgerorden jaren
wedderkopen unde to sick bringen wolden na lude orer breve,
hebben wy uns mit Hanse von Grone vorgemelt mechtlicken
vorwordet unde erholden, dat wy one denne de vorkundinge
unde wedderkop don mogen in aller mate, ef dusse vorge-
melde jartal umme unde vorlopen were, so dat se uns to
dem wedderkope ane weigeringe sitten unde staden schullen,
alse wy der herschup vorbenant syn behaft unde don moten;
doch also, dat wy one ore betalinge denne ok vorplegen in
vorgeschrevener wyse. Id heft ok Hans von Grone boven
geschreven uns geredet unde gelovet in guden truwen vor
sick sine erven unde erfnamen alle stucke unde artickel
dusses breves unde der jewelken stede vaste unde unvor-
broken woll to holdende ane allen behelp insage unde ge-
verde. Beduchte averst uns he derjenigen vorbreike willen
wy one to kennen geven unde so he denne darinne gehort
siner antworde schuld hedde, schullen wy macht hebben
unde dat by uns stan ome unde sinen medeben[omten] dusse
vorgerorden jartal to vorkortende unde de borch Fredelande
mit orer tobehoringe uppe ostern in welkerem sulker dryer
jar, dat denne were to uns to losende darto se uns ok ane

weigeringe willen und schullen gestaden, indem wy one ore hovetsummen vorgerord uppe maten vorgeteikent geven und vornoigen. Unde darvor von demsulven Hanse von Grone unde synen medeben[omten] dussem allet, so wu vor gerord folge schulle gescheyn, unde ok ef he binnen dusser jartal mit lives krankheid befelle dardorch legerhaftich worde edder vorstorve, heft he uns de vesten Guntzel unde Bruninge von Grone unde Hanse von Hardenberge syne brodersone unde ohemen in cynem sunderlicken gegeven breve to borgen gesat, mit densulven en sodan unde ok dat uns an der borch Fredelande und orer tobehoringe noch an dem hußgerade ingedome kleynoden radschup edder anders neynerleye schade vorminneringe untruwe edder afhendinge nicht geschein, sunder allet in guder geloflicker truwer hoide und vorwaringe to unßer behoif na aller nottorft woll vorsorget syn unde bliven schulle, wente so lange uns de mit orer tobehoringe wo vor wedder mechtichlicken unde gewarsam ingeantwordet unde to unßern handen gestalt sy, ane alle geverde vorsorget bestalt unde vorseckert, vnde ef desulven borgen edder der welk na schickinge goddes vorstorven, schall he uns ungesumet drey so gude borgen edder in des vorstorven stede eynen andern gelike guden borgen wedder setten ane behelp und weigeringe. To orkunde unde bekantnisse dusser vorgeschreven puncte und artickel sampt unde jewelkes besundern is unser vorbenanten stad ingesegil an dussen bref gehangen. Datum anno domini millesimo quingentesimo quarto secunda feria proxima post dominicam jubilate.

Archiv 224, h; Or. m. S.

16. *1504 Juni 4.*
Herzog Heinrich der Mittlere von Lüneburg an Göttingen: erneuert das Verlangen, dass die Stadt seinen Vettern nicht volle Huldigung leisten möge[1]).

Den ersamen unsern lieben getruwen burgermeistern und radluden unser stad Gottingen.

Von gots gnaden Heinrich der jungere hertzog zu Brunßwig und Luneborch etc. Unsern gonstigen willen zuvor. Ersamen lieben getruwen. Es ist umb sant Bartholomey tag nehist vorgangen ein jar vorschienen gewest[2]), das wir

---

[1]) cf. N. 9, 10, 11. *1504 März 29 hatte Herzog Heinrich der Aeltere von Braunschweig-Wolfenbüttel mit der Stadt Braunschweig einen Bund gegen Herzog Heinrich von Lüneburg geschlossen zur Zurückweisung der in N. 10 geltend gemachten Forderungen. Rehtmeier, Chronic. Brunsvic. p. 848.* [2]) *Unrichtig ausgedrückt. Nicht 1502 Aug. 24 ist gemeint, sondern 1503 Aug. cf. N. 10 u. p. 20.*

den glidmassen des lants zu Gottingen inhalts diesser ingelegten copien geschrieben und warhaftige abschrift eyner gloublichen vortracht zwischen unsern vettern und uns ufgericht uf zwelf jar vormeldende middegesant; daruf bitlicher ansuchunge begert unsern vettern keyne holdunge zu tunde, die uns an unser erblichen gerechtigheit der helfte des lands schaden geberen mochte, wie ir euch uß derselbigen copien unser vorigen schrift ferner wol habt zu erkunden. Ob nu die berurte unser vettern und unser vortracht euch zu horen oder zu leßen vorgetragen ader underslagen sey, des haben wir keyn wissen. Aber wir vorsten, das die kleynen stedde unserm lieben vettern hertzogen Erichen poben solches unser schrieben holdunge getan haben sollen, das uns dan nicht unbilih befrombdet. Auch vordunket uns, das prelaten manschaft und stedde uns biß daher uber dry viertel jars ungeverlich ane antword gelassen haben. Wie dem allen so schicken wir euch hir inne vorslossen warhaftige copie unser vettern und unser vortracht, daruß ir wol vormerken werdent, das wir in glauben und gutem vortruwen mit unsern vettern gehandelt und uf solchen glouben die stende des gnanten landes prelaten manschaft euch und andere stedde an ir liebe erblich vorwyst haben, doch nicht anders dan uf unser vettern und unser vortracht, des wir grunden uf die brieflichen uberwysunge. Und ist solche uberwysunge keyner andern gestalt geschen dan uf guten glauben und unsern vettern zu liebe zu fruntschaft und zu nutze. Darkegen wir die Fryen vor dem walde und Meynerssen zu eyner erstatunge entpfangen. Aber zu ußgange der zwelf jar haben wir unser gerechtigheit von unserm vettern hertzogen Eriche gefordert. Unser vetter hertzog Heinrich hait auch derhalben zwischen hertzogen Erichen und uns gehandelt; wir sint des aber noch nicht freddelich. Wiewoil wir dan die stende des landes erblich an unser vettern uberwyst, so ist doch solchs in keyner andern gestalt geschen dan unsern vettern zu gute und in guten glauben, wilchs dan unser vettern und wir unter einander zu tunde haben. Und getruwen uf solchen glauben, ir sollent nicht plichtig sein iren lieben eyne volstendige holdunge zu tunde und begern darumb noch als vor gutlich bittende: ir wollent unsern vettern keyne holdunge tun, die uns zu unser gotlichen erblichen gerechtigheit eincherley wyse approchig adir scheddelich sein mocht zu unser helfte des landes. Wir mugen aber woil lieden, das ir unserm vettern holdigt zu irem rechten, sofer sich solchs erstreckt und euch geburen wil. Wir wollen uns daruf vorsehen, ir werdent euch alles des halten, als ir uns als ewern middeerbhern schuldig syt. Desgleich wollen wir euch vor die unsern halten zu unser gerechtigheit und euch widderumbe ein gnediger her sein. Und wiewol wir des nicht zweifln, so begern wir doch ewr beschrieben richtige antword. Datum Zcelle uf dinstag nach trinitatis anno etc. 4.

Landschaftliches Vol. I; Or. m. Spuren d. S. Daselbst Cop.

17. *1504 Aug. 31* (uf sonabint nach decollacionis Johannis). *Celle.*

Herzog Heinrich der Mittlere von Lüneburg an Göttingen: ersucht ihn zu der vom Römischen König geforderten Heerfahrt (reyße), zu welcher er in der Eile weder aus seinem Fürstenthum noch aus Lübeck oder Stade eine genügende Zahl Pferde habe beschaffen können, ein gutes Ross zuzuschicken, damit er den verlangten Dienst um so stattlicher ausführen könne.

Briefsch. XVI, A; Or. m. S.

18. *1504 Nov. 20. Innsbruck* (Ißprugk).
*Kaiser Maximilian erklärt Göttingen auf Ansuchen Herzog Erichs in die Acht*¹).

Wyr Maximilian von gots gnaden Romischer konigk, zu allen zeiten merer des reichs *[etc.]* — bekennen offentlich

---

¹) *Der Copie der Kaiserlichen Acht ist im Lib. antiq. gestor. fol. 79 von der Hand des Stadtschreibers Hermann Bode folgende Erzählung über den Streit der Stadt mit dem Herzog Erich vorausgeschickt:* In sulkem drange der huldinge halven hebben wy myt hertogen Ericke by veirtein jaren bet up dat der vordracht neddenbeschreven in ungnaden geseten und heft uns darbynnen dorch sick sine ampton und vogede de unse gegrepen geslagen geschattet, unse gudere bekummert, uns *[Marginalnote:* huic mandato dominus in Plesse non paruit*]* nicht to- edder aftoferende den sinen vorboden, itwelken unsern borgern dat ore entwert, eynen uyen dick by Leugelern gemaket, darin der unsern lant befloidet und nicht erstadet, eynen armen man by uns wonhaftich, de umbo armoides und siner narunge willen geistlicke furderingesbreve droich, na Munden gefort gepiniget und int leste de ogen utgebroken, eyn nye hofgerichte to Munden gelecht, darin de unße worden gefordert, unße meigere in siner herschup to unwontlicken deinsten gedrungen und anders an unsern gnaden friheiden wontheiden und rechte hoichlick und menigerleye wiß beswert, und indem he sick in sulker tid by den Romischen konning gewant, dem lange tid nagereden und gedenet, heft he ane ladunge ungehort unser antwerde ok boven dat so sin gnade to uns jenige ansprake vormeinde to hebbende, dat bynnen landes na vormoge unser privilegien scholde furdern, irlanget, dat de koninklike majestat uns in des rikes acht erkant und declarert und sodan achtsbreve geprentet an velen steden ummelangenßhere laten anslan. Darinne mach men schin, wu wy deß mals vorachtet uns und dat unse ane wandel antogripende und anders gemeyne irkant sin.

myt dissem brief und tun kunt allermeniglich, das uns der
hochgeporn Erick herczogk zu Braunsweig und Luneburg
unser lieber oeheim furst und rat furpracht hat: wiewol in
unserm landfrieden lauter gesetzt geordent unde begriffen,
das nymants in was wirden stands oder weßens der sey den
andern beschedigen bekrigen berauben *[etc.]* — — — sonder
wer zu dem andern zu sprechen vormaint der sol sulchs
suchen und tun an den enden und gerichten, da die sachen
ordentlich hingehoren oder vortaedigt werden; darauf wyr
auch alle offen vet und vorwarnung durch das gantz reich
aufgehebt und abgetan und ob yemants, in was wirden stands
oder weßens der oder die waern, wider der ains oder mehres
handeln oder zu handeln understeen wurden, dieselben alle
in de peen unde straffen des rechten und darzu in unßer
und des heilgen reichs acht mit der tat vorfallen zu seyn
erkent und erklaert und ir leib und gut menniglich erlaubt
haben etc., so ßollen doch daruber burgermaister rait und
gemayn der stad Gottingen aus aygnem mutwillen und fur-
nemen ine seiner jurisdiction, ßo sein voreltern herczogen
zu Braunsweigk und ere ob sechßhundert jaren rubiglich
und unwiddersprochenlich in derselben stad Gottingen gehabt
gewaltiglich und on recht ensezt, seinen gesworen schuld-
haißen aus der stad getriben und nit allain gegen den pur-
gern in der stad sonder auch seinen armen leuten und under-
tanen mit nichtiger ubung gerichts gehandelt und tun das
noch daglichs. Darzu yetz in seinem abweßen, als er in
unßer und des reichs dienst geweßen sey, zween irer myt-
purger myt namen die Gißler, ßo vormals mit gewelttiger tat
on ursach seinen diener auf seynem aigentumb zu tot ge-
slagen und darumbe sy ym auf seynen lantgericht zum
Leyneberg myt leib und gut zuerkent weren on alle entgeltnus
und vordruckung seyns gerichtszwangs oberkeid und regalia,
so er von uns und dem heilgen reich hab, widerumbe in die
stad Gottingen kommen lassen und in ire vorwirkde gudere
eingesetzt. Auch zu mer maln myt ir selbst gewalt und
gewapneter hant in seyn flecken gefallen und etlich seyner
abfluchtigen undertonen, die seine arme leut wider unser
kuniglichen landsfriden beschedigt, in die stad Gottingen
geleitet und fur ir mitpurgere und einwonere aufgenommen
unde ym vorgehalten. Desgleichen etlich sein geproet knecht
und undertanen auf dem seinen begriffen und fenglich in die
stad Gottingen gefurt und sich an dem allein nit settigen
lassen, sunder kurtzlich auch in seinem abweßen bey naecht-
licher weyl on alle redlich ursachen ym in sein dorf Wenden
gefallen, sein zolhaus daselbst gepocht und daraus was darin

gewest ist genommen und darnach in grunt verprent, seinen
zolner in tot vorwunt und ine mit sampt zwoyen seinen
untertonen fenglich angenommen. Und deweil nun der-
gleichen gewaltig taten und handlungen bey unser und des
reichs acht und aberacht und andern merglichen penen
straffen und bussen, wie vor steet, verpoten und dan solich
tat und gewaltig handlungen offinbar am tag und daruber
ferrer keiner beweisung noch rechtlich erkantnuß not ware,
hat er uns demuttiglichen angeruffen und gepeten die gemelte
burgermaister rat und gemaind zu Gottingen in die obberiert
peen und straf (wie sich von derselben gewaltigen tat und
handlungen wegen zu tun gepurt) vorfallen zu sein zu er-
kennen und zu erklaren, das wie demenach zu handhabung
fridens mit wolbedachtem mut gudem rat und rechter wissen
die genannten burgermaister rat und gemaynt der stad Got-
tingen der obberirten taten und handlung halb die, wie vor
steet, am tag offenbar und ferrer daruber kein bewaisung
noch rechtlichen erkantnus noit ist, in die peen und straffen
des rechten und unser und des reichs aufgerichten landfriden
und darzu in unser und des reichs acht und aberacht ver-
fallen zu sein, declarirt erclart und verkundt und sy aus
unser und des reichs gnad huld unde frid in den unfriden
gesetzt und ir leib unde gut menichlichen erlaubt haben,
declariren erclaren und verkunden sy in de gemelten peen
unde straf, setzen auch sy aus dem friden in den unfriden
und erlauben ir aller leib hab unde guter meniglichen von
Romischer koniglicher machtvolkommenheit wissentlich in
craft dißes briefes. Und gepieten darauf allen und yeglichen
unsern und des reichs churfursten fursten geistlichen und
weltlichen *etc.* — — ernstlichen und wollen, das sie den
gemelten burgermaister rat und gemaynd der stad Gottingen
mit iren leiben haben und gutern in unsern noch euren landen
herschaften schlossen[1]) stetten markten dorfern gerichten und
gepieten nit enthalten haußen hofen aetzen und trenken
malen bachen noch gantz kein gemainschaft mit inen haben
noch solchs den iren haimlich oder offenlich zu tun gestatten
in kain[2]) wys, sonder dieselben burgermaister rat und ge-
maind zu Gottingen und die iren, wo sy die mit sampt iren
leiben haben und gutern in unsern und iren landen und her-
schaften schlossen stetten merkten dorfern gerichten und
gepieten ankommen und betretten mogen, antasten aufhalten
vahen bekummeren verheften hinfuren und myt iren leiben
haben und gutern handeln tun und lassen, als sich gegen

---

[1]) *Vorlage:* scholsßen.   [2]) *Vorlage:* dahin.

unsern und des reichs fraevenlichen ungehorsamen verachteren des rechten unde unsers kunigklichen landfriden zu tun gepurt. Solichs auch bey den iren allenthalben myt ganzem ernst schaffen bestellen unde verfugen und hyrinne nit seumig erscheinet noch ainer auf den andern waegen noch vorzich, als lieb inen allen unde ir jedem sey unser und des reichs sware ungnad und straf unde darzu die obgemelt peen zu vormeyden. Daran tun sy unser ernstlich mainung. Was sie auch gegen denselben von Gottingen und den iren mit sampt iren leiben haben und gutern furnemen tun oder handeln, damit sollen sy wider uns das heilig reich noch yemants anders nit gefraevelt noch getan haben noch yemants darumbe zu antwerten schuldig seyn in kain wys. Welhe aber dißem unserm kunnigklichen gepot ungehorsam erscheinen wurden, dieselben all und jeden besondern erkennen und declariren wir jetzo alßdan unde dan als yetzo von ob berirter unser kun[i]gklichen machtvolkommenhait in de yetz bestimpten peenen des rechten und unser unde des reichs a[u]fgerichten landfriden verfallen zu seyn und wollen umbe solich ir ungehorsam unde verachtung myt denselben und andern swaren peenen straffen und bussen gleich den taetern wider sye ir leib hab und gut handeln und vornemen, als sich zu tun gepurt. Darnach wys sich mennigklich zu richten. Geben zu Ißprugk am zwentzigsten tag November nach Christi gepurt funftzehenhundert und ym veerten, unsers reichs des Romischen ym neuntzehenden und des Hungerischen im funftzehenden jaren[1]).

Liber antiquorum gestorum fol. 79—82; Cop. Erwähnt: Zeit- und Geschichts-Beschreibung der Stadt Göttingen I, 325.

[1]) *Im Lib. antiq. gestor. fol. 82—84 folgt nachstehende Erzählung:* Dewile nw in dem konninkliken mandate der acht vif artickel jegen uns angetogen, leten wy uns bedunken, dat sodan acht ungehort unser antwerde erworfen, so wy de artickel woll wusten to verantwordende, ungegrundet und dem rechte tojegen und darumbe vor nulliteten to achtende were. Und wuwoll unse antwerde up de vif artickel ym konninkliken hove ny vorgebracht, sunder de acht umbe nichticheyd des proceß und dat de hinder unsern rugge irlanget weddersuchten und relaxert word, so sin doch de artickel und darna unße antwerde, der wy summaria vormeinden to gebrukende, hir nageschreven to eyner gedechtnisse. Articuli super quibus bannum fuit obtentum: 1. De von Gottingen schullen hertogen Ericke siner jurisdiction hebben entsat und sinen schulten uter stad gedreven. 2. De von Gottingen schullen twen borgern alse doetslegern genomet de Giseler in afwesende hertogen Ericks to vordruckinge siner overicheid in de stad hebben laten komen und se in oro vorwerket gudere gesat. 3. De von Gottingen schullen myt gewapender hant in hertogen Erigks flecke sin gefallen und sine affluchtigen hebben geleidet und vor mytborger yngenomen. 4. De von Gottingen schullen hertogen Ericke sine gebrodide gesinde uppe dem sinen afgegreppen und gefenk-

19. *1505 Jan.* 8 (am middeweken nach der h. dryer koninge dage).

Herzog Heinrich der Aeltere von Braunschweig-Lüneburg [-Wolfenbüttel] und die Stadt Göttingen schliessen auf 10 Jahre ein Bündniss.

Arch. 18; Or. m. 2 S. cf. Nachtrag.

---

lick in de stad gefort hebben. 5. De von Gottingen schullen hertogen Ericke sin tollnß gepuchet und gebrant hebben. Unse antwerde. 1. Uppe den ersten artickel: De von Gottingen en bestan ok erfinde sick vm grunde nicht, se hertogen Ericke siner jurisdiction hebben entsat, wolden dat ok ungerne don. Sust mach sulk jurisdictio efto gerichte eyne tid lang hebben geruwet orsprunglick des schulteten halven, Hinrick von Lunden genant, so de sommelicken borgern rechts, dat ome nicht geboret, heft geweigert; sick ok understan vaste nyer upsate to gebrukende der stad Gottingen in afbrock orer fryheid und von alder hergebrachten wonheid. Is ok nemlich in voranderinge des rades und ampten der stad Gottingen, so de jerlickes geschuet, weigerhaftig gewesen dem nyen gekoren rade und amptluden de eyde, [so] se plegen to doynde, to stavende, dat doch von sinen vorfarn allet was gescheit, villichte der andacht one ore regiment und olden wonheid to sweckende. Des hebben do de raid hertogen Erigke schriftlick besocht, biddende Hinricke von Lunden darhin to wisende, sick der gebore to hoildende. Is averst nicht angeschin, so dat darover dat gerichte is ungehoilden gebleven. Dat ok de genante Lunde ut Gottingen gewiset, is hertogen Ericke nicht towedder noch siner jurisdiction to vorfange, sunder merklicker orsake und handele halven dorch Lunden eigen person gescheyn sick to plauge und upror dragende, dardorch he dem rade to Gottingen in orer stad nicht en evende. So hebben de von Gottingen sick in handelen und anders vaken laten horen, so hertoge Erigk eynen fromen man, de sin gerichte na oldem herkommen vorhegide und yderman rechts vorplege, vororde, wolden se gerne liden, demo ok so vele in one were furderlick syn. 2. Uppe den andern: De von Gottingen en hebben de Gißeler in ore gudere nicht gesat noch ome hertogen Ericke towedder vorhenget in orer stad to sinde, sunder ome umbe flitlicker bede willen des irluchtiden hoichgeborn fursten hern Hinrickes des eldern to Brunßwig und Luneborch hertogen *[Herzog von Braunschweig-Wolfenbüttel]*, de se vor sine dener heft angetogen, to Gottingen af und an in oren noden, so se beide kraug weren, to wanderen gelick andern siner gnade deynern vorgont. 3. Uppe den dridden: De von Gottingen en bestan nicht, se hertogen Ericke in sine flecke sin myt gewapender hant gefallen *[Marginalnote von derselben Hand:* Homan von Verllnsen hir ingetogen *]* und sine afflucktigen geleidet edder vor borger hebben yngenomen. Moge vor tiden syn gescheit, dat eyn arm burßman villichte umbe drauwes willen to Gottingen is up gnado gekomen und heft korts darna myt hulpe siner frunde ane alle todaet und wettent des rades sin queck und have nagehalet; und so hertoge Erick an den raid darumbe geschreven, hebben de raid ome gesecht, se en willen synenthalven neyne vordacht hebben, so is he von stunt von ome wedder getogen. 4. Uppe den veirden seggen de von Gottingen: Id sy vor tiden gescheyn, dat sommelicke knechte eynen orer borger hebben genomen eyn perd uppe des hilligen rikes frien straten nicht verne von orer stad *[Marginalnote:* Bertold voget und Piet von Harste dem unsern eyn perd genomen *]*. Des syn desulven von oren deynern, ome so dat rochtlich wart, von stunt nageschicket erylet eynen

20. *1505 Jan. 15* (am midweken na dem achten dage der h. dryer konunge).

Johann und Gotschalk von Grone Gebrüder urkunden, dass sie, nachdem die Irrungen mit dem Rath von Göttingen wegen der ihrer Meinung nach erledigten Lehen durch Herse von Röden und Johann Speigelberg beigelegt worden, die Lehnserneuerung vorgenommen haben.

. *Lib. Cop. Papyraceus I fol. 25.*

---

orer borger gefenklick myt sick forende, darover so angeferdiget dem rade gefenglick to handen gebracht und hingesat der menynge, umbe sulker daet willen scholden werden na gebore getraffet. So averst de hoichgeborn irluchtide furste hern [!] Wilhelm to Brunßwig und Luneborch hertoge, do noch am levende, enßodan und darby, dat hertoge Erick sick sulker knechte wolde antein erfarn, heft sin gnade by dem rade to Gottingen so vele bearbeitet, dat se desulven knechte ome gefenglick over und to handen hebben gestalt se to straffende und he heft sick vorsecht de von Gottingen darin to vorsorgende. 5. Uppe de viften seggen de von Gottingen: Dat sommelicke forlude ore borgere, indem se to Duderstat tom markede weren gewesen, sin in orer wedderreiße uppe der frien straten nicht ferne von orer stad dorch Bertolde den voget hertogen Erigkes und sinen anhang gewoltlick myt gewapender hant angelopen und to gefenglicken loften to dessulven fursten handen, ok von dem gude, [so] se foirden, und andern, so vor one hergefarn was, den tol mede to bringende sick to vorseggende, erdrungen. So nw desulven vorlude spade tegen den avent inhemisch sin gekomen und sick sulker overfaringe hoichlick beclaget, hebben de von Gottingen sick laten bedunken sulkes vornemendes (so vor ny was gehort, men an den enden tol plege to gevende) meynen billicke weren bleven vorschont und sin dardorch georsaket und beweget itwelke de ore in eynem cleynen tale den handedern uppe hanthaftiger daet to folgende der hopenynge sick der to bekomende utgeferdiget und so desulven geschickeden de hantdeder bynnen Wende, darut und wedder in sulk gewolt und overfaringe was geschein, und darsulvest in der tafferne ok huse Hermen Heißen, de dar den tol dosammede, hebben gesocht und sick laten bedunken, se geweken und int cloister darsulvest mochten gekomen sin, und sick wedderumbe to huß wolden wenden, nadem one uppet hogeste was bevolen neynes andorn denne alleyne der hantdeder, so se sick der bekomen edder sussent jegener, darmede de wu vor[berort] gefangen borgere des gelofts vorgerort entleddiget gequitet und loeß werden mochten, to undernemende, is des genanten Hermen Heißen tolsammers huß, dat boven 14 edder 16 fl. nicht gewert is gewesen, begont to barnende. In wat gestalt sulk brant irhaven is, en hebben de raid, wuwoll se vaste flits darna gedan, ny konen erfarn. En is one ok nicht leif gewesen, sunder gantz mißhegelick, en bestan ok nicht se dat tolhuß hebben gepuchet, sunder indem dat begonde to barnende, sin sommelicke int huß gelopen in andacht desjonnen darin was itzwes to reddende und wat des so geroddet wart Hermen Heißenn to gude by den raid gebracht. So hebben sick ok de von Gottingen na sulker schicht erboden derwegen, wor sick wolde geboren rechts to plegende und, ef men konde erfarn, dat jemant der oren des schult hedde, de ok to rechte to stellende.

21. *1505 Jan. 15* (quarta feria post octavam epiphanie).

Johann von Grone Knappe belehnt mit Bewilligung seines Bruders Gotschalk die Göttinger Bürger Tile Greven und Heinrich Boninges[1]) *nach erblichem Mannlehnsrecht zu Handen des Raths mit 4 Mk. jährlicher Rente aus der Grabenmühle*[2]) *binnen Göttingen und mit einer Wiese zwischen der Stadt und dem Hagen; nach Ableben derselben sollen 2 andere vom Rath vorgeschlagene Rathmannen gegen Erlegung von 2 Mk. Gött. belehnt werden.*
   Lib. Cop. Papyraceus I fol. 25.

22. *1505 April 13* (am sondage jubilate).

Johann Bischof von Hildesheim belehnt die Rathmannen Hans von Dransfeld und Ludolf Stockleiff zu Handen des Rathes von Göttingen mit dem Dorfe Herberhausen nach erblichem Mannlehnsrecht; nach Ableben derselben sollen 2 vom Rathe vorgeschlagene Rathmannen, welche den üblichen Lehnseid zu leisten haben, belehnt werden[3]).
   Arch. 821; Or. m. S.

23. *1505 April 17. Weissenburg.*

Kaiser Maximilian suspendirt die über Göttingen verhängte Acht auf 3 Monate[4]).

Wir Maximilian von gots gnaden Romischer kunig etc. bekennen: als wir den burgermaister und rat der stad Gottingen der irrung und spen halben, so sich zwischen dem hochgebornen Ericken hertzogen zu Brawnswick und Luneborch unserm lieben oheim und fursten an eynem und derselben stad anders tails halten, in unser und des heiligen reichs acht und aberacht denunciert, das wir auß ursachen uns

---

[1]) *Sie waren Rathmannen.* [2]) *cf. Schmidt a. a. O. I, N. 236.*
[3]) *cf. Schmidt a. a. O. I, N. 283. Die Lehnsurkunde vom 7. April* (am mandage na misericordia domini) *1505 wurde laut Rückschrift wegen Mangel in der Form zurückgewiesen.* [4]) *Vorausgeschickt ist im Lib. antiq. gestor. fol. 84 folgende Erzählung:* Also wy nw in sulker acht weren, hebben wy unse hern und frunde besocht der raid und troist gebeten und int leste by unserm gnedigen hern von Heßen vorbenant [*Landgraf Wilhelm*] gefunden, dat sin gnade den ernvesten Baltisar von Schrutenbach rentemester ton Gitzen unsernthalven an de konninklike majestat, do deß mals to Weißenburg im Elßas gewesen, utgeferdiget myt eyner supplication, de uns deß mals sulker acht eyn gnedichlicke suspension drey manet lang irlanget. Darbynnen wolde konninklike majestat de dinge, ef wy myt beschede in de acht gedan weren, in vorhoringe nemen.

dartzu bewegend dieselb acht drey monet die negisten, in
meyning dazwischen solh irrung und spen zu horn und ferrer
darin zu handeln was sich geburt, angestelt und geordent
haben, das mydler zeit in kraft derselben acht widder sy ir
lieb und guter nichts gehandelt werden soll und gebiten
darauf allen unsern und des reichs undertanen unde ge-
treuwen[1]), in was wirden staits oder wesens die sein, von
Romischer kuninglicher macht ernslich mit disem brief und
wollen, das sie[2]) die genanten burgermaistere rait und gemeine
stad Gottingen bey solicher anstellung bleiben lassen und
dawidder gegen inen nichts vornemen oder handeln noch
jemants zu tun gestatten. Mit urkund des briefes geben zu
Weißenburg im Elßas am sebenzehenden tag des monets
Aprilis anno quinto *[etc. — —].*

*Nach Cop. (A). Suppl. zu den Cop. Vol. VII. Lib. antiq. gestor.
fol. 85 (B).*

24. 1505 Aug. 19. Tervueren (zu der Furn).

*Kaiser Maximilian suspendirt die Execution der über
Göttingen verhängten Acht bis zum Schluss der von ihm auf
den 9. Nov. angesetzten Verhandlung des Streits zwischen Herzog
Erich und Göttingen*[3]).

Suppl. zu den Cop. Vol. VII g. Cop. Lib. antiq. gestor. fol. 85.

25. 1505 Aug. 19. Tervueren.

*Kaiser Maximilian befiehlt auf geschehene Fürbitte und
um Göttingen den Einwand zu benehmen, es sei auf Herzog
Erichs Antrag ungehört in die Acht gethan, dass Göttingen
zum 9. Nov. seinen Anwalt zu ihm schicke, wohin auch der
Herzog persönlich zu kommen oder Vertretung zu senden habe;
meldet die Suspendirung der Acht bis zum Schluss des Verhörs;
sichert Göttingens Anwalt freies Geleit für Hin- und Rück-
reise*[4]).

Suppl. zu den Cop. Vol. VII g; Cop. Lib. antiq. gestor. fol. 87.

---

[1]) *B,* getruwen *A.* [2]) gy *B.* [3]) *Vorausgeschickt ist im Lib. antiq. gestor.
fol. 85 folgende Erzählung:* Ehir utgange der drier manto begaf sick, dat de
Romische konning up eynen rykeßdach to Colne alle fursten hadde gefurdert.
Darhin ferdigeden wy unsern radesfrund Hinricke Giselers, de up swaer
eventur kost und moige und modo ut vorbode unsers gnedigen horn von
Hessen lantgraven Wilhelms vorgescreven uns by der konninkliken maje-
stat irworfen, dat de konninklike majestat exequution sulker acht bet to
ende der vorhor der handlunge, darumbe wy in de acht denuncieirt weren,
upgeschoven; heft uns dar de beneven und hertogen Ericke uppe de negiden
dach des mants Novembris, wor sin konninklike majestat deß mals im
rike worde sinde, vorbescheden lauts des konninkliken mandats, dat zu
der Furn ingrossert und vorsegelt word und folget hir na. [4]) *Voraus-
geschickt ist im Lib. antiq. gestor. fol. 85 folgende Erzählung:* So nw

26. *1505 Nov. 6* (ipso die s. Leonardi confessoris).
Göttingen an Landgraf Wilhelm von Hessen: bescheinigt den Empfang von 220 fl. und 1 Ort, wofür es demselben 1504 Salpeter und Pulver, 1503 einen Schimmel (eyn gra perd) im Werthe von 70 fl. beschafft hatte.
Lib. Cop. Papyraceus I fol. 192.

27. *1506 März 10. Wien.*
Kaiser Maximilian überweist, nachdem sich Herzog Erich und Göttingen vor seinem Hof[gericht] gestellt haben, die Untersuchung des Streits an das Kammergericht, weil die vom Anwalt des Herzogs in Sächsischer Mundart überreichte Eingabe ihm, dem Kaiser, wie seinen Räthen unverständlich geblieben und weil er zur Zeit mit andern Geschäften überhäuft sei; suspendirt bis zum Ende des Rechtshandels die über Göttingen verhängte Acht.
Suppl. zu den Cop. Vol. VII g; Cop. Lib. antiq. gestor. fol. 87.

28. *1506 März 10. Wien.*
Kaiser Maximilian an das Reichskammergericht: übersendet die Acten in Sachen Herzog Erichs und Göttingens; befiehlt die Untersuchung bis zum entlichen rechtsetzen fortzuführen, dann ihm die Akten und ein Gutachten einzusenden, indem er ein Endurtheil ausserhalb unßers sonders wissen verbietet; meldet die Suspendirung der Acht.
Suppl. zu den Cop. Vol. VII g; Cop. Lib. antiq. gestor. fol. 88.
Erwähnt: Zeit- u. Gesch.-Beschr. d. St. Gött. I, p. 132.

---

hertoge Erick darumbe, dat wy sodan relaxation wu vor to twen tiden ane sinen willen irlanget, up uns mehir und mehir vorbittert und sick gelikewoll by konninkliker majestat in raide und deinste enthilt, weren wy hoich bekummert umbe beschickunge sulkes dages, wor wy denjennen, de uns hirin und an den enden wuste to vorwarende, den wy ok der sake getruweden, mochten bekomen und hebben int leste ut rade und vorbede unsers gnedigen hern von Hessen vorbenant den erwerdigen in god eddeln und wolgeborn hern Hartmann graven to Kirchperge doctoren abte to Fulde darto bewegen, dat sin gnade myt eynem unser secretario Marquardus genant unsernthalven der konninkliken majestat sin nagereden, vaste him und her im rike, dat int leste de konninklike majestat de dinge in vorhoringe heft genomen. Eyn doctor genant Fuchßart, was hertogen Erickes cantzler, de clagide uns an. Unse geschickeden behulpen sick tom meisten myt den nulliteten, dat wy nicht geladen, ßunder ungehort uns antwerde myt der acht beswert weren. Wes nw in den tiden vor der konninkliken majestat vorhandelt, is in dem proceß hiruns angeteickent wider berort. De word uns von unsern geschickten medegebracht. Na vorhoring der sake schulde antwerde wedder- und narede im proceß vornotilt heft de konninklike majestat ßodan acht und aberacht bet tom ende desser sake gnedichlick upgeschoven und de sake in dat camergericht to Regenspurg remittert. Na vormoge und innehold der suspension und remission hirna beschreven.

29. *1506 Oct. 27. Zähringen* (Zeyring).

Kaiserliches Mandat: ladet Göttingen mit Bericht über den Feldzug in Ungarn, die Haltung des Königs von Frankreich, die Lage in Italien, den Tod seines Sohnes Philipp zum 2. Febr. 1507 (auf unser lieben frawen lichtmess tag schirstkunftig) *nach Constanz zum Reichstag.*

Nachschrift: meldet, dass der Reichstag auf März 7 (sontag oculi) *verlegt sei, dass gleichzeitig das Kammergericht Sitzung halten werde.*

<small>Sub R V; gedr. Or. m. S.; Nachschrift geschrieben.</small>

30. *1506 Nov. 3. Münden.*

Herzog Erich an die Gildemeister der Kaufleute zu Göttingen: fordert sie zu einer Unterredung behufs Beilegung der Irrungen mit dem Rathe von Göttingen auf.

Unseren leiven getruwen den gildemestern der koplude to Gottingen.

Leiven getruwen. Alse gy eygentlick weten, hebben wy myt dem rade to Gottingen itlike tyd mannichfoldigen bedranklikcn orßaken na in twydracht unde in erryngen gestanden und noch so hute to dage under uns swefende und durende syn, so hebben wy wol vornomen, dat deysulve rat des jw und andern gildemestern ok dey gemeynheyt to Gottingen von uns mennygerleye formen, darmede sey uns kegen jw unde mennychliken vorungelympt, angedragen und vorgegeven hebben. Dardorch syn wy des gemotes vor jw und andern gildemestern unse antworde, darmede de unse gelymp unde ungelymp to vormerkende hebben mogen, to doynde. Demnach ist an jw unse ernste beger und meynynge: gy wyllen derhalven und to der behoyf itlike der juwen tom dreplikesten darto[1]) vorordenen und de kegen uns to gelechliken steden schicken und uns des tyd und stede ernennen, syn wy geneyget in eygener personen kegen dey to komende und uns meynynge und antworde to entdeckende, wu myt jw und uns ummegegan wert. Dat sodanes tom forderlikesten bescheyn moge, sehen wy gerne; dusses jw also erzeygen und nicht in vorachtynge nomen wyllen edder, wor soden unserm beger nycht natokomende in meynynge und dey juwe also nycht schyckende worden (alse wy uns nycht vormoden), dusser unser erbeydynge alsedan ingedanke syn; dey wy jw nicht hebben mogen vorholden.

<small>¹) *Folgt:* wyllen.</small>

Datum Munden, dynxtoch nach omnium sanctorum anno domini 1506.

Suppl. zu d. Cop. Vol. VI B; gleichzeitige Cop.; Bemerkung: In geliker mate unde cynes ludes heft hey ok geschreven an de schomekere, beckere, wullenwefere, lynenwefere, schradere, knokenhawere, smede unde gemeynheit.

31. *1506 Nov. 7.*
Der Rath von Göttingen an Herzog Erich: beantwortet im Namen der Gilden und Gemeinheit N. 30.

Dem hochgeborn irluchtiden fursten und hern hern Erike to Brunßwyck und Lunenborch hertogen unserm gnedigen heren.

Hochgeborn irluchtide forste gnediger here. Juwe gnade hebben itzunt den gyldemestern by uns, dat wy one schullen juwe gnade, dey myt uns ut bedrenkliken orsaken in erryngen hangen, hebben mennygerleye wys to vorungelympende angedragen, geschreven und begert itlike dey ore tegen juwe gnade to ferdigende des antworde und wu myt juwen gnaden und one ummegegan worde to bescheyden etc. Wenten denne eyn soden by uns ny meher gehort noch wontlick gewesen is, dat dey gyldemestere vorbenant jennige schryfte in saken uns edder unse stad bedrepende to vorantwordende edder dage to besoykende plegen, hebben se uns juwer gnade schryfte vorgerort dey to vorantwordende unde wes darynne von noden to doynde to handen gebracht myt beger se derwegen na solker gestalt to juwen gnaden se in ungenaden nycht vormerken to entschuldigende. So en hadden wy uns y sulkes schrivendes dey unse der mathe tegen uns to reytzende nycht vorseyn, wenten wy myt den unsern ok andern ny anderst, denne wy dat vor frome lude wol truwen to vorantworden, hebben ummegegan, en konen uns ok ym grunde nycht bedenken, wy to jennygen tyden hebben vorgenomen jw tegen de gyldemestere vorbenant to vorungelympende. Wy syn von juwen gnaden und den juwen vaste tyd here bedranklyck mannychfoldigen beswert an gnaden fryheyden segelen und breyven vorkortet, allet boven unße hogen mylden erbeydynge uppe dey hochgebornen irluchtiden forsten juwer gnaden vader zeliger unde broder, ok itwelke andere unse hern unde frunde; dessulven syn wy dorch noyd erfordert kleger geweßen. Mochte uns nu solker besverynge halven, so vele sy ok wyl gehoren noch wedervaren, der ok fort vorschonet und sust by gnaden fryheyder wontheyden und gerechticheyden unbehyndert bliven, wusten wy uns un-

getwyffelt der geboer wederumme tegen juwe¹) gnade wol to
holdende. Datum nostro sub secreto, sabbato post omnium
sanctorum anno 1506.
Consules in Gottingen.
Suppl. zu d. Cop. Vol. VI B; gleichzeitige Cop.

32. *1507 März 4* (ipso die s. Adriani martyris).
Der Rath von Göttingen lässt nach geschehener Vereinbarung alle Ansprüche an Marquardus Marquardi fallen, der in der Stadt Diensten²) gestanden und über seinen Lohn Geld erhalten hatte.
Lib. Cop. Papyraceus II, fol. 363.

33. *1507 März 17* (am s. Gertrude dage).
Marquardus Marquardi lässt nach geschehener Vereinbarung etwaige Ansprüche an die Stadt Göttingen fallen.
Suppl. zu d. Cop. VII g; Or. m. S. Lib. Cop. Papyr. II, fol. 363.

34. *1507 April 28* (feria quarta post jubilate).
Göttingen verkauft dem Knappen Dietrich von Grone, dem Sohne Gunzels, die Nutzung von Friedland gleichlautend mit N. 15.
Arch. 803; Or. m. S.

35. *1507 Apr. 30* (feria sexta post dominicam jubilate).
Hans von Grone Hauptmann zu Duderstadt, Ernst von Uslar und Hans von Hardenberg Knappen bürgen solidarisch für die Einhaltung von N. 34.
Arch. 224, c; Or. m. 3 S.

36. *1508 März 28* (am dinstage na dem sundage oculi). *[Witzenhausen.]*
*Abt Ludwig und das ganze Stift von Helmarshausen einer-
und der Rath von Göttingen andrerseits vergleichen³) sich unter*

---

¹) *Folgt:* juwe. ²) *Er war Stadtschreiber gewesen. Am 28. März 1507 verkauft er sein 1503 erworbenes Haus in Göttingen als Schreiber des Edlen Dietrich von Plesse. Archiv 950.* ³) *Näheres bietet die Aufzeichnung eines Rathsschreibers:* Pro memoriali. Anno etc. quingentesimo octavo und des jars darbevorn, alse her Lodewig von Hanstein word vor eynen abt des stifts Helmwardeßhufen angenamet, heft he den raid ummo affrok der Wender molen und sodanne lehin, alse se von dem stifte hebben to entfangende, vaste mit schriften unde ok gewoltlicken genodiget, also dat wider in den sendebreven derwegen allenthalven irgangen und desser vorsegelden vordracht wider is begrepen. Wuwoll nw de raid von Gottingen ut reddelicken orsaken in dessem bevorworten consilio unde der vordracht clerlicken

Vermittlung der Gebrüder Christian von Hanstein Amtmann auf dem Rustenberge und Tyle von Hanstein Hauptmann in ihrem Streit wegen der einst vor der Stadt gelegenen jetzt ohne Zustimmung des Abtes vom Rathe in die Stadt verlegten Weender-Mühle, nachdem der Abt zum Zeichen der Belehnung von dem Rath die Jahresrente von 1 Mk. Göttinger Silbers und 1 Sh. Göttinger Pf. nebst der Kornmette in der Mühle verlangt, der Rath aber, da er nicht mit der Mühle selbst sondern mit einem bestimmten Zins von derselben belehnt sei, verweigert hatte, und nachdem vom Rath die verlangte Neubelehnung zurückgewiesen war, weil der von dem verstorbenen Abt belehnte Rathmann Simon Giseler noch lebte; beide Theile geloben sich nach Aufgabe aller gegenseitigen Forderungen unverbrüchlichen Frieden, der Abt verpflichtet sich zu schadloser Entlassung der gefangenen Göttinger samt ihren in Beschlag genommenen Gütern und nach dem Tode des gegenwärtigen Lehnsinhabers Simon Giseler zu unverzüglicher Weiterverlehnung des Zinses der Stocklever-Mühle wie früher der Weender an 2 vom Rathe vorgestellte Rathmannen[1]*.*

Arch. 352; Or. m. 4 S. Cop. danach im Lib. Cop. Papyraceus I, 137.

37. *1508 April 14. Regensburg.*

Kaiserliches Mandat an Göttingen: gebietet bei Strafe von 4 Mk. löthigen Goldes die Entrichtung des rückständigen Beitrags für das Reichskammergericht im Betrage von 24 fl. binnen 6 Wochen an den Rath von Nürnberg oder Frankfurt, widrigenfalls es nach Ablauf der Frist innerhalb dreier Termine von je 15 Tagen vor dem Kammergericht zu erscheinen habe.

Sub R V; gedr. Or. m. S; *Rückschrift:* Anno 1508 die Jovis quinta decima mensis Junii hujusmodi mandatum per Jacobum Romer nuntium domni imperatoris fuit Simoni Giseleri seniori in pretorio ad manus porrectum. Johannes Bruns notarius.

---

beschreven ummo afbroch der molen edder dat lehin to entfangende meynden nicht plichtig weren, idoch hebben de raid des abdes milde wesent und siner broder mennichvoldige moige und arbeide in dussen dingen von ono gescheen betrachtet und dem abte und convente 25 goltfl. to eyn fruntschop geschenket und darvor ono sulke vordracht von ono vorsegelt genomen. Actum Witzenhusen in monasterio fratrum Wilhelmitorum anno quo supra et die in concordia exp[ressis]. *Arch. 352.*
[1]) *1516 Nov. 4* (quarta post omnium sanctorum) *belehnt demgemäss Johann von der Lippe Abt zu Helmarshausen, 1519 April 12* (feria tercia post judica) *der Abt Georg von Marnholte zwei Göttinger Rathmannen. Arch. 324 und Arch. 352; Originale.*

38. *1508 Mai 31. Köln.*
Kaiserliches Mandat an Göttingen: ladet es mit Bericht vom bevorstehenden Feldzug gegen Venedig und Frankreich auf den 16. Juli zum Reichstag nach Worms.
Sub R V; gedr. Or. m. S.; *Rückschrift:* Anno domini 1508 die lune decima nona mensis Junii per Hansonem von Collen nuntium cesaris hujusmodi mandatum ad manus Simonis Gisoleri senioris est presentatum presentibus ibidem Hans de Groten et Cord von Jeße laicis testibus etc. Johannes Bruns notarius subscripsi.

39. *1508 Juni 19. Fulda.*
Hans von Dransfeld der Aeltere an den Rath von Göttingen: berichtet von seinen vergeblichen Bemühungen in Betreff einer Zusammenkunft mit [Hartmann] von Kirchberg [Coadjutor von Fulda], von den ihm durch den Abt von Fulda zugegangenen Nachrichten und von seinen weiteren Absichten[1])*.*

Mynen fruntliken deynst vor. Erßamen vorsychtigen hern. Juwem befeel nach byn ick gereden wenten to Fulde und mynen gnedigen hern von Kyrchberg nycht inheymsch, sundern nachgereyßt nach Slůsyngen und dar graf Wylhelms von Hynnenberg gefatter geworden; so hebbe ick doch in allem besten laten spreken myt mynem olden hern von Fulde dorch syner gnaden secretarium und daryn rade gefunden, dat ick fort wyl reyßen wenten an mynen jungen hern von Fulde den von Kyrchberge und na nottorft de sake to bestellen, wenten myn junge her von Fulde reyßet wederumme von Slusyngen byß kegen Amelburgk, dar eyn merklick dach yß bestympt twyschen dem byschof von Wertzburgk und mynem hern von Fulde, dar denne myn junge her von Fulde merkliken is gereden wol myt funftych pherden, daz syn gnade uf tokomenden dynstach to Amelborch wederumme weret den dach leysten, so wyl ick (wyl god) darsulvest to Amelborch myt mynes hern secretario reyßen; weß den aldar tom besten wert beraden, werd yck folgen. Beduchte nw juwer erßamycheyt gud, dat gy hedden alhyr to Fulde geschyckt dey 24 fl., de men nach lud des keyßerliken mandates²) to Norenbarch scholde schicken, worde denne in rade gefunden dey tor stede to schycken eder nycht, hedde men denne noch macht. Hedde gy ok erlanget vorschryfte von unser gnedige forsten von Brunßwigk, mochten gy my by demsulftigen boden und ok eynen fullemacht doctori Sunthuß edder wen her fort settende worde, wenten der yst eyn

---
¹) *Hans von Dransfeld war vom Rath an den Coadjutor von Fulda abgeordnet, um durch dessen Vermittlung den Ausgleich mit dem Herzog Erich anzubahnen.* ²) cf. N. 37 und 40.

advocata im kamergereychte. Dut allet nycht anderst denne ad cautelam eft in rade worde gefunden von mynen jungen hern von Fulde, dat men dusse sake von Fulde so wol konde bestellen alße von Gottingen. Wes jw hyrynne tom besten geraden dunket, kone gy my wol up donstach wederumme to kennen geven dorch juwe bodeschop. Ok heft myck myn olde her von Fulde dorch synen secretarium laten segen, dat unße her H[inrick] h[ertoge] von Brunßwigk dar tor stede kome und den dach mede besoken wert; wolde ick syner gnaden rad ok nomen; were denne van syner gnaden nod vorschryfte[1]), truwede ick ok wol tor langen cet. [?] dusse juwe meynynge wederumme to kennen geven. Datum Fulde am mandage s. trinitatis anno 1508.

Hans von Dransfelde senior.

Suppl. zu den Cop. Vol. VI E; Or.

40. *1508 Juni 28* (am mitwoch s. Peter und Paulus abent).

Der Rath von Nürnberg bescheinigt dem Rathe von Göttingen den Empfang des zur Erhaltung des Kammergerichts erlegten Beitrages von 24 Rh. fl. mit dem Versprechen, die Summe, zu deren Zahlung Göttingen als nit on mittel keiserlicher majestat und deme heiligen reich unterwurfig sunder an das haus Braunswigk als ir rechte angeborne erbherschaft — *gehorich sich nicht verpflichtet sehe, zurückzuhalten, bis das Gesuch der Stadt um Befreiung von der Auflage beantwortet sei.*

Sub R V; Cop.

41. *1508 Juli 14. Köln.*

Kaiserliches Mandat an Göttingen: ladet es mit Bericht vom Feldzug gegen Venedig und von der beabsichtigten Romfahrt auf den 1. Nov. (allerheilgentag) *zum Reichstag nach Worms.*

Sub R V; gedr. Or. m. S.

42. *1508 Juli 15. Köln.*

Kaiserliches Rundschreiben über das feindselige Verhalten des französischen Königs.

Sub R V; gedr. Or.

43. *1508 Juli 17* (montags nach divisionis apostolorum). *Fulda.*

Hartmann [Graf von Kirchberg] Coadjutor des Stifts Fulda an Göttingen: übersendet die des Morgens eingelaufenen

---

[1]) *Vermuthlich ist Herzog Heinrich der Aeltere von Braunschweig-Wolfenbüttel gemeint; cf. N. 19.*

Briefe des Raths von Nürnberg und des Doctor Johann Rechlinger und empfiehlt mit dem Erbieten zu ferneren Diensten jene Schreiben dem Herzog Erich unverhohlen mitzutheilen und die bisher eingeschlagenen Schritte mit des Herzogs langer Abwesenheit zu entschuldigen.
Sub R IV; Or. m. Spuren d. S.

44. *1508 Sept. 8* (am tage unser frauwen gebort).
Katherina Herzogin von Braunschweig an Hartmann Abt[1] *zu Fulda: ersucht ihn auf Grund der ihr gemeldeten freundschaftlichen Unterredung*[2] *mit ihrem Gemahl Herzog Erich um Rath und Unterstützung, falls während dessen Abwesenheit Unterhandlungen mit der Stadt Göttingen zur Beilegung der langwierigen Händel angeknüpft würden.*
Suppl. zu den Cop. Vol. V B; Cop.

45. *1508 Sept. 10* (sondags nach unßer fruwen tag der geburt).
Hartmann Coadjutor des Stifts Fulda an Herzogin Katherina: erklärt auf die vorhergehende Nummer seine Bereitwilligkeit zur Vermittlung mit Göttingen, wie er solches schon ihrem Gemahl am kaiserlichen Hof zu erkennen gegeben.
Suppl. zu den Cop. Vol. V B; Cop.

46. *1508 Sept. 22* (am dage s. Mauricii et sociorum ejus)[3].
Die Stadt Hannover tritt mit Bezug auf die folgende Nummer dem am 17. Januar 1504 geschlossenen Bunde [N. 14] bei und verpflichtet sich neben Beobachtung aller übrigen Bestimmungen auf Erfordern 83 Mann zu Fuss oder die entsprechende Zahlung zu liefern und bis 4850 fl. der bedrohten Stadt vorzustrecken.
Lib. Cop. Papyraceus II, 291[4]).

47. *1508 Sept. 29* (am dage s. Michaelis).
Magdeburg Braunschweig Hildesheim Göttingen und Einbeck erklären der Stadt Hannover auf Ansuchen ihre Bereitwilligkeit sie in ihren Bund [N. 14] aufzunehmen, sobald sie sich zum Einhalten aller Bestimmungen urkundlich verpflichtet habe.
Lib. Cop. Papyraceus II, 290.

---

[1]) *Er selbst nennt sich in seiner Antwort [N. 45] Coadjutor des Stifts zu Fulda.* [2]) *Die Unterredung hatte, wie die folgende Nummer ergibt, am kaiserlichen Hofe stattgefunden.* [3]) *Offenbar hatte sich Hannover schon früher über die Aufnahme vergewissert und diese Urkunde bereits vor der Abreise seiner Sendeboden ausgestellt.* [4]) *Das Original wurde in Braunschweig niedergelegt.*

48. *1508 Oct. 18.*

Petrus Czillen Franciscaner-Vicar der Provinz Sachsen und der Rath von Göttingen beurkunden die von der verstorbenen Salome Wittwe Heinrichs von Hardenberg testamentarisch verfügte Gründung eines Franciscaner-Nonnenklosters dritter Regel binnen Göttingen.

Wy broder Petrus Czillen nw tor tyd vicarius unwerdich der provincien von Sachsen over de broder von der observancien ordinis sancti Francisci und de raid to Gottingen bekennen opinbar in dessem breve vor alßweme: Nadem de erbare Salome des vesten Hinrickes von Hardenberge nagelaten fruwe zeliger heft, so wy des sin berichtet, vor orem lesten mit guder vornunft dat huß und huses word bynnen unßer stad in der Barvoten straten twischen husen Simon Giselers des eldern und Tilemanni Lippoldes[1]) gelegen, darmede Hans von Dransfelde de elder unse rades frund to orer behoif is gewert, to troste und salicheid orer ok Hinrickes vorgeschreven orer eldern und aller gelovigen zelen to eynem susterhuse, so dat darinne to ewigen tiden eyn tael sustere holdende de dridden regelen des hilgen vaders Francisci under gehorsam der andechtigen und geistlicken heren der Barvoten von der observancien woninge und herberge schullen hebben, unwedderroplick mit des genanten Hanses von Dransfelde, so vele id one mochte belangen, bewillinge bescheden und gegeven; ok darto eyne summen goldes sulk susterhuß darmede to buwende to rustende und na bequemicheid to fligende und sust dat overige to dessulven huses und der suster behoif to beleggende bestalt und gegeven, wo ore andacht des wider is gewesen etc.: so hebben wy nw sodanne der vorgenanten Salome guden und milden andacht angesehin und sulke vorgerorden gift erhavinge und beteringe des susterhuses von unßer und unßer nakomen und unßers des rades to Gottingen gemeynheid wegen gode deme almechtigen Marien siner benedigeden moder deme hilgen vader Francisco und allen godes hilgen to love und eren bewillet und belevet. Wy ok de raid hebben vor uns und unse medebewoner datsulve susterhuß schotes wachte und anderer unßer stad plicht gefryet, bewillen beleven und fryen de ok jeginwordigen in craft desses breves, doch mit protestacion gedinge und erholdinge uns deme rade und unßern nakomen dessernageror den puncte. Nemlick int erste, dat do suster to tyden in dessem vorgeschreven huse wonende geneget und gudwillich schullen sin god den

---

[1]) *Diese 2 Worte auf einer Rasur.*

almechtigen flitlick vor uns unse nakomen und alle unßer stad inwonere to biddende und uns und unßen nakomen alle jar up sinte Katherinen der billigen jungfruwen dach in erkantnisse desser vorgerorden fryheid eyne mk. unßer stad weringe geven und betalen und uns derwegen, wy mogen wetten, wor wy sulker mk. jerlickes schullen warden, vorwaringe don. Und desulven sustere en schullen boven dat vorgemelde huß neyn erve edder gud bynnen unßer stad edder up unßer stad marke gelegen hebben kopen noch an sick bringen und darumbe schal jewelk persone, de men von unßern borgers dochtern in dyt susterhuß wolde nemen, tofornt vor uns edder unßen nakomen eyne gantze vorticht mit willen und fulborde des gardiani by uns und der mater des susterhuses vorgerord willichlicken don von allem erve und gude, dat von jemande by uns wonhaftich an se mochte fallen: worde denne noch darboven jenich dersulven sustere mit jenigem erve und gude an enden vorgemelt gelegen beervet, des schullen se sick bynnen deme nehist folgende jare utern und dat vorkopen eynem, de unßer stad to plichtende were behaft; worden se averst na tiden geneget in erfgudern an enden vorgemelt gelegen jerlicke tinse wedderkopes wise to kopende, mogen se don, doch in deme dat de hovetsummen von one gelick andern unßern inwoneren unßer stad werden vorplichtet. So schullen ok de sustere desses huses de tael alle tyd by deme guardiano und rade vorgeschreven stan, schal den na tiden und gelegenheid des huses to settende to merende und to vormynrende, wen men se innimpt, de jare, se sick von rechts wegen vortruwen mogen, fullenbracht hebben und tom meisten deile jungfruwen sin; begerden ok to tyden frome erlicke weddewen darinne to wesende und de regelen gelick de andern to holdende, mach men wol, averst der nicht vele, idoch mit willen fulborde und vorhengnisse des guardiani und rades vorgemelt, se komen von bynnen edder buten her und anders nicht, innemen. De sustere schullen ok nichts don handelen edder vornemen, dat deme rade oren borgeren und undersaten an oren overicheiden privilegien und wontheiden edder anders jenigerwiß unlidelick schedelick edder to ungude komen mochte, und under sick noch utwendigen neyne getzenke twydracht edder unwillen soiken edder maken, sunder sick na insate und vormoge der dridden regelen vorgerort tuchtigen fromelick und weselick holden; erwosse darboven averst twischen one jenich erringe, sick na anwisinge des guardians holden und finden laten. Se mogen ok boven oren tael eyne frome unberochtide fruweßpersonen, de one werfe hale und hantrekinge do, desjennen one noid und behoif wert sin, to

sick nemen und holden. Und wat personen, de doch, wu
vorgeschickt, de dridden regelen an to nemen und in dessem
vorgeschreven susterhuse umme goddes willen woninge und
herberge to hebbende begerden, weren de jungfruwen und
borgers kindere hir ut der stad Gottingen, schal by deme
guardiano und der mater im huse stan de personen, ef se
des huses werdich und darto fellich sy, to erkennen und
alßedenne de dar in to nemende; weren de averst fromede
und von buten here, schullen dat int erste an uns den rad vor-
gerord edder unse nakomen laten langen, so dat von uns
edder unßern nakomen sampt deme guardiano notroftigen
werde besehin, dat solk persone fellich und bequeme darto
sy und denne mit unßerm edder unßer nakomen wetten und
bewillinge dar so ingenomen werde; dat so alle tyd, so vaken
des to doynde, schall geschein. Wy de raid schullen ok
den sustern vilgedacht, ef sick ore gudere und wesent na
tyden beterden, wertlicke vormunden und vorwesere, de one
in wertlicken saken und oren handelen vor wesen darinne be-
hulpen und beraden sin, setten und entsetten, wen und wo
vaken des von noden will sin; ok gemeinlicken allet, wes
furder hirinne unutgedrucht, den sustern edder orem huße
der wertlicheid orer gudere und handele halven anlege edder
se na tiden don und beschaffen wolden, schall allet mit
unßerm des rades edder unßer nakomen wetten und willen
gedan vorhandelt und fullentogen werden. Und ef de erbare
Ilse des vesten Hinrick von Bodennhusen erlicke husfruwe
to tiden hirinne by den vorgeschreven sustern begerde to
sinde, mach se mit eyner edder twen megeden darinne ore
herberge hebben, idoch ane der sustere schaden, und knechte
wagen und perde in andere herberge wisen und faren laten;
erlevede desulve Ilse ok ores junchern vorgeschreven doet,
heft se sick geliker maten beholden darinne, idoch ane des
convents schade, de tyd ores levendes to wesende. In
maten dyt so allet twischen uns deme vicario und rade vor-
geschreven mit rade und bewillinge des guardians und der
hern ton Barvoten vorgerort besproken, deme so to allen
siden na to komende belevet und vorwillet is allet ane arge-
list und geverde. Des to orkunde sin desser breve twey
eynes ludes geschreven mit unßerm des vicarii vor uns und
unse vorwanten und unßers des rades ingesegelen vorsegelt,
der eyn by uns den raid und de andere by de hern ton
Barvoten gelecht sin. Datum anno domini millesimo quin-
gentesimo octavo ipso die s. Lucce evangeliste.

*Arch. 828; Or. m. 2 S.; Cop. danach im Lib. Cop. Papyraceus
II, 212. Gedr.: Zeit- u. Geschb. v. Gött. II, 168.*

49. *1508 Nov. 7. Antwerpen.*

Kaiser Maximilian hebt auf Ansuchen Herzog Erichs die über Göttingen verhängte Acht auf, falls die zwischen dem Herzog und der Stadt angeknüpften Verhandlungen zu einem gütlichen Ausgleich führen [1]).

Wir Maximilian von gottes genaden erwelter Romischer keyser etc. bekennen offenlich mit disem briefe und tun kund allermenigklich: Als burgermeister und rat der stat Göttingen verschiner zeyt auf anrueffen und clag des hochgebornen Eerichs hertzogen zu Braunsbigg und Lunenburg unsers lieben oheims, fursten und obristen veldhaubtmans unsr Niderösterreichischen lande von wegen etlicher gewaltigen und frevenlichen tat und handelung, so sy wider die guldin bullen kunigklich reformation und unsern ausgekunten landfriden wider sein lieb verwanten und undertanen geübt haben, in unser und des heiligen reichs acht erklert gesprochen und offentlich verkunt worden und bisher etliche zeyt darinne verharret und gewesen sein, alles inhalt unser brief darüber ausgangen, und aber der gemelt hertzog Eerickh uns yetzo zu erkennen geben, wie er mit den gedachten von Göttingen in handlung und tractat stee, dardurch die angezaigt irrung zwischen inen swebend, als er sich gentzlichen versehe, gruntlichen vertragen und hingelegt werden soll, soferr doch das die gedachten von Göttingen zuvor von oberurter acht und beswerung absolvirt und entledigt sein und werden, und deshalb diemuetigklichen angeruffen gebetten und bewilligt sy darauf von solcher acht gnediglichen zu absolviren und widerumb in unser gnad und huld zu emphahen und zu nemen: das wir demnach in betrachtung solcher diemuetigen zimlichen bit und bewilligung, auch damit im heiligen reich widerwertigkeit und emborung verhuet und fride und gemeiner nutz gefurdert werde, die obemelten burgermeister rat und gemeinde zu Göttingen von den egemelten achten beswerungen processen gebotten penen penfellen und bussen des rechten, darein sy samentlich oder sonderlich solcher acht halben erclert und gesprochen sein, soferr die obgemelte guetliche handelung iren vertrag entschaft und volziehung erraichen wurde, als Romischer erwelter keyser gnediglich absolvirt und entledigt und sy widerumb in unser und des heiligen reichs gnad und hulde genommen und emphangen haben, absolviren und entledigen sy von solcher

---

[1]) *cf. N. 39, 43, 44, 45. Die damals geführten Unterhandlungen scheiterten und die vom Herzog bewahrte Cassation der Acht ist demnach erst 1511 Dec. 29 in Kraft getreten.*

acht beswerungen processen penen penfellen und bussen des rechten, nemen und emphahen sy auch also widerumb in unser und des heiligen reichs gnad und huld von Romischer keyserlicher machtvolkomenheit und rechter wissen in craft ditz briefs. — — — Und gebieten darauf allen und yegklichen churfursten, fursten *etc.* — — ernstlich mit disem brief und wellen, das sy die bemelten burgermeister rat und gantz gemeinde der stat Göttingen samentlich und sonderlich bey diser unser keyserlichen absolution und entledigung oberürten acht process penfall und pussen gentzlich bleyben lassen, sy ire leyb hab oder guetter darüber inner- oder ausserhalb rechtens nit anlangen bekumbern noch besweren noch des yemands anderm heimlich noch offenlich zu tun gestatten oder bevelchen, sonder von unser und des reichs wegen dabey handhaben schutzen und schermen, als lieb einem yegklichen sey unser und des reichs swer ungnade und straffe zu vermeiden. Mit urkund ditz briefs gesigelt mit unserm anhangendem insigel. Geben in unser stat Antdorff am sibenden tag des monats Novembris nach Cristi gepurt funfzehenhundert und im achtenden, unser reiche des Romischen im dreiundzweinzigsten und des Hungrischen im newnzehenden jaren.

Arch. 259; Or. m. S.; Cop. danach im Lib. antiq. gest. f. 89. — Erwähnt: Zeit- u. Geschb. v. Gött. I, 136.

50. *1508 Dec. 7. Regensburg.*

Kaiserliches Mandat an Göttingen: gebietet Entrichtung des rückständigen Beitrags für das Reichskammergericht an den Rath von Frankfurt wie N. 37.

Sub R V; Or. m. S.; Rückschrift: Actum in pretorio prudentum dominorum consulum in Gottingen anno etc. 1509 feria tercia post dominicam invocavit[1] — — coram me notario publico et testibus infrascriptis quidam Laurencius Orsperger judicii imperialis notarius ut dixit juratus domno Ludolfo Snippen dicti oppidi proconsuli ad manus tradidit in presentia honorabilis domni Hinrici Meigeri presbyteri et Hansonis Albrecht laici Moguntine diocesis testium ad premissa vocatorum. Hermannus Bodo notarius.

51. *1508 Dec. 18.*

Hildebrand Cruse Notar des Erzbischofs von Mainz an der Propstei zu Nörten bezeugt den freiwilligen Verzicht Doctor Johann Winkelmanns[2] *auf seine bisherige Pfarre an der heiligen Geistkirche in Göttingen in die Hände des Rathes*[3].

Arch. 704; lat. Or. m. dem Notariatszeichen.

---

[1] *Febr. 27.* [2] *Derselbe Winkelmann spielt seit dem Sturz der Geschlechter 1513 eine hervorragende Rolle als Haupt der demokratischen Partei.* [3] *Der Rath war Patron der Kirche.*

52. *1509 Jan. 2. Fulda.*

Hartmann Coadjutor von Fulda an Göttingen: ertheilt auf das durch dessen Secretar an ihn gelangte Gesuch weitere Verhaltungsmassregeln [in Betreff der Verhandlungen mit Herzog Erich], verweist namentlich auf den Doctor Rechlinger und seinen Kanzler Herting Schenk.

Den ersamen weisen unsern lieben besondern dem rate tzu Gottingen.

Hartman von gots gnaden coadjutor des stifts zu Fulda.

Unsern gunstigen grus zuvor. Ersamen wisen lieben besundern. Als ytzt ewer secretarius in ewer schickung zu uns komen, hat er uns gerust und angetan betretten in derselben stund nach Rome hie uß zu reiten. Nicht mynder han wir inen in seinem gewerbe gehort und so vil uns in solcher yle mugelich geweßen bescheit geben, wie er euch davon widerumb berichtung tun wirt. Und nachdem wir euch in dem gegen doctor Johann Rechlingern verschriben han sich ewer sachen zu underwinden und die zu verwalten, wie ir hir ingelegt zu vernemen habt, wil an euch steen, das ir ime so furderlichst ir mugt einen gewalt zuschicket, davon wir euch inligende noteln han begriffen lassen, dy nach euern gutdunken mit abe- und zusetzen haben zu verbessern, auch ime subarrationen und informationen mit zu schicken. Bedunkt uns, es soll an schaden sein, das ewer bot fur Fulda hinginge und den handel unserm cantzler rate und lieben getreuen Hertinge Schencken besichtigen lißt, der mit schriftlichen informationen etwas fur andern geschickt, auch der sachen von uns bericht ist, dem wir bevel getan han darin willig zu sein, als er auch gerne tun wirt. So es dan in die hauptsache kompt, sein wir hofung bin des von Rome widder anheyme zu kommen, mugt ir daruf handeln lassen, das uns dy producta, daran dy byntrimen der sachen ligen werden, befor eher sie ubergeen zu besichtigung kommen. Darin mit gutem ufsehen geraten zu seyen, solt ir uns darin willig finden. So bedunkt uns die sache der dapferheit wol, das es guts ufschens notdurftig und die sache nicht gantz uf ußlendige, die etwen menge halben der gescheft nicht mit hochstem fleisse handeln, zu verlassen seye. Das alles wullt von uns guter trewer meynung, damit wir euch geneigt sein, im besten ufnemen. Datum Fulda dinstags nach circumcisionis domini anno etc. 9.

Acta Reform. XXI; Or. m. Spuren d. S.

53. *1509 April 15* (dominica quasimodogeniti).
Der Rath überweist 12 Vertretern der neuen[1]) Wollenwebergilde zu Handen ihrer Innung sein bisher vom Färber Tonninges innegehabtes Färberhaus an der Steinmühle in der Stadt auf 3 Jahre für das Jahrgeld von 3 Mk. und 1 Firdung zahlbar zu Martini.

Arch. 1702; gezahnter Brief.

54. *1510 Juli 24.*
Die Stadt verkauft die Nutzung des Leineberg-Thores an Heinrich Grube auf Lebenszeit für 6 Mk.

Wy Simon Giseler de elder Simon von Medhem Hans Stokeleiff Hinrick Witzenhusen Tile Greven Hinrick Giseler Henningk Lindeman und Hans von Dransfelde radmanne to Gottingen bekennen opinbar in dessem breve, dat wy von unßer unde unßer nakomen in unßerm rade und unßer stad gemeinheid wegen hebben Hinricke Gruben itzd up unßer stad Leyneberges dore wonhaftich datsulve dor rechtlicken und redelicken yngedan und geantwerdet, so dat he sulck doer schal und mach nw fort de tyd synes levendes bewonen, sick des mit der boden daranne, ok den wellen und pletzen darby gelegen unde tobehorich rauwelick gebruken; dat ok und de boden myt dorntzen und camern na syner bequemicheid, doch uppe syne kost, erinnern und in beteringe holden; darvor und entjegen syn uns von demesulven Hinricke seß mk. unßer stad weringe bereidelicken und wol to danke betalet und fort in unse und unßer stad nut und fromen gekart unde gewant. Des schal ok de genante Hinrick und wil deme rade und oren borgern truwe syn, oren schaden, wor he des enbynnen worde, wernen, one ok sulvest in oren hoven an ovetefruchten edder anders neynen schaden doyn, dat dor unde czingelen de to geborlicken tyden up und to to slutende truwelick vorwaren; des morgens ok, wan des von noden und ome dat unßernthalven wert gesecht to doynde, den groten marsch darumme her gande flitich besehin, sick dar neyn volk vorsteken noch men dorch de knigke und graven gerumet hebbe, und wor he sulkes wes vorneme, dat ungesumet deme rade naseggen und sick allet na willen des rades holden; wor deme rade averst missedluchte, he sick anders hilde, one darumbe denne anspreken, und he sick darinne nicht beterde, schol de by deme rade stan ome de seß mk. vorgerort wedder to kerende und one von deme dore to ent-

---

[1]) *Wahrscheinlich fand in diesem Jahre die Trennung der neuen Wollenwebergilde von der alten statt.*

settende, de he denne so ok nemen und dat dor ungeweigert rumen scholde. Und so Hinrick eyne tyd lang deme rade reide jerlickes eynen ferding von eyner stede by deme dore gelegen heft gegeven, so schall he sulken ferding fort alle jar uppe Michaelis, dewile he sick dersulven stede gebrukent, ut to gevende vorplychtet syn. Wan averst desulve Hinrick von dodes wegen is vorfallen, alßedenne schall dyt vorgeschreven doer myt den tobehoringen und seß mk. vorgemelt wedderumbe leddich und loß an unße stad fallen und komen ane alle geverde. To orkunde und bekantnisse desser vorgeschreven ding is unßer stad ingesegel an dessen breif gehangen. Datum anno domini 1510 in vigilia s. Jacobi apostoli.
Arch. 802; Or. m. verletztem S.

55. *1510 Juli 24* (in vigilia Jacobi).
Der Rath bescheinigt den Empfang von 600 fl. von den Gebrüdern Joachim und Hans von Bodenßen zur Aufbewahrung auf dem Rathhause in einer verschlossenen und versiegelten kleinen Lade und verspricht das Geld wie sein eignes zu hüten und jederzeit auf Erfordern zurückzustellen.
Briefsch. XXII, A; Or. m. S.

56. *1510 Sept. 28* (am avende s. Michaelis).
Lübeck bekundet die Darleihung eines Kapitals von 2000 Rh. fl. von Göttingen gegen eine Jahresrente von 100 Rh. fl. Gold, zahlbar der Stadt oder dem rechten Inhaber des Schuldbriefs auf Kosten und Gefahr Lübecks zu Göttingen Oct. 6 (in den achtedagen Michaelis), und verpflichtet sich für die Dauer der nach halbjähriger Kündigung jederzeit ablösbaren Schuld zum Ersatz jedes die Gläubiger treffenden Schadens.
Lib. Cop. Papyraceus II, 214.

57. *1510 Sept. 28* (am avende s. Michaelis).
Lübeck an Göttingen: verpflichtet sich mit Bezug auf N. 56 vorkommendenfalls zu einem unter gleichen Bedingungen jederzeit zu leistenden Darlehn.
Lib. Cop. Papyraceus II, 215.

58. *1510 Dec. 20* (am abent Thome apostoli). *Kassel.*
Landhofmeister und Regenten von Hessen bescheinigen im Namen Philipps ihres „jungen Herrn" der Stadt Göttingen den Empfang von 6203 Goldfl., die von den Mitregenten Heinrich von Bodenhausen Dietrich von Schachten Hans von Boyneburg und Jürgen Ruisbicker zur Ablösung des Schlosses und Amtes Sichelstein aus der Hand Henning Ruscheplates bei der Stadt zu getreuer Hand in Verwahrung gegeben waren.
Arch. 1036; Or. m. Spuren d. S.

59. *1511 Jan. 27.*
Göttingen an [Herzog Heinrich von Braunschweig-Wolfenbüttel (?)]: bittet auf dessen Gesuch um Vorstreckung von 500 fl. und Zustellung eines Wagenpferdes mit ersterem sich zu gedulden, übersendet letzteres.

Hochgeborn irluchtide furste gnedige leve here. Unse rades frund Hinrick Gißeler, den wy am nehist vorgangen sonnavende to Northem by juwen furstlicken gnaden gehat, heft uns itzund dersulven juwer gnaden begere umbe vifhundert fl. juwen gnaden up genoichßame vorwaringe bet up pingsten nehist komende und eyn unser wagenperde itzund to juwer gnaden eren to lehinende etc. angebracht. Wente wy denne up dyt mael myt vaste swaricheid beladen, ok so ilende des goldes nicht foichlick konen bekomen, willen wy doch demyn nicht juwen furstliken gnaden to eren und gefalle vifhundert fl. an Schreckenbergern, jo vor den fl. seven, edder an anderem sulvergelde, wo dat juwen gnaden am drechlickesten an to nemende, to leveren geneget sin, und dat wy to der behoif wedderumbe uns ßodanne fl. up pingsten nehist kunftich an golde edder gelde wu vor wedder entrichtet, myt genoichsamer vorwaringe besorget werden. Dat wy juwen furstliken gnaden ßo deinstlick to kennende geven. Ok ßodan perd, alse juwe gnaden begerden, schicken wy itzund juwen furstliken gnaden hir beneven. Und mochten wy densulven juwen gnaden furder woranne to willen und deinste sin, deden wy in bereidicheid truwelick gerne. Datum die Johannis Crisostomi 1511.

Briefsch. XVI, A; Entwurf.

60. *1511 Febr. 25* (feria tercia post Mathie apostoli).
Seesen bescheinigt der Stadt Göttingen den Empfang von 200 Rh. fl. und verpflichtet sich die Summe zum nächsten Michaelistage wiederzuerstatten.

Arch. 568; Or. m. S.

61. *1511 Febr. 25* (feria tercia post Mathie apostoli).
Hans Dannenberg bürgt der Stadt Göttingen für die rechtzeitige Wiedererstattung der in der vorhergehenden Nummer von Seesen aufgenommenen Summe.

Arch. 622; Or., S. abgerissen.

62. *1511 März 18.*
Göttingen an die [Herzogin Katherina von Braunschweig-Calenberg]: überschickt mit der Bitte um ihre Fürsprache

zum Ausgleich des Streites mit ihrem Gemahl seine Forderungen als Grundlage der aufzunehmenden Verhandlungen.

Gnedige fruwe! Unße rades frunde, de wy am nehist vorgangen sondage by juwen furstliken gnaden gehat, hebben uns juwer furstliken gnaden bevehelig up unse underdenigen amutigende ingebracht. Darup wy mit denjennigen, so by und mit uns raden, to flitiger und merkliger underredunge gewesen. Dewil dan dit, alse juwe furstlike gnade hirbevorn von uns muntlig und schriftlig vormerket, by uns bedechtlige und gantz swarfellige handellunge syn, hebben wy uns mit den unßern, wu wol vaste flits (des juwe furstlike gnade uns in warheid mogen gloven) angewant, so iliges to aller noitdorft nicht konen entsluten, und bidden gantz underdenichlig juwe furstlike gnade uns to dem dorchluchtiden hochgebornen fursten juwer furstliken gnaden gemahel unßerm gnedigen hern vorbidden, syn furstlike gnade uns des na voriger gestalt in ungnaden nicht wille vordenken; dergelick ok juwe furstlike gnade uns willen derhalven gnedichlig entschuldiget nemen. Doch nichts deste weyniger schicken wy juwen furstliken gnaden etlige articul, de hoichgemelten unßerm gnedigen hern und juwen furstliken gnaden, ok dessem lobligen forstendom mochten tom besten reken und uns mede to gude komen. Wan juwe furstlike gnade nuw derhalven von hoichgemelten unßerm gnedigen hern bevehelig und uns alßdenne, wor und wan dat juwen furstliken gnaden gelegen, mogen liden, willen wy up juwer furstliken gnaden erfordernt underdenichlig ankomen und mit juwen furstliken gnaden edder handellunge halven ferner und noitdorftige underredunge holden, der hopeninge, god werde sine godligen gnade vorlehnen, wy derhalven mit juwen furstliken gnaden mogen to fredeligen wegen komen, darynne juwe furstlike gnade sick gnedich ertzeigen. Willen wy uns to vorsehen und dat ok getruwelich in underdanicheyd umb hoichgemelte juwe furstlike gnade willigen und gerne vordenen. Datum under unsem secret feria tertia post reminiscere anno etc 11.

Suppl. zu den Cop. Vol. I, I c; Entwurf.

63. *1511 Dec. 6.*
Johann Nolten Commissar der Propstei Nörten in Göttingen beurkundet die Schenkung eines neben dem Hof und Haus des Franciscaner-Nonnenklosters belegenen Hauses von Seiten Margarethes Wittwe Gerhards von Hardenberg an Katherina Lynthoff Priorin, Wuneke Boicholt Subpriorin und das ganze genannte Kloster zu vollem Eigenthum.

Arch. 649; lat. Or. m. S.; Unterschrift: Andreas Noltenn notarius.

64. *1511 Dec. 13* (am tage Lucie virginis).
Der Landhofmeister und die Regenten von Hessen bescheinigen im Namen des Landgrafen Philipp der Stadt Göttingen den Empfang von 200 Rh. fl. Schutzgeldes (verspruchgelts; des verspruchs halben, darin sie obgedachter unser gnediger her hat)[1].
Arch. 1048; Or. m. S.

65. *1511*[2] *Dec. 29. Einbeck.*
Die Rathssendeboten von Braunschweig Hildesheim Hannover und Einbeck vermitteln den Frieden zwischen Herzog Erich und der Stadt Göttingen[3].
Wy geschickeden der erbarn rede der stede Brunswigk Hildenßem Honover unde Embecke nemlick de ersamen

---

[1] cf. N. 2. [2] *In Braunschweig, namentlich in Göttingen wurde bis in die dreissiger Jahre des 16. Jahrhunderts fast ausschliesslich das Weihnachtsfest als Jahresanfang gerechnet.* [3] *Ueber die Handlungen, welche dem Friedensabschluss vorausgingen, gibt uns der Verfasser der früheren Aufzeichnungen über den Streit mit dem Herzog in folgender Erzählung Auskunft:* Indem uw hertoge Erigk jegen uns vor der konigkliken majestat und dem hofgerichte nicht wider konde beschaffen, sunder do sake in dat camergerichte to Regenspurg remittert was, des weren wy hoich irfrauwet und unße geschickten kemen darmede to huß. So leten wy nicht demyn to Regenspurg vorwaren, of mon dar hinder unsern ruggen wes wolde vornemen. Averst dar geschach nichts von hertogen Erigke, sunder he kam darna hir wedder to lande und de hoichgebornen fursten hern Hinrick de elder und hern Hinrick de junger to Brunßwig und Luneburg hertogen sine broder und fedder, ok de erlicken stede Magdeburg Goßler Brunßwig Hildenßhem Honover Embick und Northem hebben alle (ok to tiden twey drey edder veyr der stede vorgerort) und gemoinlicken mitsampt hertogen Hinricke dem eldern vorbenant velo gudlicker dage in dessen jaren besocht und twischen uns fruntlick gehandelt; is averst alle tyd des nyen tolß halven, den he vom konninge (so he sede) irlanget, darmede wy na unsern privilegien beswert unfruchtbar entstanden. Und hertoge Erigk heft sick darna weder by den Romischen konning gegeven und der konigkliken majestat up to Venediger gedenct: word dosulvest vor eynen oversten velthovetman im neddern Osterichschen lande upgenomen, des titels he ok gebrukede in sinen breven. Heft averst im konigkliken hove edder to Regenspurg wedder uns nicht richtliges vorgenomen, ßunder men heft uns wol gesecht, he wille sick by konigkliken majestat und andern sinen hern und frunden umbe ruter und knechte bearbeiden und uns myt der gewolt antasten. Is tolesten hir wedder to lande gekomen [*Marginalnote:* ehir und alße he wedder to lande kam, worden wy vaste gewarschuwet.] und itwelk raidschup bussen und bussenschutten myt sick gebracht und uns vaste bedrauwet. Averst wy weren demyn nicht der meninge uns der gewolt up to hoildende und unße stad to vorwarende. Szo hebben do de erlicken stede Brunßwig Hildenßhem Hannover und Embick gedachten hertogen Erigke und uns angemoidet, ef men one doch noch eyns wolde vorhengen in den dingen fruntlig to handelende. Und indem ße dat an uns irlangden, hebben se eynen gudlicken dach twischen uns bynnen Embicke

Diderick Schacht unde de hochgelarde er Conrad Konnigk doctor unde Hinrick Brandes borgermestere unde sindicus der stad Brunßwigk, Hinrick Kettelrandt borgermester unde Sander Negenborne rydemester der stad Hildenßem, Hans Blomen borgermester unde Hans Meiger van wegen der van Honover, Hans Utermolen unde Hinrick Ernstes borgermestere to Embecke bekennen unde doyn kund, dat wy in erringen saken unde dwidrachten twischen dem dorchluchteden hochgebornen forsten unde heren hern Ericke to Brunßwigk und Lunenborch hertogen unßem gnedigen hern ut syner forstliken gnaden gnediger vorhenginge unde gunstiger toneginge am eynen unde syner gnaden underdanen dem ersamen rade to Gottingen am anderen deile swevende bynnen Embecke in den hilgen festdagen der gebort Cristi unßes heren dato dusser recesse gutliken gehandelt unde de erringe nach belevinge syner forstliken gnade unde syner gnaden underdanen den van Gottingen wu nachfolgende besproken unde belevet hebben: so dat syn forstlike gnade uns to eren willen unde wolgefallen de forderinge, de syn forstlike gnade in dussen saken by Romischer keyserliker majestat gesocht, darvan keyserlike vorbodesbreve myt der vorachte unde anderst ergangen, gnedichliken afgestalt unde solke forderinge, ok alles dat darut erwossen in wedderwillen unde kyves gantz torugge gelecht unde aveticht gedan; sick erwillet des forder to behof den van

vorteickent, don wy to beiden delen besocht und den steden vorgerort handels vorgont. Indem nw de dinge veir edder vif dage lang in handel gefort, sin de im ende des tolß halven avermals afgesneden, wente men wolde uns des tollen nicht so guntzlick frien inholt unser privilegien, und alse unse geschickten ane ende von dar riden wolden und rede up den perden seten, kemen de geschickten der stede vorgerort und sloigen sick wedder in den handel, so dat uns do de nye tol int erste gantz afgesecht word. Desulvest vordrogen wy uns myt unserm gnedigen hern aller sake na vormoge eynes opin vorsegelden recesses hirna beschreven. Und wuwol in demsulven recesse Simon Giselers des borgermesters [*Marginalnote:* Simon, Hinrick Gißeler] sone utgesundert sin, word dennoch ym handel vorwordet: wan de stede und wy unsern gnedigen hern vor se beden, wolde he sick jegen se uprichtich holden, dat wy darin scholden eyn gud genoigent dragen, wente sin gnade hadde ton hilligen sworen, so in desse vordracht nicht mede to nemende; kemen des ok so na der huldinge ut unser vorbede to ende. Also nw Bodan vordracht ful und al besloten in der nacht to elven slegen, sin unse geschickten to hertogen Erigke in sine herberge gegan myt den geschickten der stede, und na vortellinge des avescheides heft hertoge Erigk uns alle sake gram wedder- und unwillen afgesecht, unse gnedige here to sinde uns to beschuttende und to beschermende. Szo hebben de unse sinen gnaden wedderumbe togesecht truwe und holt to sinde. Darmede scheden de unße vom dage. Actum et conclusum feria secunda ipso die sancti Thome Canthuariensis anno d. 1512. *Lib. antiq. gestor. fol. 89.*

Gottingen van der keyserliker majestat eyne absolution ane oren schaden to irlangende; hyrnach, ef ok den van Gottingen unde oren borgeren in dussem unwillen an oren guderen renten unde tynsen entweringe gescheyn weren, desulven unde alle anderen gebode unde vorbot heft de obgemelte unße gnedige here alle afgestalt, so dat eyn izlick wedder to dem synen komen schal, des wedderumme gebruken unde in syne were gesat werden in aller maten, so se vor dussem unwillen gehat hebben, ok na lude zegel unde breven, de eyn yder over syne gudere heft. Vortmer heft syn forstlike gnade den nigen tollen, den syn gnade van der keyserliker majestat irlanget hadde, syner gnaden underdanen den van Gottingen unde den oren gnedichliken afgewant unde fallen laten, so dat se des gentzliken schullen gefryget unde umbeswert bliven, idoch dat de van Gottingen sampt edder bsundern neyne fromde gudere vor dat ore an sick to nomen edder myt eynem godespenninge in eynem schyne unde geferde an sick to kopen in edder in keyne ander wege vorhinderinge darinne to doynde. Demna wil syn forstlike gnade on ore privilegia frygheide unde vorschrivinge gnedichliken unde in gnaden bestedigen unde vestlick hoilden in aller maten, alße de hochgeborne irluchtede forste unde here her Wilhelm godzeliger to Brunswigk unde Lunenborch hertoge syner forstliken gnade here unde vadere ok syner gnaden vorfaren gedan hebben. Ok schulle de van Gottingen, so sick de huldinge dusser gebreke halven, de se synen forstliken gnaden alse orem angeboren landesforsten plichtich, idoch wentenher vortogen, nach gewonheiden, wanner syne forstlike gnade de van one heschende unde forderen wart, doyn unde nachkomen unde sick jegen syne forstlike gnade alze de getruwen underdanen wu geborlick hebben unde hoilden. So denne dem genanten forsten itlike lantsture jargelt vordegedingesgelt van jegenwordigem jare unde anderen vorgangen jaren, ok itlike vyfundetwyntich mk. van eyner vordracht wegen unde van schaden unde vorhinderinge an dem gerichte bynnen Gottingen erleden, van nedderwarpinge des tolhus unde allen anderen injurien edder tosprake, wu men de benomen mochte, nichtes darvan utbescheyden, so alße de obgemelte forste vor uns jegen de van Gottingen heft anteyn laten edder sust, doch alleyne utbescheiden der Gyseler sake (de heft sick syne forstlike gnade vorbehoilden): de schullen gentzlick unde alle upgehaven gedodet unde vorlaten syn. Hyrvor schullen de van Gottingen dem vilbenanten forsten unßem gnedigen heren vyfdusent Rinsche fl. twischen dut unde erst komenden hilgen osterdagen der upstandinge Cristi unses hern gutliken entrichten unde

handelagen sunder alle geverde. Ok schullen desulften van
Gottingen in benompter tyd den olden tollen bynnen orer
stad, so de vor veyrteinhundert fl. ungeferlick vorpendet is,
lozen unde fryg maken, so dat sick des syn forstlike gnade,
wu van older unde oldem herkomen gescheyn, gebruken mach.
Se schullen ok unsers gnedigen heren schulten, den se in dussem
unwillen vorwißet hebben, wedder in de stad komen laten
unde unses gnedigen heren rechticheide darsulvest to warende.
Wes ok forder van anderen gemeynen saken syn twischen
unßes gnedigen heren undersaten unde den van Gottingen unde
den oren ifte entelen personen an schulden, zegelen unde
breven, de schullen gehandelt werden, alße sick na art der-
sulven eygent; eyn izlick by dem synen unde rechte to blivende.
Unde hyrmede schullen alle koste teringe vorachtinge unde
overfaringe unde allent, dat sick in dussen unwillen begeven
heft, jegen eynander upgehaven unde eyn part den anderen
darvan nichtes utbescheiden nichtes plichtich syn, sunderen
schullen hirmede aller gebreken, wu vor gescheyn, ge-
scheyden unde fruntlick vordragen syn sunder alle geverde.
To wyderem behoilde hebben de vorbenante unße gnedige
here unde forste unde de ersame rad syner gnaden underdanen
to Gottingen van uns vorbenompten geschickeden reden be-
gert unde gebeden dusser vordrachte twey to bereidende unde
myt der obgenanten stede secreten to bevestende, synen forst-
liken gnaden eynen unde den anderen syner gnaden underdanen
den van Gottingen to behandende, dem wy alßo na to
komende gantz willich, idoch den vorbenanten steden, dar-
van de geschickeden rede utsant, unschedelick. Demna hebben
wy vilbenante stede Brunßwigk Hildenßem Honover unde
Embecke unßer stede secreto witliken an dusse vordrachte
gehangen. Gegeven na der gebort Cristi unßes hern vyftein-
hundert im twelften jare am dage Thome Cantuariensis.

*Arch. 4; Or. m. 4 trefflich erhaltenen Siegeln. Cop. danach im Lib.
antiq. gestor. 90—92, Schluss verkürzt. — Erwähnt: Zeit- u. Geschb. v.
Gött. I, 135.*

66. *1512 Jan. 14* (quarta post octavam epifanie
domini).

*Elisabeth Priorin und der Convent des Nonnenklosters zu
Katlenburg an Göttingen: bitten um Erwirkung der Renten-
zahlung von 11 Mk. von Seiten seiner Bürger Giseler von
Münden Hans Swaneflogel Cord van dem Brinke und Hans
von Nörten, nachdem sie bislang auf den jetzt endlich zu Stande
gebrachten Austrag der Irrungen zwischen dem Herzog Erich
und der Stadt vertröstet worden.*

Suppl. zu den Cop. Vol. VII C; Or. m. S.

67. *1512 Jan. 20.* *[Göttingen.]*
Herzog Erich bestätigt der Stadt Göttingen alle Privilegien und Freiheiten[1]*).*

Wy Erich von gotz gnaden hertoge to Brunsweig und Luneburg etc. bekennen openbar in dussem breve, dat wy

---

[1]) *Ueber die obigem Act vorausgehenden Vorgänge, namentlich über die Huldigung und die daran sich knüpfenden Festlichkeiten gibt uns die ausführliche leider unvollendete Erzählung des Stadtschreibers im Lib. antiq. gest. fol. 92 Aufschluss:* Dewile nw dit lant von hertogen Hinricke dem eldern siner gnade brodere hertogen Erigke overgelaten was und desulve hertogo Hinrick alle tid, wen sin gnade in dessen saken gehandelt befulbordo, men synemo brodere mochte huldigen, so heft von stund na vordracht vorgerort hertoge Erigk begert, men ome wille gewontlicke huldinge don. Daruppe hebben wy twey unße rades frande bet to Munden an sine gnade geferdiget unde ome gewontlige hulde to donde togesecht, indem sin gnade uns int erste unse privilegia friheid und wontheid bestedigo und tosegge de to hoildende myt overantwording des bestedigeßbreiffes vor der hulde, ok afsegge allem gram wedder- und unwillen. Des allet sick sin furstlike gnade dem so to donde irboden. Szo draden nw des rades geschickten dyt so ynbrochten, leyt de raid ore gildemestere und de seßmanne vorboden, geven ome desse dinge vor und seden, so weren geneget unserm gnedigen heren gewontlicke huldinge to donde na vorgerorder gestalt und boden, dat so ok fort den oren to seggende up nehistkomende mandach, nemlick am avende sanctorum Fabiani et Sebastiani martirum *[Jan. 19.]* inhemisch to sinde, und wen se dessulven mandage morgens des rades und de groten clocken horen luden, so denne alle wolden up den market komen myt dem rade vorbenanten hortogen Erigke to huldigende. Darup seden [se], se wolden dat gerne don. Alse nw hertoge Erigk des sondages scholde ynriden, word dat afgekundiget und up den mandach und de huldinge up den dingstach vorleuget, wente sin gnade wolde am mandage den billigen martiren vorbenant vasten. Des mandages alse nw hertoge Erigk hir to Gottingen wolde ynriden, schickeden wy sinen gnaden veir der eldesten unser rades frunde myt dem vesten Diricke von Grone unsern amptmanno to Fredelande denern und jungen gesellen up dat rustigeste myt 80 perden under ogen (deßmals was unse hovetman nicht paßlick unde unse amptmann to Juno lehinde uns sine knechte und myt siner personen doynde ho ut unserm erlove hertogen Erigke). Alße nw hertoge Erigk irnalide, beden unse geschickten im velde sine gnade uns wilkomen to sinde und de unse, alse sin gnade dat schickede, reden vorher in de stad bet vor sine herberge und do furste folgide myt synemo hovewerko, was rustiges tuges by 200 in witter cledinge vom Deister und ut dessemo lande. Von stunt alße sin gnade wol mochte hebben utgetogen, schenkiden wy sinen gnaden tein stovicken wyns toin molter havern eyn vat Embisch und eyn vat Gottingisch beir, und schickeden do von stunt seß unser rades frunde von den eldesten to synen gnaden, heiten one wilkomen, furdern by sinen gnaden den bestedingeßbreif der privilegien laten to makende, uns do vor der huldinge mochte werden overgeantwordet, und darby, dat sin gnade de afsage wu vor wolde don. So irboid sick hertogo Erick dem so willich na to komende und bat darup, wen morgen dingstage de huldinge were geschein, de raid myt sinen gnaden wolde in de herberge gan und dar frolich weßen. Dat annameden de raid myt dangbarheid, beiden sine gnade myt der ridderschup myt dem rade jegen den avent des

von unser und unser erven wegen den ersamen unsern leven
getruwen raide und borgern unser stad to Gottingen mit gudem
willen heben bevestiget und bestediget alle rechte gnade

dingstages uppeme sale frolich to sinde, dat sin gnade geliker maten vor
willen upnam. Nemen darmede so eynen avescheid, dat sin gnade
wolde des dingstage morgens to seven uren misse laten in sinte Johannis
kerken to hope luden, de misse horen und begerde, de raid dar ok wolde
komen, und wan de ute were, denne up dat raidhuß to gande. To desser
misse word geludt dat erste mael to vif uren, dat ander mael to sessen
und to hope, do id seven sloich, myt der groten clocken. De raid gingen
alle myt oren schrivern und knechten vor unsers gnedigen hern herberge
und myt sinen gnaden tor kerken. De parnher ern Johan Hovet sin
cantzler, de in desseme unwillen ok buten weßen und myt sinen gnaden
wedderkomen was, hilt de homisse up dat herlickeste de sancta trinitate,
de grote tafel stunt opin und de apostellechte worden entfenget, de
scholemester sang de gantzen misse in figuris, men spelde in organis
und ministrerde tor misse. Und so nw de misse ute was, gingen unse
gnedige her und wy na dem raidhuse, sin gnade myt den reden up de
dorntzen und wy up de koken. So leit sin gnade de ridderschup
up dem koiphuße und nam to sick up de dorntzen sine rede unde
sommelicke uter ridderschup: de eddeln erbarn und gestrengen
Frederick graven to Speigelberge Tilen Wulffe von Gutenberg heren to
Jtere synen hovemester hern Hanse von Steinberge und ern Anthonii von
Alten rittere ern Johannes Hovedes parnhern to sinte Johanße bynnen
unser stad Henning Ruscheplaten desses landes droaten Hanßes von
Olderßhusen erfmarschalke Hans von Hardenberge Cristoffer Zemern
unsers hern marschalk und itwelke andere des adels, und do gingen wy
to sinen gnaden up de dorntzen an de andern halve siner gnaden to
der fordern hant stan, heten sine gnade wilkomen unde furdern by sinen
gnaden den bestedingeßbreif unser privilegien. De breif word uns do
von sinen gnaden overgeantwordet und ludet alße hirna folget, ok dar
beneven de absolution von konigliker majestat. *[Folgt N. 67 u. N. 49.]* —
Alße nw sulke breve dorch den raid up der koken besehin, gingen se
wedder up de dorntzen und beden hertogen Erigke, ef he to dem rade
edder der stad to Gottingen jenige ansprake gram und unwillen bet to
desser tid gehat edder noch hedde, des se sich doch nicht vorhopiden,
he se der gnedichlicken wolde vorkesen und afseggen. Dem sin gnade
so dede, sede dar beneven, he wolde ore gnedige here sin se beschutten
beschermen und vordedingen. Und so dat geschein was, sede de raid,
se nw sinen gnaden na geloflicker wise wolden huldingen, deden ome
alle up der dorntzen hantgelofte ome truwe unde holt to sinde, beden
sine gnade na der huldinge wedder up de dorntzen to komende und
gingen de wedder up de koken, leyten do von stunt luden des rades
clocken drye up en ander den borgern up den market by eyn to komende.
So hadden wy up der vorloven eyn veirpaß laten beret von delen up
holtere gelecht eynes voites hoich und darup drey stole myt kussen, ok
up de muren dre kussen. Darto leit unße gnedige here up de muren der
vorloven und boven sick myt tepten guldenstucken und anders behengen.
Und so nw de borgere uppe den market weren gekomen, ging hertoge
Erigk myt siner gnaden reden von der dorntzen uppe de vorloven. He
trad up dat veirpaß, wo vorgerort beret, averst sine rede und gudemans
bleven to der rechtern hant stan up der vorloven. De raid olt und nye gingen
von der koken ok up de vorloven, bleven dar stande dem hertogen to der
linken hant. Des heft do de worthelder des rades to den borgeren ge-

freiheyt breve und gewonheit, de se wentenher gehat und an uns gebracht heben, befulborden und bevestigen de gegenwordigen in dussem breve, in matten de one ok reide zampt dusser unser

secht: leven frunde, de hoichgeborn irluchtide furste hern Erigk to Brunßwigk und Luneborch hertoge unße gnedige here jeginwordich heft uns bestediget unse privilegia wontheide friheide und rechte, ok togesecht uns truwelicken wille vordedingen, darup de raid ome hebbe gelovet truwe unde holt to sinde und willen ome int erste, so se mogen sehin, huldigen und sweren; is de rades bede se darna deß gelick ok willen don. Na der utsage trad Hans von Olderßhusen marschalk by den fursten up dat gemakede veirpaß und stavede den rades personen intsampt den eyd in dessen worden: so gy dem hoichgeborn irluchtiden fursten unserm gnedigen hern hertogen Erigke jeginwordich hebben geredet und gelovet, gy dat truwelicken willen hoilden, alße juw god so helpe und [sine] hilligen. Darna von stunt sede de worthelder des rades to den borgern: leven frunde, gy hebben geschin, dat de raid unserm gnedigen leven heren hebben gehuldiget, willet nw dem ok so doyn: richtet up twey fingere und spreket my na, dat gy dem hoichgeborn irluchtiden fursten hern Erigke to Brunßwig und Luneborch hertogen unserm gnedigen leven heren joginwordich willen truwe und holt sin, alse borgere orem erfhern von rechte schullen, alße juw god so helpe und syne hilligen; dankede darmede den borgern, se de clocken und des rades sage hadden gehort. Do leit unse gnedige here Tilen Wulffe sinen hoifmester, wuwoll dat nicht mehir geschein, by sick uptreden und den borgern geliker maten danken und darby seggen, he wolde ore gnedige here sin. Hirmode gingen de borger hinwech und der stad doro weren alle togebleven, bet de hulde geschein was. Do ging uppe biddent des rades hertoge Erigk wedder up de dorntzen myt sinen rehiden und gudenmans und de raid up de koken, leit ome de schenken int erste backenkrut und darup malmesie und claret, darna regal und darup avermals malmesie und claret; int leste do eynen sulvern koppen sampt eyner credoncien, darup uppe dat abilste beret, woich viftehalve mark und sestohalve loit, was bynnen und buten vorguldet, hadde gekostet seventich Rinsche gulden; den leten wy to Liptze kopen und halen; darto in sulkem koppen einunddrittich fl. Sulkes bedankide sin furstlicke gnade dem rade und ging do darmede af na der herberge und bad, de raid ome wolde folgen, alße he se to gaste hadde gebeden. Dem so geschach; und schenkiden na der maltid sinen koken unde kelneren eyne mk. Hertoge Erigk hadde ut Overlant itwelke subtile sleden medegebracht; der hadde sin gnade dre hir in der stad und for den dach over, ok den andern dach sulvest de stad up und dael und vor itwelken des rades hußen sat dar af und ging to one unde makede sick uppet froligeste. Des avendes hadde de raid den hertogen myt synen gudenmans wedderumbe to gaste; weren boven sestich up dem sale und schenkiden na der maltid sinen koken, de se tom anrichtende hadden gebeden, eyne halve mk. Dyt aventeten was myt wiltbrade vorgulden schauwgerichten und up dat alder tuchlickeste beschicket; wy hadden ok malmeßie claretwyn goße Embisch beir to sulkome etende. Na der maeltid begerde unße gnedige here, de jungen gesellen unde jungfruwen wolden to dantze komen uppet raidhuß. To sulkem dantze kam de furste myt siner ridderschup, de denne myt jungfruwen und fruwen dantzeden und frolich weren. De raid schenkide up der dorntzen sinen gnaden backenkrut roßin und koken claretwin goße und Embisch beir. Item na der maeltid des andern dages schenkide de raid hertogen Erigks rehiden, so de dreplick weren, twelf fl.

landschop von unsern vorfaren und ytzd uns bevestiget sein.
Wy unse erven und unse nachkomen schullen und willen de
ewichligen gantz und stede holden und heben dussen open bref to
einer orkunde bezegelt und bestediget — —. Hirbey an und
over sein gewesen unse rede und leven getruwen de wolgeborne
Frederich grave to Speigelberge Tylle Wulff von Gutenberg
herre to Iter unse hofmester Hans von Steinberge und
Anthonius von Alten ritters hern Johan Hoved parner unser
kerken sancti Johannis bynnen Gottingen Heingen Rusche-
platen unser lantdroste Hans von Olderßhusen erfmarschalk
und Hans von Hardenberge. Und wy Frederich grave to
Speigelberge — — — *[folgen nochmals die Genannten]*
bekennen in dussem sulven breve, dat [wy] by dusser vesteninge
und bestedinge sein an und over gewesen und heben des
unse ingezegelle und pixer umben des gemelten irluchtigen
hoichgeborn fursten und hern hern Erichs hertogen to
Brunschwyg und Luneburg etc. unsers gnedigen heren bede
willen by siner forstliken gnaden ingezegel to tuchnysse doin
hangen an dussen bref, de gegeven is nach Cristi unsers
hern gebort im viftenhundersten und twolften jar am dingestage
der hilgen martelers Fabiani et Sebastiani.
 Herczoge Erych etc.
 *Arch. 47; Or. m. 9 Siegeln. Danach Cop. im Lib. antiq. gest.
fol. 97. Erwähnt: Zeit- u. Geschb. v. Gött. I, 135.*

68. *1512 Jan. 21* (ipso die Agnetis).
 *Göttingen verpflichtet sich gegen Henning Ruscheplate zur
Zahlung von 1400 Rh. fl. in den nächsten osteren in den veyr
hilligen dagen auf dem Rathhause zu Uslar oder an einem
andern im Umkreise von 4 Meilen von ihm zu bezeichnenden
Ort, für welche Summe es von Ruscheplate den alten Zoll in
der Stadt ausgelöst und wiederum in die Hand Herzog Erichs
gebracht hatte.*
 Arch. 1158; Or. m. S.

---

und don schrivern vor den vordedingeßbreif veir fl. Nuw hilden sick itwelke gebroken twischen unserm gnedigen hern und dem rade to Northem, dat [he] von hir nicht reißede na Northem dar ok na wontliger wiße de hulde to entfangende, so hebben wy by sinen furstliken gnaden irlanget, uns in den dingen handels to vorhengide. Darap do von stunt dem rade to Northem her bescheden und wuwoll do dinge deßmals nicht vordragen worden, doch up andere lidelicke wege vorfatet. Szo reißede do hertoge Erigk des donnersdages wedder von hir na Munden. — *Von derselben Hand folgender Nachsatz:* Processum coram imperatore habitum cum supplicationibus scriptis in hoc negotio in et extra judicium habitis invenies in speciali cista. *Diese Kiste scheint verloren zu sein.*

69. *1512 März 4* (am dornstag nach invocavit). *Münden.*

Herzog Erich an Göttingen: gestattet auf Ansuchen einen Theil der nächste Ostern zahlbaren[1]*) Summe in Salpeter (12³/₄ Centner 11¹/₂ Pfd.) — der Centner zu 9 fl. gerechnet — zu Handen seines Vogts zu Hardegsen vorauszuentrichten.*

Arch. 1905; Or. m. S. u. Unterschrift.

70. *1512 März 4* (an dem dornstage nach invocavit).

Herzog Erich bescheinigt der Stadt Göttingen mit Bezug auf die vorhergehende Nummer den Empfang von 12³/₄ Centner 11¹/₂ Pfd. Salpeter im Betrage von 107¹/₂ fl. Rh. und 13¹/₂ Sh. Göttingisch.

Arch. 1905; Or. m. S. u. Unterschrift. Cop. danach im Lib. antiq. gest. fol. 98.

71. *1512 März 31* (feria quarta post dominicam judica).

Göttingen bescheinigt dem Rathe von Frankfurt den Empfang von 24 fl., nachdem diese drei Jahre für das Kammergericht entrichtete Summe dorther nicht eingefordert worden. Nademe wy itzund by dren jaren vorleden hebben verundtwintich fl., de to erhaltunge des keyßerlicken camergerichts von uns gefurdert, by den erlicken rad to Franckfurde uppe desse wiße, wor wy de to leistende nicht plichtich weren, uns de alßedenne wedderumbe scholden folgen, gelecht, de ße dosulvest ok in sulker gestalt hebben na lude ores breves darover gegeven by sick genomen: so heft de vorgeschreven rad to Franckfurde uns nw sulke verundtwintich fl., indeme de von one nicht gefurdert, wy de ok to leistende, ßo wy uns vorhopen, nicht plichtich, uppe unße ansoikent gudlick wedderumbe laten folgen und jegen oren breif vorgemelt, de one hyrby mede unßernthalven is wedder geantwerdet, to handen komen.

Lib. Cop. Papyraceus I, 192.

72. *1512 April 5* (am montag nach palmarum). *Münden.*

Herzog Erich an Göttingen: ersucht es die ihm zukommenden 1400 fl.[2]*) „Vertragsgeldes" seinem Secretar Jost Ruscheplate gegen gebührende Bescheinigung einzuhändigen.*

Arch. 1905; Or. m. S. u. Unterschrift.

---

[1]) Auf Grund des Friedens zu Einbeck, N. 65. [2]) Jost Ruscheplate empfängt 1500 fl., vermuthlich sollte die Stadt die 1400 fl. ihm nur zur Weiterübermittlung an Henning Ruscheplate zustellen. cf. N. 65, 68 und 73.

73. *1512 April 7* (mitwochen nach palmarum).

Herzog Erich bescheinigt der Stadt Göttingen den Empfang von 1500 fl. durch seinen Secretar Jost Ruscheplate und spricht sie, nachdem er den Rest der ihm nach dem Einbecker Vertrage [N. 65] zukommenden Summe von 4500 fl. und 1400 fl. für die Auslösung des alten Zolles seinem Rathe Henning Ruscheplate überwiesen, von allen Ansprüchen auf die ihm im genannten Vertrage zugesprochenen Gelder, in Summa 6400 fl., los und ledig.
Arch. 1905; Or. m. S. u. Unterschrift. Copien danach Acta Ref. XXI und Lib. antiq. gest. fol. 98.

74. *[1512 April 19* (feria secunda post dominicam quasimodogeniti)¹)*]*.

Göttingen verkauft dem Landdrost Henning Ruscheplate die aus den städtischen Einnahmen im Umkreise zweier Meilen zu Ostern zahlbare Jahresrente von 175 fl. Rh. für 4500 fl. derselben Münze unter Vorbehalt des Wiederkaufsrechtes nach Kündigung zu Weihnachten in Einbeck oder Hannover²).
Suppl. zu den Cop. Vol. V B; Entwurf.

75. *1512 Mai 1* (sabbato post dominicam misericordia domini).

Henning Ruscheplate Landdrost bezeugt von sich aus das Abkommen aus der vorhergehenden Nummer (anno 1512 feria secunda post dominicam quasimodogeniti) *und bescheinigt mit Bezug auf N. 68 den Empfang von 1400 fl. Rh.*
Arch. 357; Or. m. S. Cop. danach im Lib. antiq. gest. fol. 98.

76. *1512 Sept. 17* (feria sexta post festum s. crucis exaltationis).

Paulus Bischof von Ascalon Doctor und Vicar des Erzbischofs Uriels von Mainz verleiht nach Einweihung des neuen Chores und Hauptaltars der Pfarrkirche der Jungfrau Maria in Göttingen allen, welche an gewissen Festtagen die Kirche besuchen oder durch Spenden sowie Mitarbeiten am Ausbau dieselbe fördern, 40 Tage Ablass.
Arch. 499; lat. Or., Siegel abgerissen. Gedr.: Zeit- u. Geschb. v. Gött. II, 85.

77. *1512 Oct. 24. Rom zu s. Peter.*

Papst Julius II. verleiht dem Franciscaner-Nonnenkloster in Göttingen gegen das Gelübde klösterlichen Lebens (religionis),

---

¹) cf. die folgende Nummer. ²) cf. N. 73.

der *Keuschheit und des Gehorsams alle Privilegien und Indulgenzen der andern Klöster dieser Regel.*
Arch. 1281; Original-Transsumpt des Officials Conrad Bruns von 1513 Jan. 24.

78. 1513 Jan. 10 (am mandage na der h. dryer konige dage).
Herzog Erich bescheinigt der Stadt Göttingen den Empfang der Neujahrsbede wie in N. 1.
Arch. 774; Or. m. S. u. Unterschrift.

79. 1513 Jan. 18. Worms.
Kaiserliches Mandat an Göttingen: gebietet Entrichtung des rückständigen Beitrags für das Reichskammergericht wie in N. 37.
Sub R V; gedr. Or. m. verletztem S.; Rückschrift: Anno etc. 1513 ipso die nativitatis s. Johannis baptiste nuncius domni imperatoris hanc missivam hora duodecima in meridie domno Johanni Stokeleiffes burgimagistro presentavit.

80. 1513 Jan. 24. Göttingen im Officialat-Hause (in domo nostra consistoriali).
Conrad Bruns Official der Propstei von Nörten in Göttingen vidimirt auf Ansuchen des Priesters Heinrich Marquardi Franciscaner-Vicars der Provinz Sachsen N. 77.
Arch. 1281; Or. m. S.

81. 1513 April 5 (feria tercia post dominicam quasimodogeniti).
Der Rath verpflichtet sich zu Gunsten seines Bürgers [und Bürgermeisters] Ludolf Stockleiff 200 fl. bei Wiedereinlösung des für 3000 fl. an Otto von Kerstlingerode verpfändeten Amtes Friedland zurückzuhalten, welche Summe dieser von jenem geliehen hatte[1]*).*
Arch. 1016; Or. m. verletztem S.

82. 1513 Juni 30 (feria quinta post diem ss. Petri et Pauli).
Johannes Bruns Priester [und Rathsschreiber] und Hans Tolle der Aeltere vermitteln den Streit zwischen Doctor Johann Winkelmann[2]*) und dem Priester Heinrich Meiger*[3]*) Inhaber*

---

[1]) *cf. N. 34. Dietrich von Grone trat vermuthlich damals in den Pfandbesitz des Amtes Jühnde; 1512 war er noch Inhaber von Friedland, N. 67 Anm. 1.* [2]) *In demselben Jahr wird er von der demokratischen Partei zum Bürgermeister erhoben; Hans Tolle gehört gleichfalls zu derselben. cf. Anhang I.* [3]) *Heinrich Meiger war Rathsschreiber, er stirbt 1532.*

der Pfründe des Altars der heiligen 3 Könige in der Johanniskirche wegen 7 ½ Sh. Erbzinses dahin, dass ersterer sich letzterem gegenüber zur Auszahlung des Erbzinses und einer Summe von 10 fl. Rh. als Entschädigung für die vorenthaltenen Zinsen oder statt derselben zur Bestellung einer Jahresrente von 10 Sh. verpflichtet.
   Arch. 732; Or. m. S.

83. 1514 Jan. 17 (am dingsdage Anthonii abbatis).
   Die Städte Goslar[1] Magdeburg Braunschweig Hildesheim Göttingen Hannover und Einbeck erneuern das in N. 14 geschlossene Bündniss auf weitere 10 Jahre; Goslar ist zur Stellung von 134 Mann und zur Vorstreckung einer Summe bis zur Höhe von 6000 fl. verpflichtet.
   Arch. 212; Or. m. S.; Cop. danach im Lib. Cop. Papyraceus II, 220.

84. 1514 März 7.
   Hans Forstenberges und Hans Pollenen Rathmannen bezeugen den Schwur des früheren Rathmanns Henning Lindemann, der sich verpflichtet innerhalb 4 Wochen sein Haus nicht zu verlassen, an Gilden und Gemeinheit sich in keiner Weise für das Vorgefallene zu rächen, sich seines Rathssitzes zu enthalten und für frühere Uebergriffe 150 Mk. zu erlegen[2].

Wy Hans Forstenberges de eldere und Hans Pollenen radmanne to Gottingen bekennen opinbare in dessem breve und betugen, dat Henningk Lindeman vor uns is erschenen unde heft dorch syne utgestrecked enarm eunde upgerichtiden fingere ungetwungen, ok alles dinges ungenoidiget liflicken to den hilligen swerende utgesproken sick vorsecht unde vorwillet: Nachdeme he eyne tyd lang yme rade gewesen unde sampt andern vaste merklicke summen goldes geborget unde ut der stad gudern vorschreven, ok mennige unlidelicke nut fordeil unde geneyß myt havern secrete und anders gehat hebbe[3], doch nicht mede angesehin, de stad der last nicht mochte dragen, noch derwegen den gilden jenige berichtinge gedan und darumbe, alße he myt den gilden unde seßmannen derwegen ame vorgangen mandage na invocavit[4] in undersprake unde handel geweßen, von deme gemeynen volke myt

---

[1] *Ob Goslar erst jetzt oder schon früher dem Bunde beigetreten, ist nicht ersichtlich. Auffallend ist der Umstand, dass es an der Spitze der aufgeführten Städte steht, obgleich seine Unterstützung weit niedriger veranschlagt ist als die Magdeburgs und Braunschweigs; er erklärt sich vielleicht daraus, dass jene Erneuerung des Bundes möglicher Weise in Goslar stattfand.* [2] *cf. hierzu die Anm. 4 der N. 87.* [3] *cf. den Schluss der Anm. 4 zu N. 87.* [4] *März 6.*

grotere tael uppeme radhuße berant der menynge, hedden de
erlicken gilden myt den oren dar nicht twischen gekomen,
were he umbe syn lyf unde levent gebracht, sy so int leste
von deme gemeynen irloßet unde uppet hinderhuß gelecht, des
he den gilden unde den oren hoichlick wette to dankende; so
en wille he, ok nymand von syner wegen schulle sulke daet
unde vorhandelinge, wu sick de tegen one heft begeven; myt
worden werken noch anders an den vorgeschreven gilden den
oren edder gemeynheide der stad Gottingen nicht wreken noch
darumbe wes to gescheynde schicken noch foigen, sunder
sick nw fort weßelick und vor eynen gehorßammen borger
hoilden, nichts handeln edder vornemen, dat sick to plange
edder unwillen mochte dragen, noch jemandes in dessen
handelungen von gilden gemeynheid edder andern vordenken
efte bespreken, sunder wat ßake he to den gilden vorbenomt
den oren edder der gemeynheide, ok deme erßamen rade
to Gottingen und andern, de one vorwant unde in rechte to
vordedingen geboren, reide hedde edder noch gewynne, de
will he furderen bynnen landes vor rade edder gerichte dar
iderman dingplichtich is, und wes ome dar in rechte geschei-
den edder sust in fruntlicken dingen togewißet worde, dar
wil he dat by laten und des to neynen tyden wedderspreken.
He wil ok von stunt in syn hus und dar in veyr weken ane
erlove nicht wedder utgan, syne borgen neddenbeschreven
truwelick benomen unde sick des radstols fortmere, bet ßo
lange he vome rade wert beschicket, enthoilden, allet sunder
argelist und geverde. In maten Henningk Lindeman vor-
benomet dyt ßo in guden truwen gelovet unde dat stede vaste
unde unvorbroken wol to hoildende unde deme ßo natokomende
myt synen gedanen eyden bevestet heft unde Cord Gercken
knokenhauwer Helmold by der Linden unde Hans Kynen
borgere to Gottingen hebben sick ok vor uns vorsecht unde
myt hantgeloften vorplichtet vor sick unde ore erven, dat
ße sampt und beßundern darvor gewys unde gud willen syn,
dat de bovengeschreven Henningk alle unde eyn jewelk desser
vorgerorden puncte und articule schulle stede und geloflick
holden; und weret dat derhalven den gilden und gemeyner
stad Gottingen jenige last unde ungud entstunde, dat willen
se unde ore erven schullen gentzlicken unde ungeweigert up
ore anßoikent afdragen unde darto anderhalfhundert got-
tingesche mark in dessen veyr weken nehist folgende der
stad vor sulke unlidelicke brukinge unde vorsumenisse ane
vortoch geven unde betalen ane geverde, in maten desulven
Cord Helmold und Hans sick des so vor uns, wo vor
vorheiten unde in jeginwordicheid der tugen nabenomet darto

geheischet unde gebeden, vorplichtiget hebben. Des to orkunde unde tuchnisse hebben wy Hans Forstenberges unde Hans Pollenen vorgenant unße ingesegel festlick uppe dessen bref neddengedrucket, unde wy Henrick Ruden unde Tilemannus Borcherdes de elder borgere to Gottingen bekennen opinbarc in desseme sulven breve unde betugen, dat wy darby an und over syn geweßen, des ok to uns sunderges alße dingwarden is getogen, dat alle articlen ßo wo vorgeteickent vor den bovengeschreven Hanße Forstenberges unde Hanße Pollenen syn ergaugen, utgesecht unde vorwillet, hebben des to orkunde unde tuchnisse unße ingeßegel mede hyr angedrucket. Datum anno domini 1514 feria tercia post dominicam invocavit.

Arch. 1261; Or. m. 4 S.

85. 1514 März 7 (feria tercia post dominicam invocavit).

Hans Forstenberges und Hans Pollenen bezeugen den Schwur der früheren Rathmannen Heinrich Boning[1] Heinrich Swanenflogel und Hermann Witzenhusen wie in der vorhergehenden Nummer mit Fixirung der Strafsumme auf nur 10 Mk.
Arch. 1261; Or. m. 4 S.

86. 1514 März 7 (feria tercia post dominicam invocavit).

Hans Forstenberges und Hans Pollenen bezeugen den Schwur des früheren Rathmanns Tile Greven[2] wie in N. 84 mit Fixirung der Strafsumme auf 6 Mk. binnen 6 Wochen[3].
Arch. 1261; Or. m. 4 S.

87. 1514 März 15.

Rath, Gildemeister und Gemeinheit treffen nach den stattgefundenen Irrungen und Unruhen eine Vereinbarung auf 3 Jahre[4].

Wy de raid to Gottingen mestere der koiplude schomakere beckere der olden wullenweffere linenweffere knoken-

---

[1] *Im Entwurf ist für Boning die Zahlung auf 14 Mk. angesetzt. Arch. 1720.* [2] *Im Entwurf, Arch. 1720, lautet es: Tilo Greven dabit 6 mk. licet confitetur up 30 mk. genoten.* [3] *An demselben Tage schwören dem Entwurf zufolge ausser den in N. 84, 85 und 86 Genannten die Rathmannen Hans von Dransfeld der Aeltere und Hans von Dransfeld der Jüngere mit Zahlung von je 30 Mk., und Eggerd Rukopp mit Zahlung von 100 Mk. cf. Anhang I. Die Rathmannen Hans Stokeleiff Cord Meiger Heinrich Giseler und Wedekind Swanenflogel hatten sich durch die Flucht entzogen.* [4] *Im Lib. antiq. gestor. fol. 102 findet sich folgende zeitgenössische Erzählung über*

hauwere schradere smede der nyen wullenweffere und
meynheyd darsulvest bekennen opinbar in desseme breve:
Nachdeme sick nw korts ok hyrbevorn mennigerleye upror

den Streit des Rathes mit den Gilden und der gemeinen Stadt wahrscheinlich von der Hand des Rathsschreibers Hermann Bode [von dem nemlichen, welcher die Erzählungen über den Streit der Stadt mit dem Herzog verfasst hat]: Anno domini 1513 heft de rad to Gottingen der stad schuld, de sick boven negentich dusent fl. hovetgeldes und voyr dusent fl. darup to tynse und noch darboven by 1400 fl. to lyfrenten alle jerlickes vorlopen, in groter merklicker bewegingo gehat und dryerleye puncte besloten myt den und andern dem vorderflicken falle desser stad vor to komende. De erste punct was up eyne nye munte yo 24 sh. up eynen fl. to slande. De ander: dat jewelk bruwhere scholde von yo dem bruwelse beyrs eynen fl. in de pannen geven. De dridde: dat men vor de molemetten eynen sh. geve. Indeme se nw der gilden und handwerke mestere besanden, leten se de uppe de hinderen dorntzen gan und schickeden to one sesse de eldesten des rades. De geven one vore in grotem geloven myt irmaninge orer eyde, se dat dem rade to gude hoilden, wo de stad dorch fehide der stede ok durch ungnade unser gnedigen herschup lange tyd her gehat und ut falle und lichticheyd der munte in de vorgeschreven schuld were gekomen, und hedden desse drey puncte gefunden, darmede men de stad mochte redden, gar flitigen biddende, se dyt alse der stad geschworen und gildemestere beharten und fliten, desse drey stucke von oren gemeynen brodern ingegan werden; des wille sick de rad so gentzlick to one vortroisten. Darup spreken de mestere und seden den geschickten des rades wedder: one were der stad schuld nicht leif, hedden sick des ok so nicht vorhopet, wente de rad one alle tyd heft gesecht, de stad sta woll; idoch willen se de dinge bedenken und dem rade antworde geven, ok allen flyt ankeren desse stat uter last to bringende. Alse se nw eyne tyd lang desse dinge hadden bewegen, kemen se wedder uppet hus und seden: one were in dessen dingen nichts to vorhengende hynder oren seßmannen und so de rad mochten erlyden, se dyt an ore seßmanne brochten, wolden se darinne flitigen handeln und derwegen dem rade antworde benalen. Dyt wort one vom rade vorhenget. Also se nw des myt den oren geredet, wort mank dem gemeynen eyn rumore mennigerleye wys. Und demyn nicht up erfordernt des rades kemen de mestere myt oren seßmannen desser dinge myt dem rade to handel und under andern underredungen wolden de gilden den eynen punct myt erhevinge eyner nyen munte inrumen, averst den fl. in de pannen und den sh. in der molen to gevende syn de ore nicht geneget. Under dessen handelungen alse radmanne und koipgildemestere hadde Cord Meygere der gilden word geholden, so wort mank den gilden eyn rumore, desulve Cord hedde gesecht, he wolde de gilde umbe eynen finger wynden und in dessen handelungen bewegen, worhin he wolde; ok hadde he de artikel vom rade vorgeslagen ingerumet und sede, id were der seßmanne des koipmans fulbord; dat sick doch ym grunde nicht befand. Ut den und andern orsaken wolden se darnach densulven Cord nicht mer by sick lyden. Hyrut is vom rade merklicke bewegingo gehat und int leste vorgenomen mit den gilden to trachtende na andern wegen, darmede desse stad mochte werden gereddet. Alse nw de gilden darumbe uppet hus kemen, wort one vom rade angedragen, de rad wolde gerne myt one handelen, averst se sehin nicht des koipmans mestere; wolde de rad gerne wetten, worumbe se den nicht willen by sick lyden: mochten se syne personen nicht lyden, so wolde de

genzenke wedder- und unwille hyr bynnen Gottingen begeven
und de lengide der stad borgern und inwoneren darut wide-
runge und eyn ewich vorderflick fall, dat god almechtich

rad one eynen andern togeven. Darup geven de gilden dem rade vor
tweyerleye stucke und ere se des myt dem rade voreniget, sy one nichts
anders to handelen. Dat erste: se begeren nw fort, dat de rad nicht
mere schullen kesen ut dem rade eynen koipgildemester ut den orsaken:
de gilden syn dorch den vorledet, hebben ore meyninge nicht dorven
soggen und we wes sede mang den gilden, de worde dorch den radman
gemeldet, so dat ome dat to ungude kome; darut hedden de gilden nicht
mede geraden und der stad schaden nicht gewust, were nw to ungude
gekomen. Dat andere: de gilden begeren nw fort, de rad neynen rad-
manne to vormunden dere godeß huse der hospitale willen kesen ut den
orsaken, dat deaulven den godeß husen merklick schuldich syn und men
von den kone nicht gemanen, se beholden ok under sick de rekenschup
boven de tyd, darut den hospitalen schade erwasse. Und wowol de
rad hyrinne grote beweginge gehat, ok de gilden vaste gebeden se by
orem rechten to latende, wes vorsumet sy, schulle nw fort flitiger vor-
wart werden, idoch ym lesten, alse de gylden by orem vornemende bleven
und de rad sick in den dingen schuldich befunden, is dyt ßo vom rade
overgeven. Darnach so kemen rad und gilde wedder tosampne uppem
radhuse der meyninge umbe beteringe der stad to redende. So hebben
de gylden vorgebracht desse meninge: moge de rad lyden se itwelke
vorerden von den gylden, de der stad gud vorwaren helpen, so willen
se sick myt temelicken antworden up de beteringe vornemen laten.
Uppe desse dinge syn vom rade merklicke beweginge geschein, hebben
de gylden vaste angelegen se by oldem herkomende to latende; bedunke
one id nicht myt twen vorwart sy, willen se twene utem olden rade unde
twene utem nyen darto vererden, dat de dinge uppet truwelickeste schullen
vorwart werden. Na velen verhandlungen bleven de gylden by orem
vornemende und wort int leste vom rade vorhenget, dat jewelk gilde
hantwerk und gemeynheyd mogen eynen vorerden der stad gud up to
nemende to vorwarende und darmede na notroft to handelende und dat
de von den gilden gekoren werden. Darby wort vorlaten, dat up dyt
mael de gilden mogen noch twey des rades darto kesen, wente sulken
koer beyde der personen des rades und ut den gilden wolden de gylden
dem rade nicht togeven, sunder den vor sick beholden. Alse nw desse
dinge so vorhandelt weren, vore und na von dem gemeynen volke vaste
mydlicke wort up den rad und personen gesecht. Dardorch worden de
rad bewegen sick underlangens by eyden und darnach mit den gylden
geloflick to vorbyndende desser anliggende noit by eyn to blivende und
truwelick darinne to radende. Hyrna begaf sick, dat veyr des rades
nemlick Hans Stokeleff Cord Meyger Henrick Giseler und Wedekynd
Swanenflogell ut der stad Gottingen und bet to Northeym geweken syn
und dorch Johanse Speygelberge unde twey andere des rades to Northem
an den ersamen rad to Gottingen ok de gildemestere laten langen, dat
se ut besorginge ores lyves und gudes und neyner andern gestalt syn
von hyre gereden unde beden se vor gewolt to besorgende; se wolden
idermanne to eren und rechte antworden. De rad geven tor antworde
deusulven geschickten: se hedden sick nicht vorsehin, dat de veyre so
boven ore geloflicke tohopesettinge ane wetten weren von hyre gescheiden; nuw konden se orer na gelegen dingen ym geleyde nicht vorwaren,
wolden sick ok vorsehin, so werden noch komen und samptlick raden
und daden helpen, desse stad der last mochte entbunden werden. Averst

vorhoide, erwassen mochte, deme myt notroftigen rade vortokomende, so hebben wy uns von unßer unßer nakomen gilde ampts hantwerkes brodere ok aller borgere inwonere und

de gilden seden dat one nicht, sunder dem rade geborde geleyde to gevende. Darna worden der ersamen unser frunde borgermestere und rydemestere von Eymbeck und Northem geliker maten her geferdiget; den bejegenden desulven antworde. De ersamen unse frunde von Brunßwigk und Hildenßhem hadden hyre ok ore secretarien geschicket myt dem anbringende, ef se twischen dem rade und gylden wes gudes mochten handelen, se des wolden willich syn; leten mede andragen, dat de veyr personen des rades mochten wedder by dat ore komen. Darup wort neyn entligk antworde gegeven, sunder na wontlicker danksegginge sede men one: rad und gilden stunden itzund uppe guden wegen; wore orer averst von noden, willen se dat in danken beholden. Nuw was myddeler tyd geschein, dat de veyre personen vorbenant den hochgeborn irluchtiden forsten hern Ericke to Brunßwigk und Luneborch hertogen unsen gnedigen heren, se in syner furstlicken gnade lande myt felicheid to besorgende, wente syn gnade orer to rechte scholde mechtich wesen, besocht hadden. Des gelick ok de rad und gylden hadden synen furstlicken guaden laten andragen, of se jemandes wolde vorungelimpen, denne scholde syn gnade orer to rechte mechtich syn. Darut worden itwelke dage beiden deilen vorteickent, de vom rade und gilden besocht und int leste, also neyn der partie mit rechte den andern wolde anclagen, heft unse gnedige here gesecht, dat syn furstlicke gnade in den dingen nicht wydere moge doyn. Darmede de partie syn von dar geweken. Also heft syn furstlicke gnade von stunt syner gnade rehede to den veyr personen in de herberge gesant und alle ore gudere in syner furstlicken gnaden furstendomb bekummert. Darnach heft de rad geliker maten ore gudere bynnen und up der stadmarke beslagen. Des hebben wy uns myt unserm gnedigen heren und unse gnedige here wedderumbe myt uns voreniget der sake by ein to blivende. Na desser veyre personen wykinge des andern dages, also dat gesynde der personen des rades wolde sluten, hadden se ore mestere geschicket und leten von one de slotel nemen und sloten do fort sulvest. Darnach hadden rad gilden und ore seßmanne noch underlangens merklicke und swerlicke handele so vele, dat de rad rekenschup deden von 30 jaren in jeginwordicheyd der gildemestere unde orer seßmanne. Darboven wort ok den gekoren kemerern von den gilden aller kemerere boykere vorgont to lesende und to vorschinde. Also nw de dinge sick vaste vorwylende und dat gemeynde sick begonde wedder jegen den rad up to neinende und de gilden sick besorgeden, dat mere personen des rades mochten von hyre wyken, hebben sick avermals rad und gylde myt oren seßmannen by eyden tosampne gesat: desser sake by ein to blivende und nicht von hyre to wykende er der dinge utdracht, und wes so ut der rekenschup jegen de personen so mochte werden gefunden, dat myt rechte to soykende und neyne gewolt to drivende na ynneholt eynes recesses darover begreppen. Darnach weren rad und gylden mennichmal wedder tosampne und in handel. De schulde und articule, alse twischen dem rad gylden und gemeynheid twischelich, de weren gegrundet up veyre puncte: 1. nemelick up dat secret (was eyn geschenke yo dem radmanne alle jare von den kemerern geworden und togekart); 2. up den havern, darmede se ore schot und schuld hadden betalet; 3. uppe overschrivinge itwelker colunnen in den rekenschuppen; 4. und in vorsumenisse des, dat de rad ane wetten der gylden sulke merklicke summnen sampt andern geborget und ut der

gantzer gemeynheid wegen myt eyndrechtigem rade und
gudem willen, ok myt fulborde unser seßmanne und anderer
von den drepligesten und meystern unser gilden hantwerkes
ampte und gemeynheid drey jar lang nehist na dato desses
breves folgende voreynet vordragen und tosampne gesatt in
desser wyse: dat wy nw fort underlangens leflicken und
truwelicken raden und daden willen, eyn den anderen gud-
willigen horen, wes dem rechten und der reddelicheyd negest
folgen und nakomen; wes averst deme tojegen, dat ungeweigert
torugge und fallen laten, alßo dat under uns alle tyd de
wege schullen vorgenomen und beßloten werden, darmede
de erßame rad to Gottingen de erlicken gilden ampte hant-
werke borgere inwonere und gemeyne stad in eren dogiden
loflickem regimente frede und aller wolfart mochte geholden
werden. Ef ok under uns, dat god vorhoide, edder entilen per-
sonen jennich mangel edder ßake entstunde, schal an enden,
dar dat von rechts wegen ok von alder hergebrachter wont-
heyd und gelegenheyd der ßake hingehort, gesocht und ut-
gedragen werden. Were averst jemandes, des men sick
nicht vorhopet, befunden, de wes vorneme, dat sick to plange
upror und schaden droige myt worden edder werken, de
scholden derhalven, so se des bekenden edder uppe der
warheyd gefunden worden, ungestraffet nicht bliven; idoch
unßer gnedigen herschup an orer gerechticheyd unschedelick.
Averst wes wenther gescheyn, schall nymandes vorkert sunder
to gude getogen werden. Wy de rad schullen ok nw fort
vader und sone edder twene brodere noch twyer sustermenne
edder broder und susterman yme rade nicht hebben, alßo
dat hyr schall neyn befrundet rad syn; noch uteme rade vor-
muuden edder der koipgilden mestere keßen. Unser stad dyke,
de vom rade alße der stad gud den kemerern overgegeven
syn, schullen ok nw fort den gilden und sunderges, den eyn
jewelk yßet, to orer und der stad eren de, wen des to
doynde to nuttende vordan werden, des man na tyden under-
langens, wu de brukinge allenthalven gescheyn, eyne orde-
nunge anrichten schall. Des to orkunde und alle de to Got-
tingen wonhaftich sick hyrinne wetten to richtende, desse stucke
ok in guden truwen unvorbroken gehoilden werden, darumbe

---

stad guderen, de sodanne last nicht mochten dragen, vorschreven.
Under velen dageloistingen was eyn entlick termyn utgesat uppe man-
dach nach invocavit *[März 6]* anno 1514. Also nw rad und gilden by
eyn gekomen und in handel weren, hadden de gemeynheid alle des vor-
dages by eyn gewesen und sick myt eyden verbunden hute alle uppem
markte to erschi[nende]. *Hiermit bricht leider die Erzählung am Ende
der vierten Seite ab; es folgen 16 unbeschriebene Seiten.*

hebben wy de rad unßer stad secret, wy mestere unßer gilden ampte hantwerk und wy de meynheid unßes mesters Tilemanni Borcherdes des eldern ingeßegelle nedden uppet spacium desses breves gedrucket. Datum anno domini 1514 feria quarta post dominicam reminiscere.

Arch. 1573; Or. m. 4 S. u. Spuren von 7 andern; Cop. danach im Lib. Cop. Papyraceus II, 215.

88. *1514 April 20* (feria quinta in pascalibus).

Göttingen an Herzog Erich: bittet ihn mit Uebersendung zweier kaiserlicher Mandate um Fürsprache zur Befreiung von der Kammergerichtssteuer und von dem Besuch der Reichstage, da es ihm erbunterthänig unterworfen und keine unmittelbare Reichsstadt sei.

Sub R V; Entwurf.

89. *1514 Juli 29* (sabbato post Pantaleonis).

Einbeck[1] an Göttingen: erneuert das bisher unbeantwortete Gesuch um Auszahlung der rückständigen Renten an mehrere Einbecker Rathmannen; es habe ihre auf Grund der Schuldbriefe gestellte Forderung um gewaltsame Beschlagnahme Göttingischen Gutes in der Hoffnung auf Befriedigung der gerechten Ansprüche zur Zeit noch zurückgewiesen, werde sie aber bei fortgesetzter Zahlungsweigerung zugestehn müssen.

Briefsch. I, D; Or. m. S.

90. *1514 Aug 4* (fritages nehist vincula Petri).

Heinrich von Wildungen Rentmeister Gottfried Meyger Schultheiss Rave Goßwin Schöffe zu Homburg und Johannes Uterßhusen Priester daselbst an Göttingen: ersuchen es um Entrichtung der in Kassel und an andern Orten zahlbaren fälligen Renten.

Briefsch. XVI, C; O. m. einem von allen gemeinschaftlich benutzten S.

---

[1] *Das Verhältniss Göttingens zu dieser Stadt gestaltete sich in Folge dieser Angelegenheit zu einem sehr feindseligen. Mit Mühe war durch die Vermittlung Northeims nach endlosem Schriftwechsel und immer vergeblich abgehaltenen Tagfahrten der Streit zwischen dem Einbecker Rathmann Johann Kilian und dem Göttinger Hans Tegetmeier beigelegt (es hatte sich um Erbschaftsansprüche gehandelt, welche ersterer gegen letzteren geltend machte), vom Jahre 1508—1512 hatte sich der Streit, welcher den Frieden zwischen den beiden Städten schwer gefährdete, hingezogen.*

91. *1514 Sept. 9 (sabbato post diem nativitatis Marie virginis).*

Herzogin Katherina bescheinigt von sich aus als Vormünderin des Hospitals zu Reinhausen und im Namen ihres abwesenden Gemahls Herzog Erich dem Abt Conrad von Reinhausen und dem Rathe von Göttingen den Empfang von 600 fl. gegen Zahlung einer Jahresrente von 30 fl. mit der Verpflichtung zur Rückzahlung der ganzen Summe innerhalb eines Jahres oder zur Sicherstellung des Hospitals durch Anweisung von Gütern im Werthe von mindestens 600 fl.
Arch. 84; Or. m. S.

92. *1514 Oct. 12 (feria quinta post Dyonisii).*

Einbeck an Göttingen: wiederholt sein abermals unbeantwortetes Gesuch wie in N. 89.
Briefsch. I, D; Or. m. S.

93. *1514 Oct. 27.*

Einbeck an Göttingen: fordert Bezahlung der seinen Bürgern fälligen Zinsen und weist die Behauptung, dass die Schuld nicht vom Rathe der Stadt Göttingen sondern von den einzelnen Personen[1]*) eingegangen sei, als nichtig zurück.*

Den ersamen vorsichtigen hern borgermestern und rad to Gottingen unßen guden frunden.

Unsren fruntliken deinst vorn. Ersamen vorsichtigen hern bsundern guden frunde. Wy hebben juwe jungesten scryfte unde antworde up de fruntliken forderinge van wegen unsrer borgere, de by jw nach inhoilde juwer zegel unde breve, darvor eyn ersamer rad to Gottingen ore golt und gelt entfangen hebben, alß desulften breve mede bringen unde in gelyken utforen, over langen jaren uprichtich gehoilden syn unde nicht up de personen dorch juwe vorfaren, de vor eynem erbarn rad darinne genomet, nw syn gelecht worden, so gy jw itzund nach inhoilde dersulften juwer antworde den unsren orer tynße vormynen vorenthoildende unde weygeringe doyn ut to gevende, nach wyderen utforen wol vorstan unde duplick to synnen genomen. Unde hedden uns to juwen ersamheiden uns sodaner unformliker uplage to bejegende nicht vormoidet, darmede gy uns nicht weynich besmytten, bisundern darinne utdrucken, dat wy hornescher[2]) inforinge

---

[1]) *Offenbar hatte sich der neueingesetzte demokratische Rath geweigert, die von den Mitgliedern des alten Rathes eingegangenen Verpflichtungen für sich als bindend anzuerkennen.* [2]) *Das Wort hängt vermuthlich zusammen mit hornscheit, hoorscheit, hoerscheit, horenscheit, woestheid, boosheid. cf. Schiller und Lübben, Mittelniederdeutsches Wörterbuch.*

in unßen antworden bruken, darmede wy uns sust lange nicht behulpen hebben, unde wetten uns darinne uprichtich to vorantwordende unde hebben uns wenten an duse tyd jegen jw unde eyme ydern erlick unde fromliken gehoilden. — — — Wes uns ok in unser nedderlage fruchtbariges van jw unde juwen vorfaren, de alsedo im regimente, bejegent is, darvan ist nicht veile to romende; bisundern is uns unde veilen unsern borgeren wol witlick, darvan wyder to scrivende is nicht van noiden. — — Bisundern wore noch wol unse gude wolmeninge, dat gy juwe vorschrivinge duplick bedechten: darut werden gy wol enbynnen, if se dat den personen gedan hebben edder eynem erbarn rade to Gottingen oren nakomen unde gantzer gemeynheyt; unde so dat de personen des rades bedrepe, wore nicht van noiden gewest juwer stad zegel, des gy to langen jaren to juwer stad nutbaricheyt gebruket hebben und to neynen tyden sodane schutrede van juwen vorfaren heren forsten erbarn geistliken unde wertliken bejegent noch upgetogen syn; unde so se dat den personen scholden gedan hebben, darinne wolden se sick wol anderst bedacht unde nicht ut oren handen up sodan loze antworde gedan; desulften hedden ok wol eygen zegele gehat. Darumme horen wy juwe umbestentlike antworde nicht gerne, wy mogen ok unße borgere darinne nicht vorlaten, bysundern na notorft bybestendich syn. De willen sick ok juwer schutrede nicht sadigen laten. Aver so gy jw up andere wege bedechten, — — — des wolde wy unß, idoch boven dusse swaren uplegginge unangesehen, uns jw to gefallen nach aller notorft bewißen. — — Dusses juw noch tom besten bedenken, wil wy umme jw vordeynen; unde weß sick de unsen noch to jw orer tynse halven vorseyn mogen, bidden wy juwe antworde. Datum nostro sub secreto in vigilia Symonis et Jude apostolorum anno 1514.

Consules in Embecke.

Briefsch. VIII, B; Or. m. S.

94. *1514 Dec. 6. Göttingen* (in domo nostre solite residentie).

Johann Mechelmeshusen Canoniker der s. Martinskirche zu Heiligenstadt Richter und kurmainzischer Commissar der Propsteien von s. Peter in Nörten und s. Alexander in Einbeck bestätigt, nachdem Ersnt Dux Pfarrer zu s. Jacobi in Göttingen einer- und Katherina Lintbaumes Priorin und Winneke Borcholtes Agnes von Roringen Jutte Zeligen Ilse Snelrades und Margarethe Ravens Franciscaner-Nonnen der dritten Regel

in Göttingen andrerseits vor ihm erschienen sind, dem von letzteren schon bezogenen durch milde Gaben erworbenen Hause in der Barfüsser Strasse die durch päpstliches Privileg [N. 77] verliehene kirchliche Exemtion und die Befreiung von allen kirchlichen Abgaben mit Zustimmung des genannten Pfarrers, zu dessen Sprengel das Haus gehört hatte, und bezeugt die mit Zustimmung Heinrichs Marquardi Franciscaner-Vicars der Provinz Sachsen und Matthias Duvels Guardians des Nonnenklosters von den Nonnen übernommene Verpflichtung zur jährlichen Darbringung eines Stübchen Weines an den genannten Pfarrer.
Arch. 185; lat. Or. m. S.

95. *1514 Dec. 28* (anno 1515 am dage innocentum).
Veit Hagenauw Bürger zu Goslar an den Rath von Goslar: bittet die Auszahlung seiner bei der Stadt Göttingen für die zwei letzten Jahre rückständigen Renten von je 5 fl. zu erwirken.
Briefsch. XX, B; Or. m. S.

96. *[1514. Göttingen.]*[1])
Herzog Erich bestätigt dem zu aussergewöhnlicher Zeit gekorenen und von seinem Schultheissen vereidigten Rath von Göttingen alle bisher genossenen Privilegien, namentlich die freie Rathswahl, obgleich in dem schweren Aufruhr „dieses" Jahres die Rechte der bisherigen Rathmannen durch die Entsetzung der Mehrzahl derselben erheblich verletzt wären[2]).
Sub R IV; gleichzeitige Cop.

---

[1]) cf. Zeit- u. Geschb. v. Gött. I, 140—141.• Danach wäre die Urkunde in den Anfang März 1515 zu setzen, doch widerspricht dem der in der Urkunde erwähnte Aufruhr „dieses" Jahres und die in der Göttinger Geschichtbeschreibung nachfolgende Erzählung über die Hinrichtung der Aufrührer Franke Schilden (?) und des hinkenden Otto (?), welche Ereignisse im Dec. 1514 spielten. cf. Anm. 2. [2]) In der Stadt hatten die Unruhen fortgedauert, auch der neue Rath fand keine Mittel zur Erleichterung der drückenden Abgaben und in Folge der Unzufriedenheit darüber erstarkte die alte Rathspartei, welche vom Herzog begünstigt wurde. Grosse Aufregung verursachte namentlich ein Auflauf im Dec. 1514, der zur Hinrichtung der Rädelsführer Cord Franke Jurgen Kastemaker und Berthold Otto führte. Im „Rothen Buch" ist der Process gegen Kastemaker wie folgt verzeichnet: Anno 1514 sonnavendes na Lucie [Dec. 16] ist mester Jurgen Kastemaker borger tu Gottingen in straffinge und tucht des eyrsamen rades darsulvest gebracht und darin enthoilden und nafolgende artigkel und punct bekant: 1. Erstlick: Dat se sik des sundages na Lucie to den Pewlern wolden summen und myt den hupen up dat radhuß gaen und wolden den olden raed wedderumb bestctigen und insetten und den nyen umb dat levent bringen; und wu se den nyen wolden umbringen, wolden se up den sundach na Lucie [Dec. 17] overeynkomen. 2. Tom andern bekant, dat Simon Eldert Hans Borchardes Hans

97. *1515 Aug. 9* (in vigilia Laurentii martiris).

Einbeck an Herzog Erich: klagt im Namen mehrerer Bürger gegen Göttingen, welches ihnen trotz vielfacher Mahnungen[1] ihre Renten vorenthalte, mit der Bitte es zur Tilgung der Schuld anzuhalten.
Briefsch. I, D; Or. m. S.

98. *1515 Aug. 15* (an mitwochen unser lieben frawen tag assumpcionis Marie). *Hardegsen.*

Herzog Erich an Göttingen: befiehlt mit Uebersendung der vorhergehenden Nummer die Tilgung der Schulden an die Einbecker.
Briefsch. XI, A; Or. m. S. u. Unterschrift.

99. *[1515] Aug. 23* (in vigilia s. Bartholomei).

Göttingen an [Herzog Erich]: bittet in Beantwortung von N. 98 die Einbecker zu gütlicher Vereinbarung, wie solche mit vielen andern „Wildfremden" getroffen, zu vermögen, und entschuldigt sich mit seiner Zahlungsunfähigkeit. (Unde wolden wol gnedige furste und here, dat uns sodaner handele nicht von noden sunder mogelick were wy eynem idern uns besproken ane afbroick unde ludes syner vorschrivinge mochten willigen. Id is aver na swarheyd und velicheyd der frombden schulde, darmede wy belastet, boven unse vormoge.)
Briefsch. XII, A; Entwurf.

100. *1515 Aug. 25. Rom* (in domibus nostris).

2 Cardinalbischöfe, 8 Cardinalpriester, 4 Cardinaldiaconen ertheilen auf Gesuch der Brüderschaft, welche in s. Jacobi zu Göttingen einen Altar von s. Jacob und s. Anna gestiftet, Ablass von 100 Tagen für Gebet und gute Werke am genannten Altar.
Arch. 1181; lat. Or. m. Blechkapseln, ohne S.

Graunewold Cord Blomenrode Hennyng Stapel Hinrik Borneman Ernst van Geysmar Hans Munter an der Gassen synt de hovetlude gewesen, dat so de eyde gedan hebben. 3. Tom dridden bekant, dat Moldenhawer der meynheid sesman sy in den krutzgang ton Pewler gekomen und des eyn anhetzer gewesen, dat se nicht schulden [in de] tolage wylligen.

By dussem bekanntnisse syn gewesen Hans Ostermann Hans Staben Hans Kuntzen Tile Gysen Johannes Landgreve Hans Detmars und Diderick erbenborgere to Gottingen als getugen darto sundergen geeschet und gebeden. Wart mit Corde Francken up eynen dach dorch dat swert gericbtet. Actum ut supra. — *Aehnlich sind die Aussagen Cord Frankes und Barthold Ottos, welcher letztere vom Erzbischof von Bremen freigebeten wird* (anno etc. 15 secunda post Timothei [Jan. 29] wart erboden per episcopum Bremensem, *Rothes Buch.*) [1] cf. N. 89, 92, 93.

101. *1515 Oct. 1* (secunda in communibus).

Der Rath verschreibt mit dem alten Rath und mit seinen und der Gilden Aufschern über die Stadtgüter seinem Secretar Johann Bruns[1]) (umbe trwes und flitigen dinstes — boven datjenne, ome syns ampts halven tokumpt, gedan ok gerincheid wyllen synes soldes, darto he doch syn hus ome von unsen vorfarn fry verschreven mit unser stad korne to beschudden vorhenget heft und furder mit gudem wyllen eyne tyd lang vorhengen wyl) *einen der Stadtgräben zwischen dem inneren Weender-Thor und der Stockleve-* (Stockeleves) *Mühle am Freudenberye zur Leibzucht unter der Bedingung, dass er bei dem Austritt aus dem städtischen Dienst der Kämmerei 2 Mk. entrichte.*

Lib. Cop. Papyraceus II, 217.

102. *1515 Nov. 21* (die presentationis Marie).

Einbeck an Göttingen: erneuert das in N. 89, 92 und 93 vorgebrachte Gesuch in der Hoffnung auf Erfüllung, nachdem die inneren Streitigkeiten zwischen Rath und Gemeinde Göttingens nun (dorch juwe heren und frunde) *geebnet* (geschiret) *worden.*

Briefsch.

103. *1515 Dec. 26* (am daige protomartiris Steffani anno virginis partus 1516). *Neustadt.*

Herzog Erich an Göttingen: beglaubigt seinen Gesandten Hans von Hardenberg mit dem Ersuchen um bereitwilliges Entgegenkommen.

Sub litt. S XX; Or. m. Spuren d. S. und Unterschrift; Rückschrift: Anno etc. 16. am achtiden dage Steffani[2]) heft Hans von Hardenberge myt desser credencien de hundert mk. jargeldes beneven eyner quitancien in eyner betern formen, dan wenther gescheyn, von wegen unsers gnedigen hern gefardert: utgenomen der clausulen, syn furstlike gnado uns deste bet schulle vordedingen, de darinne nicht gesat. Darvon de rad hebben protestert jegen genanten Hanse und begert, he wylle vorfoigen, de quitancien hinfurder myt der vorgesreven clausulen und myt itzund overgegeven formen moge geferdiget werden. Quod sic acceptavit. Actum anno et die quibus supra.

---

[1]) *Zugleich Official der Propstei von Nörten, später Commissar, wird eifrigster Förderer der Reformation. Nach Letzners Chronik predigt er 1529 als Pfarrer in Rosdorf das Evangelium, dann tritt er als Syndicus 1531 in allen städtischen Angelegenheiten in erster Linie hervor. 1536 veruneinigt er sich mit dem Rath, nach fruchtlosen Vermittlungsversuchen kommt die Sache vor den Herzog, der den Streit zu Gunsten Bruns' entscheidet, Arch. 1271; gleich darauf aber erheben sich die Irrungen von neuem und enden mit Bruns' Austritt aus dem Rathsdienst, Suppl. zu d. Cop. Vol. V B.* [2]) *Jan. 2.*

104. *1515 Dec. 31* (in vigilia circumcisionis domini anno 1516) [1]).
Einbeck an Göttingen: erklärt auf die Klage gegen Einbecker Bürger wegen Beschlagnahme von Göttingischem Gute in ihrem Namen, dass sie nach den vergeblichen Mahnungen von Fürsten Städten und andern sich nur durch Beschlagnahme für die Vorenthaltung ihres Geldes an den Schuldnern (Bürgern von G.) schadlos halten könnten und die Güter nicht vor Tilgung der Schuld herausgeben würden, und räth zu Unterhandlungen.
Briefsch. IV B; Or. m. S.

105. *1516 Jan. 10. Augsburg.*
Kaiserliches Mandat an Göttingen: ladet mit Bericht von den Uebergriffen des Königs von Frankreich und Venedigs auf den 25. Febr. (montag nach dem suntag oculi) zum Reichstag nach Augsburg.
Sub R V; gedr. Or. m. S.; *Rückschrift:* Anno etc. 16. des fridages [2]) am avende Appollonie heft Gabriell Kotold unsere allergnedigesten hern des keysers bode hern Hans Furstenborges burgimaister etc. dessen keyserliken bref gehandlaget. Actum in pretorio in antiqua coquina.
Ib. Cop. danach.

106. *1516 Jan. 11* (des fridages under dem achtiden der h. dryer konninge dage). *Göttingen auf dem Rathhaus.*
Wigand Holzsatel von Nassenerfurt Statthalter der Deutschordens-Ballei Sachsen als Bevollmächtigter Johann Hoenfelschs, alten Komturs zu Felsberg (Velßperg), und Rath Gilden und Gemeinheit von Göttingen vergleichen sich über das Kapital von 1000 fl., welches Hoenfelsch gegen die Jahresrente von 45 fl. der Stadt gegeben, nach vielfachen Verhandlungen dahin: der Rath wird die Schuld mit 900 fl. in Gold tilgen durch Zahlung von 500 fl. zu Ostern, 400 fl. zu Michaelis d. J.; Wigand verzichtet in Ansehung der grossen städtischen Schuldenlast auf den Rest von 100 fl. und auf allen Rückstand und empfängt dafür eine jährliche Leibrente von 4 fl. in Gold nach Rückerstattung des Kapitals.
Arch. 995; Or. m. 2 S.

107. *1516 Jan. 18* (freitag nach Anthonii heremite). *Münden.*
Till Wolf von Undenberg herzoglicher Hofmeister an Göttingen: beschwert sich im Namen Herzog Erichs über die vom Rath im Streit mit dem herzoglichen Untersassen Hermann

---

[1]) cf. N. 109 und N. 65 Anm. [2]) Febr. 8.

*Herwiges zu Volkerode ergangene Drohung, den von letzterem
angerufenen Richter [den Official der Propstei von Nörten in
Göttingen]*[1]*) sofort zur Stadt hinauszutreiben, wenn er Ange-
hörige der Stadt namentlich Rathmannen als Zeugen in dieser
Sache vorlade, und ersucht es von solcher Rechtsverweigerung
abzustehn*[2]*).*
Briefsch. IV, N; Or. m. S.

108. *1516 Jan. 19* (sabbato post Antonii confessoris).
*Der Rath von Göttingen an [Till Wolf von Undenberg]:
erklärt auf die vorige Nummer, dass nach seinem Bedünken
Hermann Herwiges das Recht der Zeugenforderung ohne voraus-
gegangenes richterliches Erkenntniss nicht zukäme, da seine Klage
gleich mehreren andern (wie namentlich gegen Jost von Harden-
berg) an den Herzog überwiesen, von diesem aber noch nicht
berücksichtigt und entschieden sei, dass der Rath die ihm hinter-
brachte Drohung gegen den Official keineswegs ausgesprochen,
vielmehr Herwiges zu Zeugen verhelfen werde, sobald der Herzog
die Sache berücksichtigen werde.*
Briefsch. IV, N; Entwurf.

109. *1516 Febr. 10* (am sondage invocavit).
*Heinrich Scheinkorn Mylliges van Eynem Heinrich Leff-
heydt Cord Krengen und Hans Tyßemann Bürger zu Einbeck
an den Rath daselbst: beschweren sich über Göttingen, das vor
wenigen Jahren bei Einbeck und anderen Städten durch be-
glaubigte Sendeboten um Vorstreckung von Geld gebeten und auf
Befürworten des Einbecker Raths von den Ausstellern ein Dar-*

---

[1]) *cf. die folgende Nummer.* [2]) *Ueber den Missbrauch der Appel-
lationen an das geistliche Gericht wurden mannigfache Klagen laut. So
trifft der Rath auf Ansuchen Herzog Erichs im März 1522 folgende
Bestimmung:* Darup [auf die Beschwerde des Herzogs] is olt und nye
rad itzund eyndrechtigen overkomen unde willen, dat nymand der unsern
edder de hyr wonhaftich unsers gnedigen heren underßaten geistlicken
schullen furdern, he hebbo sick jegen den int erste dorch uns vorschriven
unde vorclagen laten, so dat ome (wore he neyne betalinge mochte ir-
langen) ßodanne furderinge von uns int erste vorlovet werde. *Ordi-
narius; Reinschrift. Wol bald darauf sah sich der Rath zu neuer Be-
schränkung in dem Missbrauch der Appellation durch Festsetzung von
Succumbenzstrafen veranlasst:* Wu er getzeiget, dat tom ordentligen recht
vorfatet vor eynem by- oder entligen ordelo albir vor gerichte eder rade
gesprocken, appellerde, ef desulve schon sick darinne der togelaten forme
hilde und doch de sake darnach dorch den overrichter mit vorigem ordele,
dat hir gefellet, wedder remittert worde, so scholde desulve part, de
also moitwillig appelleret und weder her gewißet, mit twen roden an
der stad veste mit kalke und steinen ane gnade to muren oder unafletig
to betalen brockhaftich und vorfallen sin. *Ordinarius; Reinschrift; ohne
Datum, nach der Schrift um 1515.*

lehn erhalten, nun aber in kurzer Frist seine Verschreibungen gebrochen habe; versprechen jedoch das zu ihrer Schadloshaltung mit Beschlag belegte Göttingische Gut wieder freizugeben und mit den Schuldnern Unterhandlungen in Güte anzuknüpfen[1]*.*
Sub N V, B; Or. m. S.

110. *1516 Febr. 17* (des sondages reminiscere).
Herzog Erich an Göttingen: bescheinigt den Empfang der geforderten Beisteuer für den Friesischen Zug zum Entsatz Stickhausens im Betrag von 100 fl. und entbindet die Stadt von der Theilnahme am bevorstehenden Feldzug.
Arch. 979; Or. m. S. u. Unterschrift.

111. *1516 Febr. 24* (dominica oculi).
Bruder Heinrich Marquardi Guardian des Franciscanerklosters in Göttingen beurkundet die mit Erlaubniss des Rathes geschehene Erwerbung eines neben dem Nonnenkloster belegenen Hauses von Seiten des letzteren zu vollem Eigenthum mit der Verpflichtung einer jährlichen Zahlung von 3 Ferding an die Kämmerei.
Arch. 1857; Or. Entwurf Acta Ref. XXI.

112. *1516 Febr. 24* (dominica oculi).
Bruder Heinrich Marquardi Guardian verpflichtet sich im Namen des Nonnenklosters in Göttingen zur jährlichen Zahlung von 3 Ferding an den Rath, weil dieser, der bei Gründung des Klosters jeden Erwerb von Grundbesitz in der Stadt untersagt hatte[2]), jetzt den Besitz des von Margarethe Wittwe Gerds von Hardenberg vermachten Hauses neben dem Kloster zugestanden habe.
Lib. Cop. Papyraceus II, 214.

113. *1516 März 7* (am frydage nach dem sondage letare).
Die Einbecker Gläubiger Göttingens an den Rath von Einbeck: versprechen die Beschickung des unter Northeims Vermittlung auf den 3. April (donnerstag nach quasimodogeniti) angesetzten Tages zwischen ihnen und Göttingen für den Fall, dass letzteres die ursprünglichen Verschreibungen einzuhalten gesonnen sei. (Aver so de van Gottingen in oren ersten erbedinge jennyge listunge inforinge boven de vorzegelden vordrachte twischen one juw und den van Northeim in langen vorleden jaren vorstricket dechten vor to nomende, dar it

---
[1]) cf. N. 104. [2]) cf. N. 48.

den vordrachten to nadeyle unde avebroke fallen mochte
unde uns nach utfaringe unser erbedinge, des willen wy uns
hyrmede gefryget hebben *etc.*)
Briefsch. XIII, B; Or.

114. *1516 März 21.*
Vereinbarung des Rathes mit der alten und neuen Wollenweber-Gilde über das Recht des Tuchwalkens in beiden Mühlen und den Zufluss des Stempelgeldes an die Gilde, deren Mühle benutzt ist.

So zwischen dem erßamen rade to Gottingen uppe eyn und den drapenerern des nyen hantwerkes der wullenweffer up ander syden vor tyden, alße se hir ingelaten und ore walkemolen an sick gebracht und to behoif des hantwerkes gebuet hebben, umbe dat walkent der roen laken is vorhandelt besloten und angenamet worden: dat de genanten nyen wulleneffere ßambt den olden wullenweffern, de by uns von older wonhaftich geweßen, in orer beyder walkemolen eynem islicken, des von noeden, scholden und wolden syne laken walken. Und dewyle dat so to allenttyden wenther geholden, aver desulven nyen und olden wullenweffere nu darboven eyne nye eyninge tohopegesate und vordracht, ße nymandes in oren molen, he hedde denn de vor myt eyner summen an sick gebracht, wolden walken ane wetten wyllen und fulbord des erßamen rades, angerichtet, darut gemeynem hantwerke und besten schade nachdeyl und vorderf, ßo de gesellen des hantwerkes, de myt oren laken nicht mochten gefurdert werden, sick von hir und an ander ende wenden. irwasset, dat nu und den fall desses hantwerkes na vormoge to vorhoiden, ok dat eyner idder myt synen laken vortmer nottruftigen gefurdert werde: ßo heft eyn erßam rad to Gottingen hute dato desser zceddelen des puncts mit den wardenen und andern vorordenten der drapenerer und mesteren der olden wullenweffer merklicke underredinge gehat vestlick besloten und wyllen, dat nu fort de nyen und olden wulleneffer ok ore nakomen schullen jowelkem sick des wantmakendes gebruket syne laken, de one to walkende gebracht werden, ungeweigert in wes molen de komen vor eyn gelt (alße dat wenther wontlick gewesen, de jenne, des dat laken horet, hebbe ore molen edder nicht) willichlicken walken, dat gemeyne hantwerk und de sick des gebruken derhalven vortmer neynen hynder lyden. Darjegen schullen de seß pennige, alße von dem roen laken to segelende upkommen, nw fort jowelkem parte, in des molen dat laken darna gewalket worde, fallen und tokomen ane geverde. Dit schall

so allet vort ungeverlick geholden werden, bet de rad myt one eynes andern overkomen. Des to orkunde synt desser zceddelen drey under eynem ludo gemaket, der eyn by uns dem rade und der andern twe jewelkem der vorgeschreven parte eyn gehandelaget is sick darna to richten. Actum anno domini millesimo quingentesimo decimo sexto feria quarta post dominicam letare.
Sub T, VI; Or.

115. *1516 März 25* (tercia in pascalibus).
Der Rath cedirt sein Guthaben bei Lübeck und dessen Schuldbrief N. 56 den Braunschweigern Gerken Pawel und Bertram vom Damme unter den früheren Bedingungen.
Suppl. zu den Cop. Vol. V B; Entwurf.

116. *1516 März 25* (tercia in pascalibus).
Der Rath bescheinigt die Abzahlung von 150 fl. Rente (100 fl. zu Michaelis 1515, 50 fl. zu Ostern 1516) von der Schuld Lübecks[1]*) durch den Braunschweiger Bürger Bertram vom Damme und verweist Lübeck zur Entrichtung der jährlich fälligen Zinsen an Bertram und Gerke Pawel als gegenwärtige Inhaber des Schuldscheins.*
Suppl. zu den Cop. Vol. V B; Entwurf.

117. *1516 April 1* (tertia post quasimodogeniti).
Northeim an Göttingen: ersucht um Zahlung der rückständigen Jahresrente von 12 fl. an seinen Bürger Heinrich Odera.
Briefsch. VIII, C; Or. m. S.

118. *1516 Juli 21* (secunda post Alexii confessoris).
Göttingen an [den Junker von Hagen]: erklärt auf die Ansprüche seines Sohnes Otto von Hagen auf das durch dessen Frau von ihrem ersten Gatten Ernst von Uslar überkommene Haus in Göttingen, dass es nach der bei Erwerb des Hauses zwischen dem Rath und dem verstorbenen Ernst von Uslar getroffenen Vereinbarung Otto v. H. weder Eigenthum noch ein anderes Recht als das der Nutzung zugestehen könne; gestattet jedoch Otto Haus und Hof als Leibgedinge seiner Frau selbst zu bewohnen oder von Andern, die der Stadt genehm (drechlick), bewohnen zu lassen, obgleich (was bisher freundschaftlich unerwähnt geblieben) schon geraume Zeit die Abgaben vom Hof nicht entrichtet sind; und ladet ihn und seinen Sohn zur Unterredung nach Duderstadt auf Juli 23 Vormittags[2]*).*
Briefsch. XX B; Entwurf.

---

[1]) cf. N. 56 u. 115.   [2]) *Der Junker Otto von Hagen beabsichtigte das Haus zu verkaufen.* cf. N. 120.

119. *1516 Aug. 6* (auf mitwoch nach s. Steffans erfindung). *[Schwäbisch-] Hall.*

Erzbischof Albrecht von Mainz an Göttingen: meldet, dass er auf die wiederholte Bitte um Befreiung der Stadt vom Bann, den sein Vicarius Dietrich Zobel wegen Gewaltthat an einem Cleriker verhängt hat, die Absolution zugesagt und dem Vicar übertragen, dann aber aus einem Schreiben des letzteren die Gerechtigkeit der Strafe erkannt und zudem von der üblen Behandlung des Vicars durch den Rathsdiener bei ordentlicher Gerichtssitzung vernommen habe, und berichtet, dass er deshalb dem Vicar auch ferner gegen die Stadt mit allen Strafen ordnungsgemäss vorzugehen gestatte[1]).

Sub J VI; Or. m. S.

120. *1516 Sept. 6* (sabbato post Egidii).

Der Rath an [Junker Otto von Hagen]: erklärt sich auf dessen an die Gilden gerichteten und ihm angezeigten Anspruch auf freie Verfügung über das von ihm an Hans von Bodenhausen verkaufte Haus seiner Frau in Göttingen wie in N. 118 mit den Bedingungen, unter welchen der verstorbene Ernst von Uslar, der nach den Stadtgesetzen ihr Mitbürger geworden, den Hof erworben hat; ersucht ihn vom Verkauf des Grundstücks abzustehen und gemäss seinen Verpflichtungen der Kämmerei die rückständigen Abgaben zu entrichten.

Briefsch. XXII, A; Entwurf.

121. *1516 Sept. 21* (die Mathei apostoli).

Einbeck an Göttingen: fordert nach mehrfachen vergeblichen Schreiben abermals die Zahlung der rückständigen Zinsen an seinen Bürger Hans Tyßemann, widrigenfalls dieser durch Selbsthilfe sich schadlos halten könnte[2]).

Briefsch. VIII, B; Or. m. S.

122. *1516 [c. Ende Oct.]*[1]).

Heinrich Helmoldes einstiger Rathmann bescheinigt dem Rath den Empfang von 150 Mk. als Abtrag für die einst ihm auferlegte Schatzung von 300 Mk., deren Rest der Rath ihm auf die Tage zwischen nächsten Michaelis und Martini zu erlegen zusagt[3]).

Nachdem der durchleuchtiger hochgeborner furste herre Erich hertzoge zu Brawnßwigk und Luneborgk etc. meyn

---

[1]) *Auffallender Weise habe ich sonst kein Schriftstück in dieser Angelegenheit gefunden.* [2]) *cf. N. 109. Ob Göttingen seine Schuld an die anderen Gläubiger abgetragen oder ob auf Tyßemann die Ansprüche derselben übertragen, ist nicht ersichtlich.* [3]) *Am 11. Oct. (des sonn-*

gnediger herre mitsambt syner furstlicken gnaden reten, auch
den geschickten der erbarn stede nemlich Goßler Brawnßwigk
Hildenßem Hanover und Eymbick haben voreyniget und
ausgespruchen twischen rate gilden und gemeynheid zu Gottingen eyns und itwelchen des alden rats darselbest anders
teyls denselbigen or abgeschatzte gelt wedder zu gebende,
so bekenne ich Hinrick Helmoldes eyn mederatman des vorgeschreben alden rats, das ich von sodannen dren hundert
mk. Gottingscher weringe mir mynes teyls abgeschatzet
anderhalb hundert mk. habe zu noige wedderumbe entfangen,
und de nastendigen anderhalb hundert mk. sollen sie der
nye rat und gilden mir zwischen Michaelis und Martini na
gift desses breves nechst komende gudlicken sunder lengern
vortzog, auch ane mynen schaden vornugen und betzalen,
ßo das von den geschickten des rats und gilden wegen dorch
Corden Hardenbergk Hansen Ludolffes Hinrick Ruden und
Hansen Duvels beredet und vorhandelt ist; doch unscheddelich vorhandellunge recesse anspruche und bevele meyns
gnedigen heren, seyner furstliken gnaden erbarn reten und
der geschickten der stede vorsegelt vorgewant, also vor:
nemlich weret sache, das hir enboven ich jegen rat und
gilden und gemeynheid edder se jegen mich jennige ansprache
zu habende vormeynten, solt gesucht und gefurdert werden
nach lute und inholde derselbigen vorhandellunge und recesse
vorsegelt. Desses zu urkunde habe ich ditz mit meyner eigen
hant geschreben und mit meynem aufgedruckten pitzschire
besegelt. Gegeben nach Cristi unsers hern geburde tausent
funfhundert in deme sechzehenden jare am tage etc.

Arch. 1833; Entwurf.

123. *1516 Nov. 24* (die s. Crisogoni).
*Braunschweig an Göttingen: ladet es zu Berathung in der
Rietbergschen*[1]*) und in der Münz-Angelegenheit zur Tagfahrt
auf den 2. Dec. (dinstag nach Andree) nach Braunschweig.*

Briefsch. VIII, E; Or. m. S.

---

avendes in der gemeyntweken) *wird das Formular einer Uebereinkunft
zwischen den 1514 geschatzten alten Rathmannen und dem gegenwärtigen
Rath den Gilden und der Gemeinheit von Cord Hardenberg und Hans
Ludolfes Rathmannen und Heinrich Ruden und Hans Duvel Gildemeistern unter folgenden Bedingungen unterzeichnet: von den 300 Mk.
(der Schatzungssumme) sind, sobald die neuen Kämmerer ihr Amt antreten, 100 Mk. sofort, andere 100 Mk. nach einem Jahr zum gleichen
Termin zu entrichten; hingegen soll der Rest durch Abzug des Schosses
und anderer städtischer Abgaben getilgt werden. Arch. 970; Reinschrift.
Ob dieser oder der im obigen Entwurf bezeichnete Weg eingeschlagen
worden, muss dahin gestellt bleiben.* [1]) *cf. weiter unten.*

124. *1517 Jan. 1* (an des hilligen nigen jars daige).
Herzog Erich bescheinigt der Stadt Göttingen den Empfang der Neujahrsbede wie in N. 1.
Arch. 776; Or. m. verletztem S.

125. *1517 Febr. 9* (uf montag Applonie virginis).
Junker Otto von Westernhagen [Hagen] an Herzog Erich: beschwert sich über Göttingen, das ihm und seiner Frau den von ihrem verstorbenen ersten Gatten Ernst von Uslar gekauften Hof in der Stadt zu veräussern untersage, woraus ihm, da er das Haus nicht bewohnen könne, durch den Verfall des Baues Schaden erwachse, und fordert mit dem Erbieten vor ihm zu Recht zu stehen freies Verfügungsrecht über sein Eigenthum.
Briefsch. XXII, A; Or. m. Spuren d. S.

126. *1517 März 10* (dinstag nach reminiscere).
Junker Otto von Westernhagen an Graf Ernst von Hohenstein Herrn zu Klettenhof und Lora: bittet wie in N. 125 um Beistand gegen Göttingen, welches die Uebergabe seines für 300 fl. an Hans von Bodenhausen verkauften Hauses und die als Entschädigung verlangte Zahlung des Kaufpreises (300 fl.) verweigere.
Briefsch. XXII, A; Or. m. Spuren d. S.

127. *1517 März 20* (sexta post oculi).
Göttingen an [? strengen und ernvesten gunstigen frunde]: antwortet auf deren Schreiben und die beigefügte Klage des Junkers Otto von Westernhagen wie in N. 126; erklärt sich zu gütlichen Verhandlungen bereit und zum Rechtsgang vor der Herzogin Katharina in Abwesenheit Herzog Erichs.
Briefsch. XXII, A; Entwurf.

128. *1517 März 24* (dinstages nach letare).
Herzog Erich belehnt nach erblichem Mannlehnrecht die Rathmannen Ludolf Stockleiff und Hermann Witzenhusen zu Handen des Raths mit allen Gütern, welche einst sein Vater Herzog Wilhelm dem Rathe (Ludolf Snippen und Simon Giseler) zu Lehen gegeben[1]*.*
Lib. Cop. C. 196.

129. *1517 März 24* (dinstages nach letare).
Ludolf Stockleiff und Hermann Witzenhusen urkunden ihrerseits wie der Herzog in N. 128.
Sub R IV; Cop.

---

[1] *1488 Febr. 18. Schmidt a. a. O. II, N. 359.*

130. *[1517] April 1* (quarta post judica).
Göttingen an [eddele und wolgeborn gnedige her[1])]:
*antwortet auf dessen Verwendung für Otto von Hagen wie in
N. 127.*
Briefsch. II, F; Entwurf.

131. *1517 April 13* (secunda in pascha).
Göttingen an Herzog Erich: bittet wie in N. 88 um Fürsprache zur Befreiung von dem Kammergerichtsbeitrage.
Sub R V; Entwurf.

132. *1517 Mai 2* (sonavends nach Walburgis).
*Herzogin Katherina an Göttingen: untersagt im Namen
ihres abwesenden Gemahls Herzog Erich auf die an sie als
Oberrichterin ergangene Appellation Bertolds von Medem, gegen
den als Vormund seiner Mutter Alheid und zweier unmündiger
Geschwister auf die Klage Bertold Sottens das Erkenntniss
des Rathes von Göttingen ausgefallen, das Urtheil zu vollziehen
bei Strafe von 500 fl. an die herzogliche Kammer*[2]*).*
Sub L I, B; verletztes Or. m. Unterschrift. Rückschrift: Anno etc.
17. sexta[3]) post Johannis ante portam Latinam hujusmodi inhibitio per
schultetum Wilhelmum Doman et procuratorem Bertoldi Medhem dictum
Vethmelck consulibus est presentata.

133. *1517 Mai 10* (dominica cantate).
*Paulus Vicar Erzbischof Albrechts von Mainz, Bischof von
Ascalon und Doctor, beurkundet die von ihm vollzogene Weihe
der von den Franciscaner-Nonnen auf den Namen ihrer Schutzpatronin s. Anna und aller Heiligen als Compatronen gestifteten
Capelle in Göttingen und verleiht für Gebet und Schenkungen
an die Capelle einen Ablass von 40 Tagen.*
Arch. 1318; lat. Or. m. verletztem S.

134. *1517 Mai 20* (am abind der hymmelfart Christi).
*Herzogin Katherina an Göttingen: untersagt bei Strafe
von 1000 fl. auf abermaliges Gesuch Bertolds von Medem wie
in N. 132 die Vollziehung des wider Bertold gefällten Urtheils,
das nach seinem Bericht Göttingen wider das herzogliche Verbot
aus kraft eins vormeinten newen gesetzs, des wir uns bey
euch nit versehn odir auch dem kein stat geben, ausführen
wolle, indem es Bertold den Eintritt in die Stadt verwehrt und
dessen Mutter Einlager auferlegt, und verlangt getreue Abschriften der Acten in dieser Angelegenheit.*
Sub L I, B; Or. m. S. u. Unterschrift; Rückschrift: Hec littera
presentata est per Vettmelck procuratorem Bertold Medhem etc. Hanße
Pollenen et Hanße Kynen ad exhibendum consulibus sexta[4]) post ascensionis domini 1517 de mandato domne principis, ut asserunt.

[1]) *Wol an Graf Ernst von Hohenstein, N. 126.* [2]) *cf. dazu die folgenden Nummern, besonders N. 141.* [3]) *Mai 8.* [4]) *Mai 22.*

135. *1517 Mai 25 (secunda post exaudi).*
Göttingen an [Herzogin Katherina]: erklärt auf N. 134 sich nach Billigkeit und Gebühr verhalten und zur Auseinandersetzung in dieser Sache Vertreter abfertigen zu wollen, und bittet um nähere Weisung.
Briefsch. X, B; Entwurf.

136. *1517 Mai 28 (am donrestaige na exaudi). Münden.*
Herzogin Katherina an Göttingen: bescheidet mit Bezug auf N. 135 die Vertreter der Stadt auf den 3. Juni (middewechen im h. pingsten) Vormittags 9 Uhr nach Münden mit dem erneuerten Gesuch um Zustellung der Acten in der Medem-Sotenschen Sache.
Sub L I, B; Or. m. S. u. Unterschrift.

137. *1517 Juni 10 (quarta post trinitatis).*
Göttingen an [Herzogin Katherina]: erklärt in Folge des Berichts seiner Abgeordneten vom Tage zu Münden[1]) sein Schweigen auf die herzogliche Zuschrift aus der Abwesenheit mehrerer Rathsglieder, wegen der noch kein Beschluss habe gefasst werden können, und verspricht seine Entscheidung unverzüglich mitzutheilen.
Briefsch. XI, B; Entwurf.

138. *[1517] Juni 18 (die octavo corporis Christi).*
Der Rath an [Herzogin Katherina]: bekundet den Bericht seiner Rathmannen vom Tage zu Münden[2]), wonach die Herzogin für Bertold Medem freien Zugang in die Stadt und Erlass der nach städtischem Recht verhängten Busse fordere, um die Streitsache dann an den Rath zurück gelangen zu lassen; erklärt die unbegründete Berufung Medems an die Herzogin für einen rechtswidrigen Versuch der dem Gegner zu leistenden Caution zu entgehen und für eine Verletzung aller von ihrer Herrschaft bestätigten Gewohnheiten und Gesetze der Stadt und der umliegenden Städte, und meldet, dass nach Beschluss mit Gilden und Gemeinheit Medem die Busse nicht erlassen werden kann.
Arch. 1834; Entwurf.

139. *1517 Juni 27 (sonnavends nach Johannis et Pauli). Neustadt.*
Herzog Erich an Göttingen: ersucht es mit Bezug auf die vorhergehende Nummer um nochmalige Darlegung der ganzen Angelegenheit Medem-Sothen.
Arch. 1834; Or. m. S. u. Unterschrift.

---

[1]) Juni 3. cf. N. 136.   [2]) cf. N. 136.

140. *1517 Juli 5* (sabbato post visitationis Marie).
Der Rath von Göttingen an Herzog Erich: antwortet auf N. 139, dass, nachdem Bertold Sothen Bürger zu Duderstadt seinen Bürger Bertold Medem wegen anerkannter Schuld verklagt und die gesetzliche Caution zur Sicherstellung seiner Ansprüche verlangt, Medem diese verweigert und ohne die dafür angesetzte Strafsumme zu erlegen wider alle Gesetze an die Herzogin Katherina appellirt habe, letztere als Richter in erster Instanz die Vollstreckung seines Spruches dem Rath untersagt und nach Besendung des Tages von Münden[1]*) die Zurückverweisung der Klage zugestanden habe, falls Medem freien Zugang nach Göttingen und Nachlass der Strafsumme empfange; erklärt sich gegen dieses Ansinnen wie in N. 138 um so mehr, als ein Nachgeben jeden andern zu gleichem Missbrauch reizen müsste; bittet dringend die Klage zurückzuüberweisen und erbietet sich mit dem Ausdruck der Freude über des Herzogs glückliche Heimkehr zur Erfüllung aller billigen Ansprüche*[2]*).*
Arch. 1834; *Entwurf.*

141. *1517 Juli 7* (dinstages nach visitationis Marie).
Münden an Göttingen: ersucht es die Schuld an seine Kaufmannsgilde, welche nach Berathung mit den Meistern der andern Gilden das an sie gestellte Ansinnen zurück zu weisen und an den ursprünglichen Verschreibungen festzuhalten entschlossen sei, zu tilgen, damit die Gläubiger nicht zu weiteren Schritten genöthigt würden.
Briefsch. I, II; *Or. m. S.*

142. *1517 Juli 8* (die Kiliani).
Göttingen an [? strengen und ernvesten gunstigen frunde][3]*): verspricht trotz der Ungelegenheit der Stätte* (wowol uns de stede vaste undrechlik) *den zu Verhandlungen mit Otto von Westernhagen auf den 20. Juli* (mandages na Margarethe) *nach Sattenhausen angesagten Tag zu beschicken*[4]*).*
Briefsch. II, B; *Entwurf.*

143. *1517 Juli 15* (quarta post Margarete).
Göttingen an [Münden]: entschuldigt sich auf N. 141 mit seiner schweren Bedrängniss und bittet die Gläubiger als Nachbarn und Freunde zu gütlicher Vereinbarung zu bewegen.
Briefsch. XX, B; *Entwurf.*

---

[1]) cf. N. 136. [2]) cf. die vorhergehenden Nummern. Es ist das letzte Schriftstück in dieser Angelegenheit, der Ausgang ist, wie leider in den meisten Klagesachen zwischen dem Landesherrn und der Stadt, auch hier nicht ersichtlich. [3]) cf. N. 127. [4]) cf. N. 125, 127 etc. Der Ausgleich scheint nicht erfolgt zu sein; cf. N. 200.

144. *1517 Juli 26.*
Papst Leo X gestattet den Franciscaner-Nonnen in Göttingen die Annahme des schwarzen Schleiers nebst Scapulier nach dem Rathe ihrer Geistlichen, die Abhaltung der canonischen Stunden in ihrer Kapelle (in oratorio vestro)*, die Aufnahme sowol von Jungfrauen als Wittwen, den Erwerb beweglichen und unbeweglichen Vermögens, befreit sie von allen andern Pflichten ausser der Abhaltung canonischer Gebetsstunden, bestätigt alle Privilegien und bedroht den Verletzer mit der Excommunication und einer an die Curie zahlbaren Busse von 1000 Goldfl.*
Arch. 7; Or.-Transsumpt der General-Richter Erzbischof Albrechts von Mainz vom 1. Sept. 1519.

145. *1517 Aug. 26.*
Erneuerung des Gildebriefs der Schmiede-Innung.
Wy Hermen Stichtereyse und Jans Homan borgere to Gottingen mestere, Hans Frederickes Degenhart Munther Clawes Papen Hans Stichtereysen und Dirick Fobben de jungere ok borgere to Gottingen, bysittere und seßmanne nw tor tyd der smede bynnen Gottingen, bekennen opinbare in dessem breve vor uns unse nakomen und gemeynen werkgenoten: Nadem de ersamen und vorsichtigen unse leven heren de ract to Gottingen umbe unßer vlitigen bede wyllen, de wy nw dusses jars und unse vorfarn dar bevorn mennich mael an se hebben gedaen, ok umbe orer stad beste und sust sunderlicker gunst wyllen, se to uns dragen, uns hebben, des wy one hoichlick wetten to dankende und one ok so vele deste wylliger und dinstbarlicker alle tyd wedderumbe wyllen na unßerm vormoge syn, gegont vorhenget und bewyllet, dat unse hantwerk bynnen orer stad Gottingen nw fortmer eyn inninge schall syn: ßo endorven noch enwyllen wy edder unse nakomen na dessem dage nymandes gunnen noch gestaden sick alhir to Gottingen smedewerkes vor eynen eygen mester sulvest to schmedende edder schmeden to latende noch andere ambte darto behorich, de in unser heren des rades vorschrivinge wyder utgedruckt und vortalt syn, to gebrukende, he hebbe sick denne erst in nageschrevener wyse gewerket in desse unse inninge, und desulve sick so in unse inninge will werken schall tofornt to Gottingen borger borgersche edder borgers kynd und von vadere und modere echt und recht geboren syn, des genoichsame orkunde und tuchnisse vorbringen und geven, is de inningeßbroders kynd, vyf ferdinge Gottingscher weringe, twe punt wasses und twey par becken, darvon sesteyn schillinge unsern hern

dem rade, eynen ferding mit dem wasse unserm zelengerede
und dat andere allet unser inninge schall tokomen, ok unsern
mestern to tyden synde, darto nach (!) drey schillinge to
eyner collacion und unserm schrivere und knechte yowelkem
eynen schilling der vorgeschrevener weringe to drankgelde,
alse dat wenthere under uns geholden und wontlick gewesen
is, tokeren und entrichten. Is desulve aver neynes inningeß-
broders kynd, schall he geven drey mark der vorgeschrevener
weringe, twey punt wasses und twey par becken, darvon
eyne mark unsern hern dem rade to behoif der stad und de
andern twey mark mit dem wasse und becken unser inninge
schullen tofallen, darto schall ok desulve eyn loet unsern
mestern tor collacion und deme schrivere und knechte ore
gerechticheyd vorgerort, ok dar beneven noch eynen ferding
to unserm zelengerede ungeweigert utgeven und vornoigen.
Wy vorgerorden mestere und unse nakomen schullen ok und
wyllen denjennen, wy in unse inninge wu vor entfangen,
unsern hern deme rade upt radhus vorbringen und one oren
deyl und gerechticheid vorgeschreven to behoif der stad
erst beredelicken betalen, edder konde de des nicht gedoyn,
alsdenne dorch nochaftige borgen toseggen und vorwyssen
laten. Und dewyle de netiler hyr to Gottingen, so se isern
werk vorarbeyden und feyle hebben, alle tyd uns den schmeden
underworpen und von uns, wor des to doinde, glick andern
unsern werkgenoten vorbodet syn, schullen se uns und unser
inninge fort angehorich und underworpen bliven, und nw
fort nymand sick des netelwerkes alhir gebruken, he hebbe
denne de inninge, wu hirna folget, geloset und unsern hern
dem rade sesteyn schillinge, den mestern to tyden synde to
behoif orer inninge tweunddrittich schillinge und twe par
becken und twe punt wasses to deme zelengerede togekart
edder, wu vorberort, genoichsam vorwisset; darto schall ok
desulve den vorgeschreven mestern to tyden synde, wen se
one to eynem inningeßbrodere annemen, achteyn penninge
to eyner collacion, dem schrivere und knechte yowelkem seß
penninge to geborligem drankgelde vorhandelagen und ent-
richten. Id schall ok nymandes fortmer to unser inninge
gestadet noch daryn genomen werden, he hebbe denne to-
fornt, is he eyn grofschmed, eyn underploich isern und hant-
biel, is he eyn messerschmed, eyn taffel- und weydemest,
und eyn cleynsmed eyn kuntorschlot, eyn stekelschlot mit
eynem reygel und eyn ingerichte myt negen grepen, eyn
sporner eyn par sporen und gebys, eyn gropengeiter eynen
degel und gropen, eyn kangeiter eyne wynkanne und tennen
becken, eyn apengeyter eynen tafelluchter und hantfat to

beweringe syner kunst und meysterschop gemaket und angerichtet, dat allet int erste dorch de mestere und geschworen, we de to tyden syn, by oren eyden, ef dat gud und wol beredet und desulve der inninge werdich sy, schall besehin und gewerdert werden. Neme ok eyn knecht eyne weddewenschen unsers hantwerkes, schall desulve unse inninge in folgender wyse an sick brengen und unsern hern deme rade tofornt tweunddrittich schillinge entrichten edder genoichsam vorwissen und darto unserm hantwerke vyf ſeirdinge veyr schillinge, ok wes sick tom zelengerede an wasse und gelde, ok unsern mestern to orer collacion und dem schrivere und knechte to drankgelde geboret, utgeven und vornoigen, darto ok twe par becken, wu boven gerort, unsern inningesmestern, und wes ome na gelegenheyd synes ambts to bereydende will geboren, to handen bringen. Und up den mandach nach der meyntweken schall nw fortmer de nye gekoren mester unser inninge des smedewerkes glick andern gekoren mestern an gerichte sweren, de de ersame rad vorbenomet ok to der tyd schollen alße ander mestere kesen und dorch oren schriver lesen und kundigen laten. Wy vorgerorden mestere seßmanne und gemeyne brodere der inninge vorbenomet edder unse nakomen enschollen ok noch willen boven desse artikele vorgeschreven neynerleye nye wylkore noch gesette maken ane vorwort wetten und fulbord der vorbenomeder unser hern des rades und orer nakomen; deden wy edder unse nakomen dat dar enboven edder ok desser hirinne gerorden puncte welke vorbreken edder voranderden, alsedenne scholde desse unse inninge und vordracht fort nicht von werden ßunder darmede gantz vornichtiget und gedodet syn. Weret ok dat unsern hern dem rade edder oren nakomen efte gemeynem besten edder ok unser vorgeschreven inninge ut welken der vorgerorden artikeln jenich beswerunge schade edder afbrok in kunftigen tyden bejegende, hebben sick de raet und oren nakomen de macht beholden densulven artikel aftonemende to vormerende und to voranderende, allet na der dinge gelegenheid und so vaken one dat edder oren nakomen radsam und nutte bedunket. Id schollen ok und mogen de kremere und andere borgere to Gottingen nw fort von isernwerke, alse se wenthere und von alder gedaen, hir to Gottingen by uns ane jennige unser vorhinderunge edder insage vorsellen und to koipe hebben. Entstunden ok edder erwossen under jemandes unser inningesbrodere edder oren knechten jennige twischelige sake unwylle edder gebreken, de schullen und mogen wy de mestere und unße nakomen to tyden synde sambt

unsern seßmannen to sick nemen und de partie der (ef wy
konen) fredelick maken; wor wy aver de gebreken nicht
konden hingeleggen, schullen wy und wyllen de parte darmede
vor unsere hern den raet se der in rechte edder
fruntlick to entscheidende wysen, alße dat wenthere by uns
wontlick gewesen und von andern gilden in glickem geholden
wert, inmaten wy uns desses so allet vor uns und unße
nakomen jegenwordigen in craft dusses breves eyndrechtlick
vorwylligen und vorplichtigen, und hebben des to orkonde
und bekantnisse unser innige ingesegel festlick an dessen
brief gehangen vor uns unse gemeyne werkgenoten und unser
aller nakomen. Datum anno domini millesimo quingentesimo
decimo septimo feria quarta post diem s. Bartholomei
apostoli.
Arch. 426; Or. m. S.

146. *1517 Sept. 7* (am avende unser leven fruwen
nativitatis).
*Braunschweig an Göttingen: ladet es auf den Abend des
15. Sept. (dinstag nach des h. crutzes dage exaltationis) zur
Tagfahrt wegen der neuen drückenden Zölle in Lüneburg, über
die sich fast alle Städte auf der letzten Versammlung in
Braunschweig schwer beklagten.*
Sub Z, V; Or. m. S.

147. *1517 Sept. 11* (sexta post nativitatis Marie).
*Göttingen an Braunschweig: entschuldigt auf die vorhergehende
Nummer sein Ausbleiben und gibt zuvor seine Zustimmung
zu den gemeinsamen Beschlüssen, falls man nicht die
ganze Angelegenheit auf den Tag verschieben wolle, den die
Fürsten wegen der Münze demnächst berufen würden.*
Sub Z, V; Entwurf.

148. *1517 Sept. 12* (sonnabent post nativitatis Marie).
*Braunschweig an Göttingen: zeigt an, dass die in N. 146
angesagte Tagfahrt wegen Ausbleibens der Städte Magdeburg
und Goslar verschoben sei.*
Sub Z, V; Or. m. S.

149. *1517 Oct. 10* (am sonnavende nach Dionysii).
*Braunschweig an Göttingen: meldet auf dessen Gesuch
gemeinsam mit Hildesheim und andern Städten die Irrungen
zwischen Bischof Johann von Hildesheim einer- und den Herzögen
Erich und Heinrich dem Jüngeren andrerseits beizulegen,
dass es nach reiflicher Ueberlegung (so wenig der Ernst der*

Lage zu verkennen sei) eine Vermittlung vorläufig abweise, um die Erfolge der nach glaubwürdigen Nachrichten jüngst eingeleiteten Vermittlungsversuche Herzog Heinrich des Mittleren von Lüneburg zunächst abzuwarten.
Briefsch. VIII, D; Or. m. S.

150. 1517 Nov. 22 (am dage Cecilie).
Münden an Göttingen: wiederholt N. 141.
Briefsch. XII, F; Or. m. S.

151. 1517 Dec. 7 (am abent conceptionis Marie).
Münden.

Herzogin Katherina an Göttingen: fordert im Namen ihres Gemahls freies Geleit und freien Aufenthalt in Göttingen für die dortigen Bürger Kersten Brandes und Peter Monnick, deren Klage gegen die Göttinger Bürger Hans Mengershausen und Hermann Stichtereise der Herzog nach seiner Rückkehr entgegenzunehmen und auf einem beiden Parteien angesagten Tage zu entscheiden gewillt sei[1]).
Briefsch. IV, L; Or. m. S. u. Unterschrift.

152. 1517 Dec. 10 (quinta post conceptionis Marie).
Göttingen an [Herzogin Katherina]: verweigert die Forderung von N. 151, da seine Bürger Brandes und Monnick, zumal sie von niemand belangt oder bedroht würden, keinen Grund hätten mit völliger Uebergehung des städtischen Gerichts sich an das fürstliche zu wenden und da sie zum verhiessenen gesetzmässigen Austrag keines Geleits bedürften.
Briefsch. IV, L; Entwurf.

---

[1]) *Nach langem Streit, dessen Anlass nicht näher bezeichnet wird, und mehrfachen vergeblichen Vermittlungen auch Auswärtiger wie der Stadt Northeim und Caspars von Hanstein hatte der Rath zwischen Brandes und Monnick einer- und Hans Mengershausen andrerseits einen Vergleich zu Stande gebracht. Die ersteren glaubten sich, nachdem sie schon ihre Zustimmung zu demselben erklärt hatten, in der Folge benachtheiligt, namentlich beschwerten sie sich (in einer Schrift an die Gilden, Briefsch. IV L) darüber, dass ihre Unschuld in der Vertragsurkunde nicht genügend hervorgehoben sei und keine genügende Sicherheit gegen neue Verleumdungen wider ihre Ehre und ihr Handwerk gewähre. Zugleich klagten sie gegen Stichtereise wegen Verleumdung und lügenhafter Aussagen. Der Rath weist Nov. 20 (sexta post Elizabet) ihre Klage und die Forderung nach einer andern Vertragsurkunde, da sie niemand bisher verunglimpft habe, zurück, verspricht für letzteren Fall ausreichenden Schutz und mahnt sie mit Zahlung der auferlegten Summe ihrerseits dem Vertrage gerecht zu werden. In Betreff Stichtereises verweist der Rath auf dessen beigelegte Vertheidigungsschrift mit dem Anerbieten, denselben erforderlichen Falles auch rechtlich belangen zu wollen; ib.*

153. *1518 Jan. 12. Hildesheim.*
Die zu Hildesheim tagenden Rathssendeboten von Hildesheim Hannover Northeim und Hameln an Göttingen: ersuchen es auf Begehr der herzoglichen Räthe um unverzügliche Befreiung der trotz des Geleitschreibens der Herzogin Katherina zu Einlager gezwungenen beiden Bürger[1]).

Den ersamen und vorsichtigen borgermestern und rade der stad Gottingen unsern bsundern guden frunden.

Unse fruntligen deinste tovorn. Ersamen und vorsichtigen bisundern guden frundes. Wy sint itz up dussem forstendage dorch de vorordenten rede des dorchluchtiden hochgeborn forsten und hern hern Erickes to Brunswigk und Luneborch hartogen unses gnedigen hern sampt juwen geschickten radessendeboden hyr tor stede merkliken mit hogen clagen van siner forstliken gnaden wegen irsocht worden, dat gy boven gnedige toneginge, de jw gedachte forste und her gnedigen in velen togewant, schullen twe juwer borger, boven dat de hochgeborn durchluchtede forstynne und frauwe frauwe Katherina geborn van Sassen etc. to Brunswigk und Luneborg hartogynne, siner forstliken gnaden gemahel, ße in ore forstlige geleide genomen, to inleger gedrungen, ok boven muntlike forderinge orer forstliken gnaden hofmester Tyle Wulff sulkes inlegers nicht untloset. Dat wy samptliken swarmodigen gehort und nicht in geringe sunder hoch betrachtent und rade under unß gestalt und hebben bynnen rades befunden, dat unse rad und hoch beger iß, dat gy desulftigen twe ingelechte borger van stunt ane lenger vortogeringe sulkes inlegers vorlaten und entledigen und des gy one to to seggende hebben vor gedachten forsten unsen gnedigen hern to rechtes utdrage, so dat eyn yder, dar he to berechtiget, komen moge, alße jw desulftigen geschickten, de ensulks mede gehort, wyder berichtinge don werden, dar willen wy unß genßliken to vorlaten und in geliken und vil groteren wedder vordenen. Wuranne wy jw to denste syn mochten, don wy al tid gerne. Geschreven under unser stad secreto dinstages na epiphanie domini anno 1518.

Radessendeboden der stede Honover Northem und Hamelen to Hildenßem vorgaddert und de rad darsulvest. —
Hanseatica Vol. I; Or. m. Spuren d. S.

154. *1518 Jan. 22* (die quinto Vincencii martyris).
Göttingen an [Hildesheim]: erklärt auf N. 153, dass es seine beiden Bürger, die eine von der Stadt für sie ausgelegte

---
[1]) *Brandes und Monnick, cf. die vorhergehenden Nummern.*

*Summe nicht entrichtet*¹)*, nicht in Verachtung des Befehls der Herzogin Katherina zum Einlager genöthigt habe, sondern aus Unkenntniss des herzoglichen Geleitbriefs und ohne dass jene sich auf ihn berufen hätten; dass es um des Herzogs und seiner Gemahlin willen die Bürger unverzüglich befreit habe, und bittet um Fürsprache beim Fürsten zur Abwendung seiner Ungnade.*
Briefsch. IV, L; Entwurf.

155. 1518 Febr. 9. Augsburg.

Kaiserliches Mandat an Göttingen: ladet es mit Bericht von der drohenden Türkengefahr auf den 18. April zum Reichstag nach Augsburg.
Sub R V; Cop.

156. 1518 Mai 11 (tercia post vocem jocunditatis).

*Göttingen an [Münden]: ersucht, da dessen Boten bei Berufung auf einen in die Göttinger Stadtbücher vor etwa zwei Jahren eingetragenen Vertrag wegen Abwesenheit der Schreiber keine Auskunft ertheilt werden konnte, um nochmalige Abfertigung von Boten zu Verhandlungen wegen der rückständigen Zinsen*²)*, zumal die heimgekehrten Schreiber den angezogenen Vertrag nicht entdecken könnten.*
Briefsch. I, H; Entwurf; Rückschrift: Munden.

157. 1518 Juni 14 (secunda post diem s. Barnabi).

Göttingen an [? werdige und achtbare gunstige here und frund]: *überschickt auf dessen Forderung der fälligen Rente, zahlbar in Gold oder je 43 Matth. für den Gulden, 20 fl. (1 fl. mit Berufung auf frühere Uebereinkunft zu 40 Matth.) mit der Bitte um Bescheinigung des Empfangs gegen den Ueberbringer Hans Hildebrandes.*
Briefsch. XX, B; Entwurf.

158. 1518 Juni 21 (die s. Albani).

*Göttingen an [die Gilde der Kaufleute in Münden]*³): *erklärt den Hinweis auf ihre Rechnungsbücher für unzeitgemäss, da ihnen die schwere Bedrängniss der Stadt und die Vorschläge zu gütlicher Uebereinkunft genugsam bekannt seien, und bittet um freundschaftliches Entgegenkommen gemäss alter Nachbarschaft.*
Briefsch. I, B; Entwurf.

---

¹) cf. N. 151, Anm. 1. ²) cf. N. 141, 143, 150. ³) cf. N. 156.

159. *1518 Aug. 18* (am mytweken nach assumptionis Marie).

Die Rathmannen und Innungsmeister der Altstadt Magdeburg an Göttingen: ersuchen, da auf dem letzten Leipziger Ostern-Markt die Zahlung der fälligen Zinsen von 60 fl. nicht erfolgt ist, um Entrichtung auf dem nächsten Michaelis-Markt daselbst mit der Bitte durch den zurückkehrenden Boten die Herberge der Bevollmächtigten in Leipzig anzugeben. Nachschrift: ersuchen um Zustellung eines beliebigen Trinkgeldes (drankgelt) zum Besten ihrer Schreiberei für die einst[1]) *in Braunschweig durch ihren Schreiber geschehene Ausfertigung der Bundesurkunde, wie es die andern Städte bereits entrichtet hätten.*
Briefsch. IV, G; Or. m. S.

160. *[1518 c. Aug. 20.]*
Göttingen an Magdeburg: antwortet auf N. 159, dass es die Herberge seiner Bevollmächtigten in Leipzig noch nicht angeben könne, verspricht allen Fleiss auf Tilgung der rückständigen Zinsen an der verlangten Stätte zu verwenden, ungünstigenfalls auf eigne Botschaft die 60 fl. zu senden, und überschickt mit dem zurückkehrenden Boten 2 fl. in „Brandenburgern" an die Schreiberei.
Briefsch. IV, G; Entwurf.

161. *1518 Oct. 19* (dinstags nach Luce evangeliste).
Herzog Erich an Göttingen: beglaubigt und empfiehlt Hans von Stockhausen und Secretar Lambert Lamprecht zu Verhandlungen gemäss der ihnen beigegebenen Instruction [N. 162].
Sub D I; Or. m. S. u. Unterschrift.

162. *1518 Oct. 19.*
Herzog Erich instruirt seine Bevollmächtigten Hans von Stockhausen und Secretar Lambert Lamprechts zu Unterhandlungen mit Göttingen und letzteren allein zu Unterhandlungen mit Northeim in Betreff der städtischen Unterstützungen in dem bevorstehenden Kriege mit dem Bischof Johann von Hildesheim.

Instruction was unser lieben getrawen Hans von Stockhawsen und Lambert Lamprechts unser secretarius sambtlichen an eynen erbarn rat zu Gottingen und Lambertus sunderlich an eynen erbarn rat zu Northeim werben sollen.

Anfenglichen sollen sie ine sagen unsern grus genade und alles gut. Und ine darnach anzeigen, das uns in warheid und

---
[1]) *1514 Jan. 17. N. 83.*

glaublich angelanget, das der hochwerdiger hochgeborner furste unser lieber herre und ohem her Johan bischof zu Hildensem sich beratschlagt und entlich entschlossen mit gewalt in unser furstentum zu zien, das gerichte Adelevessen zu oberfallen und zu vorterben; villichte, als wir berichtet, Borchharts von Salder halben, dan wir adder auch de von Adelevessen unsers wissens seyner liebe sunst keyn ursache gegeben. Weyl aber nw Adelevessen unser eigentumb und deme furstentome ane mittel unterworfen und zugehorig, de von Adelevessen auch der edder andershalben bey uns dorch seyne liebe ny beclaget und wir orer zu rechte und sunst gantz mechtig, das se ym besten zu ermessen haben, uns nicht zimmen wille solchs zu vorhengen, ßunder geboren unsers vormogens zu wenden und zu weren mitsambt unsern landen und leuten. Szodanne nw solche handellunge zum teyl ursache des ausgeschreben lantags ist, den unsern de zu entdecken haben wir ine sulchs genediger meynung und damit se auf den tag keyn hinteredder zuruggespräche nemen durfen. Weylen als wir vorstein der zug schirst sontages[1] de nacht edder volgenden mantags bescheen sal und darauf von inen genedichlichen und myt vleysc begeren uns zu unser erforderinge zu retunge des gerichts Adelevessen mit macht und der wagenburg zuzien, deselbigen helfen zu reten und uns des auf dem schirsten lantage ire zuvorlessig antword zugeben lassen, dan se unser zusambt den von Adelevessen zu rechte und aller billicheid mechtig syn sollen. Darumb wir gantzer zuvorsicht, se werden das nicht abschlaen sunder des auf unser erbittunge und sunst schuldig syn. Das wollen wir alle zeit in genaden erkennen.

Sie sollen inen auch nicht vorhalten, das wir uns umb reuter und fuesvolk vast bewerben und vorhoffens syn, wo sich der bischof seyns vornemens understeet, das er das swerlich tun, sundern schaden nemen solle. Actum deinstages nach Luce anno 18.

Hertzoge Erich.

Sub D I; Or.

163. *1518 Nov. 29 (am mandage vigilia Andree).*
Magdeburg an Göttingen: fordert, nachdem der zur Zahlung der rückständigen Zinsen angesetzte Leipziger Herbstmarkt-Termin „unachtsam" übergangen, Beschaffung der 60 fl. zum nächsten Leipziger Neujahrsmarkt[2].

Briefsch. XI, B; Or. m. S.

---

[1] *Oct. 24.* [2] *cf. N. 159 u. 160.*

164. *1519 Jan. 6* (am dage der h. drier konige).
Herzog Erich verpfändet der Stadt Northeim die dortige Vogtei und das Schulzenamt für 300 fl. Rh. 39 Mk. 4½ Fd. 4 Sh. Northeimischer Währung unter Vorbehalt jederzeitiger Einlösung[1]).

Arch. 1026 g; Transsumpt des Notars Benedictus Botterwege [aus dem 17. Jahrhundert].

165. *1519 Mai 10. Göttingen auf dem Rathhause.*
Vertrag zwischen Herzog Erich und der Stadt Göttingen: ersterer verpflichtet sich zur Abstellung der vorgebrachten Beschwerden, letztere zur Unterstützung in der Hildesheimer Fehde[2]).

Nachdeme de dorchluchtide hochgeborn furste her Erick to Brunßwig und Luneborch hertoge myn gnedige here heft

---

[1]) Es war dieses vermuthlich der Preis, um welchen Northeim seine Unterstützung in der bevorstehenden Hildesheimer Fehde zusagte, cf. N. 162.
[2]) Die Vorgänge, welche zum Vertrage führten, schildert folgende Erzählung: Anno 1519 ipso die sancti Johannis ante portam Latinam (was do fridach [Mai 6] na dem sondage quasimodogeniti) kam de hoichgeborne furste hern Erigk to Brunßwigk und Luneborch hertoge unße landesfurste to Gottingen uppet raidhus und indem he myt den eldesten des rades to worden gewesen, begerde sin gnade, men wolde den gantzen raid ok gilden und seßmannen tosampne heischen; dem so geschach. Indem de nu by eynander [in der] dorntzen gestanden, heft sin gnade in biwesende Boden von Adeloveßen und nymandes mehir myt langen und gesmückeden reden vertalt van siner gnaden her und fedder hern Franciscus bischup to Mynden ut synem stifte von den hoichwerdigen und hoichgeborn fursten heru Johann bischup to Hildenßhem und hern Hinricke zeligen hertogen Otten sone siner gnaden feddern ok den graven von Schumborch und andern myt gewalt verjaget und so von dem stifte landen und luden gekomen sy, myt dem anhange, so sin gnade sick des nicht anneme, scholden syne lande und lude nicht geerret werlen, des sin gnade gelovet und sick mit den Hessischen saken up erordernt der furstynnen und jungen lantgraven bekummert. Darboven mangeschin siner gnaden milden rechtsirbedinge sin upgemelte bischup o Hildenßhem, de hertoge up de heide, de graven von Schomburg und nder siner gnaden opinbar vigent geworden, ok myt der dact gefolget nd sinor gnaden lant twischen Deister und Leyne gepuchet verbrant nd alle borge und stede ingenomen utgescheden de Wolpe Nygensten Iannover Hamelen und den Kalenberch, darvor se sick gelegert. Und e to vormoidende: so men den nicht wedderstande, mochten se in dessem indo gelik gestalt geben. Heft darumb flitigen begert: de von Gottingen,) den he sick vele ere und gudes vorsehe, one itzund nicht willen laten, mder dorin myt rade und dade bibestendich sin; des wille sin gnade ummer vorgetten, sunder de tid sines levendes in gnaden bedenken, ok ner gnade nachfolgern to eynem testamente laten, de von Gottingen non gnaden in dessem anliggende hebben sinen gnaden troistlig geeßen. Heft darmede begert, sinen gnaden des tovorlatige antworde to evende. Indem nu rad und gilden dorumb na notroft geredet und sick) iligen der antworde nicht beraden, is sin gnade wedder na Munden

itzund sodanne fehide und vordarf land und lude twischen
Deister und Leyne, alse synen furstliken gnaden von den
hoichwerdigen und irluchtiden fursten hern Johanne bischup
to Hildenßhem und hern Henricke zeligern hertogen Otten
sone to Brunßwig und Luneborch hertogen boven syner furst-
liken gnaden hoigen und mylden irbeidinge swerligen toge-
hoilden werden, an den ersamen rad in bywesende der
mestere und orer bysittere von den gylden ampten und ge-
meyn to Gottingen gnedichlick laten langen und begert syne
furstlike gnade in deme nicht to latende sunder als de ge-
truwen undersaten orem heren und landesfursten myt rade
und dade bybestendich to synde: dardorch dem gewoltligen
vornemende wedderstan und dussem lande, dat god vorware,
nicht in gelike eventuer gefort, geraden moge werden. Und
wowol de von Gottingen sulkes nicht afgeneget, hebben se
doch anfenglick ore hoigen swaren und mennichfeldigen noit
und besweringe synen furstliken gnaden alse orem gnedigen
heren und landesfursten underdanichlick angedragen: neme-
lick wu de von Gottingen und ore armen undersaten boven
alle rechts irbeident segel und breve privilegia und gerech-
ticheid ane gerichts und rechts ordenunge ungehorder ant-
worde und unerkander sake myt geweltligen boden von syner
furstliken gnaden ambten schulten und vogeden mit vorbei-
dinge water und weyde wege und stege by swaren geltpenen
von dagen to dagen hoichlick werden beswert, siner furst-
liken gnaden gerichte uppem Leyneberge werde ok unordent-
lich gehoilden und den armen und sunderges den von Got-
tingen dat recht dar vorstoppet etc., und underdanigen ge-
beden, syn furstlike gnade wille ut furstliger dogent be-
schaffen, de von Gottingen sulker gewoltligen handele vor-
schoent und by gnaden zegel und breven und rechten bliven.
Darup myn gnediger her sick furstlick entschuldiget, dat syn

---

gereiset myt dem avesched des folgenden dages wedder to komende und
de antworde to horen, dat sick den verwilet but na dingstach miseri-
cordia domini *[Mai 10]*. Des dingstages na misericordia domini, alßo
unße gnedige here wedder up dem raidhuse erscheinede, hadden raid
und gilde myt oren seßmannen sick beraden und leten synen gnaden
dorch oren secretarien hern Johann Bruns desse antworde geven. *Es
folgt darauf die auch in die Urkunde aufgenommene Beschwerde der
Göttinger und die im Beisein Bodes von Adelebsen und Johanns von
Grone gegebene Entschuldigung des Herzogs sowie die Mittheilung von
der Ausfertigung der Urkunde.* Darnach gaf sin gnade Hans Tollen,
de von siner gnade amptmanne gefangen was, loos an des rades hant,
sine gnade myt der urfeide to vorwaren, und stalde de sake an den raid
myt Cord Meiger umb dat forwerk to Lengelen. *Arch. 155. Zum Vor-
werk von Lenglern cf. N. 195.*

gnade sulker grofligen overfaringe bode und vorbode neyn eigentlick wettent dragen, und is derhalven up hute datum na gelofliger und truwelicker underredunge beslutlick besproken und angenamet in bywesende der erbarn Boden von Adeleveßen und Johan von Grone, dat syn furstlike gnade gnedichlick will beveilen doyn, de von Gottingen und de oren nw fort sulker gewoltligen und pinligen bode vorbode kummer und ander overfaringe vorschoent bliven. Sine gnade wil se ok by gnaden fryheiden privilegien und rechte laten de beteren und nicht vormynren, so dat iderman by rechte, als von alder wontlig, unbeswert blive. Wes ok noch vor saken und articlen twischen synen furstliken gnaden den von Gottingen und den oren ungeflegen hangen, wil syn furstlike gnade veyr personen von der lantschup, des gelick de von Gottingen veyr personen orer frunde erwelen: desulven schullen gantze und fulle macht hebben de gebreken alle fruntlick edder rechtlick by to leggende, darup nw alle ding schal gudlig rauwen, so dat syn furstlike gnade wil der von Gottingen gnedige her wesen, de von Gottingen willen sick ok wedderumbe jegen syne furstlike gnade alse oren gnedigen heren und landesfursten hebben und hoilden. Des to orkunde syn dusser recesse twey eyns ludes geschreven und beyde mit syner furstliken gnade pitzer und hantschrift bevestent und myt des rades secrete vorsegelt. Allet gescheyn uppem radhuse to Gottingen am dingstage nach misericordia domini anno 1519.

Herczoge Erich etc.

Arch. 155; Or. m. Unterschrift Erichs und dem Secret der Stadt; Cop. danach in Acta Ref. XXI.

166. *1519 Mai 16* (mandages na jubilate).
Braunschweig an Göttingen: ladet nach Berathung mit Goslar und Magdeburg in Anlass der sich allenthalben erhebenden Händel auf den Abend des 19. Mai (negestfolgenden donnerdach) zur Tagfahrt nach Schöningen (Scheyningen), welcher Ort auf den Wunsch Magdeburgs und mit Rücksicht auf Göttingen Hildesheim Hannover und Einbeck der Fehde wegen Braunschweig vorgezogen sei.
Suppl. zu den Cop. Vol. IV, 1; Or. m. S.

167. *1519 Mai [16—18]* [1]) (post dominicam jubilate).
Göttingen an Braunschweig: ersucht es auf Grund der bedrohlichen Sammlung von Kriegsvolk im Lande zwischen

---

[1]) *Der Sonntag Jubilate fällt auf Mai 15, die Antwort Braunschweigs N. 169 ist Mai 19 geschrieben.*

Deister und Leine sich zur vertragsmässigen[1]) *Hilfe bereit zu halten, um sie auf schriftliches Erfordern sofort zu leisten*[2]).
Suppl. zu den Cop. Vol. IV, 1; *Entwurf*; *Randschrift*: Goslar Magdeborch Brunßwigk.

168. 1519 Mai 18 (middewekens na jubilate).

Lüneburg *an* Göttingen: *meldet in bitterer Klage über die zwischen den allerseits verwandten Fürsten ausgebrochene Fehde, dass es von seinem Landesfürsten mit Bericht über die von Göttingen und den andern Städten ihrem Fürsten Herzog Erich bewilligte Hilfe, Steuer und Beistand* (biplichtinge) *um gleiches angegangen sei, bedauert die Herzog Erich gegebene Zusage und fordert eindringlich zur Abwendung des drohenden Unheils auf.*
Suppl. zu den Cop. Vol. IV, 1; *Or. m. Spuren d. S.*

169. 1519 Mai 19 (donnerdages na jubilate).

Braunschweig an Göttingen: *sagt auf N. 167 seine vertragsmässige Unterstützung zu, falls sich die Ansammlung des Kriegsvolks gegen Göttingen wenden sollte.*
Suppl. zu den Cop. Vol. IV, 1.

170. 1519 Mai 21 (sonnabents nach jubilate).

Herzog Erich an Göttingen: meldet, dass er nach dem letzten Abschiede die Kriegsangelegenheiten (unser sachen) *bis zum nächsten Montag [Mai 23] ruhen lasse und dass sein Vetter Herzog Heinrich der Jüngere ihm in den nächsten Tagen mit starker Macht zuziehen werde, verlangt Zusendung von wolgerüstetem Kriegsvolk und Geschütz auf vier Wochen zum nächsten Freitag Abend [Mai 27] nach Northeim.*
Briefsch. XVII, D; *Or. m. S. u. Unterschrift.*

171. 1519 Mai 24 (tercia post dominicam cantate).

Göttingen *an* [Lüneburg]: *erklärt auf N. 168, dass es zwar seinem Fürsten zur Vertheidigung des Landes eine Anzahl Kriegsknechte zugesagt, nicht aber sich zu dauernder Steuer und Mitwirkung* (biplichtinge) *verpflichtet habe und dass es vielmehr sein zukünftiges Verhalten gegen den Herzog erst bestimmen werde, und meldet, dass es noch kürzlich zu Braunschweig mit den Räthen der drei Fürstenthümer, freilich erfolglos, Mittel und Wege zum Frieden berathen habe und auch ferner jederzeit nach Kräften auf die Beilegung des Zwistes hinarbeiten wolle.*
Suppl. zu den Cop. Vol. IV, 1; *Entwurf.*

---

[1]) *cf. N. 14 u. 83.* [2]) *Gleichlautende Schreiben wurden nach der Randschrift an Goslar und Magdeburg geschickt.*

172. *1519 Mai 28* (sabbato post Urbani pape).

Göttingen an Bischof Johann von Hildesheim: übersendet ihm mit dem Bedauern über die zwischen ihm seinem Lehnsherrn[1]*) und Nachbarn und Herzog Erich seinem Landesfürsten ausgebrochene Fehde, bei der es nothgedrungen letzterem folgen müsse, seine Verwahrung*[2]*).*

Briefsch. IX, B; Entwurf; Rückschrift: vorwaringe an unsern gnedigen hern von Hildenßhem.

173. *1519 Mai 28. Hardegsen.*

Herzog Erich an Göttingen: ersucht um Sendung von Mannschaft und Geschütz auf den folgenden Tag nach Hevensen.

Dem ersamen und fursichtigen rad gilden und gemeyn unser stat Gottingen unsern lieben getruwen.

Von gots gnaden Erich hertzoge zu Brunsweig und Luneborgk etc.

Lieben getrewen. Nachdem wir euch in unsern notten rat gilden und gemeyn ersucht und zu zwey maheln auf ewrm rathaws gewest, alle ewr mangel und gebrechen verstanden und vornomen haben[3]); demselbigen nach haben wir uns in der handlung nach ewrm willen und begeren, ßo vil muglich gewesen, gehalten und uns gentzlich versehen, ir hettet derselbigen handlung nach uns auch mit trostlicher hulf nit vorlassen; das wir noch bisher von euch nicht gruntlich haben konnen mogen erfaren, wie dem allen, ßo ir unser zu gleich ehr und recht mechtig gewesen seyt: ßo erfordern wir euch nach leut vertregen und verwantnus bey ewrn plichten und eiden, die ir uns zu tun schuldich seyt, morgen bey uns zu Hevnste[4]) mit trostlicher hulf und etlichem ewrn geschutz bey uns zu sein und uns helfen retten unser land und leutte. Des willen wir uns gentzlich zu euch versehen und in gnaden nummer vorgessen. Datum Herdegssen sonnabents nach cantate anno 19.

Herczoge Erych etc.

Briefsch. XVII, D; Or. m. S. u. Unterschrift.

174. *1519 Mai 31* (dynstages nach vocem jocunditatis). *Hildesheim.*

Bischof Johann von Hildesheim an Göttingen: erklärt dessen mit utlendischer sprake geschreven Verwahrung [N. 172]

---

[1]) *cf. N. 22. Das Dorf Herberhausen fällt hernach an Herzog Erich, der damit gleichfalls die Stadt belehnt. Arch. 821.* [2]) *Der Entwurf dieses Fehdebriefes ist Deutsch verfasst, cf. aber dazu N. 174.* [3]) *cf. N. 165 Anm. 1.* [4]) *Vermuthlich Herensen bei Hardegsen.*

für ungebührlich, da schon vor Ankunft derselben die Göttinger, die zweifellos dabei gewesen, mit Herzog Erich sein Land und Gut geschädigt haben[1]*).*
Briefsch. IX, B; Or. m. S.

175. 1519 Juni 13 (am montag in den heiligen pfingstenfyrtag). *Münden.*

Herzogin Katherina instruirt den Gesandten Heinrich Wischeman von der Stadt Göttingen im Namen ihres Gemahls den Zuzug von 150 Gewappneten zu Fuss nebst einem Büchsenmeister, 2 Feldschlangen und einer Steinbüchse auf den folgenden Tag Abends 5 Uhr nach Moringen zur Theilnahme an dem vom Herzog angeordneten Streifzug ins Gericht zum Hundsrück[2]*) zu verlangen und die Stadt zu erhöhter Vorsicht und Bereithaltung von Mannschaft zu unverzüglichem Beistand für andere umliegende Orte zu mahnen, da freilich unverbürgtem Gerücht zufolge der Bischof von Hildesheim in der voraussichtlichen Abwesenheit Herzog Erichs in das Land Göttingen zu fallen beabsichtige.*
Sub L I, b; Cop.

176. 1519 Juni 14 (tercia in festivitatibus pentecostes).
Northeim an Göttingen: meldet, dass ihm (des wy denne nicht cleyne beweget worden) *des Morgens durch Cord von Mandelslo im Namen der Herzogin Katherina die unverzügliche Sendung von 100 Gewappneten auf den Abend nach Moringen befohlen sei, und bittet umgehend durch den geschworenen Boten mitzutheilen, ob auch an Göttingen das gleiche Ansinnen gestellt und was darauf beschlossen worden.*
Briefsch. VIII, C; Or. m. S.

177. 1519 Juni 14 (tertia pentecostes).
Göttingen an [Northeim]: antwortet mit Wiedergabe von N. 175 auf N. 176, dass es den herzoglichen Gesandten Heinrich Wischemann gebeten habe, das Ausbleiben des verlangten Kriegsvolks für dies Mal bei seiner Herrin gütigst zu entschuldigen.
Briefsch. X, A; Entwurf.

178. 1519 Juni 18 (sonnavendes in den phinxten).
Cord von Mandelslo mit den andern Hütern (inhodern) *des Landes Göttingen* (dusses landes to Gottingen) *an die*

---

[1]) *1519 April 25 war Herzog Erich aus Moringen aufgebrochen und hatte Mai 2 die Belagerung Dassels begonnen. Lüntzel, Die Stiftsfehde, p. 36 u. ff.*   [2]) *cf. N. 179 u. 219.*

Stadt Göttingen: *befehlen im Namen des Herzogs gemäss dem Abschied der letzten Tagfahrt zum folgenden Tage 100 oder mehr Kriegsknechte nach Moringen zu schicken und sich zu fernerer Hilfe bereit zu halten, da der Bischof von Hildesheim sich mit aller Macht auf die Lauenburg und das umliegende Land zu werfen beabsichtige.*
Briefsch. IV, N; Or. m. S.

179. 1519 Juni 18 (am sonnavende na Viti). *[Moringen.]*
Cord von Mandelslo an Göttingen: wie N. 178 mit der Mittheilung, dass der Bischof von Hildesheim vergangenen Tages mit Reitern seines Bruders, des Bischofs von Münster, nach Bokell (Bokelen) gezogen sei, auch die Stiftsmannen auf dem Hundsrück sich bedeutend verstärkten und mit Geschütz bereits vor der Lauenburg lägen.
Briefsch. IV, N; Or. m. S.

180. 1519 Juni 19 (dominica trinitatis). *Münden.*
Herzogin Katherina an Göttingen: beglaubigt ihren Getreuen [Hans Tyllien][1]) zu mündlichen Verhandlungen.
Briefsch. XVII, D; Or. m. S.

181. 1519 Juni 21.
Göttingen an Herzogin Katherina: weigert sich dem durch ihren Bevollmächtigten Hans Tyllien ergangenen Gesuch um fernere Unterstützung Folge zu leisten.

Dorchluchtide hochgeborn furstinne, gnedige leve fruwe. Unse gantz willige underdanige und truwe deinste syn juwen furstliken gnaden voran bereide. Gnedige frauwe, nachdeme juwe furstlike gnade korts hyr bevorn Hanse Tyllien myt eyner credentz und muntliken werven an uns geferdiget und bogert hebben myt unsern undersaten in redeschup ok beschicket to synde mit der macht und unserm geschutte, wor id de nottroft heischen worde, uppe wyder erfurdernt und bescheid to folgen, so hebben wy genantem Hanse mank andern geantwordet, wy geneget by juwe furstlike gnade de unse to ferdigende und ut den angebrachten werffen wyder to redene. Dewyle nw gnedige frauwe unse by juwer furstliker gnaden schickent sodane und der geliken heischinge belangende und wy eynen tael der unsern dem erbarn Corde von Mandelßlo, so de villichte overfals gewarschuwet, up juwer gnaden angebrachten werffinge togesant, hebben wy uns der beschickinge, angeschin id de nottroft nicht wyder erfurdert, wenther entholden, des uns juwe gnade in ungude

---
[1]) *cf. die folgende Nummer.*

nicht vordenken wylle. Wy twiveln ok nicht, juwe gnaden
wetten, dat wy by dem hochgeborn irluchtiden fursten hern
Ericke to Brunßwig und Lunenborch hertogen juwer gnaden
gemahel unserm gnedigen heren itlike der unsern ymme
legere, darto ok itlicke uppe den sloten twischen Deystere
und Leyne reide hebben, dat uns vaste bewechlick der maten,
wu dorch genanten Tillien von wegen juwer angebracht, myt
der macht (ane bestellinge unser stad, darto wy unser borger
und medewonere bedorftich) ut to teinde. So heft syn
furstlike gnade lest vor dersulven utreyse uns myt den wy
synen gnaden togeordent deßmals gnedich vorlaten und
bevolen de stad upt flitigeste synen furstliken gnaden, ok
gemeynem furstendome to gude in nottroftiger vorwaringe to
hebben, demyn aver nicht, wor sick de handele y so begeven,
men dussen ort landes wolde averfallen, wes wy denne to
vorhodinge vorderfliken schadens unsers deils mochten be-
schaffen, darin wolden wy uns na begeven handelen, so vele
uns ummer doynlick, y der gebor hebben und bewyßen. Geven
wy juwen furstliken gnaden so underdanichlik to kennen,
wente woran wy juwen furstliken gnaden wetten annamige
deinste to ertzeigen, doyn wy in beredicheid truwelick gerne.
Datum die s. Albani 1519.

Briefsch. XVII, D; Entwurf.

182. *1519 Juni 21.*
*Göttingen an [Herzog Erich]: bittet um Entlassung seiner
zwischen Deister und Leine im Felde liegenden Söldner.*

Dorchluchtide hochgeborn furste gnedige leve here, unse
gantz willige underdanige und truwe deinste etc. Gnedige
here. Wy hebben juwen furstliken gnaden im anfange dusser
krigeshendele eynen tael knechte to bestellinge juwer gnade
husinge twischen Deister und Leyne und nw avermals, alse
juwe gnade jegen de vyhende utgetogen, eyne sammelinge
mit nicht geringer swarheid, de sick allentsyden noch in
juwer gnaden deinste entholden, togeferdiget. Dewyle nw
juwe furstlike gnade uns de vortrostinge gedan, juwe gnade
desulven knechte myt den ersten und sunderges in den nehist
folgenden 14 dagen edder korts darna gnedichlik wolden
verloven und de dinge sick darboven, so juwe gnade sulvest
wetten, vaste lenger vortogen, so dat de besoldinge der
knechte allenthalven uns und den unsern to merklicker sum-
men erwassen, uns ok by den unsern vele wedderstandes
bejegent. Demenach bidden wy gantz deinstlick, juwe furst-
like gnade willen de swarheid der deinste, so wy juwen
gnaden eyne tyd here underdaniges flites und hoven vor-

mogen gudwilligen gedau, gnedichliken beharten und densulven unsern knechten, de sick twischen Dester und Leyne noch tor tyd entholden, gnedichlik vororloven und uns der swaren unkost hinfurder vorschonen. Hyrinne wyllet sick juwe furstlike gnade gnedichlik ertzeigen und in gnaden ansehin. Dat juwe gnade dersulven unsere knechte na itziger gestalt (gode loff) wol konen entraden, dragen wy to juwen gnaden gantze und ungetwivelde vortrostinge, und vordenent in beredicheid truwelik gerne. Datum nostro sub secreto die s. Albani martiris 1519.
Briefsch. XVII, D; Entwurf.

183. 1519 Juni 22 (in vigilia corporis Christi).
Northeim an Göttingen: theilt ihm glaubwürdiger Kunde zufolge mit, dass der Bischof von Hildesheim durch Fussvolk und Reiterei verstärkt an dem Wygenberg und vor der Landwehr zu Dahlen (Dalem) mit der Absicht ins Land Oberwald zu fallen sein Lager aufgeschlagen habe.
Briefsch. I, E; Or. m. S.

184. 1519 Juli 4 (secunda infra octavas visitationis Marie).
Göttingen an Magdeburg Braunschweig Goslar Hildesheim Einbeck und Hannover: bittet, nachdem im beklagenswerthen Streit, an dem es unschuldig, sein Landesfürst Herzog Erich, den es nothgedrungen nur mit einer geringen Hilfe unterstützt habe, unterlegen sei[1], um Fürsprache bei den Siegern, namentlich bei Bischof Johann von Hildesheim Herzog Heinrich dem Mittleren und Graf Johann von Holstein-Schauenburg, erbietet sich allen Anforderungen der Fürsten gegenüber vor den Städten zu Recht zu stehen und ersucht sie für den Fall bewaffneten Angriffs um die vertragsmässige Hilfe.
Suppl. zu den Cop. Vol. V B; Entwurf.

185. 1519 Juli 7 (quinta infra octavas visitacionis Marie).
Göttingen an Heinrich Ernstes und Hans Usseler Bürgermeister zu Einbeck: bittet in Anlass des glaubwürdigen Gerüchts, dass die Feinde der Braunschweigischen Herzöge zur Vergeltung des durch sie verursachten Schadens ins Göttingische fallen wollten, um unverzügliche Benachrichtigung Tags oder Nachts und auf seine Kosten, sobald bestimmte Kunde von Anschlägen auf Göttinger Gebiet einliefe.
Briefsch. VII, H; Entwurf.

---
[1] *Die Schlacht bei Soltau war am 29. Juni geschlagen.*

186. *1519 Juli 11* (am mandage nach Kilian).
Magdeburg an Göttingen: verheisst ihm auf N. 184 seine Fürsprache bei dem Bischof von Hildesheim und dem Herzog von Lüneburg und verspricht sich mit allen Mitteln für die Herstellung des Friedens zu bemühen, wie es bereits die in dieser Sache zweifelsohne mit den Göttingern[1]) *zu Braunschweig tagenden Sendeboten, die es am folgenden Tage zurückerwarte, unterrichtet habe.*
Sub R IV; Or. m. S.

187. *1519 Juli 14* (donnersdages nach Margarethe).
Goslar an Göttingen: theilt auf dessen am letzten Sonntag [Juli 10] durch den Secretar Johann Bruns vorgetragene Bitte um Auskunft über die von den Gesandten der Churfürsten wegen der Stiftsfehde geführten Verhandlungen nach Bericht seiner aus Braunschweig zurückgekehrten Rathmannen mit, dass ein dreimonatlicher Stillstand vereinbart worden mit der Bestimmung, dass nach Auslösung der gefangenen Fürsten Landsassen aus den vier Fürstenthümern[2]) *zum endlichen Austrag des Streites (mit der Vollmacht nöthigenfalls den Waffenstillstand von sich aus zu verlängern) verordnet werden sollen.*
Briefsch. V, B; Or. m. S.

188. *1519 Juli 15* (die divisionis apostolorum).
Göttingen an [? strenge und ernveste frund]: *dankt für die auf Gesuch des Stadtsecretars [Johann Bruns] verwandte Mühe um Anwerbung eines Hauptmanns, behält sich wegen Abwesenheit mehrerer Rathsglieder die endliche Entscheidung in dieser Angelegenheit bis zu deren Rückkehr vor.*
Briefsch. XII, A; Entwurf.

189. *1519 Juli 18.*
Herzogin Katherina an die Stände des Landes Göttingen: zeigt den durch die Vertreter der in Frankfurt versammelten Churfürsten vermittelten Waffenstillstand an[3]).
Den wirdigen gestrengen fursichtigen und weysen pre-

---

[1]) *Nach der folgenden Nummer scheint Göttingen daselbst nicht vertreten gewesen zu sein.* [2]) *D. i. Braunschweig-Göttingen, Braunschweig-Calenberg, Hildesheim, Lüneburg.* [3]) *Auf Befehl der Herzogin wurde der Juli 8 geschlossene Waffenstillstand Juli 24* (dominica in vigilia s. Jacobi) *öffentlich in Göttingen verkündet. Zugleich aber wurde eingeschärft auf die Feinde, welche ins Land kämen, Acht zu haben, namentlich,* worhin desulven sick to hus und heim begoven. Wer im Kriege Gefangene gemacht, *soll sich persönlich unverzüglich nach Lichtenberg begeben und dieselben dort aufgeben.* Ordinarius.

laten ritterschaft und stetten unsers ort lants, darinnen die stat Gottingen gelegen, unsen lieben getrewen.

Von gots gnaden Katherina geborn von Sachsen, hertzogin zu Braunsweigk und Luneburg. Unsern grues und gnaden zuvor. Wirdigen gestrengen fursichtigen und weisen lieben getreuwen. Wir fugen euch gnediger meynung zu vernemen, das wir an gestern zu Wulffenbuttel gegen abent ankomen, uns doselbs mit unserm freuntlichen lieben vettern hertzoge Hinrichen dem jungern in dieser unser angelegen wedderwerdigen notsachen, so unserm hertzlieben hern und gmalen, so ir zum teil selbs wissen tragen, zugestanden, nach aller notturft freuntlichen unterredet haben. Und so wir dan darunter befinden, das die sachen und veindliche handlungen eine geraume zeit lang durch die geschickten und verordenten der churfursten zu Franckfort versamelt gewesen in gutlichen anstand pracht, bevelen wir und begern an euch in sonderlichem gnedigem fleis, ir wollen dar ab sein, damit sich in mitler zeit an unserm gegenteil nicht vergriffen und der bestand gehalten werde. Doch nichts weinigers euwer sachen gut aufsehn haben und, so es dan so ferre gereicht, das unser lieber her und gmahel sampt herzog Wilhelm auf burgen hande aus heften komen mugen und wir ytzo auf dem wege darzu unser freunde rat und hilf zu suchen, begern wir an euch mit gnedigen fleis, ir wollen euch hirauf im besten bedenken und uns zu unser ankunft auf unser ferrer bericht und gesinnen hulf steur und rat tun, als wir uns des zu euch gentzlichen vertrosten. Das wollen wir alle zeit in gnaden erkennen. Datum mandaig nach divisionis apostolorum anno etc. 19.

Katherina mit aygener hant.

Sub litt. L I B; Or. m. Spuren d. S.; Rückschrift: Unse gnedige furstinne vorkundiget den anstand der krigeshendelle unsers gnedigen hern. *Unter der Adresse:* Gottingen zu brechende.

190. *1519 Juli 21* (die Praxedis virginis).

Göttingen an [mehrere Ritter und Junker]: ersucht sie zufolge eines Schreibens der Herzogin Katherina am nächsten Sonnabend[1]*) 9 Uhr Vormittags vor dem Kloster Steine, wohin es auch andre von Prelaten Ritterschaft und Städten beschieden habe, zu erscheinen.*

Briefsch. II, B; Entwurf.

---

[1]) *Juli 23. Offenbar, um die Befreiung des bei Soltau gefangenen Herzogs, welcher am 31. Juli der Haft entlassen wird, zu berathen.*

191. *1519 Oct. 2* (sondags nach Michaelis). *Münden.*
Herzogin Katharina an Göttingen: ersucht zum Schutz ihrer Leibzucht an Reiterei und Fussvolk so viel als möglich auf den nächsten Dinstag Abend [Oct. 4] nach Northeim auf die Dauer eines Monats gegen Herzog Heinrich von Lüneburg ins Feld zu stellen.
Arch. 1682; Or. m. Spuren d. S.; Rückschrift: De furstynne heft uns ut to deynde [teynde] gefurdert boven de gegeven sone und vorhandelte frede.

192. *1519 Oct. 4* (die s. Francisci).
Göttingen an die Herzogin Katharina: verweigert auf die vorhergehende Nummer den verlangten Zuzug mit der Erklärung an dem endlich erreichten Frieden um so mehr festhalten zu wollen, als ihr Gesuch von gesammter Landschaft noch gar nicht erörtert worden.
Briefsch. XVII, D; Entwurf.

193. *1519 Oct. 31. Molins del Rey* (Molin de Re by Parsalona).
Kaiser Karl zeigt seine bald bevorstehende Ankunft in Deutschland zur Abhaltung eines Reichstages an und gebietet bis dahin unverbrüchlichen Frieden[1]).
Sub R V; gedr. Or. m. S.; laut Rückschrift dem Rathe übergeben 1520 Jan. 13.

194. *1519 Nov. 21* (mandages na Bernwardi episcopi).
Braunschweig an Göttingen: theilt auf dessen Anfrage über die Schlichtung der Hildesheimischen Fehde und die gerüchtweise verlautende Wiederannahme der Söldner mit, dass der Krieg durch Vertreter der Churfürsten von Mainz Sachsen und Brandenburg beigelegt, unter allen Theilen Friede geschlossen und die Mannschaft von beiden Parteien entlassen sei[2]); eine Abschrift des Vertrages, dessen Verlesung seine Verordneten mit angehört, sei noch nicht eingelaufen, es wolle gern die Göttingen besonders interessirenden Bestimmungen auf Wunsch übersenden; über eine Wiederannahme der Söldner verlaute nichts, vielmehr seien diese nach allen Seiten zerstreut; auch sei Herzog Wilhelm von Braunschweig der Haft entlassen. (Uns en is ok darvan, dat de knechte nu furder itlicke mante schullen angenomen syn, mit alle nicht witlick; sunder hebben wol gehoret, dat eyn Denemarckeß hovetman by one gewest, der itlicke angenamet hebbe dorch de heyde

---

[1]) cf. N. 214. [2]) Der Vertrag wurde zu Zerbst 1519 Nov. 12 geschlossen. Lünig, Reichsarchiv, Part. spec. IV, p. 39.

na Denemarcken geforet. De andern hebben sick vaste [na] ost und suden gestreyet und vordelet, also na Halberstadt und Magdeborch, ok na Stalberge; und gedenken sick to kerende, alse wy berichtet, ungeverlick eyn part na der Donaw und na Nurenberch, ok eyn part dorch dat land to Hessen up Franckfurdt na dem Ryne und in Overland. Averst der reysigen, so de vorgeschreven unse gnedige here und landesfurste in sold angenamet hadde, syn en deyls noch hir tor stede. Dat averst de dorchluchtige hochgeborn furste und here her Wilhelm hertoge to Brunswick und Luneborch unse gnedige here sy ut syner gefenknisse erlanget und de gefangen bedaget, dat mochte wy juwen ersamheiden uppe or gudlicke ansynnen int beste nicht bergen.)
Sub L 1; Or. m. Spuren d. S.

195. *1520 Jan. 9* (montags nach epiphanie domini).
Herzog Erich bescheinigt der Stadt Göttingen den Empfang von 850 fl. Rh. (1 fl. zu 42 Matth. Goslarer Währung), welche sie in Ablösung des Zehnten zu Lenglern für die Dauer von 3 Jahren auf sein Erfordern dem Rathmann Curd Meyger in je 3 Osterterminen zu entrichten sich verpflichtet[1]).
Arch. 1520; Or. m. S. u. Unterschrift.

196. *1520 März 10* (sonnabends nach reminiscere).
Herzog Erich ersucht die Stände des Landes Oberwald (des lands Overwolt, darinne Gottingen gelegen) um rechtzeitige und volle Entrichtung des ihm zur Bezahlung seiner Schulden bewilligten Landschatzes auf dem Rathhause zu Göttingen.
Sub Landschaftliches Vol. III; Or. m. S. u. Unterschrift.

197. *1520 März 16* (feria sexta post oculi).
Göttingen ersucht die Stände des Landes Oberwald auf die beigegebene vorhergehende Nummer hin zur Zahlung des dem Herzog bewilligten Landschatzes am nächsten Osterfest [April 8].
Sub Landschaftliches Vol. I; Or. m. Spuren d. S.

198. *1520 März 21* (am mitweken nach letare).
Magdeburg an Göttingen: ersucht um Bezahlung sowol der für das vergangene Jahr rückständigen wie der nächste Ostern fälligen Zinsen im Betrage von je 60 fl. Rh. auf dem nächsten Leipziger Ostermarkt[2]).
Briefsch. I, J; Or. m. S.

---

[1]) cf. den Schluss der Anm. 1 zu N. 165. [2]) cf. N. 159 u. 163.

199. 1520 April 7 (am h. osterabent). *Münden.*
Die herzoglichen Bevollmächtigten zu Münden an Göttingen: ersuchen laut Befehl der Herzogin Katherina um Sendung von 4 geharnischten Knechten auf den nächsten Montag [April 9] zur Sicherung der Strassen, namentlich der von Frankfurt her, und zum Schutz der in dieser Zeit anreisenden Kaufleute auf die Dauer von etwa 5 Tagen.
Briefsch. III, C; Or. m. Spuren d. S.

200. 1520 März 27 (dinstags nach judica).
Jacob Georg und Wolf Gebrüder von Leichteren an Botho Grafen zu Stolberg-Wernigerode: bitten ihn um Unterstützung der Ansprüche ihrer Schwester Elisabeth Wittwe Ottos von Westernhagen auf ihr in Göttingen belegenes von dem dortigen Rath vorenthaltenes Haus und erklären sich zu einer Unterredung behufs gütlicher Auseinandersetzung mit dem Rath bereit[1]).
Briefsch. XXII, A; Or. m. Spuren d. S.

201. 1520 April 29 (dominica jubilate).
Uslar bescheinigt der Stadt Göttingen den Empfang von 4 Mk. als Betrag der Pfingsten fälligen Jahresrente von 5 Mk. und entsagt allen Ansprüchen auf etwaigen Rückstand.
Briefsch. VI, K; Or. m. S.

202. 1520 Juni 2 (am sonnabende in den h. pfingsten).
Die Rathskämmerer von Göttingen vergleichen sich mit Schefferhennen Bürger zu Kassel über die ihm und seiner Frau zukommenden Renten dahin, dass erstere ihm 56 fl., die auch die rückständigen Zinsen zweier Jahre mit einbegreifen sollen, sofort und die übrigen 100 fl.[2]) in gleichen Raten zu Michaelis 1520 und 1521 abzutragen haben.
Briefsch. XI, B; gezahnter Brief.

203. 1520 Juni 27 (quarta post Johannis baptiste).
Göttingen an [Christian von Hanstein] Amtmann zum Rustenfelde: weigert sich den Abschied des in der Irrung mit der Wittwe Ottos von Hagen [Westernhagen] gehaltenen Tages zu Duderstadt, weil wider seine Stadtrechte, anzunehmen, wie auch die Vormünder des Hospitals zum h. Kreuz ihm widerstreben, und bittet im Namen des Raths und der Vormünder die Wittwe zu Verhandlungen über einen gütlichen Vergleich,

---

[1]) cf. N. 142 etc. [2]) Die volle Summe betrug wahrscheinlich 150 fl.

den man nach Kräften fördern wolle, nochmals nach Göttingen zu laden[1]*).*
Briefsch. XX, B; Entwurf.

204. *1520 Aug. 10* (am tage Laurentii). *Neustadt.*
Herzog Erich an Göttingen: verlangt auf Klage Annas, der Frau des Rathmanns Hans von Sneen, der bei nachtschlafender Zeit in seinem freien Hof, den er vom Herzog zu Lehn trage, grundlos verhaftet, nach Friedland geführt worden und zur Zeit in Göttingen gefangen gehalten werde, dessen unverzügliche Befreiung mit dem Erbieten, etwaige Klagen gegen ihn anzunehmen.
Sub L I, B; Or. m. S. u. Unterschrift.

205. *1520 Aug. 16* (quinta post assumptionis Marie).
Göttingen an Herzog Erich: erklärt auf N. 204, dass es seinen Rathmann Hans von Sneen sträflicher Verhandlungen[2]*) wegen mit gutem Grunde gefangen genommen, jetzt jedoch dem Herzog zu Gefallen und auf Bitten der Freunde mit einer geringen Strafe (er werde sich „an der straffe speigelen und hinfurder ungeborlicher handellunge mussig gaen") der Haft entlassen habe.*
Sub L I, B; Entwurf.

206. *1520 Aug. 16* (feria quinta post festum assumptionis Marie).
Hans Hagemann und Martin Dormann Rathmannen zu Göttingen beurkunden die Urfehde des Rathmanns Hans von Sneen: er gelobt alljährlich zu Pfingsten ohne besondere Ladung sowie jederzeit auf Erfordern sich dem Rathe als Gefangener zu stellen[3]*), nachdem er wegen Schmähreden Ungehorsams und Unterstützung des Friedbrechers Claus Homeister verhaftet gewesen.* (Nademe he den erßamen rad to Gottingen und itlicke entilen personen des rades ledematen hirbevorn menchmal und ok in der gefenglicker annaminge des rades geschickten mit vaste ungelimplicken — — smeworden heft to reden gesat und ungefoichlicker wyse vaste smelicken besmitten, ok darto des rades bode, so ome vor dusser tyd umb besweringe willen des swigebans, darmede he velemals vorstricket gewest,

---

[1]) *cf. N. 200. Der Antheil der Vormünder des h. Kreuz-Hospitals an dieser Angelegenheit erhellt ebenso wenig wie der Ausgang des ganzen Streites.* [2]) *cf. die folgende Nummer.* [3]) *cf. die vorhergehenden Nummern. Obige Form der Urfehde war die damals in Göttingen durchaus gebräuchliche. Hans von Sneen ist bei der Durchführung der Reformation eines der hervorragendsten Rathsglieder; 1530 auf 1531 ist er Bürgermeister.*

ut orer stad gedaen, frevelicken vorachtet, sick ok sust bynnen den fryen markten frevelicken geholden und sick nu kortz understanden itlicke der von Geysmar und Lutken Sneyn des rades vorwanten und undersaten (Clawese Homestere to gude) to brantschattende in andacht und gemoite densulven Clawesen in synem gewoltlickem — — vornemende der konniglicken reformacion und upgerichteden lantfrede, ok dem erßamen rade tojegen mit der dact to starkende, darover he so begrepen und — — — in hefte gekomen etc.)

Arch. 1459; Or., S. abgerissen.

207. 1521 Jan. 1 (uf des h. nyen jars tach).
Herzog Erich bescheinigt den Empfang der Neujahrsbede wie in N. 1.
Arch. 774; Or. m. verletztem S.

208. 1521 Jan. 1 (die circumcisionis domini).
Der Rath verpflichtet sich gegen den Edlen Heinrich von Gittelde auf Begehr Herzog Erichs den vollen jährlich zu Ostern auf dem Rathhause einlaufenden Landschatz nicht vor Auszahlung folgender vom Herzog verschriebener Summen an den beiden nächsten Osterterminen aus der Hand zu geben: dem Rathmann Cord Meiger 375 fl., dem Statthalter zu Kassel Christian von Hanstein 772 fl. Rh., Heinrich von Gittelde 1000 fl. Rh.[1])
Sub Landschaftliches A; Entwurf.

209. 1521 Mai 18 (sabbato pentecostes).
Münden an Göttingen: ersucht um Zahlung der rückständigen Zinsen an die Gildemeister der Kaufleute Heinemann Benterodt und Heinrich Fedelboge nach den Verschreibungen und laut dem vor 4 Jahren verhandelten Abkommen[2]).
Briefsch. VI, K; Or. m. S.

210. 1521 Mai 26 (dominica trinitatis).
Göttingen an [Münden]: antwortet auf N. 209, dass seine Kämmerer die Zahlung nicht verweigerten, sondern die Zinsen nach dem i. J. 1517 auf 6 Jahre getroffenen Uebereinkommen, wonach statt der früheren 6 Mk. 4 zu entrichten sind, zahlen wollen.
Briefsch. XX, B; Entwurf.

---

[1]) *Bereits im November des vorigen Jahres hatte Göttingen sich in gleicher Weise gegenüber Christian von Hanstein verpflictet, ib.* [2]) *cf. N. 156 u. 158.*

211. *1521 Juni 30* (sondages na Petri und Pauli).

Johann Bischof von Hildesheim an die Stände des Fürstenthums Göttingen (des landes darinne Gottingen gelegen): *verwahrt sich gegen die auf dem letzten Landtage zu Hameln gegen ihn und seine Anhänger erhobenen Anschuldigungen*[1]) *Herzog Erichs und erklärt nochmals seinen festen Entschluss, treu alle Verpflichtungen und Verträge halten zu wollen.*
Sub L I, B; Cop.

212. *1521 Juli 2* (am dage visitacionis Marie).

Braunschweig an Göttingen: *ladet nach Bericht über die Juli 1 zu Hoheneggelsen gehaltene Berathung mit Hildesheim wegen Beilegung der Fehde durch die Städte zur Tagfahrt auf den nächsten Sonntag [Juli 7] nach Braunschweig dringend ein.*
Briefsch. VIII, D; Or. m. S.

213. *1521 Juli 4* (quinta post visitacionis Marie).

Göttingen an [Braunschweig]: *entschuldigt auf N. 212 sein Ausbleiben vom angesagten Städtetage mit seiner schweren inneren Bedrängniss.*
Briefsch. XXII, A; Entwurf.

214. *1521 Juli 11* (am donnerstag na Kiliani). *Münden.*

Herzogin Katherina an die Stände von Oberwald: *ermahnt sie gemäss dem kaiserlichen Erlass*[2])*, welchem, wie ihnen auf dem letzten Landtage zu Hameln berichtet worden, Bischof Johann von Hildesheim Herzog Heinrich von Lüneburg und deren Anhang den Gehorsam verweigerten*[3])*, zu friedlichem Verhalten gegen letzteren.*
Sub L I, B; Cop.

215. *1521 Juli 24. Gent.*

Kaiserliches Mandat: *verhängt über den Bischof Johann von Hildesheim und den Herzog Heinrich von Lüneburg des Reichs Acht und Oberacht*[4])*.*
Arch. 1610; Cop. Gedruckt: Lüntzel, Die Stiftsfehde, p. 68, auch Lünig, Reichsarchiv, Part. spec. IV, p. 46 und an andern Orten.

---

[1]) cf. N. 214. [2]) Gemeint ist wol der Erlass Kaiser Karls vom Mai 27 d. J., in welchem er nach Ueberweisung des Streites an unparteiische Commissare die Auslieferung aller Eroberungen und unverbrüchlichen Frieden gebietet. Lünig, Reichsarchiv, Part. spec. IV, p. 45; Dumont, Corps diplomat. IV, 1 p. 348. [3]) cf. N. 211. [4]) Nach Lüntzel, Die Stiftsfehde, p. 71, lässt Herzog Erich die Acht in seiner Gegenwart in Göttingen verkünden.

216. *1521 Juli 26* (in die s. Anne).

Hildesheim an Göttingen: meldet das auf sein Gesuch erfolgte Ausschreiben Braunschweigs zu einer Tagfahrt nach Gross-Lafferde auf den Morgen des 29. Juli (mandages nach Pantaleonis) und übersendet einen in Abwesenheit des Bischofs vom Capitel ausgestellten Geleitsbrief mit dem dringenden Ersuchen um Beschickung des Tages.

Briefsch. I, F; Or. m. S.

217. *1521 Aug. 8* (ipso die Ciriaci).

Göttingen an Johann von Grone Amtmann zu Jühnde und Johann Schaden Kanzler zu Münden: bekundet ihre Aug. 7 im Namen Herzog Erichs zu Münden gepflogene Verhandlung mit seinen bevollmächtigten Rathmannen Hans von Dransfeld dem Jüngeren und Hermann Witzenhusen dem Aelteren über die vom Herzog angetragene Verpfändung des städtischen Schulzenamts, erklärt sich bereit, die Pfandschaft unter den festgestellten Bedingungen anzutreten und verspricht demnach („um nicht die fürstliche Ungnade auf sich zu laden"), 400 fl. unverzüglich, 400 fl. binnen 14 Tagen und den Rest von 200 fl. baldmöglichst dem Herzog zuzustellen, so beschwerlich auch solche Eile der Stadt würde[1].

Arch. 280 G; Entwurf.

218. *1521 Aug. 9* (am abent Laurentii).

Herzogin Katherina an Göttingen: beglaubigt für sich und ihren Gemahl den bevollmächtigten Rath und Haushofmeister Johann von Hessen zu Verhandlungen.

Arch. 280 H; Or.

219. *1521 [Aug. 9—23][2]. Münden.*

Herzog Erich verpfändet das Schultheissengericht in Göttingen an die Stadt[3].

Von gots genaden wir Erich hertzoge in Braunswig und Luneburgk bekennen uffentlich vor uns und unse erben und nachkomen, das wir vor tawsent gute volwichtige Rinsche gulden, als uns de ersamen und wysen borgermeyster und rat der stad Gottingen unser lieben getrawen an eynem hauffen bar ober gezalt, wir auch die furter in unsern und unsers furstentumbs nutz und kuntlichen fromen gekart und gewant haben, den gedachten burgermeistern rate und allen

---

[1] Das von Herzog Wilhelm 1471 verpfändete Schulzenamt zu Göttingen war von Herzog Erich 1497 eingelöst; cf. Schmidt, a. a. O. N. 318 und 395. [2] cf. N. 217 und 220. [3] cf. N. 217 Anm. 1.

iren nachkomen zu eynem rechten erblichen wedderkaufe
vorkauft haben, tun das auch jegenwurtigen in craft dusses
unsers breves unser schulteyssenambt in der stad Gottingen
mit gerichten und ungerichten daryn unsern wort-markt-
fensterzins und wynkuffengelt und mit allen unsern broeken
gefellen und ufkoment darselbigest, ßo uns das alle zusteyt
und wir in jenniger wyse dar bereden und erhalten mogen,
in aller massen wir das hir bevorn von inen erleddiget, geloset
und bißher mit aller seyner herlicheit zugefellen und ge-
rechticheit nichts ausgescheiden innegehabt und gebrauchet
haben. Setzen se auch des hirmit in de rechte habende
gebrauchende gewer, also das nu hinfurder gedachten borger-
meyster raet und ire nachkomen zu Gottingen nach irem
gefallent zu yder zeit, deweyle und alslange wir und unser
erben solch tawsent Rinsche gulden umbezalt unter uns inne
haben, eynen schultheyssen setzen und entsetzen sollen und
mogen ane unser unser erben[1]) edder jemants einrede, das
gericht mit seyner nutzunge herlicheit und oberkeyt, inmassen
wir bißher getaen, geniessen und gebruchen ane jemants
vorhinderunge. Wir unser erbenamen[1]) und nachkommen
sollen und wollen sie auch, als uft das noet und von inen
gesunnen wert, darbey hanthaben schutzen und vorteydingen,
auf das sie solch unser gericht und schulteyssenambt mit
allen seynen zubehoringen, wo obberurt, in oren wirden und
wesen behalten sollen und mogen. Doch haben wir uns
unsen erbenamen[1]) und nachkommen de macht behalten, das
wir sulch gerichte, wan uns das eben und bequeme ist,
wedderumb zu uns kauffen mogen der gestalt: wan wir edder
unse erben des besynnet, das wir deme vorbemelten rate
zu Gottingen das eyn halb jar zuvorn vorkundigen und denn
nach ausgange des halben jars auf deme rathause zu Got-
tingen tawsent [volwichtige Rynsche gulden up][2]) eynem
hauffen [entrichten][2]) und bezalen sollen und wollen. Und
wan das also geschehen und nicht ehr, sollen uns der raet
zu Gottingen unsers gerichts wedderumb abtreten, uns das
volgen und ane eynich vorhinderunge gebrauchen lassen, alles
trawlich und ane geverde. Des alles zu urkunde haben wir
dussen brief mit unserm rechten angehangen ingesegil bevestiget
und gegeben zu Munden nach Cristi geburt 1521.

Lib. Cop. C, fol. 190.

[1]) *So für:* erbenombten *und* erbenomeden *der Vorlage.* [2]) *Ab-
gerissen.*

220. *1521 Aug. 23* (in vigilia s. Bartolomei).

Tilemannus Conradi[1]*) Pfarrer bescheinigt der Stadt Göttingen den Empfang von 146 fl. Rh., die ihm vom Herzog Erich auf das von der Stadt Göttingen gekaufte Schulzenamt verschrieben waren.*
Arch. 280 J; Or.

221. *1521 Aug. 29* (die decollationis s. Johannis).

Göttingen an die Stadt [Northeim (?)]: theilt mit, dass es vergangenen Tages nochmals Gesandte an Herzog Erich abgefertigt, doch noch keinerlei Antwort von ihnen erhalten habe.
Briefsch. X, A; Entwurf.

222. *1521 Aug. 30* (am freitage nach Bartolomei). Moringen.

Herzog Erich an Göttingen: erneuert dringend sein Gesuch um unverzügliche Sendung von Proviant (allerley probandum) *ins Lager bei Markoldendorf mit dem Versprechen sofortiger Bezahlung sowie freien Ab- und Zuzugs für die Führer, denen er auf Wunsch Passbriefe* (freye pasbrieve) *ausstellen werde.*
Sub L I, B; Or. m. S. u. Unterschrift.

223. *1521 Aug. 30* (sexta post decollacionis Johannis).

Doctor Johannes Winkelmann und Heinrich Giseler der Aeltere an Northeim: theilen auf dessen Anfrage mit, dass ihre Stadt sich der zur Vollstreckung der kaiserlichen Acht ausbedungenen Unterstützung Herzog Erichs mit 150 auswärtigen leichten (?) Söldnern (de wy von loddigen knechten und nicht unsern ingeseten borgern angenamet) *füglich nicht zu entziehen wüsste.*
Briefsch. X A, b; Entwurf.

224. *1521 Aug. 30* (sexta post decollacionis s. Johannis).

Göttingen an Bischof Johann von Hildesheim: überschickt ihm seine Verwahrung, da es sich dem Gebot des Kaisers und seines Landesfürsten nicht entziehen könne.
Briefsch. IX, B; Entwurf.

---

[1]*) Drei Tage später verkauft Herzog Erich an Tilemann Cordes Pfarrer zu s. Jacobi in Göttingen die Jahresrente von 5 fl. für 150 fl.; Arch. 477. Am 1. Mai 1501 war er zu Wittenberg als Tiloninus Conradus de Gottingen immatriculirt, Förstemann, Album academicum Vitebergense, p. 29.*

225. *1521 Sept. 2.*
Herzog Erich an Göttingen: zeigt die Einnahme des Schlosses Hundsrück an.

Den ersamen weysen unsern lieben getreuwen burgermaister und rate zu Gottingen.

Von gots gnaden Erich hertzoge zu Braunsweig und Lunenburgk. Unsern grues zuvor. Ersamen weysen lieben getreuwen. Wir geben euch gnedigklichen zu vernemen, das wir an heut dato angefangen das sloss Hundeßrucken mit unserm geschutz zu arbeyten und so ferre gedrungen, das wir daz slos mit gwalt zu unsern handen hetten nemmen mogen. Wir haben aber uf furpit des adels die, so auf dem haws gewesen, zu gnaden angenomen und sie mit irer gewere lassen abziehen. Weyl wir nun wissen, das ir als diejennigen, so uns aus untertanickeit eren und guts gonnen, solichs erfrewt, haben wir euch gelichs nicht verhalten, mit gnedigem begeren, ir wollen de entkegen in ewer stat dem almechtigen lob ere und dank erpietten lassen, als wir euch des gentzlichen vertrauwen. Das wollen wir mit sondern gnaden erkennen. Datum im veltlager vor dem Hundsrucken, am montag nach Egidii anno etc. 21.

               Herczoge Erych etc.

Briefsch. III, C; Or. m. S.

226. *1521 Sept. 4 (quarta post Egidii).*
Göttingen an [Magdeburg]: verspricht Bezahlung der rückständigen Zinsen auf dem nächsten Leipziger Markt[1]*).*
Briefsch. XII, F; Entwurf.

227. *1521 Sept. 24 (dinstages na Mauricii).*
Hildesheim an Göttingen: ersucht um Vorstreckung der im Bündnisse des Jahres 1514 [N. 83] vorgesehenen Summe.
Briefsch. XII, F; Or. m. S.

228. *1521 Sept. 26 (feria quinta post Mauricii).*
Einbeck an Göttingen: bittet wegen der nach dem gemeinsamen Bündniss von Hildesheim geforderten Untersützung um Auskunft über Göttingens Verhalten in dieser Angelegenheit.
Briefsch. I, D; Or. m. verletztem S.

229. *1521 Sept. 27 (sexta post Mauricii).*
Göttingen an [Einbeck]: beantwortet N. 228 um der Schwierigkeit der Entscheidung willen (umme swarheit der-

---
[1]) *cf. N. 198.*

sulven sake) *mit der Bitte um eine Unterredung auf der langen Brücke bei Northeim am Morgen des folgenden Tages.*
Briefsch. II, B; Entwurf.

230. [1521 c. Sept. 28][1]).
Göttingen an [Hildesheim]: verweigert dessen Gesuch N. 227, weil die Unterstützung wider Papst und Kaiser im Bündnisse ausdrücklich ausgenommen sei, und warnt ernstlich vor der Acht und Oberacht mit dem Anerbieten freundschaftlicher Dienste.
Briefsch. I, A; Entwurf.

231. 1521 Oct. 3 (donnerdages na Remigii).
Hildesheim an Göttingen: dankt für die an seinem Unglück bewiesene Theilnahme mit der dringenden Bitte zum weiteren Erweise derselben die bewussten Forderungen nach Kräften zu unterstützen.
Briefsch. VI, D; Or. m. S.

232. 1521 Oct. 4 (uf s. Francisci tag).
Die Gebrüder Doctor Conradus und Heinricus Canoniker zu Fritzlar und Job Schrindysen an Landgraf Philipp von Hessen: danken für seine Verwendung um Leistung der von Göttingen verweigerten Zinsen, melden, dass sie die von ihrem Schuldner wider die Verschreibungen und wider den letzten Vertrag geforderte Herabsetzung des Zinsfusses auf 4 vom Hundert verwerfen, und bitten um Erwirkung der vertragsmässigen Zahlung von $5\frac{1}{2}$ fl. auf 100 fl.
Briefsch. XII, A; Or. m. S.

233. 1521 Oct. 7[2]). Hannover.
Hans von Dransfelde und Heinrich Boning an Göttingen: berichten über ihre Ankunft in Hannover, den Frieden zwischen Herzog Erich und den Lüneburgschen Herzögen und über die Kriegsereignisse.

Den ersamen und wolwysen borgermestere und rade to Gottyngen unsen heren und guden frunde.

Unse fruntlike deynste tovornt. Ersamen vorsichtygen heren. Jwe leyve schullen weten, dat wy an sunnavende syn to Hannover gekomen und hebben dar gelegen; den sundag so heft Cort von Mandelsen eynen monik gesant na dem leger und mynem heren angegeven, dat wy sampt den kleynen steden syn hyr to Hannovere: wo syne gnade wil,

---
[1]) cf. N. 229 u. 231. [2]) Oder Oct. 14. cf. Grotefend, Chronologie, p. 87, Weidenbach, Calendarium, p. 184 s. v. aurea missa.

so wyl hey dat wydder halden. So iß dey bodeschop noch ute; der mote wy hyr to Hannovere erwarden. Item so schal jwe leyve weten, dat dey heren von Luneborch und unse heren syn genslick vordragen, dat dey heren geven unsen heren alle or geschutte wedder, darto alle gefangen werden geschulden in der forsten von Sassen hant und dey huse, dey dey heren von Luneborch inne hebben, dey unsen gnedigen heren gehort hebben, geven sey unsen heren wedder; und Floreke Rommelen kricht dey Wolpe wedder und schal sey innomen up den osternmandag[1]). So iß ok dat seggen, dat unse heren dey Frygen wedder krigen, kone wy ju nicht vor war scryven. Item myt Peyne dat wert von dage mandage tom storme geschoten und morgen dynstag wyl hey dat an dren enden stormen. So balde alse wy bodeschop krigen, wil wy jwer leyve wol wydder scryven. Hyrmede syt gode befolen. Gescreven myt hast des mandages nach der meyntweken anno 1521.

              Hans von Dransfelde.
              Henrick Bonigk.

Briefsch. XX, B; Or. m. S.

234. *1521 Oct. 10* (am donresdage Gerconis et sociorum ejus).

Goslar an Göttingen: antwortet auf die vertrauliche Anfrage wegen seines Verhaltens gegen das beiden befreundete Hildesheim in Bezug auf N. 227, dass das Gesuch der Hildesheimer den Vertrag überschreite, und warnt es vor Acht und Oberacht.

Briefsch. I, F; Or. m. S.

235. *1521 Oct. 20. Lager vor Peine.*

Hans von Dransfeld und Heinrich Boning [Rittmeister] an Göttingen: bitten um Sold für die Truppen, berichten über die Ereignisse vor Peine, die Ankunft des neuen Göttinger Zuzugs, die Unterredung mit Herzog Erich und seine Pläne.

Dem ersamen und wolwisen borgemestere und raidmanne to Gottingen unsen heren fruntliken gescreven.

Unse fruntliken denst tovornt. Ersamen und forsychtigen leyven heren. Wy hebben den ersten knechten ytslick twen fl. und 2 Mattygen gegeven; so syn sey seyre unduldyg gewesen, so gy ut unsen ersten scryften wol vormerket, so is unse fruntlike bede und beger: gy willen so wol don und scycket den ersten knechten oren vordeynden solt und ok

---

[1]) *1522 April 21.*

myt den gylden so fele reden, dat sey ok mochten to orem
vordeynden solde komen. Sey hebben al or gelt vortert,
alse jwe leyve wol heyft af to nomende, und uns anlopen,
dat wy one schullen gelt geven edder sey moten na Gottingen
gan; sey kunnen hende und fote nicht eyten. Dat wy ju
so in allen besten torkennen geven. Und der ersten knechte,
den wy hebben dat gelt gegeven, der is 140. Item so syn
dey von Brunsswick an frydage am dage Luce vor dage
upgebroken und synt to hus getogen sunder unse here. De
heyft uns gescheyt, dat sey willen wedderkomen, wan sey
orer bedarfen mit der macht. Und dey Mansfeldisken rutere
und knechten sayn ok enweych, dat dat suste dunne hyr
wert von folke. Dat wy ju so torkennen geven. Datum
vor Peyne des sundages nach Luce anno 21.

  Hans von Dransfelde. Henrick Boningk.

 Zettel. Item an sunnavenden des awendes to 6 slegen
heyft unse gnedige here uns laten in syner gnaden losement[1])
forderen und heyft uns gefraget, wo dat motte togan, dat
unse knechte utebliven. Myt des is syner gnade scriver ridende
komen und heyft synen genaden angegeven, dat dey unsen
und dey von Northen dey lygen up dem ersten dorpe wol
1 myle von Peyne. Des syn gnade eynen guden gefallen
heyft gehat; syn dey knechte up sundag nach Luce int leger
gekomen. Item so heyft uns unse gnedige her to erkennen
geven, dat dey byschop von Munster syne rede an keyser-
like magestat geschycket und biden und begert, dat syn
gnade wille dey acht over synen gebroder gedan[2]) relaesere[n]
eyne korte tyd, syn gnade wille flyt ankeyren, dat in der
myddeler tyd dey weyde in frunschop werde bygeleycht;
sunder keyser[like] magesteit heyft· des nicht don willen,
sunder sey gewiset an syne ome dey hertogen von Brunsswyck
unse heren: wes sey dar erlangen, dat schal ome wol be-
hagen. Darup heyft dey byschop von Munster an unse
gnedigen heren gescreven und fruntlikeß handelß an unsen
heren gesunnen, des unse her ome hebben worgunt; dat
uns vorseyn, dat dat werde in eyn bestand kome[n]. Item
so is unse gnedige here in meyninge, dat hey wil Peyne
eroveren, sunder hey wil dat noch 3 dage scheyten, und
wan dat geschein is, so wyl hey dat stormen. Sey hebben
one up der borch so na geschanset, dat sey myt steynen to
one in dey schanse warpen, sunder sey kunnen myt schey-
tende an der schanse nichts don. Dat wy ju so in gehaym
to erkennen geven. Item wy vormerken ok wol, dat, wan

---

  [1]) *Folgt ein zweites:* laten.   [2]) *Folgt ein zweites:* wille.

unse her upbreck, dat dat vor Hildensem nicht en gylt,
sunder na dem gerichte von Wynsenborch. Item Otte von
Kerstingero[de] is an sunnavende na Hildensem gereden und
wil syn gelt utgeven etc.
Suppl. zu den Cop. Vol. IV 1; Or. m. Spuren d. S.

236. 1521 Oct. 23. Münden.
*Herzogin Katharina an Göttingen: verlangt die Auslieferung
zweier von der Stadt aufgenommener Hildesheimer Domherren.*

Den ersamen weysen unsern lieben getrewen burger-
mester und rate zu Gottingen.

Katherina von gots gnaden geborne von Sachsen hertzogin
zu Bronswig und Lunenburg etc. Unsern grus und gnedigen
willen zuvor. Ersamen weisen lieben getruwen. Wir werden
globlichen bericht, wie das sich zwen domhern von dem
berge vor Hillenssem bei euch in unser stat Gottingen mit
eingebrachten güttern enthalten. Und verwundert uns nit
ein wenig, das ir die ächter und aberachter wider kayserliker
majestat acht innemen hausent und hovent. Demnach begern
wir an euch ernstlichs vleis, ir wollend dermassen in handel
sehen, damit die gemelten domhern ir lib und gut, dwil ir
die mit nagel und tur beschliessen, in keinen weg nit vor-
rucken noch vorandern, und euch der billicheit und aller
gepur nach gehorsamlich erzeigen, damit wir euch als kayser-
liker majestat acht widerwertigen zu achten nit vorursacht
werden. Das haben wir euch gnediger meinung nit wollen
bergen. Datum Munden mitwochen nach Ursule anno etc. 21.
Katherina mit aigener hant.
Sub litt. L I, B; Or. m. S.

237. 1521 Oct. 25. Peine.
*Hans von Dransfeld und Heinrich Boning an Göttingen:
berichten über den Empfang von 200 fl., über das Gesuch des
Herzogs um weiteren Verbleib der Göttinger Truppen im Felde
und über die Vorgänge bei Peine; bitten abermals um Sold.*

Den ersamen unde wolwisen dem raide to Gottingen
unsen heren deynstliken gescreven.

Unse fruntliken deinste tovornt. Ersamen vorsychtygen
heren. Wy hebben von Hans Corden und Cummermanne
dey twey hundert fl. entfangen und jwe scryfte to guder
mate vorstanden. Und syn von stund to unsem gnedigen
hern gegan und synen gnaden jwer ersamcheit scryfte ge-
handelaget und syne gnade up dat alderflytigeste gebeden,
dat syn gnade wil uns eyn genedich orlof[1]) geven. Darup

---

[1]) *Noch einmal:* wille.

heyft uns syn gnade genedichliken gebeden, syn gnade wyl
ok tegen eynen ersamen raid und gemeynheyt dusse deynste
nimmer in ein vorgeten stellen und in genaden vordeynen,
dat wy eyne kleyne tyd twysken dut und mandage [bliven].
Up den dynstag so schullen dey Hessen erlove krigen; so
wil uns syne gnade ok erloven und syne gnade wil ok
myt uns upbreken und na unsem heyme sampt uns teyn.
Ok leyven heren dey lesten knechte hebben ok gar neyn
gelt unde wy hebben jwer ersamheit ok faken gescreven[1]),
dat gy den gylden scholden seggen, dat dey borgere hedden
gelt gekregen. Wy hebben one 20 fl. von unsen hergelde
geleynt. Datum Peyne des fridages nach Severus anno 21.
        Hans von Dransfelde.
        Henrick Boningk.
Briefsch. XVII, D; Or. m. Spuren d. S.

238. *1521 Nov. 6* (mitwochen nach alerheiligen tag).
Münden.

*Herzogin Katherina legt in Vertretung ihres Gemahls die
Fehde zwischen Göttingen und Claus Hoffmeister*[2]) *bei: beide
Theile entsagen eidlich für immer allen gegenseitigen Forderungen
und dem Ersatz des erlittenen Schadens.* Hieruf sollen all
contract der brief und sigel, daruf Hoffmeister die von
Götingen beclaget, machtloß und tod sein, auch kein wurk-
licheit in sich mer haben, noch der rat zu Götingen von
rats oder gemeiner stat wegen uf inhalt derselbigen contract
oder im, Claus Hoffmeistern, sunst wes zu geben gantz un-
vorpflicht sein, were es auch, das Hoffmeister in der zeit
seiner befedung jennig geding an gelt kornte oder anders
under deren von Götingen undersassen betedinget und noch
usstendig het, dasselbige sol nun von Hoffmeistern oder
den seinen nicht werden gemant oder ufgenomen, dieselbigen
auch bei den sollich beding besprochen sollen das zu leistende
nicht schuldig sein, wes aberst vom geding vor diser zeit
der vertragt were von yemant allzeit ußgeben, dasselbige sol
bei Claus Hoffmeistern bliben und das wider heruß zu geben
nicht gemant werden.
        Arch. 1725; Or. m. S. und Unterschrift; Anfang verstümmelt.

---

[1]) *cf. N. 235.* [2]) *1516 beginnen die Irrungen der Stadt mit ihrem
Förster Hofmeister. Er wird, weil er aus dem Stadtwalde ohne Wissen
des Rathes Holz verkauft haben soll, seines Amtes entsetzt. Mehrere in
dieser Angelegenheit gehaltene Tagfahrten und Vermittlungsversuche bleiben
erfolglos, worauf Hofmeister der Stadt Fehde ansagt und einige Güter
derselben in Beschlag nimmt. In der Stadt selbst scheint er einen nicht
unbedeutenden Anhang gehabt zu haben. cf. N. 204. 1523 beginnen
neue Irrungen mit demselben Claus Hofmeister.*

239. *1521 Nov. 16* (am sonnabint nach s. Martins tag). *Hannover.*
Herzog Erich an Göttingen: *ladet es auf den Abend des 28. November zu dem am 29. (freitag s. Andreas abend) zu eröffnenden Landtag nach Hameln.*
Sub Landschaftliches Vol. III; Or. m. S. u. Unterschrift.

240. *1521 Nov. 27. Nürnberg.*
Kaiserliches Mandat an Göttingen: *befiehlt die Befolgung des Landfriedens und des zu Augsburg 1500 erlassenen Erbschaftsgesetzes.*

Wir Karl der funft von gotes gnaden erwölter Römischer kayser etc. embieten unsern und des reichs lieben getrewen und burgermaister und rat der stat Gottingen unser gnad und alles gut. Lieben getrewen. Als wir auf erst gehaltem unserm reichstag zu Wormbs uns mit churfursten fursten und den stenden des Römischen reichs und sye widerumb mit uns des landfrydens vormals doselbst zu Wormbs anno etc. funfundnewntzigisten aufgericht und zu nachgevolgten reichstagen notturftigklich erklert, welcher dann bißher in seiner kraft und würkung bliben und yetzo mit etlichen artickeln und zusetzen erweytert von newem vereynigt verpflicht und den getrewlich zu halten und handhaben verbunden, alles nach inhalt und vemög desselben unsers aufgerichten verbrieften und versigelten landfridens, des abschrift wir auch hyeneben mit aufgetrucktem unserm secret zuschicken. Und wiewol solcher unser und des reichs landfryd mit den newen notturftigen artickeln und zusetzen auf bemeltem jungst gehaltem reichstag zu Wormbs den stenden durch den gemainen abschyd und in ander weg gnügsamlich geöffent, so ist doch, darmit der noch kundiger und in allen artickeln und puncten von menniglich stracks gehalten, auch die verprechung und peen desselben desto gewisser gemiten und geflohen werden möge, beschlossen denselbigen nochmals allenthalben im heyligen reich offentlich zu verkünden. Dweyl auch vormals auf dem reichstag zu Augsburg anno etc. im fuftzehenhundertesten neben andern geordent und erklert worden[1]): das die diechter oder encklin von derselben zeyt ane irer anchen[2]) verlassen hab ûnd güter mit irer[3]) vater und müter geschwisterten an stat irer vater und müter nach laut gemainer geschribener keyserlichen recht zu erben zu-

---

[1]) *Reichsabschied von Freiburg i. Br. 1498 § 37, Augsburg 1500 § 19, Worms 1521 § 18. Neue und vollständige Sammlung der Reichsabschiede II, p. 46, 71, 206.* [2]) d. h. Ahnen. [3]) Vorlage: iter.

gelassen werden sollen, der gewonheyt, so an etlichen orten darwider sein möcht, unangesehen, welche gewonheyt als der miltigkeyt des rechten und pillicheyt widerwertig und ungemess abgetan vernichtet, auch allen richtern und gerichten von derselben zeyt an nach solher gewonheyt nit mer zu richten verpoten. Und nachdem auch in gemaynem rechten versehen¹): wie brüder oder schwester kynder mit ires abgestorben vatern oder müter brüder oder schwester die andern abgestorben ires vatern oder müter brüdern oder schwestern in die stämm erben sollen, und aber solichs auß unwissenheyt und mißprauch an vil enden nit gehalten und wir uns dan mit den reichs stenden entschlossen, das solich ordnung dem gemaynen rechten nach gehalten, der gepreuch so an etlichen orten darwidder seyn möchten unverhyndert, mit gleicher derogation und vernichtung derselben; alles laut dyses unsers gemaynen edict und mandats, des wir euch hiemit auch uberantwurten lassen, auch allenthalben im reich durch die oberkeyt iren undertanen verkundt werden solle. So bevelen wir euch hiemit von Römischer kaiserlicher macht ernstlich gepietent und wöllen, das ir obgemelten landfriden und das edict die erbschaft belangend euern undertanen und verwanten allenthalben furderlich und gnügsamlich anzayget offentlich verkundet und mit ernst daruber haltet, darmit die obendachten landfriden und ordnungen gestracks volnzogen und den gelebt werde. Daran tut ir unser ernstlich maynung. Geben zu Nurmberg am sybenundzwaintzigsten tag des monats Novembris nach Christi geburt 1521 etc.

Ad mandatum domni imperatoris in consilio imperiali.
 Fridericus palatinus locum tenens ss.
 Richardus archiepiscopus Treverensis ss.
Sub R V; gedr. Or. m. S.

241. *1521 Nov. 27. Nürnberg.*
Kaiserliches Mandat an Göttingen: befiehlt bei Strafe von 4 Mk. löthigen Goldes binnen 14 Tagen nach Empfang des Befehls die bisher versäumte Zahlung von 60 fl. der Hülfte des auf dem Wormser Reichstage veranschlagten Beitrages für das Kammergericht an den Rath von Nürnberg oder Frankfurt.

Sub R V; gedr. Or. m. S. und Unterschrift Friedrichs Pfalzgrafen und Richards Erzbischofs von Trier. Rückschrift: anno 22 myddewekens²) am dage circumcisionis domini heft keyßorliger majestat bode her Hinrick Gyßeler dut keyßorlige mandat behandet und infirmert in cemiterio predicatorum.

---

¹) *cf. Reichsabschied von Worms 1521 § 19. a. a. O. p. 206.*
²) *Jan. 1.*

242. *1522 Jan. 11* (sabbato post trium regum).
Göttingen an Herzog Erich: bittet mit Bezug auf N. 241 um seine Fürsprache zur Befreiung von der Kammergerichtssteuer wie in N. 88.
Sub R V; Entwurf.

243. *1522 Jan. 11* (sabbato post trium regum).
Göttingen an Herzog Erich: dankt für die ihm bereits geleistete Fürsprache, welche durch den Stadtboten mit einer Zuschrift an den Grafen Adam von Beichlingen kaiserlichen Kammerrichter abgefertigt sei[1]*.*
Sub R V; Entwurf auf demselben Blatt wie N. 242.

244. *1522 Jan. 11* (sabbato post trium regum).
Göttingen an Graf Adam von Beichlingen kaiserlichen Kammerrichter: bittet ihn bei Uebersendung der Verwendung Herzog Erichs um Befreiung von der Kammergerichtssteuer, da es nicht unmittelbare Reichsstadt sei.
Sub R V; Entwurf.

245. *1522 Jan. 17* (in die s. Anthonii confessoris).
Ditmar Abt zu Heina an Rath und Gilden von Göttingen: fordert nochdem nu sich solch zeyt der vier nun neget[2]) *zu nothwendigem Ankauf von Lebensmitteln zum Termine die Zahlung der Rente von 60 fl. Gold, welche Göttingen laut Urkunde und nach dem spätern von Johann Grun (?) Amtmann zu Jühnde und Otto Honden Amtmann zu Schönstein vermittelten Vertrage in Kassel in den vier nun zu entrichten habe*[3]*), und zwar entweder in Gold in Schreckenbergern 7 auf 1 fl., oder in Silber* redder montz 27 Alb. *auf 1 fl. gerechnet.*
Briefsch. XX, A; Or. m. S.

246. *1522 Jan. 20* (am montag Fabiani et Sebastiani). Münden.
Herzog Erich bescheinigt der Stadt Göttingen den Empfang der Neujahrsbede wie in N. 1.
Arch. 774; Or. m. S. und Unterschrift.

---

[1]) Hieraus erhellt, dass der Herzog, ohne von der Stadt darum angegangen zu sein, die Verwendung um Befreiung von der Kammergerichtssteuer ausgefertigt hat. [2]) negen muss hier den Sinn von zuneigen, herannahen haben, da im weitern Verlaufe dieselben vier nun als zukonftige bezeichnet werden. Der Text von N. 249 schreibt vyer nocnen. Vielleicht sind damit die 4 Fasttage (Aschermittwoch bis Invocavit März 5—8) gemeint. [3]) 1508 März 20 (feria secunda post reminiscere) hatte der Rath diesem Cistercienserkloster die jährliche Rente von 40 fl. Rh. für 1000 fl. Rh., 1511 März 10 (feria secunda post invocavit) die Rente von 20 fl. Rh. für 500 fl. verkauft. Arch. 949.

247. *1522 Jan. 22* (mitwochen nach Sebastiani).
Herzog Erich an Göttingen: antwortet auf dessen Bericht von der letzten Tagfahrt zu Goslar und auf die Bitte um eine Unterredung mit Abgeordneten von ihm und der Stadt Hannover, entschuldigt den Aufschub seines Bescheides mit dringenden Geschäften und ladet es gleich Hannover auf den nächsten Sonntag [Jan. 25] zur Zusammenkunft nach Hameln[1]).
Sub L I, b; Or. m. S. u. Unterschrift.

248. *1522 Jan. 25* (sonnabents conversionis Pauli).
Herzog Erich an Hans von Stockhausen und Johann Schaden Kanzler: ersucht sie auf ihr Schreiben um Mittheilung seines Beschlusses, dass Cord von Steinberg Cord von Mandelslo und Hans von Hardenberg von der Ritterschaft und Göttingen und Northeim von den Städten den Landtag zu berufen hätten, an die Bezeichneten.
Beischrift: fordert schleuniges Aufbringen und unverzügliche Zusendung des [von den Ständen bewilligten] Geldes.
Sub Landschaftliches Vol. I; Cop.

249. *1522 Jan. 28* (tertia post conversionis s. Pauli).
Der Rath von Göttingen an [Ditmar Abt von Heina]: bezeigt auf N. 245 sein Erstaunen über die an Rath und Gilden gerichtete vorzeitige Zahlungsforderung, welche stets regelmässig geleistet wurde, verspricht endgiltige Antwort nach der erforderlichen Berathung mit den Gilden.
Briefsch. XXII, A; Entwurf.

250. *1522 Jan. 29. Nürnberg.*
Pfalzgraf Friedrich bei Rhein kaiserlicher Statthalter an Herzog Erich: theilt ihm auf seine Fürsprache[2]) *für Göttingen mit, dass er, obwol die Stadt in dem auf dem Wormser Reichstage angefertigten Verzeichniss mit veranschlagt sei, nähere Erkundigungen hierüber einziehen werde, und verspricht, er werde* mitler zeit dieselbigen von Gottingen durch den kayserlichen fiscal nit ubereylen lassen.
Sub R V; Cop.

251. *1522 Jan. 29* (mitwoch nach conversionis Pauli). *Hardegsen.*
Hans von Stockhusen und Johann Schaden an Göttingen: übermitteln den auf Landtagsbeschluss von Steine begründeten Befehl Herzog Erichs N. 248 und laden, da Göttingen und Northeim zu Hardegsen nicht erschienen sind, Cord von Man-

---
[1]) cf. N. 252. [2]) cf. N. 234 u. 244.

delslo und Hans von Hardenberg aber auf den herzoglichen
Befehl hin auf Unterredung mit ihnen bestehen, zu 9 Uhr
Morgens des nächsten Montags [Febr. 3] nach Hardegsen, wo-
selbst ihnen in Abwesenheit der Aussteller der herzogliche Be-
fehl von Cord von Mandelslo und Hans von Hardenberg ver-
lesen werden soll.
Sub. L I, b; Or. m. Spuren d. S.

252. *1522 Jan. 30* (quinta post conversionis s. Pauli).

Göttingen und Hannover an Goslar zur Mittheilung an
die andern Städte: melden, dass sie nach Beschluss vom letzten
Tage in Goslar Herzog Erich zur Beilegung der Fehde be-
redet, er aber den vorgeschlagenen Waffenstillstand von 4 Wochen,
namentlich wegen Abwesenheit Herzog Heinrichs des Jüngeren,
verworfen, sich jedoch bereit erklärt habe, mit den Städten zur
Beilegung der Fehde in Verhandlungen zu treten. Zettel: Sie
bitten für die Einleitung von Unterhandlungen möglichst zu
sorgen, weil dann der gewünschte Waffenstillstand leicht zu
Stande gebracht werden könne[1]).
Sub L I, b; Entwurf; Unterschrift: Consules in Gottingen et *[von
andrer Hand]* Hanover.

253. *1522 Febr. 1* (am abende purificationis Marie).
Münden.

Die Herzogin Katherina an Cord von Mandelslo Hans
von Hardenberg Bürgermeister und Rath von Göttingen und
Northeim: ersucht sie mit Bezug auf N. 248 als Vertreterin
des Herzogs möglichst zu sorgen, dass demselben auf Erfordern
sofort ausreichender Zuzug an Reiterei und Fussvolk ge-
leistet werde.
Sub Landschaftliches Vol 1; Cop.

254. *1522 Febr. 5.*

*Hildesheim an Goslar: schildert die Stellung der Parteien
zum vorgeschlagenen Waffenstillstand.*

Den ersamen wyßen borgermestern und rade der stad
to Goßlar unsen gunstigen hern und frunden.

Unsen fruntligen denst tovorn. Erßame wyße gunstige
hern und frundes. Juwer ersamheit schrifte myt ingelechten
copien der ersamen rede der stede Brunßwigk Gottingen
und Honover[2]) an juwe ersamheit gedan und unß togeferdiget
hebben wy entfangen und alleß inholdes vormerket und
bfunden, dat benompte rad to Brunßwigk van den hemgelaten
reden hertogen Hinrickes, ok van den reden to Gottingen

---
[1]) *cf. N. 247.* [2]) *cf. N. 252.*

und Honover by oren gnedigen hern na vormeldinge der
gedenkezedelen antword irlanget, besundern de heymgelaten
rede oreß gnedigen hern gemoite in dussen saken eigentlicken
wetten, dat desulve ore gnedige here in keinen wegen geneget
dat bestant so antonemende, ok umme der geringen tid syneß
broders hertogen Wilhelms bedagung; und ok dat hertoge
Erick up den bestant und fredcholdinge der veer weken
lang umb afwesens gedachten hertogen Hinrickes synes
feddern sick beßweret, in den anstant nicht vulborden edder
bewilligungen willen, so iß juwer ersamheit yo bewust, dat
wy sulken anstand nicht gefordert. Wy kunnen ok wol
irliden und sint des gelyck fredelick dat bestant ok nicht
antonemende, avers ore forstlike gnade kunnen wol irliden,
dat juwe ersamcheit myt todaet der erßamen wysen hern
van Magdeborg und Embeck sampt den stenden der dryer
lande in sodanen saken sunder bestand gutligen handel
mochten anstellen up nochaftich geleyde etc. Deß hebben
wy myt dem hochwerdigen in god durchluchten hochgeborn
forsten und hern hern Johann bischuppe to Hildeßem to
Sassen Engern und Westvalen hertogen, unsen gnedigen hern,
rede gehatt, dat sin forstlike gnade sulken gutligen handel
sunder bestant gelyckmetigen wille annemen und gestaden
up nochaftige geleydes vorsorginge. Dat wy juwer ersam-
heit in allen besten nicht mochten in antworde bergen.
Wuran wy densulven juwer ersamheit willen und denste
wusten to bewysen, willen wy alle tid to donde vorflitiget
sin. Geschreven under unser stad secrete midwekens in die
Aghate virginis anno etc. 22.

    De rad der stad to Hildeßem.

Briefsch. XII, F; Cop.

255. *1522 Febr. 12. Nürnberg.*

Kaiserliches Mandat an Göttingen: ladet es mit Bericht von der Türkengefahr auf den 23. März (sondag oculi) zum Reichstag nach Nürnberg.

Sub R V; gedr. Or. m. S. und Unterschrift Pfalzgraf Friedrichs und Churfürsten Pfalzgraf Ludwigs. Rückschrift: Anno 22 donnerstag[1]) nach dem ßondage invocavit war duß keyserlich mandat — — von den van Goßlar Hermen Witzenhusen dem eltern zu hus geschicket und vom selbigen — — hern Johan Winckelman doctori dem borgermeister geantwordet.

---

[1]) März 13.

256. *1522 Febr. 13* (am dorcßdage nach Appollonie).
Die Altstadt Magdeburg an Goslar: schreibt, dass es nach Empfang[1]*) von N. 254 die Friedensunterhandlungen als zunächst gescheitert ansche.* Vorsein uns allenthalven up der erbarn stede ingebrachte antwort, ßo de fehede keynen anstand hebben mach, nichts fruchtbarlikes to handelen, vornemlick ok, alß unser beider gnedige herre von Brunßwigk hertoge Hinrick etc. nicht by der hant; wu sine forstlike gnade aver inhemisch wert, van noden den dingen forder von stund nach to trachten.
Briefsch. XII, F; Cop.

257. *1522 Febr. 14* (am freitag des tags Valentini). *Hannover.*
Herzog Erich an Göttingen: verbietet bei Uebersendung von N. 250 weiteres in dieser Angelegenheit ohne sein Wissen vorzunehmen; meldet, dass Doctor Wicke sein dem Bischof von Hildesheim gegebenes Versprechen, die Aufhebung der Reichsacht zu erwirken, nicht habe halten können. (Wir wollen euch auch gnediger meynung nicht verhalten, das kurz verruckter weyl ein doctor mit namen doctor Wicke sich hat dem bischof von Hildenßhem angeben lassen: er wisse die fug und sey der rechten so wol gegrunt inen den bischoven und sein stift, es sey der kayserlichen majestat lieb oder leid, aus der acht zu pringen; darumb er dan vleissigliche[n] am camergericht procurirt und gearbeit. So sein wir itzo durch einen sonderlichen freund, zu dem wir uns alles gueten und gunst versehen, auß derselbigen schriften, welche uns ewr pot auch mit ubergepracht, schriftlichen bericht worden, das derselbe doctor nichts fruchtbarlichs erlangen hat mugen, auch sonder wissen und willen der Romischen kayserlicher majestat darinnen nichts furgenommen nach (!) gehandelt werde und also sonder ainichen trost abgeschieden. Verhoffen uns auch inen ire anslag und furnemen keinen furgang zu gewinnen.)
Sub R V; Or. m. Spuren d. S. u. mit Unterschrift.

258. *1522 Febr. 17* (mandages na Valentini).
Goslar an Göttingen: bescheinigt den Empfang vom Schreiben N. 252, welches an Rath und Innungsmeister der Altstadt Magdeburg mit den andern Schriftstücken in dieser Angelegenheit sofort mitgetheilt wurde und übersendet N. 256, eingelaufen am 16. Febr.
Briefsch. XII, F; Or. m. Spuren d. S.

---

[1]) *cf. N. 258.*

259. *1522 [Febr. 5]*[1])*. Hannover.*
Herzog Erich an Göttingen: fordert dessen Antheil an der vom Landtage festgesetzten Kriegssteuer.

Den ersamen und fursichtigen unsern lieben getreuwen burgermaistern und rate unserer stat zu Göttingen.

Von gots gnaden Erich herzog zu Braunschweig und Lünenburg. Unsern gunstigen grues und geneygten willen zuvor. Ersamen fursichtigen lieben getreuwen. Nachdem wir kurz hie bevor bey euch und gemeiner unser landschaft umb trostliche hilf steuer und beystand, damit wir unsere rewter und knechte, so wir dieser zeyt zu errettung land und lewt in besoldung beyeinhaben, zu statlicher unterhaltung derselbigen gnedige anforderung getan, darzu wir dann die unsere als die gehorsamen und willigen befunden und euch one zweyfel woll bewußt und in bedenken stet, mit was grossen kostungen und darlegungen uns zu unterhalten sein. Demnach begern an euch gnediges vleys, ir wollet uns zu solcher underhaltung mit ewerer anzals steuer hilf und beystand furderlichen verhulfen sein und in bedenken nemmen, wes uns euch und andern unsern landen und lewten und gemeiner landschaft daran gelegen. Wollen wir uns unabsleglicher zuversicht zu euch gentzlichen versehen und verlassen seyn, solhs auch herwidder in allen gnaden kegen euch [zu tun] geneigt. Datum Hannover am mitwochen ... virginis anno etc. im 22.

       Herzoge Erich etc.
Sub Landschaftl. III; Or. m. S. Unten am Rande zerrissen.

260. *1522 Febr. 18.*
Göttingen an [Herzog Erich]: verweigert mit der Beschwerde über den Ausschluss seiner Gesandten von den mit den übrigen Ständen zu Steine gepflogenen Verhandlungen über die Bewilligung von Steuern die vom Herzog verlangte Summe, erbietet sich zur Zahlung von 100 fl.

Dorchluchtide hochgeborner furste gnedige here. Wo uns ewer furstlike gnade geschreben mit gnedigem begerde ewren gnaden mit solchem gelde, alse uns jungst geleysteden lantages zu Steyne ufgesatzt syn sal, hulfe zu tun etc., haben wir vorstanden. Und ist waer, das wir ewren furstliken gnaden alse unserm gnedigen erbhern und landesfursten in undertanicheit underworfen und zustendich syn und aus den

---

[1]) *Diese N. muss nach N. 251 und vor N. 260 gesetzt werden, gehört vielleicht zu Febr. 5, da Mittwoch als Tag einer hl. Jungfrau und der Agathentag 1522 am Mittwoch Febr. 5 zusammenfallen.*

ursachen nicht unbillichen vor eyn teil ewrer gnade lantschaft zu achten. Wir seyn aberst genediger furste von den prelaten ritterschaft und den gesanten der stede, so deßmals uf deme lantage zu Steyne gewest, vor anhengliche der lantschaft nicht geholten worden, dan unse gesante ratsfreunde bey bewegunge der sachen notrofticheiden nicht gewest, sundern in missebruch der alten lantsetlicher gewontheit den tractirten radslegen geussert[1]). Das uns denne, wo ewer furstlike gnade zu ermessen, in nicht geringer behonnige gereichet edder auch nicht unbillichen beweget, das wir nw in jenich gesatzte gelt, darvon wir neyn gewissent tragen, ane bewillent edder geschein anbringent unser geschickten solten fulbort geben: dewyle in berorten handellungen anders [to don], dan wo von alter gewontlich geboret, tragen wir beswerunge. Wissen auch en sodans an unsern gilden unde der gemeinde nach bedrucke unde swarheit der voriger spildunge, de wir ewer furstliken gnaden in den vyentlichen geobten krigesgeloufften ober unse unvermogelich außrichtent undertanichlich getan, in keynen wek zu erlangen, wo wir auch nicht zwivelen, ewer furstlike gnade hochbemelt syn solches bedrucks und ander unsers hochmerklichen schadens und unrats von Hanse von Drans[felde] unserm ritemeistere hirbevorn wol gruntlicher, dan wir — — schriben konnen, vorstendiget worden. — Darmit uns aberst ewer furstlike gnade yo nicht anders dan vor de willige undertanen nach aller unser vormogenheit sollen esporen, erbieten wir uns ewer furstliken gnaden uf derselbigen erfurdernt mit 100 fl. zu begerter sture zu vorerende, unangesehin, uns solchs auszurichten seer beswerlich, ewer furstlike gnade undertanichtlich bittende, ewer furstlike gnade vilbenant willen — — unse trawe sware dinste und trefliche spildinge genedichlichen behartzigen und de erboten summen zur genediger wilfaringe von uns annemen. — — Des und aller gnaden vortrosten wir uns und vordeinen in aller beredicheit trauwlich gerne. Datum tercia post Valentini anno 22.

Sub Landschaftl. Vol. III; Entwurf.

261. *1522 Febr. 22* (sexta post Juliane).

Göttingen an [Goslar]: bittet mit Dank für N. 258, auch ferner keine Mühe zur Beilegung der unheilvollen Fehde zu sparen.

Briefsch. XII, F; Entwurf.

---

[1]) *An Stelle des durchgestrichenen* vorwiset *darüber geschrieben.*

262. *1522 März 17* (secunda post reminiscere).

Göttingen an die Herzogin Katherina: verweigert die verlangte Sendung von Mannschaft in das Lager ihres Gemahls, da es schon ihm und seinen Räthen die Bereitwilligkeit zur Hilfe gegen einen in das Land dringenden Feind erklärt, jede Unterstützung bei einem Zug ausser Stadt und Landes versagt habe. Es sei bereit: uf eyn gemeyn lantgeruchte und glockenslagk, Qo der welch aus erfordernisse der notroft hir bynnen landes geschege, beneben ander gemeynen lantschaft — — vleys und retunge zu tunde, gewaltliche infallunge und vorterbliche scheddelicheit des landes helfen zu vorweren. Das wir aberst — uf eyn geruchte bussen unser stad und ferner dan dusses orts landes mit den unsern ufs starkeste ausjacht und volginge tun solten und unse stad mit notroftiger were und rettunge nicht bestalt und vorwart wissen — — haben ewre furstlike gnade, de hochvorstendich syn, in genaden zu ermessen, das solche unschicklicheit der jegen- und noetwere nicht alleyne unserm gnedigen landesfursten Qunder auch uns und den unsern zu grossem unheyle und vorterblicheit geraten mochte.

Briefsch. XVI, A; Entwurf.

263. *1522 März 28. Nürnberg.*

Kaiserliches Mandat: befiehlt zur Abwendung der Türkengefahr die Abhaltung von Messen und Betgottesdiensten.

Sub R V; gedr. Or. ohne S.

264. *1522 April 22* (dingstags in dem h. ostern). *Hannover.*

Herzog Erich an Göttingen: ersucht um unverzügliches Eintreiben des etwaigen Rückstandes von dem ihm auf dem Rathhause daselbst zu entrichtenden Landschatz.

Sub Landschaftliches Vol. I; Or. m. S. u. Unterschrift.

265. *1522 April 28* (mandagis nach quasimodogeniti). *Gandersheim.*

Heinrich von Gittelde an Göttingen: fragt, wann er die laut N. 208 ihm zukommende Summe abholen lassen könne.

Briefsch. XVIII, E; Or. m. Spuren d. S.

266. *1522 April 28* (mandages nach quasimodogeniti).

Goslar an Göttingen: ersucht es im Namen seiner Bürger Henning Dethmar und Hans Grymmen, die sich ihrem Bürger-

meister Geog Witzenhusen zu Gefallen 5 Jahre lang mit 4 %
statt der ihnen verbrieften 5 % vertragsmässig begnügt haben,
jetzt nach Ablauf dieser Frist die vollen Zinsen zu entrichten[1]).
Briefsch. VIII, A; Or. m. S.

267. 1522 April 29 (tercia post quasimodogeniti).
Göttingen an [Heinrich von Gittelde]: erklärt auf N. 265
mit Berufung auf N. 208 ihm noch nicht das Geld verabfolgen
zu können, da es zunächst die andern Gläubiger des Herzogs
[Cord Meiger und Christian von Hanstein] zu befriedigen habe.
Briefsch. XXII, A; Entwurf.

268. 1522 April 30 (quarta post quasimodogeniti).
Göttingen an Abt und Convent [von Heina]: meldet, dass
es, nachdem der Laienbruder Tones (?) die Zinsenzahlung laut
Hauptverschreibung gefordert und ihm bei Abwesenheit des
Secretairen und Kämmereischreibers nur mündliche Antwort
gegeben worden, das Kloster wie jeden Gläubiger, dewyle nw
unse vorigen vorhandelte contracte geendiget, völlig befriedigen
wollte, aber, da die frühere Bedrängniss durch die Stiftsfehde
noch zugenommen habe, bitten müsse, sich wie andere Gläubiger
mit vyer gulden in munte uppe de hovetsumme zu begnügen[2]).
Briefsch. XX, B; Entwurf.

269. [1522 April 30.]
Göttingen an Abt und Convent des Klosters Abdinghof:
wie in N. 268.
Randbemerkung auf N. 268.

270. 1522 Mai 27 (dingstags nach vocem jucunditatis).
Northeim.
Die Städte Göttingen Einbeck und Northeim erneuern ihr
in letzter Zeit stark gelockertes (eyn tyd lang vaste löcherech-
tich unde na orem inholde und vorlüde nicht uprichtich unde
strack gehalden noch vor orem utgange in geborlicker tyd
von keynerleyem parte vorgeschreven worden) Bündniss zu
gegenseitigem Schutz[3]).
Arch. 1901; geschnittener Brief. Or.

---

[1]) 1508 Nov. 14 hatte der Rath dem Goslarer Bürger Paul Grynmen
die Jahresrente von 50 fl. Rh. für 1000 fl. derselben Münze verkauft. —
1565 April 19 wurde der Schuldbrief durch Georg Hovet „quaestorem
aerarium" zurückgekauft. [2]) cf. N. 243 u. 249. [3]) Alle genaueren
Angaben über Zweck und Dauer fehlen. cf. N. 12.

271. 1522 Juni 2 (mandages nach exaudi).
Henning Dethmar und Hans Grymmen Bürger zu Goslar an den Rath von Goslar: danken für die Bemühungen um Auszahlung ihrer Renten durch Göttingen, weisen dessen Vorschlag eines Abkommens[1]) zurück, protestiren gegen den drohenden dreifachen Vertragsbruch, den Bruch der ursprünglichen Verschreibung, des Weihnachten 1516 auf 5 Jahre geschlossenen Vertrags, der bei andauernder Schuld dem ersten Contracte weichen sollte, und der durch die Göttinger Bevollmächtigten Claus von Sneen und Rittmeister Hermann Witzenhusen gemachten Zusagen und bitten nachdrücklich die Zahlung gemäss den Verträgen zu erwirken, widrigenfalls sie Göttinger Gut mit Beschlag belegen wollten.
Briefsch. XX, B; *Or.*

272. 1522 Juni 4 (middewekens nach exaudi).
Goslar an Göttingen: erneuert mit Zustellung von N. 271 sein Gesuch wie in N. 266.
Briefsch. I, F; *Or. m. S.*

273. 1522 Juni 7 (sabbato pentecostes).
Göttingen an [Goslar]: wundert sich in Antwort auf N. 272 über das trotz der offenen Darlegung seiner schweren Bedrängniss und trotz Nachbarschaft erfolgte Dringen auf Bezahlung; bittet es, seine Gläubiger [in Goslar] nochmals zu ersuchen, die angebotenen 4 % in Betracht seiner völligen Zahlungsunfähigkeit anzunehmen, gleich vielen anderen Gläubigern aus allen Ständen.
Briefsch. I, A; *Entwurf.*

274. 1522 Juni 13 (fridages in den pinkesten).
Münden an Northeim: bittet um Erwirkung der von Göttingen bereits mehrfach vergeblich geforderten Zinsenzahlung[2]).
Briefsch. XII, F; *Or. m. S.*

275. 1522 Juni 16. Wintzenburg.
Herzog Erich an Göttingen: verlangt Ergänzung des auf etwa 50 Mann zusammengeschmolzenen Fähnleins auf die volle Zahl [100 Mann].

Den ersamen und fursichtigen unsern lieben getrewen burgermeystern und rate unser stat Gottingen.

Von gots gnaden Erich etc. Unsern gunstigen grus zuvor. Ersamen und weyßen getrewen. Wir tun euch gnediglich zu wissen, das uns von ewrm zugesentem fuesfolk der

---
[1]) cf. N. 266.   [2]) cf. N. 158.

merer tail aus dem felde abwichen und sonder erlaubnus
entzogen ist, des wir uns doch gar weinig vorsehen oder
besorgt hebben: befinden auch bey dem fenlen nicht uber
funfzigk personen. Weil dan der bischof zu Hildennßheim
sich mit etzlichen kriegevolk versamelt und seinen zug aus
dem stift Munster kegen uns gedenkt vorzunemen und willens
zuzuziehen, und und wir dan geneigt dem ßo viel moglich
mit hulf gots widder zu stehen, begern wir gnediges ernst-
lichs vleis: wollet den ersten zugesenten anzal ewrs volks,
de wir im felde gehobt, furderlich erfullen und euch des
nicht bisweren, sondern in betrachtung nemen, was uns euch
unserm land und leuten daran gelegen und euch hirinnen
als die getrewen gehorsamen erzeigen, als wir uns des kein
zweyfel machen. Dasselbig sein wir in gnaden zu erkennen
geneigt. Datum im veltlager vor Wintzenbergk montags
nach dem sontag trinitatis anno etc. 22.
   Herczoge Erych etc.
Sub D I; Or. m. S.

276. *1522 Juni 17* (dingßdages nach trinitatis).
*Goslar an Göttingen: fordert dringend wichtiger Geschäfte[1])
wegen eine Unterredung um 12 Uhr Mittags des kommenden
Tages in Osterode.*
Briefsch. VIII, A; Or. m. S.

277. *1522 Juni 19* (die corporis Christi).
*Göttingen an Hannover: meldet, dass nach dem Beschlusse
des letzten Tages zu Goslar jede Stadt die Beilegung der Stifts-
fehde bei ihrem Herrn betreiben solle, ladet es zu einer Unter-
redung in der Herberge zu Bodenwerder gegen den Abend des
nächsten Sonnabend (Juni 21), um sich von da gemeinsam zu
ihrem Herrn Herzog Erich zu begeben[2]).*
Briefsch. VIII, D; Entwurf.

278. *1522 Juni 21* (sonnavendes na corporis Christi).
*Hildesheim an Göttingen: antwortet auf das Gesuch um
schadlose Auslieferung dreier gefangener geschäftstreibender
Bürger, dass ihm deren Verhaftung unbekannt sei und dass
sie ihm nicht zur Last gelegt werden könne, da gegenwärtig
bei den schwebenden Kriegshändeln viele Knechte zu Fuss und
zu Ross in seinem Gebiete wider sein Wissen hausen und will
sich vorkommenden Falls um glimpfliche Auslösung bemühen.*
Briefsch. V, B; Or. m. S.

[1]) cf. N. 277 u. 280.   [2]) cf. N. 276 u. 280.

279. *[1522] Juni 21* (die s. Albani martiris).

Göttingen an Braunschweig: *bittet seinen Söldnern, welche auf Ansuchen Herzog Erichs zur Befreiung (entsettinge) des Landes in ihrer Nähe glaubwürdigem Gerücht zufolge augenblicklich im Felde liegen*[1]*), den rückständigen Sold von 100 fl. (40 Matth. auf den fl.) auszulegen oder, falls dieses unthunlich, die Summe von denjenigen ihrer Bürger, die wie Ludeke von Peyne Hans Hildebrandes und andre nach Göttingen handelten, zu beschaffen, da zur Zeit die Zustellung des Geldes von Göttingen aus nicht rathsam erscheine; verspricht eventuell bei nächster Gelegenheit die Auslage zu decken.*
Briefsch. IV, A; *Entwurf.*

280. *1522 Juni 24* (die Johannis baptiste).

Göttingen an Goslar: *theilt mit, dass gemäss dem Uebereinkommen zu Osterode sich seine und Hannovers Gesandte von Bodenwerder aus zum Herzog Erich in das Feldlager begeben und von ihm auf ihren Antrag zur Antwort erhalten haben, dass er zwar einem Waffenstillstand verwerfe, aber mit Vertretern der Städte und des Bischofs von Hildesheim in seinem jeweiligen Feldlager unterhandeln und zu dem Zweck Geleit ertheilen wolle*[2]*).*
Briefsch. VI, C; *Entwurf.*

281. *1522 Juni 25* (quarta post Johannis baptiste).
Northeim an Göttingen: *übersendet und befürwortet N. 274.*
Briefsch. XII, F; *Or. m. S.*

282. *1522 Juni 26* (am donrestag nach Johannis baptiste). *Feldlager vor Hildesheim.*

Herzog Erich an Göttingen: *ladet es dem Abschiede*[3]*) gemäss sofort in sein Lager, woselbst auch andre Städte und Leute eintreffen würden.*
Sub L I, b; *Or. m. S. u. Unterschrift.*

283. *1522 Juli 3* (quinta post visitationis Marie).

Göttingen an Herzogin Katherina: *bittet sie, nachdem bereits Herzog Erich in derselben Sache an Erfurt ohne Antwort zu erhalten geschrieben habe, in Vertretung ihres Gemahls, der nun durch die Kriegshändel verhindert sei, den Rath zu Erfurt zu ersuchen: von Bischof Paul von Ascalon und den andern Testamentsexecutoren des verstorbenen Conrad Sussen die Annahme des von vielen Gläubigern Göttingens gebilligten Vergleichs über die Zinszahlung zu fordern, da Göttingen in verlangter Weise nicht zahlen könne*[4]*).*
Briefsch. XIII, B; *Reinschrift.*

---

[1]) *Um diese Zeit zog Herzog Erich vor Hildesheim. Lüntzel a. a. O. p. 93.* [2]) *cf. N. 277 u. 280.* [3]) *cf. N. 280 u. Lüntzel a. a. O. p. 93 ff.* [4]) *Im Febr. 1518 fordern Paulus Bischof von Ascalon*

284. *1522 Juli 5* (sabbato post visitacionis Marie).

Göttingen an den Licentiaten Georg Witzenhusen [Bürgermeister zu Goslar]: dankt für seine und der andern städtischen Sendeboten Mühe, die sie auf Ansuchen der Göttinger Gesandten während der Verhandlungen im Feldlager Herzog Erichs auf Befreiung der in die Keller Hildesheimer Einwohner vertheilten Göttinger Bürger verwandt haben, und bittet durch eine auf Kosten Göttingens von Goslar abzufertigende Botschaft Hildesheim auf Grund des von ihm gestellten Anerbietens zu einer endgiltigen Antwort zu bewegen[1]).

Briefsch. XII, A; Entwurf.

285. *1522 Juli 5* (sonnabent nach visitationis Marie). *Münden.*

Herzogin Katherina an Erfurt: verwendet sich auf N. 283 für Göttingen um Ermässigung der harten Forderungen wegen rückständiger Renten.

Sub L I, b; Or. m. S. u. Unterschrift.

286. *1522 Juli 7* (up mandach na Odolrici).

Abt Johann zu Abdinghof und Conradus Secretär tom Bustorppe *in Paderborn an Göttingen: erklären, dass sie, wie sie sich 6 Jahre lang nur* myt halver pensie *begnügt hätten, aus Freundschaft die vor diesem Briefe zu Weihnachten und Ostern fällig gewesene* pensie *mit* $4\,°/_0$ *berechnen wollen, verlangen aber bei Androhung gerichtlicher Klage sofortige Zahlung und bitten das Geld auf ihre Kosten mit ihrem und seinem Boten zu schicken.*

Briefsch. XX, B; Or. m. Spuren d. S.

287. *1522 Juli 8* (dinstags nach visitationis Marie).

Erfurt an Herzog Erich: meldet, dass Paul Bischof von Askalon und Jacob Dolcatoris Dechant zu s. Sever in Erfurt und Doctor Testamentsvollstrecker des verstorbenen Licentiaten Conrad Sussen ihm auf die herzogliche Verwendung für die Stadt Göttingen zugesagt haben: wie sie ewer gnaden nechste schrift vorantworten wollen, auch diesse ewer gnaden schrift vorantworten, aus welcher ewer gnaden vornemen werden, das vorig ewer schrift auch vorantwort sey[2]).

Briefsch. VII, F; Or. m. S.

Jacob Dolcatoris und Johann Sommering Testamentsvollstrecker des verstorbenen Licentiaten Conrad Dulcis [Suessen] die vom Erzbischof von Mainz den Rucketaschen aus Homburg ab- und ihnen zugesprochenen Renten. Briefsch. XIV, C. 1528 bescheinigt Paulus dem Rathe den Empfang von 18 fl. Jahresrente und 14 fl. an Rückstand. Briefsch. XV, A.
[1]) *cf. N. 278.* [2]) *cf. N. 283 u. 285.*

288. *1522 Aug. 5* (denstages nach inventionis s. Steffani).
*Münden an Northeim: erneuert sein Gesuch wie in N. 274
mit der Erklärung, in dieser Sache mit Göttingen nicht mehr
verhandeln zu wollen.*
Briefsch. V, B; Or. m. S.

289. *1522 Aug. 11* (secunda post Laurentii).
*Northeim an Göttingen: übersendet in Verwendung für die
Mündener Gläubiger N. 288.*
Briefsch. V, B; Or. m. S.

290. *1522 Aug. 12* (tertia post Laurentii).
*Göttingen an [Northeim]: bittet auf N. 289 eine Auseinandersetzung mit den Mündener Gläubigern zu erwirken,
zumal es sich des Versprechens nach 6 Jahren die vollen Zinsen
zu zahlen nicht entsänne.*
Briefsch. II, B; Entwurf.

291. *1522 Sept. 12* (freitag nach nativitatis Mariae).
*Herzog Erich an Göttingen: untersagt von der eingelaufenen Landsteuer, die er dem Edlen Heinrich von Gittelde
bis zur Tilgung der Schuld von 900 fl. überwiesen habe*[1]*),
letzterem dieses Mal etwas auszuzahlen, und fordert, dass
es ihm ausser den bereits der Herzogin übersandten 100 fl.
vom Rest der Steuer oder einer anders zu beschaffenden Summe
200 fl. zustelle, und verpflichtet sich die Stadt seinem Gläubiger Heinrich von Gittelde gegenüber schadlos zu halten*[1]*).*
Sub S XXI; Or. m. S. u. Unterschrift.

292. *1522 Sept. 12* (am freitag nach der geburt Marie).
*Herzog Erich urkundet auf Grund von N. 291 über den
Empfang von 300 fl. mit Wiederholung der geleisteten Verpflichtung.*
Arch. 1170; Or. m. S. u. Unterschrift. Rückschrift: anno etc. 22
dominica post diem s. Francisci[2]) Johannes Schade cancellarius et Hermannus scriptor ducis Erici tulerunt cum hac quitancia 200 fl. R.
42 sch. 10 fl.

293. *1522 Sept. 12.*
*Die Neustadt Hildesheim an Göttingen: schreibt, unter
welchen Bedingungen es die gefangenen Göttinger freigeben
wolle*[3]*).*

Den ersamen und vorsichtigen borgermestern und ratmannen to Gottingen fruntliken grus.

Unsen fruntliken denst vorn. Ersamen und vorsichtigen bsundern guden frundeß. Juw jungesten an uns gedanen

---
[1]) cf. N. 208, 265 u. 267.   [2]) Oct. 5.   [3]) cf. N. 278 u. 284.

scrifte vormeldende, ytlike juwer borger und vorwanten in unsen hechten sittende hebben darmede eyn bode schulle sin bsundern velich to reysende, myt beger desulften fangen umme 4 fl. der gefenknisse vorlaten, unde wo dat desulften scrifte wider medebringen, hebben wy ane frude vorstanden und don juwer ersamheit darup fruntlik wetten, dat ytlike juwer ersamheit vorwanten in unsen hechten noch dechlikeß sitten unde somlike juwer ersamheit vorwanten utgeferdiget sodanne gelt se sampt und bisundern uttogevende gelovet up vorschenen termyne bringende, deß se summich unde nedderfellich geworden. Demena, guden frundeß, iß unse ansynnent unde beger, desulften juwer ersamheit vorwanten, so vormogen, inholden und oren eden und gelofte fuldon und an gelde weß se vormogen willen se vort juwe ersamheit¹) bedagen, deß de juwe noch in unsen hechten sittende hoch begerende sin. Guden frundeß, myt dem boden: juw iß ane twivel bewust, watmaten juwe hern de Brunswickeschen und de van²) Honnover gy und ander unse vyende myt unseß gnedigen hern van Hildensem der van Hildensem unde unsen boden ummegegan gegrepen unde uppet hogeste gescattet, darut sek vele qwadeß georsakt etc. Datum under unsem secret fridages nach nativitatis Marie virginis, anno etc. 22.

De rat der nyenstad vor Hildensem.

Briefsch. V, B; Or. m. S.

294. *1522 Sept. 12* (frigdages na nativitatis Marie).

Hildesheim an Göttingen: antwortet, dass es für die in der Neustadt gefangenen Bürger und Boten ane der fangen fruntschup *wenig habe thun können, aber die Schritte zur Auslösung gern unterstützen wolle, und rügt das Verfahren gegen seine Boten und die übermässige Schatzung seiner Bürger.*

Briefsch. V, B; Or. m. Spur. d. S.

295. *1522 Sept. 17.*

Herzog Erich an Göttingen: bittet mit Dank für die erhaltenen 300 fl.³) den gewöhnlichen Landschatz doppelt zu erlegen oder doch wenigstens ausreichende Unterstützung zu gewähren.

Den ersamen weysen unsern lieben getrewen burgermeister und rate zu Gottingen.

Von gottes genaden Erich *etc.* Unsern grues zuvor. Ersamen weysen lieben getrewen. Wir bedanken uns, daz ir uns

---

¹) *Es folgt in der Vorlage:* willen. ²) *Es folgt in der Vorlage:* van.
³) *cf. N. 292.*

itzo in der eyl mit den 300 fl. zu unser angelegenen gutwilliglich verhulfen und die ubergesendet, erbietens daz mit sondern gnaden zu erkennen. Nachdem aber jungst ewer geschikten zu Munden, als sie euch ane zweivel angezeigt, von uns verstanden, daz wir aus furgewendten ursachen, auch itziger angelegenen not halb, als wir doch sonst gerne getan hetten, in kein namhaft summen haben verwilligen mugen, begeren wir an euch: ir wollen die itzige notdurft aus trewen selbs erwegen und zu hertzen furen und uns als nemlich mit eynem dubbelden lantschatz, wie dan sonst gemeine lantschaft auch zu tun bewilligt, zu steur kommen und daz hinderstendig schirst sontags[1]) gen Herdegsen reichen und bezaln, oder aber, als wir uns doch nit versehin, uns eyn scheinliche und ansenliche hilf tun; dan, wo wir euch do entgegen kunftiglichen verschonen, sollen ir uns mit gnaden gneigt funden; darumb euch als die getrewen hirinnen erzeigen und nicht weigerhaftig sein. Das wollen wir alleweg in gnaden bedenken. Geben am mitwoch nach exaltationis sancte crucis anno etc. 22.

    Herczoge Erych etc.
Sub Landschaftliches Vol. III; Or. m. S.

296. *1522 Sept. 18* (quinta post exaltationis s. crucis).
Göttingen an Herzog Erich: überschickt auf N. 295 und auf die Mittheilungen seiner Gesandten beim Herzoge die mit schwerer Mühe aufgebrachte Summe von 200 fl. nebst den von früher her rückständigen 50 fl. in der Hoffnung auf seinen Dank und Beistand in gegenwärtiger Bedrängniss.
Briefsch. II, B; Entwurf.

297. *1522 Sept. 19* (sexta post Lamperti).
Göttingen an (strenge und besunder gude frunt): *erklärt auf dessen Fürsprache für Albrecht Snellen, dass es demselben niemals weder ausgemachte Zinsen noch andere versprochene Freiheiten vorenthalten habe, und ladet Albrecht persönlich mit dem Contracte, auf den er seine Klage gründet, vor sich, damit es nach Prüfung desselben gegen Quittung ihm gerecht werden könne.*
Briefsch. XXII, A; Entwurf.

298. *1522 Oct. 1. Münden.*
Herzogin Katherina an Göttingen: meldet die Verstärkung des Feindes und fragt, ob sie bei der Stadt auf Unterstützung rechnen könne.

---

[1]) Sept. 21.

Den ersamen wysen unsern lieben getrawen borgermeystern und rate zu Gottingen.

Katherina von gots genaden geborn von Sachsen hertzoginne zu Brunswigk unde Luneborgk. Unsern grus und gnedigen willen zuvorn. Ersamen wysen lieben getrwen, wir geben euch genedichlich zu erkennende, das der bischof von Hildensehim ober de Weser an eynem und Moltzan ober de Elbe¹) am ander teyl oberkommen und mit eyner merklichen anzal reysiger im lande Luneborgk ligen in willen unsers lieben hern und gemals und unser lande und leute zu bescheddigende und in dussen unser ort landes, als wir nicht sonder ursach in vorsorge syn, intzufallen. Ob nw sulchs geschege, begeren wir an euch ernstlichs und genediges vleyses, ir wollet uns zu vorstehen geben, wes wir uns alßedan zu euch vorsehn mochten. Wiewoll wir uns nw nach vorwantnisse, ir hirinne als de gehorsamen tun werden, zu euch vorsehn, idoch begeren wir hirmit bey gegenwortigem ewr zuvorleßlich antwurt uns der gelegenheit nach hirinne wissen zu halten. Datum Munden mitwochen nach Michaelis anno 22.

Katherina etc. mit aygener hant.

Briefsch. XVI, A; Cop.

299. *1522 Oct. 3.*
Northeim an Göttingen: fragt über die Stellung zur neuen Forderung Herzog Erichs an.

Den erßamen vorsichtigen hern borgermestere und rade to Gottingen unsen besundern guden frunden.

Unße fruntlike denste vor. Ersamen vorsichtigen hern und besundern guden frundes. Wy geven jw hirmede fruntlich torkennende, dat uns unlesten vorgangen middeweken²) eyn open besegelt breyf von unßerm gnedigen hern an de gantzen lantschup holdende behandet ist, in welkerm syn forstlike gnade angetzoiget, welker maten de bischop von Hildenßem myt sampt Joachim Moltzann sick myt folke to vote und perde vorsammet und gerustet in meyninge syner forstliken gnaden lant und lude to overfallen und to beschedigende etc., und uns sampt andere gemeynen lantschup up dat ernstlikeste na itziger gelegenheyt erfurdert und ermanet synen forstliken gnaden up dat alderstarkeste von stunt und ungesumet to toleynde. Des wy denne nicht

---

¹) cf. *Delius, D. Hildesheimsche Stifts-Fehde. 1803. p. 209.* Der Bischof hatte in Westphalen, Joachim von Maltzan in der Mark Brandenburg geworben. cf. *N. 275 u. Lüntzel a. a. O. p. 100.* ²) Oct. 1.

ane geringe beswerunge bewogen worden wu denne allet, bydden wy fruntliken, wyllen uns by jegenwordigen vorwyssen, eft jw desulfte open breyf geliker maten to handen gekomen und eft gy ok boven ßodanne knechte, wu gy hochgedachtem unserm gnedigen hern kortz erschenen to deynende afgeferdiget, furder synen forstliken gnaden upe sodanne sware und pynlike furderinge myt folke deynen wyllen. Desses uns geloeflich nicht wyllet vorentholden, vordeynen wy wylligen und gantz gerne. Datum sub nostro secreto sexta post Michaelis archangeli anno etc. 22.
Borgemestere und rad to Northeym.
Briefsch. VIII, C; Or. m. S. Rückschrift.

300. *1522 Oct. 3* (sexta post Michaelis).
Göttingen an Thomas Meler Büchsenschützen: ersucht ihn sofort womöglich mit andern Büchsenschützen nach Göttingen zu kommen.
Briefsch. XX, B; Entwurf.

301. *1522 Oct. 4* (sabbato post Michaelis).
Göttingen an Northeim: meldet auf N. 299, dass es den bewussten offenen Brief durch den reitenden Boten erhalten[1]*), mit den Gilden ut beweginge solker swaren erfordernisse gerathschlagt, bisher kein neues Dienstvolk entsendet und in dieser Sache keinen definitiven Entschluss gefasst habe.*
Briefsch. VIII, C; Entwurf.

302. *1522 Oct. 4* (sonnavendes na Mychaelys). *Einbeck.*
[Hans von Dransfelde Rittmeister] an Göttingen: entschuldigt sein Schweigen mit dem Mangel an zuverlässigen Nachrichten; meldet die Aussage zweier Männer aus Alfeld vom heutigen Tage, dass der Bischof von Hildesheim am Donnerstag [Oct. 2] ins Feld gerückt sei, Münder[2]*) und die anderen kleinen Städte ausgebrannt habe und mit mehr als 1200 Pferden im Dorfe dicht am Kalenberge liege; verspricht das Ergebniss der deswegen ausgesandten Botschaft, die morgen zurückkehren soll, und alle Einzelheiten, die ihm bekannt werden, bald mitzutheilen.*
Briefsch. XVII; Or. m. S.

303. *1522 Oct. 5* (sontags nach Francisci confessoris). *Hannover.*
Herzog Erich an Göttingen: dankt für die neulich zugesandten Kriegsknechte[3]*), die er auf das Haus Koldingen ge-*

---

[1]) cf. N. 298. [2]) Münder an der Hamel. cf. N. 298. [3]) Nach N. 305 waren es 100 Mann, die vermuthlich am 2. Oct., dem Anfangstermine der Soldzahlung, von Göttingen abgefertigt worden waren.

schickt und neben andern von Adel verwandt hat, fordert Sold einen monat lang, 2 fl. für den Mann, die Beköstigung wolle er selbst übernehmen.
Sub L I, b; Or. m. S. u. Unterschrift.

304. *1522 Oct. 6.*
Göttingen an Johann von Grone: verlangt sofortige Entrichtung der für Jühnde zahlbaren Summe und persönliches Erscheinen in der Stadt einer Unterredung wegen.
Johan von Gronhe.
Strenge und besunder guter freunt. Nachdeme wir euch umb das gelt, des wir uns mit euch des huses halben Jhune forder vorhandelt, zu vele maln schriftlich und muntlich ersucht und auch ewren glaublichen getanen insagen nach vor lang solten entfangen haben, hetten wir uns solchs ewres ufzogks, als uns von euch unangesehin unser lang gedultragent begegent, mit nicht vorsehin, tragens auch in warheit nicht gut gefallent. Begeren darumb gutlich, ir wollet daran ane lenger seument syn, das wir der bemelten summen geldes zu unser und unser stad behoif entrichtet und bezalt werden. Und wo das sunder ufzogk nicht forderlich geschege, habt ir zu ermessen, wir mit euch in solcher gestalt nicht lenger konnen edder willen besitzen, ßunder werden geursachet mit unserm huse Jhune unse und unser stad beste zu beschaffen, deßhalben ir euch dem selbst schadens hetten zu vorwyten. Nachdeme ir uns auch bemeltes huses halben in vorschribungen, gelobten und plichten vorwant syn, so heyschen und erfordern wir euch denselbigen ewren gelobten und vorwantnissen nach hirmede jegenwordigen, das ir euch von stund angesichts breves erhebet und bey uns in unser stad ankomen. Dan uns ist notroftich und behoif, das ir euch mit uns und wir uns mit euch aus angelegen besorglichen notsachen beratslagen und eyn deme andern darinne behulflich und redich syn und willet euch hirin allenthalben zum besten richten und halten. Des wollen wir zu euch zuvorsicht tragen und uns gentzlich darzu vorlassen. Datum secunda in communibus anno 22.
Briefsch. XXII, A; Entwurf.

305. *1522 Oct. 8 (quarta in communibus).*
Göttingen an Herzog Erich: sendet auf N. 303 einen Monatssold vom 2. Oct. (donnerstag nach Michaelis) gerechnet im Betrage von 200 fl.
Sub L I, b; Entwurf.

306. *1522 Oct. 8.*
*Der Rath an den Söldnerhauptmann Georg Wilperge:
befiehlt ihm nach Ablauf der festgesetzten 14 Tage noch 8 Tage
auf Kosten der Stadt beim Herzog zu bleiben.*

Der knechte hovetman Georg Wilperge.

Unsern grus zuvorn. Ersamer guter freunt. Nachdem
ir und ander ewr undergesworne knechte von uns dem rate
auch unsern gylden und gemeynheit syt wedderumb aus-
gesant mit bevele dem dorchluchtiden hochgebornen fursten
hern Erichen herzogen zu Brunsvig und Lunenborch unserm
gnedigen hern vertzen tage lang und nicht lenger uf unsen
solt zu deinen; demnach, dewyle deselbige zit der vertzen
tage umb, geben wir euch daruf zu wissen, das wir mit
unsen gylden und gemeynde dorch swarheit syn oberkomen,
das ir unserm gnedigen hern hochbemelt zu gefallent noch
acht tage uf uns des rades und der gilden und gemeynheit
beloninge solt lassen gebruachen. Waner aberst de achte
tage auch vorgangen syn, moget ir genedig orlob und abe-
scheid bitten und begeren. Wo ir aber dusse tage lenger
ausse bleven, alsedenne wollen wir der rat sambt unsern
gilden und gemeyne euch zum keynerm solde wyter ant-
worden. Das wolten wir euch nicht vorhalten, darmit ir
euch des zu richtende wisset. Datum quarta in communibus
anno 22.

Briefsch. XXII, A; Entwurf.

307. *1522 Oct. 16. Nürnberg.*
*Kaiserliches Mandat an Göttingen: befiehlt Zahlung der
Kammergerichtssteuer wie N. 241.*

Sub R V; gedr. Or. m. S. u. Unterschrift; Rückschrift: Anno etc.
22 dingstags [1]) nach Andree apostoli hat Jacob Steynmuller kayserlicher
majestat rytende bote hern Johan Winckelmanne doctori und borger-
meystero dut kayserlich mandat insinuirt und behandiget.

308. *1522 Nov. 10 (?).*
*Wolfgang Sthelin Licentiat der Rechte und bisher Syndicus
von Göttingen urkundet über seinen Verzicht auf alle Ansprüche
an Göttingen.*

Ich Wolffgang Sthelin jurium licenciat bekenne opent-
lick in dusser meyner eygner hantsrift vor my mine erven:
nachdeme ick my hibevor nun und in vorschrive[ne]r zeyt
dem erbarn rat zu Gottingen vor eynen sindicum togetan
und ßo ine ein jare lang gedinet habe, idoch mit onen der-
halven, dat sy my noch mit ezlicher zeyt nemlich noch zwein
jarn folgent vorstricket sein, to unwillen kommen, ßo habe

---
[1]) Dec. 2.

ich mich solcher irtum halben dorch freintlicher underredung zwessen uns geschen mit in gutlich voreyneget und vortragen; sege darum vor my und myn erben gemelten rat und gemeyne stat¹) Gottingen sulker irtum halben, ick to ine der halben oder sunst in jennige wys anders mochte gehatt heben, gentzlich quit ledig und loeß alles ßonder gevere. Und were, das ich meyner person gnantem rade edder gemeyner stat Gottingen in konftig[en] zeyden konde oder mochte freintlich oder oynige denst tun, wil ich meynes vormogens willig und gerne erfunden werden. Des zu urkunde, allweyl ich mein angebor[n] peschir nicht vorhanden gehat, dey erbare und weysen Ludolff Stockleven und Herman Wiczenhusen meyne freintlich lybe sweger gebetten ir gwonlich peschire²).. meinetwegen hirnoch afzudrucken, doch inen³) und iren erven unschedlich. Alles geschen⁴) an dem 11. tage Lucillae (?) virginis anno etc. 22⁵).
Sub R I; Or. m. einem S. u. m. d. Spur eines S.

---

¹) *In der Vorlage folgt:* stat. ²) *Folgt ein nicht zu entzifferndes Wort, das auf den Sinn keinen Einfluss zu haben scheint.* ³) *Vorlage:* imen. ⁴) *Die Datumszeile ist wie das ganze Schriftstück höchst unleserlich geschrieben. Deutlich ist:* XI tage. *Die Jahreszahl ist mit lateinischen und arabischen Zeichen gegeben:* XX 2. ⁵) *Diesem Verzichte war ein heftiger Schriftwechsel vorausgegangen.* 1521 Juli 26 (die Anne) *schreibt Göttingen an Doctor Conrad König Syndicus zu Braunschweig, dass es seinen Schwager Wolfgang (Stehlin), den es auf seine Empfehlung und ihm zur Freundschaft auf ein Probejahr mit Aussicht auf 3 weitere Jahre angestellt habe, seiner Jugend und anderer Ursachen wegen untauglich erfunden und zum Schluss des Dienstjahres (Ende Sept.) entlassen werde. Im Schreiben an Göttingen,* 1521 Aug. 13 (am dinstage nach Laurentii), *protestirt König dagegen, dass Stehlin nur ihm zu Gefallen angestellt wurde, lehnt die Verantwortung ab, da auch andere befragt worden sein, behauptet, dass sein Schwager es nicht verschulde, wenn er die Gunst der Göttinger nicht erwürbe, da er garnicht oder nur selten zu den Geschäften herangezogen würde, und will nicht auf ein sondern auf 3 Jahre pactirt haben.* (Das mich aber juwe ersamheit erinnern, als solt mich ewr ritmester zu Hoxer und hir *(Braunschweig)* derhalb uß ewrm befel angesprochen habben, das ist war. Er wert juwer ersamheit och ane zwifel nit vorborgen habben, was ich im vor antwort geben, dio ich och bstendig unde war weiß, unde bsunderlich des eynen jars halb zu vorsuchen mit meinem ßwager; dan hero Hermen ewr Secretarius, den ir an mich mit ewr credentz zu gwerben geschickt, hat mit mir uf drey jar beschlossen und nit ein jar, als er ane zwivel och woll bekennen muss. Worumbe schribt mir dan juwe ersamheit von eynem jar? Meint juwe ersamheit, das mit kindern gehandelt?) *Göttingen solle lieber nach Billigkeit handeln, als ihn der Lüge bezichtigen. Er wolle die Namen derjenigen wissen, welche das vom Secretären gegebene Versprechen leugnen und ist mir warlich herztlich leit, das der gut her Hermen juwer ersamheit nutz und sachen so woll gmeint och sich ßo flisig bewißt und sol nun den dank haben. Fordert, dass Stehlin im Dienst belassen werde.* 1521 Aug. 28 (die s. Augustini) *rügt Göttingen den Ton der Antwort, behauptet abermals den Licentiaten unerkant*

309. *1522 Nov. 11* (am tage Martini).
Herzog Erich an Göttingen: erinnert, dass er seinem Marschall Johann von Grone 100 fl. aus dem Landschatz zugewiesen habe, befiehlt sie auf des Marschalls Forderung auszuzahlen und quittirt für sich über dieselben.
Arch. 774; Or. m. S. u. Unterschrift.

---

seyner erfarunge edder geschicklicheit *auf Königs* promocion *zunächst auf ein Probejahr angenommen zu haben und beharrt, um nicht umsonst Sold zu zahlen bei seiner Kündigung zu Michaelis (Sept. 29). Am 25. Sept.* (middeweken nach Mathei) 1521 *meint König die Göttinger Schreiben für untergeschoben halten zu müssen* (ick hebbe itzunt eyn schryft unter dem titol: consules in Gottingen entfangen, gelick wy kort darvor gescheyn, wyll aver nich geloven, dat ße myt weten der erbarn und erßamen des rades to Gottingen utgegangen, dan yck daryn — veel unbillickes befinde), *wiederholt seine Behauptungen und Forderungen und ergeht sich in Schmähungen gegen den Bürgermeister von Göttingen*. Nochdem (!) aver Cristus unser her two[l]f jungeren hadde, der welckoerer eyner eyn tuefel — und yck by juwer ersamheit ok eynen tuefel finde, got wolde, dat oerer nich mero syn; ßo bedorfen sick de fromen des nicht annemen. — Do juwer borgermester, de sick eyn doctor nemet, yn dem kindelbedde lach und sick nicht bedorfte seyn laten, wat kan ick darumme don, dat juwer borgermester nicht nutte ys. — *Nicht auf Stehlins Brauchbarkeit komme es an, sondern auf den Contract.* — Holdet om *(Stehlin)* do drey jar — ho wyll wol alßo veel kunnen wetten utrichten und nutte ßyn alße juwer doctor Wynckelman, ja eben wynkel- nicht luchtman. — De doerheyt sehadet ok dem older nicht, darumme de ok nicht allewege wys, dede oelt ys. Der syn ok vele up orde, de woll gued und boße kennen, seyn averst inwendig ßo vull fenyenß und boeßheyt, dat se nicht gudes doen kunen alße Pharao. Junge gosellen ßyn besser to leren wen olde narren. — Wat ys dat vor eyner lamerposse, dat gy schriven gy hebben myn ßwager eyn jar to vorsockende angenomen und, ßo ho jw gevelle, wylde gy one dar na drey jar annomen. — Is gecken geven solke possen und loyken voer. Wer mach juwor (!) borgemester Winckelman dusse loykenstucke gelert hebben? In der schole heft he se nicht gelert. — Wywoll yt ok war ys, dat gy doctor Crusen mer den my vortruwet — ßo bedanke yck doch dengonnen, de wat van mynen wegen gedaon. — Yck kan liden unde beger nicht mer, dan dat he *(Winkelmann)* solkes juver ersamheit — landesforsten over myck vormeyne to klagende, yck wyll ome to rechte gode und billickheyt antworden, indem he my wedder to recht desulvest stan wyll. So heft de rad, alße yck yn den hendelen marke, dusser sake nicht to donde. Ick wyll ok den erßamen und fromen solkes nicht to geschreven hebben. Wyll seck den wer wat annehomen, ick moyt yt ok gescheyn laten, it wyll sick am utkerende finden, wer foge edder gelimp heft. Ut den orßaken wyl yck myck ganß to der erbaricheit vorßeyn, dat juwe ersamheit up dem orlof geven nicht vorherren wyllen, yck nem on ok ganß nicht an, und dode myn horn noch alletyt gerne wat yck wuste, dat one lef und to deynste were. Ick holde Ludelef Stockleve der erbaricheyt, he werde wol seggen wat ick myt ome geredet hebbe, wy wyllick yck, ok ane lof to redende, gewest juwer ersamheit in saken, ßo ick van ome veelmals gefraget to radende und myt ome to gaen. Wat yck juwer ersamheit ok up eyn ordel godenet, is dat myn drankgelt. So hebbe gy my vor den papen tom Kalenbergo vorseyn, dem warden strecke vor dank, des

310. *1522 Nov. 25* (tercia post *(sic!)* Catherine).
Göttingen an Herzog Erich: entschuldigt sein Ausbleiben von dem zum 28. Nov. (uf schirst zukomenden fritag s. Andreas abent) *nach Hameln angesagten Landtage mit der gefahrvollen Reise, da die Strassen vom Feinde besetzt sein sollen, und der ungewöhnlichen Entfernung der Malstätte.*
Briefsch. XVI, A; Entwurf.

311. *1522 [vor Dec. 3]. Hameln.*
Herzog Erich an Göttingen: ersucht es zu den am 4. Dec. (nu erst komende donredach nach Andree) *in Goslar*[1] (?) *stattfindenden Verhandlungen mit dem Stift Hildesheim zum nächsten Mittwoch zwei Rathmannen zur Unterstützung seiner Räthe abzuordnen.*
Sub L I, b; Or. m. S. u. Unterschrift.

312. *1522 Dec. 18. Wolfenbüttel.*
Herzog Erich an Göttingen: meldet, dass er durch seinen Kanzler und dann persönlich gegen die Heranziehung Göttingens zur Kammergerichtssteuer Verwahrung einlegen werde.

Den ersamen und fursichtigen unsern lieben getrewen borgermeystern und rate unser stat Gottingen.

Von gots gnaden Erich hertzog zw Braunsweig und Luneborgk. Unsern gunstigen grus und genedigen willen zuvor. Ersamen und fursichtigen lieben getrewen. Wir haben ewr itzig an uns getane schreiben mit ubersendung eines kayserlichen mandats[2]), ßo euch ferner von kayserlicher majestat unsers allergenedigsten herren etc. reytende botten zugepracht und uberantwurt ist wurden, sampt den anliggenden beswerungen, so ir als die unsern darinnen tragen und bewegen, alles enthalts vorleßen und guediger meynung vorstanden. Und wollen euch nicht vorhalten, das wir kurz hiebevor unser eigen sachen halben, auch von wegen unsers freuntlichen lieben vett[e]rn hern Heinrichs des jungern hertzogen zw Braunschweig und Luneborgk, dem wir auch ewre zugesendte schrifte haben sehen und verleßen lassen, darauf seiner lieben rat und wolmeynung vorno[m]en, unsers

---

nach ick motich gaen. Soket jw ein affen in Wynckelmans hueß.
Göttingens Antwort, ohne Datum, weist König mit seinem spitzigen Schreiben zurück. Am 17. Juni (denstag nach trinitatis) *und 5. Sept.* (freytag nach Egidii) *1522 verlangt von Freiberg aus Wolfgang Stehlin, Doctor und Kanzler, Vater des Göttinger Syndicus, zum mindesten einen Vergleich Seitens der Stadt mit seinem Sohne über den Gehalt von zwei Jahren.* Sub R I. [1]) Ganz verwischt an den Rand geschrieben. cf. Lüntzel a. a. O. p. 103. [2]) N. 307.

itzigen merglichen anliggens und sonst geborlichen gehorsam Romischer kaiserlicher majestat zu laisten unsern cantzler und lieben getrewen Johann Schadenn gen Nurnberg auf bestimpten reichstag wolmechtig abgefertig[t]; vorsehen uns auch in virtzen tagen in eigner person darselbst zu stet zu verfugen. Und befinden bey unserm lieben vett[e]rn und uns noch zur zeit en (!) noit sulher ladung halben ditz mals ewrn procuratoren dar zur stette abzuschicken, dann wir haben ewre schrifte sampt ingelechter copeyen des entfangen mandats und gepotbriefs mit unser nottorftigen beyschrift, die wir euch hiemit ubersenden, an unsern cantzler vorfertigen lassen und ime bevolen sulher citatien und ladung von wegen des angeforderten zulags euch als unsere ererbte undertanen bis auf unser zukunft kegen den regiment und generalfiscal geborlichs gehorsam zu vertretten und dem nach erforderung der nottorft am besten und fugligisten vorzusein. So wellen wir auch als der erb- und landsfurst, ßobald wir dar zur stette komen, aus geporlicher erforderunge und euch mit zu gnaden und besten die sachen genedig bedenken und fleyssig ermanung als vor die unsern tun und vorwenden, damit ir desfalls furder unangefochten pleiben muget. Demnach begern wir gnedigs vleis, ir wellet diese unsere nebenschrifte, wilche euch zum besten geschehen, bey ewrer eigen gewissen botschaft ubersenden[1]), damit die vor vorendigung des angesatzten termins ausgegangner citatien und ladung gewitlich zur stette ankeme und das darinnen nichts anders, das sulhs vorhindern mucht, vorgenomen werde. Sulhs kumbt uns zu genedigem gefallen, wolten wir euch zu gnaden nicht vorhalten. Datum Wulffenbuttell donnerstags nach Lucie virginis anno etc. 22.

      Herczoge Erych etc.

Sub R V; Or. m. Spuren d. S.

313. *1523 April 25 (sabbato post misericordia domini).*

Göttingen an [ersame gude frund]: *bedauert der Forderung auf Zahlung der vollen Zinsen gemäss den nach Ablauf des Vertrages übernommenen Verpflichtungen unmöglich nachkommen zu können und bittet ihn, sich, gleich den andern Gläubigern, mit 4 % zu begnügen.*

Briefsch. XXII, A; Entwurf.

---

¹) *Fehlt in der Vorlage.*

314. *1523 Sept. 5. Nürnberg.*
Kaiserliches Mandat an Göttingen: ladet es auf den 11. November (Martini) zum Reichstag nach Nürnberg.
Sub R V; gedr. Or. m. Spuren d. S. Unterschrift Pfalzgraf Friedrichs bei Rhein und Herzog Johanns von Baiern; laut Rückschrift am 17. Sept. (am dage Lamporti) dem Doctor Johannes Winckelmann durch den kaiserlichen reitenden Boten Peter Drempell zugestellt.

315. *1523 Sept. 18* (sexta post exaltacionis s. crucis).
Göttingen an das Reichsregiment: meldet auf N. 314, dass es nicht dem Reiche zustände, sondern dem Herzog Erich erb-unterthänig angehöre[1].

Zettel: erklärt auf die Erkundigung nach der Höhe der von Alters her dem Kaiser gezahlten jährlichen Stadtsteuer (jerliche stadsteure), *dass es sich nicht erinnere, dem Kaiser oder Kammergericht gesteuert zu haben* (das wir nicht wissen, wir ywerlde der — keyserlichen mayestat edder dem chamergerichte jennich steure zugewant), *weist darauf hin, dass es das seinem Landesherrn gebührende geleistet habe* (Sunder uns allewege in dem, wes wir — unsen — landesforsten zu tunde plichtich, glich andern syner forstlichen gnaden gemeyner lantschaft billigs gehorsam gehalten haben).
Sub R V; Entwurf.

316. *1523 (?) Dec. 31* (am neven jars abent anno 23).
Herzog Erich an Göttingen: quittirt über die Neujahrsbede von 100 Mk. und befiehlt sie seinem Marschall Johann von Grone auszuzahlen.
Arch. 774; Or. m. S. u. Unterschrift.

317. *1524 Jan. 10.*
Göttingen verpflichtet sich für Herzog Erich den Gebrüdern von Halle 2000 fl. Rh. in vier Terminen aus der Landsteuer zu bezahlen, so lange diese einliefe.
Wy borgemeyster und ratmanne der stad Gottingen doyn kunt unde bekennen in dussem open vorsegeltem breve vor uns unse nakomen und alseweme, dat wy von wegen des dorchluchtigen hochgeborn forsten und hern hern Erick hertogen to Brunswigk und Luneborgk unsers genedigen hern mit deme erbarn Frantze von Halle mede tobehoif syner broidere hern Thomas und Henrickes orer aller erven und helder dusses breves mit orem guten willen gehandelt hebben, dat wy gemelten brodern von Halle und oren medebeschreven

---
[1] *Die Stelle ist vielfach durchstrichen, das hinein corrigirte schwer zu lesen.*

twey dusent gude volwichtige fl. Rinsch, edder den gulden
mit vyer und vertich Matthies groschen to betalende, vor
unse eigen schulde up tyd und termyne, wo nach volget, in
unser stad Gottingen sonder alle geystlicke[s] undwertlickes
gerichtes und rechtes vorhinderunge ok sunder allen oren
schaden geven und betalen schollen. Und wollen[1]) gemelten
gebroddern von Halle de betalinge doyn up den ersten
termyn up den paschen in den vyr hilligen dagen so men
schriven wert der weyniger tael vyf und twintich; schollen
gemelten brodderen von Halle vyfhundert fl. betalt werden,
und darnach to dren paschen alles in den vyr hilligen dagen
nach enander allernegest volgende yo cynes itliken termyns
vyfhundert fl. betalt werden also, dat sie in den vyer ter-
mynen ²) gudlicken sunder jennigerleie vorhinderunge der
tweyer dusent gulden schollen gutlicken entrichtet werden³).
Dat wore den sake, dat god vorhoden wolde, dat uns de
landsture, darut wy dusse betalinge doin willen, dorch de
viendes not mit rove edder brandes vorhindert worden, alse-
denne schollen wy dusser betalunge unvorplichtiget syn. Wor
uns aver solke vorhinderunge nicht geschege, alsedenne
schollen wy uns dorch neynerleie ursake hirjegen to behol-
dende hebben, dan uns mit der betalunge up termyne tyd
und stede holden wie vorgeschreven und vortigen darup alles
geystlicken und weltlicken rechts und gerichtes jegen de
gemelten gebroidere von Halle, darmede dusse betalinge
jennicherleye mochte vorletzet werden, nicht to gebruken,
ßunder uns hirmede holden und hebben in aller maten wie
vorgeschreven steet; alle vorgeschreven puncte und artikelle
sambt und besundern reden und loven wy obgemelte borger-
meystere und rad der stad Gottingen vor uns und unse
nachkomelinge ergedachten gebroddern von Halle oren erven
und medebeschreven by unsern waren trwen stede und vaste
unvorbroken sunder jennigerley argelist nye efte alde funde
woll to holden. Und hebben des to warer urkunde und
vaster erholdunge unser rechte stad ingesegel benedden
dussen brief doin hangen. Gegeven in unser stad Gottingen
na der gebort Christi im dusent vyfhunderten und vyer und
twintigesten jare am ßondage na der hylligen dryer
koninge dage.

Lib. Cop. Pap. II, 218 b; durchstrichen.

---

¹) *Folgt in der Vorlage:* und.   ²) *1525 April 16—19; 1526 April 1—4; 1527 April 21—24; 1528 April 12—15.*   ³) *Marginalnote:* Redempta est ista littera, soluta summa.

318. *1524 Jan. 13* (in octava trium regum).
Die Vormünder der Erben Heinrich Mechtzhusens, Bürgermeisters *[zu Goslar]* an Goslar: berichten, dass sie für die ihren Mündeln von Göttingen zu zahlenden Zinsen, die 100 fl. Rh. betrügen, 1517 in eine Herabsetzung des Zinsfusses auf 4 % gewilligt, sich 1522 ebenfalls mit 4 % begnügt, dann nach den vertragsmässigen Zinsen für 1523 vergeblich geschickt haben, indem die mit den früheren gleichlautende Quittung zurückgewiesen und sunderlick drankgelt als nomelick cynen gulden gefordert worden sei; sie bitten von Göttingen die vertragsmässige Zinszahlung zu erwirken, widrigenfalls sie sich zu anderen Schritten veranlasst sähen.
Briefsch. XX, B; Or. m. Spuren d. S.

319. *1524 Jan. 30* (sonnabents nach Agnetis). *Münden.*
Herzog Erich an Göttingen: meldet, dass er nach Zustellung des Göttinger Schreibens an Johann von Köln diesem auf Ansuchen das Geleit bis Mittfasten *[März 6]* verlängert habe, damit inzwischen ein Ausgleich herbeigeführt werde[1]).
Sub N V, A; Or. m. Spuren d. S. u. Unterschrift.

320. *1524 April 18.* *Nürnberg.*
Kaiserliches Mandat an Göttingen: ladet es in Anlass der Türkengefahr und der Lutherischen Secte auf Martini *[Nov. 11]* zum Reichstage nach Speyer.
Sub R V; gedr. Or. m. S. u. Unterschrift Erzherzog Ferdinands von Oestreich.

321. *1524 Apr. 18.* *Nürnberg.*
Kaiserliches Mandat an Göttingen: befiehlt Zahlung der Kammergerichtssteuer wie N. 241.
Sub R V; gedr. Or. m. S. u. Unterschrift Erzherzog Ferdinands von Oestreich.

---

[1]) *1519 hatte der Rath die Vermögensklage seines Bürgers Kuntzelmann gegen seinen Mitbürger Johann von Köln zu Gunsten des ersteren entschieden. Johann von Köln unterwarf sich dem Urtheil nicht, entwich 1520 aus der Stadt und sagte ihr Fehde an. Nachdem er den Bürger Hans von Nörten gefangen genommen, wird von Volkmar Vogt, Amtmann des Eichsfeldes, Tile von Hanstein und Conrad Broelen (?), Bürgermeister zu Aldendorf, am 28. Juni (freytag nach Johannis baptiste) 1521 ein Vergleich vermittelt, wonach Johann von Köln seine Schulden vom Hause seiner Frau Alheit bezahlen, Hans von Nörten freigeben und ihn dem Grafen von Rithberg gegenüber sicher stellen, Göttingen Alheit von Köln in den Besitz ihrer Güter einsetzen, ein Schiedsgericht den gegenseitig zugefügten Schaden bestimmen soll. Der Vertrag wurde nicht gehalten, nach einiger Zeit befehdet Johann von Köln abermals die Stadt. Sub N V, A. Briefsch. XX, B.*

322. *1524 Mai 22* (sontags trinitatis). *Münden.*
*Herzog Erich an Göttingen: verweist in Antwort auf das
durch Johann von Grone ihm übermittelte Schreiben wegen der
Feinde der Stadt in Betreff Bode Beckmanns*[1]) *auf den ab-
schriftlich beigelegten an Friedrich von Falkenberg, Amtmann
zu Blankenau, ausgefertigten* haubtbrief, *erklärt sich in Betreff
Johann von Kölns zur Unterstützung bereit*[2]).
Sub N V, A; Or. m. S. u. Unterschrift.

323. *1524 Sept. 18* (up sundach na exaltationis s. crucis).
*Dekan und Capitel der s. Peters- und Andreas-Kirche zu
Paderborn an Göttingen: fordern die vorige Ostern fälligen,
trotz ihres früheren Schreibens noch nicht bezahlten Zinsen,
sowie die jetzt zu Mariae Geburt [Sept. 8] fälligen Zinsen und
zwar laut den Verschreibungen im vollen Betrage von 5 %
(je 58 Kurtlinge auf den fl.), da die Frist der für 6 Jahre
beredeten Herabsetzung des Zinsfusses abgelaufen sei.*
Briefsch. XVII, C; Or. m. S.

324. *1524 Sept. 21* (die Mathei apostoli).
*Göttingen an [Dekan und Capitel der s. Peters- und
Andreas-Kirche in Paderborn (?)* (werdige und erhaftige
gunstige hern)]: *überschickt auf die erneute Mahnung
[N. 323 (?)] in Bezahlung der rückständigen Zinsen 5 fl.
(je 50 Achtener auf den fl.) zum deutlichen Beweise seines
guten Willens, indem es keinen andern Gläubiger auf gleiche
Weise befriedige.*
Briefsch. IV; Entwurf.

325. *1524 Sept. 28* (am abent Michaelis). *Münden.*
*Herzog Erich an die [Mainzischen] Räthe auf dem Eichs-
felde an Heiligenstadt und Duderstadt: verlangt auf Göttingens
Bitte:* ir wollent inen *(Göttingen)* gegen iren widerparten
schleinigs rechtens verhelfen und darein sehen, das sie darin
gefordert und clag hieruf verhüt plibe[3]).
Sub C VI; Or. m. S. u. Unterschrift.

---

[1]) *cf. N. 351.* [2]) *cf. N. 319.* [3]) *Mehrere Göttinger waren am
Anfang des Jahres auf der Heerstrasse nach Heiligenstadt überfallen und
beraubt worden. Die Verdächtigen wurden verhaftet und nach Heiligen-
stadt und Duderstadt gebracht. Sie konnten nicht überführt werden, die
beiden Städte verweigerten die Auslieferung. Ueber den Ausgang geben
die zahlreichen zwischen Göttingen dem Gericht auf dem Rustenberge
Heiligenstadt Duderstadt und dem zur Vermittlung herangezogenen Ein-
beck gewechselten Briefe keinen Aufschluss. Sub C VI.*

326. *1524 Oct. 2* (dominica post Michaelis).
Göttingen an Magdeburg: bittet, sich gleich der Mehrzahl seiner Gläubiger für die letzte Ostern fälligen Zinsen mit 4 %, dem auch von anderen Städten gezahltem Zinsfusse, zu begnügen, weist demnach Magdeburg mit 48 fl. an Hans Boylken (hebben — jwen ersamheiden by Hanse Boylken borgere in der Sudenborgk by jw wonhaftich 48 fl. — gegen geborlige quitancien unverschreven), *verspricht fortan regelmässige Zahlung und stellt vor, dass ihm eine ungleiche Behandlung der Gläubiger zum Nachtheil gereichen würde*[1]).

Suppl. zu den Cop. Vol. VII, G; Reinschrift, nochmals durchcorrigirt.

327. *1524 Nov. 19.*
Magdeburg an Braunschweig: entschuldigt sein Ausbleiben von der Tagfahrt zu Goslar, rathet in Betreff der aufgelegten Steuer nachzugeben, versagt für ein etwaiges Collectivschreiben seine Unterschrift.

Den ersamen wolwisen hern borgermeistern und radmannen der stad Brunswick unsen bisundern gunstigen frunden.

Unsen fruntlicken dinst tovorn. Ersamen wysen hern bsundern gunstigen frunde. Wy hebben juwer ersame[n] wyßheit schrifte in vormeldung, wes juwer ersamheit sampt den andern erbarn steden in upleggung der wichtigen und groten sture von der herschup in swekung privilegien und fryheiden nachdelich bejegent, mit ansettung des dages Cecilie virginis[2]) gen Goslar intokomende, dat wy alßdan ok aldar ane utebliven erschynen und tor erbarn stede beste raden wolden etc., furder und alles inholdes vornomen und geven juwer ersamen wisheit fruntlick to erkennen, als wy tovorn alle tit juwer ersamen wisheit und der andern erbarn stede bestes unses vormogens gerne gefordert, uns in dem itz ok keyner muhe wolden besweren; laten unß aber bedunken, dat, got hebbe lof, sodann not nicht vorhanden, ok bey unß weynich wydere to raden sin will, dan dat by juwer ersamen wisheit sambt den andern erbarn steden wol genuchsam bedacht, dat in dessem ader anderem vornemende yo allenthalven keyne vorkortunge in den begnadung und privilegien geschehe, daraver wy ok alse wente her to in gelickmetigen fellen, so unß velefeldich bejegent, alhir geholden ok eyne vorsammelung der erbarn stede gefordert. Juwe ersame wisheit weyte ok vornemelick weß in dem to

---
[1]) cf. N. 226.   [2]) Nov. 22.

doinde und to laten. Aver nachdem wy vormerken, dat sodann der herschup vornement myt bede geschut, leten wy unß gefallen, so et ane vorrugkung der begnadung privilegien und olden herkomenden mochte geschein, dat sick juwe ersame wisheit und de andern erbarn stede, als villichte bereit etlicke gedan, mit der herschup vordregen, darmede ander grotter schade und varlicheit tom gemeynen besten vorhut wurde, und willen sodanes guder wolmeynung to juwer ersamen wisheit sampt der erbarn stede wyder und better bedenkent stellen. In dem ok dennoch fruntlick bidden, eft juwe ersame wisheit sampt den andern erbarn steden nach geholdenem ratslage wes an de herschupp schriven wurden, willen uns vorschonen, als et ok von unnoden noch fruchtbare, nicht mede, wu jungest geschein, in fuller macht insetten; dan wy hebben daraver ok heftige bryve erlanget und, so wy uns dageliker und grotter anfechtung befaren, konnen wy de unsen nach itziger gelegenheit myt alle und gantz nicht von der hant aver velt toschicken rat hebben noch enberen. Und bidden fruntlick juwe ersame wisheit, wille uns des uteblivens nicht vordenken und by den andern erbarn steden mit dem besten entschuldigen, dan, wes wy sust ok baven de plicht juwer ersame wisheit sampt den andern erbarn steden to dinste und wolgefallen gesyn mogen, doin wy alle tit myt ungespartem flite gerne. Datum under unser stad secrete am sonnafende Elizabet vidue anno etc. 24.

Radmann und inningeßmeyster der olden stad Magdeborch.
Briefsch. XXII, A; Cop.

328. *1524 Nov. 24.*
Goslar und die in Goslar versammelten Rathssendeboten an Magdeburg: berichten über die Beschlüsse, welche wegen der neuaufgelegten Steuer gefasst worden sind.

Den erßamen und wolwisen heren radmannen und inningeßmesteren der olden stad Magdeborch unßen beßundern gunstigen frunden.

Unße fruntlike deinste tovorn. Ersamen wolwisen hern und besunderen gunstigen frunde. Up gescheine forderunge eines erbarn radeß to Brunßwigk to dussem dage alhir to Goßlar angesat hebben wy juwe schrivent entschuldigung[1]) und bedenken alleß inholdes vornomen und hedden uns nicht vorsein, dat juwe ersamheit unse also beswerlike obligende notsake, darane uns und den unsen gedie und vor-

---
[1]) *cf. N. 327.*

derf gelegen, alßo geringe schettich geacht hebben scholden,
dan wuwol solke hove- und tegede-stur durch juwe ersam-
heit alß ein forstlike bede angezeigt, so wirdet doch desul-
vige mit groter und geswinde[r] drankzelicheit van uns und
den unsern gewaltichliken genommen und gedrungen, welkeß
einer bede ganß ungemeß, dat to besorgen, wo wy solkem
unerhortem und vorderflikem vornemen nicht mit ripen ein-
drechtlikem rade vorkomen, dat wy und unse nakomen in
dem und nachvolgenden fellen van older friheit to ewigem
servitutem und vorderflikem deinstbarichciden gebrocht.
Dewile dan unser voreninge sick to semptliker vordegedinge
unser privilegien friheit gerechticheit und oldem herkomen
vornemliken erstrecket, so willen wy uns vorhopen juwe
ersamheit werden sick tokunftich hirinne der gebore to hol-
den wol wetten; und oversenden hirmidde juwer ersamheit
warhaftige copien der schrift, so itzunt alhir beßloten und
unsem gnedige[n] hern hertogen hertogen Hinricken dem
jungern etc. van wegen der erbarn stede Goßlar Brunßwigk
Hildenßem und Eimbeck¹), alse de vornemlikesten mit be-
rorder hove- und tegede-stur beswert, to geschickt. Dergliken
werden de erbaren stede Hildenßem und Eimbeck mutatis
mutandis ok an unsen gnedigen heren hertogen Ericken ge-
langen laten. Wo uns dan solke velfoldige deinstlike und
underdenige ersoken und bede nochmalß unfruchtbarlick,
so is in rade befunden, dat de beswerde stede dusse und
andere ore velfoldige unlitlike beswerunge an de andern
unbeßwerden stede, wu van olderß gewoinlick, upt forder-
likeste schullen gelangen laten und derwegen ludeß der vor-
dracht to rechte erbedunge doin; wo aver datsulvige by ob-
gedachten Brunßwigkschen fursten ok unerspretligk, alßdann
so willen de erbaren stede by einander sinken und sweven
eindrechtichliken bliven, to vorsichtig juwe ersamheit werden
sick glikmetich erzeigen. Solkeß mochten wy juwer ersam-
heit im besten nicht borgen. Dan juwer ersamheit behech-
like to erleisten sind wy to doinde gantz gevlitiget. Biddens
nichtemyn juwer ersamheit richtige antwort by jegenwordigem.
Geschreven under unß[er] der stad Goßlar secret, deß wy
andern hir midde to gebruken, am donreßdage nach Elizabet
vidue anno etc. 24.

Radessendeboden der stede Brunßwigk Hildenßem Got-
tingen Hannover und Eimbeck itzunt bynnen Goßlar to dage
vorgaddert und de rad darsulvest.

Briefsch. XXII, A; Cop.

---

¹) *cf. N. 329.*

329. *1524 Nov. 24.*

*Braunschweig Hildesheim Einbeck und Goslar an Herzog
Heinrich den Jüngern: protestiren gegen die trotz ihrer Privilegien
aufgelegte Steuer, drohen mit Klage beim Kammergericht, mit
Unterwerfung unter einen andern Fürsten und mit Gegenwehr.*

Deme dorchluchtigen hochgebornen fursten und hern
hern Hinricke dem jungern hertogen to Brunßwigk und
Luneburg etc. unsem gnedigen heren.

Dorchluchtede hochgeborne forste. Juwen forstlycken
gnaden sin unße wyllige und unvordrotene deinste alletit
myt hogem flyte tovorn bereit. Gnedige here, it hebben
unse de erbare stede, ßo vor andere beßwert, up unse
jungest genoitdrengede supplication juwer forstliken gnaden
antwort, darinne vormeldet, wu dat juwe forstlike gnaden
von juwer forstliken gnaden landschaft eyne stur up hove
und tegeden ut orem sulvest rade marklyker orßaken halve,
in denßulvigen juwer forstliken gnaden schriften beroret,
togelaten bewylliget und overgeven, darumb achten it juwe
forstlike gnaden darvor, dat juwe forstlike gnaden dorch
innemung dersulvygen stur unser der stede privilegien gnaden
und friheiden gar nichts entgegen gehandelt, myt ange-
hengeder beger, dewyle solkes juwer forstliken gnaden hoheit
und overycheit belangen und etlycke der erbarn stede waynich
guter in juwer forstliken gnaden forstendome hebben, dusse
hulpe nicht to sparren etc., alles ferners inholdes vornomen.
Und bidden juwe forstlike gnade darup deinstlick und
underdanichlicken to wetten, dat berorden erbarn steden
van angetekender vorwilligung gar nichts bewust. It sin ok
one ungetwyveldes rechtes, dat juwer forstliken gnaden land-
schaft one und oren inruck und unwettent to orem und der
oren merklyken schaden und ewigen vorderve gar nichts to
vorwilligende hebben, dan, wat iderman bedript, dat moit
nach vormoge der rechten vornemelycken in ßo groten und
wychtigen ßaken, daran ewyger vordarf gelegen, van mennich-
lycken ok bewylliget und angenomen werden. Darto ßo
konde sick ok juwer forstliken hoheit und overicheit darhen
nicht erstrecken, dat de privilegia friheit gerechticheit und
olde loflycke vorwerte gewonheit unserer der erbarn stede
und orer inwoner gcystlycks und wartlicks gestandes dar-
dorch in enicherleye wyß infringert edder geßweket werden
mogen, byßundern deßulvige der erbarn stede und de oren
privilegia und fryhayt, ßo etlycke van pawestlyken hillicheiden
und keyserlyken und konnichlyken mayesteten und dem hil-
ligen ryke hebben, sick im deyle offentlycken myt dutlycken
worden darhen erstrecken: dat wedder forsten noch here

edder jemandes, wes standes de sy, deßulvige erbar stede
ore borgere edder derßulvigen ackerlude edder tynßlude
edder deßulvigen, ßo goider van one hebben edder den ße
ore goidere vormeden edder utdoin, myt keyner stur edder
eynigerleye deinstbaricheit beßweren schullen by hundert
marken lodyges goldes, alße ofte ßolkes geschut edder vor-
genomen werdet, de der keyserlicken kamer unnalatich to-
komen schulle, und anderen ßweren penen darinne vorlibet.
Darover ßo hebben sick etlyke juwer forstliken gnaden vor-
varen, zeliger und loflycker dechtnisse, vor seck sulvest und
orer forstliken gnaden erven etlicken unsen den erbarn
steden breve und segel gegeven, dat or forstlike gnade und
derßulvigen erven deßulvige erbare stede und de oren myt
keyner nygen upßettinge in or forstliken gnaden lande und
gebede beßweren ok keyne vorhoigunge up ße und ore goidere
vornemen, noch de[s]gelyken nemandes to doinde jennyger-
leye wyß gestaden wyllen, bißundern schullen und wyllen
ße by olden gewonheiden blyven laten, deßgelyken juwe
forstlike gnade volgende ok gelikmetich breve und segel ge-
geven etc. Dewyle dan solker vorderflyker und undrechlyker
beßwerung edder dergelycken van hochgenanten juwer forst-
liken gnaden vorvaren ny erhort, und dut juwer forstliken
gnaden vornement to genßlyker toruttunge unsere der erbarn
stede und der oren privilegien friheyden und oldem loflykem
herkomen und ewygem vordarve reket, ok etlyken juwer
forstliken gnaden vorvaren und juwer forstliken gnaden
ßulvest breven und ßegelen wu berort gar entjegen, und
unsen[1]) der erbarn stede gylden und gemeynheid derhalven
degelyken de erbarn rede dersulvigen stede hochlyken
beengsten und lenger ßolker juwer forstliken gnaden ungehort
beßwerlick gewaldich vornement nicht gedulden kunnen noch
wyllen; darumb sind nochmals to juwen forstliken gnaden
myt hogem flyte unße ganß deinstlyke und underdenige
bede: juwe forstlike gnaden wyllen van solken unlydelyken[2])
unerhorden und vordarflyken beßwerungen afstan und unse
de erbarn stede und de oren, geystlyke und wertlyke, by
oren privilegien fryheyden gerechtycheyden und olden loflyken
gewoinheyden myt wedderkarung und erstadung dessulvigen,
so darjegen myt drankßelicheyt ingenomen, unvorhindert
gerucklyken blyven laten. Dan wy hyrover allenthalven an
geborlyken enden rechtlyke erkantnisse gedulden und erlyden
kunnen, darto wy uns ok in der besten wyße und formen
alße sick to rechte edder gewoinheit egenet hirmidde entlyck

---

¹) *Vorlage:* unsern.   ²) *Vorlage:* unlyderlyken.

erboden hebben wyllen, darvan wy alßo semptlick und in
ßunderheyt van wegen der erbarn stede und der oren ob-
berort offentlich doin protestern. Wu afir juwe forstlike
gnaden solke unsere vilfeldige deynstlyke und und[erd]enige
bede und billyke und rechtmetige erbedung avermals in
vorachtung stellen worden, alße wy unß doch der vorwant-
nisse na, darmidde de erbarn stede allenthalven juwen forst-
liken gnaden togedain, gar nicht befaren wyllen, alßodan
erfordert der erbarn stede und der oren hogeste noit, solk
juwer forstliken gnaden beßwerlick unlitlyck und vordarflick
geweldich vornement an pewestlyke hillicheyt und keyserlyke
majestat unser allergnedigester herre edder orer majestat
hochloflick vorordent im hilligen ryke regyment edder camer-
gerichte klagende gelange, und wedder juwe forstlike gnaden
up de censuren und penen, in unseren der erbarn stede und
der oren privilegien und fryheyden utgedrucket, ok forder
up de acht to proceden to latende, und deste weynyger
myddeler tyt up eynen schutzforsten edder hern to trachten,
de de erbarn stede de orer und derßulvigen privilegien fryheit
gerechtyheyt und olt herkoment to rechte vor gewalt schutzen
vordedigen und hanthaven moge. Wu dan des falles de erbarn
stede ok vor seck ßulvest ßampt den oren hochgemelter
keyserlicher majestat und des hilgen rikes landfredes und
gemeyner rechten nagelatener jegenwere, untemelyker gewalt
myt gewalt to bejegene, alßo hoch vororßaket gebrucken
mosten, darut dan juwer forstliken gnaden und den erbarn
steden wyderung und allenthalven landen und luden vor-
darflyker schade erwassen mochte. In deinstlyker und
underdeniger vorhopenung und flelyker bede juwe forstlike
gnaden werden id deßulvigen wege nicht erreken laten,
byßunderen sick nochmals alße der schutz und landesforste
hirinne jegen de erbarn stede und de oren gnedichliken er-
zeigen, und ße und de oren, wu velmals deinstlick und
underdenichlick ersocht und gebeden, by oren privilegien
fryheyden gerechticheiden und oldem herkomen gerucklick
und gnedichlicken blyven laten, in ßunderlyker gnediger
betrachtung, dat etlyke der erbarn stede ore lyf und gud
by juwen forstliken gnaden alße nyelyken totoßettende und
darto [to] strecken nicht gespart hebben, und darmidde juwen
forstliken gnaden denßulvigen to vordreytlikem hogem ewigem
schympe, dat ße juwen forstliken gnaden alßo wyllich und
getruwelick gehulpen und by landen und luden erholden
und one ßulvest darmidde enthulpen und to vorderflykem
schaden geforet hedden, vorwytlyken mochte vorgeworpen
werden. Und wuwol wy uns des und susten aller gnedigen

forderinge to juwen forstliken gnaden gewyßlyken vortrosten wyllen, ßo bydden wy dennoch juwe forstlike gnaden unvortochlicke gnedige antwort by jegenwordigem; dat werden de erbarn stede sampt den oren umme juwe forstliken gnaden alles ores vormogens ungespart, ok lyven und gudes willich und underdenich vordeynen, deßgelyken sind de geschickeden vor ore perßonen ok to doinde alle tyt geflytiget. Geschreven under unser der stad Goßlar secrete, des wy anderen hirmedde togebruken, am donnerßdage nach Elyßabet viduo anno etc. 24.

Radessendeboden der stede Brunßwigk Hildenßem und Embeck itzunt bynnen Goßlar to dage vorgaddert und de rat darßulvest.

Sub Landschaftliches Vol 1; Cop.

330. *1524 Dec. 9.*

Einbeck an Hildesheim: meldet die Reise der Herzöge Heinrichs des Jüngern und Erichs zum Landgrafen Philipp von Hessen, und die sich daran knüpfende Besorgniss.

Den erßamen vorsichtigen hern borgermestern und ratmannen der stad Hildensem unsen guden frunden.

Unse fruntwillige deinste vorn. Erßamen vorsichtigen hern bißundern guden frunden. Wy geven juwer wisheit to erkennen, wu dat de hochgeborn forstlike here Hinrick to Brunßwigk und Luneborch hartoge nu kortes in eigener person umme unse stad gereiset faste besichtunge genomen, laten wy in synen wegen, und schal sick fort na Munden to dem hochgeborn forsten hern Erike to Brunswigk und Luneborch hertogen gegeven hebben und schullen itzunt semptlyck by dem hochgeborn forsten hern Philiptze dem landgreven to Hessen sin. In wat menunge is wol to betrachtende: dewile denne de geschickten der erbarn stede jungest to Goßlar vorgaddert van schutzheren ok in den sendebreven an genanten fursten gescheyn rede gefallen sin, befrochten wy uns, dat de fursten darmede nicht stille liggen, bisundern sick mit dem landgraven in vorwetten undernemen, so se ok ane twivel in andern enden doinde werden. Bidden wy juwe ersamheit gans fruntlick, willen en ßodain bedenken und des by juwen und unsen frunden den van Brunßwigk und Goßlar to reden komen, darinne ok nottorftigen to betrachtende und junene [?] wyß hen to leggende, wente darane wil unses bedunkens hoich gelegen sin. Tom gutwilligesten juv hirinne bewysen, dat wille wy ume juv willich

vordeinen. Datum nostro sub secreto feria sexta post conceptionis Marie virginis anno 1524.
Consules in Embecke.

Briefsch. IV, B; Cop.

331. *1524 Dec. 20.*
Herzog Heinrich der Jüngere an Einbeck: erklärt in Antwort von N. 328 den städtischen Privilegien nicht entgegen gehandelt zu haben, warnt vor den angedrohten Schritten, wirft Einbeck sein Verhalten während der Stiftsfehde vor.

Den ersamen unsern lieben getreuwen burgermaistern und raite zu Eimbeck.

Von gots gnaden Hainrich der jungere hertzog zu Brunswigk und Lunenburgk etc. Unser gunst zuvorn. Wir haben vorflossener weil von den geschigten raits potschaften diesser ort[1]) umbliggenden steten ein weitleuftige lankdreuweliche und unnoitdurftige schrift[2]) meldende, nachdem unser bewilligte husesteur einen iden betreift, das sie auch van einem iglichen und mennichlich bewilliget solle werden auch das sie der erbaren stede privilegien frieheiten und altem herkomen auch unsern selbst gegeben breifen und zigelen zu smelerunge und zu entkegen solte raichen, mit untirteniger bit, dieselbig husesteur fallen zu lassen, damit euch van den euweren und anderen die woltate, so ir uns in vorgangener emporung getan wollen haben, nit aufgerucket und uns in und mit recht vor dem kayserliken regiment und kammergerichte furzunemen und euch mit gewalt kegen uns aufzuhalten nit vorursach worden etc. alles weitteren einhalts domals in unserem hoflager zu Scheningen empfangen und vorlesen. Nachdem ir nuw aus vorigen unsen antworden ungezweivelt vernemen, das dieselbe unse heussesteur[3]) uns van unser landschaft zu errettung irer alle und anders gutshern guter auch zu vorhutinge ferner vortirbs, als aus nitbezalunge inen den gutshern euch und anderen von den gelaubigeren erwachsen muchte, aus irem selbst raite bewilligt zugelassen und ubergeben ist worden; also das wir bei derselben unser gegeben antwurt pillich beruwen. Und ist auch bei uns ungezweifelten rechtens, wo van wegen eins kunftigen fromen und nuts und zuvorkomunge nachteiliges vortirbs, der meinuge auch solche unser bewilligte hulfe wie jetzo kurtz und in vorigen unsern schriften vorliebt van unser lantschaft aus, das hinfure die gutere unvortorben pleiben, ist bewilliget. wirdet gehandelt, das dazu mennichliches bewilligung und

---

[1]) *Vorlage:* art. [2]) *cf. N. 329.* [3]) *Vorlage:* heuffesteur.

sunderlichen der, die in den beladen landen nit besessen,
ane noit. Wiewol ir aber vormeinen, das unser regalia
und uberickaiten sich so weit nicht erstrecken solten, so vor-
sehen wir uns nit, das mit empfahunge euwer privilegien
von kayserliker und konigliker majestat unseren regalien
und uberickaiten, dovon wir alleweg kayserliker majestat
unserem aldergnedigstem heren und dem hilgen reich gewertig
mussen sein, damit irer majestat dem reich und uns fur-
fenglich vorgeben [werde], und konnen auch nit ermessen,
das mit aufnaheme derselben steur euweren¹) und der an-
deren stete privilegien freihaiten und unseren selbst breifen
und sigelen, weil dieselb unser landschaft das de gnante
zulage diesser drier jare iren privilegien und freihaiten un-
schedlich sein sall als wir auch nit anderst ob inen begeren
furbehalten haben, von uns etwas zu smelerung und zerrut-
tung furgenomen; und wollen ane euwere erinnerung unser
elter und unser gegeben breif und sigel wie furstlich und
unvorwislich zu vorfolgen wissen und ungerne dieselben unsers
wissens womit swechen, sondern die erliken stede vil mer
und lieber bei den, so suliche haben, auch iren privilegien
unserem vorigen gedanen erbieten nach handhaben und
vorteidigen. Wollen uns auch vorsehen, das uns nit mug
werden aufgeleigt, das wir euch bisher mit unrechter gewalt
ader anders womit befaret, als wie auch noch²) hinfure euch
womit zu vorgeweltigen nit willens, das der halb euch, indem
ir euch und die euweren an gleich und recht begnugen
wollen lassen, ander schutzfursten ufzunemen ane noit. Wu
aber das geschiet, so mussen wir das dahinstellen, dann viler
muwe pleiben wir gerne vorhaben. So konnen wir auch
bie uns nit erwegen, das ir und die euweren in gehalten
krieges leuften euwer lieb und gut bei uns aufgesetz, haben
aber gut wissen, das domals die echtiger keyserlicher majestat
und des hilgen riechs in euwer stad uber die unseren zu
verdirb euwer selber guter gehauset gefurdert unter- und
durchsleufet und gefurschubet sin wurden, das ir sullichen
erlitten schaden euch pillicher dan imands anders zuzumessen
haben. Dennoch aus gnaden sullichs irer majestat bisher
unangezeget gelassen der zuvorsicht, ir werden datselbig und
euweren³) selbst nutz bedenken und kegen uns die sache
mit geweltigem furnemen nit erwitteren und uns an unser
uberickait und hoheit diesser angefangener zulage nit hindern
noch⁴) anderm der schutzverwantnisse nach das nicht gestaden,

---

¹) *Vorlage:* euwerem. ²) *Vorlage:* nach. ³) *Vorlage:* euwerem.
⁴) *Vorlage:* nach.

sundern in flis helfen furkomen. Dan mogen wir van euch der wegen umbeteidingt nicht plieben, so wollen wir euch vor keyserlicher majestat regiment und kamergericht des rechten und darzu sollen euwer schutzfursten, ob ir die annemen wurden, unser mechtich sin. Sein auch zwiefels ane, wu ir unser vorig und itzig antwurt und erpiten euweren gilden und gemeinhaiten furhalten werden, sie derselben gnuglich und wol gesettiget sein. Das wolten wir euch in antwurt nit vorhalten; dan euch gnad zu beweisen sein wir geneigt. Geben zu Wulffenbuttel auf dinstach vigilia Thomae apostoli anno etc. 24.

Arch. 1571; Cop.

332. 1525 März 1.
Mühlhausen an Göttingen: fordert die Auslieferung des Dietrich Wißmeler.

Den ersamen und weyßen dem rate zu Gottingen unser bsundern guten freunden.

Unsern freuntlichen dyenst zuvorn. Erßamen und weyßen bßundern guten freund. Uns kumpt glaublich vor, wye Ditterich Wißmeler[1] sampt andern unser[2] etwelchen und vorlaufen burger, welche gemeyne stat in not und leyt gefurt, sich in ewer stat enthalten sullen. Wah dem alßo, so ist unser freuntlich und gutlich bittend, euer weisheit wullen zu steur der gerechtigkeit und uns zu willen mit denselbigen alße eyn- und annemen lassen, darmit wir rechts an ynen bekomen mogen. Euer weisheit wullen sich hirinne gutwillig bezeygen. Das wullen wir in gleichen und grossern widderumb freuntlich gerne vordyenen. Datum mitwochen nach catedra Petri anno etc. 25. Euer weisheit antwurt biddende.

Der rat zu Molhaußen.

Arch. 1841; Or. m. Spuren d. S.

333. 1525 April 3.
Braunschweig an Göttingen: will nach erhaltener Antwort von Magdeburg dem Collectivschreiben der Städte an Herzog

---

[1] *Er war einer von den „Achtmännern", welche am 1. April 1523 von Pfeifers Anhange erwählt wurden. cf. Holzhausen, Heinrich Pfeifer und Thomas Münzer in Mühlhausen; in Schmidts Zeitschrift für Geschichtswissenschaft. Bd. IV, p. 366 u. 369. Der revolutionäre „ewige Rath" wurde erst am 17. März 1525 eingesetzt. Ibidem p. 379 u. 380.*
[2] *Ursprünglich:* unsern.

Heinrich den Jüngern beitreten, meldet des Herzogs Bereitwilligkeit zu Verhandlungen.

Den erßamen unde vorsichtigen hern burgermeystern unde ratmannen der stad to Gottingen unsen gunstigen guten frunden.

Unße fruntligen deinste tovoren. Erßamen vorsichtigen hern guden frunde. Wy hebben juwer ersamheit scriven an uns myt anzeigunge, dat juwe ersamheit geneiget, dat uf den genomen avescheyt nu jungest to Goßlar¹) van den sendeboden der erbaren stede boslaten eyne vorscryft van den erbarn steden unßes bundes an den durchluchtigen hochgebornen fursten unde hern heren Henriche den jungen hertogen to Brunßewig unde Luneburg etc. unßen gnedign hern vor de van Goßlar¹) unßer aller frunde utgan mochten etc., horen leßen unde vormerkt. Geven juwen ersamheiten fruntliger antwort, dat wy des geliker maten van juwen ok unsen frunden den van Hannover boscreven zin, de des ok by uns anfurderunge doen. Nun zin wy des ok ganz geneiget; dewylle wy aver des van den van Magdeburg unser aller frunde ores gemotes noch nicht vorstendiget, hebben wy en ßodanns bettoher under wegen laten. Wann wy aver der van Magdeburg meynunge beleret zin, wyllen wy uns myt vorferdunge der vorscryft van wegen der erbarn stede under unßem secrete nicht besweren sundern myt allen besten vorßetten. Ok erßamen guden frunde, juwe ersamheiten dragen ungetwivelt gut weten, wat antworde den van Magdeburg und uns den²) boswerden stede[n] der hovetall halven in unser heimreyße uf unse anbringent van hochgedachten unßeme gnedigen hern desmals gegeven, dat nicht van noden deselbygen itzunt to erhalen. Nun hebben wy des myt widerer flitige anfurderunge van unseme gnedigen hern durch ziner forstliken gnaden reden de antworde erlanget, dat den erbaren steden to allen delen bowust, ut wat markligen boswerungen ziner forstliken gnaden schulden unde schaden, darin zine forstlike gnade in dusser vorschenen veide gekomen, to erfurderunge der sture zine forstlike gnade vororßaket, ßo willn dennestnoch zine forstlike gnade uf unser der andern unboswerden erbaren stede flitig byddent, denselbigen in der ßake de hovetall belangende gutliges handels twuschen zinen forstliken gnaden unde den boswerden steden gnedichlig vorgunnen und zine forstlike gnade kunnen liden, dat wy van Brunßwig der halven de erbarn stede hir to dage vorscriven und myt zinen forstliken gnaden gutligen handel

---

¹) *Vorlage:* Gorßlar, ²) *Vorlage:* der.

darynne vornemen. So hebben wy nicht unterlaten, wy hebben ßodann antwort den van Magdeburg ok vorstendiget, uns by oren ersamheiten to erkunden, wes ße genciget. Daruf wy den andern erbarn steden ok to scrivende und ore ersamseiten to erfurderende mochten hebben. Dat wy juwen ersamheiten denn wy myt wylfaren geneiget fruntliger antwort nicht bergen wolden, sunder in allen besten to erkennen geven. Waran wy juwen ersamheiten wylfaren mochten, deden wy gerne. Datum under unseme secrete am mandage nach judica anno etc. 25.
    Der rat der stad to Brunßewigk.
Briefsch. XXII, A; Or. m. S.

334. *1525 April 5* (ipso die Vincentii).
Göttingen bescheinigt dem kaiserlichen reitenden Boten Gerken Albern den Empfang der in Esslingen am 10. Nov. 1524 erlassenen Münzordnung.
Sub R V; Entwurf.

335. *1525 Juni 13* (dinstag nach trinitatis). *Münden.*
Herzog Erich an Göttingen: meldet, dass er Johann von Köln behufs Beilegung der Streitigkeiten Geleit nach Münden ertheilt habe und verlangt, dass es sich zu diesem Zwecke im Laufe des Monats in Münden vertreten lasse[1]).
Sub C VI; Or. m. S. u. Unterschrift.

336. *1525 Juli 7* (am avende Kiliani).
Braunschweig an Göttingen: ladet es auf den 11. Juli (dinstedages na Kyliani) *zu der am 12. Juli* (mitwekens negestfolgende) *auf Verlangen der verbündeten Städte stattfindenden Zusammenkunft nach Braunschweig.*
Hanseatica Vol. I; Cop.

337. *1525 Juli 24* (am mandage na Magdalene).
Der Vicar Johannes Franck an Göttingen: wiederholt seine Mahnung um Entrichtung der für 2 Jahre rückständigen Leibrente von 4 Mk. und droht im Weigerungsfalle mit gerichtlicher Klage.
Briefsch. XXII, A; Or. m. Spuren d. S.

338. *1525 Aug. 3 oder 4.*
Herzog Erich und die Städte Goslar Hildesheim Göttingen Hannover Einbeck schliessen ein Schutzbündniss.
Wy Eryck von gots gnaden to Brunschwigk und Leunenburgk hertoge up ein und wy rede der stede Gosler

---
[1]) *cf. N. 319 u. 322.*

Hyldenßem Gottingen Hannover und Embecke up ander syden bekennen apenbar in dussem breve vor uns unse manne land lude und undersaten und wy rede der stede vor uns unse gemeynen borger vorwanten und dingpflichtigen, dat wy dem almechtigen gode¹) to love dem hyligen Romischen rycke to eren der gemeinen nut to fromen und umme beschermunge willen des gemenen wander[n]den kopmans unser lande lude und undersaten, uns ok unrechter gewalt und overfals semptlich to erwernde und uptoholdende geloflick und freuntlik voreiniget vorstricket vordragen und to hope gesattet hebben, de tyd unses obgenumpten hertogen Eryckes levendes voreinigen vorstricken vordragen und to hope saten uns gegenwordigen in craft dusses bryffes, dat hilige Remische ricke utbescheiden, ok dat ein jowelken von uns erbaren steden synem rechten hern doyn schall und will, des men von eren und rechtswegen pflichtich is, in dem dat desulven hern uns steden vorbenomet wedderumbe by gnaden freyheiden privileigen olden herkomende wonheiden und rechte bliven laten, alßo doch, war wy stede unsers gnedigen hern hertogk Erycks to eren und recht mechtig sin, willen²) wy sine gnade nicht verlaten sunder behulpen und beraden sin in nabeschreven wyße, alß dat dusse vordracht meldet und utforet.

1. Int erste, dat unser ein des andern vigent nicht werden schall edder wyll, noch³) den sinen dat gonnen edder staden to doinde, sine vigende ok nicht sterken noch hußen, edder denjennige fulstinge efte vorschove doyn, de ok nicht hegen odder hegen laten van den unsern, der wy mogende und mechtig sin, noch hemlick edder apinbar in neyne wyße; ok schall unser ein den andern edder de sine nicht beschedigen edder beschedigen laten, dar he edder de sine ungeferlich dat keren konnen edder mogen, und, wor unser ein sine beschediger in des andern gebieden steden edder pflegen ankompt, schal ein ider de antotastende fulle macht hebben und daran neyn frewel edder walt begangen, sunder demjennen an solken beschediger darsulvest straks rechten edder sunst temelicker utdracht vorholpen werden.

2. Unde wy ok⁴) obgenante furste willen ok und schollen de vorbenumpte stede, so mit uns in dusser vordracht begreppen sin, und sunst all de oren nymandes utbescheiden by gnaden freigheiden und privileigen, wu se de in vorgangen tyden von uns edder andern vorworfen und irlanget hebben,

---

¹) *So die Cop., Or.:* gade. ²) *So die Cop., Or.:* will. ³) *So die Cop., Or.:* nach. ⁴) *Fehlt in der Cop.*

ok by oren olden hergebrachten wonheiden vorschryvungen olden herkomende rechte und rechticheit bliven laten, unde se darby truwelicken hanthaven beschutten und beschermen; se ok und de ore sunst in unsern forstendump ampten und gebieten mit¹) orer have liven und gudern up gewontlik tolle und geledegelt truwlick vordegedingen, ok de myt nygen und unwontlicken tollen zyßen²) gruntroringe edder anderst noch sunst myt unrechten vorbieden, water edder weyden nicht to gebruckende, nicht beschweren edder beschweren laten ane geferde.

3. It schall ok nemandes von uns in dussem verbunde des andern tobehoringen personen edder gudere in unsern landen steden edder gebeden umme jennigerleige³) sacke willen kommern edder uphalden, noch dat to gescheen vorgonnen edder gestatten, sunder ein ider, so ansprake edder sacke hedde edder gewunne, schall und mach de mit rechte alse hir namals⁴) gesat wart an enden sick dat geboren will utdragen und fordern, darto einem ydern schall temelicke hulpe und fordernisse getan werden.

4. Vo[r]tmer schall⁵) unser ein den⁶) andern alle dink truwlicken und in gudem gloven to holdende ein des andern beste to wetende, dat argeste aftowendende und vor schaden, wor ein jowelk den mit den sinen to weten kricht, warnen unde vorhoden na aller mogelicheit. Ok schall unser ein des andern dage in synen anliggenden sacken mede beriden edder beriden laten up eins jowelickes eygen kost daran und mede helpen dat beste vornemen und truwelicken beraden sin, wan und wu vacken unser ein van den⁷) [edder] dem andern darumme ersocht und erfordert wart.

5. Mackede ok unser welke sunderlick veide ane des andern weten und willen, darto schall unser ein dem andern nicht vorpflichtig weßen, it were danne, dat men siner und nicht des wedderpartes to recht mechtig wore.

6. Wy schullen ok semptlicken der hyligen rickes und de frygen straten dem gemeynen kopmann und⁸) wanderende⁹) manne ok uns unde den unßen to gude truwlik beschutten unde vordedigen.

7. Ok schall unser ein dem andern stede slote flecke unde gebiete open holden to siner und der sinen behuf tegen iderman, des wy nicht to recht mechtig weren. Ok schall

---

¹) *So d. Cop., Or.:* nit. ²) *Cop.:* czesen, *ursprünglich im Or.:* ziuscn. ³) *Cop.:* neynerleye. ⁴) *cf. § 11.* ⁵) *In d. Cop. folgt:* ok. ⁶) *In d. Cop.:* dem. ⁷) *Fehlt in d. Cop.* ⁸) *u.* ⁹) *So d. Cop., fehlt im Or.*

unser ein dem andern to- unde affor in unsern landen steden
und gebiden nicht vorhindern, noch dorch de syne vorhindern
laten. Unser ein schall ok den andern truwlicken vorbidden
beschutten und beschirmen na alle unser vormogen. Fortmer,
war unser ein des anderen to eren und recht mechtig iß,
schall unser ein den andern nicht verlaten, sunder ein den
anderen an freiheiden privilegien gnaden und vorschryvingen
und recht bistendich und behulpen sin, ein vor den andern
recht beyden. Ef unser welke darboven overgefallen edde[r]
vorweldiget worde, stede edder slote¹) bestalt edder, dat
got afkere, afgewunnen edder vorkortet und so hartlick be-
nodiget worden, so schall unser ein dem anderen van stund
beraden und behulpen sin na vormoge und nicht verlaten.

8. Worden den also stede und slote gewunnen, de
unser neynen reide gehorden edder tostunden, de scholden
wy eindrechtiglicken brecken, edder na gelickem antalle up
eynen geschworen borchfrede semtlicken innemen und hoilden
ane²) geferde. Wolden wy ok desulven stede edder³) slote
umme geld von uns komen laten, scholden wy so[l]k geld
gelick delen, so dat uns hertogen⁴) Erycken de helfte und
uns steden de ander helfte toqueme. Nemen wy ok fromen
an gefangen resingen have etene eder dingetal, de frome
scholde uns to gelicke gelden und to gode komen alse, dat
wy hertoge Eryck de helfte und de andern helften wy ge-
numpte stede nemen⁵) scholden. Woret ok dat ein part
wes vorworfe ane des andern hulpe, mach he vor sick be-
holden utbescheiden de dingetal, der uns beyden parten na
vorgerorder wyße jo de helfte tokomen schall. Ok schullen
und wollen wy ein des andern dingetal gancz unvorbrocken
holden.

9. Ef wy ok in vorschrevener wyße mit jemandes to
veide qwemen van dusser vordracht wegen, wy vorgerort, so
schollen und wellen wy uns mit deme edder den nicht befreden
edder czenen⁶), it geschey denne mit unser beyder parte
willen weten⁷) und fulborde.

10. Woret ok dat jennich gebreck schel edder unwille
twischen uns von beyden parten neymandes utgeslaten ent-
stunde, dat got vorhode, edder rede vor dusser tid erwossen
woren, so schollen unde wollen wy ein isslick von beyden
unpartischen parten darto ordenen und schicken sodan sacke
und schelen muntlick to verhorn, wan und wu facken des

---

¹) *So d. Cop., Or.:* bestlote.   ²) *So d. Cop., Or.:* an.   ³) *Cop.,*
fehlt im Or.   ⁴) *So d. Cop., Or.:* hartogen.   ⁵) *So d. Cop., Or.:* nomen.
⁶) *Cop.:* soenen.   ⁷) *Cop.:* weton willen.

to doynde worde, up belegen steden de dinge freuntlich
edder rechtlick bytolegende. War aver de freuntschap one
entstunde, so schollen se fullemacht hebben uns beyden
parten anwysinge to doynde, wu wy uns in schryftlicker over-
gev[u]nge der schulde und antworde widderrede und narede
hebben schullen, ok in watte tiden se up de uvergevunge
der behelp und schutrede in rechte entscheden willen. Unde
ef¹) se by sich sulvest des rechten nicht enwusten, so
mogen²) se sick up unser beder³)parte koste rechtes belern[e]n
laten unde wes se danne also in rechte schedende werden,
des schollen se so van uns ane allen vorwit bliven.

11. Worden sick tokunftigen genige schele edder un-
willige sacke begeven, edder de sick itzunt alrede⁴) erhielden
twyschen den unsern, wat standes de woren, des scholde de
cleger dem antworder folgen vor sine richter, dar he under
beseten wore. Darsulvest ok einem jedern der unsern tom
allerforderlicksten und ane vertoch rechts schall vorhulpen
werden alse nemlicken: wat bekentlicke edder openbare
schulde syn, schall dem beclageden⁵) ernstlicken geboiden
werden de binnen tween den negsten monten to betalende
und to vernogende, wu dat aver nicht geschee, scholde de
beclagede alsodenne darumme unvertogelicken gepandet edder,
wu he unpantbar were, to gehorsam ingelecht edder vorfestet
werden na deme, dat also by einem idern van uns mit dem
inleger vorfestunge edder anderst to verholpende gewontlick und
olt herkommen is. Dar dat aver ni[ch]t sin bekande edder⁶)
openbare⁶) sacke und schulde, schall de cleger den beclageden
vor sinen richter mit recht und ordeil na des gerichtes wyse und
gewonheit to ferfolgende macht hebben und schuldich sin. Und
wen de beclagede also der schulde overwunnen, schall it alsedenne
mit der hulpe geholden werden⁶) in aller maete, alße⁷) negest
hir oven mit den bekanden und apenbaren schulden gesat
und verwilliget is. Dat schall neyn beclageder, de also
ingelecht efte vorfestet wert, darvon entlediget werden, it
engesche denne mit des clegers weten und fulborde. Und
darto scholden de schuldigen sulvest und nicht die unschul-
digen vor de schuldigen vorfestet⁸) edder to der betalunge
genodiget efte gedrungen werden.

12. Unde mit dusser unser samptvorbuntnisse schall
all unsern andern⁹) vordrechten und einingen, wu¹⁰) de van

---

¹) *So d. Cop., Or.:* yf. ²) *So d. Cop., Or.:* mogen. ³) *So d. Cop.,
Or.:* unsere bede. ⁴) *Cop.:* reyde. ⁵) *So d. Cop., Or.:* beclagenden.
⁶) *So d. Cop., fehlt im Or.* ⁷) *So d. Cop., fehlt im Or.* ⁸) *Cop.:* vor-
folget. ⁹) *So d. Cop., Or.:* andere. ¹⁰) *Cop. fehlt:* wu de — vorbuntnisse.

uns hertogen Erycken mit ander fursten hern steden und
frunden hyr bevoren upgericht und voltogen sin, und der vor-
buntnusse, darmede wy de stede myt den ersamen steden
Magdeborch Brunschwigk unde andern tovorent rede sitten
unde vor dusser vordracht gemacket sin, neyn afbrock vor-
kortunge edder voranderunge gescheen, sunder de alle schullen
von uns hertogen[1]) und[2]) steden obgemelt in sampt und be-
sundern by fuller macht bliven, ok truwlick und festlick
geholden werden, doch also: wor wy der, darmede wy uns to
hope gesattet, to eren und recht mechtich sin und orer jegen-
deile gelicker mate nicht mechtig werden mogen. Dar ok
jemant von uns besinnet worde[3]) de van Magdeburch und
Brunschwigck edder ander stede, in dem seck de na utwisunge
dusser vorbuntnisse holden wolden, in dusse vordracht to[4])
nemende[5]), des schall ome[6]) de wech und macht apen stan
und vorbeholden sin. Wy schollen ok noch enwyllen hyn-
forder neyne nyge vorbuntnisse ingan edder bewyllen, de
dusser engegen sy jenigen afbrock edder vorkleinunge doin
mochte, sunder willen dusse unse freuntlik voreininge in alle
oren puncten und artickelen stathaftich fast unvorbrocken
truwlicken holden uns underlangens, wu hir bevor ertalt,
jegen einen idern to rechte vor aller gewalt beschutten und
in hulpe bibestandes trwlick by einander bliven, so lange wy
mit unsen[7]) vygenden und weddersacken eindrechtigen ver-
sonet und vorlicket werden, doch also, dat tovorent unsern
ein des andern, wu hir bevor[8]) vertallet, to eren rechte und
billickeit mechtig und unser jegendel gelicker mate nicht
mechtig werden mogen.

Dusse unser vordrachte und einunge geloven und reden
wy obgenumpte hertoge Erick und stede vorbenumpt vor uns
alle und de unsen in allen oren beschreven puncten und
artickelen sampt und in besonder[9]) stede genczlicken und
unvorbrocken festlick woll to holdende, alle argelist inrede
behelp unde geferde utgesloten. Und wy hertogk Erick
hebben dusses to witlicker urkunde unse ingesegel und wy
de rede der stede Goslar Hildensem Gottingen Hannover
und Embeck hebben des ein islick vor sich der vorschreven
stede ingesegel by des hochgemelten unses gnedigen hern
hertogen[10]) Ericks ingesegel witlick dohen gehangen an dussen
brif, de gegewen is na der gebort Christi unsers hern im

---

[1]) [2]) *Fehlt in d. Cop.* [3]) *In d. Cop. fehlt:* jemant — worde.
[4]) [5]) *Fehlt in d. Cop., statt dessen:* mede begeven wolden. [6]) *Cop.:* one.
[7]) *So d. Cop., Or.:* unser. [8]) *Cop.:* boven. [9]) *In d. Cop. folgt:* unser
eyn deme anderen in truwen. [10]) *So d. Cop., Or.:* hertogk.

funftzenhunderten und funfundzwantzigsten jare am frytage[1]) inventionis sancti Steffani.

<small>Arch. 211; Or. m. 6 S., später durchcorrigirt. Abschrift von einem andern Exemplar, Lib. Cop. C. f. 7—9a, hier nur bei wesentlichen Abweichungen berücksichtigt.</small>

339. *1525 Aug. 24. Münden.*
Herzog Erich an Göttingen: fordert die Abfertigung zweier Rathmannen zum Landtage in Hannover.

Den ersamen fursichtigen und weisen unsern lieben getrewen burgermestern und rate unser stat Gottingen.

Von gots gnaden Erich hertzog zu Braunschweig und Lunenburg etc. Unsern grus zuvorn. Ersamen fursichtigen und weisen lieben getrewen. Uns sein jetz mirgliche und hochbewegeliche ursachen und geschefte, darinnen wir ewers rats gnediglichen gerne pflegen wolten, furgefallen. Darumb begeren wir an euch in besonderm gnedigen vleis, ir wollet uns zween ewer ratspersone uf schirst komenden sontag[2]) den abent gen Eimbeck mit sechs eder acht pferden gewißlichen zuschicken, mit uns von dar den negst folgenden dinstag[3]) zu Hannover, dohen wir einen landtag ernennet, zu reysende; doselbs uns beneben andern mer stetten, so wir verschrieben in solichen sachen getrewlichen helfen beraten sein und uns dis nit abslagen, sondrn euch gutwillig befinden lassen. Das wollen wir allezeit hinwedderumb in besondern gnaden erkennen. Datum Munden am tag Bartolomei apostoli anno 25.

Wollet auch dis bey euch in geheim behalten; daran ertzaigt ir uns ein besondrs gefallen. Datum ut supra.
Herczoge Erych etc.

<small>Briefsch. XVII, D; Or. m. S.</small>

340. *1525 Aug. 24 (am dage Bartolomei). Rietberg.*
Otto Graf von Rietberg an Herzog Erich: bittet um Vermittlung in der Fehde mit den Städten Hildesheim Goslar Göttingen Hannover Einbeck und Northeim, welche Fehde er von seinem Vater Johann, der im Dienst der Städte durch Herzog Heinrich des Herzogs Bruder schweren Schaden erlitten, überkommen habe[4]).

<small>Suppl. zu den Cop. Vol. IV, 11; Cop.</small>

<small>[1]) Or. u. Cop. Inventio Stephani fällt aber 1525 auf einen Donnerstag. Es ist daher entweder eine Verwechselung des Wochentages anzunehmen oder das Wort „nach" zu ergänzen. [2]) 27. Aug. [3]) 29. Aug. [4]) Um 1495 war Graf Johann von Rietberg vom Herzog Heinrich von Braunschweig-Wolfenbüttel, der mit seiner Stadt Braunschweig in Fehde lag, auf Hildesheimischem Gebiet überfallen gefangen und beraubt worden,</small>

341. *1525 Aug. 27* (sondag na Bartholomei). *Münden.*
*Herzog Erich an Otto Grafen von Rietberg: meldet auf
N. 340, dass es auf einer von ihm ausgeschriebenen Tagfahrt*[1]*)
die Angelegenheit mit den Braunschweigischen Städten gütlich
beizulegen hoffe, und bittet vorläufig nichts gewaltsames gegen
sie vorzunehmen.*
Suppl. zu den Cop. Vol. IV, 11; Cop.

342. *1525 Sept. 1.*
*Mühlhausen an Göttingen: bittet um Verhaftung mehrerer
seiner abermals in Göttingen befindlichen abtrünnigen Bürger*[2]*).*

Den erßamen und weyßen dem rate zu Gottingen unßern bsundern guten freunden.

Unsern freuntlichen dyenst zuvorn. Erßamen weyßen bsundern guten freunt. Uns kumpt abermals glaublich vor, wye etliche vyel unser abtronigen burger, so stat Molhaußen in jamer und leyt gefurt, darzu uns auch tegelich mit feur zu bescheddigen drauwen, sich widderumb in ewer stat begeben hab[en], so zceyger brives der unßer, euer weisheit, ire namen weys anzuzeigen. Und wu [sie] dyeselbigen bey euch antroffen, bitten wir gantz freuntlich, ir wullet zu steur der gerechtickeyt mit den so eyn und annehmen, darmit wir rechts an inen bekomen mogen, darmit wir further schadens von inen nicht zu gewarten. Euer weisheit wullen sich in dem, wye ir von uns getan nemen, bezceygen. Das wullen wir umb dyeselbigen euer weisheit in alle wege widderumb freuntlich gerne vordyenen. Datum am tage Egidii anno etc. 25.

Der rat zu Molhaußen.

Arch. 1841; Or. m. S.

---

obgleich ihm nach seiner Behauptung von Hildesheim und den Braunschweigischen Städten, in deren Dienste er die Fahrt unternommen, sicheres Geleit zugesagt war. Die Städte stellten letzteres in Abrede und verweigerten den von ihm verlangten Schadenersatz, worauf der Graf ihnen Fehde ansagte. Zu irgendwelchen bedeutenderen Vorgängen kommt es während der fast vierzigjährigen Fehde nicht; dazwischen beraubt der Graf Angehörige der Städte, so 1495 den Göttinger Bürger Kock. Die Städte ihrerseits bringen es nur zu Verhandlungen, immer erfolglos verlaufende Tagfahrten werden angesetzt, die Vermittlung der benachbarten Fürsten des Erzbischofs von Köln des Bischofs von Münster und Osnabrück des Herzogs von Cleve des Grafen Edzard von Ostfriesland wird wiederholt in Anspruch genommen. 1516 stirbt Graf Johann, sein Sohn Otto übernimmt als Erbe auch die Fehde. Zum Ausgleich kommt es erst in der Mitte der dreissiger Jahre. Das Göttinger Archiv bewahrt in dieser Angelegenheit gegen 100 Schreiben. Suppl. zu den Cop. Vol. IV u. V; Briefsch. I, IV, V, VI, VII, X, XI, XII, XIV; Hans. Vol. I; sub F', III. [1]*) Vielleicht auf dem Landtage in Hannover? cf. N. 339.* [2]*) cf. N. 332.*

343. *1525 Sept. 5¹).*

Mühlhausen an Göttingen: bittet mit Bericht von dem Ueberfall zweier seiner Bürger zwischen Göttingen und Heiligenstadt um die Auslieferung der Thäter.

Den erßamen und weyßen dem rate zu Gottingen unßern bsondern guten freunden.

Unser freuntlich dinst zuvorn. Erßamen weysen bsundern guten freunt. Wir haben euch vorscheuen etwelcher unser abtronigen burger halber, so in euwer stat iren enthalt [gehabt], mit denselbigen eyn- und anzunemen, das wir rechts an inen bekomen hetten, bitlich geschriben, und wyewol das euer weisheit uns darauf, das ir derselbigen in euer weisheit stat nicht wostet, mit antwurt begegent, so haben doch dyeselbigen vorgangen montags²) mit namen Christoffel Schmet Heintze Zcange Thomas Hutter und Heyneman Schiel zusampt irem anhange, welche lange zceyt in ewer stat besehen, zwene unser burger³) zwischen euwer stat und Heilgenstat angelauffen, eynen barmiglichen ermordet, den andern in den tot vorwunt, welchs, als zu vormuten, aus euer weisheit stat bescheen nicht wenigk beswerunge tragen. Und ist nachmals unser gantz freuntlich bittent, wu dyeselbigen in euer weisheit stat ader aber des orts iren unterschleyf gehauset und geheymet wurden, euer weisheit wullen der masse gegen sye trachten, das wyr rechts an inen [bekomen] und umb ire begangen handelunge gestraft werden muchten. Ewer weisheit disses unsers anligende beherzigen und euch zum besten darinne bezceygen, das sint wir umb euer weisheit in eynem gleichen und grossern zu vordyenen gevlessen. Datum dinstags nach Anthonii. Anno etc. 25.

Der rat zu Molhausen.

Arch. 1841; Or. m. S.

344. *1525 Sept. 13* (mitwochens nach nativitatis Marie).

Mühlhausen an die verordneten und daselbst anwesenden Räthe der hern zu Sachßen und Heßen etc.: klagt, dass die beiden mit mündlichen Aufträgen versehenen Ueberbringer von N. 342 auf ihrer Heimreise mit Zuthun der Göttinger Rathsknechte überfallen (Und wyewol das eyn rat darselbst *(zu Göttingen)* dye schrift erbrochen, auch ir antragen gutwillig gehoert, darzu des rats knechten in gegenwertigkeyt unser

---

¹) Offenbar ist hier mit dem Antoniustage der 3. Sept., der Tag Antonii martyris, gemeint, da N. 344 auf die hier berührten Vorgänge Bezug nimmt. ²) Sept. 4. ³) Es waren die Gesandten, welche N. 342 überbracht hatten.

geschikten, wu sye dyeselbigen unser abtronigen burger, dye sye dißer zceyt in irer stat nicht enwusten, ankomen wurden, dy in des rats heften anzunemen, das wir rechts an inen zu bekomen, bevehelich getan, und ober sulchs alles, so dye unsern vom rat iren abschiet genumen und widderumb anheym reyßen wullen, haben des rats knecht von stunt an zu denselbigen unsern abtronigen burgern, dye in irer stat iren enthalt gehabt, gegangen, unser schreiben auch den bevehelich des rats irer hern angesagt. Darauf sye unser geschigten zwischen Gottingen und Heylgenstat vorgangen, den eynen bermiglichen ermordet den andern in den tot vorwunt, auch wes sie bey inen getragen beraubt und genomen); *verlangt*, diweyl nun sulche obeltat aus stat Gottingen und aus vormeldunge des rats knechte, so dye tetter uffentlich bekant, [bescheen], *dass Göttingen vorgeschrieben werde die Thäter und schuldigen Rathsknechte zu bestrafen* (zu rechte stellen).

Arch. 1841; Or. m. S.

345. *1525 Nov. 4* (am sonnabent nach omnium sanctorum). *Münden.*

Herzog Erich an Göttingen: ladet es zu Verhandlungen mit Johann von Köln auf den Vormittag des 24. Nov. (uf schirsten s. Katherinen abent) *nach dem Kloster Bursfelde*[1]).

Sub N V, A; Or. m. Spuren d. S. u. Unterschrift.

346. *1526 Febr. 1. Esslingen.*

Kaiserliches Mandat an Göttingen: ladet es zu dem auf Mai 1 aufgeschobenen Reichstag nach Speyer.

Sub R V; gedr. Or. m. S. u. Unterschrift Ferdinands von Oestreich; Rückschrift: Anno 26 quinta post letare[2]) hujusmodi mandatum imperiale per cursorem Petrum Tromeln proconsuli Gyseler presentatum est et ejus reverentia qua decuit assumpta.

347. *1526 April 11* (quarta post quasimodogeniti).

Göttingen an Herzog Erich: bittet bei Uebersendung von N. 346 sein Ausbleiben zu entschuldigen und uns in den beswerlicheyden so helfen raten, uf das wir sulchs und der gleichen mer erforderns hinforder unangefochten syn und gelassen werden mogen.

Sub R V; Entwurf.

348. *1526 Juni 2* (am sonnavende na corporis Christi).

Northeim an Göttingen: fordert im Namen seiner Bürger Heinrich Horener und Arnd Bonnekeßen die Bezahlung der

---
[1]) cf. N. 335. [2]) März 15.

vollen Zinsen für 200 fl., da die vertragmässigen 6 Jahre des herabgesetzten Zinsfusses abgelaufen seien.
Briefsch. XII, F; Or. m. S.

349. *1526 Aug. 6. [Speyer.]*
Hermann von Oldershausen [Marschall] an Heinrich Giseler Bürgermeister zu Göttingen: meldet ihm den Empfang und die Verwendung des Göttinger Schreibens[1]), berichtet über die Vorgänge auf dem Reichstag zu Speyer, das Verhalten der evangelischen Fürsten und die Gerüchte von einem Türkeneinfall und einem neuen Krieg mit Frankreich.

Dem ersamen Hynricke Gyseller borgemeyster to Gotty[n]gen etc.

Mynen fruntlyck deynst tovorne. Besundere gode frunt. De scrifte van wegen des rades van Gottingen ytsunder an meck gelanget heffe ick alles inhaldes erlesen und de scrifte, de [de] rat an minen gnedigen hern gedan, heffe ick sinen forstliken gnaden van stunt behandet und de antworde so fele mogelick ju tom besten gefordert, alse gi ut siner forstliken gnaden scriften wol vornemen werden. Ingelechte ceddelen heffe ick erlesen und vormarket. So wolde ick ju gerne inige tidinge scriben so sint der logen hir so fele, dat ick vor warheit nicht darf van meck scriben. Ick wil ju aber goder meynunge to erkennen geven, dat up dussem ricksdage weinich fruchtbars gehandelt kan werden, wenten sunderlicken in dem artickel unsers geloven halven, dar sint so grote parte van geystlycken und weltlicken und ys to befrochtende, dat got der almechtige de welt straffen werde. De korforste von Saxsen und de lantgreve van Hessen eten spysen in oren harbargen alle festeldage fleysk und heffen ore eygen prediger. Dar ys so over de mate grot tolop. So synt se van den keyserlicken comissarien darvor gebeden, dat se sodens afstellen scholden; so wylt se dat nicht laten. Etlick fri- und ryxstede fallen den forsten ok bi, dar de lengede nicht fele godes van werden kan. De ryxdach wert syck nu drade enden, aber ick besorge meck, dat wenicht utgerichtet werde. Hir ys grot ansoyckent van dem konige van Ungeren ume hulpe kegen den Torcken. Wu dat war ys, alse hir de sage synt, ys to b[e]frochtende, de Torcke werde er to uns komen, alse wi meynen. Dat gescrey ys hir ok, dat de konnick van Franckrick de vordracht dem keyser nicht holden wil und ys to befrochtende, dat de keyser dut yar noch nicht komen kunne. Wat godes denne nu forder im ricke werden kan, heffen gi wol aftonomende. Ju willen

---
[1]) *cf. N. 351.*

und deynst to bewisende deide ick gerne. Gescreven [under] min hant des mandages nach dem achten dage Jacobi anno etc. 26.
Harman van Olderßusen.
Briefsch. XXII, A; Or.

350. *1526 Aug. 30. Esslingen.*
Kaiserliches Mandat an Göttingen: befiehlt die Zahlung von 684 fl. als Türkensteuer, von 45 fl. zur Bestreitung der an den Kaiser wegen Berufung eines allgemeinen Concils gerichteten Botschaft und von 82½ fl. zur Unterhaltung des Regiments und Kammergerichts.
Sub R V; gedr. Or. m. S. u. Unterschrift Montforts, Verwesers des kaiserlichen Statthalteramts.

351. *1526 Sept. 28* (sexta in vigilia Michaelis).
Göttingen an Herzog Erich: bittet um Anberaumung eines Gerichtstages wegen Bode Beckmanns, nachdem die Stadt auf das zu Speyer vorgebrachte Ersuchen auf seine Heimkehr verwiesen wäre, aber sein unerwartet kurzer Aufenthalt im Lande, welches er durch den Einfall „zusammgeworfener Landsknechte" schleunig wiederum habe verlassen müssen, eine Beschickung nicht gestattet hätte [1]).
Sub R V; Entwurf.

352. *1526 Oct. 25* (quinta post undecim milium virginum).
Göttingen an Herzog Erich: bittet bei Uebersendung von N. 350 um Fürsprache zur Befreiung von den verlangten Zahlungen, dan uns gantz beswerlich, indeme wir ewren furstlichen genaden und deme herzogdom Brawnswigk anhorigk, das wir ober dasselbigk herkoment auch vom reyche mit der angezei[g]ter forderunge edder sunst anderer last ader ufsatzunge beswert werden solten.
Sub R V; Entwurf.

---

[1]) *1522 wies der Rath von Göttingen den Bürger Eilerd Boning mit seiner Forderung an Bode Beckmann ab. Der Kläger appellirte an das herzogliche Gericht, welches 1523 bestimmte, dass der Rath Boning zur Bezahlung seiner Schuld nöthigen solle. Dies scheint der Grund der weiteren Zwistigkeiten zu sein. Beckmann befeindet die Stadt, beraubt mehrere Bürger, wird 1525 vom herzoglichen Amtmann zu Harste verhaftet. Göttingen verlangt ein peinliches Verhör des „Strassenräubers", was das herzogliche Amt in Münden, wohin der Beklagte übergeführt wurde, nicht bewilligt zu haben scheint. Am 20. Aug. 1526 beschwert sich Göttingen während der Abwesenheit des Herzogs über mehrfache vergebliche Beschickung der angesagten Gerichtstage und über Begünstigung des offenkundigen Uebelthäters, dessen Sache man trotz seines Geständnisses aus einer peinlichen in eine bürgerliche Klage zu verwandeln bestrebt sei. Arch. 1895.*

353. 1526 Oct. 26 (freitag nach undecim milium virginum). *Allendorf an der Werra*[1]).
Herzog Erich an Göttingen: verspricht auf N. 352 seine Verwendung.
Sub R V; Or. m. S. u. Unterschrift.

354. 1526 Dec. 21. Esslingen.
Philipp Markgraf von Baden, Statthalter, und die Räthe des Kaiserlichen Regiments: zeigen an, dass sie in Folge des drohenden Türkenangriffs den Fürstenausschuss zum 1. Dec. einberufen und nach Berathung der beiden vom Regiment ausgearbeiteten Denkschriften über die eilende und beharrliche[2]) *Hilfe einen Reichstag auf den 1. April 1527* (montag nach dem sontag letare in der vasten nechstkommend) *auszuschreiben beschlossen; melden die ferneren Sicherheitsmassregeln gegen die Türken.*
Sub R V; gedr. Or. Gedruckt in Neue u. vollständigere Sammlung der Reichsabschiede II, p. 281—284.

355. 1526 Dec. 21. Esslingen.
Reichsregimentliches Mandat an Göttingen: ladet es auf sontag letare[3]) *nechstkunftig den ersten tag Aprilis nach Regensburg zum Reichstage der Türkennoth wegen und zeigt die Uebersendung der* nottel solcher beharlichen hilf[4]) *an.*
Sub R V; gedr. Or. m. S.

356. 1527 April 8 (am mandage nach dem sondage judica in der hilligen vasten).
Die Erben Tile Bronkes Bürgers zu Braunschweig an Braunschweig: bitten die volle Auszahlung der Mariae Lichtmess (Febr. 2) fälligen 11 fl. Rh. Rente von Göttingen zu erwirken, da sie leugnen, dass Bertold Lyndemann in ihrem Auftrage der Rente wegen einen Vertrag geschlossen, und behaupten, dass im vergangenen Jahre einer von ihnen, Tilemann Bronke, ohne Präjudiz für die Zukunft sich mit einer geringeren Summe begnügt habe.
Briefsch. IV, N; Or. m. S.

---

[1]) *Herzog Erich vermittelte daselbst zwischen Philipp von Hessen und dem Abt von Fulda.* Schannat, Historia Fuldensis p. 375. [2]) cf. N. 355. [3]) *Der Sonntag Laetare fiel 1527 auf März 31. Gemeint ist der Montag nach Laetare. cf. N. 354.* [4]) Beiliegend: NOttel oder Verzeichnus. ainor | boharrlichen hilff wider | den Türckē. biss auf künf- | tige versamlunng aller | Stende des hailigē | Reichs. zu beratschlagen uund zu bedenn- | cken. 14 Blätter Hochquart. Bezeichnet bis A. VIII. Blatt 13b: Gedruckt zu Reütlingen Durch Hanns | von Erffort. Im. M. D. unnd | sechsunzwaitzig- | sten Jar.

357. *1527 April 13* (am sonnavende nach judica).
*Braunschweig an Göttingen: übersendet und befürwortet
N. 356.*
Briefsch. IV, A; Or. m. Spuren d. S.

358. *1527 April 15* (secunda post dominicam palmarum).
Einbeck an Göttingen: bittet mit der Uebersendung der zweifelsohne auch ihm durch seine Geschickten zugestellten Klage Goslars, dewile se denne sodan clage ok ane twyvel an andere ore hern und frunde heben langen laten, 1 bis 2 Tage zu warten, so dat de anderen boven unß vorher gyngen und Göttingen und Einbeck ihre Botschaft an demselben Tage an den Herzog Heinrich den Jüngern abfertigten[1]).
Briefsch. XX, B; Or. m. S.

359. *1527 Mai 30* (an der hymmelfart unses heren). *[Wolfenbüttel.]* [2])
Hermann Witzenhusen an Göttingen: meldet, dass er am 27. Mai (an ma[n]dage vorgangen) zur Stelle eingetroffen, dass am Tage darauf die beiden Bevollmächtigten des kaiserlichen Regiments, von denen der eine von Adel der andere Bürgermeister von Strassburg sei, die schriftliche Beschwerde Goslars und unses gnedigen hern *[Herzogs Heinrich des Jüngern] Antwort entgegen genommen haben; befürchtet, dass die Verhandlungen sich in die Länge ziehen und schwerlich Erfolg haben werden*[3]).
Briefsch. XXII; Or. m. Spuren d. S.

360. *1527 Juni 3* (mandages na exaudi). *[Wolfenbüttel.]*
Hermann Witzenhusen Rathmann an Göttingen: meldet, dass Herzog Erich heute Morgen in Wolfenbüttel angelangt sei und dass er, Witzenhusen, *nicht vor den kommenden heiligen [Pfingst-]Tagen (Juni 9) werde heimkehren können, da sich die Verhandlungen in unnützer Zeitvergeudung hinzögen.*
Briefsch. IX; Or. m. Spuren d. S.

---

[1]) Ueber die Händel und den Process Herzog Heinrichs des Jüngern mit Goslar wegen des Forstes und des Bergwerks Rammelsberg cf. *Hortleder, Der Römischen k. u. k. Maj. — Handlungen und Ausschreiben — ron den Ursach. des deutschen Kriegs K. Karls V. wider die Schmalkald. Bundesobriste.* 1645. I, p. 891—899, *1245—1330. Ueber die spätere Literatur cf. *Archiv des hist. Vereins für Nieder-Sachsen.* Jahrg. 1846, p. 137, Anm. und *Crusius, Gesch. der Stadt Goslar,* p. 220 ff. [2]) cf. N. 360. [3]) cf. *Hortleder a. a. O.* p. 893 u. 1252.

361. *1527 Juni 13* (feria quinta pentecostes).

Einbeck an Göttingen: meldet, dass gegen den vor Herzog Philipp von Braunschweig[-Grubenhagen] zu Katlenburg eingegangenen Vertrag die Göttinger Kämmerer der Wittwe Cord Krenges von der vergangene Ostern fälligen 24 fl. Leibrente von je 1 fl. 1 Mariengroschen abgezogen haben, wogegen sofort Einsprache geschah, bittet diese und die im vergangenen Jahr dem Abel Bornemann abgezogenen 24 Mariengroschen zurückzuzahlen, widrigenfalls des genannten Herzogs Beistand angerufen werden würde.

Briefsch. VII, II; Or. m. S.

362. *1527 Juni 17* (secunda post Viti).

Göttingen an [Einbeck]: bittet es auf N. 361 die Wittwe Cord Krenges zur Annahme von 42 sh. Göttingisch auf den fl. in Baarzahlung ihrer Leibrente zu bewegen, um so mehr, als die Stadt in ihrer noch immer andauernden Bedrängniss den meisten Gläubigern, dar one ok golt vorschreven, den fl. mit 40 sh. bezahle.

Briefsch. XXII, A; Entwurf.

363. *1527 Juni 27* (am achtenden tag corporis Christi). *Hannover.*

Herzog Erich an Göttingen: meldet, dass er sich auf die Bitten Goslars entschlossen habe, zur Beilegung des Streites zwischen Goslar und Herzog Heinrich zum Abend des 30. Juni (schirskomenden sontag nach Petri et Pauli) in Braunschweig einzureiten, um am 1. Juli (folgendes montages) um 8 Uhr vormittags die Verhandlung zu führen; verlangt, dass Göttingen einige Rathmannen zum Mitberathen ebendahin abordne; versichert, dass er von Herzog Heinrich für Goslar und die andern Städte, welche am Tage Theil nehmen werden, Geleitsbriefe erlangt und sie denselben zugeschickt habe.

Sub L I, B; Or. m. Spur d. S. u. Unterschrift.

364. *1527 Juli 25* (am dage Jacobi apostoli).

Junker Craft von Bodenhausen an Herzog Heinrich den Jüngern: meldet, dass er dem Herzog Erich gegen die Zusicherung, dass ihm vergangene Ostern (April 21) das Schloss Uslar eingeräumt werde, 4000 Goldfl. geliehen habe, dass des Herzogs Bürgen aus Adel und Städten versprochen, im Fall der Nichteinräumung des Schlosses am Sonntag Quasimodogeniti (April 28) die Schuld nebst erwachsenem Schaden in Witzenhausen abzutragen, dass ferner Herzog Erich auf dem Reichs-

tage zu Speyer[1]) *ihm auf die Befürchtung, das Schloss könne ihm entgehen, dasselbe gegen ein Aufgelt von weiteren 2000 fl., die er mit grossem Schaden aufgebracht, versprochen habe, dass dennoch auf einem Landtage im Beisein mehrerer Bürgen ehr- und treulos beschlossen sei, die Zusage nicht zu halten; bittet Herzog Heinrich seinen Gegnern, an denen er sich laut Verschreibung mit rechte adir unrechte schadlos halten dürfe, im Fall er etwas vornehmen müsste, keinen Vorschub zu leisten.*
Suppl. zu d. Cop. Vol. V, B; Cop.

365. 1527 Juli 31 (am middeweken nach Panthaleonis).

Goslar an Göttingen: bittet um den vertragsmässigen[2]) *Beistand gegen Herzog Heinrich den Jüngern, der, wie Göttingen bereits wisse, die Stadt hart bedränge, obwohl sie ihm entgegengekommen und er ihr Schutzherr sei, trotz des Landfriedens und des Verbots des kaiserlicher Regiments und des Kammergerichts*[3]).
Briefsch. IV, F; Or. m. Spur d. S.

366. 1527 Juli 31 (mitwochen nach Panthaleonis). Neustadt.

Herzog Erich an Göttingen: ladet es zum 7. Aug. (up mitwochen na vincula Petri) *zu 9 Uhr Morgens nach Gronau zum Landtage, bittet denselben trotz der entfernten Wahlstätte, die er nicht anders habe ansetzen können, zu beschicken.*
Sub Landschaftliches Vol. III; Or. m. S. u. Unterschrift.

367. 1527 Aug. 2 (sexta post Panthaleonis).

Göttingen an Herzog Heinrich den Jüngeren: übersendet mit seiner Entschuldigung wegen der Verzögerung die Klage Goslars gegen ihn nebst Goslars Antwort auf des Herzogs Klagebrief.
Briefsch. XVI, A; Entwurf.

368. 1527 Aug. 2 (sexta post Panthaleonis).

Göttingen an [Goslar]: verspricht auf N. 365 mit dem Ausdruck seines Bedauerns über die schweren Bedrückungen die verlangte Unterstützung gemäss dem gemeinsamen Beschluss der Städte auf der bevorstehenden Tagfahrt[4]), *deren Berufung es täglich entgegensähe.*
Briefsch. I, A; Entwurf.

---

[1]) 1526 Aug. [2]) cf. N. 338, § 7. [3]) cf. Hortleder a. a. O. p. 1247, 1248, 1251. cf. N. 359. [4]) cf. N. 369.

369. *1527 Aug. 5* (mandages nach inventionis Steffani).
Braunschweig an Göttingen: ladet es zum 12. Aug. Abends (up tokunftigen mandach avent nach Laurentii) *auf Antrag des bedrängten Goslar nach Braunschweig, um mit den andern verbündeten Städten am 13. Aug.* (folgendes dinstages) *zu berathen.*
Briefsch. I, F; Or. m. S.

370. *1527 Aug. 16* (freitags nach assumpcionis Marie). *Wolfenbüttel.*
Herzog Heinrich der Jüngere meldet, dass Goslar am 22. Juli (am tag Marie Magdalene) *das Kloster Georgenberg das Peterskloster und die Kirchen am Rammelsberge zerstört, am 30. Juli* (am dinstag nach Panthaleonis) *seine Leute in den Bergwerkshütten überfallen und diese zerstört habe, dass er darüber mit dem Erzbischof Albrecht von Mainz und Herzog Erich verhandelt und sich auf ihre und der Landschaft Fürbitte nach seiner Heimkehr nach Wolfenbüttel am 8. Aug.* (am tag Ciriaci) *zu gütlichen Verhandlungen mit Goslar bereit erklärt habe, dass aber seine Absicht durch Goslars Forderungen, auf die er unmöglich eingehen könne, vereitelt worden sei, indem es verlange, er solle 1) die Arbeit auf seinen wiedererworbenen Hüttenwerken einstellen, 2) sein Kloster Riechenberg weder ausbauen noch befestigen und indem es 3) die Nutzung der Harzforsten wie früher für sich beanspruche.*
Arch. 1896; Or. m. S.

371. *1527 Aug. 18* (am sontag nach assumptionis Marie). *Neustadt.*
Herzog Erich an seine Getreuen und Räthe: erklärt bei Uebersendung von N. 364 einen etwaigen Angriff Crafts von Bodenhausen aus Iteln biß zu seyner zeit in rauwe unde gedult stellen *zu wollen, warnt die Reisenden, befiehlt bis zu seiner Ankunft sorgsame Bewachung der Burgen.*
Suppl. zu d. Cop. Vol. V, B; Cop.

372. *1527 Aug. 19* (montags nach assumptionis Marie). *Wolfenbüttel.*
Herzog Heinrich der Jüngere an Göttingen: übersendet N. 370 mit der Bitte dieselbe zu jedermanns Kenntniss öffentlich am Rathhause anzuschlagen.
Briefsch. XI, B; Or. m. S.

373. *1527 Aug. 20* (dinstags nach assumptionis Marie).
Herzog Heinrich der Jüngere ertheilt Bürgermeistern und Rathmannen der Städte Göttingen Hannover und Einbeck zur Vermittlung eines Ausgleichs zwischen ihm und Goslar für die Fahrt nach und von Goslar freies Geleit.
Arch. 18; Or. m. S. u. Unterschrift. Cop. in Briefsch. XVI, A.

374. *1527 Aug. 20* (feria tertia infra octavam assumptionis Marie).
Einbeck an Göttingen: meldet, dass ihm früher schon die zur Zeit in Goslar anwesenden Sendeboden Braunschweigs mehrfach geschrieben haben, dass ihm heute sowohl für sich als für Göttingen eine dringende Aufforderung nach Goslar zu kommen, da man ohne sie nicht verhandeln wolle, vom Rathe zu Goslar durch einen reitenden Boten zuging; seinerseits werde es Geschickte abfertigen und verhoffe sich desselben von Göttingen.
Briefsch. IV, B; Or. m. S.

375. *1527 Sept. 4* (middewekens nach Egidii).
Goslar an Göttingen: bittet den auf den *16. Sept.* (mandach nach exaltacionis s. crucis) zwischen ihm und dem Fürsten von Braunschweig [Heinrich dem Jüngeren] des forstes und der geholte halven angesetzten Tag zu beschicken und am Sonntag Abend zu erscheinen.
Briefsch. VIII, A; Or. m. S.

376. *1527 Sept. 10* (am dinstag nach nativitatis Marie). Münden.
Herzog Erich an Göttingen: bestimmt ihm in der Klage gegen den verhafteten Bode Beckmann einen Gerichtstag zu 8 Uhr Vormittags des *20. Sept.* (freitag nach exaltationis s. crucis) auf dem Rathhause in Münden[1]).
Sub L I, B; Or. m. S. u. Unterschrift.

377. *1527 Sept. 14* (ipso die exaltationis crucis).
Göttingen an [Goslar]: meldet, dass es auf N. 375 nicht erscheinen könne weil es zu derselben Zeit einer Ladung Herzog Erichs unweigerlich Folge leisten müsse.
Briefsch. X, A; Entwurf.

378. *1527 Sept. 27* (freytages nach Matthei apostoli). Münden.
Herzog Erich an Göttingen: erkennt in Antwort auf die von Craft von Bodenhausen an Göttingen zugegangene ihm

---
[1]) *cf. N. 351. Die Angelegenheit wurde vermuthlich auf diesem Gerichtstage erledigt, cf. N. 390.*

überschickte Klageschrift[1]*) die Schuld von 4000 fl. Rh. und das Versprechen an, Schloss Uslar nebst Pertinenzien vergangene Ostern einzuräumen oder die Schuld nebst Zinsen und Schaden zurückzuzahlen, ebenso das in Speyer erneute Versprechen gemäss der Verschreibung zu handeln; behauptet, dass,* als wir uf offenem lanttage nemlich uf Galli *[Oct. 16]* zu Gronauw mit gemeynen unsern lantschaften der pfandschilling halb an heußern dermaß beschlossen unde wir de weg nit haben funden konnen adir mogen, das ime Bodenhawßen unser hauß Ußlar uf vorschrebene ostern *[April 21]* hett mogen gelangt und ingetain werden, *Bodenhausen laut Verschreibung sein Geld hätte zurücknehmen müssen; meldet, dass ihm ron demselben Landtage aus geschrieben wurde, dass ihm Uslar nicht eingeräumt, wol aber die Schuld zurückgezahlt werden würde und er sich um weiteres Geld nicht bemühen solle, dass die geschuldete Summe schon am Palmsonntag (April 14), dann gemäss dem Vertrage*[2]*) am Sonntag Quasimodogeniti (April 28) in Witzenhausen bereit gehalten, sie aber von Bodenhausen nicht angenommen wurde, villeicht der meynunge sich zu uns unde den unsern zu notigen, worauf des Herzogs Bürgen sich vor seinem Landesherrn Landgrafen Philipp von Hessen zu Recht erboten, woraus der Werth seiner Klage und Beschuldigung zu ermessen sei; theilt mit, dass er gegen Bodenhausens Drohung, die bereits in Thätlichkeit übergegangen sei, nichts unternehmen werde.*

Suppl. zu den Cop. Vol. V, B; Cop.

379. *1527 Oct 4* (sexta post Michaelis).
Göttingen an Craft Bodenhausen: meldet, dass es gemäss früherer Zusage seine Beschwerde gegen den Herzog diesem bei seiner Heimkehr übermittelt habe und übersendet N. 378[3]*).*

Briefsch. II, B; Entwurf.

380. *1527 Oct. 7* (am mondach nach Francisci).
Herzog Erich an Göttingen: meldet des Helmbrecht Mengerhausen, Bürgers zu Northeim, Klage, dass Hans Nyerodt, Sohn des Göttinger Bürgers Cord Nyerodt, ihn und die Stadt Northeim trotz seines Anerbietens sich vor dem Herzog als Landesfürsten zu Recht zu stellen befehde; verlangt, dass Göt-

---

[1]) Sie muss gemäss der Inhaltsangabe des Herzogs mit N. 364 vollständig übereingestimmt haben. [2]) cf. N. 364. [3]) Ein undatirter Zettel des Herzogs, welcher wohl Ende 1527 zu setzen sein wird, meldet, dass die Unterhandlungen mit Bodenhausen einen gütlichen Ausgleich erwarten lassen. Briefsch. II, B.

tingen gemäss den mit Northeim bestehenden Verträgen Cord
Nyerodt anhalte, bei seinem Sohn auf die Abstellung der Fehde
hinzuwirken¹).
Sub L I, B; Or. m. S. u. Unterschrift.

381. 1527 Nov. 2 (sabbato post omnium sanctorum).
Göttingen an Herzog Erich: meldet auf die mitgetheilte
Beschwerde Dietrichs des Jüngern von Plesse über des Raths

---

¹) *Anfang 1525 begann der heftige Streit. Helmbrecht Mengershusen
Rathmann zu Northeim und Cord Nyerodt Rathmann zu Göttingen er-
heben Anspruch auf die Nutzung eines von der Herrschaft Plesse zu
Lehen gehenden Viertelzehnten im Dorf Hummenstedt. Göttingen und
Northeim nehmen mit aller Entschiedenheit Partei für ihre Rathsmitglieder,
die zum Ausgleich angesetzten Tage verlaufen erfolglos. Im April 1526
wird die Angelegenheit vor das Lehnsgericht Dietrichs von Plesse ge-
bracht und dieses spricht den Zehnten Mengershusen zu. Briefsch. I, E.
Nyerodt verwirft die Entscheidung als widerrechtlich und verweigert die
Herausgabe des Zehnten. Darin unterstützt ihn der Rath von Göttingen
und ruft, da mit Northeim keine Einigung erzielt wird, im Juni 1526
das beiden verbündete Einbeck als Schiedsrichter auf. Briefsch. I, D.
Aber auch Einbeck entscheidet zu Gunsten Mengershusens, Nyerodt erkennt
abermals den Spruch nicht an und lässt, wol um diesen zu um-
gehen, den fraglichen Zehnten seinem Sohne Hans als Afterlehen auf.
Als Nyerodts sich trotz der bei dem Göttinger Rath vorgebrachten Be-
schwerden im Besitz des Gutes behaupten, überfällt und verdrängt sie
Helmbrecht Mengershusen nebst seinem Sohne Jürgen, angeblich unter-
stützt von Dienern des Raths zu Northeim. Daraufhin klagt Göttingen
gegen die Mengershusen und, als die Beschwerde nicht berücksichtigt wird,
gegen Northeim selbst beim Rathe von Einbeck. 1527 Juni. Ohne die
Vermittlung abzuwarten, befehdet Hans Nyerodt, der sich vom väter-
lichen Erbe abtheilt und aus Göttingen entfernt, Mengershusen und
Northeim. Göttingen wird von Northeim der thatsächlichen Urheberschaft
und Förderung der Fehde beschuldigt, wogegen es Northeim feindseliges
und unbilliges Verhalten vorwirft, es kommt so weit, dass Northeim nicht
nur Cord Nyerodt, sondern auch Göttingen selbst den Fehdebrief zu-
schickt. Beide weigern sich, denselben anzunehmen, weil Hans Nyerodt
die Fehde auf eigne Faust begonnen habe, nicht Bürger und seit langer
Zeit auch nicht Einwohner von Göttingen sei und sie daher, namentlich
aber die Stadt, für seine Handlungen nicht verantwortlich gemacht
werden könnten. Unermüdlich sucht Einbeck zu vermitteln, während
Dietrich von Plesse als Oberlehnsherr entschieden für Mengershusen
Partei nimmt, namentlich in einem Schreiben an die Gilden von Göt-
tingen heftig das Verhalten des Rathes tadelt und mit offener Unter-
stützung Mengershusens gegen die Stadt droht. 1527 Juli 1; Plessiana
Vol. II. Zur Fehde zwischen Göttingen und Northeim kommt es nicht;
ersteres verpflichtet sich, Hans Nyerodt in keiner Weise zu unterstützen,
ihn nicht zu heimen und nach Kräften bei ihm auf Abstellung der Feind-
seligkeiten einzuwirken. Gleiches verspricht der Vater. Schwerlich hat
man diese Versprechungen gehalten, klagend wenden sich bald darauf
die Gegner an den Herzog. — Die Aufregung, welche dieser Streit hervor-
rief, spiegelt sich deutlich in den zahlreichen Schriften über diesen Gegen-
stand wieder, die, durch das ganze Archiv zerstreut, sich etwa auf 120
belaufen.*

Verhalten in der Fehde Cord Nyerodts[1]*), dass Göttingen nicht die Macht habe, auf das Ende der ohne sein Zuthun geführten Fehde einzuwirken* (so seyn wir vorfenglick gantz umbestendigk, das Hans Nyeroth seynen fredebruchigen mutwillen mit unserm wissent rate edder bewylligent aus unser stad geubet edder auch von uns darzu uf dussen tag enthalten werden sall; eben so weynich vorheffen wir uns zum rechten, dass uns Hans Nyerots personlich taet, der wir keyn schult noch ursache haben, zu jennigem entgelt edder abschaffunge solcher veide vorstricke[n] moge, dan derselbige Hans Nyeroth eyn entzelle umbesessen persone ist, in den uns keyn herschaft edder gezwak zukommet, wenten er mit uns nicht wonendes auch noch feur edder rauch hilt, dan er sich ober eyn jar von uns er seynen tedlichen zugriffen abreumich gegeben, sich auch ane alle unser bewissent unser stad entoussert); *verspricht ihm in keiner Weise Vorschub zu leisten, Northeim und Mengershusen mit Rath zu unterstützen; bittet, dem Herrn von Plesse zu verbieten, Göttingen zu beschweren.*

Briefsch. II, B; Entwurf.

382. *1527 Nov. 6., Speyer.*

Kaiserliches Mandat an Göttingen: ladet es wegen der Türkengefahr und der religiösen Spaltung auf den 2. März 1528 (montag nach invocavit schierst komment) zum Reichstag nach Regensburg.

Sub R V; gedr. Or. m. S. u. Unterschrift Montforts, Verwesers des kaiserlichen Statthalteramts. Laut Rückschrift am 18. Jan. 1528 an Dr. Johann Winkelmann auf dem Rathhaus abgegeben unde der bote hat darup keyner recognicion begert noch haben wullen.

383. *1527 Nov. 25 (am tag Katharine). Münden.*

Herzog Erich an Göttingen: übersendet auf dessen und Cord Nyerodts Antwort in Betreff seiner Verwendung für Helmbrecht Mengershusen eine nochmalige Beschwerde des letzteren und befiehlt, weil Cord Nyerodts Antwort unbegründet und er seinem Sohne Hans in der Fehde Vorschub leiste, Cord zu nöthigen, die vede bey seinem son — abzuschaffen oder sie gemäss dem zwischen Göttingen Einbeck und Northeim bestehenden Verträgen entscheiden zu lassen, widrigenfalls der Herzog auf einen erneuten Antrag Mengerhusens die Sache vor sein Forum ziehen müsste[2]*).*

Sub L I, B; Or. m. S.

---

[1] cf. N. 380.   [2] cf. N. 380 Anm. 1.

384. *1528 Jan. 1* (am neven jars tag).
Herzog Erich bescheinigt der Stadt Göttingen den Empfang der Neujahrsbede wie in N. 1.
Arch. 774; Or. m. S. u. Unterschrift.

385. *1528 Jan. 4. Speyer.*
Kaiserliches Mandat: erinnert, dass nach geistlichem und weltlichem Recht die Wiedertaufe bei schweren Strafen verboten nach kaiserlichem der Tod auf dieselbe gesetzt sei; befiehlt durch Gebote und Predigten vor dieser Sekte warnen zu lassen, gegen die Schuldigen mit der Lebens- und andern gebührlichen Strafen einzuschreiten.
Sub R V; vidimirte Cop. des Mainzischen Notars Johannes Gunzer. Rückschrift: verkürzt wie auf N. 397.

386. *1528 Jan. 29* (quarta post conversionis Pauli).
Göttingen an Herzog Erich: bittet auf N. 382 sein Ausbleiben zu entschuldigen.
Sub R V; Entwurf.

387. *1528 Jan. 29* (quarta post conversionis Pauli).
Göttingen an [Magdeburg]: schickt die Quittungen für die auf dem letzten Leipziger Markt empfangenen Zinsen mit Berufung auf den vor den Sendeboten der übrigen Städte zu Goslar eingegangenen Vertrag zur Zahlung von 4% als ungenügend zurück; bittet es gemäss der auch von den andern Städten billig erachteten Vereinbarung alle weiteren Ansprüche fallen zu lassen und genügende Quittungen zu schicken; verspricht, von Ostern ab pünktlich die 4% zu zahlen[1]).
Briefsch. IV, G; Entwurf.

388. *1528 Febr. 3* (die s. Blasii episcopi).
Göttingen an den Prior Luderus Snake des Burgklosters zu Lübeck: bittet auf die Mahnung zur Bezahlung der Ostern fälligen vollen Zinsen mit dem Dank für die bisherige Nachsicht, sich auch ferner wie bisher angesichts der früheren schweren Fehden und der täglich steigenden Belastung der Stadt mit . fl. von 100 fl. zu begnügen, von denen er bereits 2 fl. empfangen habe.
Briefsch. VIII, N; Entwurf.

389. *1528 Febr. 4* (dinstags nach purificationis Marie). Münden.
Herzog Erich an Göttingen: erklärt auf dessen Schreiben wegen Cord Meigers zu Lenglern, dass er gemäss dem Gesuch

---
[1]) cf. N. 198.

die Angelegenheit seinem Amtmann übergeben habe, und auf N. 386, dass er es auf dem Reichstage, den er besuchen müsse, entschuldigen wolle.

Sub L I, A; Or. m. S. u. Unterschrift.

390. 1528 Febr. 7.
Hans Nyerodt der Aeltere an Einbeck: verlangt freien Durchzug, da Northeim die Verhandlungen böswillig hinziehe.

Den ersamen und wysen borgermeistern und rate [zu Eymbecke] meynen besundern guten freunden.

Mynen grus zuvorn. Ersamen wiese borgermeister und raet zu Eymbecke. Nademe an mich gelanget und geschreben, das ich meyner sache und forderunge, als ich mit den Mengershusen meynen wedderparten und der stad Northeym veydlich habe, eynen anstand lyden wolde, dan ir in den gebrochen handel und vleys ankeren woldet de sache ane ferner schaden zu vortragen, des ich den euch auch deme rate zu Gottingen zu eren willigk gewesen nach wegen und erbietungen, wie ir das woll ane zweivel aus meynen schriften entfangen und vornommen habt. Deweyle ich nw auf solch meyn nachgebent keyn geleyte noch antwort krige und nicht anders, dan mutwillicheyd befinde meyner jegenteile und deme rate zu Northeim oren obersehrn kegen[1]) meyn[1]) recht gehanthabet[2]) und de sache dardurch mit gesuchten ausfluchten geletzet und mir auch mit geverlichen lysticheiden wert nachgetrachtet, so ist hirumb an euch meyn bit: ir wollet der sache, wo ir darinne nicht wissen edder willen raten, mussigk gehen und mich und meyne helfere in der durchwanderunge des ewren ungehindert wege und stege gleich deme wulfe gemeyne syn lassen; dan ich an den von Northeim und meynen jegenparten rechts bekomen muss, das sich denne ane forder schaden nickt endigen kan. Dusses willet ir euch woll wissen zu halten, darmit ich mit euch und den ewren auch nicht zu schaffen kryge. Dusses bit ich ewr richtiges antwurt mit jegenwertigen. Datum fritags nach Agathe junkfrawen im jar 28.

Hans Nyeroth der elter.

Briefsch. VI, N; laut Bemerkung Cop. nach dem vom Stadtschreiber von Einbeck überbrachten Or.

391. 1528 Febr. 7 (?) (freitags [post] purificationis Marie). *Münden.*

Herzog Erich an Göttingen: mahnt es, die Beschwerden

---
[1]) *Ursprünglich:* zu meynem.   [2]) *Unverständliche Construction.*

*Bode Beckmanns abzustellen und der früher abgethanen Irrungen nicht weiter zu gedenken*¹).
Sub L I, B; Or. m. S. u. Unterschrift; Rückschrift: Dusse sake Bode Beckmans veyde is fruntlick vorrichtet und gezoent, dan Bode wart to Munden behaftet und wart sonlos, dat men dardorch tor fullentzinunge des rechten nicht gehandeln konde.

392. *1528 Febr. 29* (am sonnabent nach dem sontag esto mihi). *Münden.*
*Herzog Erich an Göttingen: meldet die ihm gewordene Anzeige, dass dem Hans von Adelebsen und seinen Untersassen, weil er einige in seinem Gebiete belegene Güter*²*) wegen Nichtzahlung des Landschatzes mit Beschlag belegt habe, der Eintritt in die Stadt von Göttingen verboten und sein Erbieten, die Sache vor den Landesfürsten zu bringen, zurückgewiesen sei; verlangt die Annahme des Vorschlags und die Aufhebung des Verbots.*
Sub S XXI; Or. m. S. u. Unterschrift.

393. *1528 März 3* (dingstages nach invocavit).
Moritz Giseler an den Rath von Göttingen: meldet, dass er, wie Adressat aus frühern Schriften bereits wisse, in der Nutzung des tegeden vor Bartherode gelegen, von Hans von Adelebsen alljährlich behindert werde, obgleich er sich vor seinem ordentlichen Richter, dem Adressaten, zu Recht erboten habe (wowoll ick doch deme von Adelevessen in neynerleye plegende noch ome to sodaner syner sulfgewolt jennige orsake gegeven, wenten ik mick allewege uppe juwe ersamkeit alße myne herren unde ordentlige richters myner to rechte mechtich to synde erboden; averst solk myn erbeydent heft ßo hoich unde mylde nicht mogen syn, dat mick Hans von Adelevessen synes gewaltligen vorbodes unde todrengligen schadens hedde vorlaten unde mick in ansehynt mynes rechtbodes im besitte myner brukynge des tegeden fredesam doyn geweren, dann desulve Hans beharret in synem vorsate unde will de sake nach synem wolbefalle erdrengen unde gehandelt hebben, weynich bedacht, dat ome de gewolt yo neyn recht geven will); *bittet den Adressaten um Hilfe und Fürbitte bei Herzog Erich, dass dieser gemäss dem zwischen dem Herzoge und der Stadt bestehenden Vertrage Hans von Adelebsen bewege, die Nutzung des Zehnten freizugeben und die Sache gemäss dem Vertrage*³*) vor seinem, Gislers, ordentlichem Richter auszutragen.*
Sub A I; Entwurf.

---

¹) cf. N. 376. ²) Es war der halbe Zehnte des Moritz Giseler. cf. N. 393 u. 394. Der Streit begann 1526. Sub A I. ³) cf. N. 338 § 11.

394. *1528 März 12.*

*Christof und Hans Adelebsen an die Gilden der Kauf-
leute und Schneider zu Göttingen: klagen, dass der Rath ihnen
und ihren Untersassen den Eintritt in die Stadt untersagt habe,
weil sie Moritz Giselers Zehnten wegen Steuerverweigerung mit
Beschlag belegt hätten; bitten auf Abstellung der Beschwerde
hinzuwirken und drohen mit Repressalien.*

Den ersamen und vorsichtigen der kopherngylde meisteren
der snidergylde meistere[n] und der gemeinheit und dusser vor-
bemelten gantzen gylden to Gottingen unsern besundern
gunstigen frundes samptlick und besundern to handen.

Unsern fruntlicken deinst tovorn. Ersamen und vor-
sichtigen besundern gunstigen frundes. Nachdeme als de
dorchluchtige und hoich[g]eborn furste und here, here Erick
hertoge to Brunswigk und Luneborch etc. mit sampt siner
furstliken gnaden prelaten ritterschaft und stede itzunt und
in voriger tit in der gantzen lantschaft stur und schattunge
siner furstliken gnaden to donde angeset, darmede unse arme[1])
lude[2]) beswert, so hebben se Mauritio Giseler, up sinen
halven tegen to Berterode, wy ok in voriger tit synen vor-
farn, als fromen luden bewust, geschein, temelicke schattunge
itlicke jare darup geset, wy schut in andern gerichten und
ok in unserm gerichte andern luden, de dar guder inhebben,
gedan. So aver[3]) den unsern stur to donde wegerunge von
om geschein, hebben de unsen an den ersamen rat to Got-
tingen uver den angeczeiten Gyseler ein vorscrift to donde,
darmede he to der billicheit gewiset[4]), angestrenget, dat den
dorch uns mit scriften und wedderumb antworde durch den
rat selfeltichlick vorgenomen; blift he aver in[5]) synem mot-
willigen[6]) vornomende, so hebben wy synen halven tegen to
mannichen tiden, wy ok itzunt, in einen kummer gelecht,
darto[7]) von wegen unsern armen luden to rechte uns[8]) up
unsern gnedigen hern hoich[g]emelt und up siner furstliken
gnaden vorordenten reiden altit erboden. Des den von dem
juven unangesein, hebben de velbemelte rat to Gottingen den
ingank orer stat unsern armen luden und unse hoicherbedent
nicht betrachtet verboden. Ist derhalven an juv unse frunt-
licke bede gy willen den ersamen rat to Gottingen und
Mauritio Gyseler mit synem anhange der billicheit under-
richtunge don, dat unsern armen luden de nachstendigen
angesatte schattunge, darmede he den unsern vorplichtet,

---

[1]) armen, *B C.* [2]) luden, *B C.* [3]) *Folgt:* dessulftige, *B.* [4]) *Folgt:*
uns, *A B C.* [5]) by, *C.* [6]) *Fehlt in B C.* [7]) *Folgt:* uns, *BC.* [8]) *Fehlt
in B C.*

werde¹) entrichet¹) und den unsern den ingank orer stat mochte geopet werden. Wy aver, unse felmaels hoicherbedent unangesein, se in orm vornomende bleven, worde wy vororsaket den juwen gelickmetzick unse gerichte nicht darinne to wanderende to vorbeiden und unsern hern und frunden unse anliggende beswerunge clagunge don, der tovorsicht se werden uns in unsern rechtferdigen saken²) nicht vorlaten. Wat naberschop und frunschop darut erweßet³), hebbe gy to ermetende, dat wy juv to goder wolmeynunge nicht hebben mogen bergen. Juv willen to bewisen sin wy geneigt. Datum donderstages post reminiscere anno etc. 28.

Christoffell und⁴) Hans von Adelevesen gebrodere.

Landschaftliches Vol. I; Or. m. Spuren d. S. Die wichtigeren Abweichungen in N. 395 (B) und N. 376 (C) wurden neben N. 394 (A) berücksichtigt.

395. *1528 März 12* (donderstages post reminiscere). *Christof und Hans von Adelebsen an die Gilde der Schuhmacher zu Göttingen: gleichlautend mit N. 394.*
Landschaftliches Vol. I; Or. m. S.

396. *1528 März 12* (donderstages post reminiscere). *Christof und Hans von Adelebsen an die Gilde der Knochenhauer zu Göttingen: gleichlautend mit N. 394 ⁵).*
Landschaftliches Vol. I; Or. m. S.

397. *1528 März 16* (am montag nach oculi). *Münden. Herzog Erich an Göttingen: übersendet, da er als Bundesgenosse⁶) Göttingen ungerne in Ungnade sehen würde, N. 385; verlangt, dass das kaiserliche Mandat öffentlich verkündet werde* und ir wollet — euch in dem dießem unde andern keyserlichen mandaten, ßo dusser unde anderer vorpottenen unchristligen secten halb ußgangen, mit allen den ewren gehorsam halten unde dabey biß uf wyter gemeyner christlicher potentaten bescheid bestendig pleyben.

Sub R V; Cop. Rückschrift [von der Hand des Rathsschreibers Erasmus Snidewyn]: Anno vicesimo octavo donnerstag⁷) nach deme mitwochen cinerum ist dut copierte gemeyne kayserlich mandat durch keyserliger⁸) mayestat rytenden boten Petern Tremmeln hern Heinriche Gyseler borgermeister zun handen gebracht und mit geborliger ufname entfangen. Des auch deme boten eyn bewyslige recognicion under des rades secret vorsegelt geben. Und das original des kayserligen breves

---

¹) entrichte, *C*; betalt werde, *B*. ²) *B C*; sake, *A*. ³) erwasset, *B C*.
⁴) *B C*; fehlt in *A*. ⁵) *Der benachbarte Adel, namentlich die Bodenhausens, mischen sich in die Sache. Mehre Tagfahrten verlaufen erfolglos. Erst 1529 scheint der Ausgleich herbeigeführt zu sein. Sub A I u. II.*
⁶) *cf. N. 338.* ⁷) *Febr. 27.* ⁸) *Vorlage:* keyserligen.

mit hertzogen Erichs rechtem unterschroben hautzeiches (!) breves offentlich
an das brothaus angeschlagen; welchs anschlaent geschein ist dings-
tags nach deme sontage letare¹).

398. *1528 April 16.*
*Kaiserliches Mandat an Göttingen: sagt zum 1. März
(auf den ersten sontag in den fasten jüngsterschienen) nach
Regensburg ausgeschriebenen Reichstag ab.*
Sub R V; gedr. Or. m. S. u. Unterschrift Montforts, Verwalters des
kaiserlichen Statthalteramts. Rückschrift: anno 28 uf mitwochen nach
dem Sontage misericordia domini²) ist dut kayserlich mandat von kayser-
lich mayestat reytendem boten den hern des racts mit eynen sunder-
lichen mandate, de wedderabforderunge der ufroriger krygesleufte und
der weddersessiger stede betreffende, zun handen angelanget und mit
geborlicher ufname entfangen worden und das ander mandat, keyserlicher
mayestat zu eren, vorgunstiget anzuschlande.

399. *1528 Mai 15* (sexta post cantate).
*Göttingen an Abt und Convent des [Burgklosters zu
Lübeck] (?): bittet sie sich gemäss seinem ersten Schreiben³)
mit 3 % zu begnügen, falls sie aber nicht darauf eingingen,
mit den nach Lübeck reisenden Bevollmächtigten die Angelegenheit
gütlich zu erledigen.*
Briefsch. XIV, C; Entwurf.

400. *1528 Mai 28* (am donnerdage vor pynxsten).
*Henning Grothejans [Bürger zu Einbeck] an Göttingen:
meldet auf das Zurückschicken seines [Fehde-]Briefes und das
ihm mitgetheilte Verbot des consarven⁴) die Zinsen auszuzahlen,
dass Martin Sebexsen 22 Jahre die Zinsen bezogen, jetzt aber
er, Grothejans, die Göttinger Verschreibung auf 200 Goldfl.
und die Stiftungsurkunde in Händen habe und er auch der
natürliche Erbe sei; fordert die Auszahlung der vorenthaltenen
Zinsen an seinen Boten, widrigenfalls er abermals den Fehde-
brief beiliegend übersende und zu Herren und Junkern gehen
und sehen wolle, ob er nicht zu seinem Gelde kommen könne;
verweigert entschieden gütliche Verhandlungen in Einbeck Nort-
heim oder Göttingen.*
Briefsch. XX, B; Or. m. S.

401. *1528 Mai 29* (sexta post dominicam exaudi).
*Göttingen an [Einbeck]: meldet mit Bezug auf N. 400,
dass die von Grotejans beanspruchten Zinsen weder ihm noch
den Angehörigen seiner Familie, sondern dem Commissar der
Grotejansschen Pfründe zu Northeim verschrieben seien, dass*

---
¹) März 24. ²) April 29. ³) cf. N. 388. ⁴) Damit ist die
Kalandsbrüderschaft in Northeim gemeint. cf. N. 401.

es trotz dem Verbote der Northeimer Kalandsherren, de solkes angezeites lehins ut craft der fundacien — rechtiget synt, de leystunge der tynse von uns to gevende, *versprochen habe*, waner der bemelter gebreken eyn affundicheyd gemaket und wy mit geborliger quitancien¹) vorsekert, *nach Gebühr zu handeln; theilt mit, dass Grotejans auf Göttingens Vorschlag, die Sache durch den Adressaten²) allein oder in Gemeinschaft mit Northeim zu entscheiden, zweimal mit einem Absagebrief geantwortet habe; bittet gemäss den bestehenden Verträgen die Sache rechtlich zu entscheiden.*
Briefsch. XX, B; *Entwurf*.

402. *1528 Juni 28. Neustadt am Rübenberge.*
Herzog Erich an Göttingen: klagt, dass Hildesheim an seine zur Verfolgung offenkundiger Verbrecher abgeschickten Vertreter unziemliche Forderungen gestellt habe; bittet auf Abstellung der Beschwerde hinzuwirken.

Dem erßamen vorsichtigen unde weyßen unßern lieben getrewen burgermeistern und rait unser stad Gottingen.

Von gots gnaden Erich hertzog zu Brunswigk unde Luneburg etc. Unßern grus zuvorn. Ersamen fursichtigen unde lieben getrewen. Wir geben euch hiermit gnediglich zurkennen, das vorschener tzeit in dießem jar eyner, Tylke Heyße genant, sambt andern mehir seynen frevelen anhengern unde helfern salb vierd uns in unser furstentumb gefallen die unßern mit gewaltiger tad uberfaren gemordbrant todgeslagen, demselbigen erslagenen mit eynem keyl seyn haubt ufgespalten, welches nye mehir gehort, auch sunst uf keyserlicher freyer straßen beraubunge getreben, alles deme keyserlychen lantfriede unde konynglicher reformation zu entgegen unde widder, welche freveler³) unde pruchtige tedter von unsern schutzvorwanten den von Hyldensheim betrechten unde in ir hefte gepracht, do ße auch noch enthalten werden. Dasselbige, ßo wir inen wurden, haben wir unser unterlank eynyngung unde vortregen nach umbe gepurlich rechts gestattunge an bemelte zu Hyldensheym gesonnen unde begert. Uns hat aber von inen erstlich keyn fursprache, den wir zu der behuif mitzubringen angenomen, gestatet werden mugen, sondern, als wir etliche der unßern doselbst hen gefertiget de freveler uf ir bekante urgicht, ßo die von Hyldensheym selbest von inen gelangt, unde offenbar ubilteter, wie ob steet, anzuclagen unde umbe gepurlich recht zu gesynnen,

---

¹) *Göttingen verlangte also Sicherstellung gegen anderweitig Berechtigte.* ²) *Es ist Einbeck. cf. N. 400.* ³) *Vorlage:* frevelen.

ist man damit umbegangen deselbigen unsern, ßo wir geschicket hatten, dohyn zu bringen zu denselben uffenbaren ubeltetern fues bey fues zu¹) setzen, welches uns zu sonderlychem hoen nicht weynig vordrucket befrombdet unde beschwert, angesehin das de offenbar tat kundbar unde bekante urgicht vorhanden²) auch unsers achtens sollich furgeben bey euch oder nemants ufrichtes unde erbars vorstants vor gleych pillich oder recht geachtet, sonder unßer unterlank cynygung unde vortregen, damit wir mit euch unde inen in buntnuß steen, gantz zu entgegen und widder ist. Do wir vielfaltiglich bey den von Hyldensheym ansuchen getain, so ists uns doch biß daher ane bate erschenen, des wir uns keyns weges vorschin, auch jets, das got weys, ungerne bey euch, so uns gleych begegenen mochte, mit clagen suchen wolten; derhalben ist an euch unßer beßondern gnediges begerent: ir wollet de obbemelten zu Hyldenßheim dermassen weyßen vormugen unde unterrichten uns gepurlich gleych und recht auf die bekante urgicht vyde frevele begangene taet, so am tag ist, gegen die obbemelten freveler unde ubiltetter zu gestaiten unde das unpillich furnemen fueß bey fues zu setzen den gelegenheiten nach, wie sich die gemelten tetter frevelichen vorwirkt, abzustellen unde uns darvor wie dieselben unsers vorsehins schuldigk syn sicherung zu tun, auch noch ferner uns ewer gemuet unde gut bedunken mittailen und zu erkennen geben, wes wir uns in deme halten sollen. Tun wir uns zu euch vorsehin unde wollens alle zceit umbe euch in gleychen erkennen. Begeren des ewr antwurt. Datum zur Newenstadt am Rubenberge sontages nach Johannis baptiste anno etc. im 28.

      Herczoge Erich etc.

Sub F III; Cop.

403. *1528 Juli 4* (sabbato post visitacionis Marie).
Göttingen an Hildesheim: übersendet N. 402.
Sub F III; Entwurf.

404. *1528 Juli 7.*
Hildesheim an Göttingen: verantwortet sich gegen die in N. 402 erhobenen Vorwürfe.

Dem erßamen unde vorsichtigen borgermestern unde ratmannen to Gottingen unßern beßundern gunstigen guden frunden.

Unßern fruntlyken deinst vorn. Erßamen unde vorsichtigen beßundern guden frundes. Juwer ersamkeiten

---

¹) *Vorlage:* su. ²) *Vorlage:* verbanden.

schrifte mit invorlechter des dorchluchteden hoichgeborn
fursten und hern herren Erykes to Brunswigk und Luneborch hertogen etc., unßes gnedigen schutzfursten unde herren,
de gefangen, so in unsern heften erholden, belangende an
unde over uns clagewis gesant, hebben wy inholdes vornomen.
Dewyle denne syn furstlike gnade antzeiget, dat wy syner
furstliken gnade eyns medebrochten vorspreken unde sunst
rechts geweygert, ok foet by foet by de beclageden fangen
nicht to settende neyne vorsekerunge syner furstliken gnade
doyn willen mit wyderm inholde, darup willen wy juwen
ersamkeiten nicht bergen: dat wy uns der clageschrifte to
hoichgemeltem unßerm gnedigen hern nicht vorhopet des vortrostens syne furstlike gnade na gelegenheid unde begevener
sake uns darmede, alße scholden wy syne[n] furstliken gnaden
rechts nicht vorgunnen, nicht bewanet unde wolden ungerne,
ßo weyt id got, eynem vehel geringern, wy swigen, synen
furstliken gnaden, alße unßerm schutzforsten und gnedigen
hern, darmede wy sambt juwen ersamkeiten unde andern
erbarn steden in sunderlygem gnedigem vordrage sitten, rechts
vorweygeringe doen, dann hochgemelte syn furstlike gnade is
in gnedigem bedenken, dat wy stedes synen furstliken gnaden
togeschreven unde muntlick toseggen laten, dat wy synen
furstliken gnaden rechts over de gefangen to gestaden nicht
ungeneiget up den fall ok eyn open gerichte to eyner tyt
geheget darnach noch eyn mael bestymmet unde noch unlangens tom drydden male eyn gerichte willens to holdende,
dar wy de gefangen vorstellen wolden unde wat recht unde
eyn ordel umbe dat andere gaen laten, des wy alle tyt
unde noch erbedich. Darut jo lichtlick to ermetende, dat wy
nemande rechts wolden weygern unde, wor wy des besynt
desulven gefangen to rechte nicht to stellen, were uns anholdendes nicht noet gewest unde, wowoll wy darumme nicht
besocht, so hebben wy doch umbe alles besten willen to
erholdinge guder naberschop unde schaden to vorhoydende
de gefangen an uns gelanget unde up beclagent der von
Hamellen dermaten fenglick vorstrickett, upt men fuste beter
rechts by one mochte bekomen; anders hedden wy der moyge
woll motich gegangen. Dat wy averst synen furstliken gnaden
eynes medebrochten vorspreken jeweygert etc., gunstigen
frundes, wat in unser stad de gebruck unde wontheyd is,
darby synt wy noch anher von aller menniglichem hoges
unde nedern standes gnedigen unde gunstigen gelaten, sunst
hedde uns datsulve nicht entjegen gewest. Wy hebben uns
averst by den oltseten erkundet und vlytich befraget, de to
aller syt seggen, und is waer, dat frombde vorspreken uter-

halbe de unßern vor gerichte to stadende nuwerlde gehort
ader togelaten; vorhopen uns, syne furstlike gnade uns darto
to drengende nicht geneigt. Wy hebben averst synen furst-
liken gnaden geschreven unde seggen laten: dar syn furstlike
gnade frombde vorspreken aider andere in achte lude hebben
wolde, konden wy erlyden unde to synen furstliken gnaden
gestalt hebben. Scholden wy averst synen furstliken gnaden
vorsekeringe doyn foet nicht by foet to settende, darup geven
wy juwen ersamkeiten to wettende, dat unße gnedige herre
von Hyldensßem unde unße gemeyne stad albir eyn open
gerichte, darinne sulke unde derglyken hendelle to trachten,
in wontheyd hebben. Dar wy den von Hameln, alße de
erstmals vor uns clegers ok darna in gerichte erschenen,
de[n] beclageden fangen ok hoichgemeltes fursten vorordenten
reden tor antword bestellen wolden, des wy noch erbodich,
unde wor dat gerichte, ßo wy gehopet, den fortgang gewunnen
unde de ordelle von jedem parte vor uns, wu de gebruck
by uns is, geschulden, hedden wy ut plicht de sententien
spreken moten unde alße nichts befunden. Scholden wy
denne dussem edder dem parte wes vorsekeringe tovornt
doyn, scholde von uns nicht gesunnen werden, sust kondet
unde wolde uns sodans to grotem ungelympe by alle manne
reken unde worden alßdann vor partiesche unde unrecht-
ferdige scheydeß richtere geachtet geschulden unde geholden,
hebben ok nicht anders darinne gesocht dann rechtlick fort-
tofarende unde wy synt besynnet noch eyn gerichte to oepen
wat dat recht gift unde nympt dessulven billick to geneyten.
Wyle averst de van Hameln wie ob steyt alße clegers to
mehir malen vor uns erschenen unde ße itzunt sick to echtern
wo wy vormercken in meynunge, konnen wy one der clage
nicht vorlaten unde bidden, juwe ersamkeiten fruntlick vor
uns tegen velgemelten unsern gnedigen hern bidden desulven
von Hameln to vormogen, der clage folge doyn, upt wy der
vylfoldigen bemuunge unde andere enthaven, wente dorch
dat lange sittent konden wy to grotem schaden komen, wu
gy sulvest hebben aftonemende, unde uns ok tom deyle
alreyde is van der fruntschop togemeten. Darumme hiranne
gutwillich, alße gy gerne van uns gedaen nehimen, ertzeigen
unse anliggent to behertigen, dat sint wy willich to vor-
dienende. Juwer ersamkeiten wederumme angename deinste
to bewisende synt wy beflytiget unde wes wy juwer ersam-
keiten vorbede to geneitende hebben, des bitten wy juwe
richtige beschreven antworde. Geschreven under unser stad
secrete dingstages na visitationis Marie virginis anno etc. 28.

    De raed der stad to Hyldenßem.

Sub F III; Cop.

405. *1528 Juli 11* (sabbato post Kiliani).
Göttingen an Herzog Erich: übersendet N. 404.
Zettel: erinnert an die Klage Moritz Giselers gegen Hans von Adelebsen wegen Beschlagnahme von Feldfrüchten trotz geschehener Rechtserbietung und an den Bericht in Sachen der Erben von Weende (Wende).
Sub F III; Entwurf.

406. *1528 Juli 29* (am mitwochen nach Panthaleonis).
Münden.
Herzog Erich an Göttingen: meldet die Klage Helmbrecht Mengershusens und seines Sohnes gegen Hans Nyerodt, der neuerdings, nachdem er beigelegten Fehdebrief übersandt und schon früher die Leute in Hammenstedt gebrandschatzt, in die Hopfengärten von Nordheim eingefallen sei, obgleich sich Mengershusen und der Lehnsherr Dietrich von Plesse erboten, die Sache vor den Landesherrn zu bringen; verlangt, weil der in Göttingen ansessige Cord Nyerodt der Haupturheber der Händel sei, dass ihm der Fehdebrief zurückgegeben und er von Göttingen zur Einstellung der Fehde bewogen werde; zeigt an, dass er, der Herzog, auf Dietrichs von Plesse und Mengershusens Antrag die Sache vor sein Forum gezogen und von genanntem [Cord] Nyerodt erwarte, dass er einen Tag zu Verhandlungen bestimmen werde[1].
Sub N V; Or. m. S.

407. *1528 Aug. 2* (die Steffani pape).
Einbeck an Göttingen: bittet im Namen seines Bürgers Milliges van Eynem, da er von 400 fl. Kapital 18 fl. Zinsen zu verlangen habe, ihm aber nur 16 fl. ausgezahlt seien, den Rückstand, 2 fl. von diesem und 2 fl. 16 Mariengr. vom vergangenen Jahre, zu bezahlen.
Briefsch. XII, F; Or. m. S.

408. *1528 Aug. 13* (quinta post Laurentii).
Göttingen an die Herzogin [Elisabeth]: beglückwünscht sie zur Geburt ihres Sohnes[2]; meldet, dass es einen Dankgottesdienst in Klöstern und Kirchen angeordnet habe.
Briefsch. XVI, A; Entwurf.

409. *1528 Sept. 25* (am freitag nach Mathei apostoli).
Münden.
Herzog Erich an Göttingen: erklärt sich auf dessen Antwort

---

[1] cf. N. 380, 381, 383 u. 390. [2] Es ist Herzog Erich der Jüngere von Calenberg.

genaden drepliger erbarer rede und ok itlicken von den lantsaten am rade in nadeyligen abbroick der olden forme gesonnen wart, darumb dat gelt to gevende geweygert und synen furstliken gnaden derhalven geschreven na meynunge des hir inliggende begrypes mit irbeydunge so darinne wyder gesat.

418. 1529 Jan. 3 (dominica post circumcisionis domini).

Göttingen an Herzog Erich: verweigert auf N. 417 das Verehrungsgeld, weil er weder in gewohnter Form noch durch einen seiner Räthe darum angesucht habe; erklärt sich zur Erlegung der 100 Mk. an einen nebst etlichen Landsassen zu ihm abgeordneten fürstlichen Rath bereit.

Sub S XX; Entwurf.

419. 1529 Jan. 14.

Göttingen bescheinigt den Empfang von N. 413.

Sub R V; Entwurf.

420. 1529 Jan. 16 (ipso die Marcelli pape).

Göttingen an Herzog Erich: bittet ihn bei Uebersendung der Copie eines kaiserlichen Mandats sich für die Befreiung von der verlangten Kammergerichtssteuer zu verwenden.

Sub R V; Entwurf.

421. 1529 Jan. 24 (dominica post Fabiani et Sebastiani).

Göttingen an Otto von Kerstlingerode Amtmann zu Friedland: befürwortet abermals[1] angelegentlich das Gesuch der Pauliner-Mönche um Bezahlung der fälligen Rentenschuld.

Sub A II; Entwurf.

422. 1529 Febr. 23 (dingstages nach reminiscere).

Magdeburg an Göttingen: meldet mit Bezug auf N. 414, dass der Erzbischof von Magdeburg und Mainz kort nach mytfasten (Anfang März) sich mit den betreffenden Irrungen befassen wolle; bittet den in Aussicht genommenen Städtetag, sobald Termin und Malstätte bestimmt sein werde, mit 2 Rathmannen zu beschicken.

Hanseatica Vol. I; Or. m. S.

---

[1] *Vom Jahre 1528 liegen 4 ähnliche Schreiben vor. Sub A II und Briefsch. XX. In seiner Antwort vom 26. Nov. (dinstages post Katherine) entschuldigt Otto von Kerstlingerode sein Säumen mit der ihm in der Hildesheimischen Stiftsfehde auferlegten schweren Schatzung. Sub F VI; Or. m. Spuren d. S. Otto von Kerstlingerode war besonders lange in Gefangenschaft verblieben. Lüntzel a. a. O. p. 55.*

423. *1529 März 2* (tertia post oculi).
Göttingen an Magdeburg: sagt auf N. *422 die Beschickung zu, falls es nicht durch ehehafte Gründe verhindert werden würde.*
Hanseatica Vol. I; Entwurf.

424. *1529 März 2* (dinstag nach oculi). *[Münden.]*
Herzog Erich lässt dem Gerichtspersonal in der Kanzelei zu Münden die Gerichtsordnung des Leinebergs bei Göttingen, welche auf Grund der Gerichtsordnungen Herzog Wilhelms abgefasst worden, publiciren.
Suppl. zu den Cop. Vol. V; Einleitung aus der Gerichtsordnung in 32 Paragraphen und 10 Zusatzparagraphen (§ 33—42). Cop. aus dem 18. Jahrhundert auf 33 unpaginirten Blättern.

425. 1529 April 6 (dynstages nach deme sontage quasimodogeniti).
Christian von Hanstein belehnt Gregorius Nydt, Pfarrer zum h. Kreuz in Göttingen, und alle seine Nachkommen an der Pfarre demselbigen hospitaln unde den armen leuten zum h. crutze unde s. Bartholomeus — zu gute nach erblichen Mannlehnsrecht mit einem Viertel bebauten Landes (mit eynem ferdeyl arthaftiges landes) *und einem Sedelhof bei Geismar, wie sie vorher Ludolf Snippen innegehabt; bestimmt, dass bei Lehnserneuerung 2 Göttinger Mk. zu entrichten seien*[1]*.*
Arch. 1346; Or. m. Siegelstreifen, an dem Spuren von Wachs.

426. 1529 April 7.
Lübeck an Göttingen: bittet gegen die stetige Verschlechterung des Göttinger Tuches einzuschreiten.

Dem erßamen wisen heren burgermeisteren und ratmannen to Gottinghe unsen besunderen gunstigen guden frunden.

Unsen fruntliken grut tovorn. Ersamen fursichtigen wisen heren besundere guden frunde. Alße wy denne itz an den elderluden der wantsnidere alhir binnen unser stad werden berichtet, dat vast mangel by den Gottingesken laken, lat de nicht ore geburlike lenge und brede, wo van oldinges vontlick, holden und van gespinne ßo gut nichten syn beunden und dagelicks jo lenk jo mer sesporet werden, one o besweringe ok nadeil und schaden des fromeden copmans ekende to der laken keine verachtinge etc. demena ns flitich angesocht und gebeden umme notturftige wandenge dersulvigen an juwe erßamkeiten dorch und mit unsen

---

[1] *1533 wird von Caspar von Hanstein und 1537 von Dietmar von Hanstein die Belehnung an denselben Nydt in ausdrücklich derselben tellung erneuert. Arch. ib.*

fruntliken schriften to donde, Bo hebben wy sodans densulven juwen erßamkeiten int beste unvermeldet nicht willen laten, in gantzer ok fruntliker tovorsicht, dat juwe erßamkeiten werden uns nicht anders derhalven, dan to furderinge gemeiner wolfart int beste vermerken und sick der angetagen gebreke by den oren irkunden, dartegen ok gelegen dingen nagedenken und wes darto de notturft furdert to beschaffen, als wy uns des und alles guden to juwen erßamkeiten wol syn vorsehende. Und synt dennoch umbe desulvigen juwen erßamkeiten, der wy ore antworde hirup bogeren, to vordenen willich. Schreven under unsem secrete mitwekens na quasimodogeniti anno etc. 29.

Burgermeistere und ratmanne der stad Lubeck.
Sub T VI; Or. m. Spur d. S.

427. *1529 April 22. Speyer.*
Kaiserliches Mandat an Göttingen: verlangt Zahlung der Kammergerichtssteuer.
Sub R V; Or. m. S. u. Unterschrift Helfensteins, Verwalters des kaiserlichen Statthalteramts. Rückschrift inhaltlich wie N. 432.

428. *1529 April 23. Speyer.*
Kaiserliches Mandat: erinnert an N. 385 und wiederholt das Verbot der Wiedertaufe mit der Bestimmung, dass die Lehrer und Täufer und von den Wiedergetauften die Rückfälligen mit dem Tode bestraft werden sollen, Bussfertige aber begnadigt werden können; gebietet die Kindertaufe[1]*.*
Sub R V; gedr. Or. m. S. u. Unterschrift Pfalzgraf Friedrichs. Gedruckt: Neue u. rollst. Samml. d. Reichsabschiede II, p. 302.

429. *1529 April 23 (fritags nach jubilate).*
Dietmar Abt zu Heina an Erzbischof Albrecht von Mainz: erneuert die bereits 1528 vorgebrachte Beschwerde gegen Göttingen, welches die Jahresrente von 60 Goldfl. für 1500 fl. Kapital ihm, nachdem er das Kloster mit einigen Brüdern habe verlassen müssen, verweigere, indem es behaupte, die Summe dem gesammten Convente, nicht aber einzelnen Personen verschrieben zu haben und daher zur Zahlung nicht mehr verpflichtet zu sein, weil das Kloster nicht mehr in volkommelichen wesen und regirung der geistlicheit sei[2]*) und weil die Stadt durch etwaige Verweigerung der Zahlung an die vom Landgrafen Philipp von Hessen verordneten Verweser der Klöster und*

---

[1] cf. *Abschied des Reichstages zu Speyer von 1529.* § 6 u. 7. u. a. O. p. 294. [2] cf. v. Rommel, *Philipp der Grossmüthige* I, p. 178; II, p. 167.

Stifter seines Fürstenthums des Landgrafen Ungnade auf sich zu laden befürchten müsse; bittet, da weder in der Verschreibung vom geistlichen Charakter des Klosters die Rede, noch die Säcularisirung mit seinem Willen geschehen sei, er auch zur Zeit von keinem anderen Vorsteher des Klosters wisse, dass der Erzbischof den Herzog Erich bewege, bei Göttingen auf Auszahlung der Rente an ihn und die Seinen zu dringen.
Sub K VI; Cop.

430. *1529 April 25* (am sontag cantate). *Speyer.*
Herzog Erich an Göttingen: übersendet und befürwortet die ihm zu Speyer von Erzbischof Albrecht übergebene N. 429.
Sub K VI; Or. m. S. u. Unterschrift.

431. *1529 Mai 30* (dominica post corporis Christi).
Caspar Molenfelde in seinem und seiner Brüder Namen an Göttingen: meldet auf die Antwort, welche die Verhältnisse der hessischen Städte berühre, sich auf einen Beschluss der Gilden und Gemeinheit berufe, ihn aber und seine Brüder gar nicht beträfe, dass sie auf ihre Verschreibung und auf Zahlung der von ihrer Jahresrente bisher abgelassenen 2 Goldfl. bestehen; fordert sofortige Zustellung der vollen Renten in guter Münze nach Tagescours des Goldfl., widrigenfalls sie klagen würden.
Briefsch. XXII, A; Or. m. S.

432. *1529 Juni 2* (mitwochs nach corporis Christi).
Göttingen bescheinigt dem kaiserlichen reitenden Boten Jacob Steynmuller den Empfang von N. 427 und 428 sowie eines dritten kaiserlichen Mandats[1]*) den ingezogen zwivel eyns vorstorben bruders und swesterkyndes erbschaft betrefende.*
Sub R V; Entwurf.

433. *1529 Juli 31* (sabbato post Panthaleonis).
Göttingen an den erwählten und bestätigten Abt[2]*) des Klosters von Heina: erklärt auf des Adressaten auf N. 429 sich beziehende Gesuch um Zahlung der dem Kloster und dem jüngst verstorbenen Abt Dietmar verschriebenen Rente, dass es nichts von einer Verschreibung an den Adressaten wisse; meldet, dass vom Landgrafen Philipp von Hessen bei seiner Ungnade*

---

[1]) *Kaiserliches Mandat vom 23. April 1529. Sub R V; gedruckt: Neue u. vollst. Samml. d. Reichsabschiede II, p. 301. cf. den Abschied des Reichstages zu Speyer von 1529, § 31. a. u. O. p. 299 und oben p. 118, Anm. 1.* [2]) *Johann, welcher die mitra abbatialis von Erzbischof Albrecht von Mainz Ende Juni empfangen hatte. Kuchenbecker, Analecta Hass. Coll. IV, p. 360.*

eyn vorbot gescheyn keynen clostern edder stiften, alse seyner forstliken genaden des forstendomes Hessen underlegen wore, keyne entrichtunge jenniger erforderten zinsen zu tunde, Oundern den verordenten vorwesern¹), de sodannen stiften von seynen forstliken genaden gesatzt, nach termynen unser stadt vorschreybungen zu gebende, *wogegen der Landgraf sich verpflichtet habe, die Stadt gegen jeden daraus entspringenden Schaden sicher zu stellen.*
Sub K VI; Entwurf.

434. *1529 Aug. 3* (am dage inventionis s. Steffani).
Goslar an Göttingen: bittet angesichts des stündlich ihm drohenden Ueberfalls 60 wohlgerüstete Söldner zu seiner Unterstützung bereit zu halten.
Briefsch. XII, F; Or. m. S.

435. *1529 Aug. 5* (quinta ipso die Oßwaldi).
Göttingen an [Goslar]: schlägt dessen Gesuch in N. 434 ab, weil seiner Meinung nach zur Zeit kein Grund zu Befürchtungen vorhanden sei; verspricht, sobald es von wirklicher Gefahr erfähre, Mittheilung zu machen und gleich den andern verbündeten Städten Unterstützung zu gewähren.
Briefsch. XXII, A; Entwurf.

436. *1529 Aug. 16* (am mandage na assumptionis s. Marie virginis).
Paderborn an Göttingen: dringt auf Bezahlung der seit vielen Jahren rückständigen Jahresrente von 5 fl. für 100 fl. an seine Bürger Johann Hocker, Johann Rodiger und Hermann Deys, widrigenfalls es denselben Schadloshaltung an Göttinger Gut auf eigne Hand nicht verwehren würde.
Briefsch. I, K; Or. m. S.

437. *[1529] Oct. 25—30²).*
Rath und Vorsteher der Gilden Handwerke und Gemeinheit zu Göttingen urkunden, dass sie von Tumultuanten gezwungen seien, das Verbot sektirerischer Lutherischer Predigt aufzuheben und ihnen Antheil an der Aemterbesetzung zu gewähren, dass sie weitere Gewaltthaten verpönen und jedermann Rechtsschutz zusichern.

Wy de rat to Gottingen unde wy gyldemestere der koyplude schomaker becker wullenweffer unde lynenweffer

---

¹) *cf.* den hessischen Landtagsabschied von *1527.* Estor, *Kleine Schriften III,* p. 60. ²) *Der* vordach s. Luce (Oct. 17) *wird mit* nehist vorgangen sondag vor acht dagen *bezeichnet.*

darto wy mestere der knokenhauwere schradere unde smede
wy wardeynen der drapenerer des nyen hantwerkes der
wullenweffer unde wy mestere der gantzen gemeinheid dar-
sulvest to Gottingen bekennen openbar in dussem breve vor
uns unße nakomen in unßerm rade ok wy de gyldemestere
mestere wardeynen unde mestere der gemeinheid vorbenant
vor uns unße sessmanne gemeinen gyldebroydere werkgenoten
drapener unde gantzen gemeinheid: Nademe wy de raet
gyldemestere mestere unde seßmanne er gnant uns hirbevorn
geloflick vorwilliget by dem olden wontligem gebruke unde
ceremonien der hilligen christligen kerken, so de von
older in der gemeinen christenheit vorordent hergebracht
unde geholden, uppe de utgegangen Romischer keyserliker
majestat unde unßers gnedigen landesfursten mandata bevehil
unde gebode bet to eyner eyndrechtigen voranderynge unde
nyen ordenunge der hovede gemeyner christenheid samptlick
to blyvende unde ane instadinge der Lutterschen predynge,
de itzd allenthalven to vordruckynge der policyen in den
landen inrit, mit den unßern fredesam to levende, so wy dat
allet hirbevorn opentlick von den predigestolen by uns
hebben afkundigen laten, unde [is] darboven doch von eynem
hupen des gemeynen volkes by uns am nchist vorgangen
sondage vor achte dagen, was nemelick de vordach[1]) sinte
Luce des hilligen evangelisten, hirbynnen unße stad eyn
frommet prediger[2]) dersulven secten ingebracht unde [he heft]
itlige male opentlick uppe deme markte geprediget, unde
dewyle wy de raet gilden und sessmanne uns bedechtiget,
dat wy sodan vornement in vorachtinge der entfangen man-
date bevehile unde gebode boven gerort, alße de vorwanten
unde underdanen des hilligen Romischen rykes unde unßers
gnedigen herren hoichgemelt, mit eren unde guden foigen
nicht mochten edder konden nageven in andacht unde mey-
ninge de unßern darvon im besten to wyßende, derhalven
wy samptlick von deme gemeynen hupen folgender tyt uppem
rathuße overylet, so dat wy sodan oer vornoment unde, wes
ße uns sust mit voranderynge des koers der gyldemestere
mestere wardeynen kemeryge unde anders, jerlykes in orer
gemeynen gyldebroyder werkgenoten drapenerer unde der
gemeinheid macht to staende, vorgestalt hebben, umbe alles
besten unde des fredes willen moiten nageven vorhengen unde
inrumen. Des nicht de myn under uns allenthalven wenteher
mergliche errunge twydracht unde unwille gehangen etc., ßo
hebben nu wy de raet gyldemestere mestere wardene unde

---

[1]) Oct. 17.   [2]) cf. p. 205 Anm. 4.

mestere der gantzen gemeinheid mit todaet rade unde fulborde unser seßmanne gemeynen gildebroydere werkgenoeten drapenerer unde aller von der gemeinheid hirbynnen unser stad uns allenthalven voreyniget unde voreynigen uns jegenwordigen in craft dusses breves, wyderm vorderve unde unrade unser und gemeyner stad, den got almechtich gnediglich wille vorhoyden, hinfurder vortokomende: dat wy de raet gyldemester mestere drapenerer unde de gemeinheid vorbenant schullen unde willen nu fort underlangens eynich syn eyndrechtigen unde truwelyken vor de gemeinen stad raden unser eyn den andern dusser sake halven, so von deme hupen wo vorgemelt in jennige wyße vorgenomen mit wes todaet rade edder anreitzunge de ok geschein unde vorhandelt syn, nicht vordenken noch darjegen jemandes to nadeyle unde afbroke raden noch datsulve to gescheinde hulpe edder vorschove doyn, darmede sodane handellunge folgender tyt an jennygem der unßern mit der duet mochte gestraffet edder vorgetogen werden, sunder wy alle schullen unde willen unser eyn den andern to rechte truwelick vordegedyngen beschutten unde hanthaven, so vele uns ummer mogelick is. Fortmehir schall* ok neymandes von uns edder den unßern jennyge handellunge hirboven, de sick to vornygerunge edder sussent to plange edder uprore bynnen unser stad dragen mochte, vornemen by der straffinge von deme rechten darup gesat. Unde weret, dat jemandes sick na dusser tyt der handellunge vorgerort in jennige wys wolde annomen, uns samptlick edder unser eyn deyls darumme bereden unde bespreken, wo dat geschein unde fallen worde, so wyllen wy und schullen uns sulker ansprake mit rechte eyndrechtigen upholden unde redden. Furder enwillen wy ok noch schullen unser eyn jegen den andern noch over dejennen, by uns beseten unde wonhaftich, de syn geistlick edder wertlick, cloisterpersonen edder anders hir by uns neyner gewolt gestaiden edder sulvest vornemen, sunder eynen idern in synen stande unde levende fredesam geweren unde bliven laten, ok de kerken edder cloister noch de zeiringe darinne allenthalven bynnen unser stad nicht vorstoren noch mit der gewolt overfallen edder vornichtigen in neyne wyße. Hedde aver jemandes von uns edder den unßern to deme andern jennige sake edder clage, schullen unde willen wy ok eyn ider von den unßern desulven sake mit rechte fordern unde utdragen, wo sick dat na aert und stande eynes idern will geboren unde wes eynem idern dat recht gift, dat darby laten ane argelist geverde unde wedderspracke. Inmaten wy de rat gyldemestere mestere wardeynen unde mestere der gemeynheid vorbenant

uns dusser dynge vorgerort so hebben allenthalven vorstricket
unde voreyniget vor uns unde de unßern stede und vaste to
holdende, doch uns deme rade an den plichten und eyden,
de wy unßerm gnedigen herren unde landesforsten to syner
forstliken gnaden rechte unde der stad to Gottingen to orem
rechten gedaen hebben, darvon uns mit gode unde eren
nicht to tredende, alle tyt unschedelick. Dusses to or-
kunde etc.[1]).
Arch. 970 A; Reinschrift.

438. *1529 Nov. 3. [Zurückdatirt.]*[2]).
*Rath und Vertreter der Gilden Handwerke und gemeiner
Bürgerschaft zu Göttingen treffen nach den stattgehabten Un-
ruhen eine Vereinbarung über die Art des Cultus und der
städtischen Aemterbesetzung, über die Finanzwirthschaft und
den Rechtsschutz*[3]).

Wy borgermestere unde rait mestere unde seßmanne
der gylden hantwerke unde gemeinheyd to Gottingen bekennen

---

[1]) Na dusser formen unde inholde *[N. 437]* hadde eyn rat na dem
vorlate tweschen one unde den gylden sambt der gemeynheid genomen
eynen recess laten begrypen unde den den gylden laten behanden. Do
hebben den myt den oren geleßen aver dem rade dusse antworde gegeven
„de recess drage sick gar nicht to frede unde eynicheyd edder to dusser
sake, darumbe wyllen de gylden de nicht annemen" unde angetogen, dat
de hupe ton Pewelern one hebbe laten soggen dussen dingen eynen ende
to geven etc. ut in alia copia recessus communitatis invenitur cum responso
dominorum consulum. Actum quinta post omnium sanctorum *[Nov. 4]*
anno etc. 29. *Rückschrift auf N. 437.* [2]) Anno etc. 29 quinta post Briccii
[Nov. 18] syn jowelkem gyldemestere dusser forigen recesse *[N. 439]*
eyn up parment vorandert *[N. 438]* overgeantwordet worden, gescheyn
in der gyldemestere unde mestere jegenwardicheyd uppe der koken unde
syn ßo de recesse under dome secrete vormals gegeven deme rade weder
togestalt worden. *Arch. 970, C; loser Zettel.* [3]) *Die Bestimmungen
von N. 437 genügten der Agitationspartei bei weitem nicht. Sie verlangte
von Anfang an die Fassung von N. 438, wie aus der Rückschrift auf
dem Entwurfe hervorgeht:* Dyssen recess hebben gylden und gemeynheyd
dome rade behandet unde wolden, de rad den moste bewylligen unde an-
nemen. *Der Entwurf stimmte ursprünglich im Unterscheidungspunkte
von N. 438 und N. 439 mit N. 438 überein. Am 4. Nov. wurde der
Rath gezwungen nachzugeben. Er versuchte es mit einer rathsfreund-
lichen Redaction der Urkunde, ohne damit Erfolg zu haben (cf. Stück-
beschreibung von N. 439), dann mit N. 439, welche den Wahlmodus
der Sessmannen verändert. Die Urkunde wurde in dieser Fassung am
7. Nov. den Gilden übergeben. cf. p. 204 Anm. 4. Sie waren immer noch nicht
befriedigt und setzten schliesslich am 18. Nov. ihre Forderungen in mate-
rieller wie formeller Hinsicht mit der Ausstellung von N. 438 durch.
Rückschrift auf der Reinschrift von N. 439:* Anno etc. 29 donnerstages
na omnium sanctorum *[Nov. 4]* na veler underredunge unde handelle
twischen deme rade ok den gilden oren seßmannen unde handelern ge-
scheyn, dewyle eyn rad sick beswert heft boven ore eyde unde plicht

openbar in dussem breve vor uns unße nakomen im rade
gylden hantwerken unde gemeynheyden: Nachteme in dussen
nehist vorgangen dagen umbe nabeschrevener sake willen 5
bynnen unser stad eyne gemeyne unde aller borgere unde
inwonere bewegunge gewest unde toletzt de groteste deyl
sick uppe der Pewelern kerkhove unde des andern dages
uppem rathuße vorsamelt unde itlige unser borgere guder
wolmeynunge dar vorordent unde gebeden, den ok orent 10
halven in dussen unde andern besweryngen na noittroft to
radende macht unde bevehil gedaen, deme nu nach so hebben
wy mit gudem rade unde wolbedachtem moyde ok myt be-
wyllynge der gemelten irwelten bevchil- unde machthebbere
na noittorftiger underredunge unde betrachtynge der werlde 15
unde lude gelegenheyt gode deme almechtigen to love unde
eren keyserliker majestat unde unßerem gnedigen landes-
forsten to pryße uns sulvest ok alle[n] unßern borgeren unde
gemeyner stad to wolfaert voreyniget unde vordragen, ok
allenthalven eyndrechtigen bewillet unde angenomen, wo hir 20
nafolget. Wy willen nu fort na deme willen godes, alße ok
keyserliker majestat mandata antzeigen, dat wort unser

---

dussen recess antonomende etc.; tolest hebben de gylden deme rade de
antworde gegeven, dat de hupen der gomeyn, so itzd ton Pewellern by
eyn sin, hebben one laten anseggen, dat se desser sake oynen ende
geven, edder se wyllen de klocken slaen, to one komen unde anders darin
raden. Darup bydden de gylden dat doch eyn rad wylle andern unrat
so hyrut mochte fallen bedenken und der gemeynheyd recess annemen
unde bewylligen, denn de recess, den one de rad hebbe laten behanden
[darunter ist N. 437 zu verstehen, cf. p. 199, Anm. 1], drage sick nicht
to dusser sake, darin wyllen se ok myt alle nicht wylligen (myt wydern
harden worden etc.). So heft one de rad tolest dusse antworde gegeven:
„eyn rad sy y nicht anders dan to frede unde eynicheyd ok, wes der stad
to Gottingen moge to gude komen, dat to vorfolgende genoget, unde de-
wyle nw de gylden sick von dem huopen in dussen dingen eyns argern
besorgen unde dar yo nicht anders syn moge, so wyll eyn rad dussen
der gemeynheyd unde gylden recess in dem besten to vorsegelnde annemen
unde bewylligen, oren eyden und plichten, darmede se unßer gnedigen
herschup vorhaft syn, unschedelick. Actum ut supra *[also Nov. 4]*.
Rückschrift auf Or. 1 von N. 439: Dusse[r] recesse *[N. 439]* teyne syn
deme rade wedder to handen gebracht, wente de gemeyn wolde darmede
nicht gesadiget syn, sunder men scholde unde moste de up pergament
ingrosseren unde myt deme groten stadsegel bevesten ok darinne de
clausulen, dat de gyldemester mester unde gemeyndeyd nw fort scholden
ore soßmanne to kesen hebben, vorandern laten, so dat de gemeynen
gyldebrodere nw strack de macht wyllen hebben ok de soßmanne gelick
de mestere na orem gefalle to kesen alle jare, wen des noit is.
Actum die octava Martini episcopi *[Nov. 18]* 1529. Dajegen syn nw den
gylden de nyen recesse in pergameno myt deme groten sogelle *[N. 438]*
so overgeantwordet. Actum ut supra.

zalicheyd, ef dat eyne tyt lang myt mynschliger tosate mochte
vordunkelt syn, reyne mit bewerten schriften by uns laten
predigen unde na den personen unde wegen uns darto
drechlick uppe dat vlytigeste trachten, dardorch uns got
syne gnade bewyße unde wy alße de christgelovigen in synen
wegen gelernet tor salicheid mogen wanderen. Averst mit
geistligen personen closteren ceremonien unde andern gebruke
in den kerken willen wy, alße dat an uns gekomen, unvor-
andert so lange dat mit gudem rade anders worde vorordent
by uns laten blyven. Forder allet wes wy keyserliker maje-
stat unde unßerem gnedigen landesfursten to rechte schul-
dich, schall hirmede iren keyserliker majestat unde furstligen
gnaden nichts afgetogen syn, sunder willen darinne alße de
getruwen undersaten in aller bereydicheid unde gehorsamlick
werden befunden. Wyder nachteme denne de koere der
mestere vorbenant by uns deme rade gewest, darut uns
mencherleye vordacht gekomen, unde de gemeyne stad in be-
swerynge, alße men claget, irwossen sy, so syn wy nu over-
eynkomen, dat eyn ißlick gylde hantwerk unde gemeinheid
sulvest syne mestere unde¹) seßmanne erwelen mogen, de
denne vor uns deme rade na hergebrachter wontheyd to
oren geborligen eyden unde mederegimente schullen gestadet
werden myt deme bescheyde, dat hynfort tor mesterschop
in der koypgylde unde gemeynheyd neyne personen des
rades, sunder von gemeynen borgern schullen gekoren werden
uppe desulftigen wyße. So itwelke personen des rades den
armen luden in den dren hospitalen by uns merglige tynße
unde schuld schuldich blyven unde desulven drey hospitale
na vormoge der hilligen schrift von unßern leven eldern
unde vorfaren, wu ok de hilligen apostel unde ore nafolgere
gedan, to behoif der peregrynen armen unde seyken heyl-
sam angerichtet syn, is vor gut angesehin unde bewillet, dat
nu fortmehr ut deme rade nicht, sundern von den borgeren
de vormunden der hospitale schullen irwelet werden, so dat
eyn ersam rat deste bett[er] unde vlytiger moge upsehin

---

¹) *Das ist die am letzten vom Rathe zugestandene Bestimmung.* Also
in dussem recesse *[N. 439, cf. daselbst]* utgedrucket was, dat eyn ißlig
gylde hantwerk unde gemeynheyd ore mestere unde de mestere ore seß-
manne schollen unde mogen kesen, so is nw vorhenget unde ingerumet,
dat nw fort de gemeynen draponerer ore mestere und ok de seßmanne
schullen irwelen unde kesen, darup dat wort „de mestere" in dussem re-
cesse gedelget unde dyt myt unser aller wetten unde bewyllunge hyr up-
geteickent is. Actum ut supra, *Arch. 970 C; loser Zettel, auf dem gar
keine Datumsangabe vorhanden ist.*

unde darinne raden alle jerliges de rekenschop intonomende,
ok de schuld unde gudere der hospitale intomanende unde
to vorwarende, dardorch sodane herlige testamenta unde
kasten der armen gode to eren unde den armen by uns to
gude in staitliger vorplegunge unde truweliger vorwesunge
gehalden werden. Ut gelykmetigem grunde, alße in der stad
kemeryge vaste myssebruik wert angetogen, is besloten, dat
ok nufort to der kemeryge¹) nicht ut deme rade, sundern alle
von den borgern schullen irwelet werden, den ok myt der
tyt schall werden in bevehil gedaen, wo unde in wat gestalt
se sick in orem ampte mogen hebben unde holden, der stad
gut antoholdende unde untytlige spyldunge to vormydende.
Folgende, dewyle leyder waer is, dat wy unde unße stadt
mit groten swaren tynßen belastiget, dat denne ok itzunt
mit anderen velen saken unße stad gemeyne nut und sust
entellen personen bedrepen, int gemeyne unde swerlick vom
gemeynen volke angereget, darup wy de rat ok uns by eyden
unde geloften vorwillet nicht to wyken, sunder sodane gebreken rechtferdigen to laten, ßo is vor gut beraden unde
besloten, dat wy de raet mit todaet der mestere unde anderen vorgerorden bevehil- unde machthebbern schullen unde
willen darinne truwelick raden in sparynge der utgave unde
vormerynge der inkome, dardorch unße gelt unde gut so in
frombde lande nicht werde geført, sundern unße stad weder
in eynen gedege mochte komen unde willen demyn nicht den
anderen saken ok oren geborligen gang geven. Demenach
willen wy ok hynfort unser stad schot unde schuld na unser
des rades kundynge truwelick unde²) gelyke betalen unde
betalen laten unde so eymant darinne sumich, moge wy de
rait, wo von alder wontligk, myt boden darjegen trachten.
Deßgelyken wor frevel edder gewolt gescheyge mit gelykmetiger straffe bejegenen; sussent, wor andere borchlige sake
fellen, do rechtlyke irkantnisse eygenden unde de part recht
irbode, schall nu fort neymant ane vorgaende irkantnisse in
syn huß edder ut unser stad gewyßet noch derhalven gefangen edder gegrepen, sundern am gerichte vorfolget unde
erwunnen unde alßdan wo geborlick gestraffet werden, uppe
dat wy unße stad nicht myt gewalt unde turckyscher wyße,
sundern alße eyne christlige overricheid in wegen des rechten
regeren. Darup wy de raet ok itzunt itlige der unßern de

---

¹) *Vorlage:* kemerere. *Im Entwurf stand ursprünglich:* nufort de komerere, *dann wurde to hineingesetzt, do zu der corrigirt, das dritte Wort blieb unverändert.* ²) *Im Entwurf folgte ursprünglich:* alle.

wy ane vorgaende irkantnisse ok boven oer rechtlige irbeydent
in oer huß ok ut unßer stad gewyßet ok tom deyle gefeng-
100 lick hengesat nu up ore rechtlige irbeydent weder restituert.
Ok alle unße des rades gylden hantwerke unde gemeyn pryvi-
legia fryheyt unde rechte schullen hirmede unvorbroken
sundern in allen oren werden blyven; des wy uns hirinne
opentlick bedyngen. Wes ok in dusser handellunge von
105 worden unde werken under uns unde allen hirmede anhangen
gefallen, schall neymant darumbe von deme andern edder
den synen heymelick edder openbar vorachtet hinderkoßet
edder gestraffet werden, sunder, nachteme id alle guder wol-
meynunge geschein, idermanne tom besten getogen werden.
110 Ef aver darboven imant anders worde gefunden, schall wo
byllick werden gestrafet, so dat wy nu fort na irbedynge
up forige der dynge besichtunge unde rechtferdinge geschein
in frede unde cynicheid, ok dach unde nacht bynnen unde
buten unser stad alles guden underlangens gewarden mogen
115 unde dardorch so uppe dussem jammerdale in den tytligen
gudern unde vorgengliger borgerschop leven, dat wy uns alle
in den ewigen gudern unde hymmelscher borgerschop frolich
mogen finden. Des helpe uns allen, ane den uns nicht
to helpende is, Jesus Christus. Amen. Des to orkunde syn
120 dusser recesse teyne under cynem lude gemaket, jowelker
gylden unde hantwerke cyn behandet unde alle mit unser
stad anhengligem ingesegelle vorsegelt. Datum anno domini
1529 quarta post diem omnium sanctorum.

*Arch. 481 C; Or. auf Pergament mit verletztem anhangendem Siegel.
Entwurf Arch. 970 C; cf. N. 439 Stückbeschreibung. Gedruckt: Anfang
und Schluss in Zeit- u. Gesch.-Beschr. d. St. Gött. II, p. 355—356. Da-
selbst das falsche Datum quinta post omnium sanctorum, welches fälsch-
lich aufgelöst ist in Nov. 7.*

439. *1529 Nov. 4* (quinta post diem omnium sanctorum).
*Rath und Vertreter der Gilden Handwerke und gemeiner
Bürgerschaft zu Göttingen treffen nach den stattgehabten Un-
ruhen eine Vereinbarung über die Art des Cultus und der
städtischen Aemterbesetzung, über die Finanzwirthschaft und
den Rechtsschutz wie in N. 438 mit folgenden Abweichungen:
statt:* dat — mogen *Z. 41—42:* dat cyn islick gylde hantwerk
unde gemeinheid sulvest syne mestere unde de[1]) mestere[1]) ore[1])

---

[1]) *cf. p. 199, Anm. 3; p. 201, Anm. Im Entwurfe fehlten ur-
sprünglich die drei Worte, dann sind sie von derselben Hand einge-
schaltet, schliesslich mit anderer Tinte wieder gestrichen. In 2 Original-
exemplaren und der Reinschrift sind sie nachträglich gestrichen resp.
eingeklammert.*

sessmanne erwelen mogen; *statt:* unde — vorsegelt Z. 121—122: unde alle mit unser stad secrete[1]) vorsegelt; *statt:* quarta *etc.* Z. 123: quinta[2]) post diem omnium sanctorum[3]) [4]).

Arch. 970 C; vorhanden 5 ausgefertigte Or. auf Papier, von denen 3 m. Secret, 2 m. Spuren des Secrets und 1 Reinschrift ohne Schlussformel. Entwurf ibid. Die Schlussformel ist hier von anderer Hand hinzugefügt und dann wieder verändert worden. cf. Anm. Reinschrift einer rathsfreundlichen Redaktion. Arch. 970 B. cf. Anm. 3.

---

[1]) *Im Entwurf nachträglich verändert zu:* anhenglygem ingesegelle. [2]) *Das im Entwurfe halb zerstörte Wort ist wohl* quinta *zu lesen.* [3]) *Die Reinschrift einer rathsfreundlichen Redaktion hat die folgenden wesentlichen Abweichungen: nach* alßo *N. 438 Z. 21 fehlt:* ok; *statt* mit gudem rade *Z. 31:* dorch de hovede der Christenheid; *statt* gekomen *Z. 39:* togemeten; *statt* alßo — sy *Z. 40:* alße in sulker bewegunge angetogen unde geclaget, erwossen syn schall; *statt* overoynkomen *Z. 40:* dermaten ingefolget unde voreyniget; *nach* unde *Z. 42 eingeschaltet:* de mestere ore *wie in* N. 439; *nach* erwelen *Z. 42:* schullen *[welches wieder gestrichen ist]* willen unde, *nach* rades *Z. 47:* also wenteher geweßen; *statt* des rades *Z. 48:* unser stad; *statt* kasten *Z. 61:* stiftunge; *nach* myssebruik *Z. 64 eingeschaltet:* in der inwoner bewegunge; *statt* besloten *Z. 64:* na gelegenheid besloten unde togelaten; *nach* rade *Z. 65 eingeschaltet:* wo von alder gescheyn; *nach* wy *Z. 74 und nach* wy *Z. 77 fehlt:* de rat; *statt* mit *Z. 77:* ut; *nach* inkome *Z. 80 eingeschaltet:* so vele des an uns is; *fehlt so Z. 80; statt* nicht werde gefort *Z. 81:* nicht unnutlick gefort werde; *fehlt weder Z. 81; statt* komen *Z. 82:* erholden blyven; *statt* gelykmetiger straffe *Z. 89:* straffinge des rechten; *statt* de rechtlycke — neymant *Z. 90:* dar de part recht irboden, schall neymant; *nach* gerichte *Z. 93 eingeschaltet:* ane allen utflucht nach rechts gewonheid und aert der sake; *nach* regeren *Z. 97 eingeschaltet:* so wonte herto ok nicht anders wy de raet gehandelt. deß to rechtfertigunge wo frome willen irboden hebben; *statt* der unßen *Z. 97:* von den; *nach* irbeydent *Z. 98 eingeschaltet:* schullen *und nach* hengesat *Z. 100:* hebben; *nach* nu *Z. 100 eingeschaltet:* ut sulker bewegunge; *nach* restituert *Z. 100 eingeschaltet:* unde vorhenget, *nach* werden *Z. 103:* bestedigot, *nach* byllick *Z. 111:* unde recht." *Rückschrift:* Na dusser wyße hadde de rad der gylden unde gemeynheyd recess laten in itwelken werden anderen; aver mochte nicht angenomen werden. Actum quinta post omnium sanctorum *[Nov. 4]* 29. *Im Entwurf sind die Stellen, an denen Aenderungen in obiger Redaktion eingetreten, bezeichnet, meist unterstrichen und zwar nachträglich, wie die Farbe der Tinte an einzelnen Stellen deutlich erkennen lässt. Die Aenderungen selbst sind nicht vermerkt. Ausserdem ist bei der Zeile* untitlige — dewyle *Z. 69—70 ein langer horizontaler Strich, auf den nun ein nach oben offener Haken steht, nach* itzunt *Z. 71 ein fragezeichenartiger Haken; hier mag man weitere Aenderungen beabsichtigt haben. Der vertikale Strich hat wol durchgehend die Bedeutung einer Interpunktion. Ueber eine im Entwurf vorgenommene Tilgung, welche in die spätern Redaktionen übergegangen ist, cf. p. 202 Anm. 2.* [4]) *Ueber die Vertheilung der Exemplare, wie aus dem Datum hervorgeht von N. 439, giebt ein loser Zettel. Arch. 970 C, Auskunft.* Den recess 1) des koypmans [recepit] Hinrik Gyselers junior, 2) sutorum recepit Hans Dethmar, 3) sartorum Hinrick Kuntzelman, 4) von wegen der dprapeneror Hans Schaper, 5) der kokenhauwer Hans Reyndt, 6) der smede Clawes Papen, 7) der lynnenweßer Cord Protten, 8) pistorum Cord Dorhagen, 9) der meynheid recepit Mat-

440. *1529 Nov. 16* (tercia post Briccii episcopi).

Göttingen an Braunschweig: meldet, dass die Zulassung der Predigt des reinen Wortes Gottes in Göttingen beschlossen sei, dass aber für diese ein wolgelarter unde vorstendiger man noch mangele; *bittet, da in Braunschweig Personen seien,* de in der hilligen schrift wol geschickt, *nach Kräften behilflich zu sein, dass gegen geziemende Besoldung Magister [Heinrich]¹) Winkel als Prediger nach Göttingen komme,* de, alse wy horen, nicht to uproere unde vornichtunge der klostere edder ceremonien, sunder dat gemeyne in syner predigunge myt deme reynen waren godes worde to irlangunge der salicheyd to underwisende geneget syn schall.

Acta Ref. XVIII; Entwurf. Gedruckt: Zeit- u. Gesch.-Beschr. d. St. Gött. II, 357, mit dem Datum dominica post Martini episcopi *(Nov. 14), fälschlich aufgelöst in Nov. 12.*

441. *1529 Nov. 22* (mandages na Elizabeth).

Braunschweig an Göttingen: meldet auf N. 440 mit dem Ausdruck der Freude über die Einführung des Evangeliums in Göttingen, dass es Heinrich Winkel²), obgleich es seiner schwer entrathe, überredet habe, sich auf einen Monat nach Göttingen zu begeben; bittet, dewile — dusse unstumige tide vorhanden derhalven de wege vaste deip geworden, *dafür zu sorgen, dass er sicher und von seinen Feinden* (qwadgunner) *unbelästigt nach Göttingen gelange³).*

Acta Ref. XVIII; Or. m. Spuren d. S. Gedruckt: Zeit- u. Gesch.- Beschr. d. St. Gött. II, p. 357.

442. *1529 Nov. 25. Münden.*

Herzog Erich an Göttingen: bezeigt seinen Unwillen über die Einführung des neuen Glaubens und die Berufung eines lügnerischen landesverwiesenen Predigers.

An burgermeister rat gilden und gemeinheit unser stad Gottingen.

Von gots gnaden Erich hertzog zw Braunschweig und Luneburgk etc. Wisset ir burgermeister rat gilden und gemeinheit unser stad Gottingen, das uns von ewerm prediger⁴), als ir Romischer kayserliker majestat außgegangenem edict mandaten und unsern verboten zuendgegen auch ane unsern wissen geheiß oder bevel aufgeworfen und die christ-

---

thiss Gronewolt, 10) der olden wulnwoffer recepit Michel von Gott[ingen]. Actum dominica post Leonhardi confessoris *[Nov. 7]* 1529. ¹) *Vorlage:* n. ²) *Ueber ihn cf. Rethmeyer, Der berühmten Stadt Braunschweig Kirchen-Historie. 1707. III, p. 50.* ³) *Die Reisekosten wurden nachträglich, 15.31. von Göttingen bezahlt. Rechnungsbuch 1530—31 f. 47a.* ⁴) *Friedrich Hübenthal, cf. Zeit- u. Gesch.-Beschr. d. St. Gött. II, p. 337 ff. Havemann, Die Kirchenreformation der Stadt Göttingen. 1842. p. 13 ff.*

liche religion nach altem loblichen herbrachten brauch und
gewonheit abgelegt, gesagt und angelangt wirt, der sich horen
laßt, er habe unser glaid und sicherung in seiner behalt und
gewarsam, desgleichen auch noch viel anderß uns zumißt,
so wir diser zeit beruhen lassen aber doch hinfuro zur zeit,
so wir hinter grund der warheid komen, wol zu verantwurten
wissen wollen, welhs er dan, wo dem alßo ist wie uns fur-
kumpt, das er, der so auß unserm furstentumb geboren[1],
vorschiener zeit in unsern heften zum Calenberg gesessen
sein sol, wie ein abtrinniger eervergessen und trewloser dichtet
und in dem die warheit spart sich auch nymmer befinden
wirt. Auf das ir nun wissen moget, was derselbig ewer uf-
gestelter prediger fure, hat es diese gestalt, das er wie uns
antzaig geschicht sein sol vorschiener zeit auß seiner miß-
handlung in unsere hefte zum Calenbergk wie an anderen
orten mer gewesen beheft worden, und wir auß pillichen
ursachen guet fueg gehat hetten ine zw zuchtigen und ernst-
lich zu straffen, ißt er doch von uns erbetten und haben
ine auß gnaden ledig gelassen, doch das er das furstentumb
Braunschweigk auf funf meile weges verlobt und verschworen
hat. Mochten derhalb erleiden, er mit seinen lugen uns der
maß dartzugeben vorschonet, ir euch auch von einem solichen
lugen furenden abtrinnigen und sein gleichen gegen uns nicht
verfuren, sondern ewern schuldigen plichten nach von ange-
habenem aufrur und ungehorsamb baß bedacht hetten,
muessen wir also biß zw seiner gelegenheit dohin stellen.
Und haben euch aber gleichwol solichs unverborgen nicht
lassen mugen des wissen zu haben. Geben zw Munden
am tage Katharine virginis anno etc. 29.

       Herczoge Erych etc.

Arch. 1178; Or. m. Spuren d. S.

443. *1529 Dec. 10.*
*Der Rath von Göttingen an Herzog [Erich]: meldet, dass
ihm die Vergangenheit des vor einigen Wochen in die Stadt
gedrungenen Predigers unbekannt gewesen und dass er bereits
ausgewiesen sei.*

Dorchluchtide hochgeborner furste. Unse gantz willige
underdanige und truwe deinste syn juwen furstliken gnaden
voran irboden. Gnediger herre, wes juwe furstlike gnade
uns dem rade sambt gylden und gemeynheyd hyrbevorn eynes
predigers[2] halven, de sick von buten to uns gewant und

---
[1] *In der Vorlage folgt:* und.   [2] *Friedrich Hübenthal. cf. Zeit- u.
Gesch.-Beschr. v. Gött. II, p. 351.*

juwe gnade myt mennichfoldigen unwarhaftigen reden schulle dargeven, in toschickinge eyner ungnedigen schrift heft anlangen laten myt wyderer utforinge dessulven predigers coudition und gelegenheyd etc. hebben wy vorstanden. Und bidden juwe furstlike gnade alse unsern gnedigen heren und landesforsten, jegen den wy uns in byllickem gehorsam und underdanicheyd erkennen, deinstlick wetten, dat uns von sulken des genanten[1]) predigers myßhandelungen, alse juwer gnaden schrifte medebringen, myt alle nicht bewust; wolden de ok edder vil geringers na schuldiger plicht und vorwantnisse over juwe furstlike gnade als unsern gnedigen landesfursten demsulven prediger edder jemandes anders ungerne mit wetten vorhengen edder gestaden ok eyn sodane personen by uns juwen gnaden tojegen nicht gerne dulden. De weyniger nicht is am dage, wat gestalt sick desulve prediger vor itligen wecken heft ut eigenem frevels und vormeten wyllen bynnen unße stad gefoiget und ingedrungen darsulvest, wu itzund vaste in mer umbliggenden steden degelickes geschuet und vorgenomen, dat word godes to predigende, sick ok dermaten eyne tydlang hyr tor stede entholden. Deshalven wy, so juwe furstlike gnade ungetwyvelt gehort, myt den unsern neynen geringen wedderstand moye und arbeyd entfangen, hebben doch to lesten ut gnedichlicker schickunge des almechtigen, dem ere und lof, by gemeltem prediger sambt den unsern de wege gefunden und angegrepen, dat he wedderumbe von uns gewyset und ut unser stad gebracht is. Gantz deinstlick bidden, juwe furstlike gnade wille uns noch gylden edder gemeynheyd der dinge nicht in ungnaden noch dergestalt, alse ef wy den gnanten prediger boven de billicheyd und juwen furstliken gnaden edder demjennen, wes de sick vorplichtiget, tojegen by uns to schutten wolden geneget weßen, vormerken. Denne wy erbeiden uns to juwen furstliken gnaden als unserm gnedigen landes- und erffursten uns mit den unsern nicht anders, dan wo den getruwen underdanen gebort, na unßern eyden und plichten[2]) in bereidsamer underdanicheyd und gehorsam stedes flyts jegen juwe gnade to hebbende ungetwyvelder tovorsicht, juwe furstlike gnade wylle ok na sodaner begevenheyd und irbeidinge sick jegen edder over uns ungehorder antworde in ungnaden nicht laten bewegen, sunder unser gnedige here syn. Des dragen wy gantze vortrostinge und vordeynent boven de plicht umbe vilgemelte juwe furstlike gnade, de wy gode almechtigem in

---

[1]) *Vorlage:* genantes.   [2]) na — plichten *am Rande ohne Angabe, wo einzufügen.*

fredesamen regimente und steder wolfart bevelen. Ungespardes flytes in beredicheyd gerne. Datum sexta post diem conceptionis semper immaculate Marie virginis 1529.
Arch. 1178; Entwurf.

444. *1529 Dec. 21* (am dage Thome apostoli).

Braunschweig an Göttingen: erinnert auf die Bitte, Heinrich Winkel bis Ostern in Göttingen zu belassen, dass es ihn, den es mit Mühe erworben und den es dringend nöthig habe, auf einen Monat[1]*) beurlaubt habe; meldet, dass es seiner,* dewile — de sermones und lectiones[2]) na utwisinge unser upgerichten ordeninge mit unß dageliken to holden vorordent und nu desulften tom dele einen stillestant in afwesende gemeltes magistri genomen, *nicht länger entrathen könnte, aber dennoch gestatte, dass er längstens bis zum 2. Febr. 1530* (bet up erst komende purificationis Marie) *in Göttingen bleibe, damit es bis dahin von Doctor Martin Luther zu Wittenberg oder anderwärts einen* geschikden wolgelerten *Prädikanten bekommen könne.*
Acta Ref. XVIII; Or. m. S. Gedruckt: Zeit- u. Gesch.-Beschr. d. St. Gött. II, p. 360.

445. *1529 Dec. 28* (die innocentium anno 30).

Göttingen an Schnepf, Lector der heiligen Schrift zu Marburg: meldet den Beschluss, die reine Lehre in Göttingen lehren zu lassen; beruft ihn zum Prediger, indem es geziemende Besoldung verspricht; bittet sofort zu antworten und nach Göttingen zu einer Unterredung zu kommen oder sich, wenn dieses ihm nicht gelegen wäre, mit einem Göttinger Geschickten über die Angelegenheit zu verständigen.
Acta Ref. XVIII; durchstrichener Entwurf. Gedruckt: Zeit- u. Gesch.-Beschr. d. St. Gött. II, p. 370.

446. *1529 Dec. 28* (datum ut retro)[3]).

Göttingen an [Landgraf Philipp von Hessen]: beglaubigt Hermann Bode und Wedekind Swaneflogel[4]*).*
Acta Ref. XVIII; Entwurf. Gedruckt: Zeit- u. Gesch.-Beschr. d. St. Gött. II, p. 369.

447. *1529 Dec. 28.*
Göttingen an Adam Fulda und Doctor Schnepf: wie N. 445.
Bemerkung auf N. 446.

---

[1]) *cf. N. 441.* [2]) *cf. A. L. Richter, Die evangelischen Kirchenordnungen des 16. Jahrhunderts. 1846. I, p. 111.* [3]) *D. h. von demselben Datum wie die auf der andern Seite des Blattes entworfene N. 445.*
[4]) *Es handelte sich um Schnepfs Berufung, cf. 445.*

448. *1530 Jan. 7* (am freytage nach der h. dreyer konige tag).
Herzogin Elisabeth bescheinigt die von ihrem Gemahl zum neuen Jahr von Göttingen erbetenen 100 Mk. an stat des Herzogs[1]*) empfangen zu haben, mit der Clausel wie N. 1.*
Arch. 774; Or. m. S. u. Unterschrift.

449. *[1530]*[2]*) Jan. 11* (tertia post epiphanie domini).
Göttingen an [Herzog Erich]: bittet um eine Unterredung in einer wichtigen Angelegenheit.
Arch. 970 D; Entwurf.

450. *1530 Jan. 14* (am freytag post octavam epiphanie domini). *Calenberg.*
Herzog Erich an Göttingen: befiehlt auf N. 449 die Anfrage über Zeit und Tag bei seiner baldigen Ankunft in Münden zu wiederholen.
Arch. 970 D; Or. m. S. u. Unterschrift.

451. *1530 Jan. 18* (die Prisce virginis).
Göttingen an Christian von Hanstein Statthalter und die andern Räthe des Landgrafen von Hessen: dankt für die während der Abwesenheit des Landgrafen von ihnen gegebene Antwort auf das Gesuch der vom Rath Gilden und Gemeinheit gesandten Bevollmächtigten[3]*) um einen gelehrten Prediger und für ihre auf die Sache verwandte Mühe; bittet, weil sich bisher die Abfertigung des Predigers wol wegen wichtiger Geschäfte des Landgrafen verzögert habe* unde wy derhalven nicht de weyniger dagelykes von den unßern vaste ansoykynge entfangen, *den Landgrafen an sein Versprechen zu erinnern, dass Göttingen mit einem guten Prediger versorgt werden solle.*
Acta Ref. XVIII; gleichzeitige Cop. Gedruckt: Zeit- u. Gesch.-Beschr. d. St. Gött. II, p. 372.

452. *1530 Jan. 20* (donnerstags nach Anthoni). *Kassel.*
Statthalter und zurückgelassene Räthe des Landgrafen von Hessen an Göttingen: melden auf N. 451, dass sie während der Abwesenheit des Landgrafen nichts ausrichten können; versprechen ihm das Gesuch nach seiner Heimkehr vorzutragen und zu empfehlen.
Acta Ref. XVIII; Or. m. S. Gedruckt: Zeit- u. Gesch.-Beschr. II, p. 373. Datum fälschlich aufgelöst in Jan. 22.

---

[1]) Im grossen Rechnungsbuch 1529—30 f. 16 b ist bemerkt, dass der Herzog ut ungnaden, darmede he over uns itzund des evangelii halven bewogen, *die Neujahrsbede nicht habe fordern lassen, im kleinen ist sie unter den Ausgaben verzeichnet.*   [2]) cf. N. 450.   [3]) cf. N. 446.

453. *1530 Jan. 22* (sabbato post Fabiani et Sebastiani martirorum).

Göttingen an [Herzog Erich]: bittet nach der erfolgten Rückkehr in diese Gegend seines Fürstenthums auf Grund von N. 450 Tag und Zeit für die Unterredung anzusetzen.
Arch. 970 D; Entwurf.

454. *1530 Jan. 27* (am donnerdage na conversionis Pauli).

Jürgen von Sode [Bürgermeister von Hannover] an Hans von Dransfeld, Rittmeister zu Göttingen: meldet, dass Herzog Erich auf das von Sode abermals vorgebrachte Ansuchen geantwortet habe, dass er, der Herzog, in kort — up den ort sich verfügen wolle und dass dann de van Gottingen edder sust we van orent wegen wes derhalven an syn forstlike gnade willen langen laten — sick de by syne forstlike gnade vervoge.
Arch. 970 D; Or. m. S.

455. *1530 Jan. 29* (sonnabens nach conversionis Pauli).

Landgraf Philipp an Göttingen: schickt auf die wiederholte Bitte[1]*) um einen evangelischen Prediger auf eine Zeit lang Jost Winter*[2]*), seinen Pfarrer zu Allendorf an der Werra.*
Acta Ref. XVIII; Or. m. S. Gedruckt: Zeit- u. Gesch.-Beschr. d. St. Gött. II, p. 374.

456. *1530 Febr. 2. Marburg.*

Magister Adam Fulda an Göttingen: sendet ihm einen Prediger[3]*).*

Den ersamen hochachtparen und woleweisen burgermeister und rat zu Gottingen seynen gunstigen lieben hern.

Gnad und fride von gotte. Amen. Ersamen achtparen woleweisen gonstigen lieben hern. Dweyl ich ewer hochachtpare[n] weisheit begere nach bey euch, wie ich gerne

---

[1]) cf. N. 451. [2]) *Die Reise- und Umzugskosten trug die Stadt. An Sold empfing er monatlich 5 fl. Rechnungsbuch 1529—30 f. 47b u. 92b; 1530—31 f. 47 a.* [3]) 12 ß. gegeven eynem prediger, den magister Adam myt synen schriften to deynste hersande ad sumptus. *Dieser Prediger ist in der Zeit- u. Gesch.-Beschr. d. St. Gött. II, p. 377 mit Jacob Cordewag identificirt worden. Ein solcher kommt in den Rechnungsbüchern gar nicht vor, wohl aber* Caspar oder Jasper Kordewan. *Auf Anweisung bald der Gilden und Gemeinheit bald des Raths werden ihm von März 16* (quarta post reminiscere) *bis Oct. 27* (quarta post Crispini et Crispiani) *ausgezahlt in 12 Quoten 12 Mk. 40 ß. Ausserdem wurden ihm 1 Mk. anstatt 1 Malters Weizen und 1 Malter Roggen gegeben, 3 fl. Steuer erlassen, 3½ fl. Miethe für ihn entrichtet. Am 25. Juni stipulirte der Rath mit ihm über das Salarium. Rechnungsbuch 1529 - 30, f. 47b; 1530—31, f. 47 a.*

wolt, nicht sein kan, verhindert durch meynen dienst und gescheften des furstentumbs zu Hessen, habe ich gegenwertigen prister eynen fromen man und cristlichs verstands auch erbarer guter wandlung den ewern zu gute dinstlicher meynung uberschicket. Wo ewer achtpare weisheit nue seyne bedorftig, werden dieselbigen leichtlich mit yme uberkomen. Er dienet umb der sprache willen nicht wole bey den unsern, aber doch, wo er bey euch nicht stad oder raume fande, so lasset ihn wider uns zustehen. Wollet euch hirynne nach gelegenheit erzeigen und meinen guten willen im besten vorstehen. Ewer achtpare weisheit dinst und willen zu erzeigen nach meynen kleynen vermogen, bin ich willig. Datum Martpurg purificationis anno etc. 30.

Ewer achtpare weisheit williger Adam F[u]l[d].

Acta Ref. XVIII; Or. m. S. Gedruckt: Zeit- u. Gesch.-Beschr. d. St. Gött. II, p. 377.

457. *1530 Febr. 4* (am fridage nach purificationis Marie).

Goslar an Göttingen: übersendet 3 [!] Copien, nämlich das am 24. Jan. früh (am mandage — nach Fabiani) von Herzog Heinrich dem Jüngern eingegangene Schreiben und seine Antwort, des Herzogs Anzeige an Braunschweig und die an Goslar, die am 2. Febr. (am dage purificationis Marie) eingegangen; hofft, dass Göttingen seine Unterstützung nicht versagen werde, falls Herzog Heinrich etwas gegen Goslar unternehmen würde, da es sein Verhalten, welches weder gegen die Reichsgesetze noch gegen den Hessischen Recess[1]) *verstiesse, vor den Städten vertreten könne; bittet um Verwendung bei Herzog Heinrich und um Hilfe myt aller hogester macht lyves und gudes, gemäss dem zur Zeit der Vollziehung des Hessischen Recesses und auch sonst gegebenen Versprechen, worauf es sich verlassen und de dinge vorhenget habe*[2]).

Briefsch. IV, F; Or. m. S.

458. *1530 Febr. 5* (die s. Agathe).

Göttingen an Goslar: verspricht auf N. 457 Hilfe gleich den andern verbündeten Städten, falls der bedauerliche Streit nicht gütlich beigelegt werden sollte.

Briefsch. IV, F; Or. m. S.

---

[1]) *1527 Aug. 25* (am suntag nach Bartholomei). *G VII; Cop. cf. Dohm im Hercynischen Archiv St. III, p. 398.* [2]) *cf. N. 467.*

459. *[1530] Febr. 5* (die s. Agathe).
Göttingen an *[Herzog Erich]*: *bittet mit Berufung auf die Jürgen von Sode gegebene Antwort[1]) Zeit und Ort für eine Unterredung anzusetzen[2]).*
Arch. 970 D; Entwurf.

460. *1530 Febr. 5* (die s. Agathe).
Göttingen an *Marschall Hermann von Oldershausen und Bode von Adelebsen*: *bittet von Herzog Erich die Bestimmung von Ort und Stelle für die erbetene Unterredung zu erwirken.*
Arch. 970 D; Entwurf.

461. *1530 Febr. 6* (am sontag nach Blassii).
Herzog Erich an Göttingen: *ladet es auf N. 459 zum 14. Febr.* (uf schirst kommenden montag Valentini) *zu sich nach Münden.*
Arch. 970 D; Or. m. S. u. Unterschrift; ibid. Cop.

462. *1530 Febr. 7* (am mandage nach Aghate).
Bode von Adelebsen an Göttingen: *meldet auf N. 459, dass Hermann von Oldershausen abwesend sei, dass aber er, Adelebsen, am 9. Febr.* (overmorgen mitwecken) *wahrscheinlich eine Audienz beim Herzog haben und dann das Gesuch anbringen werde; verspricht die Antwort sogleich mitzutheilen.*
Arch. 970 D; Or. m. Spur d. S.

463. *1530 Febr. 12* (am sonnabend nach Scholastice). Fürstenberg.
Herzog Erich an Göttingen: *ladet es, nachdem er dem mehrfachen Gesuch um eine Unterredung bisher aus Mangel an Zeit nicht habe entsprechen können, auf den 18. Febr.* (uf schirstkomenden freitag nach Valentini) *nach Münden.*
Arch. 970 D; Or. m. S. u. Unterschrift.

464. *1530 Febr. 12* (sonnavendes na Scholastice juncfruwen).
Braunschweig an Göttingen: *meldet, dass es gemeinsam mit Magdeburg eine Berathung in der Sache Goslars für nothwendig erachtet habe; ladet es auf den 20. Febr. Abend* (sontages nach Valentini) *zu den am 21. Febr.* (folgendes mandages) *stattfindenden Berathungen nach Braunschweig[3]).*
Hanseat. Vol. I; Or. m. S.

---

[1]) *cf. N. 454.* [2]) *Auf der Rückseite des Blattes ein durchstrichener Entwurf von demselben Datum. Hier beruft sich die Bitte auf die mündlich dem Göttinger Boten vom Herzog in Neustadt gegebene Zusicherung, nach seiner Rückkehr die Geschickten Göttingens zu empfangen.* [3]) *Göttingen beschickt die Versammlung nicht. cf. N. 467.*

465. *[1530] Febr. 14.*
Instruktion der Göttingschen Gesandten für die Unterredung mit Herzog Erich am 14. Febr.[1]*), in welcher ihm die Einführung der neuen Lehre in Göttingen angezeigt und er gebeten werden soll, Friedland nicht anderweitig zu verpfänden.*

Instructio der geschikten eynes ersamen rades to Gottingen ok gylden unde gemeinheyd darsulvest an oren gnedigen herren unde landesfursten.

1. Dorchluchtede hoichgeborner furste gnediger[2]) herre. Nachteme juwe furstlige gnade eynem erbarn rade ok gilden unde gemeynheid juwer furstligen gnade stad Gottingen uppe oer underdanige ansynnent und bede hute mandages[3]) Valentini gnediglich vorbescheiden ludes unde inholt juwer furstligen gnade schrifte derhalven eynem erbarn rade behandet[4]) etc., erschinen darup de geschikten unde vorordenten eynes erbarn rades gilden und gemeinheid alße de gehorsamen unde truwen underdanen juwer furstligen gnaden unde bedanken sick erstlick to juwen furstligen gnaden alße deme landesfursten unde orem gnedigen herren sulkes gnedigen vorbescheydes unde furstliger audientien.

2. Tom andern: in staet unde von wegen des ersamen rades ok gilden unde gemeinheid densulven juwer furstligen gnade des rades gylden unde gantzer gemein willige underdanige stedes bereyde unde truwe deinste underdaniges vlytes antoseggende mit dinstliger irbedunge, wor-anne unde -mit ße allenthalven hoichgemelten juwen furstligen gnade mogen annemige unde behegelicke deinste ertogen, des allet syn ße mit den oren als de gehorsame underdane na plichtiger schuld unde truwe alle tyd gantzes vormogens bereyde unde willich.

3.[5]) Tom dridden gnediger furste und herre hebben de

---

[1]) *Eine gleichlautende Instruction wird nach der Verlegung des Termins durch N. 463 am 18. Febr. vor dem Herzog verlesen worden sein.* [2]) *A.; gnedige C.* [3]) *Febr. 14.* [4]) *cf. N. 461.* [5]) *A hat Punkt 3 in folgender Fassung:* Tom drydden gnediger furste und herre hebben de geschikten in bevehil juwen furstligen gnaden in dinstbarigem vlyte underdanichlick antodragende, dat juwer furstligen gnade unvorborgen, welker gestalt unde mate in itligen vorschenen jaren de Lutterische lare unde utgegangen schrifte in Dutscher nation beyde in Neddern unde Hogen Dutschen landen ingereten unde vorbreydet, so dat sick de folgender tyd, dewyle dem im anfange nicht vorgekomen, in vaste mennichfeldige ummeliggende furstendomme stede unde flecken ut gemeynschaft der inwoner dusser lande, so ore hantellunge unde hanterunge underlangens hebben unde soyken, erstrecket und ingedrungen ok dermaten angenomen worden; darna in velen orden der lande von der gemeyn gelevet. Des denne eyn erbar rait mit denjennen, ße vor Gottingen geraden vor dusser tyd, merglige vorsorge gedragen ok derhalven by den

geschikten in bevehil juwen furstligen gnaden underdaniges
vlytes antodragende, dat juwen furstligen gnaden unvorborgen,
in wat gestalt unde mate dat gnadentryke wort godes, darinne
unser aller salicheid vorfatet in itligen nehist vorschenen
jaren, so dat dorch mennichfeldige misßbruick wentcher vor-
dunkelt gewest, dorch gnade des allemechtigen in Dutscher
nation wederumme an den dach gekomen unde allenthalven
in velen ummeliggenden furstendomen unde steden des hil-
ligen rykes dorch chorforsten forsten unde stende angenomen.
Dardorch unde sust ut dorstigem begere der zalicheid eyn
erbar rait sambt gylden unde gemeyn bewegen worden, sick
to deme gotligen worde to geven unde dat mit den oren
eyndrechtigen antonomende, ydoch juwen furstligen gnaden
alße orem gnedigen heren unde landesforsten toforderst ok

oren degelykes, so vele ummer mogelick gewest, hogen vlyt unde up-
sehint gehat, dat sodane lere by den oren noynen ingank edder craft
gewunne; hebben ok in sulker gestalt hirbevorn eynen mergligen antsel
der oren, so der sake by deme erbarn rade bewanet unde vorgebracht,
in ernstlige straffe genomen, der ok eyn deyls mit geboden ut der stad
Gottingen unde von sick gewyßet. Is aver allet, gnediger herre, dewyle
sodan lar in de benaberden stede dorch af- unde towanderinge des
frombdem mannes unde ßo bet in de stad Gottingen gewossen unde ge-
roket, eynem erbarn rade by deme gemeinen volke, dat to sodaner lare
unde predinge, wo juwe furstlige gnado ungetwyvelt gehoert, sunderlick
geneiget, unfruchtbar entstanden, so dat eyn rait mit den oren umbe
des gemeinen fredes unde alles besten willen de lenge heft moten na-
goven, dat gotlicke wort by one anfenglick dorch eynen, er Frederick
genant, predigen to latende unde wowol ße densulven ern Frederick korts
darnach uppe juwer furstligen gnaden schrivent [cf. N. 441], so hee der-
sulven land unde furstendom vorsworen unde dardorch oynem rade bynnen
der stad unlydlick, mit nicht geringer moyge beswerynge unde arbeyde
von sick gebracht, so hebben ße doch demyn nicht to fredeliker under-
holdinge unde stillynge des gemeynen volkes itligo andere prediger na
erheischinge der noitroft unde tyt gelegenheyd wederumme moten er-
furdern unde instaiden, jdoch juwen furstligen gnaden alße deme landes-
fursten unde orem gnedigen herren toforderst ok keyserliker majestat
nicht to wedder vorachtinge edder ungehorsam sunder der gemeynen stad
Gottingen ok juwer furstligen gnade alße deme landesfursten unde der-
sulven gemeynen lantsaten to gude unde vorhoydinge eynes wydern un-
rades, gantz deinstlick biddende: juwe furstlige gnade alße eyn hoichvor-
stendiger furste willen ut furstliger myldicheid de itzigen tydo ok der
sako unde werlde gelegenheyd allenthalven gnediglich betrachten unde
eynen erbarn rait sambt gylden unde gemeinheid sulker handellunge des
angenomen wort godes in ungnade nicht vordenken, sundern oer unde
gemeyner stad Gottingen gnediger furste unde herre syn, angeschin dat
eyn rait dusser dynge na foriger gestalt unde begevenheyd nicht heft
motich edder ovorich syn mogen, sick ok dusse sake in vele mergligern
unde dapferern steden der gelick begeven, danne eyn erbar rait sambt
gilden unde gemeinheid erbeyden sick ane dat alße de getruwen under-
dane juwen furstligen gnaden als deme landesfursten unde orem gnedigen
erfherren alle tyd na schuldiger plicht unde truwe gantzes vormogens
unde in steder bereydicheyd underdanichlick to deynende gantz willich.

keyserliker majestat nicht towedder edder ungehorsame, gantz deinstlick biddende: juwe furstlige gnade alße eyn hoichvorstendiger christliger forste wille ut forstliger doget unde mildicheyt de itzigen tyde ok dusser sake unde der werlt allenthalven gelegenheid gnedichlich betrachten unde eynen erbaren rait sambt gylden unde gemeinheid der annemynge gotliges wordes in ungnaden nicht vordenken, sunder oer unde gemeyner stad Gottingen gnediger furst unde herre syn, danne eyn erbar rait sambt gylden unde gemeinheyd erbeyden sick ane dat hoichgemelten juwen furstligen gnaden alße deme landesfursten unde orem gnedigen herren nicht deste weyniger alle datjenne, wes ße oren plichten unde der byllicheid nach schuldich, gantzes vormogens in steder bereydicheid unde truwelick to doynde gantz willich.

4. Besluitlick, genediger furst unde herre, alße juwe furstlike gnade in vorschener tyd deme erbarn rade eyne schriftlige losekundinge over juwer furstligen gnaden erfslot Fredelande togeschicket, weyt eyn ersam rait juwen furstligen gnaden sodaner lose ludes der vorschrivynge in underdenigem gehorsame nicht to weigern. Dewyle aver, gnediger herre, juwen furstligen gnaden witlick unde unvorborgen, dat vele der borgere to Gottingen in demesulven gerichte ore gudere ok ut- unde inwanderynge mehir danne in andern orden juwer gnaden furstendoms degelykes hebben, heft eyn rait de vorsorge, so dat huß Fredelande in anderre hande gestalt unde vorandert scholde werden, dat derhalven folgender tyd juwen furstligen gnaden unde eynem erbarn rade darut mennichfeldige unlust gezenk unde wedderwille erwassen wolde. Wor nu juwe furstlige gnade nicht gesynnet datsulve slot vor juwer gnaden eygen huß unde to orer sulvest nuttynge to beholdende, sunder sust to vorandernde, biddet eyn erbar rait dinstliges underdaniges vlytes: juwe furstlige gnade wille eynen rait unde gemeine stad Gottingen by deme huße Fredelande gnediglich blyven laten unde hedden juwe gnaden in den dingen jennige besweringe, alßdanne darinne gnedigo underhandellunge vorgunstigen. Erbut sick eyn erbar rait, wen juwe furstlige gnade des gemoitiget unde bevehil geven, mit juwer furstligen gnade to wyderer underredunge to komen unde juwer gnaden gemoite unde andacht underdanichlick to erhoren[1]). Bidden des allet von wegen eynes

---

[1]) *1530 April 19* (tertia in paschalibus) *löst Herzog Erich Friedland mit in Summa 9405 fl. 6 ß. ein. April 20* (quarta in paschalibus) *wird an Otto von Kerstlingerode 4000 Goldfl. zurückgezahlt. Rechnungsbuch 1529—30. f. 10 a und 16 a. cf. Schmidt a. a. O. II, p. 70 Anm. u. p. 184 Anm. und oben N. 81 Anm. 1.*

erbarn rades ok gilden unde gemein juwer furstligen gnaden gnedige antwort.

5. To gedenkende. Ef sync furstlige gnade worde antein, dat men in dussen allet synen furstligen gnaden tojegen gehandelt, to antwordende, dat eyn erbar rait sambt den oren nicht anders geneiget, danne sick jegen syne furstlige gnade alße de getruwen unde gehorsamen underdanen to ertzeigen ok synen furstligen gnaden wes ße schuldich underdanichlick to doynde; dewyle aver dusse sake dat gotlige wort unde eynes idern gewetten salicheid unde geloven belange, moge eyn rait by den oren in neyne wys finden darvon to laten, deinstlick biddende: juwe furstlige gnaden alße eyn christliger forste des eynen erbarn rait unde de oren in ungnaden nicht vormerken, danne eyn rait sy sussent willich sick jegen syne furstlige gnade in anderm aller underdanicheid to hebben. Wor aver in kunftiger tyd dorch keyserlike majestat chorfursten fursten unde stende des hilligen rykes andere christlige ordeninge worden anrichten, de syne furstlige gnade sambt andern anneme, will eyn ersam rait mit den oren dar intotredende sick aller billicheid finden lathen.

6. Mit den parnern heft men bevehil an rait gylden unde gemeyne to bringende [1] [2].

Arch. 970 D. Die Instruction ist erhalten 1) in der ersten Fassung und Reinschrift (A), 2) im Entwurf der veränderten Fassung von Punkt 3 und der hinzugefügten Punkte 5 und 6 (B), 3) in der Reinschrift auf Grund von A und dem stilistisch überarbeiteten B (C). Dem Drucke ist C als letzte Fassung zu Grunde gelegt.

466. *1530 Febr. 16. Speyer.*
Kaiserliches Mandat an Herzog Heinrich den Jüngeren: befiehlt die Ausführung des am 15. Mai 1528 [3] *gefällten Kammergerichts-Spruches in der Sache zwischen ihm und Goslar.*
Sub R V; Cop.

467. *1530 Febr. 21. Braunschweig.*
Die Bevollmächtigten Magdeburgs Braunschweigs Hildesheims Hannovers und Einbecks an Goslar: weisen die Entschuldigung wegen Wegbleibens von der Zusammenkunft zurück, verlangen ein kräftiges Regiment in Goslar; läugnen, sich zu

---

[1] *In B wird hinzugefügt, dass man über die Pfarrer zu klagen habe, weil sie Weigerung gethan haben, zu disputiren, dardorch vorhenget is de hilligen sacramente, de des begeren, na insettinge Christi unsers hern to entfangen idoch andern, ßo des na olden gebruke begeren, unvorbroch[en].* [2] *Die Gesandtschaftskosten betrugen 7½ Mk. 16 ß. Rechnungsbuch 1529—30, f. 47 b.* [3] *cf. v. Dohm im Hercynischen Archiv Stück III, p. 399.*

ausservertragsmässiger Hilfe verpflichtet zu haben; rathen, den Ausgang des Processes beim Kammergericht abzuwarten; versprechen für die Zukunft bedingungsweise eine Zusammenkunft.

Den ersamen vorsichtigen und wolwisen borgermestern und rade der stad Goßlar unsen besundern gunstigen guden frunden.

Unse fruntlike denste tovorn. Ersamen und vorsichtigen gunstigen guten frunde. Wo juwe ersamkeit itzunder an de ersamen van Brunswigk geschreven und sick der beschickinge dusses dages entschuldigen mit beden, dat wy samptliken to dusser tit to juwer ersamkeit inriden und juwer ersamkeit anliggende besweringe notorftigen wolden helpen beratslagen etc., hebben wy allenthalven de meninge ut juwer ersamkeit vorlesen schriften vormerket. Und hebben sodan juwer ersamkeit beswerlick anliggent, dat weit got, ungerne gehoret, dragen des ok mit juwer ersamkeit nicht unbillig fruntlich medelident, wat wy ok darto gudes don konden, dat sodan besweringe van juwer ersamkeit mochte afgewendet werden, darane wolden wy unß keines weges vorhinderen laten. Und dewile juwe ersamkeit wol weten, dat wy up juwer ersamkeit flitige anforderent to dusser tit syn tosamende gereden, ßo hedden wy wol vor notorftich angesehen, juwe ersamkeit de hedden sick nichtes laten beduren und dennoch de oren, wo se besten gekont hedden, alhyr tor stede geferdiget und inkomen laten. Angesehen de not, godde lof, jo noch so grot nicht vorhanden, juwe ersamkeit hedden dusse stede kunnen erreken. Wes des aver von juwer ersamkeit overgegangen, dat wille wy to dusser tit darhen stellen. Und wowol wy juwer ersamkeit also den vorwanten frunden na aller vormogelichcit unser underlangens voreiniginge gerne wolden biredlich und bistendich fallen, ßo weten doch juwe ersamkeit to guder mate wol, wo oftmals wy juwe ersamkeit beide muntlich und ok sriftlick truweliken gewarschuwet. Nachdeme an unß warhaftigen gelanget, dat juwer ersamkeit ratslege so wytluftich werden geholden, dat se ok juwer ersamkeit wedderwerdigen kunt und openbar werden, und wan in deme juwe ersamkeit ore regimente mit geschiklicheit nicht werden andern und einen fulmechtigen rat erholden, wat dan juwe ersamkeit und unß andern mede darut vor eine merklike besweringe erwassen konde, dat hebben juwe ersamkeit und ider vorstendiger wol to ermeten, und derhalven segen wy ok noch vor gantz nutte an (willen doch hyrmede nemandes vorkleinet efte wes ungeborliges upgelecht hebben), juwe ersamkeit hedden ore regeringe in dem sulvest gebetert und ok de olden radespersonen so umme juwer ersamkeit stad grote gelegenheit weten so nicht vorlaten und wedder mede to rade getogen und ore regeringe dermaten bestellet, so wy alse de frunde wes truwelikes worden raden, dat ensodans ok stille und vorswegen mochte werden geholden. Wen id de wege mit juwer ersamkeit mochte erreken und dat juwe ersamkeit to gelegener tit, so wy wedder by ein kemen, to der behoef ore geschickeden mit fuller macht worden afferdigen, so wolden wy unß mit densulven na aller notorft underreden und juwer ersamkeit unsen truwen rat und gude wolmenige nicht vorbergen, dan wor juwe ersamkeit ore ratslege dermaten nicht worden so richten, dat se konden stille und intgeheime werden geholden, so hedden juwe ersamkeit wol to ermeten mit wat foigen wy juwer ersamkeit to dussen swaren luften konden raden. Tom andern hebben wy ok ut juwer ersamkeit vorigen utgegangen schriften under andern vorstanden, alse dat sick juwe ersamkeit ergrunden wo de geschikten der erbarn stede in tit, do de Hessesche receß upgerichtet, juwer ersamkeit boven upgerichtede concordien mit lyve und gude bytoplichten scholden tosage gedaen hebben, darup ok juwe ersamkeit dusse dinge so wyt willen hebben vorhenget etc.[1]) Des wy unß denne nicht kunnen ermanen, dat juwer ersamkeit boven upgerichte vordrege jenige vortrostinge edder tosage dermaten scholden gescheen syn; wy achten id ok darvor, juwe ersamkeit werden sick eines andern bedenken und unß den geschikden der stede to unser mannichfoldigen moige und arbeit ensodans nicht upleggen, wente juwer ersamkeit is wol bewust, dat juwe ersamkeit to der angestalden rechtsforfatinge sulvest sin geneget gewesen und dat mit juwen frunden, de juwe ersamkeit to der behoef in einer guden antael by einander gehat, so vor gut angesehen und angenomen hebben. Wor aver juwe ersamkeit und gemeine stad wider scholde bedranget werden, dat got almechtich gnedigen wille afwenden, so weten wy wol wes wy unß under andern vorschreven und des und ok suß wert sick ein ider uprichtich und aller geboer wol weten to holden. Dewile nu ok juwe ersamkeit mit furstlicher hochheit orer gebreken halven an keyserlikem camergerichte unentscheden hangen und degelikes gewarden, dat de ordel schullen eropent werden, to der behoef ok juwe ersamkeit, so wy berichtet werden, de oren an keyserliker majestat camergerichte geschicket hebben, ßo were noch unse truwe rat, juwe ersamkeit hedden sick mit den oren dusse tit stille geholden und erwardet, wat got der almechtige

---

[1]) cf. N. 457.

juwer ersamkeit geschickeden vor gelucke in den ordelen togefoiget und beschert hedde, und dat juwe ersamkeit sick middeler wile von allem detliken vornemende stille und rawliken bet up juwer ersamkeit geschikten tokumst vom camergerichte geholden hedden. Wan den ore ersamkeiten wedder inheimisch weren geworden und juwer ersamkeit denne ratsam beduchte wes wider an unß laten gelangen, ßo juwe ersamkeit denne de oren mit fuller macht wo vor gerort is worden schicken, also dat men mit oren ersamkeiten up gut vortruwent mochte reden und handelen, weren wy nicht ungeneget alßden na gelegenheit tosamende to riden und juwen ersamkeiten unses besten vormogens in oren merkliken upliggende aller billicheit na biredich to synde. Dat wy aver to juwer ersamkeit itzunder scholden inriden, des sint wy ut velen orsaken, de wy der feddern to schriven nicht kunnen bevelen, beswert; willen ok nicht twivelen juwe ersamkeit werden unß indeme wol weten [to] entschuldigen[1]). Und wat dusses nu von juwer ersamkeit gescheen kan edder mag, des bidden wy juwer ersamkeit wedder beschreven tovorlatige antwort, dan juwer ersamkeit na aller vormogelicheit truweliken to raden und willige denste to ertzegen don wy alletit gerne. Wy syn ok wedderumb in gentzliger tovorsicht und twivelen ok gar nicht daran, juwe ersamkeiten werden sick mit hulpe des almechtigen ok sulvest raden und bedechtich und schiklick ertzegen. Geschreven under unser[2]) der van Brunswigk secrete, des wy andern dut mael darto medegebruken, am mandage na Valentini anno etc. 30.

Vorordente radespersonen der stede Magdeborg Brunswigk Hildensem Hanover und Embeck, so itzo to Brunswigk vorsammelt.

Arch. 1868; gleichzeitige Braunschweigische Cop.

468. *[1530?] März 10* (dornstags nach invocavit).
[Johann Segel Amtmann zu Münden] an Göttingen: verlangt auf das am 4. März (fridages nach estomihi) gegebene Versprechen der Göttinger Geschickten, die Kost für den in herzoglicher Haft gehaltenen Hans Westfal anders Schillingk zu bezahlen, 3 Matth. für den Tag, mithin in Summa 13 fl. 26 Matth., da die Haft 26 Wochen gedauert und 1 fl. = 40 Matth.[3])
Im Rechnungsbuch 1530—31; Or. m. S. Der untere Rand theilweise zerstört.

[1]) *Vorlage:* entschuldiget. [2]) *In der Vorlage folgt:* unser. [3]) *Hans Westfal hatte Göttinger Bürger überfallen und beraubt. Im Nov. 1529 wird auf Ansuchen Göttingens das peinliche Verhör des Verhafteten zugesagt. Briefsch. XX, B.*

469. *1530 März 25* (annunciationis b. Marie). *Eschwege.*

Johannes Spangenberg Augustinervicar an Göttingen: bittet, dem Ueberbringer zu helfen bei der Inventarisirung und Aufbewahrung des Nachlasses des in Göttingen verstorbenen Augustiners Conrad Poppich[1]) einstigen Priors zu Eschwege.
Sub S XVIII; Or. m. Spuren d. S.

470. *1530 April 9* (am palmavende).

Der Rath von Braunschweig an Göttingen: meldet auf die Bitte[2]), Heinrich Winkel noch eine kurze Zeit lang in Göttingen zu belassen, dass in der Unterredung mit den unsen, de des mede to doinde [hebben], befunden sei, dass Winkel aus Gründen, welche sich schriftlicher Mittheilung entzögen, in Braunschweig nicht länger entbehrt werden könne; fordert, dass er spätestens statt Ostern am 1. Mai (up schersten Walpurgendach) zurückgeschickt werde[3]).
' Acta Ref. XVIII; Or. m. S. Gedruckt: Zeit- u. Gesch.-Beschr. d. St. Gött. II, p. 362.

471. *1530 April 22. Hannover.*

Herzog Erich an die Pfarrer zu s. Johannis, Jacobi, Albani und Nicolai in Göttingen: verbietet die Göttinger [Kirchen-]Artikel anzunehmen.

Den wirdigen unsern lieben andechtigen und getreuwen den pfarreren sanct Johansen, Jacobi, Albani und Nicolai unser pfarkirchen in unser stad Gottingen flambt und flonderlichen.

Von gots gnaden Erich hertzog zw Brunschweigk und Lunenburgk etc. Unseren grueß zuvorn. Wirdigen lieben andechtigen und getrewen. Die artickel, damit ir durch die von Gottingen auf ire newe mutwillige furgenomen secten erfurdert und angesucht sein worden unde uns die unterdaniger schuldiger pflicht und meynung zugefertigt, haben wir nach

---

¹) Es kommen sonst auch die Formen Pupich Poppiges vor. In Allendorf hatte er Blutsverwandte. Arch. 595. ²) 14½ ß. 2 ₰ Corde Nollen cum litteris pro magistro Winkel hic diutius obtinendis. Item 2 ß. eidem pro expensis ibi per unum diem. Rechnungsbuch 1529–40, f. 47 b. ³) cf. N. 444. Früher wurde aus Braunschweig die Kirchenordnung geholt. 10 Mk. 3½ ß. 5 ₰ vortert per Herm[an] Wittzenhusen et Jost Meyger in Brunßwig qum consuluerunt dominos consules Brunsvicenses super quibusdam articulis ordinancie, sexta post letare [April 1]. 8 ß. gegeven vor de Brunswigesche ordenunge darut unse ordeninge getogen und darin de sick deyt refereren. Rechnungsbuch 1529–30, f. 47 b. Die Ordnung ist datirt Gottingen am Palmendage [April 10] 1530. Gedruckt wurde sie 1531. cf. N. 516. Registrirt und ausgezogen: L. A. Richter u. a. O. I, p. 143.

der lenge geleßen und irer meynung wol vermerket. Und diewiel dan uns als einem gehorßamen des heilgen reichs fursten solliche mutwillige unchristlige newerung in unsern pfarkirchen und gebyeten gar nicht zu leiden oder zu dulden, gebieten wyr euch hiemit ernstlig und wollen bey vormeydung unser ungnade, das ir sambt oder euwer einer sonderlich sollichen¹) vormeynten angetzeigten artickel²) der von Gottingen oder dergeleichen in keynen weg einraumen annemen oder gefellig sein, dann, wie ob stet, wir das nicht leiden wollen oder mogen. Und ob sie euch daruber gewalt tetten, mussen wir got bevelen wente zu seiner zeit. Euch hirnach als die ghorßamen zu richten, daran tut yr unser ernsten willen und meynung. Datum Hannover am freytag pasce anno etc. 30.

Hertzoge Erich etc.

Acta Ref. I, Cop.; Collationata est praesens copia ad suum verum originale et cum eo concordat cum effectu Et ego Johanneß Beckmann clericus Maguntinae diocesis imperiali auctoritate publicus notarius manu mea propria testor etc. *Rückschrift: kurzes Regest. Gedruckt: J. K. F. Schlegel, Kirchen- u. Reformationsgeschichte von Norddeutschland u. den Hannoverschen Staaten II, p. 590.*

472. *1530 April 24* (suntags quasimodogeniti). *[Salza.]*
Sittich von Berlepsch, Erbkanzler zu Hessen Amtmann zu Salza und Thamsbrück, an Göttingen: meldet die von dem in Salza anwesenden Augustinervicar Johannes Spangenberg³) in Sachen des Convents zu Eschwege gemachte Anzeige, dass Cord von Allendorf, früher Prior zu Eschwege, in irem [der Augustiner] Hause⁴) zu Göttingen verstorben sei und dass seine Freunde desselbigen convents hauses und andere nachgelassen gutere an sich nehmen; bittet im Namen Herzog Georgs von Sachsen den Convent in seinem Recht zu schützen und die Güter den gegenwärtigen Bevollmächtigten des Convents einzuräumen.
Sub S XVIII; Or. m. S. u. Unterschrift.

473. *1530 April 27* (quarta post quasimodogeniti).
Göttingen an [Sittich von Berlepsch]: meldet auf N. 472, dass der verstorbene Cord bei seiner nach Säcularisation des Klosters erfolgten Uebersiedlung die Erklärung abgegeben habe, dass sodanne [in N. 472 beanspruchten] gudere unde husynge ihm persönlich mit Bewilligung des Landgrafen von Hessen zu-

---

¹) *Vorlage:* solicher. ²) *Die Rückschrift sagt:* de articule der ordeninge. *cf. N. 470 Anm. 3.* ³) *cf. N. 469.* ⁴) *Das von den Augustinern innegehabte Haus lag gegen den Pewelern. Arch. 595.*

geeignet seien und dass er hinfort gleich den andern Bürgern die Stadtgesetze mit syner handelunge unde gudern halten wolle; theilt mit, dass des Verstorbenen Nachlass in eyne vornotelunge genomen[1]) *und von seinen Blutsverwandten dem Landgrafen von Hessen und den Göttinger Kämmerern in eyn verboch gelecht sei und dass der Rath einen Jeden, der Anspruch erhebe, gemäss dem Recht bescheiden werde.*
Sub S XVIII; *Entwurf.*

474. *1530 April 27. Wolfsburg.*
[*Busse von Bartensleben*] *an Göttingen: fordert als Rechtsnachfolger eines Donators beziehungsweise als Mitstifter die Rückgabe der dem Barfüsserkloster und dem* [s. *Annen-*] *Nonnenkloster in Göttingen abgenommenen Kirchengeräthe.*

Den ersamen vorsichtigen burgermeistern rat gildemestern und gantzen gemeinheit zu Gottingen meynen guten freunden.

Mein freuntliche dienste zuvorn. Ersamen guten freunde. Ich byn in eigentlicher erfarunge, wie ir in diesen vorgangen heyligen tagen zu ostern gantz unbedechtig und mit grosser gewalt in das Barfussenkloster zu Gottingen gefallen de schranke und toren vor dem kore zubrochen ire kysten geofnet alle kylche kleinode misgewant und, wes sy zu gots dienste sonst lange gebraucht, genomen vorsperret und beslossen, auch den junkfrauwen in dem susterhause etliche ire kleinode als kylche und anders weggenomen inen angesacht das haus und ewer stad zu reumen ader sich zu voreligen und gantz sere bedrawet. Nu ist ewer eins teils bewust. das meyner freuntlichen lieben hausfrawen vatter Heinrich von Hardenberge, dem got gnedig sey, in dem Barfussenkloster bey euch begraben, auch aus seinem testament got dem almechtigen zu lobe und seiner selen zu troste etliche kleinode und misgewant in das kloster gegeben, der ich sampt meyner hausfrawen nach irer mutter tod inen eins teils uberantwurtet. De solten von euch nu inen genommen werden ader vorentslossen sy der nicht mechtig den gots dienst darmit zu tun; were mir und meyner hausfrawen gantz schwerlich. Ewer eins teils wissen auch, wie de von Hardenberge meyner hausfrawen mutter ire haus und hof. so sy bynnen Gottingen gehabt und umbe ire gulden gekauft. mit ewer bewilligunge zu dem junkfrawkloster gegeben [2]), das ich und meyn hausfraw nach irem tod mit etlichen gulden.

---

[1]) *Das Inventar wurde am 22. März 1530 aufgenommen, ein zweites am 25. Mai. Arch. 595.*   [2]) *cf. N. 48.*

de daran eins teils vorbawet und eins teils auf ewerm rathause etliche jerliche zinse domit gekauft, den junkfrawen uberantwurtet und gegeben, so das wir de ersten fundatores desselben klosters sein. Derhalben dasselb zu vorstoren und den gotsdinst, der mit ewerm wissen willen und vulbort domit aufgericht, zu vorhindern, were meyner hausfrawen mir und unsern freunden gantz unleitlich; es wolde uns auch keynerley weys nachzugeben geborn, wir konden das noch vor got noch vor den leuten vorantworten. — — — Wie dem alle, ist meyn freuntliche bete, ir wollet euch in diesem bedenken und wes ir also den Barfussen und sonderlich dasjenne, das von Heinrich von Hardenberge seiner hausfrawen und nach iren toden durch meyne hausfraw und mich darin zu der ere gots gegeben und was ir den junkfrawen genomen entfertigt und vorslossen, sonder entgeltnus wider zuwenden, den hern und junkfrawen keine gewalt mer zufugen und sonderlich an dem junkfrawkloster keine voranderunge machen. Dan, ob sy bereit eine voranderunge bewilligeden, wil ich de meyner person auch als ein naturlich vormund meyner hausfrawen wie fundatores des klosters in kraft dieses briefs widersprochen haben und gar nicht darin gewilligt. Des ir also ingedenk mugen sein, euch auch darauf gewarnet haben; wil ewer ersamkeit sich in diesem gutwillich erzeigen, auf das ich sampt meyner freuntschaft zu keiner weiterunge georsacht. Das wert sonder zweivel got der almechtig belonen, ich wil das sampt meyner freuntschaft umbe euch vordenen. Dieses bey jegenwertigen ewer zuvorlessig antwurt, dar ich mich nach hab zu richten. Datum Wulfsb[or]g mitwochens nach quasimodogeniti anno 30.

Acta Ref. XIV; Or. m. S. ohne Unterschrift; Rückschrift: Busßo von Bartensleve ex gravaminibus, ut asserit, minoribus ac sororibus domus s. Anne illatis.

475. *1530 April 27* (mitwochens nach quasimodogeniti). *Wolfsburg.*

Busse von Bartensleben Hauptmann der Altmark an Junker Dietrich von Plesse: beschwert sich über die Unbillen, welche dem von seiner Schwiegermutter fundirten Nonnenkloster von Göttingen zugefügt seien; meldet die Abfassung von N. 474; bittet, dass Adressat in einer Zusammenkunft mit einigen aus dem Rath und der Gemeinheit auf die Einstellung der gewaltsamen Schritte hinwirke, damit Weiterungen vermieden werden.

Acta Ref. XIV; Or. m. S. u. Unterschrift.

476. *1530 Mai 2* (secunda post dominicam misericordia domini).
Göttingen an Busse von Bartensleben: erklärt auf die von seinem Boten überbrachte nicht unterschriebene N. 474, dass diejenigen, so de mehir dann alleyne uns den rat belangt, nicht sofort zusammenberufen werden können; verspricht gleich nach gepflogener Rücksprache Antwort zu geben.
Acta Ref. XIV; Entwurf.

477. *1530 Mai 4* (quarta post misericordia domini).
Göttingen an Busse von Bartensleben Hauptmann der Altmark: verwahrt sich gegen die von ihm in N. 474 gegebene Darstellung und berichtigt den Hergang dahin: sußent is waer, dat itlige der unsern ane unße wettent in den vorschenen hilligen dagen de trallien und doere in der Barvoten kerken, ßo de dem hupen des volkes in anhoringe der predinge vorhinderlik gewest, hinwech genomen und darmede ßo den anhorern godligen wordes nottroftich ruem vorschaffet; der gelik hebben wy itwelke unsers rades und vornemligen borger in dat closter ton Barvoten geßant und darsulvest de tirunge und myssegewande in eine schryftlige notelunge laten nemen, de ok allet ßo darnach in ore gewontlige stede und vorwarunge gelecht, und ef wy schone deßmals de kelke, wat der by one ydoch in eynen geringen tale befunden, uppe unße rathus entfangen, so is doch datsulve ut beger und myt bewyllinge der heren und nicht myt der gewolt, sunder dat desulven kelke na itziger gelegenheyd deste bet one sulvest to gude vorwart werden, bescheyn; id mach ok den sustern eyn kelk dorch de barvoten gelehnet und so myt den andern by uns gebracht syn, darboven vorsehn wy uns und wetten gar nicht, dat jenich kleynode edder anders von den gedachten sustern gefurdert edder entfangen noch den sust jennige wedderwerdicheyd angelecht sy; *versichert, dass es weder des Adressaten noch eines andern Rechte kränken wolle.*
Acta Ref. XIV nach dem Entwurf; daselbst Reinschrift.

478. *1530 Mai 6* (friedages nach misericordia domini).
Dietrich von Plesse an Göttingen: übersendet N. 475 und befürwortet die Forderungen seines Schwagers Busse von Bartensleben.
Acta Ref. XIV; Or. m. S.

479. *1530 Mai 7* (sabbato post misericordia domini).
Göttingen an den Syndicus von Braunschweig: erinnert, dass der Göttinger Rittmeister Hans von Dransfeld, weil man

für den nach Braunschweig zurückberufenen Heinrich Winkel einen Ersatz brauche, mit dem Adressaten vor kurzem in Goslar über einen in Braunschweig befindlichen Prediger, dessen Namen er zu nennen nicht im Stande war, Rücksprache genommen habe; bittet bei Magister Heinrich Osterode[1]*) Prädicant zu s. Martini, der der Gemeinte sein soll, anzufragen, ob er nach Göttingen zu kommen geneigt sei, in welchem Falle es weiter verhandeln wolle; lehne er ab, so bittet es dieselbe Anfrage an Magister Henning*[2]*) Prediger zu s. Petri zu stellen.*
Briefsch. XI; Entwurf.

480. 1530 Mai 11 (midwekens na dem sondage jubilate).
Braunschweig an Heinrich Winkel zur Zeit in Göttingen: nimmt seine Entschuldigung wegen des Ausbleibens am 1. Mai[3]*) (up Wolburgis vorgangen) an; mahnt ihn nochmals zu schleuniger Rückkehr, von der ihn nichts abhalten dürfe, da man seiner, wie ihm bereits mitgetheilt, in Braunschweig nicht mehr entrathen könne.*
Acta Ref. XVIII; Or. m. S. Gedruckt: Zeit- u. Gesch.-Beschr. d. St. Gött. II, p. 363.

481. *[1530 vor Mai 17.]*
Jost Winther Prediger zu Göttingen an den Rath: bittet um Zuweisung des ihm vom Landgrafen Philipp von Hessen geschenkten vormals dem Kloster zu Eschwege gehörigen Hauses in der Stadt[4]*).*

Den ersamen und weisen burgermester[5]) rat gillemeister[5]) sexman und handelern an stat gantzer gemein diser loblichen stat Gottingen meynen gebietenden hern.

Mein grus und willigen dienst zuvor. Ersamen weisen heren und gonner. Ich gebe ewer ersamheit zu verstehen, das der durchleuchtige hochgeborner furst und her her Philips von gots gnaden lantgraf zu Hessen — *etc.* mir dise eingeleibte copien[6]) sampt einem brief an mich zugeschicket, darin seine furstliche gnade mir zuschrieben, das sie mich mit seiner gnaden hie gelegen terminey, die seyner gnaden mit dem Eschewegischen closter gehört, von wegen meins trewen dienstes mit ubergebung brief und sigil druber be-

---

[1]) *Ueber ihn cf. Rethmeyer, Braunschw. Kirchen-Hist. III, p. 39.*
[2]) *Henning Papa. cf. H. Humelmann, Hist. eccles. renati evangelii p. inf. Saxoniam et Westphaliam. 1587. II, p. 39 b.* [3]) *cf. N. 470.* [4]) *Am 17. Mai (tertia post dominicam cantate) wurde der Beschluss gefasst, das Augustinerhaus Jost Winther zur Wohnung einzuräumen, die Rechte der Stadt und Dritter vorbehalten. Am 25. Mai (vigilia accensioni domini) wurden ihm die Schlüssel zum Hause übergeben. Arch. 595.* [5]) *Vorlage:* meinster. [6]) *Philipps Brief bei A. Wagemann, Reform. in Gött., p. 28.*

gnadigt haben und bey euch uf seyner furstlichen gnaden brief davon meldende umb sollicher gaben possession anzusuchen befolen¹). Und wiewol umb das haus, wie mir zugeschrieben, ein erlich burger von Altendorf vorlangst hat gebeten, habe es doch seynen furstlichen gnaden gefalen mich in meynem abwesen damit zu begnadigen. Nachdem aber ich euch mein hern zu dienst auch aus gnedigem befel meins gnedigen hern zu Hessen und besondern gnad und neygung zur stat Gottingen her geschickt und meins abzucks halb von Altendorf, wie ein jeder verstendiger wol zu ermessen hat, nit cleynen schaden neme an meynes heußlichen furrats zerstrewung und verseumung meiner ecker wisen und garten, wilchen²) schaden mir mein hern von Gottingen billich erstatteten, so in mein gnediger her nit mit eigenem gut in diser gaben vergulte. Den sein gnaden das closter zu Eschewege mit alle seynen gutern, beweglichen und unbeweglichen innen und außen dem land zu Hessen gelegen, den monchen umb ein große summa abgekauft haben, derhalb auch sein furstliche gnade den letsten besitzer der terminey wol rechtlich hetten mügen außtrieben; haben in aber umb gots willen aus gnaden drin lassen pleiben. Nachdem aber auch meine hern von Gottingen den letsten besitzer, der doch niemant gedienet noch nutz gewesen, in unsers gnedigen hern haus ruglich haben sitzen lassen, bin ich guter hofnung, sie sollen sollichs mir hinfurter als einem gemeynen³) diener gantzer stat viel pillicher und lieber vergonnen. Und uf das mein beger nit werde angesehen wider diser löbelichen stat von alter herbrachten statuten zu sein, bin ich erbuttig⁴) und willig vonz haus der stat Gottingen zu tun was ein ander von seinem haus tut, beger auch daran keyner besondern freyheit; den so lang ich ewer diener bin und sendemal ein erbar rat und stat das haus eynem andern diener des Hessischen hofs, dem es geben oder verkeuft wurde von dem fursten, woll gonnen und folgen lassen wurden, verhof ich meine hern soln mirs viel me und lieber gonnen; wil auch sollichs zu verdienen umb meine hern alzeit willig und beflissen sein. Ist derhalben mein untertenig bit, ewer erbarkeiten wollen laut des furstlichen begerens auch seiner gnaden zu gefalen mir on verzuck und alle verhinderung zu sollicher furstlichen gabe verhelfen. Damit tut ir seyner furstlichen gnaden zu gefalen und sie werdens on zweifel in eynem grossern kegen die gantz stat Gottingen wider zu erkennen

---

¹) *cf. N. 489.* ²) *Vorlage:* wilchem. ³) *Vorlage:* gemeiner. ⁴) *Vorlage:* urbuttig.

geneigt sein; wil auch ich sollichs umb euch nach vermogen verdienen und euch damit got befolen haben.

Ewer ersamen weißheit williger diener und caplan Jost Winther prediger.

Nachschrift: Est das haus mir gros gnug, so wil ich des ersten tags drin zihen und meinen hern Erasmus haus¹) wider geben. Und wa michs je ewer ewerkeit nit erlassen wollen, will ich das haus ehir in jars frist eynem burger lassen umb ein gleiches zu stehen, aber viel lieber selber burger werden. Gebe des hie mein eigen handschrieft. Ich habe auch verhoft, wen schon mein gnediger her zu Hessen, die sie doch haben, kein gerechtigkeit hetten und auch ich ewer ersamheiten diener nit were, meyne herren solten seiner furstlichen gnade, so sie es begerten, in einem grossern auch zu gefalen sein, des sich sein gnaden auch nit anders zu euch versehen; wie viel mehr aber, dwiel es dise gestalt hat.

Acta Ref. XVIII; Or.

482. *1530 Mai 24. Immenhausen.*
*Magister Adam Fulda an Göttingen: verspricht die Ankunft eines Predigers*²).

Den ersamen und achtparen und woleweisen burgermeister und rat der stad Gottingen seynen gonstigen gepietenden lieben hern.

Gnade und fride von gote unserm vatter und Christo Jesu unserm heyland. Amen. Ersamen achtparen woleweisen gonstigen lieben hern. Auf ewere nechst an mich getan schrift mocht ich dozumal vor grosser krankheit wegen nicht antworden. Ubersende ewer achtpar weisheit itzt diesen brif fortan von ewer weisheit zu schicken gegen Nyda³). Wird ungezweifelt euch ein fromer gelerter sittiger man komen, der zu allem frieden dienen wird. Solchs habe ich ewer weisheit kurtzlich anzuzeigen meyn willig gemute nicht wollen verhalten. Den ewer weisheit burgermeister rat gilden und gantzer stad Gottingen dinst ere und

---

¹) *Vermuthlich das Haus des Stadtschreibers Erasmus Snidewyn.*
²) *Am 19. Mai war er gebeten worden, einen Prediger für Göttingen zu besorgen, welcher der Zwinglischen Lehre nicht anhinge. Zeit- u. Gesch.-Beschr. d. St. Gött. II, p. 378.* ³) 2½ fl. 4 ß Dirick Parberge vor na eynem prediger bot to Nydda myt mester Adam Fulda breve to gande. *Dieser Prediger ist mit Johannes Pistorius identificirt worden. Zeit- u. Gesch.-Beschr. d. St. Gött. II, p. 380. Nach Göttingen ist er nicht gekommen. Am 28. April* (quinta post Marci) *wurden* 3½ fl. 2 ß. geschenket ad jussum gildarum eynem prediger ut dem lande to Hessen von Steffan tor Lynden hergebracht. *Rechnungsbuch 1529/30 f. 47b.*

willen zu erzeigen bin ich alle zeit nach meynem geringen
vermogen geneigt und bereit. Were es gottes wille, wolte
selbs bey ewer weisheit dienen und leren und alles tuen helfen,
das zu gottes ere der selen heyle und burger eynikeit
dienete. Aber es ist nicht gots wil noch zur zeit gewesen.
Hyrmit sey ewer achtpare weisheit dem almechtigen zu
gnaden bevolen. Datum Imenhusen in krankheit dinstags
nach vocem jocunditatis anno etc. 30.

 Ewer achtpare weisheit williger Adam F[u]l[d].
*Acta Ref. XVIII; Or. m. Spuren d. S. Gedruckt: Zeit- u. Gesch.-
Beschr. d. St. Gött. II, p. 379.*

 483. *1530 Mai 30* (secunda post Exaudi).
 *Göttingen an Braunschweig: sendet den Magister Heinrich
Winkel zurück, indem es für den erwiesenen Dienst dankt und
die Verzögerung*[1]*) mit dem Drange der Umstände entschuldigt*[2]*).
Suppl. zu den Cop. Vol. II, 1. Entwurf.*

 484. *1530 Juni 4. Immenhausen.*
 *Magister Adam Fulda an Göttingen: empfiehlt einen Mann
aus Gelnhausen zum Prediger.*

 Den ersamen und achtparn woleweysen burgermeister
und rat zu Gottingen seynen gonstigen lieben hern.
 Gnad und fride von gotte. Amen. Ersamen achtparen
woleweisen gonstigen lieben hern. Ewer weisheit begere
nach habe ich diesen man[3]) vermocht von Gelnhausen bey
22 meile zu reissen. Nue ist der man gelert frome sittig
senft und fridsam, darumb begere ich, das er wie billiche
mit erlicher besoldung vorsehen werde und in eren, die cynem
predicanten geburt, gehalten werde, den wo solchs nicht ge-
schee, wird es myr ser vorfahen. Ich werde auch nicht
leichtliche forter andere predicanten schicken. Bitte dero-
halben umb gottes willen, ewer weisheit wolle sich cristliche
gegen den man erzeigen und, ob etwas wyderwillens were,
ynen nicht lassen entgelten. Ewer achtpar weisheit werden
sich wole wissen zu halten. Hyrmit sey ewer achtpar weis-
heit got bevolen, welcher gebe seynem evangelio kraft und

---

 [1]) *cf. N. 480.* [2]) *Winkel empfing beim Abschied von Rath und
Gilden 20 ½ Mk. 16 ß. als Geschenk. Tile Oppermann und Henze
von Gelleren begleiteten ihn nach Braunschweig. An Kostgeld wurde für
ihn 9 Mk. 16 ß., für Wein 5 fl. 5 ß. 4 ₰ bezahlt. Rechnungsbuch 1529/30
f. 47 b.* [3]) *4 mk. 8 ß. geschenket ad jussum dominorum et gildarum
dem prediger Lodovico Bremero uns von magistro Adamo Fulda up des
rades erfurderent hergesant. Actum quarta in penthecoste [8. Juni].
Jost Winther empfing für ihn 16 ß. Kostgeld, die Futterung seines Pferdes
wurde mit 10 ß. bezahlt. Rechnungsbuch 1529/30 f. 47 b.*

furtgank bey euch zu seiner ere der selen heyle und gantzer stad ufkomen und besserung. Ewer achtpare weisheit nach alle meynem vermogen im evangelio und sonst zu dienen bin ich willig. Datum Imenhusen in meyner krankheit am pfingstabent anno etc. 30.
  Ewer achtpar weisheit williger Adam F[u]l[d].
Acta Ref. XVIII; Or. m. S. Gedruckt: Zeit- u. Gesch.-Beschr. d. St. Gött. II, p. 380.

485. *1530 Juli 9* (sabbato post diem s. Kiliani martyris).

Göttingen an Magister Adam Fulda Superintendenten in Hessen: übersendet des Magisters Jost Winther Rechtfertigungsschreiben gegen die beim Adressaten vorgebrachten Verleumdungen; meldet, dass seines Wissens Winther in seinen Predigten weder die fürstliche Obrigkeit noch den Rath vor dem gemeinen Volke verunglimpfe.
Acta Ref. XVIII; Entwurf.

486. *1530 Juli 20* (am avende Praxedis).

Bruder Johann Holtborn an den Rath von Göttingen: wiederholt, dewile mynen vederen und medebrod[e]ren angedragen ys worden ym vorgangem dage, wy de nicht gekledenden yn dusses closters stede, wy ick allene und neyn ander gefunden wert, sick to vorsende[1]*), die bereits den von Rath Gilden und Gemeinheit Geschickten vorgetragene Bitte, bei seinen Mitbrüdern bleiben zu dürfen, indem er erinnert, dat ick juwer ersamheit borchlick vorwandt byn; ersucht im Namen seiner Mitbrüder um Abfertigung zweier Rathmannen zu einer Besprechung über einige vorgelegte Artikel.*
Acta Ref. XV; Or. m. S. Laut Rückschrift übergab dieses Schreiben Heinrich Albrechtes 1533 Juli 20[2]*) (anno 33 [!] sondages nach divisionis apostolorum) an Hans von Dransfeld und empfing zur Antwort, dat eyn erbar rat, wile de borgermestere und her Johann Bruns nicht inheymisch, den avscheid von rade und gilden gegeven nicht wetten toveranderude, darnach sick her Holtborn und die andern megen schicken und richten. Actum die quo supra.*

487. *1530 Aug. 9* (am avende Laurentii).

Lübeck an Göttingen: meldet die Klage seiner Gewandschneider wy by den lakenen, ßo bynnen juwer ersamkeit stad beret werden, mennigerleie merklike und unliderlike gebreke nicht alleine an der lenge und brede, daran gemen-

---

[1]) *Die Gött. Kirchenordnung schreibt im Titel von den Ordensleuten vor, dass die Klosterleute beschickt und ihnen angezeigt werden solle, dass diejenigen, so nit klosterkinder und allhier mit uns eingekleydet, sich an andern Örtern zu versehen haben.* [2]) *cf. aber N. 611.*

lick twe ofte dre elen mangelden, dan ok dorch stoppinge und verringeringe dersulven lakenen, so mit frombden und Erfordeschen garne dat dar ingeslagen wurde geschege etc., schelen befunden werden, *dass onen ok umme sulliche und dergeliken gebreke etlike vorkofte Gottingesche lakene wedderumme als unduchtich ton handen gekamen weren den verkoperen to hone nachdel und schaden*; *verlangt, dewile danne juwen ersamkeiten antrift sunderlick respect to hebben, dat de lakene, den juwer ersamkeit stadsegel wert gegeven, uprichtich by einem ideren befunden werden und aus Rücksicht auf Göttingens und die allgemeine Wohlfahrt, die Abstellung der Mängel, widrigenfalls anders getrachtet und vortgefaren werden müsste*[1]).
Sub T VI; Or. m. Spuren d. S.

488. *1530 Aug. 31* (quarta post decollacionis Johannis baptiste).

Göttingen an [Lübeck]: dankt auf N. 487 für den wolgemeinten Hinweis auf die Verschlechterung des Tuches, die ihm bisher unbekannt gewesen sei; verspricht weitere Nachforschung und Abhilfe.
Briefsch. XXII, A; Entwurf.

489. *1530 Sept. 7* (am mitwochen nach Egidii). *Weissenstein.*

Landgraf Philipp von Hessen urkundet, dass er unser behausung zu Gottingen neben[2]) dem Predigercloster zwischen behausung ern Niclas Eckstein und Herman Wisskemanns gelegen, so zuvor zu unserm Augustinercloster zu Eschwege gehorig gewesen, *an den Pfarrer Jost Winther schenke*[3]).
Arch. 1912; Cop. Seidenstickers von 1804 nach dem damals in der Registratur der Johanniskirche befindlichen Original.

---

[1]) *1538 Dec. 17* (am dyngstage nach Lucie) *übersendet Lübeck mit der Bemerkung, dass die Nichtabhilfe den Göttingern* to afbroke orer nerynge gereichen würde, *die undatirte Klage seiner Gewandschneider, in welcher des nähern hervorgehoben wird:* Desulven Gottyngeßken lakene scholen yn de lenge holden 21 oft 21½ elen und holden etliche nicht mer dan 18 elen. Todem so holden de lakene up dem toge dre elen yn de brede averst by den enden holden ße allene twe elen und eyn quarter ungeferlich. Wyllen syck ok nicht ryten laten, danne wen ße gereten werden, so schoren ße entweig. *Laut Rückschrift am 16. Jan.* (quinta post octavam epiphanie) *1539 dem neuen und alten Handwerke [der Wollenweber] verlesen. Am selben Tage verspricht Göttingen strengere Aufsicht, indem es die Mängel auf unabsichtliche Versehen und die Bosheit einzelner zurückführt. Sub T VI.* ²) *cf. N. 472 Anm. 2 u. Zeit- u. Gesch.-Beschr. d. St. Gött. II, p. 437.* ³) *1530 Aug. 30* (dynstedages na decollationis Johanis baptiste) *verbürgen sich Henning Hohof*

490. *1530 Sept. 9* (sexta post nativitatis gloriosissimae virginis Marie).

Göttingen an Landgraf Philipp: meldet, dass es Jost Winthers, den er auf eine gewisse Zeit als Prediger nach Göttingen geschickt habe, noch tor tyd to anrichtunge eynes christligen gruntligen standes in unser gemein — swerlick entraden *könne, indem es nicht gelungen sei, einen tüchtigen Mann als Ersatz zu gewinnen; bittet ihn noch behalten zu dürfen.*
Briefsch. XVII, A; Entwurf.

491. *1530 Sept. 13* (dinstag noch nativitatis Marie). *Sababurg.* (Zapffenburgk.)

Landgraf Philipp an Göttingen: gestattet auf N. 490 seinem Pfarrer Jost Winther, obgleich er ihn gerne wieder in Allendorf sehen würde, bis nächste Ostern in Göttingen zu bleiben, damit alle dinge in Göttingen in ein chrisliche gute bestendige und beharliche ordenunge bracht werden; *hofft, dass es bis dahin geschehen und für Jost Winther ein tauglicher Ersatz gefunden werde.*
Acta Ref. XVIII; Or. m. S.

492. *1530 Sept. 23* (fridages na Matthei). *Halberstadt.*

Heinrich Winkel an Göttingen: erinnert, dass er auf die Berufung zum Prediger nach Göttingen bereits mündlich und schriftlich geantwortet habe; meldet, dass er yndem eck myn eigen yn dusser sake nycht byn dem Rath von Halberstadt *von dem Wunsche Göttingens Mittheilung gemacht und die Antwort erhalten habe:* dewyle der gantzen werlt bewust, wu dan op ytzigem richstage hern unde forsten vorsamlet einycheit ok so vele alßo dat wertlyke regiment belanget to bestedigen, synt ore ersame wysheid yn guder vorhoepinge, dat gotlyke wort schulle wedderumme, wu ichtzwan geschein, by oene gepredyget togelaten werden; darumme gebeden, eck myner jungesten myt orer ersamen wysheid overeinkomynge yndechtich unde aldar by blyven, nomelich eck moek by den van Brunswig edder sust, wur sick dat mochte begeven, ym deinste moge entholden, alßo dat ore ersame wysheid myner moge wedder bekomen myt der bedyngynge, eft eck nycht so gantz hastigen unde yn der yle doch myt der tyt eines

---

und Ludolf Ruscheplatte *solidarisch dem Rathe auf 2 Jahre, für alle Ansprüche, welche auf das Winther eingeräumte Haus erhoben werden könnten, und für die daraus erwachsenden Kosten.* 1531 Juli 6 (quinta feria post Udalrici) *verzichten Cord Poppichs Blutsverwandte in Allendorf auf seinen Nachlass.* Arch. 595. 1531 Mai 13 *verkauft Winther das Haus an die Johanniskirche.* Zeit- u. Gesch.-Beschr. d. St. Gött. II, p. 437.

verndel jares wedder to one komen yn myne vorplichtede eschynge — meck wedder begeven; *theilt mit, dass er gegenüber Halberstadt, wohin er zuerst berufen worden, Verpflichtungen habe, desshalb dessen Begehren zu erfüllen Willens sei; hofft, dass Göttingen würdige Prediger bekommen und stets beim Worte Gottes bleiben werde.*
Acta Ref. XVIII; Or. m. S. Gedruckt: Zeit- u. Gesch.-Beschr. d. St. Gött. II, p. 365—367. Das Datum fälschlich aufgelöst in Sept. 26.

493. 1530 Nov. 15 (tertia feria post Brittii). *[Gottesbühren.]*

Sebaldus Helmbrecht von Witzenhausen Prediger zu Gottesbühren an Göttingen: schlägt das ihm angetragene Predigtamt in Göttingen aus, weil uns got unßer her mit der pestilenz dor heymsucht und solte nun meyn volk in solchen yren krancheyten ungetrostet und mit den sakramenten unvorsorget lassen, reychete myr zw eyner ergerniss, dorum das sie in der eyle baussen zeyt nicht eyns ander dieners bekomen mochten, und myr auch itzo zur zeyt es selbst an meyner habe schwerlich und unforderlich aufzubrechen ist *und weil er seinen Fürsten nicht um* vorlaub *bitten könne, da er in Folge der Krankenbesuche ihn nicht* anlauffen mag*; verspricht den Antrag anzunehmen, falls man bis nächste Ostern warten wolle.*
Acta Ref. XVIII; Or. m. S. Gedruckt: Zeit- u. Gesch.-Beschr. d. St. Gött. II, p. 383. Das Datum fälschlich aufgelöst in Nov. 13.

494. 1530 Nov. 19 (sunnavendes nach Brichcii). *[Göttingen (?).]*

Goddert Becker zu Göttingen an Herzog Erich: klagt, dass ihn ein Haufe Göttinger Einwohner mit gewaffneter Hand in seinem Hause überfallen und von my eyne gefenknisse genomen up deme rathuse to Gottingen unde darsulvest my tit gegeven habe*, dass er aber, als er* de dagetit geholden unde up dem[e ra]thuse to Gottingen ingeholden keinen Kläger gefunden*; bittet, dass der Herzog beim Göttinger Rathe, welcher ebenso wie die Gilden weder von der Gewaltthat etwas gewusst noch in dieselbe gewilligt habe, auf Genugthuung dringe.*
Sub F III; Cop.

495. 1530 Nov. 19 (am tage Elisabet). *Münden.*

Herzog Erich an Göttingen: übersendet N. 494 und fordert Genugthuung.
Sub F III; Or. m. S. u. Unterschrift.

496. *[1530 nach Nov. 19.]*
Göttingen an [Herzog Erich]: *meldet auf N. 495, dass es nichts thun könne, da niemand [namentlich] angezeigt sei; lässt aus Rücksicht auf den Herzog dieses Mal dahingestellt, ob Goddert Becker gegen die Ehebruchsordnung* (war is abir, dat boven de godligen gebode by uns eyne opintlige ordenunge to unser aller salicheid by straffe dat unerlige¹) unde ehebrekerische bilager to vorlatende vorwilliget unde angenomen) *gefehlt habe; verspricht sobald Gerd jemandes der unsern darboven reddeloß nicht wolde laten die Sache rechtlich zu verfolgen.*
Sub F III; Entwurf.

497. 1530 Nov. 26 (uf sonabint neist s. Katherinentag). *[Blickershausen.]*
Die Geschwister Ilse und Eddeling Bernhards zu Blickershausen an Göttingen: bitten um Zahlung ihrer Martini fälligen Leibrente von 1 Mk. Göttingisch.
Briefsch. XXII, A; vom Priester Conrad ausgefertigtes und besiegeltes Or. m. Spuren d. S.

498. 1530 Nov. 28 (mandages nach Katherine). *Münden.*
Heinrich Ganten an Johann Segel Amtmann zu Münden: klagt, dass ihn vor einigen Tagen, als er Göttingen seiner Hantierung wegen verlassen und sich auf dem Wege zu seinem Hause in der Stadt befand, itlike borgere und borgers sons, geseten in eyner vorsammelunge under eyner loven to Gottingen in dem Wender auldem dorpe vor Henricks Oelemans huse, als mit namen: de wert in dem huse unde sin son unde Cort von Lengede unde Herman syn broder Valentin Ravenn unde Keckhof unde Cleynhans Jacob Druden Hans Kow kastemeker *grundlos überfallen und misshandelt haben; bittet beim Rat zu Göttingen Genugthuung zu erwirken.*
Briefsch. IV, N; Cop.

499. 1530 Nov. 28 (montags nach Katherine). *[Münden.]*
Johann Segel Amtmann zu Münden an Göttingen: übersendet N. 498 und fordert Genugthuung.
Briefsch. IV, N; Or. m. S.

500. 1530 Dec. 3 (sabbato post Andree).
Göttingen an [Johann Segel]: meldet auf N. 499 Hermanns und Cords von Lengeden Aussage, dass Heinrich Ganten mit

---

¹) cf. Schmidt a. a. O. II, p. 413 Anm. 11.

seinem Anhange von Weende aus dem Wirthshause (kroge)
*in die Stadt kommend die fröhlich Beisammensitzenden mit
Worten gereizt und trotz geschehener Abmahnung die Waffe
gezogen habe; verspricht, falls der Kläger nach Göttingen
kommen werde, die Sache zu untersuchen, beizulegen oder recht-
lich zu entscheiden.*

Briefsch. IV, N; Entwurf.

501. *[1530] Dec. 13. [Göttingen.]*

*Johann Marshusen und der Convent der Barfüsser in
Göttingen an den Rath von Göttingen: bitten die Anordnung,
dass die Mönche sich in der Kirche unter das übrige Volk
stellen sollen, zurückzunehmen.*

Den erßamen unde vorsichtigen wysen heren boerger-
mesteren unde raet to Gottingen unßen heren myt aller
demot deynstlick gescreven.

Jhesum Christum pro salute unde wes wy armen brodere
unsers geringen vormogen don konnen sy juwen ersamen
wißheiden alle tyt voran bereit. Vorsichtigen hern. Juwe
radesfrunde Hillebrant Tyhoff unde Helmolt de Grothe
hebben unß armen brodere angeseeht von wegen juwer
ersamheit der gilden unde gemeyne dusser loftiken hoch-
berompten stad Gottingen, dat wy unß samptliken stellen
scholden mank dat wertlike volk dat wort godeß to horen
in unsem kore myt wyderem anhange nicht nodich to vor-
halen. Vorhopen unß doch, dat sulven juwer ersamkeit
gemoite unde wylle so gar heftich nicht en sy, dat wy armen
brodere dar stellich der lude spot syn unde myt steynen
knuppelen unde drecke geworpen, wu suß lang gescein, wyder
vorhenget werde. Juwe ersamheit hebben ok aftonomende,
dat wy ane unsen oversten dat efte der gelick to donde
nicht mechtich syn. Wy werden hyrboven noch vaste by
nachtslapender tyt, dar wy doch nemande orßake to geven
noch ungerne don wyllen, myt kloppende unde untuchtigen
ropende angeferdiget, dat gode unde juwer ersamheit ge-
claget sy. Bidden darumme lutterlick dorch dat lyden
Christi wyllen unsen groten armot bedrangnisse unde gewolt,
de wy duldichliken geleden, ok unsen guden wyllen, unde dat
wy unberoemet by den kranken ok ander werke der barm-
herticheit to unsem negesten gedan unde alle tyt noch to
doende willich syn, anseyn unß armen brodere vorbidden,
sodane bedranknisse gewolt unde overmot moege afgestelt
werden. Datsulve wil wy armen brodere, wormede wy konen

schullen unde mogen, gerne vordeynen. Bidden umme godeß
wyllen tovorlatige antworde. Datum an dem dage Lucie.
Juwer ersamheit willige pf[a]rer Johann Marßhusen
unde conventeßbrodere der Barvoten itzunt to Gottingen.
Acta Ref. XV; Or.

502. 1531 Jan. 1 (am dage und jartyde der bsneydung Christi unsers hern anno 31).
*Johannes Stein an den Bürgermeister Hans von Sneen:
preist die Erneuerung christlichen Lebens in Göttingen und bewirbt sich um den Posten eines Rathsschreibers, da in Folge
der städtischen Neuordnung noch ein Schreiber angestellt werden
solle*[1]).
Briefsch. XXI; Or. m. S.

503. 1531 Jan. 11. Wittenberg.
Martin Luther[2]) *an Göttingen: meldet das Kommen des
Magisters Johannes Birnstiel*[3])*; hofft auf Grund der Erfahrungen zu Braunschweig, dass er trotz seiner Sprache verständlich sein werde; theilt mit, dass der Licentiat Basilius
[Schumann], der Oberländisch wie Sächsich verstehe, bald folgen
werde, da er sein Ackergeräth nicht so schnell verkaufen könne;
klagt über den Mangel an Pfarrern, der durch ihre Behandlung verursacht werde; bitet den beiden ihre Reisekosten zu
ersetzen, welche sie auf sein Geheiss aufnehmen.*
Nach dem Druck bei de Wette, Dr. Mart. Luthers Briefe, Sendschreiben und Bedenken, IV, p. 209, wo frühere Drucke angeführt sind.
Ausserdem gedruckt: Zeit- u. Gesch.-Beschr. d. St. Gött. II, p. 389.

[1]) *Er wird angestellt und in der Folge oft erwähnt.* 1532 März 1
giebt der Rath ihm (Johan Stein unsern burger) *einen Hof zwischen dem
Albani- und Geismart-Thore als Mannlehn.* Arch. 533. 1453 April 13
(sexta feria — post — quasimodogeniti) *war beschlossen worden, geistliche Lehne, welche der Rath zu vergeben hatte, den Rathsschreibern zu
geben.* Ordinarium p. 42 a. 1542 April 3 (mandages nach deme palmarum) *wird der Secretär Johannes Stein nach dem Tode des Gregor
Nidt vom Rathe zum Pfarrer an der h. Kreuzkirche ernannt.* Arch. 492.
[2]) *Bereits am 18. Dec. 1530 hatte Luther 2 Prediger an Göttingen versprochen. Mit der Einführung der Braunschweigischen Kirchenordnung
erklärte er sich zufrieden, betont aber, dass die Besoldung der Prediger
in Braunschweig zu gering sei. Zeit- u. Gesch.-Beschr. d. St. Gött. II,
p. 388. de Wette a. a. O. IV, p. 204.* [3]) *Birnstiel, aus Coburg gebürtig, war in Göttingen Prediger an der Marienkirche. Für seine und
seiner Frau Reise von Wittenberg über Osterode, die vierzehntägige Herberge vor seiner Anstellung bei Jost Winther und andern wurden* 24½ fl.
16½ ß. und 3½ Mk. 8 ß. *gezahlt. Die erste Zahlung geschah Jan. 29*
(dominica post conversionis Pauli). *Am 27. Juli* (quinta post diem s. Jacobi)
erhielt er ein Abschiedsgeschenk von 1½ Mk. 8 ß. *Er wurde von zweien
nach Goslar begleitet. Rechnungsbuch 1530—31. fol. 47 a. cf. Zeit- u.
Gesch.-Beschr. d. St. Gött. II, p. 391. de Wette a. a. O. VI, p. 501 Anm. 1.*

504. *1531 Jan. 11¹). Wittenberg.*

Martin Luther an Magister Johannes Sutel²): meldet, dass Magister Johannes Birnstiel komme, dass der zweite von ihm versprochene Prediger durch landwirthschaftliche Geschäfte, die ihn bisher ernährten und durch den Verkauf seiner Sachen zurückgehalten werde; ermahnt zur Eintracht; rathet, indem er auf das Beispiel zu Wittenberg verweist, die Zeremonien so lange sie den Glauben nicht beträfen, da sie für die Menge wohlthätig seien, nicht abzuschaffen, eventuell wieder einzuführen (sin depositae sunt, optarim paulatim repetere eas, regnante tamen verbo).

Nachschrift³): bittet für die Wiedererstattung der Reisekosten an M[agister] Philipp⁴) zu sorgen.
Nach dem lateinischen Text in der Zeit- u. Gesch.-Beschr. d. St. Gött. II, p. 390. Ausserdem gedruckt: de Wette a. a. O. IV, p. 210. wo frühere Drucke angeführt werden.

505. 1531 Jan. 11 (am mitwoch nach epiphanie domini). *Münden.*

Herzog Erich an Göttingen: meldet die abermalige Klage Cunze Richlings wegen Vorenthaltung eines Hauses; fordert Rechtsgewährung bei Vermeidung anderer Massregeln⁵).
L I; Or. m. S. u. Unterschrift.

¹) *Zeit- u. Gesch.-Beschr. d. St. Gött. II, p. 390:* X Januarii. *Augenscheinlich Druckfehler. cf. daselbst p. 389 und de Wette a. a. O.*
²) *Johannes Sutel war seit 1530 Sept. Prediger zu s. Nicolai, dann zu s. Johannis in Göttingen. 1535 Sept. 2* (quinta post Egidii) *ist er bereits Superintendent. Rechnungsbuch 1534—35, f. 44 b. 1542 wurde er nach Schweinfurt berufen, 1548—1551 war er abermals in Göttingen, starb 1575 zu Nordhausen. cf. J. L. Qrentin, Commentatio de pastoribus s. Nicolai, p. 5 ff. J. M. Sixt, Reformations-Gesch. d. Reichsst. Schweinfurt, p. 128 ff. de Wette a. a. O. VI, p. 626 Anm. 2. Von seinem Bericht über die ersten Evangelischen Prediger zu Göttingen sind werthvolle Stücke in die Zeit- u. Gesch.-Beschr. d. St. Gött. übergegangen. cf. daselbst II, p. 381, 472.* ³) *Fehlt bei de Wette.* ⁴) *cf. N. 503. Eine Anwesenheit Melanchthons in Göttingen, an welche in der Zeit- u. Gesch.-Beschr. d. St. Gött., p. 390 Anm., gedacht wird, lässt sich nicht erweisen. In Beziehungen zu Göttingen hat er 1536 1541 1544 1551 gestanden, cf. Rechnungsbuch 1535—36, f. 44 b. Acta Ref. XVI. Bretschneider, Corp. Ref. Melancht. op. IV, N. 2373 2374; V, N. 3022.*
⁵) *Cunze Richling Bürger zu Göttingen war bereits Anfang 1530 mit seinem Bruder Heinrich eines Hauses wegen in Streit gerathen. Der Rath entschied gegen Cunze. Suppl. zu Cop. Vol. V. Wiederholt verwendet sich Herzog Erich für ihn. L I. Der Rath beruft sich auf die gefällte Entscheidung. Briefsch. XII, A. 1531 Mai 18* (uf unsers leben hern himmelfartsdag) *sagt Cunze der Stadt Fehde an. Briefsch. XXII, B. Gegen ihn sucht Göttingen Juli 8* (sabbato post Udalrici) *Hilfe bei Roland Rolandi, Amtmann zu Münden. M IV. Nov. 2* (donnerstag post omnium sanctorum) *citirt der Herzog Erich Göttingen zur Entscheidung der Sache nach Münden. L I. Dec. 15* (frytags nach Lucie) *geben die*

506. *1531 Jan. 12. Aachen.*
Kaiser Karl an Göttingen: *meldet die Wahl und Krönung Ferdinands zum römischen König*[1]).
R V; gedr. Or. mit Spur d. S. u. Unterschrift Karls und des Alexander Schweis. Offener Brief. Rückschrift: stat Gottingen.

507. *1531 Jan. 12. Aachen.*
Kaiserliches Mandat an Göttingen: *fordert auf Grund des Reichsabschieds*[2]) *von Augsburg sofortige Ausrüstung und Bereithaltung von 44 Mann zu Fuss als Beisteuer zur eilenden Türkenhilfe, welche in der Höhe von 8000 Mann zu Ross und 10000 Mann zu Fuss bewilligt worden.*
R V; Cop.

508. *1531 Jan. 12* (am donnerstag nach epiphanie domni). *Münden.*
Herzog Erich an Göttingen: *übersendet die Bittschrift des Heinrich Ganten*[3])*, welche die Frevler namhaft mache; fordert Bestrafung, indem er die vielen Vergewaltigungen in Göttingen rügt.* (Nun langt uns derglichn uberfarung, so teglich von den ewern nach jedes ubermutigen lusten, so einem hie dem andern da begegenet warlich vil an, das wir zuletzt aus der

---

herzoglichen Räthe zu Münden der Stadt bis 1532 Jan. 15 (montags nach octavo trium regum) *Frist, die Beschuldigung Richlings zu widergen. Arch. 1836. Die Angelegenheit wurde noch nicht beigelegt. Göttingen wird vorgeworfen, dass es Heinrich Richling, bevor er dem Vertrage nachgekommen, in die Stadt eingelassen habe; die Güter zweier Göttinger Bürger werden in Münden mit Beschlag belegt behufs Deckung der dem Herzoge verfallenen Poen von 50 fl., wogegen Göttingen 1532 Febr. 2 und März 2 behauptet, dass Heinrich Richling nicht mit Wissen der Stadt dieselbe besucht und dass er, nicht die Stadt, die Poen zu erlegen habe. Briefsch. IV, O; XII A. Mai 8* (mitwochen nach Philippi und Jacobi) *meldet der Herzog, dass er Cunze Richling nicht zwingen könne, die Ausführung des Rechtspruches zu erzwingen. Juni 13 ankt Göttingen, dass der Herzog dem Cunze Richling einen einmonatlichen Stillstand in der Fehde anbefohlen und bittet im Laufe des Monats einen Rechtstag anzusetzen. Juli 10 wiederholt es die Bitte. Briefsch. XIV, A; XVI, A; X, B.* [1]) *cf. F. B. v. Bucholtz, Gesch. Reg. Ferdinand des Ersten. III, p. 579 ff. IX, p. 17.* [2]) *a. a. O. 322. § 100—104 sind vielfach wörtlich in das Mandat übergegangen. cf. N. 500. 1531 Juli 13* (am tage Margarethe virginis) *citirt Herzog Erich Göttingen in dieser Angelegenheit vor seine Räthe, welche zur Zeit im Kloster Weende anwesend seien. L I. 1532 Febr. 9 wurde vom Rathe den Verklagten Cord von Lengede seinem Bruder Hermann Hans Kop Jacob Druden und Kleinhans, welche der Beschuldigung, den Kläger durch Wort und That um die Gesundheit gebracht zu haben, nicht geständig waren, aufgelegt* up die schulde neyn edder ja to seggen. *Lib. sententiarum. Laut Rückschrift auf N. 508 wurde die Sache 1532 beigelegt.*

not die unsern und armen verdruckten zu retten anders, wie
wir schuldig sein, dar zu tun und furnemen mueßen.)
L I; *Or. m. Spuren d. S.*

509. *1531 Febr. 5.*
*Göttingen an [Licentiat Basilius Schumann]: beruft ihn
als Pfarrer auf Ostern, falls beim Umzug zu grosse Unkosten
vermieden werden können; verspricht 60 fl. festes Gehalt zunächst auf 1 Jahr.*

Wirdiger und hoichgelarter gunstiger herre unde frunt.
Ut des hoichberumbten doctoris Martini Lutters[1]) unsers
hern und frundes und juwer werdicheid schrivende itzund
an uns gedan hebben wy juwer werdicheid beropinge uppe
unse flitige ansynnent dorch gemelten doctorem by uns dat
evangelium to predigende unde de hilligen sacramenta to
reikende geschein myt anzeginge itliger beswerunge, de in
dessen winterdagen juwen werdicheiden na aller gelegenheid
under ogen stan, ferners inhoildes vorstanden. Bedanken
juwer werdicheid sulker cristliger toneiginge und fruntligen
irbeidinge deinstlig unde mogen wol erlyden, juwe herkomment
wenten jegen de osterligen hilligen dage upgeschoven werde.
Uns beswert averst nicht geringe, juwe werdicheid sick in
voranderinge unde myt uteren juwes vorrades have unde gudere
myt grotem schaden scholden beladen werden; unde ehir wy des
begerden, wor juwe werdicheid sulkes nicht anders und foichlig
mit gudem rade wusten to beschaffende, wolden wy uns
vil lever myt denjennen uns togesant up dit mael lyden.
Beduchte juwen werdicheiden abir, dat de vorraid und gudere
dorch liderlige wege in eyner ander gestalt mochten ane
merkligen nadeil eyne tid lang blyven unde wes juwen werdicheiden so iliges nicht von noden in sparinge der vore torugge
gesat unde so mit eynem wagen tom ersten herkomen, wolden wy uns vorsehin unsers gnedigesten hern des churfursten
vorlude, de gemeinlig myt leddigen wagen na Embig faren
unde beyr in des churfursten stade foren, scholden juwe werdicheid woll myt der gnade goddes gelukselig overbringen;
so wolden wy uns ok der unkost halven wole geborlig hoilden.
Wan wy denne juwen werdicheiden darto eyn jar ungeverlig
sestich gulden, y 21 sneberger vor eynen to rekende, geven unde
mit husinge vorsorgiden, vorhopeden wy uns juwe werdicheid
mochten by uns vil gudes schaffen unde wan eyn jar also
vorsocht worde, denne mochten juwe werdicheid unde wy na
aller gelegenheid, dar wy up to desser tid nicht konen

---

[1]) *cf. N. 503.*

trachten, furder handelen. Wes des juwer werdicheid gemoite edder so gy noch andere besweringe darynne droigent, willet uns by jeginwordigem entdecken; scholden gy unse andacht derhalven wol wider vormerken. Unde woran wy juwen werdicheiden, de wy gode almechtig gesunt bevelen, mochten deinstbarlig fallen, sin wy to donde willig. Datum dominica post purificationem Marie anno etc. 31.

Acta Ref. XVIII; Entwurf.

510. *1531 Febr. 8. Calenberg.*
Herzog Erich an Göttingen: verbietet jede Disputation.

An burgermestere rate gilden und gemeinheit unser stat Gottingen.

Von gots gnaden wir Erich hertzoge zu Braunswig und Luneburgk etc. Geben euch burgermeistern rate gilden und gantzer gemeinheit unser stat Gottingen hiemit zu erkennen, das uns glaublich angelangt, wie ir mit etlichen vielen artickeln unsere gemein clerisey und klosterpersonen, so inen zu disputern beswerlich ufgelegt, betrueben solt¹). Des wir uns dan zu euch nicht vorsehn wollen, angesehn das es der Romischen kayserliken majestat unsers allergnedigesten hern ausgegaungnen edict auch unsern mandaten und vorboten zu widern und zu ferner beschwerung raichen kunt und wolt. Nun habt ir uns an unsern pfarren, an den wir euch mit all nichts gestendig, mit angenommen selbfrevel und gewalt bereit so weit beschwert, des ir euch billich solten vorwantnus nach baß bedacht haben. Euch auch in solchem einig reformation zu tun nicht geburt. Darumbe so tun wir euch nochmals hiemit an stat und von wegen der Romischen kayserliken majestat unsers allergnedigesten hern auch vor

---

¹) *Nach Sutel sollte er selbst und Jost Winther am 31. Jan. 1531 unter Assistenz Auswärtiger disputiren, nachdem sie ihre lateinisch und deutsch abgefassten Thesen nach Wittenberg zur Durchsicht und zum Druck gesandt hatten. Zeit- u. Gesch.-Beschr. d. St. Gött. II, p. 387. Ein Exemplar der deutschen Artikel besitzt die kgl. Bibliothek zu Göttingen. Es ist auf 2 Kleinfolioblätter aufgezogen. Die Beschaffenheit der alten Blätter am obern und untern Rande lehrt, dass die 28 Thesen nicht unter einander, sondern in zwei Colonnen gedruckt waren. Da die Länge derselben gleich, die Rückseite unbedruckt ist, fällt die Annahme, dass ein fragmentarisches Exemplar vorliege, weg. Es ist undatirt und ohne Schlussformel. Als Disputanten werden Sutel und Winther genannt. Der Inhalt der Artikel ist folgender: 1—5 von der Kirche dem Papst und den Priestern; 6—9 vom Opfer und Abendmahl; 10—11 gegen den Heiligen- und Bilderdienst; 12—17 gegen Zölibat und Mönchthum; 18—21 vom Glauben, gegen die Werke; 22—24 von Menschensatzung und den Feier- und Fasttagen; 25 von der Willensunfreiheit; 26 gegen die Ohrenbeichte; 27—28 vom Gehorsam gegen die Obrigkeit. cf. N. 515.*

uns ernstlich vorpieten, ir wollet unsere gemein clerisey und klosterpersonen bey euch zu solcher disputation ader andern beswerungen nicht dringen oder beleidigen, sondern sie bey allem loblichen christlichen wesen und leben, wie biß an uns herbracht ist, pleiben lassen. Wollen wir uns genzlichen zu [euch] vorsehn und mochtens euch unser nottorft nach nicht vorbergen. Gegeben zum Kalenberge mit urkunt unsers hir vorgedruckten secrets mitwochens nach Agathe virginis anno etc. im 31.

Herczoge Erych etc.

Acta Ref. I; Or. m. Spur d. S.; gedr.: Schlegel a. a. O. II, p. 592.

511. *1531 Febr. 10.*
Der Rath von Göttingen bestätigt der Bäckergilde die alten Rechte mit Hervorhebung der Bestimmungen über die Aufnahme.

Wy de rat to Gottingen bekennen opentlig: Nachdem Hinrick von Wende und Jacob Ludeckenn unse borgere itzund gildemestere der beckere by uns sick to uns von wegen orer gilde beclaget, dat ore gilden gewonheit und recht eine tit lank vaste vorstoppet gesweket und lerheraftyg geworden, dardorch ein ungehorsam und vorachtinge in der gilden irwossen so willoiftich, dat sick ok itlige ane oren willen in de gilden und opintlick feyl to backende gedrungen, wolde one und der gilde int lest to vorderfe komen, uns darumb flitich angesocht one darinne trostlich und beraden to sinde, dewile wy denne unser borgere gilden und hantwerke gedie ere und wolfart gerne segen, so hebben wy itzunt up dat nie alle ore olden gewonheit und recht der billicheit und dem rechten gelickformich so vele in uns bewillet und beschediget. Nemlig: dat nw fort nemandes or gildebroder werden schal, he hebbe sin lehir jar geholden und denn noch twe jar an einander gedenet in umb by dem bakwarke; und wan de twey jar umb weren, so scholde he backen drygerleie brod vor der mester oven: roggenbrod semelen unde schovelinge; konde he denne syn hantwerk wol, dat schullen de mestere und ore bysitter besehin, so mach he na gewonliger wise de gilde an sick bringen; is he aver noch unschicklig, mach he so lange denen [bet] he dat hantwerk wol kone. Weret ok dat ein knecht sinem heren entginge buten tit ut sinem deinste, dat were in der arne edder dar buten, de scholde sines sulvest nicht werden he hedde twey jar nach einander gedenet und sines heren willen gemaket. Und wes sussent wider by one gewonlig gewesen und in orer gilden boike befunden, dat von uns wenther togelaten ok unser und gemeiner stad friheid nicht tojegen were, schall wu vor gerort stede unde vaste hinfort geholden und nw uppet nie hirinne becreftiget und bestediget sin. Des to orkonde hebben wy dit in unse copienboik schriven und den beckeren eine aveschrift darvan in or gildenboik to vortekende behenden laten, sick darna to richtende. Geschein na der gebort Christi unsers hern dusent vifhundert einunddrittich jar fridages am dage Scholastice der hilgen junkfrawen.

Lib. Cop. Papyraceus II, 219 a; Or.

512. *1531 Febr. 23* (donredages na esto mihi). *[Barfüsser-] Kloster zu Göttingen.*

Andreas Grone oder Fricke Commissar sammt Conventsbrüdern des [Barfüsser-] Klosters an Göttingen: fordert als Stellvertreter des abwesenden Pater Munster eine Unterredung, um festzustellen, was vor dem Anfange der geforderten Disputation zu geschehen habe[1]).

Acta Ref. XV; Or. m. S.

513. *1531 Febr. 26* (sondages invocavit).

Braunschweig an Göttingen: ladet es wie auch die andern verbündeten Städte auf Hildesheims Antrag zum 8. März (midweken na dem sondage reminiscere) zu sich nach Braunschweig, um am Tage darauf um 8 Uhr die Hildesheimsche Sache[2]) und anderes zu berathen.

Hanseat. II; Or. m. S.

---

[1]) *Rückschrift:* Anno etc. 31 sabato post esto mihi *[Febr. 25]* sin ern Andreas Fricke ern Martshusen frater Remensnider et frater Mengershusen up dat raidhus to raid unde gilden besant. So hebben se na velen underredungen desse beswerlige artikel angedragen. [1.] Primo. Se willen der disputation ein hovet hebben. [2.] Secundo. Se willen up dat word gots eynen richter hebben, dan dat word moget sulvest nicht richten. [3.] Tertio. One sy vorboden von keyserliker majestat curfursten etc sulke disputirlige artikel nicht to disput[i]rende. [4.] Quarto. Begern caution von rade unde gilden, se der disputation halven schadelos to hoildende. [5.] Quinto. Begern sigil unde briefe, dat sodan disputatio nicht von one vorgenommen, sundern se darto genodiget worden. Is one geantwordet: dewil inneholt desser suplication nicht gelevet der disputation halven to redende, sunder sy one beswerlig, wil do raid one up dit mael fruntlig hebben gedanket. *cf. 510.* [2]) *cf. N. 543. Die Stadt Hildesheim war gegen Einführung der Reformation, obgleich derselben viele ihrer Bürger anhingen. Landgraf Philipp schickte 1531 Febr. 17 den Prediger Martin Listrius. Für diesen und Zulassung des Evangeliums verwandten sich Magdeburg März 7, Herzog Ernst von Braunschweig von Celle aus März 8, Braunschweig März 11. Die Verwendung hatte keinen Erfolg. J. B. Lauenstein, Hildesheimische Kirchen- und Reformations-Historie XI, p. 21—23.*

514. *1531 Febr. 27. [Barfüsser-]Kloster [zu Göttingen.]*
Andreas Fricke an Göttingen: greift die wegen Schmähreden über ihn verhängte Ausweisung als ungerecht an.

Den erbarn hochwißen gunstigen heren borgemestern unde ratmannen sampt den erliken gilden desser lofliken stad Gottingen underdanigen gescreven.

Jesum myd synem geiste alle warheit lerende myd hoger erbedinge williges deynstes unde gebedes alle tid to vorn bereide in Christo. Erbarn hochwißen gunstigen hern. Hochliken heft my desser lofliken stad halven myne utkundi[n]ge behartiget unde bekummert, indeme my togemeten (myd vat bescheide geve ick gade), alze ick schole in cristliken saken tegen eynen ersam rat unde loflike gilden to ernstliken unde vele to harde etc. geredet, so ick doch myd vorbedingunge angefangen to redende, alze ick bedacht uppe vorholdende sake alze eyn truve borgerkint, wo gescheyn, to redende. Kont overs juwe erbare wisheit wol afgenomen, myne nu vorgenamen utkundinge hoges unde neders standes wert kunt und openbar gedan werden ok van my ßodaner utkundinge unde vorwisinge orsake begert werden wil to wetende. So wil de warheit eschen unde fordern. Ick wo my dorch de geschickeden angesechte orsake vortelle, vorse my forder, dat na sodaner berichtinge wert behartiget werden, wo juwer erbaren wisheit predicanten ut fromden landen er lopen, welkere nicht allene keiserliger majestat sampt anderer overicheit darto unßen gnedigen hern unde landesforsten myd ganß unbesneden worden besmeen und nareden, welkere[1]) juwe erbare wisheit nicht allene in ju[w]er stad ganß gerne dulden unde liden, men ok hochliken myd markligem zolde unde giften bezolden. Welkere ick juwer erbaren wisheit ut manniger wiße vororsaket nicht hebbe wolt bergen, biddende noch uppe desse myne wolmeninge gunstich antwort in Cristo, dem ick juwe erbare wisheit in gelucksaligem regimente bevele. Gescreven in unßem klostere mandages na invocavit im jar etc. 31.

Juwer erbaren wisheit demodige dener b[roder] Andreas Fricke.

Arch. 1911; Or. m. S.

515. *1532 März 1* (uf mitwochen nach dem sontag invocavit). *Martinsburg zu Mainz.*
Curfürst Albrecht von Mainz an Herzog Erich: meldet den seinem Commissar zu Göttingen bei Uebersendung des

---

[1]) *Vorlage:* wilkore.

Augsburger Reichsabschiedes gegebenen Befehl, allen Geistlichen seines Amts aufzuerlegen, dem seins inhalts zu geleben — noch auch in einich disputation der oder anderer artickel halber, es betref den glauben oder was es wolle, sich zu begeben; *bittet, dass er, der ein* guter christglaubiger und liephaber auch furderer *dieser Vorschriften sei*, bei *denen von Göttingen als seinen* schirmsverwanten mit ernst verfugen und daran sein wolle, *dass sie die Geistlichen in der Durchführung des Reichsabschieds nicht behindern.*
Acta Ref. I; Or. m. S. u. Unterschrift.

516. *1531 März 1.*
Martin Luther an Göttingen: meldet, dass er die Kirchenordnung habe drucken lassen[1]) wie ihr sehet; verweist in Betreff des Licentiaten Basilius auf dessen Schrift; ist ungehalten, dass er den Mann aufbracht und nun habe sitzen lassen müssen, weil er nicht genügende Erkundigungen eingezogen habe; wünscht, dass Adressat ehe er etwas anfange zuvor der sachen gewiß und erstlich eins werde.
Nach dem Druck bei de Wette a. a. O. p. 225, wo auch frühere Drucke angeführt sind. Ausserdem gedruckt: Zeit- u. Gesch.-Beschr. d. St. Gött. II, p. 394.

517. *1531 März 1.*
Martin Luther an Johann Sutel: meldet den Druck der Göttinger Kirchenordnung, welche er mit einer Einleitung versehen habe[2]); klagt mit bittern Worten über die Sparsam-

---

[1]) 7½ fl. 4 ß. geschenket doctori Martino Luther, unse ordinancien to besichtigen unde do, woro des von noden, to corrigerende. Actum die conceptionis gloriosissime Marie virginis [1530 Dec. 8]. 3½ fl. 4 ß. Lucas Hundecop civi vor eyne myssive an doctor Luther von wegen des rades to dragende. Quarta post Dorothee virginis [1531 Febr. 8] ad jussum pro consulis Hanß de Sneyn. 10 ß. gegeven Francisco Marquardi vor de ordenunge in Sassisch uttoschrivende, alse men do wolde to Wyttenberge prenthen laten. *Rechnungsbuch 1530/31, fol. 47 a.* [2]) *In der zweiten Ausgabe der Göttinger Kirchenordnung, Frankfurt 1568, ist Luthers Vorrede undatirt, auch in der ersten scheint sie es zu sein. cf. A. L. Richter, a. a. O. p.* 144. *de Wette a. a. O. III, p. 328 N. 996 und die früheren Drucke, die er anführt (cf. auch daselbst Bd. VI, p. 500 Anm. 7 und Burkhardt a. a. O. p. 134), setzen dieselbe irrthümlich 1528 Juni, was bereits Heumann Policele, Halle 1729, III, p. 11 Anm. bemerkte. Nach Sutel, der in erster Linie Glauben verdient, hat Jost Winther diese Ordnung verfasst. Zeit- u. Gesch.-Beschr. d. St. Gött. II, p.* 392. *Der Rath nahm lebhaften Antheil an der Abfassung. cf. N. 470 Anm. 3. Die Göttinger Ordnung nimmt mehrfach auf die Braunschweigische Bezug. p. XI b, XIX a b, XXIV b, XXV a. cf. A. L. Richter a. a. O. Ausser ihrer Vorzüglichkeit wird als Grund die alte Gewohnheit angegeben, sich nach Braunschweig, der Hauptstadt in Sachsen, zu richten. Winkels Einfluss,*

keit¹), *welche sich in Göttingen und anderwärts bei Besoldung der Prediger geltend mache, das heisse nicht mit Ernst nach dem Evangelium trachten; kann auf die Frage ob Adressat vor der Weihe* (non rasus neque unctus) *das Abendmahl vertheilen solle, nichts antworten; wenn kein ernstliches Bedürfniss vorliege, solle er es wie bisher auch ferner unterlassen, liege aber ein ernstliches vor, so empfange er öffentlich vor dem Altar von den übrigen Predigern mit Gebet und Handauflegung die Befugniss hierzu* (testimonium — et autoritatem coenae tractandae); *bittet die Kürze zu entschuldigen, da er in Folge unliebsamer Erfahrungen ungerne bei solchen Dingen Rathgeber und Theilnehmer bei Freveln sei* (participandum fastidiosis illis Judaeis manna nauseantibus²).

Nach dem lateinischen Text bei de Wette, a. a. O. IV, p. 225 N. 1355, wo frühere Drucke angeführt sind. Varianten nach Sixt a. a. O. p. 195 bei C. A. H. Burkhardt, Dr. Mart. Luthers Briefwechsel, 1868, p. 189. Ausserdem gedruckt: Zeit- u. Gesch.-Beschr. d. St. Gött. II, p. 395.

518. 1531 März 1.
Göttingen an [Herzog Erich]: meldet auf N. 510, dass es von einer Disputation Abstand genommen habe.

Gnediger herre. Wo juwe furstlige gnaden uns ok den gilden und gemeinheid by uns, dat wy mit itwelken velen artickeln de clerisie und kloisterpersonen, so one to disputerende beswerlig, upgelecht, alse sodans an juwe furstlige gnade gelanget, bedroiffen schullen, geschr[e]v[e]n, hebben wy ferners innehoildens vorstanden. Und geven juwen furstligen gnaden in aller underdanicheid darup to kennende, dat uns unbewust, wy gemelter clerisie und kloisterpersonen sulker disputation halven jenige bedroifnisse angelecht. Is ok sodann disputatio ut edder von uns nicht irwossen, hebben ok nymandes darto genodiget. Mag abir woll syn, dat de prediger by uns vil mals unde mennigerleye unlidliger nasage one von den angetogen geistligen to straffinge orer lare unde predige [gescheen] sick beclaget unde tolest oren grund unde meyninge summarie in itwelke artikel vorfatet der meyninge, de mit godliger schrift to bewerende unde so jemandes darjegen wuste wes uptobringende ok to horende unde antworde

---

an den Richter und Schlegel a. a. O. II, p. 80 denken, dürfte daher für die Verwandtschaft der beiden Ordnungen nur secundär von Belang sein. ¹) *cf. N. 503 Anm. 2. Ein Gehalt von 60 fl., das Basilius Schumann zugesichert war, befriedigte Luther. cf. N. 530. Der Tadel trifft also die Aengstlichkeit bei den Umzugskosten. cf. N. 509.* ²) *Dieser Ausfall bezieht sich wol auf die Berufung von Predigern, nicht aber auf Sutels Anfrage.*

wedderumbe to gevende, dat denne sunderlig to neyner groten disputation, sunder in godliger schrift to fruntliger underredunge und villichte to geliker cynmodicheid gedegen hedde. Nuw den geistligen abir dat beswerlig¹) und juwe furstlige gnade, der wy so id wider gekomen darby to schickende vorwitliget unde gebeden hedden, darto nicht geneiget, hebben wy ok den predigern de dinge in gedult to stellende laten anseggen. Der parren halven gnediger furst und herre wetten wy y von neynem frevel noch an husern noch an gudern begangen unde wolden ßodanne jegen juwe furstlige gnade myt wetten ungerne don. Dat wy juwen furstligen gnaden in aller underdanicheid tor antworde geven. Dan woranne etc. Datum quarta post invocavit anno etc. 31.

Acta Ref. I; Entwurf.

519. *1531 März 10. Braunschweig.*

Abschied der Braunschweigischen Tagesfahrt: Die [verbündeten] Städte sollen bis zum 19. März erklären, ob sie beim Evangelium beharren und zu Schutzmassregeln bereit seien.

Anno 31 fridages na reminiscere hebben sick de erßamen radissendeboden der stede Goßler Magdeborch Brunßwigk Hildenßem Gottingen Honover und Eimbick²) voreniget³), dat se willen twischen dut und erstkomenden letare⁴) ein ider mit den sinen torugge spreken und einem ersamen rade to Brunßwigk tovorlatige und klare antworde toschriven, ef me[n] wille bi dem ewigen levendigen worde goddes bliven darover truweligen hoilden und einer bi dem andern lif und gut upsetten und also, wor jemandes umme des gotligen wordes willen edder ok im schine des rechten scholde werden angefochten, dat alseden einer den andern mit live und gude na aller vormogeligheid wolde helpen redden. Idoch dat june hirmede jegen keyserlige majestat unser allergnedigsten hern

---

¹) *cf. N. 513.* ²) *1524 Jan. 17* (am dage s. Antonii) *war das Bündniss N. 83 auf 10 Jahre erneuert worden. Arch. 210. Magdeburg gehörte bereits zum Schmalkaldischen Bunde, Braunschweig und Göttingen traten ihm auf dem Tage von Frankfurt 1531 Sommer bei, Goslar und Einbeck 1531 Dec., besiegelten aber den Vertrag erst später, Hannover 1536 März 16. cf. Rethmeyer, Kirch.-Gesch. III, p. 96. Sleidan, De statu relig. ed. Böhme, I, p. 474. Gebh. Uhlhorn, Zwei Bilder aus d. kirchl. Leben der St. Hannover, 1867, p. 82 Anm. 6. Oben N. 513.* ³) *cf. die Stelle im Braunschweigischen Verwendungsschreiben für die Evangelischen an Hildesheim vom März 11: juwe er[samkeit] hebben ut geschener relation örer hern, so zugeschicket gewesen, wol gehort und vornomen, wes wi mit den unsen, de erßamen von Magdeborch und Goßlar mit den ören to doinde bedacht sin. Lauenstein a. a. O. XI, p. 30.* ⁴) *März 19.*

und ein ider jegen sine gnedige landisfursten to ungehorsamen nicht wille wes vorgenomen hebben, besundern vehil mer keyserliger majestat und den landisfursten in alle dem, dat men oren furstligen gnaden schuldich und de friheit des gewetendes nicht belanget, underdanigen gehorsamen leisten.

Acta Ref. I; Reinschrift. Rückschrift: Gottingen.

520. 1531 März 12. Calenberg.

Herzog Erich an Göttingen: rügt das Vorgehen bei der Disputation; rechtfertigt das Verfahren des Amtmann von Harste; verweist auf den nächsten Landtag.

An burgermeistern und rad unßer stat Gottinghen zu handen.

Von gots gnaden wir Erich hertzog zu Braunsweigk und Lunenburgk etc. Haben ewer schreiben[1]) belangend ein disputacien von ewren ufgesatzten predigern widder unser clerisey etlicher obergeben artickel [vorstanden]. Gepuert nyemants[2]) in seinen selbst aigen sachen richter zu sein, ßonder sollich richterampt den zu beveln, ßo es pillich gehort und von got gegeben ißt, und nicht ßo mutwilligk darinne zu faren. Als ir auch schreiben etlicher beschwerung halben unsers amptmann zu Harzt, ßo wider ewer privilegien zu sein: was er sollichs getan ißt auß unserm bevel gescheen etliches nachstendigen schaetz halben. Und wollen uns verhoffen, ir werden uns in demjennigen ßo uns zukumpt kein hinderung tun oder behelf mit ewren privilegien, dye ir iach vorwirket hat zu nemen. Was ir aber des beschwerung: sein wir bedacht in kurzen einen lanndtag zu halten; wurumbe ir uns dan nicht vermeinen redloß zu lassen, sollen ir des unßer gepurlich ant[wor]t und weyter meynung und gemuet vernemen. Haben wir euch alßo nicht mogen verhalten. Datum zum Kalennberg am sontag na reminiscere[3]) anno etc. im 31.

Herczoge Erych etc.

Acta Ref. I; Or. m. Spuren d. S.

521. 1531 März 15.

Münden an Göttingen: meldet, dass etwaige Geldforderungen der Frau des Arztes Siverd an Heinrich Ganten nichtig seien.

Den ersamen vorsichtigen borgemeister unde rade to Gottingen unsen bsunder guden frunden.

Unse fruntlike deinste vor. Ersamen unde vorsichtigen

---

[1]) cf. N. 518. [2]) *Vorlage: nyemamts.* [3]) *Auffallende Datirung. Vielleicht ist eine Demonstration mit dem Sonntagsnamen gewollt.*

bsunderen guden frunde. Unse medewoner Henrick Ganthe¹) ist vor uns klagende erschenen myt bericht, wy dat hey in kort vorfloterner tit bynnen Gottingen jamerliken uppe keyserliken fryen straten von itwelken borgern darsulvest to Gottingen sunder alle schult in den doet vorwundet unde syner gesunth[eit] berovet. Dwile nw so sere vorwundet, heft hey na mester Siverde geschiget, dey on denne to helende angenomen in dusser gestalt: wor hey ome wille drey gulden geven unde borgen darvor stellen, wille hey gode unde syner kunst bruken unde on wedder gesunt maken ane alle vorsteltnisse. Darup ome eynen digken penning von eynem gulden gegeven unde Claves Beckers, Henr[ik] Dorhagen unde Hans Augustius vor borgen gestelt. Werden deysulften borgen felichte von mester Siverdes frauwen umme dat nastendige gelt angesproken, des hey sick denne to or²) nicht vorseyn, nachdeme datjont, ßo or hußwert ome vor den borgen geredet unde gelovet, nicht geholden unde dar en boven on in marklike unkost by anderen arsten, so in synen noden moste ersoken, gefort, [heft hei] uns angefallen on derhalven an juw to vorschrivende. Dardorch bidden wy fruntlich, wor seck dey dinge so befunden, alse wy bericht, gy willen der frauwen to wege seggen, darmede dey unsere unde ok dey borgen for[ner]³) mogen umbesproken bliven. Des gutwillich juw willen erzeigen, des vorseyns wy uns to juw unde vordeinent gerne. Datum nostro sub secreto mid[dewe]k[en] nach oculi anno etc. 31.
Consules in Munden.
Briefsch. I, II; Or. m. S.

522. *1531 März 17* (sexta post oculi).
Göttingen an Braunschweig: meldet auf N. 519 und die Mittheilung seiner nach Braunschweig geschickten Rathmannen, dass es sich unwandelbar zum Evangelium bekennen wolle, dass es über die Frage sunderlige vorbuntnisse — twischen uns allenthalven derhalven antorichtende *bisher keinen Beschluss fassen konnte, aber zu seiner Zeit berichten werde, dass es an der bestehenden herligen der erbarn stede* loflige[n] unde fruntlige[n] vereninge —, *darinne wy underlangens unser eyn dem andern gar eigentlig angeheftet, treulich festhalte.*
Acta Ref. I; Entwurf.

523. *1531 März 17. Gandersheim.*
Andreas Fricke an Göttingen: bittet dem [Barfüsser-] Kloster die alten Freiheiten, ihm die Rückkehr nach Göttingen

---
¹) cf. N. 503. ²) Die Stelle ist verblasst. ³) In der Vorlage ein Loch.

zu bewilligen, indem er sich sonst an den Landtag zu Moringen wenden würde.

Den erbarn ersamen grotgunstigen heren borgemestern unde ratmannen der berompten stad Gottingen gunstigen und demodigen gescreven.

Erbarn ersamen grotgunstigen heren. Salicheit vrede und trost van gade dem vader dorch unßen heilant Jhesum Christum im hilgen geiste myd bereitwilliger erbedinge demodiges gebedes alle tit vorn. Ersamen grotgunstigen hern. Noch naturlike redelicheit noch des olden efte nygen testamentes scriftlike berichtinge erynnern, dat men unvorborder sake jemande, wo byna eyn jar vorgangen unßen brodern bescheyn, vorjagen unde vordriven moge, noch, wo jungest des donredages[1]) na invocavit leyder gescheyn, myd belastiger wiße overfallen myd bedrengunge unde beanxtiger vornominge spiße unde gedronkes entsetten etc., darto ok na berorder bedrofliker und schatliker entsettunge swarlick insluten etc. Welk uncristlick unde dem hilgen evangelion ganß wederlick vornoment nicht umbillick my des tegen god unßen gnedigen hern unde landesfursten hette ilende beclaget grot orßake wort gegeven. Doch de naturlike bewegunge unde hartlike tonegunge, de ick to desser lofliken beromden stad Gottingen drage, darynne ick ertogen unde ernert, alßo sy vorwant unde togedan, dat ick dersulven stad nadeel schaden unde vordarf ganß gerne vorhot ore wolfart unde beste vor andern steden, wo de billicheit eschet, ganß gerne gefordert vormeret sege, heft my sußlange van anklagunge afgetagen unde vorhindert; wolde ok noch, weit god, ungerne belastiger wiße clagen, soverne juwe l[eve] myd den brodern bequemeliker wiß wes natogevende wolden gudich unde gunstich sick finden laten. Iß derhalven to juwer ersamen l[eve] in Christo Jhesu myd demodigem gemode dorch dat sware syn bitter lident myn entlike andechtige unde othmodige bede, juwe ersame wisheit [willen] ut broderliker cristliker leve to barmharticheit sick laten bewegen unde na older hergekomen tonegunge, wenten to desser tit alle wege (dat god belone), unßes klosters brodern bewist, navolgich densulven weder olde lofike friheit vredelick vorgunnen unde gunstigen weddergeven; my ok alze cynem j[u]wer borgerkinder to klostere, dar ick gekledet, weder vredelick ingant vorgunnen. Dar nu over desse myne demodige bede myd bewerden reden worde utgeslagen (deß ick my doch nicht vorhape), danne unde des valles erbede ick my an dessen nu to Moringen

---

[1]) *März 2.*

anstanden unde utgeropen landesdach, dar ick, wo juwe ersame wisheit my myd vochlikem antworde by gegenwardigem up¹) vorgetragen supplicacion unde ansynninge ane scriftlick bericht, des ick my doch nicht vorßee, underlaten²), dar to erschinende byn besint unde bedacht, ok alle, wes dar dorch unßen gnedigen hern unde landesfursten sampt der ganzen lantschop in desser elenden sake beslaten gehandelt unde myd den vorgenanten brodern ok my vortonomende erkant, in schuldiger underdanicheit myd vredelikem gemote antonomende unde to vorvolgende. Noch henforder, dar desse handel unde sake wyder int licht mochte gegeven unde gedragen werden, wyl ick my stedes unde alle tit to desser myner ganß demodigen supplicacion unde scriften beropen hebben. Darumbe wes juwe ersame wisheit³) ut gerokeder cristliker bede to bewillende syn bedacht by jegenwordigem scriftlick willen entbloten, byn ick to gade almechtig ßo vele mogelick alle tit dat to vorschuldende ganß willich in Christo, dem ich juwe ersame wisheit to langen tiden in vredelikem regimente uppet vlitigeste stetliken wil hebben bevalen. Gescreven Ganderßem vridages na oculi im jar etc. 31 under mynes amptes sigel.

Juwer ersamen wisheid demodige unde unvordroten capellan b[roder] Andreas Fricke commissarius.

Arch. 1911; Or. m. S. Rückschrift: in causa monechorum minorum.

524. *1531 März 21* (am dinstage nach dem sontage letare). *Kassel.*

Landgraf Philipp den furnembsten und geheymen des rats der stad Göttingen: beglaubigt seinen Secretär Johann Nordeck für die Verhandlungen über den nächsten Tag zu Schmalkalden.

Acta Ref. I; Or. m. S. u. Unterschrift.

525. *1531 März 23.*

Raths-Instruction für den wegen Beitritts zum [Evangelischen] Bündniss an Landgraf Philipp abgeordneten Prediger Jost Winther.

Instruxio zu unserm gnedigen hern von Heßen etc. von wegen eynes erbarn raits zu Gottingen uf hern Jost Winther etc. angestalt quinta post letare anno etc. 31.

[1.] Zum ersten: Eynes erbarn raits willige unde bereide dinste sinen furstligen gnaden anzusagende.

---

¹) *Am Rande ein kleines Loch; nach dem übrig gebliebenen wird das einsilbige Wort so zu lesen sein.* ²) *Construction!* ³) *Vorlage folgt:* in.

[2.] Zum andern: Sinen furstligen gnaden hoichlig zu bedankende desjennigen, alse uns sin furstlige gnade am lesten durch denselbigen hern Joste gnediger meynunge han lassen antragen unde zugeschickt.

[3.] Zum dritten: Das sinen furstligen gnaden gleublich zu erofnende, das die erbarn stede, myt den die von Gottingenn in vorbuntnisse sitzen uf dessern punct auch geraidslaget[1]). Weil abir sin furstlige gnade zum ersten die sache by den von Gottingen angereget, wolten auch die von Gottingen seynen furstligen gnaden zu eren die vil lebir durch unde von sinen furstligen gnaden dan andere lassen handeln unde ußrichten.

[4.] Zum virten: Dan die heubtsache, das die von Gottingen woll besynnet sich in den vorbunt zu gebinde, weil darynne vorwart, keiserliger majestat unde unserm gnedigen hern unde landesfursten nicht zuwidder geschee, sundern das wyr den geburligen gehorsamen gerne wollen leisten unde uns auch vor geweldiger obirfaringe gern bewarende.

[5.] Unde wo das sinen furstligen gnaden gefalle, das sin furstlige gnade de von Gottingen alse siner gnade schirmsvorwanten, wo auch herzog Philippeß die von Embig, so man sagt, mit ingezogen hette ader sussent den von Gottingen desser handel nicht zu swere sondern liderlig unde treglich wurde angelecht. Unde wan men des die form und weiße unde masse hette, so muchten daruffe na noitdorftiger underredung beslislige antworde gegebin wirden.

Mit deinstliger bit, sein furstlige gnade wolle darynne auch sussent der von Gottingen gnediger herre sin.

Acta Ref. I; Entwurf. Gedruckt: Zeit- u. Gesch.-Beschr. d. St. Gött. II, p. 408.

526. *1531 März 23* (donnerstags na letare). *Kassel.*
Landgraf Philipp an Göttingen: beglaubigt den Göttinger Bevollmächtigten Jost Winther für die Ueberbringung seiner Antwort.
Acta Ref. I; Or. m. S. u. Unterschrift. Gedruckt: Zeit- u. Gesch.-Beschr. d. St. Gött. II, p. 411.

527. *1531 März 23. Kassel.*
Landgraf Philipp antwortet auf N. 525, indem er dringend den Eintritt in das [Evangelische] Bündniss anräth.

Unser lantgraven Philipsenn zu Hessen etc. antwort uf

---
[1]) *cf. N. 516.*

das anbringen eines rats zu Gottingen an uns durch Josten Winthern unsern lieben getrewen.

[1.] Jrstlich nemen wir in anbietung irer willigen und beraiden dienst zu gnedigem gfallen ane, wussen inen desselbigen gnedigen dank und wollen hinwidderumb inen ein gnediger her sein.

[2.] Und wie sie dann vorther uns vormelden lassen haben beschliesslich dahin sich wendende wo dann uns gefiele, das — werden *[wie N. 525 § 5]*. Darauf lassen wir uns das, das sie[1]) unserm schutz verwante und wir ir schutzher seien, gefallen. Und ist nachmals unser rat und gut bedunken, das sie sich in solch verstentnus mit uns und den andern unsern mitverwanten einlassen; so hetten sie von uns den andern unsern mitverwanten desta meher rugkhalter hilf und beistants, dan von uns allain. Dan das wir sie, als herzog Philips wie man sagt die von Embegk, als unsere schirmsverwanten mit einziehen solten, so weren die von Embegk herzog Philipps erbunterdanen und sie die von Gottingen uns dergleichen nicht underdan nach verwendt; wo abir sie sich neben uns mit den andern in solch verstendnus mit einlaßen, haben wir desta meher und besern fuk es[2]) inen zu halten und auch sie an den andern diesser verstentnus mit anhengig desta sterkern rugkhalter. Darzu, wo sie in solchen vorstaut kommen, haben sie dan, so sie not anginge, auch die andern unsern mitverwendten zu hilf zu erfurdern, die auch alsdan inen hilf tun mussen, da sonst allain uf uns stunde, so wir sie furderten, da sie uns zu hilfe ziehen mussten. Und darumb so ist diesser wek den von Gottingen in allerwege am besten. So durfen sie auch daran nicht zweifeln: wo sie sich in solch verstentnus auch einlassen, wollen wir verfugen das sie in der satzung der hilfe, die wir uns einander zu leisten verainigen werden, nicht zu hoch nach beschwerlich angeschlagen sondern uf ein zimlichs und das inen wol widlich ist gesetzt werden sollen. Demnoch wir noch aus trewem gnedigem grunde inen raten vor das best ansehen und begeren, sie wollen zum forderlichsten zu stunt einen vertrawten aus inen zu uns hier schicken mit volnkomenem gwalt und bevelch, das der von irentwegen mit uns zu dem anstehenden tage gein Schmalkalden ziehe daselbst in solch verstentnus von irentwegen verwillige und das und anderß, so dem notwendig anhangt mit beratschlagen und volnziehen helfe.

---

[1]) *Vorlage:* dsie.   [2]) *Vorlage:* eb.

Das wolten wir inen ob erzelter massen hinwidder zu erkennen geben.

Geben unter unserm hierunder aufgedruckten secret zu Cassel am donerstage nach letare anno etc. 31.

     Philips L. z. Hessen etc. ss.

Acta Ref. I; Or. m. S. Gedruckt: Zeit- u. Gesch.-Beschr. d. St. Gött. II, p. 409.

528. *1531 März 25.*

Göttingen an [Landgraf Philipp]: meldet auf N. 527, dass es sich zu Schmalkalden durch Magdeburg oder Braunschweig wolle vertreten lassen.

Gnediger herre. De werdige herre[1]) Jost Winther mit anzeginge juwer furstligen gnaden credenz heft uns up unße ome bevolen werfinge juwer furstligen gnaden raid unde gnedige toneiginge cropent, der wy juwen furstligen gnaden hoichlig unde underdanichlig bedanken. Dewil nw juwen furstligen gnaden uns als de schermsvorwanten up dem dage to Smaelkalde antogevende bedechtig, so wolden wy juwe furstlige gnade ok darmede ungerne beladen. Bedenken averst darby, wan wy sunderlig eynen personen tom dage ferdigen, dat uns darut wes nachdeliges erwassen mochte, darumbe willen wy juwer furstligen gnaden gnedichlige irbedent mit groter dangsegginge underdanichlig annamen. Averst de beschickinge willen wy by unsern frunden den von Magdeburg unde Brunßwig, den wy dat vorwitliget, gelick andere[n] der erbarn stede up dit mael laten, deinstlig biddende juwe furstlige gnade demyn nicht up densulven dage, wy liderliger mate gesat werden, tom besten vorfoigende unde sussent unße gnediger herre sin. Des willen wy uns so genzlig to juwen furstligen gnaden vortroisten unde myt ganzem willen in underdanicheid vordeynen. Datum sabbato ipso die annuntiationis Marie virginis anno 31.

Acta Ref. I; Entwurf. Gedruckt: Zeit- u. Gesch.-Beschr. d. St. Gött. II, p. 411.

529. *1538 März 28* (dienstag nach judica). *[Wittenberg.]*

Martin Luther an Göttingen: meldet, dass der Licentiat Basilius, von dem es schreibe, nach Goslar berufen sei, dass er beim Mangel an Geistlichen zur Zeit von keinem der Sächsischen Sprache Kundigen wisse; berichtet, dass er den Göttinger

---

  [1]) *Vorlage:* hernn, *vielleicht soviel als:* ern.

Gesandten an Cyriacus [Gericke][1]*) zu Cöthen, bisher Prediger zu Zerbst, gewiesen habe.*
Nach dem Druck bei de Wette, a. a. O. IV, p. 234, wo frühere Drucke angeführt sind. Ausserdem gedruckt: Zeit- u. Gesch.-Beschr. d. St. Gött. II, p. 396.

530. 1531 März 28 (dienstag post judica). Wittenberg.
Martin Luther an Cyriakus [Gericke] zu Cöthen: meldet, dass der Göttinger Rath einen Prediger, der zugleich Superintendent sein solle, von ihm wünsche, dass der von ihm versprochene Licentiat Basilius Schumann nach Goslar berufen sei, dass der Göttinger Gesandte auf seine Veranlassung beim Adressaten anfragen werde; hält die jährliche Einnahme von 60 fl. für ziemlich reichlich; lasse sich Adressat zu ihrer Annahme bewegen, so sei es gut, sonst solle er selbst antworten und dem Göttinger Rathe seine Meinung anzeigen.
Nach dem lateinischen Text bei de Wette a. a. O. IV, p. 235, wo frühere Drucke angeführt sind. Ausserdem gedruckt: Zeit- u. Gesch.-Beschr. d. St. Gött. II, p. 396.

531. 1531 April 3 (mandages nach palmarum).
Braunschweig an Göttingen: nimmt die Absicht das Evangelium festzuhalten und in das Christliche Bündniss einzutreten mit Wohlgefallen auf; meldet, dass jüngst, in Schmalkalden beschlossen Niemand ohne Zustimmung aller Bundesglieder in die Vereinigung aufzunehmen, dass der auf den 29. März (midweken na judica) nach Schmalkalden einberufene Tag, den Braunschweig nicht beschickt habe, vielleicht bereits geschlossen sei daher *segen wi vor ratsam an juwe ersamkeiten hedden derhalven an geborligen enden flit vorgewant;* verspricht seinerseits für die Aufnahme Göttingens zu wirken.
Acta Ref. I; Or. m. S.

532. 1531 April 7. Kassel.
Johann Nordeck [Landgraf Philipps] Secretär an Hans von Sneen und Johann Bruns: meldet die Bedingungen die Bedingungen des Eintritts in das Christliche Bündniss; berichtet Tagesneuigkeiten.

Den erbaren verstendigen und wolachtparn herren Hanßen von Schnehe und Johan Brun burgermeister und syndico der stad Gottingen meinen lieben hern und freunden zu handen.

Mein gutwillig dienst in vleis zuvor. Erbar verstendigen und wolachtparn gunstig lieb hern und freunde. Ich habe ewer schreiben und begeren, wie sich der stad Gottingen

---
[1]) cf. de Wette a. a. O. VI, p. 499.

sach sovil das Christlich verstenntus belangt, erhalten und,
ob ir dorin mit angezogen etc. mit ferner angehefter bit,
gelesen. Und erstlich, sovil das verstentnus betrifft, mage
ich euch von meines gnedigen hern wegen fur glaubwirdig
und gewiß zuschreiben: so ir in sollich Christlich vorstentnus
zu kommen begert, hat sine furstlige gnade von den eynungs-
verwanten churfursten fursten graven stedten befel euch dorin
zu nemen und, so ir des ewer verschreybung geben, werden
sin furstlige gnade euch reversal darjegen zustellen laßen¹).
Darumb so wollet zun sachen tun und hierin ewer stad wol-
fart bedenken. Der fursten, graven und stedte namen kan
ich in eil nach einander, we[i]l ich das verzeichnis nit bey
mir habe, nit anzeigen. Aber sie sind alle wie uf vorigen
tage da gewesen, allein Nurnberg und margraf George²)
sind außen pliben und von des churfursten von Sachsen
wegen ist sin[er] churfurstligen gnaden sone herzog Hans Fride-
rich da gewesen. Weter vor ein neie zeitung schick ich euch
beyligend copey, dorabe ir euch des T[i]rcken gemut zu er-
sehen hapt; derselb man ist hoch bey T[i]rcken gehalten.
Man hat von denen von Ulm zeitung, das der Tirck algereide
das konigreich Siciliam eingnommen habe. Solchs und weiter
weis ich euch dis mals nit anzuzeigen. Damit got befolen
und ich tue, was euch alle zeit lieb ist. Datum Cassel
freitags nach palmarum anno etc. 31.
      Johann Nordeck secretarius etc.

Der geweste tumbprobst zu Tryer gnant der Metzen-
hewser ist zu einem bischof zu Trier erwelt³).

*Acta Ref. I; Or. m. S. Gedruckt: Zeit- u. Gesch.-Beschr. d. St.
Gött. II, p. 412.*

533. *[c. 1531. Ostern.]*
*Jost Winther an Göttingen: verlangt die Beibehaltung des
Predigers Jacob⁴).*

Den ersamen und weisen meynen gebietenden hern
burgermeister rat gilden sexman und handelern.

---

¹) *April 4 war zu Schmalkalden beschlossen worden Lübeck (cf. darüber
G. Waitz, J. Wullenwefer, I, p. 112) Braunschweig Göttingen Hildesheim
Einbeck Goslar Hamburg Halberstadt den Eintritt in das Bündniss zu ge-
statten. Acta Ref. III.* ²) *cf. L. v. Ranke, Deutsche Gesch. im Zeitalter
der Reformation Bd. III, 1868, p. 224 und 230.* ³) *Er wurde am 27. März
erwählt. cf. J. Leonardy, Geschichte des Trierschen Landes und Volkes,
1870, p. 647.* ⁴) *Jacob Soite Andres (auch die Formen Süsse Süthe
kommen vor) magister sacramentorum hatte von Michaelis 1530 bis Ostern
1531 monatlich 1 fl. im Ganzen 6 fl. od. 5 Mk. empfangen. Rechnungs-
buch 1530/31 fol. 47 a, 92 a. Die letzte Zahlung erfolgte März 24 (sexta
post oculi). Der Vertrag lief wie aus einer Quittung hervorgeht von vorn
herein bis Ostern.*

Meyn grus und willigen dienst zuvor. Ersamen und weisen hern. Mein untertenig gesynnen und bitten an euch ist: nachdem die pfarren noch nit mit predigern versorgt seind, das mir ganz schwer ist, und her Jacob morgens wirdet von hin zihen, ir wollet doch her Jacob umb der reichung willen der heiligen sacrament hin und wider in diser geferlichen zeit noch ein zeit lang behalten. Das sehe ich vor gut und notwendig an.
Ewer weisheit williger diener Jost Winther.

Acta Ref. XVIII; Or. Gedruckt: Zeit- u. Gesch.-Beschr. d. St. Gött. II, p. 377.

534. *1531 April 10. Gandersheim.*
Herzog Heinrich der Jüngere an Göttingen: verwendet sich für die Franciscaner zu Göttingen.

Den ersamen unsen lieben getrewen burgermaister und rat der stat Gottingen.

Von gots gnaden Heinrich der junger hertzog zu Braunschweyg und Lunenburg etc.

Unsen gunstigen willen zuvorn. Ersamen lieben getrewen. Wir werden glaubwirdig bericht, wie das den bruedern sant Frantzischen ordens bynnen Gottingen von etlichen ewren mitburgern grosser eintrag beschwerung und widerwillen hon spot und verfolgung gescheche, auch die armen brueder verßlossen verhaft und ires ein und ausgangs eigner person und frembder irer wolteter, in maynung sy verschmachten und irer notturft nit bekumen sollen, verhuet. Dieweil dann das evangelium nit lernet seinen nebenchristenmenschen und bruder dermassen zu verfolgen zu verachten und zu beschweren, sunder vil mer ine geduldiglich leyden aufnemen und verhulflich zuraichung tun und nachdem ewre vorfarn und ir alle zeyt als ein lobliche stat des hauß Braunschweyg erlich und wol gehalten, so ist unser guetlich beger, s[o] aver dem wie oben erzelt also, ir wollet ewre burger dahin weyßen, damit sich die brueder gegen inen dergleichen nit zu beclagen haben. Daran tut ir uns gnedigs gefallen in sundern gnaden gegen euch zu erkennen. Datum Ganderßheim montags in der heyligen ostern anno etc. 31.
H. H. z. B. v. Lb.
mein hant.

Arch. 1911; Or. m. S.

535. *1531 April 13* (am dornstage in der osterwochen). *Moritzburg zu Halle.*
Curfürst Albrecht von Mainz an Göttingen: ladet es auf

Grund kaiserlichen Befehls, dass er die Glieder des Niedersächsischen Kreises gemäss dem letzten Reichsabschiede zur Wahl eines Hauptmanns einberufe und den Gewählten dem König Ferdinand als obersten Feldhauptmann anzeige, zum Abend des 21. Mai (uf den sonnabent nach vocem jocunditatis) nach Quedlinburg um in den folgenden Tagen den Hauptmann zu wählen.
R V; Cop.

536. *1531 April 16.*
Göttingen an [Herzog Heinrich]: rechtfertigt sein Verfahren gegen die Franciscaner.

Gnediger forste unde herre. Wo juwe forstlige gnade uns itzund von wegen der broder sancti Francisci ordens bynnen unser stad, dat desulven vorfolginge lyden unde vorsloten werden schullen ore noitdorf nicht to bekomende geschr[e]v[e]n etc. hebben wy vorstanden. Und denselben brodern hirbevorn mehir dan eyns, sick in dessen verligen tyden wu id oren gesellen in andern erbarn steden bejegnet to bedenkende und sich na gelegenheid der werlde allenthalven rouwlig unde lyderlig to erzeigende guder wolmeynunge laten anseggen. Wu se sick nw darynne gehoilden is one unde allen unsern inwonern woll bewust, darut de lengde wol nicht vele gudes ingereten were. Und dat sulchs hinfort vorblyven unde se wider overfals vorschonet worden sin one, so se doch der werlde willen afgestor[v]en syn in tidligen dingen, frome borgere eyne tid lang to vormunden unde plegern nagegeven. Und dorfen in warheid, ef se sick schon arm nennen, over neynen smacht clagen, nachdem wy horen, one degelickes to gebot unde iderman von buten unde bynnen here one to gevende unvorboden ok nicht entogen wert. Ja gnediger forst und herre unde wol mogen seggen vor war, dat se an korne gelde unde anders mehir dan wol hundert ander mynschen by uns, de an spise und cledunge hunger unde kummer dragen unde warhaftig behouich nacket unde smachtig syn, sick sulvest wol hebben vorsorget. Unde hebben in dem de andregere juwe forstlige gnade vele to milde berichtet, dan id steit den angetogen brodern fry, so one nicht dat cloisterlevent gefelle, by uns alßdenne sick na eynes idern behage von hir an andere ende to begevende. Dat wy juwen forstligen gnaden also to underdaniger antworde geven, dan woranne wy juwen forstligen gnaden mogen deinstbarlig fallen sin wy in bereidicheid unde truwlig to donde willig. Datum dominica quasimodogeniti anno etc. 31.

Arch. 1911. Entwurf.

537. *1531 April 17. Speyer.*
Kaiserliches Mandat an Göttingen: fordert mit Berufung auf den Reichsabschied von Augsburg[1]) bei Strafe von 10 Mk. Gold zum Unterhalt des Reichskammergerichts auf 3 Jahre die Jahressteuer von 30 Goldfl., welche in den Zeiten der Frankfurter ·Herbst- und Fastenmesse beim Rath von Frankfurt oder Speyer oder den von diesen Beauftragten in halb[jährig]en Quoten zu zahlen ist.
R V; Cop.

538. *1531 April 23* (sontages misericordia domini). Gandersheim.
Herzog Heinrich der Jüngere an Göttingen: erneuert, nachdem er über das Ausbleiben einer Antwort auf sein früheres Schreiben wegen des Barfüsserklosters zu Gandersheim von seinem dortigen Vogte aufgeklärt worden, weil in keinem evangelio befunden, das einer dem andern das seine nemen oder davon tringen sol, seine Forderung, besagtes Kloster bei dem seinen zu belassen.
Arch. 1191; Or. m. S.

539. *1531 April 24* (secunda post misericordia domini).
Göttingen an [Herzog Erich]: übersendet die Originale von N. 507 und N. 535; bittet mit Berufung auf frühere Klagen über das Heranziehen zu dergleichen Sachen villichte in anzeiginge der register, wuwol wo wy darynne gekomen uns nicht bewust, dass Adressat als Landesherr die Stadt gebührenden Orts vertrete.
Zettel: verspricht, nachdem es in nächster Zeit Beschluss fassen wird, schriftliche Antwort in Betreff des Augsburger Abschieds.
R V; Entwurf.

540. *1531 April 24* (mandages na misericordia domini).
Göttingen an [Herzog Heinrich den Jüngern]: leugnet auf N. 538 vom Adressaten in Sachen des Barfüsserklosters zu Gandersheim ein Schreiben empfangen oder es bedrängt zu haben; übersendet die Antwort auf die Verwendung für die Barfüsser zu Göttingen[2]).
Arch. 1911; Entwurf.

541. *1531 April 25.*
Göttingen an [Andreas Fricke]: rechtfertigt das Verfahren gegen ihn und die Barfüsser.
Unse fruntlige deinste bevorn. Werdiger herre unde

---
[1]) a. a. O. p. 317, § 73.   [2]) cf. N. 534 und 536.

gude frunde. Juwe schrivent de barvotencloisterpersonen und
juw bedrepende, lest an uns gedan, hebben wy na aller noit-
dorft vorstanden. Nuw wetten gy myt wo velen sachtmoidigen
bedeckeden worden schriftlig, alse gy sulvest bynnen unser
stad weren, to eyner jeginwordichligen underredunge, darynne
wy uns frede eynicheid unde alles guden vormoiden hadden,
bewogen, wo unduldigen abir ok myt reitzenden stekelreden
gy, alse juwe gemoite sick updede unde utbredede, juw
sulvest an den dach geven, do gy voriger demodigen suppli-
cerunge gar wedderstreveden und uns ok gemeyner stad
undrechlige word, de sick to upror und plange droigen, to-
meten; is juw allet sulvest und allen umbestande bewust.
Darumbe willen gy juw sulvest na gelegenheid der tid und
lude woll wetten to richtende. Dergelick, dat de andern
cloisterpersonen ton barvoten ores unschickligen anstekendes
benomen und dorch mennigerleige overfaringe verschont wor-
den, sin one in wertligen dingen frome borgere eyne tid
lang to vormunden unde plegern nagegeven. Dat wy juw
sussent to wilfarende geneigt tor antworde nicht mochten
bergen. Datum tercia post misericordia domini anno 31.

Arch. 1911; Entwurf.

542. *1531 Mai 3* (ipso die inventionis s. crucis).

*Die Predigerbrüder zu Göttingen an Göttingen: erinnern
gemäss der Pflicht ihre Mitmenschen vor Gefahr zu warnen,
dass jede Vergewaltigung an ihnen und ihrem Kloster laut den
vom Papst und Kaiser verliehenen Privilegien geahndet werde
1) mit dem grossen Bann 2) mit einer Busse von 100 Mk.
löthigen Goldes und der Acht und dass 3) ihnen landesfürst-
licher Schutz zugesichert sei; bitten, dass Adressat sie in aller
Weise dulde und nicht mehr bedränge, eingedenk, dass sie als
Göttingen wegen Johanns von Jeße gebannt*[1]) *war tegen alle
geystlickheit zu Rath und Gilden gehalten und sich dadurch
Unannehmlichkeiten zugezogen haben.*

Acta Ref. XV; Or. m. S.

543. *1531 Mai 12* (fridages na dem sondage cantate).
[Hildesheim.]

Carsten Balder Johan Hart Hans Achterman Henningk
Roder Levin van Emde der rechte doctor Henningk Provest
Diderick Prutze Hermen Witzenhusen Hans Engelhardes
Cordt Schacht Hans vam Sode Bartolts up dem Broicke und
Heningk van Brunsen *Gesandte von Goslar Braunschweig*

---

[1]) cf. N. 119 u. Nachtrag.

Göttingen Hannover Einbeck urkunden, *dass sie*, *nachdem* Diderick Pininck Hans Bumester Hans Wenerlinck Tile Einem Busse Warmbolt Bertolt Ludiken Tile Fricke Cordt Kale Cordt Groten Hinrick Zinecke Wilhelm van Dempter Hinrick Galle und Jost Brinckman vor dem erbarn rade 24 man olderman der meinheit veer ampten und vif gilden ok vor der gemeinen stad Hildenßem alse de camerer etliger orer reigister und entfangen geldes halven sint besprocken worden, *und nachdem die genannten Städte auf dem jüngst gehaltenen*[1]) *Tag zu Hildesheim einen Vergleich nicht herbeiführen konnten*, *am 10. Mai* (midweckens na dem sontage cantate) *in Hildesheim zusammengekommen und nach gründlicher Untersuchung befunden haben*, dat desulven saken na orir gestalt und gelegenheit nicht pinlig sin, so dat wedder de beschuldigeden ichtes wes pinliges moge vorgenomen werden, wo averst wedder vorgemelte beschuldigeden borchliger wise scholde wider gehandelt werden, wen den an do gnanten erbarn stede van allen delen und saken noittorftich genoichßam bericht gelangen und darumb angezegit worde, so werden de erbarn stede sick darup wider geborligen erzeigen.
Nach *Hanseat. II; Cop. Danach Lib. Sententiarum.*

544. *1531 Mai 13* (sonnavendes nach cantate).

Magdeburg an Göttingen: meldet seine Zufriedenheit mit der gemäss dem jüngsten Abschied[2]) *dem Rath von Braunschweig gegebenen Antwort in Sachen des Evangeliums; berichtet, dass die Aufnahme in das Evangelische Bündniss bei Zustimmung aller Mitglieder erfolge, dass die letzten zu Schmalkalden geführten Verhandlungen nicht beendet und bis zum 4. Juni* (up den sondach trinitatis) *nach Frankfurt a. M. vertagt seien; rathet diesen Tag zu beschicken; glaubt, indem es des Adressaten anregen unterstützen will, Aufnahme und Mittheilung der gegenseitigen Verpflichtungen in Aussicht stellen zu können.*
Acta Ref. I; Or. m. Spur d. S.

545. *1531 Mai 13* (sonnavendes na cantate).

Der Büchsenmeister Heinrich Rock der Aeltere an Göttingen: erbietet sich, da es einige Stücke giessen wolle, zur Verfertigung von Geschützen[3]).
D I; Or. m. S.

---

[1]) *April 23. cf. Einführung der Reformation in Hildesheim. Neues vaterländisches Archiv — des Königreichs Hannover und des Herzogthums Braunschweig. Jahrgang 1831, Bd. I, p. 11. Ueber die ganze Angelegenheit cf. daselbst p. 8—13.* [2]) *cf. N. 546.* [3]) *Jacob Krethove verfertigte 24 zundebussen. Rechnungsbuch 1530/31 fol. 22 a.*

546. *1531 Mai 18.*
*Braunschweig an Göttingen: ladet es auf den 24. Mai zu
sich um Tags darauf über die Evangelische Sache den Korn-
mangel und die Bedrückung der Städte zu berathschlagen.*

Den erßamen und wisen borgermestern und rade to
Gottingen unsen guden frunden.

Unse fruntlige deinste. Ersamen vorsichtigen besundern
guden frunde. Juwer ersamkeit radis geschickte hebben un-
getwivelt in orir relation wol ingebrocht, dat up jungist ge-
holdenem dage to Hildensem vor ratsam is angesehin de
erbarn stede unser vorbuntenisse tom forderligsten to vor-
schriven und ut fuller macht nafolgende dre artikel to be-
ratslagen und darup vor dem Frankfordischen dage to besluten:
[1.] tom ersten dat sick de stede der vorbuntenisse dusses
ordes, so ut gotliger gnade dat evangelion angenomen, to
grunde voreniget und to hope gesettit hedden, wes sick ein
ider tom andern der Evangelischen sake halven in noden ent-
ligen hedde to vorlaten; *[2.]* tom andern, nochdem itzo nicht
vehil korns in den steden vorhanden, wor dan de waßdom up
dem felde scholde werden vorhindert, darenkegen und wo men
korn overkomen mochte to raden; *[3.]* tom dridden, dewile ok
de stede to dusser tit mer den vormals werden overhilt beswert
und vorfolgit, darenkegen titligen to raden; und dat ein ider
stad up sodane dre stucke to raden und to besluten ful-
mechtich afferdigen mochte. Dewile nu de ersamen von
Goßler darumb bi uns angeregit, so sehin wi datsulve ok
nicht vor unnutten an. Und wowol de tit vaste kort, dennoch
bidden wi fruntlich, juwe ersamkeit wille unbeswert sin ores
rades geschikte alhir to Brunßwigk up schersten midweken[1])
na exaudi inkomen to laten und folgendes donredages[2]) up
unsem Nienstadtrathuse to froer dagetit up vor berorte dre
artikel to ratslagen und to besluten, darto wi de andern
erbarn stede unser vorbuntenisse geliger gestalt ok vorscreven
heben. Und juwe ersamkeit wille des ane entschuldinge
gutwillich sin. Dat vordene wi gerne und bidden juwer
ersamkeit antwort. Gescreven under unsem secret am dage
der himmelfart Christi anno etc. 31.

De rat der stad to Brunßwigk.

Hanseatica II; Or. m. Spuren d. S.

547. *1531 Mai 19.*
*Göttingen an [Herzog Erich]: bittet um Duldung der
Evangelischen Lehre.*

Dorchluchtide hoichgeborner furste gnediger herre.

---
[1]) *Mai 24.*   [2]) *Mai 25.*

Unße ganz willige truwe unde bereide deinste sin juwen furstligen gnaden in underdanicheid bevorn. Gnediger forst unde herre. Nachdem juwe furstlige gnaden up lest geboildem lantdage to Moringen, wes von keyserliger maiestat unserm allergnedigesten heren und itwelken churfursten fursten und stenden des hilligen rikes up dem dage to Auspurg im itzigen jare bewillet, juwer furstligen gnaden desses ort landes prelaten ridderschup und steden in und ut gepreutider materien aflesen und folgende unsern geschickten rades frunden darby anseggen laten sulkem aveschede ok to levende, mit itligen andern angetogen hendellen, wo deßmals wider juwer furstligen gnaden gemoite gnedichlig von den unsern gehort. Is allet von one ores behoildendes uns ingebracht. Darup wy ok myt den unsern undersprake gehoilden und geven juwen furstligen gnaden darup underdanichlig desse antworde, dat wy unde de unße keyserliger majestat ok juwen furstligen gnaden alße unserm gnedigesten unde gnedigen hern myt darstellinge lyveß ere unde gudes in allen dingen, so von cristligem levende borgerliger tucht guden seden unde andern fruchtbarligen stucken to gemeyner pollicien landen und luden to nutte frede unde gedic, der im vorgerorden Augspurgischen aveschede vele heilßam vorfatet, ut ganzem begerligen gemoite in aller underdanicheid unde also de getruwen (so furder god de almechtige uns darto sine gnade vorlehinet, wy in dessen swinden tiden daranne unvorhindert mogen bliven) folge unde gehorsam to leistende willen befleten syn. Dewil abir de almechtige god sodann utwendige tidlige unde vorgenglige regiment der cristligen overicheid unde allen fromen christen darynne gehorsam to leistende bevolen, heft doch sin godlige almechticheid in synem ryke, dat geistlig und in uns is, dat regiment alse eyn herre und konning behoilden, dat nicht mit wertligem sunder dem swerde des geistes alse dem ewich blivende[n] gnadenryken worde goddes, dat ok unangebunden sundern eyn frywillig harte fordert, schal geregert getroistet unde irhoilden werden. Wes wy nw ok gode dem almechtigen to love und eren uns unde den unsern tor salicheid in annaminge godliges bevelhils ok na unsern schuldigen plichten by uns ingelaten, nadem darynne nicht jegen dat utwendige regiment christliger overicheid, sunder myt goddo unserm schepper dorch syn word unde bevel (daranne ok unße christen gelove itzund unde in der lesten noit moit heften) in godligen unde cristligen dingen gebruket unde gehandelt wert, vorhopen wy uns: keyserlige majestat vil weyniger juwe furstlige gnade werden uns edder de unße, so dat dem gewetten in velen dingen wedderstrevede unde

darumbe tor vordampnisse reiken wolde ok god de almechtige
in sulkem synem geistligen ryke dat lon tor salicheid unde
penen tor vordampnisse vorordent, in andere wege nicht
nodigen edder darmede bedroven. Dann uns scholde von
grunt unsers harten leid syn, so wy dat darynne wes jegen
god edder uncristlig were anders gelernet eigenwillig edder
ungehorsam wollen befunden werden. In wat mißbrukelige
wege abir wy allenthalven der lare und leven des halven
[dorch] unser seilsorgere, de nicht allein widder god sunder
der overicheid gesetten opintlig screven, eyne tid lang sin
gefort, is so am dage, dat nicht vorleichet sunder von ganzer
werlde bekannt wert. Ganz demstlig biddende: juwe furst-
lige gnade unße milde irbedinge, dat wy keyserliger majestat
unserm allergnedigsten hern und juwen furstligen gnaden
alße unserm gnedigen erfhern unde landesfursten von gode
dem almechtigen also eyne cristlige overicheid to regerende
vorsehin na aller schult plicht unde truwe ok in allen, dar
sick syner keyserligen majestat unde juwer furstligen gnaden
gehorsam von godde unde rechts wegen hinstrecket, unsers
hogesten vormogendes und in aller geborligen underdanheid
gehorßam to leistende willig und erbodich sin, gnedichlick
behartigen unde uns vorbidden, sin keyserlige majestat ok
juwe furstlige gnade sulvest sodann irbeident, dat sick in
der noit mit dargevinge aller vormogelicheid an lif ere unde
gud strecket, dat wy ok unberomet to redende vilmals myt
der daet bewiset, noch wu ehir in gnaden upnemen ok uns
und de unße wedderumbe dat uns god unde gemeyne rechte
mit andern unsern friheiden unde privilegien mildechligen
nagegeven gnedichlig gedigen laten und uns edder de unße
von angenomener godligem bevele unde cristliger bekennt-
nisse, (darmede wy ok gode dem almechtigen dat syne geven
und sin almechticheid de sick der christen also synes ogen-
appels annympt unvortornet blyve) wedderumbe in menniger-
leige mißbruke, umbe¹) des lidendes Christi Jesu unsers hern
willen vordamplig godligem worte unde der warheid ok jegen
unße gewetten, ehir wy anders warhaftigen gelernet, to
tretende nicht beswern edder beswern laten, wente eynem
cristligen consilio, darinne desser dinge besehin und na aller
opintligen hilligen schrift und cristliger anwisunge vorordent
unde erkannt worden, darup wy unsern geloven stellen in
dodeß banden heften unde darmede wy tom jungsten dage

---

¹). *Der spätere Zusatz umbe — ok wird durch das Zeichen nach
gelernet verwiesen, wo er sich aber dem Satzgefüge nicht einordnen will.
Der Schreiber wird das Zeichen eine Zeile zu niedrig gesetzt haben.*

vor unserm erloßer Jesu Christo frolich erschinen mogen, willen wy uns alle tid in schuldigem gehorsam underworpen hebben. Ok gnediger forst unde herre, juwe furstlige gnaden hebben deßmals ok andere sake Frodelande unde sussent[1]) bedrepende mede angetogen. Wan juwen furstligen gnaden nw gelevede, uns der halven vortoheisschende, wolden wy juwen furstligen gnaden edder der vorordenten erbarn rehiden derhalven myt temligen antworden unde irbedingen begegnen. Juwe furstlige gnade uns y nicht anders dan alse de truwen unde gehorßamen undersaten scholden befinden unde mochten wy densulwen juwen furstliken gnaden etc. Dewil wy abir gnediger herre uns der maten myt live eren und gude in den noden by juwer furstligen gnaden na schuldiger plicht unde vorwantnisse, wu vorgerort irboden, bidden wy deinstlig, ef wy von jemandes boven recht mit gewolt angereget worden, weß wy to juwen furstligen gnaden uns wedderumbe mogen vortroisten, gnedichlig vorstendigen.

Datum sexta post assensionis domini anno etc. 31.

Acta Ref. I; Entwurf.

548. *1531 Mai 24* (middeweken na exaudi). *[Braunschweig.]*

Johannes Bruns an Hans von Sween: schickt *einen Brief an die Münzherrn*[2]); *meldet, dass die von Goslar morgen einen Tag mit Herzog Heinrich [dem Jüngern] haben und morgen nachkommen wollen, dass die von Magdeburg gestern einen Tag mit ihrem Herrn [Curfürst Albrecht] gehabt haben, der 300000 fl.* behufs des Türkenkrieges *von adel und geistlicheid beider* stifte fordere, *dass gestern die Räthe der 3 Fürsten nach Wolfenbüttel ritten, um Fabius zu richten;* sussent weit ick juw nicht up dit mael to schriven, dan de gose smockede desse nacht wol, dat itzund de veder swar is.

Briefsch. Or. m. Unterschrift.

549. *1531 Mai 25* (am donnersdages na exaudi). *[Braunschweig.]*

Johannes Bruns und Hermann Witzenhusen an den Rath zu Göttingen: versprechen in Folge des heute Mittag in Braunschweig empfangenen Schreibens[3]) *Aufmerksamkeit; rathen, die Verhandlungen wegen des Silbers*[4]), *falls sie noch nicht abge-*

---

[1]) cf. N. 465, § 4. *Ausserdem war auch der Klage Richlings und Guntens Erwähnung geschehen. Briefsch. XII, A; XVI, A.* cf. N. 505 und 508. [2]) cf. N. 554. [3]) *Mai 23* (tercia post exaudi) *meldet Göttingen seinen Geschickten die von Cunze Richling angesagte Fehde. Briefsch. XXII, B.* cf. N. 505. [4]) cf. N. 554 Anm. 2.

schlossen seien, bis zu ihrer Rückkehr aufzuschieben; melden, dass wegen Ausbleibens derer von Goslar und Magdeburg die Berathungen auf den folgenden Tag aufgeschoben seien.
 Briefsch. II, B; Or. m. Spuren d. S.

550. *1531 Mai 31.*
Göttingen an die in Frankfurt versammelten [Evangelischen] Stände: bittet auf Grund früherer Versprechen durch seine Gesandten um Aufnahme in das Christliche Bündniss.

Den durchluchtidesten durchluchtiden hoichgebornen eddeln unde wolgebornen erbarn und wolwißen churfursten fursten graven und stenden itzund uppem dage to Frankfurde an der Meyne vorgaddert unsern gnedigsten gnedigen unde gunstigen hern unde besundern guden frunden.

Dorchluchtideste durchluchtige hoichgeborn churfurste unde furste eddeln und wolgeborn erbarn und wolwißen gnedigeste gnedige unde gunstige heren unde besundern guden frunde. Von dem dorluchtiden hoichgeborn fursten unde heren hern Pilipßen lantgraifen to Heßen graven to Catzenelnbogen Dietz Czienhain unde Nidda unserm gnedigen hern unde den erbarn unsern frunden ingeßmestern unde rade to Magdeburg hebben wy in erfaringe¹), dat am lesten twischen juwen churfurstligen und furstligen gnaden gnaden unde gunsten ein dach to Smaelkalde geleistet unde dar geloflige underhandelinge eyner Cristligen vorstentnisse halven geschein syn, myt widern anzeigingen: so wy darynne mede to ßinde geneigt, mochten wy de unße to itzigem Frangfurdischen dage ferdigen, worden uns alßdenne woll temlige antworde derhalven bejegnen. Sulker gnedigen unde gunstigen vortroistinge bedanken wy juwen churffurstligen unde forstligen gnaden gnaden unde gunsten in aller underdanicheid unde myt gantzem flite hoichlig. Hebben demnach jegenwordige den wirdigen achtbarn und ersamen hern Johan Brun unsern sindicum unde Hanse von Snehen unsern borgermester itzund an juwe churfurstlige und furstlige gnade gnade unde gunst afgeferdiget, deinstlig unde fruntlig biddende, wy sulker Cristligen vorstentnisse mogen ingelevet werden. Unde wes in der taxerung ader sussent an uns begert willen wy uns unsers deils aller gebor fynden laten. Unde so ichteßwes mehir hirinne to beradende und vorwilligende behoif, hebben wy den unsern darvon bevehil gedan. Unde juwe churfurstlige unde furstlige gnade gnade unde gunst, de wy gode dem almechtigen in geluckseligem

¹) *cf. N. 527, 532, 544.*

regimente bevelen, willen sick hirinne gnedichlig unde gunstig bewißen. Des willen wy uns vorsehin unde sin dat kegen mennichligen na gebore to vordenende erbodich. Datum quarta post pentecostes anno 31.
Acta Ref. I; Entwurf.

551. *[1531 Juni.]*
Göttingen an Braunschweig: bittet seinen Wallmeister für die beschlossenen Befestigungsarbeiten in Göttingen up unser kost und beloninge *sobald als möglich zu überlassen.*
Briefsch. I, F; Entwurf.

552. *1531 Juni 11* (sontags den achten trinitatis). *Frankfurt a. M.*
Abschied der Evangelischen Einigungsverwandten.

— — —

Bei der Kostenaufbringung für die Procuratoren am Reichs-Kammergericht wird Göttingen mit 10 fl. veranlagt.

— — —

Namen der anwesenden Gesandten.

— — —

Göttingen: Johann van Schnee
Johann Braun syndicus[1]).
Acta Ref. III. Gedruckt: Ch. Gotth. Neudecker, Urkunden aus der Reformationszeit, p. 180—192.

553. *1531*[2]*) Juni 11* (den sontag des achten tages trinitatis). *Frankfurt a. M.*
Abschied [der Evangelischen Einigungsverwandten] außerhalb Brandenburg und Nurenberge *gegeben.*

— — —

Goslar soll auf Ansuchen in das Bündniss aufgenommen werden, falls der fiscalischen handelung halben kein Hinderniss entgegenstehe und falls die Unterzeichnung des Augsburger Abschieds von den Gesandten Goslars ohne Auftrag vorgenommen worden. Magdeburg Braunschweig Göttingen sollen Erkundigungen einziehen und dieselben möglichst bald neben irer gelerten bedenken dem Curfürsten von Sachsen mittheilen, der Gelehrte und Rechtskundige um Rath fragen soll, domit man sich auf den fiscal gegen sie zu richtende haben muge.

— — —

Acta Ref. III.

---

[1]) *Landgraf Philipp empfahl seinem Schultheissen in Witzenhausen am 15. Juni die (nicht genannten) Göttinger Geschickten. Acta Ref. I.*
[2]) *Vorlage irrthümlich:* 30.

554. *1531 Juni 28* (quarta post Johannis baptiste).
Göttingen an Dietrich Prutze: bittet seinem in andern Angelegenheiten in Goslar weilenden Kämmerer Abel Bornemann, nachdem der Sindicus Johannes Bruns hierüber bereits geschrieben, 50 oder 60 Mk. Silber zu überlassen und in der Zukunft einzurichten, dass für die Göttinger Münze fyn silber efte granalien in Einbeck oder Goslar geliefert werde.
Briefsch. XXII, B; Entwurf.

555. *[1531 Juni 28.][1])*
Göttingen an Kersten Balder Bürgermeister zu Goslar: beglaubigt seinen Bürger Abel Bornemann zu mündlichen Werbungen; bittet die Angelegenheit, welche keineswegs Goslars Privilegien verletze, gütlich zu beider Städte Nutz zu erledigen[2]).
Briefsch. XXII, A; Entwurf.

556. *1531 Juli 7.* [Annen-]Kloster [zu Göttingen].
Mater und ganze Versammlung des Schwesterhauses [zu Göttingen] an Göttingen: weist die gemachten Vorwürfe der Stadt zurück.

Deme ersamen wolwyßen rade der stad Gottyngen sampt den erlyken gylden demodygen screven.

Jesum myt bereytwylliger erbedynge unßes demodigen gebedes alle tyt vornde. Ersamen wollwyßen heren. Wy wyllen uns vorhopen to gode und to allen dusser loflyken stad gottis inwoneren, so ße ut cristlyker barmhartycheyt dusse unße berychtige behartigen, clarlyck werden erkennende, wy in velen artikelen uns vorgeholden to wyt juwer erbarkeit andregynge gescheyn, wente:

[1.] Des ersten artikels halven, alße de kopynge de guder, wete wy uns ganß unschuldych, indeme wy uns bewust, yo neyne inweddynge jennyger guder uns understan hebben; wolden noch ungerne don ane medeweten und bewyllynge des erbarn rades ßodann vornomen.

[2.] Des anderen artikels halven, alße der affertycht, wete wy uns ok gans und gar unschuldych, wente sodann affertycht aller tyt in jegenwordycheyt etlyker personen des rades gescheyn ys. Welker personen de affertycht upgenomen hebben wo ok eyns ersamen rades dechtes bock wol wert nawysynge don.

---

[1]) *Auf demselben Blatte wie N. 554.* [2]) *Ursprünglich stand:* Wy stan mit Hermen Lucken unde andern to Brunßwig in handelunge, de uns to tiden bynnen juwer stad also to halven wege granalien levern. Nun claget gemelte Hermen, dat he, also scholde sodan handel der stad Goßler privilegien nachdelig sin, gewarschuet worde. *cf. N. 548.*

[3.] Des dridden artykel von innomynge fromder personen besta wy, ßodanß gescheyn ys alle tyt myt wyllen und vulbort des ersamen rades ok datsulve nicht tegen de fundacien ys gescheyn, wente de inholt, de borger kyndere dat vorgant hebben schullen, so synt in anfange dusses hußes wenych efte neyne borgeß kyndere geweßen, de sodann innomynge begerden, darumme worde wy vororsaket fromde intonomende. Doch ys datsulve alle tyt myt wyllen und vulborde eyns ersamen rades gescheyn.

[4.] Tom verden der suster tal andrepende, bekenne wy, sodanß gescheyn, doch myt wyllen und wetende eyns ersamen rades, wann ytlyke borgere vor de oren ßo hartlyken gebeden und uns anlanget ane uphorynge de oren yntonomende, derhalven nu syck de tal vormeret. So wy nu bekennen, dat sodann eynem ersamen rade sampt den erlyken gylden myßhaget, kone wy dat woll vortmer vormyden.

[5.] Tom veften van innomynge der weddewen. Sodann ok gescheyn ys eyn mael, bekenne wy, und datsulve myt wyllen und vulborde des ersamen rades. So doch datsulve myssvallych wore eynen ersamen rade, wylle wy eyn sodann vortmer vormyden.

[6.] Tom sesten, wy neyne vorstenderß hebben, na gebleven ys. Unße armot ys des eyn orsake gewest, bedenkende wy sodannen vorstenderen ores truwen deynstes neyne merklyke fruntschop bewysen konden, nemant ok umme unßen wyllen syn arbeyt wyll lyggen laten eder ok nement umme unßes armodes wyllen v[o]r der tyden uns vorleggen wyll myt y[t]llyken gulden, so uns des van noden wore.

[7.] Tom soveden des orthußes halven, wy dat schullen ane weten eyns ersamen rades an uns gebrocht. Datsulve syck in der warheyt so nicht erfynden schall; so ok de weerbreve und de anderen medebryngen wy over datsulve huß hebben, wu dat van Tylen Lyppoldes an de van Hardenbarghe gekomen ys van der van Hardenbarge an uns gekomen. So aver eyn kapelle dar gebuwet ys, datsulve ys ok myt wyllen und vulborde eyns ersamen rades ok myt wyllen menß gnedigen heren bychop van Mentze und des parners, welker he ut bede und anlangen unßes gnedigen heren gedan heft. Dat ok sodan huß ys gebuwet, myt medeweten des ersamen rades ys gescheyn, ys dar woll ut openbar. Ok so beyde borgermester myt jwen buwheren und 6 des rades und der heren schulte ok des ersamen rades murmester dar synt by gewest und de mate an beyden straten getogen ok den steyn am orde myt oren henden

sulven gelecht. Dat alle dynk myt wyllen und vulborde eyns ersamen rades gescheyn, datsulve den olden ratheren noch woll bewust, welke de noch leven.

[8.] Tom achten, wy unßes warnes halven neyne olde fruwen hebben, sunder 3 megede. Wy vorhapen uns, eyn ersam rat de orsake woll kune betrachten, wenten unße armot ys des eyn orsake, wente wy hebben vaken swake susteren und yßwelke olde, wo juwer ersamkeit woll bewust. Hedde wy denne darto eyne olde fruwen, de allene varners halven yn de stad gynge, we wolde uns denne unßem swaren arbeyt don, wo dusse 3 megede? Und darumme bedde wy demodygen, eyn ersam rat wyll dat nicht uns tom argesten ßonder besten to unßen groten not du[l]den.

[9.] Tom negeden der kappelan halven. Wy vorhopen, uns nemant werde dat nabryngende, noch her Marten noch de anderen uns mysse geholden hebben, sonder wy bestadt ße woll vor der porten gewest und van Northem syden und ander dynk gebracht wes darvan anderen luden to makende, efte suß eynen kannen berß gehalet.

[10.] Dat ok ander lude uns besoken, geschut meysten deyl orer kranken not halven, denne se van uns rat und trost soken. Doch kone wy uns myt der hulphe goddes woll daranne beteren, indem wy vornomet eynem ersamen rat, dat myßhaget, und nicht allene yn dussen, sunder ok in anderen dyngen so vele ane beswerunge unser consciencien to donde. Ok komen de lude und bryngen und halen, wes on van noden ys to makende, wy on arbeyden moten.

Darumme wylle wy uns vorhopen, dat men uns in unser unschult boven dusse hogen und mylden erbedynge jo forder nicht werde drengende besweren eder overfallen, sonder in tovorsycht stan, men werde syck unßes jammerß und elendes und juncfrowelyker swerlyker bedrofnysse laten erbarmen, darumme wy ok juwe ersamkeit und de erlyken gylden in Cristo unßem heylande und dorch syn bytter lyden und ok dorch sine mylden erlozynge an uns bewyset und vullenbrocht myd demodygen und gar bekummerten gemote gebeden hebben, dusse unse sake wyllen hartlyken bedenkens flytygen betrachten und uns getruwelyken helpen. Dat wylle wy myt allem flyte to gode myd unßem plychtygen gebede underdanych und stedes erkennen in Cristo, dem wy juwe ersamkeit to langen tyden in gluckßalygem regimente wyllen hebben bevolen. Gescreven in unßem huße im jare alse men scryft dusent vyfhundert und eynunddryttych am frydage na dem feste visitationis Marie.

Juwer ersamkeit bereytwillige dennerynnen Margaretha
Bochholtes mater sampt der ganzen vorsammelynge bynnen
Gottyngen im susterhuße.

Acta Ref. XIV; Or.

557. *1531 Juli 10* (mandages vor Margrete).

Nickel Eyselt aus Grime *Stiefelmachergeselle an die Göttinger
Gesandten in Braunschweig: bittet um Auskunft ob er in
Göttingen, wohin er sich begeben wolle,* denne es wonen vil
edel lude in der jegen, *gelitten werden würde.*

Briefsch. XI, B; Or.

558. *[1531. Mitte Juli.]* *[Göttingen.]*

*Nicolaus Hanawer an [Göttingen]: weist den Vorwurf
Zwinglische Lehren verbreitet zu haben zurück; erklärt den
Mangel an Legitimationspapieren.*

Weisen gunstigen liebe herren. Mich langt glauplich
ane, wie ich als ein anhenger Tzwinglischer secten vor ewer
weisheyt beruchtiget und angegeben. Beger ich nur ein
einigen zeugen der ye von mir gehoret hot, das ich mit dem
allergeringsten wortlin disser secten gedocht hab. Ich ge-
schweig, das ichs wy mir nochgeprediget und gesagt wirt
geleret solt haben, vorzustellen; beger und bit mein pfarleut
wy ich sy mit dem helligen sacrament underwiesen und gelert
hab zu befragen, werdet ir furwar andere antwort vernemen.
Ich hab auch zu den predicanten, dy mirs furgehalten haben
gesagt mir geschee hirin unrecht, will mich auch der zu got
also protestirt und bezeugt haben und an den jungsten tag
des uber dyselbige meine verfolger, dweil so gehandelt, ein
anclager sein. Uber das alles werde ich noch teglich aus-
geruffen, ich hab weder breive oder sigil meins abs[ch]iets
hyher bracht. Gestehen ich. Her Jost wuste das woll, kunt
auch als ein vernunftiger wy sichs mit mir begeben hatte
woll ermessen. Dyselbigen auch dy mirs vorwerfen waren
dozumal darby, hatten sy einrede zu tun, het es inen fur-
war dozumal woll geeygnet. Ich breng brieve und siegel,
welche dy mit sich brengen, dy verfolgung umb gotlichs
worts willen leiden. Dis aber alles wil ich dem herren zu
richten heymstellen. Hyerumb gunstige liebe herren bin ich
nit gesinnet noch ye willens gewesen secten oder aufrur hy
noch anderswo aufzurichten, wyll auch dissen namen von
hinnen nicht tragen eher will ich darvon ziehen und begern

ein gnedigen abzug brieve und sigil meiner hy getaner lere. Bitten gnedige antwort mich darnach wissen zu richten[1]).

M[agister] Nicolaus Hanawer predicant zu sanct Alban.

Acta Ref. XVIII; Cop. Gedruckt: Zeit- u. Gesch.-Beschr. d. St. Gött. II, p. 401.

559. 1531 Juli 19.

Die Mitglieder des Evangelischen Bundes nehmen Göttingen in ihr Bündniss auf[2]).

Von gots gnaden wir Johans des hailigen Romischen reichs erzmarschal und curfurst und Johan Fridrich vater und son herzogen zu Sachssen landgraven in Doringen und marggraven zu Meissen, Philips Ot Ernst und Franz gebrudere herzogen zu Braunschwig und Luneburg, Philips landgrave zu Hessen grave zu Caczenelnbogen zu Diecz Zigenhain und Nidda, Wolfgang furst zu Anhalt grave zu Ascanien her zu Bernburg, Gebhart und Albrecht gebruder graffen und hern zu Mansfelt und burgermaister ratman innungsmaister und vorordenten rete und gemainhait der nachbenanten Oeberlendischen Sechsischen und Sehstette als: Strassburg Ulm Constancz Reutlingen Memningen Lindaw Bibrach Eißniy Lubeck Magdeburgk und Brehmen bekennen hiran und tun kunt allermenniglichn: Nachdem *[es folgt die Bundesurkunde[3]) vom 27. Febr. 1531].*

Und weil die ersamen weisen unsere libe[n] besondern

---

[1]) *Rückschrift:* Anno 31 secunda feria post divisionis apostolorum *[Juli 17]* constitutus dominus Nicolaus Hanauwer ecclesiastes ad s. Albanum coram consulatu et gildonibus; purgavit se medio juramenti, se non esse in opinione Tzwinglii in causa sacramenti, promittens se nichil palam vel oculte de ea predicare vel docere. Videjustorium plenissimum. *In einem undatirten Schreiben klagt Hanawer, dass, als er vor Conrad Munnemans Haus vorbeiging, die daselbst zechenden paf Claus Egestein und Conradt Kastenmecher nebst ihrer dem Hauswirthen bekannten Gesellschaft ihn gegen die erlassenen Verordnungen „du verroter du diep du Abacuck" geschmäht haben.* Acta Ref. XVIII.
[2]) *1531 Oct. 31 (dinstag nach Simonis und Jude) übersendet Curfürst Johann von Torgau aus N. 559 und verlangt nach Massgabe eingelegter Copie den versiegelten Revers (N. 560). Auf diesem Schreiben ist bemerkt:* die copien des reve[r]ses is by die copien der hovetverstentnisse gebunden in quaterno ·in libro papireo magno copiarum. *Dieses trifft zur Zeit nicht mehr ein, cf. die bezüglichen Stückbeschreibungen. Canzler secretari und gesellen der curfürstlichen Canzlei zu Sachsen erbitten Oct. 31 von Göttingen für die gehabte Mühe eine Gratification.* Or. m. 3 S. *Göttinger Aufschrift:* 4 fl. y 21 Sneberger. Acta Ref. I. [3]) *Gedruckt: Hortleder a. a. O. I, p. 1501, Lünig, Des Teutschen Reichs-Archivs pars. spec. (Bd. V), p. 249 und sonst.*

und freunt burgermaister und rat auch die gemainden der stat Göttingen, als die so zu gottes wort seinem hailigen evangelion und was demselben anhengigk aus vorleihung götlicher gnaden naigung und willen tragen, bey uns underteniglich und vleissig angehalten und gebeten, das wir sie mit und neben uns in solche unsere vorstentnus und aynung gnedichlich und gunstiglich nemen wolten mit der undertenigen und dinstlichen erbietung, das sie und ire nachkomen zu aller zeit sovil das gotlich wort das hailig evangelion und was demselben anhengig bey uns leib gut und alles ir vormugen so weit sich solchs erstrecken tet zusegen und dorinnen kainen behelf nach auszugk suchen auch in allen stucken puncten und artickeln derselben aynungs vorschreibung unwegerlich geleben wolten wie sie sich dan des in ainem reversalbrif under der stat insigel gegen uns vorschrieben haben; auf solch ir undertenigk und vleissigk bit und erbieten bekennen wir obgemelte churfurst fursten graven und die von stetten, das wir izt gedachte burgermaister rat und gemainhait der stat Göttingen und ire nachkommen mit und neben uns in oben angezaigte unser aufgerichte vorstentnus und ainung gnediglich und freuntlich genommen haben und nemen sie also himit in craft diz brives dorein. Gereden und geloben vor uns unser erben und nachkommen, wo sie oder ire nachkommen von wegen des gotlichen worts und was demselben anhengigk vorfolgung widerwertickait und bedrenknus leiden und darumb von imants angegriffen uberzogen und beschwert wurden, das wir inen alsdan nach inhalt und vormuge ob berurter Cristenlich vorstentnus zu rettung und hulf kommen auch zu ider zeit in den dingen, sovil das gotlich wort und was demselben anhengigk anlangen tut, alles unser vormugen laut der vorbenanten aynungs vorschreibung bey inen auch widerumb zusezen wollen. Alles treulich und ungeferlich. Zu orkunt und damit diese unsere aynung und vorstentnus in allen iren puncten und artickeln dester bestendiger und unvorruckter gehalten und derselben gelebt werde haben wir von gots gnaden Johans herzogk zu Sachssen und churfurst etc., Ernst herzog zu Braunschwieg und Luneburg, Philips landgrave zu Hessen etc., Albrecht grave und her zu Mansfelt, und ratman burger und innungsmaister der baiden stette als Ulm und Magdeburg vor uns und alle andere dieser aynung vorwanten aus entpfangner macht und bevelich unser izlicher sein insigel wissentlich an diesen brif tun henken, des wir andere vorbenante hirzu auch gebrauchen und uns dorzu bekennen. Geschehn und gegeben nach Cristi unsers lieben hern und

selichmachers gepurt taussent funfhundert und in dem cyn-
unddreissigisten jaren mitwoch nach sanct Margaretentag.

*Arch. 293; Or. m. anhangenden 6 S. Lib. cop. C. fol. 350.
Acta Ref. I; Cop. Der Schluss gedruckt in Zeit- u. Gesch.-Beschr.
d. St. Gött. II, p. 414.*

560. *1531 Juli 19.*
*Göttingen urkundet über seinen Eintritt in das Evangelische
Bündniss und die daraus entspringenden Verpflichtungen.*

Wir burgermaister rat und ganze gemain der stad Gottingen
bekennen vor uns und unser nachkomen: Als die durch-
lauchtigiste durchlauchten hochgebornen fursten und hern
her Johanns des hailigen Romischen reichs erzmarschal chur-
furst her Johann Friderich vater und son herzogen zu
Sachsen landgraven in Duringen und marggraven zu Meissen,
her Phillips her Otto her Ernnst und her Franciscus ge-
brudere und vedtern alle herzogen zu Braunschweig und
Luneburg, her Pillips landgraf zu Hessen, graf zu Caczen-
elnbogen zu Diecz Ziegenhain und Nidda, her Wolfgang
furst zu Anhalt graf zu Ascanien her zu Berneburg, Geb-
hart und Albrecht gebruder graven und hern zu Mannsfelt,
unser genedigst genedige und genedige hern, und die er-
samen weisen burgermaister ratman innungsmaister verordenten
und gemainhait der nachbenanten Oberlendischen Sechssi-
schen und Sehestete als: Straßburg Ulm Costancz Reutlingen
Memingen[1]) Lindau Bibrach Eyßny Lubeck Magdeburg und
Brehmen, unser besundere gunstige freunde, sich aus furst-
licher cristenlicher und gueter wolmeynunge zu furderung
und außbraitung gottes des allemechtigen worts und was
demselbigen anhengig auch zu schuz schirm und aufenthalt
der undertanen ainer christenlichen vorstentnus mit einander
entschlossen und verainiget alles nach laut und inhalt wie
hernach volget: *[es folgt N. 559*²*).]*

Weil wir dann aus gots gnaden soviel bei uns befinden,
das solch ir curfurstlich und furstlich gnaden und gnaden
sampt der stete furnemen seliglich cristlich und pyllich und
unser aller seelen seligkait entlich in dem wort gottes stehet
auch das ain yede oberkait plichtig und schuldig ire under-
tanen und diejenigen, so ine von got zu regiren bevolen, bey
dem, das gotlich cristlich und billich, auch vor unrechten
gewalt zu schuzen und zu hant haben, haben ire curfurstlich
furstlich gnaden und gnaden und die stete uns auf unser

---

¹) *B: Memningen.* ²) *Fehlt in B; in A die Anfangsworte und
die Randbemerkung:* Notum: das vorstentnus von wort zu worte in dem
reversal zu inseriren.

undertenig und vleissig biet und erbieten mit und neben inen
in solch vorstentnus und aynung genediglich und freundlich
genomen mit genedigen gunstigen und freuntlichen bewilligungen
uns und unsern nachkomen wo wir von wegen des
gotlichen worts und was demselben anhengigk verfolgung
widerwertigkait und bedrenknus leiden und darumb von
jemands angegrieffen uberzogen und beschwert wurden, das
ir curfurstlich furstlich gnaden und gnaden desgleichen die
von steten uns nach inhalt und vermugen ob berurter
Cristenlicher verstentnus zu hulf und rettung komen wolten,
demnach und in erwegung ob angezaigter unser genedigst
genedigen und genedigen hern und freunt der churfurst
fursten graven und der stete genedigen und cristlichen
willen gereden und geloben wir fur uns und unser nachkomen,
das wir zu aller noit, so viel das gotlich wort das heilig
evangelion und was demselben anhengigk anlangen tuet, bey
hochgedachten unsern genedigst genedigen hern und freunden
widerumb leib guet und alles unser vermogen lauz
und inhalts der mehr benanten eynungsverschreibungen bey
iren churfurstlichen furstlichen gnaden gnaden und gunsten
widerumb getreulich williglich und ane ainiche widderrede
zu sezen und darinnen kainen behelf außzuk ader wegerung
suchen sollen noch[1]) wollen. Alles getreulich und ungeverlich.
Des zu urkund und unverruckter haltunge haben wir
unser stad insiegel an diesen brief tun hengen, der gegeben
ist nach Cristi unsers lieben hern geburt tausend funfhundert
und im ainunddreissigsten jar mitwoch nach Margarethe.

Nach lib. cop. C (A) fol. 21; Acta Ref. I, Cop. (B).

561. *1531 Juli 19* (quarta post divisionis apostolorum).
*Einbeck an Göttingen: meldet auf des Adressaten Schreiben
wegen der von Magdeburg jüngst zu Braunschweig übergebenen
Denkzettel, dass es darüber noch keinen Beschluss gefasst habe,
darmede wy morgen jegen de juwen erschynen mochten;
will nach gefasstem Beschluss seine Meinung nach Göttingens
Begehr bei der langen Brücke zu Northeim ansagen lassen.*

Briefsch. IV, B; Or. m. S.

562. *1531 Juli 21.*
*Göttingen weist die Ausführungen in N. 556 zurück und
stellt 6 Forderungen an das [Annen-]Kloster.*
Replice.
Eyn erbar raid gilden und myddeler hebben gehort der

---
[1]) *B;* nach *A.*

suster articulerde antworde, willen darup widern bescheid geven wo hir nafolget.

Den ersten unde sevenden articul von erve unde von der capellen let men in oren werden und weit to guder mate wol myt wat list dat ganze hus myt der capellen angerichtet.

Des andern articul sin wy nicht gestendich, dat sodan vorticht na unserm stadrechte geschein sy. Wy wetten ok neyn denkeboik, dar sulchs inne befunden wert.

Des dridden articul besta wy nicht, de fromden personen myt unserm willen ingenomen. Were dat hus ok wu sick to rechte eigende dem armen alse dem ryken open geweßen, scholden der borgers kinder genoch togefallen sin, men der fremden woll hedde entboren.

De veirde articul is ok nicht war, dat wy vorhenget unde bewillet hebben boven den tael intonemende.

De vifte ok nicht war. Bestan nicht unsers fulbordes der weddewen halven.

De seste articul, belangende de vormundeschup, mag de suster nicht behelpen, wente se hebben darmede wu myt den andern opintlig jegen de fundation gedan unde nicht gehoilden ore segel unde breife. Dar men ok dusent rekent[1]) heft men sick neynes armodes to beclagende. Idoch y weyniger dar were y foichliger de vormunden ore ampt mochten entrichten und dorfte den neynen solt geven, dan in andern hospitalen unde goddeß husen bynnen unser stad sin ok vormunden ane grote belonunge; in den ampten unße borgere sick woll weten to hoilden.

Den achten articul nemen wy ok an. Se sulvest bekennen jegen de fundation gehandelt. Unde ut gelikem grunde, alse one nicht drechlig de fundation to hoilden, so is uns vele undrechliger ore hendele na orem behage hinfort to lidende.

De lesten twey articul laten wy in oren wegen unde wetten de dinge anders. War ist abir unde am dage, dat in orem sprackhuse den dach in den ende vele plengendes

---

[1]) *1542 Sept. 17* (den andern dages Lucie virginis) *zeigt das Annenkloster seine Rentenbriefe an. Es hatte demnach an Kapital ausstehen: bei Braunschweig im Ganzen 1650 fl., bei Göttingen 183 fl., in Goslar 200 fl., bei Einbeck 200 fl., beim Kloster Weende 60 Mk., beim Kloster Steina 500 fl., bei Hildesheim 300 punt. In den Besitz war das Kloster meist durch Schenkung gelangt. Ueber die Rentenbriefe Braunschweigs und Göttingens hatte es nur zu verfügen, solange es im alten Zustande blieb und musste aus denselben Spenden auch nach auswärts vornehmen, namentlich erwähnt wird das Gericht Hardenberg. K VI.*

waschendes unde dryvendes geschuet; moge wy tor tid ansehin.

Und wuwol ut vorigen unde velen andern orsaken eyn raid myt den oren gude fug unde macht hedde, dewil de sustere ore sigil unde breife nicht gehoilden, one weddcrumbe nicht to hoilden, so heft doch de raid ut cristliger medelidunge itlige meddel gedacht, so de sustere sick der begeven, wolde de raid flyt don by den oren to irlangende myt den sustern eyn¹) jar lang to lidende unde alßdenne na gelegenheid wider wu sick denne todregen mochte to handelende.

[1.] Tom ersten will one de raid toschicken eynen guden prediger, de one dat heilßam word unser salicheid vordrage up se warde unde de sacramenta reyke. Dem schullen se wes billig geven.

[2.] Tom andern. De suster, [de] hir nicht ingecledet syn, mogen sick von hir wenden unde an de orde [gan], dar se professien gedan.

[3.] Tom dridden schall das hus opin stan, unde ef jenig person neynen lust hedde darynne to blivende, schall der gestadet werden uttogan.

[4.] Tom veirden. Alle ore sigil und breife schullen by den raid gesat unde wertlige vormunden inneholt der fundation geordent werden.

[5.] Tom viften. Dat hus schall allen unsern borgers kindern opin syn, nemlick jungfruwen unde megiden dar intogaende schriven lesen singen neygen unde anders to lernende. Dar schullen de sustere person unde stede to vororden unde dat fromlig beschicken, den armen umbe gots willen, de ryken werden sick wol geborlig hoilden. Unde schall so inneholt unser ordenunge²) de jungfruwen schole syn.

[6.] Tom sesten twier megide konen se wol entberen unde sick an eyner benoigen laten. Mogen ok hinfort ym chor unde wor one gelevet singen unde leßen, alse one de prediger vororden wert, id sy dudesch edder latin, unde sick alle tid na anwisunge des rades hebben und hoilden.

Anno 31 sexta post divisionis sunt prescripte replice nonnis intimate necnon eadem media insumte per borgmagistrum³) etc.

Acta Ref. XIV; Entwurf.

---

¹) *Anfangs stand:* drey, *was später verändert ist.* ²) *Kirchenordnung a. a. O. p. XII, b.* ³) *Das Wort ist unleserlich.*

563. *1531 Juli 23.*
Göttingen verweigert aus formellen Gründen sein Zeugniss vor Gericht.

Erßamen vorsichtigen heren beßundern guden frunde. Wo gy uns itzund umbe eyne kuntschop belangende ern Ciriacum Fochting juwen secretarium von der l[e]galiteten[1]) synes notariatampts geschriven etc. hebben wy vorstanden. Und weren juwen erßamheiden in dem unde vil grottern to wilfarende nicht afgeneigit. Wor gy ok desse kuntschup utwendich dem gerichte unde vor juw sulvest to irkantnisse dessulven ern Ciriaci gelegenheid begerden, wusten wy uns darynne geborlig to hoildende. Nuw gy abir syner personen unde condition ok schicklicheid sines notariats, wu wy ut juwem breife vormerkt, genoichsam erinnert, sunder des yn gerichte unde in itligen pleitsaken, dar de menunge nicht gestanden werden, von uns tuchnisse begern, so konen juwe ersamheiden sulvest bedenken, dat wy in eynem gerichte twischen partien ane bevehil ok daerstellinge des artickels unde ane forderinge scholden de warheid betugen, mochte uns nicht alleyne schimplig sunder vordechtlig ok juw und unbethlig geachtet werden. Sussent unde wan id gewonliger unde rechtliger form ersocht, is juwe begerde kuntschup by uns lichtlig to fyndende. Dat wy juwen ersamheiden, den wy willen unde deinste to bewißende willig sin, guder wolmeninge also tor antwort geven. Datum dominica post Marie Magdalene anno 31.
Briefsch. XII, F; Entwurf.

564. *[1531] Juli 31. [Göttingen.]*
Hans von Sneen und Johannes Bruns an Johannes Feige und Johannes Nordeck: bitten durch eine Fürsprache des Landgrafen bei der Herzogin [Elisabeth] oder auf andere Weise die Anstellung des von der Marienpfarre zu Göttingen erwählten Johannes Querliss zu ermöglichen.

Johanni Vigen canzler, Johanni Nordeck secretario.
Unße fruntwillige deinste bevorn. Werdigen erbarn unde wolwißen gunstigen hern swager unde frunde. Eyner genant Johann Querlisß zeiger desses breifes hirbevorn tom Czirenberge ym Brande geweßen wert von unsern borgern den parluden up der Nigen stad bynnen Gottingen ym ca[r]spel to unser leven Fruwen vor eynen prediger godliges wordes unde hantreker der hilligen sacramenta in stede eynes magistri[2]), one von dem erwirdigen doctori Martino Luther

---
[1]) *Nach dem ersten l folgt ein hier sinnloses Zeichen.* [2]) *cf. N. 503.*

gesant unde wedder to huß gefordert, hartligen begert. Indem nw sulkes an eynen erbarn raid alhir gelanget, is beswerlig angesehin, nachdem he myt eyden sick to Munden vorstricket, goddes word by uns nicht to vorkundigende unde scholde nw in sulken banden upgesat werden, mochte den von Gottingen sunderlige ungnade irwecken. Nuw konde eyn erbar raid woll lyden dessen personen syn ampt by uns to vorsoikende, bedenken abir, wan se by unserm gnedigen hern unde landesfursten derhalven ansochten edder sussent des up ore irfordernt dorch unsern gnedigen hern von Heßen begerden, scholde nicht vele frucht bringen, hebben uns so dorch de borgere unde den predicanten to desser schrift in gehoildem rade laten bewegen. Unde is unße deinstlige bede wore id ummerst liderlig, dat wy to juwem rade stellen, ef juwe acht[baren] w[erdicheiten] mochten beschaffen, dat unße gnedige her von Heßen eyne vo[r]bede vor den man an unße gnedige furstynnen gedan hedde one ut cristliger leve ut sulker ungodligen bestrickinge to latende, edder wu de raid by juwen w[erdicheiten] to fyndende were, he der bande fry worde ane irfordernt der von Gottingen, dan in der namen besorgen wy uns ome nicht fruchtbariges moge bejegnen. Wy horen ok gunstigen hern von troistliger antworde¹) keyserliger majestat. Mochte uns eyn copy geloflig togestalt werden, nemen wy to grotem danke. Juwe w[erdicheiten] sick hirinne tor ere goddes unde der selen salicheid so vil donlig tom besten bewißen, wolden wy uns vorsehn unde gerne vordeynen. Datum secunda post Pantaleonis.
       Hans von Snehn
       Johann Bruns.
Acta Ref. XVIII; Entwurf.

565. *1531 Aug. 4* (frydages na inventionis s. Steffani). *Wolfsburg.*

Busse von Bartensleben Hauptmann der Altmark an Göttingen: dankt, dass die Franziskanerinnen in Göttingen seiner Verwendungsschrift, welche noch nicht beantwortet worden, geneten; hört, dass jetzt den Schwestern Artikel vorgelegt seien, welche gegen die Satzungen der Christlichen Kirche gegen die kaiserlichen Mandate und den letzten [Augsburger] Reichsabschied und namentlich gegen die Ordensregeln der Schwestern verstiessen und welche sie nicht annehmen könnten; erinnert,

---

¹) Das an Theilnehmer der letzten Versammlung zu Schmalkalden gerichtete kaiserliche Schreiben vom 30. Juni wurde am 13. Juli vom Curfürsten Johann an den Landgrafen geschickt. Neudecker, Urkunden, p. 178—180.

dass er und seine Frau als erste fundatores *des mit Einwilligung des Raths errichteten Schwesterhauses anzusehen seien, welche die Absicht gehabt und noch haben, dass die Schwestern na der drydden reggelen s.* Francisci leven und sick regeren scullen; *droht im Fall weiterer Vergewaltigung mit Einziehung des von seiner Familie Gestifteten; verlangt, dass die Schwestern in Ruhe und bei ihren Ordensregeln belassen werden.*

Acta Ref. XIV: Or. m. Spur d. S.

566. *1531 Aug. 5* (am dage Oswaldi). *Wolfsburg.*

Busse von Bartensleben an Dietrich den Aeltern von Plesse: bittet von Göttingen zu erwirken, dass die Franziskanerinnen nicht vergewaltigt und bei der Franziskanerregel belassen werden.

Acta Ref. XIV; Or. m. Spur d. S.

567. *1531 Aug. 12.*

Göttingen an [Busse von Bartensleben]: vertheidigt auf N. 565 sein Vorgehen gegen die [Kloster-]Schwestern.

Unße fruntlige deinste bevorn. Strenge und beßundern gude frunt. Wo gy uns itzund der suster halven bynnen unser stad, de von uns myt itwelken artikeln schullen bedranget werden, geschreven etc. hebben wy vorstanden. Und mag woll syn, dat itlige unser vorfarn vor tiden, idoch ane medebewillinge derjennen, so in sulken unde woll vele geringern saken vor unße stad plegen mede to radende, eyn hus bynnen unser stad to behoif eyn tael personen, de darynne na orer art eyn sunderlig cleid und regulen, alße in den tiden vor gud angesehin, dragen unde hoilden mochten, ingelaten und derhalven itlige artikel sick myt den cloisterperßonen ton Barvoten by uns underlangens beredet unde myt sigiln unde breifen becreftiget. Und wuwoll sodann hus gar ßwinde unde myt allen listen unser stad to nadeil ok andern armen weißen an dem huse berechtiget, dat to lang to schrivende und juw wol wider muntlig to beschedende were, to schaden hir ingeschoven, so hedden wy doch darynne wol geduldet. War ist abir unde am dage, dat de sustere unde ore vedere sodann fundation sigil unde breife merklig overgetreden unde uns der entfallen. Nemlig hebben se ane unsern fulbort wiet over den tael[1] darynne genomen. Se hebben personen von buten her ane unse wettent ingelaten. Se hebben de kindere na unser stad wonheid unde rechte neyn vorticht don laten. Se willen neyne vormunden lyden

---

[1] cf. N. 48.

und wes der stucke mehir ut der fundation to fyndende, darmede se uns gar entfallen. Dat nw one darynne jenige ordenunge friheid edder mandat todrechlig und uns schedlig, don wy neynen geloven, dan de alle tid unschedlig dem dridden an siner gerechticheid gedu[l]det werden. So hebben wy ok uns in der inlatinge aller gnaid privilegien unde gerechticheid unde dat se darjegen nichts schullen handeln vorbehoilden unde se von orer vormeinten friheid unde indulten, dar se uns nachdelig unde der fundation afbrocklig, ganz getreden unde der vortegen. Darboven kommet an den dach, alse juwe streng sulvest degelikes horen, dat sodann und dergeliken irfunden und von mynschen irdachte afsunderinge wedder goddes bevehil und in synem worde unde lare ungegrundet unde darumbe ut noch andern velen orsaken unheilßam geschulden werden; scholde nw sodann afsunderinge von dem hilligen geiste ingefloten, moste y, wor men nicht up den sant wolde buwen, in goddes worde vorfatet syn. Doch willen wy dat den gelarden der hilligen schrift bevelen. Abir ut dessen und andern orsaken wert dat gemeyn nicht alleyn by uns sondern in velen andern erbarn steden jegen sodann togesloten huse entrustet und wy wolden gerne unsers hogesten vormogendes allen unrait to vorwarende geneiget sin. Darynne wy ok wenther flits nicht gesparet, so lange dat wy ut der noit irfordert itlige artickel begrepen unde den sustern vorgehoilden, darynne in heller warheid, wu se uns orer angetogen fundation sigil und breife nedderfellich geworden sin, befunden wert, unde one darneven unße gemoite der fundation und cristligem levende gelickformich in itligen artikeln, der se sick in warheid nicht hedden to beswerende, vorgehoilden, darynne se sick ungehorsamlig gesperret und uns wol to swarern gemoite bewogen. Dennoch juw und andern vom adel to eren umbe alles besten willen, ef darmede den sustern hedde eyn frede mocht gewerket werden, hebben wy alle artickel in twey stucke, darynne unße unde aller cristen leven vorfatet, gedelet[1]): nemlig de leve goddes unde unsers nehisten unde one darup vorgeschlagen, se, nemlig de darynne wolden bliven, mit dem worde unser salicheid to vorsorgende, se dat flitich scholden horen unde ut cristliger leve unser borgere dochtere, de des begerden, in orer unwettenheid to lernende; darut one nut unde by den luden gunst irwoßen hedde, der hopeninge, darmede scholden de andern stucke in widern rait gestalt syn. Abir de sustere sin von dagen to dagen y halsturriger

---

[1]) *Folgt in der Vorlage:* latet.

geworden unde tolest ore capellen togesloten unde geweigert,
dat godlige word to horende ok cristlige werke der leve, de
se doch und ider cristen schuldich to bewisende. Darut one
by uns neyn cleyn ungelimp entstanden und wetten vor war
juwe streng unde yder erbarliges gemoits, werden one in
sulker dunkoitheid [?] neynen bifal don. Bidden gudlig, gy na
sulker sake berichtinge den unwarhaftigen andregern neynen
geloven don, dan wy willen myt flite darna trachten, ef wy
desse dinge up de wege mochten beschaffen, dat allenthalven
to vorantwordende, ok unser stad friheid unde privilegien
nicht nadelich weren. Dan woranne wy juw mochten to
willen unde deinste sin, don wy gerne. Datum sabbato post
Laurentii anno etc. 31.

Acta Ref. XIV; Entwurf.

568. 1531 Aug. 17.
*Göttingen an [Hans von Hardenberg Amtmann auf dem
Eichsfelde]: begegnet den Drohungen wegen des Vorgehens gegen
die [Kloster-]Schwestern mit Uebersendung von N. 567; will
die Uebertretung von N. 48 nicht zulassen.*

Strenge unde ernveste beßundern gude frunt. Wes gy
myt unßern rades frunden gistern myddeweken vor unßer stad
der Bavotensuster halven geredet, hebben se uns na noit-
dorft angesecht. Unde weren von juw der angehangden
bedrauwligen word ungehort unser antworde unde na ge-
stalt der sake bilke vorschont bleven. Willen der ok in
sulker gestalt nicht hebben angenomen, sunder darvor
achten, gy na vorhoringe desser handellunge unde dat
wy dem rechten befelen eynes andern bedenken. Demyn
nicht willen wy juw nicht bergen, dat de erbar Buße von
Bartensleve hovetman der Olden Marcke uns sulvest der
suster halven ut gudem gemoite geschreven; darup wy ome
antworde gedan na inneholt invorwarter copien, de wy juw
alle gelegenheid weder to vormerkende hirneven toschicken.
Unde will uns widern unrait to vorhoidende, darmede
unße stad friheid und privilegien ok nicht nachdelig ge-
handelt werden, nicht anders gefoigen, dan mit den unsern
unde bynnen unser stad so mit foigen unde na der billicheid
to radende, de fundatio der sustere gehoilden werde und dat
se andere entrustinge by uns nicht erwecken, der tovorsicht,
gy edder neyner, de frede belevet, werden uns darynne na
itzund der werlde unde lude gelegenheid vordenken. Woranne
wy juw sussent etc. Datum quinta post assumptionis Marie
anno 31.

Acta Ref. XIV; Entwurf.

569. *1531 Aug. 20. Cassel.*
Landgraf Philipp an Göttingen: *meldet, dass die Curfürsten von Mainz und von der Pfalz auf Grund des Frankfurdischen Abschieds ihm und dem Curfürsten von Sachsen, welche die Einigungsverwandten davon unterrichten sollen, einen Verhandlungstag in Schmalkalden auf den Abend des 30. Aug.* (mitwochens noch Bartholomei) *angesetzt haben und dass derselbe obgleich* in dissem tagsatzunge etwas verenderung gefallen[1]) *nicht, wie vielleicht vermuthet worden, verlegt sei, sondern nuhe gehalten werden soll; fordert kraft des Auftrags, die Sache dem Adressaten anzuzeigen, Beschickung der Versammlung.*
Acta Ref. I; Or. m. Spuren d. S.

570. *1531 Aug. 22* (dinstages zu octava assumptionis Marie). *[Rudolfshausen.]*
Dietrich der Aeltere von Plesse an Göttingen: *fordert im Interesse der Stadt eine Unterredung mit 2 Rathmannen bei sich in Rudolfshausen am 24. Aug.* (auf nehist donstag) zur Mittagszeit[2]).
Acta Ref. XIV; Or. m. S.

571. *1531 Aug. 24* (am dage Bartholomei). *[s. Annen-] Kloster [in Göttingen].*
Die ganze Versammlung des Schwesterhauses zu Göttingen an Göttingen: *erinnert, dass die Schwestern aus freien Stücken den jungfräulichen Stand erwählt haben; meldet, dass die Mater, welche nun verwiesen, nicht aus eigener Initiative aus ihrer Vaterstadt nach Göttingen gekommen sei, sondern von den alten Schwestern und Busse von Bartensleben mit des Raths Erlaubniss berufen worden und mit Hintenansetzung ihrer Gesundheit für das Schwesterhaus gearbeitet habe, dem sie bei ihrem Eintritt 4 styge mark an golde zugeführt; bittet die Gründe der Verweisung anzugeben; versichert von der Mater nicht ablassen zu wollen; ersucht, dass Adressat nicht beswere* unser kyndere olderen und frunde, wente se na orer macht syck genslyken bewyßet und vullenbracht eynß ersamen rades gebot on upgelecht, aver wy neynerleyge wyss volgen noch one to huß gan, wente sake unß darto benodyget; wy affertycht olle ores gudes gedan, ße unser neyne macht to gebeydende eyn eder ander und wy on nicht plychtych ßyn to volgende *oder*

---
[1]) cf. N. 572. [2]) *Laut Rückschrift theilten die Geschickten Hermann Witzenhusen und Hans Engelhardes mit, dass Dietrich von Plesse den Empfang von N. 566 gemeldet, worauf am 25. Aug.* (feria sexta post Bartholomei) *eine Antwort entworfen wurde.*

unß *[zu unterwerfen]* under pegymente eynes anderen alße unser mater gegeven, myt der gut und arch antonomende dulden und lyden, wente ßodanne to donde ut mannygen bewyßet truwen uns erkennen schuldych; *wünscht, dass die Bitte berücksichtigt werde; hofft, dass Adressat sich an den Schwestern nicht vergreifen werde, da Jungfrauen nach kaiserlichen und Landesrechten wie vielmehr in einer freien Stadt* vor overvalle gefryet seien, *widrigenfalls* berope wy uns in und myt dussen unßen scryften openbar to rechte ok horlyker overycheyt und unses gnedigen heren und landesforsten erkantnysse und gerychte.
Acta Ref. XIV; Or.

572. 1531 Aug. 25 (sexta post Bartolomei).
Göttingen an [Landgraf Philipp]: meldet auf N. 569, dass zu Frankfurt diejenigen bestimmt worden seien, welche diesen Tag zu beschicken[1]*) haben, und dass es Braunschweig daran erinnert habe.*
Acta Ref. I; Entwurf.

573. 1531 Aug. 31 (am donnerßdage nach decollationis Johannis).
Einbeck an Göttingen: sendet mit Dank die auf seine Bitte überschickten N. 552 und 553 zurück.
Acta Ref. I; Or. m. S.

574. 1531 Sept. 6 (mittewoch nach Egidii). Weimar.
Curfürst Johann an Doctor Leonhard Mertz Sindicus zu Magdeburg: bittet, da er mit dem Verlauf der am 30. Aug. (mitwochen nach Bartholomei) von [den Curfürsten von] Mainz und von der Pfalz beschickten Verhandlungen zu Schmalkalden bekannt sei und er der Kostenersparniss wegen Braunschweig Goslar und Göttingen von ihnen in Kenntniss habe setzen wollen, den Rath zu Magdeburg zu bewegen, einen Beschluss mit besagten Städten zu fassen und denselben ihm, dem Curfürsten, behufs der Antwort an Mainz anzuzeigen.
Acta Ref. I; Cop.

575. 1531 Sept. 7 (am abende nativitatis Marie). Wolfsburg.
Busse von Bartensleben an Göttingen: wirft auf N. 567 vor, dass der Rath das von seinen Vorgängern gegebene Versprechen nicht halte; meint, dass die Behauptung, das Haus [des Annen-Klosters] sei mit List erworben, die Rathmannen zur Zeit der Stiftung als Leute darstelle, welche sich über-

---
[1]) cf. Neudecker, Urkunden, p. 190. cf. N. 577.

tölpeln liessen; begreift nicht, wer benachtheiligt würde, da das Haus von seiner Schwiegermutter mit des Rathes Erlaubniss angekauft wurde; glaubt, dass Adressat nicht anders nachbringen werde, als dass die Zahl der Schwestern mit seinem Wissen überschritten sei; hält dieses und die Aufnahme einiger Auswärtiger für keinen Verstoss gegen die Stiftungsurkunde, die mangelnde Verzichtleistung für gleichgiltig in Anbetracht des in den Statuten der Stadt enthaltenen Gebots[1]*), dass keine geistliche Person erben solle; bestreitet in Hinblick auf die einst vom Rath gegebene Einwilligung, dass durch das Schwesterhaus für die Stadt ein Nachtheil erwüchse; leugnet, dass die Absonderung wider Gottes Wort sei, indem die Ordensregeln vom h. Franz aufgestellt von der ganzen Christenheit angenommen und jüngst zu Augsburg die alten Ordnungen der Kirche mit alleiniger Ausnahme von 5 Fürsten und einigen Städten anerkannt worden seien; behauptet, dass die Schwestern weder in der Liebe zu Gott gefehlt noch seines Wissens gegen die Nächsten etwas unternommen haben;* diese nie prediger, die wider der heyligen kristlichen kirchen, zuzulassen auch yre haus offen zu halten kynder darin zu lernen ist wider yre regule, die sie zu halten angenomen, auch wirt das die fundation nicht vormogen, dardurch soltet ir euch billich der vorgenomen gewalt, das ir etlich sustern aus dem hause habt nemen lassen ane iren willen und fulbort, enthalt haben, dan das ewern siegeln und brieven ganz entgegen; *bittet gegen die Schwestern keine Gewalt zu brauchen, die Vertriebenen wieder aufzunehmen und ihnen die Befolgung ihrer Ordensregel zu gestatten, widrigenfalls er Adressaten bei der höchsten Obrigkeit* auf ewer siegel und brieve zuschreiben und zusagen *verklagen werde, da er die Schwestern nicht in Stich lassen wolle.*

Zettel: verweist in Bezug auf die ihm gemeldete Anschauung des Adressaten, als ob er N. 565 blos wegen des von ihm und seiner Frau Gestifteten geschrieben habe, auf den Inhalt des Briefs, welcher auch von andern Dingen handele.

Acta Ref. XIV; Or. m. S.

576. *1531 Sept. 16* (sonnavendes nach exaltationis s. crucis).

Magdeburg an Göttingen: übersendet den *Abschied des letzten Tages zu Schmalkalden*[2]*) und N. 574; ladet es zum*

---

[1]) cf. *das Statutenbuch aus dem 15. Jahrhundert s. v.* von vorticht der kindere de men in closter gift. *Ueber die Bestimmungen der ältern Zeit cf. Fr. Ch. Pufendorf, Observationes juris universalis. III, Appendix p. 156.* [2]) Abscheyt von den unterhendelern zw Schmalkalden

Abend des 25. Sept. (mandags nach Mathei) *nach Halberstadt zu Verhandlungen am folgenden Tage.*
Acta Ref. I; Or. m. S.

577. *1531 Sept. 16.* [*Braunschweig.*]
Dietrich Prutze an Johannes Bruns: meldet verschiedenes, namentlich erklärt er die Nichtbeschickung des Schmalkaldischen Tages durch Braunschweig.

Dem werdigen und achtparen hern Johann Bruns sindico to Gottingen minem gunstigen frunde.

Mine fruntlige deinste vor. Werdige und achtpar gunstige her und frunt. Jegenwardige Florcke heft de vorkleringe des vorigen ordels in saken Hinrick Giselers und Cordt Buth overkomen, do he juwen hern ane twivel wol wert overantworden. Tom andern wil ick juwer w[erdicheit] geloflig nicht bergen, dat der saken halven de warheit belangen nichts anders, dan dat cristlich und billich is, nocher von minen hern is worden gehandilt, id torne edder lache darumbe gelick we dar wille. Dat wi de unsern to Smalkalden to dage nicht gehat hebben, is nein ander orsake, dat uns de vorkortinge des dages al to snelle ankam, dan wi weren to dage na nativitatis Marie¹) gefordert, darto mine hern vorleten, hadden ok statlig darto vorordent; do wort sodan doch anticipert und minen hern 3 dage vor dem dage intimert²), dat de oren umme kortheit der tit willen darhen nicht komen konden. Ut geliken orsaken sin ok min gnedige her von Luneborch de von Lubick und Bremen de oren to schicken worden vorhindert. De marten sin to dusser tit hir nicht to bekomen. De nigen tidinge vom marggraven³) hebben wi hir ok gehat und gerne gehort. De hertoge von Pommern⁴) is ok to Wulff[enbuttel] worden geherbergit. De almechtige, dem ick juwe w[erdicheit] bevele, wert sine sake na sinem gotligen willen wol utforen. Und ik do ferner wat juwer w[erdicheit] deinst und leif is.

gegeben. Actum et datum — uf freytag s. Egidiitag *[Sept. 1]* anno 31.
Acta Ref. III. *Daselbst ist vom früheren Schriftenwechsel über den Religionsfrieden vorhanden das Schreiben an den Kaiser April 3* (mandages nach palmarum), *die Instruction des Curfürsten Ludwig von der Pfalz für seinen Gesandten Wilhelm Hubern an den Landgrafen Philipp, Heidelberg Mai 17* (uf mitwoch noch vocem jucunditatis) *und die Antwort des Landgrafen. Ueber die Verhandlungen cf. v. Bucholtz a. a. O. IV, p. 1 ff.* ¹) *Sept. 8.* ²) *cf. N. 569.* ³) *Ueber des Markgrafen Georg Händel mit dem Bischof von Bamberg cf. Sleidan a. a. O., p. 464.* ⁴) *Wol Herzog Philipp, der um diese Zeit aus Heidelberg nach Pommern zurückkehrte. cf. T. Kantzow, Pomerania, ed. Kosegarten. II, p. 389 und 394.*

Gescreven under minem pitzer sonnavendes na crucis erhevinge anno etc. 31.
Diderick Prutze.

Acta Ref. I; Or. m. S.

578. *1531 Sept. 17* (ipso die Lamperti).
Göttingen an [Busse von Bartensleben]: weist die Ausführungen in N. 575 zurück; führt aus, dass die [Kloster-] Schwestern dadurch, dass sie ohne Erlaubniss der Stadt gegen die Bestimmungen der Stadt gehandelt, Treu und Glauben verwirkt haben; war ist ok unde noch bewust denjennen ym handel gewest sodann geswinde practicerunge, de se uns voerseden allein ein geringe woninge unde darby ein oratorium to beredende unde doch na orem gefalle mit dem murwerke unde kerken ane unsern fulbord fortforen unde indem wy darwidder fochten, seden de monnicke uns vor, wy weren im pawestbann wan wy dar nicht annemen, unde darmede sodann hus hir ingeschoven; de armen weisen, darvon wy schriven gan hir noch degeliges up der gassen unde ef ore vader schon dat hus vorkoft, indem he abir ut unser stad geweken unde dat syne togebracht, mochte he des ane siner kinder ore willen na unserm stadrechte nicht don¹); de kindere ok fulbodich weren der von Hardenberge ore utgelechte gelt weddertogevende; *behauptet, dass das Kloster mit tosickritende der weltligen gudere der Stadt schade; polemisirt gegen das Klosterwesen und meint, dass die Nonnen ohne den rechten Glauben auch die Liebe zu Gott und dem Nächsten nicht haben könnten;* is war, dat itlige unse borgere unde borgerschen ut schuldigem gehorsamen ore kindere by sick genomen nicht der meninge, dar nicht wedder intolatende edder dat hus gar to vorwoistende, sunder den ungehorsamen darynne to beterende unde andere bedruckinge, de one mochten in dessen verligen tiden togehoilden werden, to vorwarende; unde wan dejenne, dar nicht ingecledet unde nicht in horen, sick wedder an ore ende wenden, sin wy nicht anders geneigt dan, so frome kindere lust unde leve hedden an der stede to levende, mit den cristlige unde erlige wege intorumende; *will, falls Adressat von dieser Antwort*

---

¹) *Auf einem losen Zettel, welcher die Bestimmungen von N. 48 excerpirt, wird zum Verbot, dass das Kloster Güter ererbe, hinzugefügt:* hyrboven hebben se doch dat hus am orde, dar itzund do capelle gebuwet is, ane voerwort unde bewillunge des rades an sick gebracht. *Daselbst heisst es an einer andern Stelle:* dat hues den rechten erven Tilen Lippoldes mit unbescheide entwant. *Acta Ref. XIV. cf. N. 556.*

unbefriedigt wäre, rechtliche Erkenntniss leiden, indem die [Evangelischen] Einigungsverwandten unser mechtig *sein sollen. Acta Ref. XIV; Entwurf.*

579. *1531 Sept. 24* (sontags nach Mathei). *Nienover.*
Herzog Erich an Göttingen: übersendet die Klageschrift des Brun Rissmann[1]); rügt, dass ir niemand helft sondern ider zu seinem furnemen und frevel bei euch widder den andern und sonderlich den armen raum hat; *fordert, das der Kläger klaglos gemacht werde.*
L I; Or. m. Spur d. S. u. m. Unterschrift.

580. [1531 Herbst?]
Göttingen schreibt über die Zulassung einer Auswärtigen in das [Annen-]Kloster.
Strenge und beßundern gude frund. Nadem itlige unser vorfarn vor tiden eyn hus bynnen unser stad to behoif drittein personen, de darynne na orer art eyn sunderlig cleid und levent, alse in den tiden vor gud angesehin, dragen mochten, ingerumet unde derhalven itlige stucke unde artickel sick underlangens beredet vorwillet unde nagegeven inneholt sigil und breife darover angerichtet, und wuwoll de personen in demsulven huse over den tael von unsern vorfarn bewillet gar wit getreden ok de utwendigen myt unserm wetten nicht ingenomen unde so tom merern deil der artikel in der fundation nedderfellich geworden, dennoch hedden wy woll darynne mit foigen mogen raden. Abir itzunde wetten gy unde horen, dat sodann irfunden unde von mynschen irdachte afsunderinge wedder goddes bevehil unde darumbe unheilsam geachten werden, dardorch sodann unde dergeliken togesloten

---
¹) *Sept. 21* (sunte Matthewesdach) *klagt Rissmann dem Herzog, dass die Freundschaft seiner verstorbenen in Göttingen geehelichten Frau trotz mehrfachen Einspruchs seinerseits die Verschreibung der Leibzucht vorenthalte und, obgleich die verstorbene nichts in die Ehe mitgebracht, deren Kleider und Kleinodien zu sich genommen habe, dass er 4 oder 5 Mal seine Schwiegermutter vor juwer forstligen gnade gehegedem gerichte in Göttingen* up der vorloven *gefordert und ihm jedes Mal der Rath zugesagt habe, der kranken Frau* vormunden setten, die die von orentwegen antworden scholn *edder myt my in der fruntscop vordragen, was bisher nicht geschehen sei, dass er dann myt mynom redemer sampt mynen bystanden to twen malen up der ratstoven vor dem ganzen syttendie rade gewest seine Kluge vorgebracht und der Rath ihn beschieden habe, dass die* fruntschop, die des mochten esto wolten to doinde hebben, *durch den Bürgermeister Hans von Sneen zum nächsten Freitag behufs freundschaftlicher oder rechtlicher Erledigung der Sache geladen werden solle, dass aber sein Erscheinen am Termintage wiederum ohne Erfolg gewesen sei. L I. Nov. 3* (am freitag nach omnium sanctorum) *verwendet sich Herzog Erich abermals für ihn. L I.*

husere vill anstots lyden. Nuw wolden wy y gerne unsers
hogesten vormogendes darvor unde -anne syn nymandes by
uns gewolt unde besundern den juwen unde jungfruwen to
vorhengende. Sulchs nw to vorwarende unde den vorto-
komende, sehin wy vor raidsam unde gud an begern des ok
fruntlig gy juwe fruntligen leven swester eyne, geringe tid
ungeverlig an de 14 dage by juw hoilden. Deßgelick
hebben wy den unsern unde andern ok laten anseggen.
Alßdenne sin wy geneigt inneholt der fundation unde sussent
na gelegener tid darin to schinde, de kinder darynne ein
ehirlig unde cristlig weßen unbefart leven mochten. Unde
ef schon itlig, so de tael boven de fundation sick strecket,
afgewiset, so willen wy doch juwe suster, indem juw unde
ore gefelle in dem huße to wesende, by uns wedder upto-
nemende juw unde juwer fruntschup to gefalle willig sin.
Acta Ref. XIV; Entwurf.

581. *1531 Oct. 4.*
*Göttingen schreibt über den Gesundheitszustand eines im
Bartholomeus-Hospital befindlichen.*
Unße fruntlicke deinste vor. Erßamen guden frunde.
Wy hebben juwem beger nach Hanße Bomgarden juwen
medeburger dorch unße geschworne unßes hoßpitals vor unßer
stadt sanct Bartholomeus des spetals, ßo he bewanet, probiren
und besichtigen laten. Und werden von den unsen gloflick
by oren geßworenen eyden berichtet, dat sie gedachten
Bombgarden, indeme itzt die natuer der menschen nicht
eygentlick kan erforschet und gerichtet werden, nicht konen
reyn edder unreyn to synde geurteilen, angeheen, dat solicke
teyken, darut die spetal erkant mag werden, in dusser tyt
jars heymlick und vordecket seyn. Und hebben darumbe
die unsen gedachtem Bomgarden tyt gegeven twischen dut und
negest sanct Jacobs[1]) tag na dato duesses folgende; ßo willen
sie derhalven ersocht weydern bescheit und urteyl geven.
Wolden juwen ersamheiden, den wy to denende geneigt, der
unsern bericht tor antworde nicht bergen. Geven under
unser stad secret mitweckens na Michaelis anno etc. 31.
Consules Gottingenses.
Briefsch. II, B; Entwurf.

582. *1531 Oct. 7* (sonnabents nach Francisci). *Weimar.*
*Curfürst Johann an Magdeburg: meldet seine Zufriedenheit,
dass die Städte das, was er (wir) in Sachen der Religion auf
dem nächsten Reichstage beschliessen werde, annehmen wollen;*

---
¹) *1532 Juli 25.*

erklärt, dass die Städte Niemand zum Reichstage zu senden brauchen; theilt mit, dass er einige Räthe hinschicken werde, da in den mit den Herzögen Wilhelm und Ludwig von Baiern zu Nürnberg¹) gepflogenen Verhandlungen von einem persönlichen Erscheinen auf dem Reichstage Abstand genommen sei; verspricht unser aller Christliche vorstentenus [-Briefe], welche die Städte, wie aus dem Schreiben des Herzog Ernst von Braunschweig hervorgehe, zu haben wünschten, sobald sie vom Landgrafen von Hessen eingegangen sein werden, Adressaten zuzuschicken, was den andern Städten zu berichten sei.

Zettel: zeigt an, dass er die soeben erhaltenen vorstentnusbrive sobald als möglich übersenden werde.
Acta Ref. I; Cop.

583. *1531 Oct. 10* (dingstag nach Francisci). *[Wolfsburg (?).]*
Busse von Bartensleben an den Curfürsten Joachim von Brandenburg: meldet die Bedrängniss des Schwesterhauses zu Göttingen; ersucht ihn, Herzog Erich zu bitten, dass Göttingen die [Kloster-]Schwestern in Ruhe lasse.
Acta Ref. XIV; Or. m. S.

584. *1531 Oct. 13* (freitags nach Dionisii). *Köln an der Spree.*
Curfürst Joachim an Herzog Erich: bittet mit Bezugnahme auf N. 583 bei Göttingen zu erwirken, dass es die unbillige artikel abschaffe.
Acta Ref. XIV; Or. m. S.

585. *1531 Oct. 21.*
Göttingen stellt Claus Garboden als Mühlenmeister in der grossen Mühle²) auf 1 Jahr an.

Im jar nach gebort Cristi unsers leven heren dusent vifhundert und einunddrittigesten sonnavendes nach Luce evangeliste hebben sick ein erbar rad alhir to Gottingen de erlicken gilden mit todaet orer seßmanne und middeler darsulvest nach velem bewege und geholdenem raetslage des besproken und vorgliket, dat Clawes Garboden to einem molemester in die groten molen angenomen werden schal, indeme desulve Clawes der molen geraden und se vorstan

---
¹) *Sept. Die Verhandlungen führten zum Vertrage von Saalfeld. Oct. 24. cf. A. S. Stumpf, Baierns politische Geschichte, Bd. I, 1. p. 61.*
²) *cf. Schmidt a. a. O. II, p. 412 Anm. 8. Ueber das frühere Mühlenwesen in Göttingen, namentlich über dessen rechtliche Seite, cf. Seidenstickers Collectaneen. M IV.*

kone, dat dem erßamen rade gemeiner stad und beste ok
den borgern nein schade und nachdeile darvan entstan moge.
Des sick desulve Clawes vor den erlicken gilden seßmannen
und middelern gefraget heft horen laten, he getrwe de molen
woll to radende und vortostan, so ome got de gnade vor-
lehene, de he itzundes hebbe. Darup is des negisten folgende
sondages dorch de erßamen hern Jacob Protten und Andreas
Mulner molnhern van wegen des erbarn rades, Hildebrant
Dorhagen und Marten Heinkeln van wegen der erliken gil-
den seßmannen und middelern vorbnant mit Clawes Gar-
boden vorberort ßo vele im handel overkomen und beredet
worden, dat sick gnanter Clawes einem erbarn rade vor
einen molner in de vorbenanten groten molen ein jar lank,
dat up negist vorgangen sanct Michaelis dach sinen anfang
und wedder up negist tokunftich Michaelis dag sinen utgank
hebben schall, heft togedaen desulven molen von stund an
wonendes to betchinde und sick darto des hoves by der
muren gelegen und to der molen behorich mit siner have
frihe to gebruken, doch also dat he densulven hoif uf sine
kost mit tunen in der beteringe und bewirkunge holde. Des
will und schall ein erbar rad ome Claweße dutsulve jar to
lone und solt geven vertich mark[1]) Gottingescher weringe
achte molder roggen und sestein holt tenken ane de fore, de
Clawes sulvest bestellen schall. Od schal ok desulve Clawes
24 heure tein enden veir gense twe koye, de he alle up sine
koste und ane der stad und borger schaden holden schal,
datsulve jar lank und mer nicht hebben, darto dre swine,
de he sulvest vor sin gelt kopen schal, de mecken und tor
lesten mast uplegen und mit des rades swinen mesten; allet
up sin gedient und eventur. Und hir entjegen allet wederumb
ßo schall und will de gedachte Clawes, in maten he sick des
ok truwelick to donde vorplichtiget, desulve mole mit molen-
werke sines aller besten vormogens und flitiges upschens, alle
andere geschefte de one hirin hindern mochten afstellende,
vorwaren und mit twen deel knechten, de he mit kost und
lon holden schall, utbescheden den foreknecht, den de erbar
rat belonen will, tor noitdorft der molen, alse sine vorfaren
gedan, besorgen und vorwesen und allet, wes in der molen
fellet und upkommet, dem rade und gemeiner stad to nutte
tosammen holden und vorwaren, ok de molen binnen und
buten, wenner it noit sin wert, bestellen und sampt sinem

---

[1]) *Bereits Ostern 1523 war Hans Beckerhennen mit 40 Mk. Gehalt als Führer der grossen Mühle angestellt. Rechnungsbuch 1522—23, f. 45 a, 1523—24, f. 45 a.*

gesinde darnach dach und nacht ein flitich upschint hebben,
dat de busche nicht riseden maelgesten to nadeile und
schaden, de ok nicht wane edder unbeschuddet lopen laten,
darmede de rade edder molensteine darvan nicht schaden
entphangen edder to vordarfe vorsumet werden. Darto schall
he mit sinem gesinde de ropen boven der molen degelickes
beschin und vorwaren, dat den raden und der molen der-
wegen nein schade geschey noch togefoiget werde. Id schullen
ok up gnanter Clawes und sin gesinde von y dem molter
roggen weite edder anders, dat in der molen mit des rades
sichter wert gesichtet, ein teiken von demjennen solick kornte
tostendich entfangen und des sussent edder ungemettet ud
der molen nicht laten. Und wes so von dem mettende kumpt,
dat alle schullen se von stunt in den kasten darto gemaket
bringen und darnach, wen dat ut dem kasten in de secke
gedaen wert, vor dat rathuiß ungesumet foren und darup
dregen laten. Dergelicken ok wat van varkentuge und rere
in der molen felt, dat mit sampt dem slamme trwelick to
hope holden. Desulve Clawes will ok und syne gesinde
scholen der swine, so de raid na tiden uplcggen und masten
werd, trwelick und flitich warden, den to rechten tiden eten
geven und den slamm alle dage twy den morgen eins und
des avendes to der behoif mit gudem flit sammelen und
upfegen. Und is wider in desseme handel beredet, dat
Clawes schal de molen mit schuffelen kamraden und anders
neinerleye utgeschondert, wann des behoif wert, beteren in be-
teringe hoilden und vorwaren alse de molen ome overant-
wordet wert. To der behoif ome de raed ok, wor od behoif
werde, einen edder twene bome ut dem wolde darto geven
de hawen und herutforen laten will. Averst weß darinne
niges to makende von noiden an molenstenen meulen spillen
pfannen kamraden drefbenden und andern isern werke will
de raed besorgen und bereden laten. Wo od sick averst
begeve, dat Clawes er gedacht in sinem itzt angenomen ampte
und deinste des molenwerkes sumich worde und dem erbaren
rade gemeiner stad beste und borgern an der molen und
aller der molen tobehoringen, der he woll to radende und
vortostan sick vorplichtiget, und dem orem schaden edder
nachdele, dat he doch so vele ome mogelick to vorwarende
gelovet, towendende edder ut sinem edder siner knechte
unvorstande und vorsummis des molenwerkes, des he sick
undernomen, queme, so heft he des dem erbaren rade ge-
mener stad beste und borgern twey borgen und sulfschuldiger
gesat, nemlick Hanse Porssen und Hans Schillingk, ok unse
borgere, und ore erven, de sick er gedachtem rade gemener

stad beste und borgern vorsecht vorheten und vorwilkore[t]¹) hebben, dat se willen und ore erven schullen dem erbaren rade gemener stad beste und borgern sodann [sc]haden¹) und nachdele an dersulven molen orer tobehoringen und anders, dorch densulven Clawes und sin gesinde dem vel gedachten rade gemener stad beste und borgeren togewant und vorsumet, an alle widderrede gelden entrichten und betalen. Und darto ok schall und mach ein erbar rad densulftigen Clawes, wenner he und sin gesinde in einem edder mer der articket vorgeschreven, unschedelick itziger borgetael, overtreden worden, wenner den raed des gelustet und der stad beste to doinde weit, in dussem sulven jare ud der molen vororloven nach der tid und sinen vordeinst lonen und einen andern molner, de dem rade gemener stad beste und borgern bequeme und nut is, annemen. Allet ane argelist und geverde. Und desses to richtiger orkunde sin desser vordrachtes breve twene gelick ludende ud ein ander gesneden gemaket und ein dem rade und de andere Clawes vorbenant ton handen gestalt worden. Allet geschein im jare und dage vor berort.

Arch. 1749; Or. Gezackter Brief.

586. *1531 Oct. 25* (am middeweken nach Luce evangeliste).

Goslar an Göttingen: übersendet die von Magdeburg ihm zugeschickten Schreiben des Curfürsten von Sachsen²).

Acta Ref. I; Or. m. Spur d. S.

587. *1531 Nov. 1* (am tag omnium sanctorum). *Münden.*

Herzog Erich an Göttingen: übersendet seines Unterthans Thomas Stein abermalige Klageschrift über einige Göttinger Bürger wegen Nichtbezahlung von Geldern, die sie ihm schuldig seien; fordert für ihn sicheres Geleit in die Stadt und Unterstützung beim Einkassiren³).

L. I; Or. mit Spuren d. S. u. m. Unterschrift.

---

¹) *Loch in der Vorlage.* ²) *Oct. 5* (dornstags nach Francisci) schickte Curfürst Johann seine dem Curfürsten Albrecht an demselben Tage im Namen aller Einigungsverwandten auf die Vermittlungsvorschläge gegebene Antwort Magdeburg zu. Beide Schreiben Acta Ref. III; Cop. ³) Schon im Jahre 1529 Mai 17 (des mandages in deme pinxten) hatte Thomas Stein von Hardegsen aus Ludolf von Borenten um Erlaubniss gebeten, in seinem Gebiete Göttingsche Güter mit Beschlag zu belegen, da er trotz der Fürsprache der Herrn von Adelebsen vom Göttinger Rath die Eintreibung der in Göttingen ausstehenden Schuld nicht erlangen könnte.

588. *1531 Nov. 1* (am tage aller heilgen). *Kassel.*

Landgraf Philipp an Göttingen: meldet, dass Paul Fuchs und Genossen die aus Schmalkalden heimkehrenden Botschafter Ulms und Nürnbergs bei Bamberg überfallen haben[1]) und dass er sich in den Braunschweigischen Landen aufhalten solle.
Acta Ref. I; Or. m. Spur d. S. u. m. Unterschrift.

589. *1531 Nov. 1* (in die omnium sanctorum).

Bode Christoph und Hans von Adelebsen an Göttingen: bitten um die nothwendige Erlaubniss für die Ausfuhr von 2000 Ziegeln, die sie beim städtischen Ziegler kaufen wollen.
A I; Or. m. Spur d. S. u. m. Unterschrift.

590. *1531 Nov. 2* (dornstags na omnium sanctorum). *Wolfsburg.*

Busse von Bartensleben an Herzog Erich: übersendet N. 583 und 584; bittet Göttingen anzuweisen, dass es die [Kloster-]Schwestern unbehelligt lasse.
Acta Ref. XIV; Or. m. S.

591. *1531 Nov. 4.*

Göttingen an [Landgraf Philipp]: verspricht dem Verlangen in N. 588 nachzukommen.
Acta Ref. I; Entwurf.

592. *1531 Nov. 6.*
Göttingen beruft ein Lehngericht.

Wy de raid to Gottingen entbeden allen, de dessen breif schin horen edder lesen, unsern fruntligen groit vor und don jw hirmede wittlig: Nachdem uns und gemeiner stad in unsern lehin gudern dorch de nicht entfanginge ok heimlige voranderinge und andere misbruglige wege nadeil und schade irwasset, irfordert uns de noit, darynne na noitdorft to radende, hebben darumb ein lehin- und maurecht utgesat up donnerstag[2]) na Nicolai nehistkunftich morgens tidlick to achte slegen up unserm raithuse. Heischen laden und citeren entlig und peremptorie alle dejennen, so von uns gudere to lehine dragen edder sick darynne mit edder ane unsern wetten gewerket und de entheilden, up vorgerorde tid und stede by vorlust der gudere alse se von uns dragen vortokomende ore sigil breife und gerechticheit vortobringende und widder de andern, de ore gudere in geborliger tid nicht entfangen edder uns sussent darinne voruntruwet, recht helpen

---

[1]) cf. V. L. v. Seckendorf, Commentarius — de Lutheranismo. 1694. III, p. 18.   [2]) Nov. 8.

spreken und delen. Darto wy ock alle dejennen, des insage vormeinden to hebbende, hirinne willen hebben geheischet und gefordert. Geven des to orkunde dessen breif mit unserm secret vorsegelt. Anno domini 1531 sexta die mensis Novembris.
Archiv 1661; Or. m. S.

593. *1531 Nov. 8* (middewekens na Leonhardi). *Göttingen.*

Mester bysittere unde gemeine gildebrodere des kopmans zu Göttingen *an ihren Gildemeister Hans Vos: erinnern, dass er die Wahl zum* nyen *Gildemeister angenommen*¹) *und als solcher vor seiner Entfernung aus Göttingen geraume Zeit* mit beSoikinge der stede eyns nyen mesters in gemeiner stad unde der erligen radslagen *functionirt habe; fordern* dewyle — juw na afgange unsers olden mesters hinfurder geboren wyll syne stede vor eynen olden mester unde dat wort in dussem jeginwordigen jare unsenthalven to hoildende ok unser gylden gutere und rekenschup intonemende, *wesshalb eine längere Abwesenheit nicht mehr zu gestatten sei, dass er* von stunt unde angesichts dusses brefes *nach Göttingen zurückkehre bei Vermeidung der althergebrachten ihm bekannten Strafen; fügen hinzu, dass sie sich, wenn aus seinem Ungehorsam der Gilde ein Schaden erwüchse, an ihm und seinen Gütern schadlos halten würden.*
K I; Entwurf.

594. *1531 Nov. 11* (sampstags Martini). *Kassel.*
*Landgraf Philipp an Göttingen: überschickt die Vollmacht der Procuratoren*²) *der Evangelischen Stände am Kammergericht zur Besieglung*³)*; bittet sofortige Rücksendung.*
Acta Ref. I; Or. m. S.

595. *1531 Nov. 12* (sontag nach Martini). *Münden.*
Herzog Erich an Göttingen: übersendet N. 583, 584 und 590; fordert als Landesfürst, der seine schuldig und pillich hilf

---

¹) *Er war als solcher 1530 Oct. 10 (secunda post communes) proclamirt worden.* ²) *Zu Procuratoren werden ernannt Doctor Ludwig Hirter und Licentiat Johannes Helfmann. Die Vollmacht ist datirt vom 9. Juni (am fridag nach corporis Christi) 1531. Acta Ref. III. Von Johannes Stein beglaubigte Cop. Daselbst unausgefülltes Formular. cf. Neudecker, Urkunden, p. 182, woselbst aber die Namen falsch gelesen sind, welche nach der Göttinger Handschrift* Reyffstock *und* Helffman *zu lesen sind. Diese beiden waren schon April 4 (dinstages nach palmarum) zu Schmalkalden in Aussicht genommen. Bundesabschied. Acta Ref. III.*
³) *Sie geschah laut Rückschrift Nov. 13.*

*nicht weigern könne, dass Göttingen seine unziemlich und aigen-
willich furhaben einstelle und die Nonnen gemäss den bewilligten
Urkunden bei Vermeidung anderer Schritte behandele.*
Acta Ref. XIV; Or. m. Spur d. S.

596. *1531 Nov. 20.*
*Göttingen an [Herzog Erich]: vertheidigt sein Vorgehen
gegen die [Kloster-]Schwestern.*

Gnediger forst unde herre. Juwer furstligen gnaden
mit des durchluchtigesten hoichgebornen fursten hern Joachims
marggrafen to Brandenburg des hilligen Romischen rykes
erzchamerern und churfursten to Stettin Pommern etc. her-
togen burggraven to Norennberg und fursten to Rugen unsers
gnedigesten hern ok des ernvesten Bußen von Bertenßleve
hovetmanne der Olden Marck darinne gelechten schrifte be-
sweringe halven, de den grawen sustern by uns boven unße
gegeven sigil unde breife ore fundation angelecht schullen
werden, hebben wy ferners inneholdes vorstanden. Unde
geven juwen furstligen gnaden darup underdanichlig dessen
bericht, dat gemelte von Bertenßleve heft uns hirbevorn
gelikmetige schrifte der suster halven togesant, darup wy
ok siner erbarheid antworde und darby rechts irbedinge,
de unsers vorschindes by allen vorstendigen, wor de vor-
vorkomen, genuchsam schullen irkant werden, wedderumbe
bevalet der hopeninge, wy dat boven von ome uns to hoich-
gedachten unsern gnedigsten hern unde juwen furstligen
gnaden to vorungelimpende bilke scholden syn verschont
gebleven. Abir nicht deste weyniger wolden wy ungerne
den sustern unbilke artikel vorhoilden edder se widder
billicheid beswern, mag ok, will god, mit warheide nicht
waer gemaket werden. Unde hedden woll vil mehir grunt
unde orsake over se to clagende, dan wo unde in wat
gestalt sodann lude to uns hiringeschoven, is noch in ge-
danken veler minschen; leten dat woll in synen wegen. Id
syn abir sigil und breife in orer stiftunge, der se sich be-
romen, twischen uns unde one angerichtet und noch vor
ogen, der nicht wy sunder se uns in velen stucken, ome von
Bertenßleve tom dele hirbevorn entdecket, gar nedderfellich
geworden uns unßer friheid unde privilegien, so wy von
juwen furstligen gnaden unde sussent hebben, to nadele, dat
uns de lengide swerlig to vorduldende. Unde juwe furst-
lige gnade ok hoichgemelte unser gnedigster herre de marg-
grave des eigentlig wetten dragen mogen willen wy der
stucke itlige cropin. Tom ersten. De sustere inneholt der
fundation over ore gudere unde geschefte schullen gestaden

wertlige vormunden von uns to settende. Tom andern. De
tael der sustere steit mede by uns. Tom dridden. Weddewen
ane unsern fulbord schullen nicht ingenomen werden.
Tom veirden. Ane unsern consent schall nymandes von
buten her ingelaten syn. Tom viften. Eyne fruwen schullen
se tor maget hebben. Tom sesten. De kindere schullen
von allem erve unde gude vor der incledinge vorticht don.
Unde tom seveden schullen se wedder unße friheid unde
privilegien nichts handellen efte vornemen. Wo dan de unde
mehir artikel to lang to schrivende unde in orer angetogen
fundation¹) clerlig vorfatet unde doch von den sustern in all
nicht gehoilden edder genoich gedan, sunder uns so sigil
unde breife gelofte unde tosage unbilken entfallen sin. Dardorch
hebben se uns den gedanen geloven tobroken und
sodan fundation sigil und briefe so vele in one craftloß gewerket
unde mogen sick der nicht mehir (des wy rechtlige
irkantnisse konen lyden) irfrauwen. Dat uns nw de von
Bartensleve darboven vorment to bemoigende edder sodann
hus widder sigil breife fundation ane unsern willen bynnen
unser stad to becreftigende, vorhopen wy hoichgemelte unser
gnedigster herre de marggrave juwe furstlige gnade edder
nymandes ehirbarligen gemuts werden ome des bifallen. Wy
hadden ok woll to blifligen wegen unde irhoildinge des
susterhuses ut guder wolmenunge getrachtet, de vor gode
dem almechtigen unde der ganzen werlde tor ere sines godligen
namen und leve des nehisten scholden wol bekomen
hebben; nuw abir sulks vor willen nicht gud upgenomen,
mogen wy dat gode bevelen. Idoch so Busse von Bartensleve,
myt dem wy doch nicht dan alle gud unde in dessen
saken sunderliges nichts to schaffende wetten uns darboven
unberedet nicht wolde laten, vorbeheltlig unser widderclagen,
schullen juwe furstlige gnade unser boven andere rechtsirbedinge
ok in desser sake geschein²) to rechte mechtig
wesen. Deinstlig biddende juwe furstlige gnade uns to hoich
gemeltem unserm gnedigsten hern dem marggraveu juwer
furstligen gnade fruntligen leven omen unde vader vorbidden
sin churfurstlige gnade Bussen von Bartinsleven obin genant
late underwißen, he sick der sake bet unde warhaftiger
erkunde unde uns, darynne he noch foig noch recht heft,
unbedrovet edder tom weynigsten an rechtligen erkentnisse
benoigen late. Darynne juwe furstlige gnade sick gnedich
[erwiese]. etc. Datum 20 mensis Novembris anno etc. 31.
  Consules in Gottingen.

Acta Ref. XIV; Entwurf.

¹) *cf. N. 48.*   ²) *cf. N. 578.*

597. *1531 Dec. 8* (freitag noch Nicolai). *Nordhausen.*
Landgraf Philipp an Göttingen: ladet es im Auftrage der Stände[1]) disses niddern bezirks *zur Tagfahrt, welche auf des Curfürsten von Sachsen und anderer Einigungsverwandten Betrieb zum 19. Dec.* (dingstags noch Lucie) *nach Frankfurt a. M.* ausgeschrieben, *mit dem Ersuchen den Gesandten für alle Verhandlungen, namentlich für die über etwaige Gegenwehr Vollmacht zu geben;* meldet dass Goslar und Einbeck[2]) Lübeck Magdeburg Bremen und Braunschweig auch geladen seien.
Acta Ref. I; Or. m. Spuren d. S.

598. *1531 Dec. 9* (sonnavendes na Nicolai).
Einbeck an Göttingen: meldet, dass es von den zu Nordhausen versammelten Evangelischen Ständen Schriften erhalten habe und dass gleichlautende Göttingen wahrscheinlich durch gegenwärtigen Boten zugehen werden; bittet zu einer Unterredung an der langen Brücke vor Northeim am 11. Dec. (up erst kunftigen mandach) *zu 10 Uhr Morgens einige Rathmannen und den Syndicus Johannes Bruns abzufertigen.*
Acta Ref. I; Or. m. S.

599. *1531 Dec. 11* (mandages na Nicolai).
Einbeck an Johannes Bruns Syndicus zu Göttingen: bittet auf Grund der Unterredung und des Abschieds zu Northeim de formen oder notellen der constitution durch gegenwärtigen Boten zu schicken und Göttingens Ansicht über das auf gemeinsame Kosten mitzunehmende Pferd mitzutheilen.
Acta Ref. I; Or. m. S.

600. *1531 Dec. 12.*
Göttingen an Einbeck: meldet, dass es dieses Mal keinen drechligen clopper bekommen könne, dass es, wenn Adressat einen auftriebe und einen watsack, dar de unse syne cleid mede insteken mochte, hätte, seinen Stalljungen stellen und an

---

[1]) *Der Tag von Nordhausen war von den Oberländischen Städten nicht besucht. Die Beschlüsse wurden in Frankfurt a. M Ende Dec. vorgelegt. Sie betrafen die Wahl des Hauptmannes die Vertheilung der Stimmen und der Leistungen.* cf. Ranke a. a. O. III, p. 279. *Definitiv wurde die Sache in Frankfurt nicht erledigt. Die Fürsten und Grafen sollten bis 1532 Febr. 2* (purificationis Marie) *an Ulm und Magdeburg, die Städte bis Febr. 14 dem Curfürsten von Sachsen beziehungsweise dem Landgrafen von Hessen ire entlig gemut entdecken.* cf. N. 608. Rethmeyer, Kirch. Hist. III, 99. [2]) *Hildesheim und Einbeck, deren Aufnahme April 4 beschlossen wurde, waren bereits auf dem Frankfurdischen Tage im Juni erwartet worden. Magdeburg und die Sächsischen Städte wurden Juni 11 beauftragt, mit diesen und mit Hamburg zu unterhandeln.* Acta Ref. III.

*den Kosten theilnehmen wolle, widrigenfalls es bei den 3 Pferden
bleiben möge*, so werden se[1]) sick sussent in der upreiße na
gelegenheid wol wider bespreken; *schickt den Entwurf der
von seinem Syndicus abgefassten Vollmacht.*

Acta Ref. I; Entwurf.

601. **1531 Dec. 22.** *[Frankfurt a. M.]*

*Johannes Bruns an Bürgermeister Hans von Sneen:
meldet Tagesneuigkeiten.*

Dem erbarn Hanns von Snehin burgermeister etc. mynem
gunstigen heru unde frunde.

Mynen fruntligen deinst vor. Erbar unde gunstiger
leve er burgermeister. Ut bi vorwarten breve werden gy
vornemen wo unse handel steit. Wy drey Gosler Embig
und ick liggen to den „Dren schenken". Is eyn papist;
moten itzd neyn fleisch eten abir de wyn iß marter gud.
Ick hebbe juw unde juwer husfruwen eyn stovicken gewunschet, de smeket up der tungen; krige gy den des weit
ick nicht. Ick bidde, gy to tiden in myn hus gan und myner
maget nicht seggen, dat ick noch lange uteblive, sunder gy
vormoiden myner aller stunde. De churfirste heft hir eynen
graven und den marschalk de lantgraife Frederick von
Bonneburg und Notzbicker, de hertoge von Luneborch den
canzler[2]). Item hir sin ok de von Eßlingen. Hirmede vil
guder nacht; andere nye tidinge will ick medebringen.
Datum fridages na Thome anno etc. 31.

Johannes Bruns.

Briefsch. XVIII, E; Or. m. S.

602. **1531 Ende Dec.**[3]) (dingstach nach Lucie[4]) — angefangen folgend tage — geubet unde hute unden beschreven[5]) dat[o] genomen). *Frankfurt a. M.*

Abschied der Evangelischen Bundesverwandten.

— — —

Vertheilung der Geschütze auf die einzelnen Bundesglieder.

— — —

Goslar Göttingen und Einbeck stellen zusammen: 1 heubt-

---

[1]) Damit müssen die Geschickten gemeint sein, welche aber nicht
erwähnt sind.   [2]) Seckendorf a. a. O. III, p. 16.   [3]) cf. ebendaselbst.
[4]) Dec. 19.   [5]) Fehlt in der Vorlage.

stucke 1 noitslange 3 veltslange 40 dubbelthaken 100 halbhaken 300 man harnisch 3 bussenmester 250 zintener pulvers.

Namen der Bevollmächtigten:
Goslar: Johann Hart secr[etarius], Wilhelm vom Hagen; — *Göttingen:* Johann Brun; *Einbeck:* Mathias Knipping.
Acta Ref. III; Entwurf.

603. *1532 Jan. 17* (am tage Anthonii confessoris). *[Walkenried.]*

Abt Paulus von Walkenried an Göttingen: meldet auf den Vorschlag einer Unterredung, dass er zur Zeit nicht nach Göttingen kommen könne; bittet die Geschickten der Stadt, welche um Jan. 25 (umb s. Pawels tag) *nach Goslar gesandt werden sollen, für die betreffende Angelegenheit zu instruiren, da er Jan 25 und 26* (uf den donerstag conversionis Pauli und den freitag darnach) *daselbst anwesend sein werde.*
Z III; Or. m. S.

604. *1532 Jan. 22* (mandages na Fabiani).
Einbeck an Göttingen: bittet morgen zu 10 Uhr den Syndicus Johannes Bruns und einen Rathsfreund zum Kloster Höckelheim zu einer Unterredung von wichtigen Angelegenheiten zu senden.
Briefsch. V, C; Or. m. S.

605. *1532 Febr. 5. Braunschweig.*
Die Vertreter Lübecks Goslars Magdeburgs Braunschweigs Göttingens Einbecks beschliessen die Anlage von Proviantvorräthen und bestimmen die Handhabung derselben für die Dauer des Christlichen Bündnisses.

De gesanten bodeschop und vorordenten rede der erbaren stede der Cristlichen voreninge als Lubeck Goslar Magdeburg Brunßwigk Gottingen und Eimbeck, so itzunder hir to Brunßwigk vorsammelet, hebben ut getruwer guder wolmeynunge to dusser tyt vor noidig todrechlick und gut angesein: dat sick in dussen ßweren luften ein itlike vorbenante stad vormyldest goitlicher hulpe myt einem guden vorade an keren und ander lyves noittruft vorsehen und besorgen schall; und wo dusser cristlichen angefangen sake halven eine beßwerlicke wyderinge vorfallen worde, dat doch der almechtige wyl gnedichlick vorhoiden, dat ut dussen steden keynerley profande wedder an beyre molthe kerne brode haveren noch andere noittruft den weddersakeren utgestadet noch togefort werde; dat ok in einer itlicken stad den borgeren und in-

woneren to beqwemer tyt by ßwarer penen to vorkundigen und to vorbedende; dat schall ein stad der andern korn bottern und alle ander profande to orer sulvest behoif und noittruft vor ein temelick gelt tokomen laten. Dut wo vor berurt schall einer ytlichen stad dorch ore bodesschop myt allem getruwen flyte angebracht und vortgesettet werden. Et schall ok den toverlatgen entlichen avescheit hirmede hebben, wor dut vor mytfasten[1]) negestkomen nicht wert afgescreven, dat et hirby de tyt over, so in der upgerichten Cristlichen vorstentnisse utgedrucket[2]) schal blyven verbelevet und angenomen sin und in aller cristlichen truwe ßo geholden werden. Wo ok dorch ein edder mer stede hirwedder gehandelt worde, des men sick doich keins weges vorsehn wyl, de schal na gestalt der overtredinge myt ernste gestraffet werden. Dussen avescheit hebben de geschickeden und vorordenten der vorbenomeden erbarn steden myt oren upgedruckeden pytzern vorseggelt, der gegeven und vorhandelt is to Brunßwigk am dage Agate anno etc. im twe und drittigesten.
Hanseatica II; Or. m. 6 S.

606. *1532 Febr. 5* (am tage Agathe). *Braunschweig. Instruction der in Braunschweig versammelten Sächsischen Städte der Christlichen Vereinigung für ihre Gesandten Andreas Stolp Secretär zu Lübeck und Henning Probst Bürgermeister zu Braunschweig.*

Nach Berathung der in Frankfurt a. M.[3]) vorgelegten nottel von Nordhausen wünschen die Auftraggeber 1) an Stelle von 5 Stimmen 8, von denen Lübeck und Bremen 1 und die Sächsischen Städte 1 führen sollen; 2) nehmen sie die Bestimmungen über die Anlage der Beiträge in folgender Weise an, dass a) nach Febr. 22 (nach kumpftigen cathedra Petri) in Weimar Kassel und Strassburg über die Einzahlung der Anlage Erkundigung eingezogen werden soll, dass b) die Sächsischen Städte in Braunschweig, die Oberländischen in Strassburg ihre Beiträge einzahlen, dass c) Braunschweig behufs verlangter Sicherstellung des Hauptmanns und der Kriegsräthe über die eingezahlten Gelder dem Curfürsten von Sachsen Bericht erstatte und, falls dieses nicht genüge, von ihm weitere Anweisung bekomme, dass sie d), obgleich die Bestimmung, dass die Beiträge zur beharrlichen und eilenden Hilfe gleicher form und gestalt entrichtet werden sollen, beschwerlich sei, abgesehen von etwaigen weiteren Forderungen (zulage), in die Entrichtung für 2 Monate willigen,

---

[1]) März 10. [2]) d. h. auf 6 Jahre. [3]) cf. N. 597, Anm. 1. Rethmeyer a. a O. 101.

wovon für den 1. Monat Febr. 22 (auf kunpftigen [cathedra] Petri) *für den 2. Monat auf des Hauptmanns und der Kriegsräthe Forderung bezahlt werden soll, sofort, nachdem die Entrichtung für den 1. Monat angegriffen sein werde;* 3) *entscheiden sie sich für 8 Kriegsräthe, von denen Lübeck und Bremen 1 und die andern [Sächsischen] Städte 1 ernennen und dem Curfürsten anzeigen, doch sollen die beiden Kriegsräthe von allen stenden diß orts sampt mit der zerung unterhalten werden;* 4) *soll der Hauptmann nur mit Zuziehung der Kriegsräthe Unterhauptleute annehmen dürfen, welche dann allen Bundesgliedern erforderlichen Falls zur Verfügung stehen;* 5) *darf die Erhöhung der Geldleistung für die eilende Hilfe nicht vom Hauptmann und den Kriegsräthen allein, sondern erst nach Berathung mit den Ständen vorgenommen werden, welche auch einberufen werden müssen, wenn die 2000 Reiter und 10000 Fussknechte nicht genügen sollten und die beharrliche Hilfe geleistet werden müsste; wenn keine Zeit mehr dazu vorhanden wäre, soll sich jedes Bundesglied gemäss der Hauptverschreibung halten;* 6) *nehmen sie die übrigen Punkte an;* 7) *gehen sie auf des Landgrafen Antrag ein, die Vertheilung der Geschütze zu ändern;* 8) *wünschen sie, dass der nichtregierende Hauptmann im Fall der Noth persönlich Zuzug leiste.*

Acta Ref. III; Cop. Angeführt: Rethmmeyer, Kirch. Hist. III, p. 102.

607. *1532 Febr. 5. Braunschweig.*
Die Gesandten Goslars Magdeburgs Bremens Braunschweigs Göttingens und Einbecks an Lübeck: bitten um Berufung der Hansestädte namentlich wegen der Religionssache.

Den erbarn achtbarn hoch- und wolwisen borgermestern und rade der stad Lubeck unsen besundern gunstigen guden frunden.

Unse ganz willige und fruntlike deinste alletit tovorn. Ersamen achtbarn hoch- und wolwisen besundern gunstigen guden frunde. Demena juwe erbarkeit ore gesanten up den jungsten Franikfordischen genomen anescheit hirher geferdiget und von denen vorafscheideten saken goddes chere und syn ewich blywent wort belangende hyr under unß gehandelt, des denne juwe erbare wisheit van den oren wol guden bericht werden entfangen, so weten wy doch juwen erbarkeiten alse unsen medevorwanten frunden im besten deinstliker und fruntliker meninge nicht to bargen, dat, nademe in dussen lesten tiden ut der gnade goddes des alderhohesten by juwen erbaren wisheiten ok by uns und an. velen andern enden goddes wort reyne und klar ane alleu minschliken tosat wert geprediget und vormoge dessulven nicht allene

vele misbruke, sunder ok goddes lesterungen und afgodderie
synt afgestellet worden, und darmede wy nu alle by der
gotliken erkanten warheit blyven und ut der kraft tor ewigen
herlicheit komen und dem satan und allen goddes fienden
vormiddelst gotliker hulpe wedderstaen mochten, dat wy vor
christlick gut und forderlick angesehen, so verne dat juwen
erbaren wisheiten ok mede gefallen wolde, dat juwe erbare wisheit
alßo dat hovet de erbarn stede der Hantze tom forderlikesten
hetten vorschrewen vornemeliken van den vorberoden saken,
dat ewichblywenden goddes wort bedrepende, ok darbeneven
van velefeldigen untelligen besweringen, de den erbarn
Hantzesteden beiegen, to gemeiner wolfart ok to erholdinge
hergebrachter friheit rechtens und fredes mit der hulpe goddes
to ratslagen und in den saken, wes sick einer tom andern
entliken vorsehen mochte, mit gudem ripem rade dat christ-
lick und erlick to besluten ok darup eine etlike stad gutliken
to vormanen de oren mit fuller gewalt aftoferdigen. Wy
twivelen gar nichts darane, dat worde godde dem almech-
tigen to love to gemeiner wolfart und unß allen to allem
guden und besten gedien, dat wy juwen erbaren wisheiten
also fruntliker wolmeninge to erkennen geven, de denne mit
aller schicklicheit dut unse fruntlick und wolmeinlick ansoken
wol wider weten to vorforderen, mit fruntliker bede unß
hyrinne nicht anders den mit dem besten to vormerken.
Juwe erbare wisheit willen sick hyrinne forderlick und
gutwillig bewisen, dat synt wy umme juwe erbare wisheit in
aller fruntschop gutwilligliken to vordeinen erbodich. Datum
under unserm der stad Brunswigk secrete, des wy andern
hyr mede samptliken dusser tit gebruken, am dage Agathe
anno etc. 32.

De gesanten und vorordenten der erbarn stede Goßlar
Magdeborg Bremen Brunswigk Gotting und Embeck itzt to
Brunswigk vorsammelt.

Hanseatica II; Cop.

608. *1532 Febr. 16* (sonnavendes na Esto mihi). *Torgau.*
*Curfürst Johann an Andreas Stolp und Henning Probst:
übersendet abschriftlich die Briefe*[1]) *der Oberländischen Städte*

---

[1]) *Jan. 23* (dinstages nach Sebastiani) *schreiben die zu Ulm ver-
sammelten botschaften gesanten und vorordenten von Strassburg Constanz
Ulm Eslingen Reutlingen Memmingen Lindau Biberach und Isny an den
Landgrafen Philipp, dass sie die für die eilende Hilfe bestimmten 70000 fl.
für 2 Monate erlegen wollen und sich für 9 Stimmen entscheiden, da
der Landgraf der Curfürst und die Fürsten die von den Städten vor-
geschlagenen 8 Stimmen nicht annehmen wollten. Febr. 5 schreibt Strass-
burg dem Landgrafen, dass es, obgleich es nicht in Ulm vertreten war,*

an den Landgrafen, in denen sie sich für 9 Stimmen entscheiden; fordert, dass nun auch die Sächsischen Städte ihre Beschwerden fallen lassen, damit man zum Ziele gelange ohne Aufwand an Kosten und Zeit für eine neue Tagfahrt.

Zettel: meldet, dass er und der Landgraf die 9 Stimmen annehme, die nach Massgabe der für diesen Fall in Frankfurt a. M. getroffenen Bestimmungen gehandhabt werden sollen.

Acta Ref. II; Cop.

609. *1532 Febr. 19.*

Göttingen *an* eddelle unde wolgeborn strenge unde ernveste gnedige junchern: *wundert sich über deren Drängen, dem Nonnenkloster Gerden die fälligen* tynse *auszuzahlen, da Göttingen dem Kloster den Verträgen gemäss mehr gezahlt habe als anderen, welche im Stifte Paderborn sitzen; meldet, dass es die Zinsen nach dem Fusse von 4 %, in Schreckenbergern in Lübischer und Göttinger Münze, welche alle im Paderbornischen genommen würden, übersende, 7 Schreckenberger oder 14 Lübische Groschen oder 69 Göttinger [Groschen] auf 1 fl. gerechnet; bittet die Nonnen zu bewegen, sich mit dem Ueberschickten zu begnügen.*

Zettel: schlägt für den Fall, dass die Nonnen sich an den geschickten Zinsen nicht genügen lassen, vor, das Kapital in 4 Jahren, in jedem Jahr 300 fl., ane pension *zurückzuzahlen, worauf andere Gläubiger eingegangen seien.*

Briefsch. XX, D; *Entwurf.*

610. *1532 Febr. 22.*

Braunschweig an Göttingen: meldet des Curfürsten von Sachsen Antwort auf die Gesandtschaft der Sächsischen Städte[1]).

Den ersamen und wisen borgemestern und rat der stad Gottingen unsen gunstigen guden frunden.

Unse fruntlige dienste tovor. Ersamen wisen gunstigen guden frunde. Juwe erbarkeit hebben ane twifel van oren gesanten to nu vorgangen purificacionis Marie[2]) alhier to dage gewesen in orer heimkunft wol gehort, mit wat bevel und schriftlicher instruction die erbarn und wisen meister Andreas Stolp Lubecksche secretarius und Hening Prowest unse borgemeister an churforstliche gnade von Sachsen sin

---

der Städte Schreiben habe vorsecretern lassen und dasselbe annehme. In Kassel wurden die Schreiben Febr. 10 vorgelegt. Febr. 21 (mitwoch nach dem sontag invocavit) *meldet Ulm. namens der andern Städte an Magdeburg, dass von 9 Stimmen 5 die Fürsten, 4 die Städte führen sollen.* Acta Ref. II; Cop. [1]) cf. N. 608. [2]) *Febr. 2.* cf. N. 605 u. 606.

afgeferdiget worden. Alse nu de beiden wedderomb alhier, dem herren sie dank, mit glucksaliger wolfart sin angekomen, so hebben wi hude dato ut orer relation unter andern vornommen, dat churforstliche gnade vlitigen dana geforschet, eft ok ore erbarkeiten van unser aller wegen bevel gehat in den upgetekenden beschwerungen over de Northusischen gestalten noteln und ore overgeven instruction mildering behandelen to laten. Also ader bi unsen gesanten sodan bevel nicht is befunden, is von oren churforstlichen gnaden vor gut und unvormitlick angesehen¹) worden, dat, nadem de antwort van den Overlendischen steden domals noch nicht ingekomen were, wan sin churforstliche gnade des vam lantgraven to Hessen berichtet wer worden, dat alsdan noch ein ander dag angesattet werden, dar men sick aller puncten entlichen hedde mogen vorliken. Und alse un darup unser aller gesanten einen avescheit und ore wedderreise up Wittenberge genommen hebbe sick begeven, dat churforstliche gnade an se geschreven und onen de gefallen antwort der Overlendischen stede na lude ingelechter copien hebbe laten bevalen. Diewile nu darut wert befunden, dat de Overlendischen stede den handel und jungsten Franckfordischen genommen avescheit in allen puncten und artikeln vorwilligen und dem lantgraven von Hessen unsem gnedigen hern togeschreven hebben, wo ut anderen biliggenden coepien to befinden, so wert nu, wo churforstliche schrifte utfuren, van uns allen des Sachsischen kreises ok gesunnen unse angetogen beschwerunge fallen to laten unde des sine churforstliche gnade tom forderlichsten to beantworden. Der aller wegen geven wi jwen erbarkeiten dut alles na noturft to bedenken, de uns ok darup ore entlike meininge willen schriftligen wedder vorstendigen, up dat wi churforstlicher gnade to Sachsen tom forderlichsten, dat geschien kan und mag, mogen weten to beantworden. Und des gutwillig sin vordene we gerne. Geschreven under unsem secret donnerdages na dem sondage invocavit anno etc. 32.

De rad der stad to Brunschwigk.

Acta Ref. II; Or. m. S. Angeführt: Rethmeyer, Kirch. Hist. III, p. 103.

611. *1532 März 1* (freitags nach reminiscere). *Torgau. Curfürst Johann an Magdeburg: übersendet der Curfürsten Albrecht von Mainz und Ludwig von der Pfalz Antwort²),*

---

¹) *Vorlage:* angesehen. ²) *Mainz, Febr. 7* (auf mytwoch nach purificationis Marie) *1532. Acta Ref. III, Cop. Es wurde ein Verhandlungstag zu mytfasten (März 10) vorgeschlagen und zugleich beantragt,*

dass der Kaiser einem fritlichen anstant geneigt sei; meldet, dass er und der Landraf Philipp in einen Tag gewilligt; fordert, dass Adressat behufs Beschickung desselben den Sächsischen Städten Mittheilung mache.
1. Zettel: erinnert, dass Juni 1531 beschlossen wurde, dass Strassburg Lübeck Ulm Magdeburg Bremen Braunschweig von irer selbs wegen und mit gewalt der andern *an den Verhandlungen [mit den beiden Curfürsten] Theil nehmen sollen*[1].
2. Zettel: zeigt an, *dass die Verhandlungen März 30* (auf den sonnabent vor ostern) *in Schweinfurt beginnen sollen.*
Acta Ref. III; Cop.

612. 1532 März 5 (dynstageß na oculi). *[Göttingen.]*
Johann Holtborn[2]) vor Zeiten in das Pauliner Kloster zu Göttingen eingetreten, urkundet, dass ihm der Rath von Göttingen, als er den banden und stricken *[des Klostergelübdes]* entgan wollte, dasjenige, was er in das Kloster gebracht, gewyliget und er am Klostergute keine Ansprüche mehr habe.
K VIII; Or. m. Unterschrift.

613. 1532 März 7.
Magdeburg an Braunschweig: meldet, dass es einen Städtetag in Braunschweig nicht besuchen könne; fordert, dass die einzelnen Städte den Tag [von Schweinfurt] beschicken.

Den ersamen wisen heren burgermestern und ratmannen der stad Brunswigk unsen besunderen gunstigen frunden.

Unsen fruntliken deinst tovorn. Ersamen wisen heren und besundern guden frunde. Welker mate de gespeen und errung, so ein tit lank up unheil sarlich gestanden, to eynem gemeinen christliken frede wente up ein concilium von etliken hoches standes to bearbeiden bedacht und guder wolmeninge vorgenomen und wes derwegen chorfurstliche gnade to Sassen ansynnen und beger unß togeschreven, hebben juwe erbare wisheit ut ingelechten copien allenthalven hochgenanten unses gnedigsten heren chorfursten to Sassen gnedige und gude wolmeninge to bedenken. Wy wolden ok mit allem flite to unser aller notorfte und eigenem besten, wu begert, sulkes gerne vorforderen juwe erbare wisheit sampt de andern Evangelische stede disses kreisse[s] und, wu vor berort, itzt in dusser evangelischen saken to gelegener stede bescheiden und vorschriven. Dewile aver juwe erbare wisheit velichte

---

dass sich die Einigungsverwandten zur Zeit des nach Regensburg ausgeschriebenen Reichstags in Nürnberg einfänden. ¹) cf. N. 572 Anm. 1.
²) cf. N. 486.

ut der stad Brunswigk der swaren fientschop halven sick to
vordagen beschwert, und itziger tit wy gelickmetige orsaken
gen Brunswigk edder dessulvigen ordes to reisen nicht ge-
ringe bedenken, darto wy von unses gnedigsten heren des
cardinals heimvorordenten reden in ganz wichtigen unser stad
velen anliggenden gescheften ok itziger tit dageleistung an-
genomen, so dat unß der tit halven nicht mogelick is ander
dageleistung to gewarden, und erwegen, dewile de andern
erbarn stede disses ordes vaste Brunswigk gelegen und also
dorch juwe erbare wisheit bequemeligsten und schiklikst ut-
torichten und dat de erbarn stede Bremen Goßlar Gotting
und Eymbeck disses kreisses gen Brunswigk dorch juwe
erbare wisheit vordaget und angezegede notsake up mede-
beschickung solker vorhandelung tom cristliken frede dorch
juwe erbare wisheit in betrachtinge wat merklick grot darane
gelegen upt flitigeste vortgesat worde, also dat geschickede
und vorstendige persone nemlick van juwer erbarn wisheit
eyne Bremen ok eyne Goßlar eine Gotting und Eimbeck
eine angeferdiget worden, so wolden wy ok eyne persone
sulker berurden maten tom angesatten dage up de bestem-
meden tit tor stede hebben und dat dusse terung unkoste
unß gelikmetich wu jungst alle intsampt bedrepen scholde.
Juwe erbare wisheit willen sick nach gelegenheit der dinge
unbeswert hirinne gutwillich erzeigen und in dem nichts to
einger vorhinderung erwinden laten, darmit wy allenthalven
nicht by churfurstliger gnade to Sassen und andern biplich-
tigern des hilligen evangelions, alß dat wy nicht tor sake
doen wolden, up hoen spot und ganz un[li]delikeu nachdeil
vormerket werden mochten. Derhalven also to vorfolgen
wy unß genzlick to juwer erbarn wisheit alse leefhebbern
des ewigen und durbaren worde goddes ungetwiveldes tovor-
sichts genzlick vorsehen, willen wy alle tit ungespardes flites
ok wedderumme fruntlick gerne vordenen. Datum under
unser stad secrete donnerßdags nach oculi anno 32.

Ratman und ingemester der olden stad Magdeborg.

Acta Ref. II; Cop.

614. *1532 März 7* (donstages na oculi). *[Göttingen.]*

*Andreas Molthane früher Koch im Pauliner-Kloster zu
Göttingen urkundet wie N. 612.*

*K VIII; Or. m. Unterschrift des Nicolaus Hanawer an Stelle des
schreibunkundigen Andreas.*

615. *1532 März 7* (donnerstages nach oculi). *[Göttingen.]*
Andreas Kelner vor Zeiten in das Pauliner-Kloster zu Göttingen eingetreten, urkundet wie N. 609.
K VIII; Or. m. Unterschrift.

616. *1532 März 10* (sondages letare).
Braunschweig an Göttingen: übersendet N. 612; meldet, dass es seinerseits, weil mit einer Berathung in Braunschweig Zeit vorspildit werde und Unkosten verbunden seien, einen Gesandten nach Schweinfurt schicken wolle, was es auch Bremen und Göttingen zugeschrieben habe.
Zettel: Ok gunstigen frunde. Dewile juwe erbarkeit von Gottingen oren andeil der geschenen teringe na Torgaw noch schuldich und juwe erbarkeit von Eimbick weten, dat juwe anpart to dersulven teringe na lude unser vorigen scrifte ok noch nicht ingekomen is und catedra Petri[1]) vorschenen, so twivelen wi nicht juwe erbarkeit werden sick darmede ok ore[2]) erbarkeit von Eimbeck mit orem andele tor ilenden hulpe up genomen avescheit intobringende wol gescicket maken, dat derhalven bi uns nein mangel gesport moge werden. Datum ut in litteris. Juwe erbarkeit wille dusse boden lonen.
Acta Ref. II; Or. m. S.

617. *1532 März 16* (sabbato post letare).
Einbeck an Göttingen: bittet auf die am 15. März (jungest vorgangen fridage) *an der langen Brücke zu Northeim gehalte Unterredung und auf N. 616 nebst Beilagen, dass Adressat seinen Syndicus Bruns oder einen andern in seinem und Einbecks*[3]) *Namen nach Schweinfurt sende und die Gesandtschaftskosten bis zur Heimkehr auslege.*
Acta Ref. II; Or. m. S.

618. *1532 März 18* (mandages na judica).
Göttingen an Herzog Erich: meldet, dass einer von denen, welche dem steinernen Löwen, der lange Jahre up der muren jegen den markte gestanden, eine Tonne angehängt haben, gefänglich eingezogen, seine Schuld eingestehe und andere anzeige, welche seiner Meinung nach aus der Stadt entflohen; bittet uns upt forderligste to vorstendigende, damit die Stadt unvordechtlig handele[4]).
L I; Reinschrift.

---

[1]) *Febr. 22.* [2]) *Vorlage:* j[uwe]. [3]) *cf. N. 623.* [4]) Casus leonis. An der ecken jegen dem raidhuße und markide midden in der stad

619. *1532 März 18* (secunda post judica).

Göttingen an Braunschweig: meldet auf N. 616, dass es Mittheilung an Einbeck gemacht und mit demselben Unterredung gehabt habe; übersendet abschriftlich N. 617; bittet, indem es zur Zeit in Fehden verwickelt seinen Syndicus nicht missen könne, dass Braunschweig die Vertretung von Göttingen und Einbeck in Schweinfurt übernehme, da der Curfürst [von Sachsen] aller stede in sondernheid beschickinge *nicht zu fordern scheine und* unsers bedunkens ok der unsern hirto woll ane noit; *will an den Gesandtschaftskosten participiren.*

Zettel: verspricht auf Zettel von N. 616 mit der nächsten drechlige[n] *Botschaft seinen Antheil zu entrichten, verweist in Bezug auf Einbeck auf dessen beigelegten Zettel.*

Acta Ref. II; Entwurf.

Gottingen steyt eyn steinen lauwe, dem wert up middeweken und sonuavent eyn fenlin angesteken; bedudet den frymarket. Darto is de lauwe in unßer gnedigem herschup von Brunßwig schildc dat hovetstucke. Nuw heft sick begeven, dat im vorgangen winter sin itlige inwoner to Gottingen by nachtslapender tid tor zeche geseten unde sin drey von densulven spasßeren up de gassen gan. Eyner von densulven heft eyne leddige haringes tunnen by der want gefunden unde wenter by den vorigen lauwen gefort. Do heft de andere von den drey de tunnen upgehaven unde dem lauwen up de kop gesat. Stunt dar bet up den morgen an den dach. Des heft sick unße gnedige herschup to moide getogen. Siner forstligen gnade wapen dermaten to besmehende wert bynnen unser stad — ok vorachtlig angesehin. Wuwoll nw de deder lange unbekant gebleven, ßo is doch de principal, de de tunnen dem lauwen an den hals geworpen eynem erbarn rade in de hefte gekomen und ist der daet bekennich. Nuw meynen des deders fruntschup, de daet sy nicht unser gnedigen herschup to smehe ßunder in drunkener wiße ut lichtferdicheid geschein. Wuwoll nw hir noch noyn cleger, ßo weren doch eyn erbar raid y nicht anders genegt, dat hirinne wu billig unde recht to handelende up dat se nw sulken desto staetliger jegen unße gnedigen herschup unde mennichligem vorantworden und des unvordacht blyven mochten, begeren se anwisinge des rechten. *E I. Der Gefangene, Bastian Notemann, wurde 1532 Aug. 1* (am dage vincula Petri) *der Haft entlassen nachdem er unter Bürgschaft von 16 Göttinger Bürger geschworen nichts gegen die Stadt vorzunehmen;* ok schall und will d[e]sulve Bestian des rades, alse he ok rede is, ewige gefangen sin und sick jo des jars eins in den hilligen dagen to pinxten, alse he sick reide hirbevor vorplichtet, und sunst instellen, *namentlich wenn der Herzog eine Anklage gegen ihn anstrengen würde; er verspricht sich in Rechtshändeln den Entscheidungen des Rathes und der competenten Gerichte zu unterwerfen und sich vom geleisteten Eide durch Niemand dispensiren zu lassen. Dem flüchtigen Valentin Hardenberges wird 1532 Sept. 28* (des sonnavendes nach Mattei) *die Rückkehr in die Stadt erlaubt, nachdem er versprochen sich im Fall einer Klage des Herzogs zu stellen. Der Löwe stand* up der muren s. Johannis kerkhove jegen dem rathuse. *Lib. mandatorum. Abth.. Urfehden. f. 59 a—d.*

620. *1532 April 10* (mitwochen nach quasimodogeniti). *Marburg* (Martp[u]rg).

Superintendent *Adam Fulda an Göttingen*: antwortet, dass er zur Zeit nicht ohne fürstliche Erlaubniss nach Göttingen kommen könne[1]; verspricht, falls ihm die Höhe der Besoldung des Superintendenten bekannt gemacht werde, sich nach einer geeigneten Persönlichkeit umzusehen.

K 4; Or. m. S.

621. *1532 April 16.*

Göttingen an [Adam Fulda]: meldet auf N. 620, dass es wohl wisse, dass er ohne des Landgrafen von Hessen Erlaubniss nicht nach Göttingen kommen könne; hofft aber, falls er für seine Person darauf eingehe, mindestens eyn jar by uns to lernende und sodann ampt to vorwarende, *die Erlaubniss dazu zu erwirken;* bittet sonst einen andern gelarden von vorstentliger sprake *für die Hauptkirche und Superintendentur wo möglich bis zu Johannis zu beschaffen, dem es für 1 Jahr 80 fl. zu 40 Math. zu geben verspricht, womit er in Göttingen die Ausgaben für Haus und Gesinde bestreiten könne.*

Zettel: bittet zu melden, ob der betreffende sick ok der hilligen sacramente to vordelende understan mochte *oder ob ihm zu dem Zwecke ein Capellan beigegeben werden müsse.*

K 4; Entwurf.

622. *1532 April 19* (sonnabent nach misericordias domini). *Marburg.*

Adam von Fulda an Göttingen: antwortet auf N. 621, dass er bereits nach dem ersten Schreiben Göttingens wegen eines Superintendenten an seinen Herrn [den Landgrafen Philipp] geschrieben habe, ohne bislang eine Antwort zu haben; will Mag. Paulus Honorius, den er empfehlen könne, für den Adressaten werben; verspricht Nachricht, wenn die Unterhandlung scheitern würden.

K 4; Or. m. S.

623. *1532 Mai 7* (dinsedages na vocem jocunditatis). *Schweinfurt.*

Abschied der Evangelischen Bundesverwandten auf dem Tage zu Schweinfurt, wo Braunschweig Goslar Göttingen und Einbeck durch Dietrich Prutze vertreten werden.

Von dem Frankfurter Abschied soll die Sächsische Canzelei 4 Originalexemplare ausfertigen, von denen je 1 der Curfürst

---

[1] *cf.* N. 456.

*von Sachsen der Landgraf von Hessen Lübeck und Strassburg
erhalten*[1]).

Die Sächsischen Städte sollen Juni 15 Abends (up negist
sonnavent s. Vits) *in Braunschweig zusammen kommen, wo
sich auch Herzog Ernst von Braunschweig und auch Gesandte
des Curfürsten einfinden werden, um daselbst* solicher gebrechen,
so se vorgewent, entlig one witer hinder sich bringen to
vorgeligen und to sliessen.

— — —

*Es soll in Braunschweig dahin gewirkt werden, dass die
Gelder gemäss dem ersten Abschied von Nordhausen in Magdeburg eingezahlt werden*[2]).

— — —

*Auf den Antrag, dem regierenden Hauptmann im Kriegsfall monatlich 1000 fl. für die Tafel und 500 fl. für seine
Umgebung, abgesehen von der Trabanten* lib und wunt, *welche
von allen Bundesverwandten* over dat *versoldet, zu zahlen,
wollten die Städte im Ganzen 1200 fl. bewilligen, worauf die
Vertreter der beiden Fürsten nicht eingingen, desshalb versprechen die Gesandten der* Luneborgeschen ok der Sassi[s]chen
*Städte ihrer Auftraggeber Antwort nach Braunschweig zu
bringen und die der Oberländischen, sich dem dort gefassten
Beschlusse unbedingt zu fügen.*
Acta Ref. III.

624. *1532 Mai 24* (am fridage in den hilligen pingesten).

*Goslar an Göttingen: meldet, dass Braunschweig, nachdem
die Verhandlungen von Schweinfurt, wo Goslar Braunschweig
Göttingen und Einbeck gemeinsam durch den Braunschweigischen
Secretär Dietrich Prutze vertreten waren, verlegt und eine
Neubeschickung nothwendig wurde, Dietrich Prutze namens der
4 Städte zu dem auf den 3. Juni* (up negest kunftigen mandach nach corporis Christi) *ausgeschriebenen Tag von Nürnberg
auf gemeinsame Kosten abfertigen wolle, da Goslar, dem Göttingen und Einbeck es überlassen, sich wegen der Beschickung
mit Braunschweig zu einigen, zur Zeit Niemand senden könne;
schickt die von Braunschweig und Goslar besiegelte Instruktion*

---

[1]) Correctur der Northuschen notuln und Franckfordische genomen
avescheit. 24 S. fol. Undatirt. Cop. Acta Ref. III. cf. N. 605. Mit
vielen Abänderungen übergegangen in die Verfassungsurkunde von 1533
Juli 2 (mitwochen nach Petri et Pauli), die 1535 Dec. 23 (donnersdages
nach Thome apostoli) zu Schmalkalden Zusätze erhielt. Lib. Cop. C,
f. 14 a—19 b. cf. N. 656. [2]) Abgelehnt. cf. Zeit- u. Gesch.-Beschr.
d. St. Gött. II, p. 418 und Lib. Cop. C, f. 15 b.

und Vollmacht für den Gesandten zur Besieglung mit der Bitte, es zu gleichem Zwecke Einbeck zu übermitteln.

Zettel: bittet Adressaten seine Geschickten, da die Sachen, welche Juni 15 (up s. Viti) *auf dem Tage zu Braunschweig verhandelt werden sollen, wichtig seien und Goslar und Braunschweig eine Vorberathung durch die Sächsischen Städte für wünschenswerth hielten, seine Gesandten einen Tag früher abzuschicken, worum Lübeck und Bremen bereits ersucht worden.*

Acta Ref. II; Or. m. S.

625. *1532 Mai 24* (fridages in der pinxtweken).

Goslar Braunschweig Göttingen und Einbeck instruiren den Braunschweigischen Secretären Dietrich Prutze für den in Religionssachen angesetzten Tag zu Nürnberg, der am 3. Juni (schersten mandages na corporis Christi) *beginnen soll, dass sie, nachdem er sie von den Verhandlungen*[1]) *der Curfürsten von Mainz und Pfalz mit den Einigungsverwandten und vom Abschied zu Schweinfurt unterrichtet, in den Glaubenssachen nachzugeben geneigt seien und bevollmächtigen ihn zu Führung und Abschliessung von Verhandlungen, durch welche* de grot wichtigen saken — — mochten wente to einem frien gemeinen cristligen concilio in fretligen anstant gebrecht werden.

Acta Ref. II; Cop.

626. *1532 Juni 19* (mitwochens na Viti). *Braunschweig.*

Abschied des Herzog Ernst von Braunschweig der curfürstlichen Räthe und der Städte [Lübeck Goslar Magdeburg Braunschweig Göttingen Einbeck].[2])

Die Städte sollen die von ihnen bewilligte anlage des einen monats *in 14 Tagen in Braunschweig* uf gewontlige qwitanz *einzahlen,* in welchem irem geborligen anteil, daß ßo inen der 7000 gulden halben zu erlegen uferlecht auch ßall gezogen und hinterlecht werden.

Acta Ref. III; Cop. Gedruckt: Zeit- u. Gesch.-Beschr. d. St. Gött. II, p. 416—419.

---

[1]) *Die Instruction der Gesandten der beiden Curfürsten an die zu Schweinfurt versammelten Einigungsverwandten Acta Ref. III. Daselbst Antwort und Replik.* cf. *Sleidan a. a. O. I, p. 474 ff. Bucholtz a. a. O. III, p. 30 ff.* [2]) *Juni 28* (fridagis na Johannis baptiste) *übersendet von Einbeck aus Johannes Cordewaen an Johannes Bruns die gewünschte N. 626.* Acta Ref. II; Or. m. S. Gedruckt: Zeit- u. Gesch.-Beschr. d. St. Gött. II, p. 419.

627. *[1532 Juni 19. Braunschweig.]*
Denkschrift der in Braunschweig vertretenen Städte an Herzog Ernst und die Cursächsischen Räthe über die von ihnen für das Evangelische Bündniss bewilligten Leistungen[1]*).*

Jesus. Hirnach folget wes dem jungesten zugeschrebin Swinfordischen abschede nach hir uf dem dage zu Brunßwig dem dorch[luchtiden] hoich[gebornen] fursten hern Ernste to Brunßwig unde Luneburg herzogen irem gnedigen fursten auch den gestrengen vesten unde hoichgelerten curfurstligen der Sechsischen reten Hanßen Metzen heubtman zu Wittenberg unde Cristoffer Großen de hirnach benanten geschickten unde vorordeten der erbarn sehe- unde Sechsischen stede alse: Lubick her Cord von Rige[2]) her Henrich Reinhusen

---

[1]) Gedechtnisse von den dagen desses handels. Sexta am avende Viti *[Juni 14]* kemen wy alle to Brunßwig. Sabbato am dage Viti *[Juni 15]*. Disputatur quis nostrum prius decla[ra]bit mentem suam. Tandem Lubec exposuit, quod singulis mensibus 4000 [!] gulden — cogatur dare contra regem Cristerer, ideo non possunt tum contribuere. Item non miserunt versus Niremberg. Non aduxerunt Hamburgenses. *[Lübeck hatte Mai 7 in Schweinfurt den Auftrag erhalten, Hamburg für den Schmalkaldischen Bund zu gewinnen. Acta Ref. III. Hamburg trat erst 1536 dem Bunde bei. cf. Krabbe in der Zeitschrift des Vereins für hamburgische Gesch. I, p. 171.]* Hoc nobis displicuit. Post prandium. Lubicenses interrogati non habuerunt sigillum juxta recessum *[von Schweinfurt, Mai 7, nach welchem Lübeck die Bundesurkunden in Braunschweig besiegeln sollte]*; sed exhibuerunt se etc. Item rogati ab eis, volumus astare, ut se excusent coram principe. Demum quivis suam commissionem aperuit. Ego perite Dominica die *[Juni 16]*. Mane examinavimus articulos nondum conclusos. Deinde cum principe ad se[r]mo[ne]m [?]. Post prandium. Princeps in pretorio novo civitatis; nos in coquina; tandem in unum locum. Ibi princeps ingressum et effe[c]tum dicte proposuit, concludens, ut nos civitates velimus esse pares ceteris. Nos gravamina [tulimus], quod articulos up de beherligen hulpe nequaquam ex caus[is], unde deliberatur cras. Secunda *[Juni 17]*. Princeps iterum petivit, ut concluderemus et quod sigillarent Lubec Goßler Embig. Set facta est dissentio, quia Magdeburg Goßler Dremen et Brunßwig voluit set Lubec Gottinga et Embig non. Post prandium. Datum est nostrum responsum in equaliter mit irbedinge up liderlige wege to trachtende. Tertia *[Juni 18]*. Lubec vult affere sigillum. Et princeps respondit ad nostra gravamina; etiam exposuit sua gravamina. Nos permansimus in nostra intensione. Et fuit conclusum ut daremus in scriptis [?]. Has princeps voluit mittere ad Nirenbergam, ubi consortes constituti sunt. Deinde invitati ibimus ad cenam principis. Quarta *[Juni 19]*. Exhibimus notulam et princeps suum recessum. Post prandium. Disputavimus super notulis et fuit res conclusa. Quinta *[Juni 20]*. Mane vocati per Brußwicenses. Tractatum de diversis, scilicet [?] [de] concordia civitatum etc., item de Hilden[sem], item de gravaminibus. **Acta Ref. III; Cop.** *cf. hierzu Zeit- u. Gesch.-Beschr. d. St. Gött. II, p. 417, 418.* [2]) *Nach Waitz, Wullenwever, I, p. 152:* Cord van Riden.

mester Andreas Stolp secreterer Jirgen Wullenweffer Ludewich Tasschemaker unde Jacob Krabben, Goßler Joachim Wegener Kersten Balder burgermester unde ern Johan Hart secreterer, Magdeburg Dytrich von Emden burgermester Heyne Alman Gerck Ludickens iningeßmester, Bremen her Arnt Wittelo Martinus Michaelis secreterer, Brunßwig Henning vom Dam her Levin von Emde doctor Henning Probist Ludicke Crage Ludolf Breiger unde Hinrik Brandes alle funfe burgermesters, Gottingen her Johan Bruns sindicus, Einbig Frantz von Eynem Mathias Knipping ridemestere unde Johann Cordvan secreterer in furgenomen handelunge nach beschener underdeniger deinstliger unde fruntliger dangsage zu antworde underdanichlig unde fruntlig angezeigt sich begebin und irboden habin.

[1.] Zum ersten unde vor allem so wollen desse vorbenanten erbarn stede vormeddelst godliger gnade by der cristligen angefangen sache unde der lobligen angenomen einiges vorstentnisse, so zu Smalkalde ufgericht, stanthaftich bliben der nach alle irem vormoge nachkomen unde sich alse de fromen erligen lute unde cristlige mitgelider ufrichtich halten; so haben die von Magdeburg[1]) Bremen Brunßwig unde Gottingen de einiges vorschreibung vorlengert vorsigelt, so wollen auch die von Lubick in 12 tagen den nehisten nach irem vorrucken von dessem tage die auch unde ander briefe darzu gehorich alhir zu Brunßwig vorsegeln lassen[2]). Dem [gelik] wollen auch die von Goßler unde Embig in 8 tagen unvorzuglich so nachkomen unde die reverßbriefe von hynnen entfangen[3]).

[2.] Es wollen auch desse sted als nemlig Goßler Magdeborg Bremen Brunßwig Gottingen unde Embig ire anlage uf eynen manet hir zu Brunßwig zu gemeyner rettunge unde behoif der noit unde kegenwer 21 silber ader Mariengroschen von 1 gulden erlegen unde hymit zu bericht augezeig[t] habin, das sie sich mit unde nebin den geschickten der stad Lubick purificationis Marie[4]) nehist vorgangen alhir zu Brunßwig uf genomen Frangfordischen avescheid uf eynen mant den halben teil der 70[000] unde 7000 gulden zu hinderlegen uf nachfolgende weise angeslagen habin: Lubick 4000 gulden, Gosler 2067 fl., Magdeburg 3917 fl., Bremen 3517 fl., Brunßwig 3917 fl., Gottingen 1067 fl., Einbeck 767 fl.[5])

---

[1]) *Vorlage:* Magdebirg. [2]) *cf. Waitz a. a. O. p. 152.* [3]) *Vorlage:* entfangen. [4]) *Febr. 2. cf. oben.* [5]) *Summa 19252 fl.*

[3.] Dewil abir die von Lubick ire mirklige beswerlige anliggent das sie itzo alle mant obir 8000 fl.[1]) zu unterhaltung ires krigeßvolkes kegen konig Cristirer darstrecken unde den widdercristen auch widderstehin mussen, des sie dan eyn schriftlige anzeigunge unde irbitung hir obirgebin habin, so willen nicht deste myn[d]er desse vorbenanten stede met den ob berurten under sich angeslagen antayl der anlage des ersten manets unde ires anparts der helfte der 7000 fl. geschickt sein unde sodan berurte summen alhie zu Brunßwig in 8 dagen den nehisten gewislig unde zuverlessig neddergelecht habin. Unde wuwol von den andern loblichen stenden desser cristligen sachen vorwanten uf den nehist gehalten tagen zu Frangford unde Swinford zu behuf unde schickliger ordenunge der noit unde kegen wer eyne vorfassunge zur ilende[n] unde beharligen hilf bedacht unde angenomen, so habin doch desser vorgemelten stede geschickten des eyn bedenkent, die in irer gestalten noteln masse unde innehalt desser zeid so anzunemen. Wen sie als diejennen, die den cristligen sachen aus gnaden gots geneigt, das auch gleich gerne tun wolten, so werden doch etlige puncte derselbigen vorfassung als nemligen der gestalten upnaminge irforderunge umbe merer zulage auch zu- unde vorschickunge des geschutzes unde anders by irem gemein unde vielen unvorstendigen so vor beswerlig unerheblig unde unmogelich angesehin, das daraus zu besorgen in zeid der noit eyne confusion auch der moig unde unvormogelicheid halben allerley vorgewant mucht werden, das desser cristligen sache mehir abe- dan zutragen konde. Men wurde auch swerlig ander stede mer uf solche beswerlige punct darzu bringen moge[n], das alles denne dessen cristligen sache zu nachteil unde afbrock reichen mucht.

[4.] Damit men nw so vil deste fuchliger desse sache der noittroftigen unde gepurligen errettunge unde noitwendigen kegenwer by den gemeinen desser auch ander stede, wilche das wirk mussen tun helfen, so vil god der almechtige gnade vorlehinet, mit lebe unde geneigtem willen muge rechtschaffen vorfordern, so willen de vorbenanten 4 stede als Goßler Magdeborg Bremen und Brunßwig sich dahin begeben unde hiemit vorwillig[t] habin, wen y de noit solte so vorfallen, das die widdersacher des godlig worts mit gewalt anfan unde angriffen wurden, sobalde das an se gelangt alsdan de vorberurte ire anlage zum andern manet unseumlig hicher kein Brunßwig zu hinderleggen, so auch solche noit

---
[1]) *cf. Waitz a. a. O.*

nit abginge sunder sich witer erstreckte, mit der vorangezeigten irer dritten folgend der virten auch der funften mauets anlage zu verfolgen.

[5.] Wo auch die anstande unde vorfallende noit zunemen unde grosser wurde, wolten sie nit absagen, sunder dat uf gute vortroistinge getan habin mit eyner zimligen erdrechligen anzal folks den angegriffen unde obirzogenen einungs vorwanten, so verne sie selbst nit angegriffen unde obirzogen worden, hulfe zu leisten ader solche personlige hilf mit gelt zu erstatten.

[6.] Es ist auch wol zu erachten, wen die widderwertigen desser cristligen sachen angriffen, worden sie sichs ufs starkeste daranne vorsuchen, das doch god almechtige gutdichlig vorkome. So wirt[1]) es doch darvor gehalten, das der nehiste unde furtregligester weg sein wille an dessen orten de nehist gesessen widdersacher mit macht anzutasten; so konden desse erbarn stede kegen sulche goddes vienden ire stete zu slissen unde den keyne provianden zukomen lassen, sunder die den mitvorwanten umbe zimlige irstatung mitdelen, unde also damyt nit eyne geringe hilf leisten, das den auch by den abgesessen mitcrist[ligen] verwanten de gleichmessige meyninge habin miste, dardurch eyner dem andern mehir hilf rettunge unde trostes tun konde, wen folk mit vormutligen schaden so ferne zu verschicken. So sten y desse sache uf cristliger truwe darumbe wirt sich eyn ider auch wol cristlig beweisen.

[7.] Wen abir de funf manet vorlaufen unde also wy berurt beanlaget unde gehulfen wirde unde dennoch unvormidlig beswerlige noit vorhanden, das denne alle desse[r] Cristligen sache einingeßvorwanten uf eyne ader mehr gelegene malstet noch gestalten sachen vorschriben unde erforder[t] wirden unde das denne eynes idern vormugen unde unvormogen gehort unde angeschin wirde unde eyner dem andern nach seynen weitern vormuge zur noit unde kegenwer in dessen Cristligen sachen aus cristligen guten herzen truwligen hulfe unde bistunde.

[8.] Es wollen auch die geschickten der drier erbarn sted Lubig Gottingen Embig desse vorberurte meyninge mit cristligem gutem fliß an ire obirn bringen des vorsehins ire obirn werden sich in alle wege mit mugliger hilf innehalts der ufgerichtiden heubtvorstentnisse cristlig unde gebirlig erzeigen. Hiruf so ist der ob gedachten geschick[t]en underdanichlig deinstlig fruntlich und fislig bit disse erbar

---

[1]) *Vorlage:* wirts.

stede auch sie hirinne nit anders dan das sulchs zu erschepphunge eynes gewissen zuverlasses auch aus den vor erzelten bewegnissen unde cristligem gemut beschcen mit gnaden unde gunsten zu vormerken.

Was men auch na aller vormechlicheid unde so vil god gnade vorlehnen wirt tun kan unde mag, damyt men sich in dessen Cristligen vornemen unrechter gewalt unde des abgoddeschen pawestligen vordampten wesendes uthhalte unde ganz und gar ußere, des will men willig sin. Unzwivelig unser aller heilant unde enige salichmacher Jesus Christus wirt allen erligen cristgleubigen stenden unde leuten zu seiner ere gnad wisheid mut unde herze mildechlig vorlehnen unde desser sache der allerobirste furer unde heubtman sein. Dem allen nach ist der geschickten vorgenant underdenich unde deinstlig bit hoichgedachter furst unde die hergesanten churfurstligen rete worden unbeswert sein dis bedenken irbiten unde inlassen desser erbarn stede an die lobligen stende desser Cristligen sache vorwanten so itzd zu Nirnberge vorsammelt gelangen zu lassen der underdenigen deinstligen unde fruntligen zuvorsicht hoichgemelter first unde die churfurstligen rete worden sich in dem gnedichlig und gunstich erzeigen unde auch desse erbarn stede unde ire geschickten hirinne mit gnaden unde allen guden vormerken. Es wirt auch gar nit daran gezwivelt, die andern lobligen Cristligen mitvorwanten stende worden desse ob berurten underdanige deinstlige unde fruntlige meyninge nit vor unbillig noch unzulessig erachten, sunder allenthalbin die umbestendicheid mit gnaden und gunsten bedenken. Des erkennen sich die geschickten desser erbarn stede schuldich umbe hoich gedachten fursten auch die hern churfurstligen reten des gleichen ire gnedigsten g[nedigen] und gunstigen hern unde frunde desser Cristligen sache miteininges vorwanten ires aller hogesten vormuges zu vordynen.

Acta Ref. III.

628. *1532 Juni 21.*

Göttingen an Hermann Oldershausen: meldet, dass Einbeck und Northeim die Verhandlungen in Sachen Göttingens gegen Hans Uffeln und Hans Wegener auf Juni 25 (dinstach nach Johannis baptiste) nach Holzhausen angesetzt haben; bittet um Geleitsbriefe für die beiden Widersacher[1]).

Briefsch. X, D; Entwurf.

---

[1]) *Hans Wegener hatte von seinen Voreltern einen Göttingen gehörigen Meierhof zu Balnhausen überkommen. Die Stadt verkaufte*

629. *1532 Juni 24. Regensburg.*

Kaiserliches Mandat [an Göttingen]: erinnert an die in Augsburg bewilligte Türkenhilfe; meldet die Verlegung des

---

hinter seinem Rücken die ihr zustehende Hälfte der Erndte, welche sonst die Wegener ablösten. Es blieb dabei obgleich Hans Wegener ebensoviel wie andere zu zahlen versprach. Als er auf das Versprechen drang das lant abzuschweisen wurde ihm trotz seines Erbietens, im Falle ihm der Hof belassen würde, seines Vaters Schulden an Göttingen zu bezahlen, gekündigt und seine Verwandtschaft gewaltsam vertrieben. 1526 verwandte sich Otto von Kerstlingerode, 1527 Herzog Erich für ihn. 1532 April 26 (am fritage vor Walpurgis) sagte Wegener der Stadt Fehde an. *Suppl. z. d. Cop. V. Sub F VIII. Briefsch. XX, D.* — Hans Uffeln hatte 1530 und 1531 als reisiger Knecht in Diensten der Stadt gestanden und wurde nach Auszahlung seines Lohns entlassen, worüber er Herzog Erich klagte, obgleich er zugab nicht in Erbdienst gestanden zu haben. Mehrmals verwandte sich der Herzog für ihn. Schliesslich sagte er Mai 1532 Göttingen Fehde an und verband sich mit Wegener. Die Verbündeten tödteten einen Göttinger Bürger, nahmen einen andern gefangen, stahlen 6 Pferde, von denen 5 in Kassel wieder aufgebracht wurden, und machten zu nachtschlafender Zeit Schafe nieder, de armen creaturen von gode dem almechtigen den menschen to orer noitdorft gegoven. *D I. Briefsch. XII, A.* — Mitte Juni beginnen die Vermittlungsversuche von Eimbeck und Northeim, welche zum Verhörstage vom 25. Juni führten, an welchem auch die herzoglichen Räthe Hermann von Oldershausen und Bode von Adlebsen Theil nahmen. Die Verhandlung mit Wegener scheiterte an seiner Halsstarrigkeit, wie die Vermittler 1533 Febr. 14 (am dage Valentini) urkunden. *Arch. 1837.* Auch der Streit mit Uffeln wurde noch nicht erledigt. Juli 1 (mandages am avende der heymsoykynge der jungfern Marie) wandte sich Göttingen an die Braunschweigischen Herzöge Erich Heinrich den Jüngern Ernst und Philipp, an Landgraf Philipp, an den Grafen von Hohenstein und Schwarzburg an Otto von Kerstlingerode an alle von Adlebsen Bodenhausen Hanstein Hardenberg Oldershausen Plesse, an Allendorf Braunschweig Einbeck Duderstadt Hannover Heiligenstadt Hildesheim Lüneburg Northeim Nordhausen Osterode Witzenhausen, an den Amtmann auf dem Rusteberg, nach Gandersheim Gieboldehausen Greenstein Hofgeismar Lindau Mansfeld Nörten mit der Bitte nach den Widersachern zu fahnden. *D I.* — 1532 Sept. 19 (donnerstages nach Lamperti) wird die Fehde mit Uffeln von Bernhard Abt zu Steina Hermann Wroger aus Volkerode Johannes Bruns und Caspar Walpot beigelegt. Göttingen verspricht sich für Uffelns Vater und Freunde beim Landgrafen Philipp, für ihn selbst bei Herzog Erich, falls dieser derwegen jegen Hanse in ungnaden bewogen, zu verwenden. *Arch. 1287.* Theilweise verstümmeltes Or. m. 4 S. — Hans Wegener und sein Bruder Ambrosius werden Anfang 1533 in Braunschweig gefangen gesetzt. Zu einer Gerichtsverhandlung wurden vier Göttinger Rathmannen geschickt, zu einer andern Herzog Erich geladen. Sie blieben lange Zeit gefangen. Sept. 21 (Mathei) dankt Herzog Erich Braunschweig für seine Haltung und bittet, um auch die ungedrungen und ungezwungen abgelegten Geständnisse kennen zu lernen, um Auskunft über den jetzigen Stand der Untersuchung, da es das peinliche Verhör nicht bis zum Schlussurtheil verschieben wolle. — Die Zahl der Schriftstücke in dieser Angelegenheit ist eine überaus grosse. *Briefsch. I, D; II, F;*

Reichstags von Speyer nach Regensburg und den Beschluss¹), dass jeder [Reichs-]Stand sein Contingent am 15. Aug. auf dem bezüglichen Kreismusterplatz anwesend haben solle; befiehlt dem Adressaten als Glied des Nieder-Sächsischen Kreises pünktliche Abfertigung seiner 44 Mann nach Eginburg; verlangt, dass dem Kriegsvolk die beigelegten [Kriegs-]Artikel eingeschärft werden; erlässt verschiedene Bestimmungen²).
    1. *Zettel*: [Kriegs-]Artikel-Brief.
    2. *Zettel*: *Befiehlt Theilnahme an den am 15. Juli stattfindenden Kreisverhandlungen zu Hannover.*
    3. *Zettel*: *Befiehlt wegen des Türkenkriegs Anordnung eines allgemeinen Busstags, sonn- und festtäglicher Fürbitten, täglichen Läutens zur Mittagszeit³).*
    R V; Mandat Cop.; 3 Zettel gedr. Or.

    630. *1532 Juni 26.*
    Göttingen an Landgraf Philipp: erinnert an sein Versprechen, dass es bis Johannis mit einem Superintendenten versorgt sein sollte⁴).
    K 4; Entwurf.

    631. *1532 Juni 29* (sonabent nach Johannis baptiste).
Nürnberg.
    Curfürst Albrecht von Mainz an Göttingen: ladet es, nachdem der auf den 21. Mai (sonabents nach vocem jocunditatis) *1531 nach Quedlinburg ausgeschriebene Tag⁵) wegen Ausbleibens der meisten Pflichtigen erfolglos verlief, auf abermaliges Drängen des Kaisers⁶) zum 15. Juli früh nach Hannover zur Wahl eines Hauptmanns des Nieder-Sächsischen Kreises und zur Beschlussfassung über einschlagende Bedürfnisse, damit jener mit dem Kriegsvolke rechtzeitig in Eginburg am 15. Aug. erscheine.*
    R V; Cop.

    632. *1532 Juli 2* (dinßedagen na Petri und Pauli).
Nürnberg.
    Beschlüsse [der Evangelischen Bundesverwandten] über

X, D; X, D; XI, B, C; XII, A, C; XIII, B, C; XX, D. Suppl.
. d. Cop. Büch. V; Plessiona I u. II; sub A I u. III, F I, L I.
) cf. Reichsabschiede a. a. O. p. 353 Tit. 1.   ²) Sie sind dem Augsburger Reichsabschiede entnommen. cf. a. a. O. p. 323. § 106—108, 10, 114, 111—13, 115, 117.   ³) In N. 645 ist nur Zettel 1 angeführt, 'ennoch gehören wahrscheinlich auch die beiden andern hierher.
) Juni 28 (freitags nach Johannis baptiste) versprechen die in Kassel nwesenden Räthe dem abwesenden Landgrafen N. 630 zu übersenden.
) cf. N. 535.   ⁵) cf. N. 629.

de vorschickunge der breife der vorstentenisse und hulpe weder den Turcken.

[1.] Gemäss dem Abschiede von Schweinfurt soll Braunschweig an Magdeburg die Briefe, welche für Sachsen Anhalt und Mansfeld, an Göttingen die, welche für den Landgrafen [von Hessen] und die Oberländischen Städte bestimmt sind, zuschicken. Göttingen soll [den Empfang] dem Landgrafen anzeigen, der sie abholen soll.

[2.] Die Türkenhilfe soll, obgleich de gemene frede nicht upgericht, *geleistet werden,* doch ok ane noit si, dewile de hulpe nicht ut plicht sunder ut leife und guden willen — geschein worde, dat de ebin mit der form und maes wo de to Außpurg ok itz to Regenßborg — beßlotten is, ergan most, sunder der gestalt wo de den Evangelischen churfursten fursten und stenden am besten gelegen sin wil. *Der Landgraf Strassburg und die Glieder des Rheinischen Kreises sollen desshalb am 15. Juli zu Speyer dahin wirken, dass der dort zu erwählende [Kreis-]Hauptmann die Hilfe gemäss dem Abschiede von Augsburg nur gegen die Türken aber nicht gegen König Johann von Ungarn verwenden dürfe.* Ef aver solches ander vorgenomen, dat alßdan deselb hobtman mit sinem volke vortzihen solle, einigen sich die Kreisstände nicht, *so sollen oder mogen der Landgraf und Strassburg aber nur zum angeführten Zwecke ihr Contingent mit dem Rheinischen Kreise ausschicken.*

[4.] In gelichnus mogen de andern confederaten in oren kreisen ok handelen und sich halpen. Ef aver dat nicht erholden werden mocht, so schullen de Evangelischen confederaten ore hulpe under einem hovetman tosamen schicken, doch dat desulve hobtman dem oversten temeliger wise vorwant werde *und darauf achte, dass die Hilfe nur gegen die Türken gebraucht werde, widrigenfalls er* mit solkem folke gemack doin *solle.*

[5.] Und ob einge Sassische stede, de velicht ane middel tom rike nicht gehoren ok ut gudem bedunken hulpe wedder den Turcken schicken worden, so mogen se de ok under den Evangelischen hupen vorordenen.

Acta Ref. III; Cop.

633. *1532 Juli 2.*
Göttingen an Einbeck [beziehungsweise an Northeim]: schlägt behufs Errichtung eines Bündnisses mit Duderstadt und Osterode einen Verhandlungstag vor.
Embig und Northeim.
Erßamen vorsichtige heren beß[ondern] guden frunde.

Der underredinge nach, alse twischen unsern juwen unde
unßer frunde von Northeim geschikten lest[1]) to Holthusenn
gefallen der moitwilligen loßen knechte halven, de sick uns
allen to nachdel umbe langenß her enthoilden, der halven
mit den von Duderstad unde Osterode eyne geloflige vor-
enynge tor jegenwer antorichtende etc. So juw nw dat raid-
ßam beduchte, des up wege to trachtende, wolden wy der-
halven to gelegener tid und stede gerne eynen vorbescheid
don, dar itlige von dessen vif steden by eyn komen und des
to noitdorftiger underredinge komen mochten. Mochte uns
allen ungetwivelt tom besten gedien. Wes gy geneigt begern
wy richtige antworde unde woran wy etc. Datum die visi-
tationis Marie 1532.

Briefsch. XXII, B; Entwurf.

634. *1531 Juli 3.*
*Einbeck an Göttingen: verspricht Beistand gegen des
Adressaten Widersacher; ist zu einer Besprechung mit den in
N. 633 genannten Städten und Heiligenstadt bereit.*

Dem ersamen vorsichtigen hern borgermestern und rade
to Gottingen unßen guden frunden.

Unßen fruntliken deynst voran. Ersamen vorsichtigen
hern bisundern guden frundes. Wy hebben juwe clagescryfte
juwer vorechter entfangen und horen ores moitwillen nicht
gerne und willen uns in den saken jegen juwe moitwilliger
sampt den unsern nicht anderst bewißen den alß wy an den
gefellen, dat god af wende, van juven ersanheiden wolden
gedan nomen. Des schulle gy unß willich und uprichtich
fynden. Wes gy ok de van Northeim Duderstadt Osterode
und sunst de van Hilgenstadt sampt in unde unß nach juwem
beger uns semptlick to underredende und unßen varechter
halven ratslages und fruntliger vareyninge to bekomende syn
wy geneiget und willen darby toschickende, wanner gy uns
ensodan to schriven willich syn. Dan juv wilfarige und
fruntlige deinste to erzeigende fynde gy uns alle tyt geneiget.
Datum under unserm secrete am mytwecken na visitationis
Marie virginis anno 1532.

Consules in Embick.

Briefsch. XXII, B; Or. m. S.

635. *1532 Juli 9 (mandages Kiliani confessoris).*
*Magdeburg an Goslar: meldet, dass der jüngst in Braun-
chweig zum Kriegsrath erwählte Magdeburger Bürgermeister*

---
[1]) *Juni 25. cf. N. 628.*

Heine Alemann das Amt auf ½ Jahr annehmen wolle, falls *ihm* von uns stenden disses deils und von cyner iglichen *[Stadt]* in sunderheit *zugesichert würde*, erst de rustunge alse sick darto eygen und geburen wil perde und alles andern schadens fry tomaken darto — eft syne ersamheit gefangen wedderumb to frien und in dem schadelos to holden ok up ein temelick wartgelt und de teringe to stande und to holden; *glaubt, da nach dem letzten Abschied zu Schweinfurt die Kriegsräthe noch vor Anfang des Kriegs unterhalten werden sollen, sich in der Sicherstellung des Erwählten nach dem Beispiel der andern Einigungsverwandten richten zu müssen; schickt eine Abschrift der von Magdeburg bewilligten Bestallungsurkunde, die auch Braunschweig Göttingen Einbeck zugehen solle; bittet die Ausfertigung zum nächsten Sonntag nach Magdeburg zu schicken, widrigenfalls Heine Alemann das Amt nicht annehmen wolle.*
Acta Ref. I; Cop.

636. *[1532 Juli 10.]*
Göttingen an [Herzog Erich]: übersendet N. 631; bittet es wie im vergangenen Jahre[1]*) gebührenden Orts zu entschuldigen.*
R V; *Entwurf.*

637. *1532 Juli 10.*
Göttingen an Curfürst Albrecht von Mainz: antwortet auf N. 631, dass es dem Herzog Erich von Braunschweig unterthan sei und daher den Tag von Hannover nicht zu besuchen brauche, dass es die Forderung dem Herzog mittheilen wolle in der Hoffnung er werde es entschuldigen.
R V; *Entwurf.*

638. *[1532 Juli 10.]*
Göttingen an Duderstadt (beziehungsweise an Osterode): ladet es behufs Errichtung eines Städtebündnisses zum 23. Juli in das Kloster Catlenburg.
Duderstad unde Osterode.
Erßamen unde wisen beßundern guden frunde. Nachdem sick umbe langens her uns allen to nadeil itlige loße gesellen mennich mael erheven unde sake erdichten darynne se noch fruntschup noch recht mogen lyden, sunder wedder god ere unde recht des hilligen rikes reformation unde upgerichtiden landfrid to vigentligen daden begeven de unschuldigen to beschedigende unde sick myt orem schaden

---
[1]) *cf. N. 539.*

to rikende, so hebben unßer frunde von Embig unde Northem
unde unße geschickten des up eynem geholden dage under-
redunge geholden. Unde wuwoll wy alle sussent ut crist-
liger leve ok na vormoge des hilligen rikes ordeninge eyn
des andern beste to donde schuldich, dennoch segen wy
nicht vor unradsam an desse vif stede Embig Northem Duder-
stad Osterode und wy der halven eyne vel¹) erlige under-
redunge hilden unde formen unde wege uns allen denlig hirinne
bedechten unde uns tosampne vorwusten. Segen darumbe
gerne itlige juwe radesfrunde in dat cloister to Cathellenborg
auf dingstach²) nach Marie Magdalene hedden geferdiget,
darhin wy de andern stede ok bescheden, der tovorsicht dar
wes to begripende, dat uns allen mochte to gude unde tom
besten fallen. Unde wes gy des geneigt begern wy juw
richtige antworde. Woranne wy ok juw etc. [Datum 10 Julii
anno 32.]³)

Briefsch. XXII, B; Entwurf.

639. *1532 Juli 10.*
*Göttingen an Einbeck (beziehungsweise an Northeim): ladet
es zum 23. Juli (up dinstach na Marie Magdalene) zu einer
Unterredung in das Kloster Catlenburg.*

Briefsch. XXII. B; Entwurf.

640. *1532 Juli 10. Nürnberg.*
*Dietrich Prutze an [Braunschweig]: meldet das allmälige
Vorschreiten der Verhandlungen, das Anrücken der Türken
und die Gegenmassregeln, klagt über Theuerung.*

Myne schuldigen und willigen deinste vor. Ersamen
vorsychtigen und wolwisen heren. Wowol ick juwe ersamkeit
hirbevor to erkennende geven, dat alhir in der religion sake
na begeven handellen swerligen konde wes gudes vorabschedit
werden, ßo is doch nummer de sake darhen gericht, dat men
von den Swinfordischen disputerligen artikelen afgestanden
und up eynen uterligen frede hir twischen und dem concilio
to handellende heft vorgenomen. Und wowol men sport, dat
keiserlige majestat alse eyn milde kaißer uns sodanen frede
to geven mit gnaden unß wol geneiget, so is doch de handel
von unsen wederwerdigen stenden des richs nocher by syner
majestat dermaten worden vorhindert, dat men to entligen
beslute wente anher nicht heft mogen komen. Und wowol
syk de handel vormals wol wes sorchlicher heft anschin

---

¹) *In der Vorlage fast wie: val.* ²) *Juli 23.* ³) *Aus N. 639, die
auf demselben Blatte entworfen.*

laten, dennoch sta ick in guder hopeninge, ick werde dorch
de gnade des almechtigen juwer ersamkeit in kort gude nige
tidinge to hus bringen. Und dat syck de handelinge sus
lange vortogen daranne moten juwe ersamkeit beneffen my
gedulden; id is nemandes hyr von unseren dele, de syck
dusses vortoges hedde vormodit. Men heft an vorgangen
sondage tom anderen mael de post an kayserlige majestat
geverdiget und der is man alle dage erwarden. So de kumpt,
vorhopet man einen iligen avescheit to erlangen. Id geit
aver de handelinge by dem kaiser nicht von steden. Wor
de varligheit des Turcken so groit nicht vorhanden, droge
ick de vorsorge, dat sick dusse handelunge korts weges nicht
wolde laten endigen, aver dewile de tidinge von dage to
dage beswerliger inkomen achtit man genzlig, de hoge nottroft wil erfordern den saken eine entschop to maken und
sick in de jegenwer tb schicken. Men heft warhaftige tidinge
hir, dat itlige lofwerdige schriven, wo de Turkische kaiser
am dage Johannis babtiste vorgangen to Krigeschen Wittenborgh mit groter pracht und macht ankomen si und in synem
inriden heft men ein fur angezundet wol von twendusent
foder holtes; werde dar aver tein dage nicht liggen und
holden festum tabernaculorum[1]) na der Joden wise, wan aver
de dage vorby, wert he anfangen sick weder vor Vienne
leggen und sick tom hardisten daranne vorsoiken. Sine
macht up dem lande is wol afgeschin, wo strak he van
ruteren und knechten si ok wat he van geschutte und syner
munition over lant let foren. Heft aver grote brugge up
der Duna angerichtet und vehil galeien darbeneffen; wat he
aver daruppe vor gewalt heft, de is man noch nicht inne.
Sin rennehop is allene vestigdusent strak, darover de Imbriwasche overste is, und darbeneffen schullen syn teindusent
buffel wol gerust. De vorlorn hupe und syn kriges folk sy
mechtiger von velen hundertdusenden alse vormals, do he
vor Wiene gewesen, alse dat to besorgen, wor de almechtige
nicht wyl helpen, wederstaen ehr de stende des richs upkomen. Sin gemoit steit ok genzlig darhen Wiene to overilen und des kaisers kunschoper schriven, wo he willens si
de watergraven vor Wiene to undergraven und wo id jummer
mogelick de Duna aftograven und eynen andern wech to

---

¹) *Vorlage:* tabermaculorum. *Gemeint ist Ydi azha oder das kleine
Bairamfest am 10. Silhidsche d. J. 938 d. Hedschra, welches 1532 p. Chr.
nach Ulug Beig, Epochae celebriores ed. J. Gravius, auf Juli 14, nach
B. Riccioli, Chronologia reformata, I, p. 57 auf Juli 15 fällt. cf. Navon,
Rouz-namé ou Calendrier perpétuel des Turcs in Fundgruben des
Orients, IV, p. 153 und 275.*

leden und wille darvor grote berge laten upwerpen[1]), dat
he darvon in de stat dat folk von den straten und ut der
were gedenke to scheten, wo dan var Rodis, do dat ge-
wunnen, ok schal geschein sin. Und darumb de kunschopper
schriven, se hebben den Turcken gesehen inriden ok dusse
geschefte van den synen erfaren und gehort, wernen se kaiser
und konnink, dat men wille ungesumet cito cito citisisime[2])
daranne sin, dat Wiene bestalt und bosittet moge werden,
dan so sodanes scholde werden gewunnen, dar got vor si,
were Dutscher nation slotel en wege. Derhalven so syn ok
de twe fenlin knechte, so hir utgeschicket, to water von stunt
na Wene geverdiget worden. Und de hovetman edder keiser-
lige commissarius, so de knechte hir erlangt, is von hir na
Ulm und Straßborch getogen und dar ok gefordert vehil
gebeden aver dennoch so itwes erlanget. Von Ulm heft de
kaiser begert, wo in vorwarte cedel vormacht, aver darup is
nicht mer dan ein fenlin knechte gesant worden. Men heft
hyr darvon geratslaget: wowol de Evangelischen der Turken
hulpe halven protestert, dannoch werden se nicht ut plicht,
sunder in solker noit, an syck nicht mangel finden laten, wo
juwe erbarkeit to miner tokunft ferner mogen vornemen.
Ferdinandus heft sick klegeliken laten vornemen, dat he
nicht vormoge Wienne to besetten, darumb heft kaiserlige
majestat mit beden allenthalven so vehil to samende gelesen,
dat men id gewis darvor holt, id si hute na notroft wol be-
stalt und to erholden, solange de stende des richs na lude
miner vorigen schrift upkomen mogen. De Bemen sin aver
teindusent strak bewaren ore grense und willen sick ut den-
sulven nicht geven edder over de Duna gebruken laten.
Men secht vor warheit, dat den stenden vor weinich dagen
vom kaiser schrifte des pawestes sin vorgeholden, darinne
befunden, dat de pawest dem kaiser an barschop hundert
mael dusent kronen togeschicket und dar beneffen jegen den
Turken anne wille hoilden 10000 Ungern in syner vorsoldinge,
mit denen he sinen nepoten den cardenail Ipolitum de Medicis
scicken wille, und dat he berede in Siciliam 12 grote
galleien geschicket hebbe, de sick to wederstaende des Turken
schullen laten gebruken[3]). Ein erbar rat alhir heft ein
gemene bet vorordent na lude bigelechtes[4]) gedruckes, wo
id in orem gebede den hilgen dach und de werkeldage umme

---

[1]) *cf. J. v. Hammer, Gesch. des Osman. Reiches, III, p. 630. Tage-
buch Sept. 11.* [2]) *Vorlage:* citissimo. [3]) *cf. Zinkeisen, Gesch. des
osmanischen Reiches in Europa, II, p. 722, Bucholtz a. a. O. IV, p. 104.*
[4]) *Vorlage:* bilgelechtes.

den anderen dach wert geholden, wo juwe erbarkeit na der lange in demsulven befunden werden. So singet men hirumme den anderen dach des avendes in den kerken de dutsche letanie und darna sticht de prediger up, vormant dat folk ein ferndel von der stunde, makt one herte und moit jegen got to bidden. Und were ganz noitwendich, juwe erbarkeit darup ok wes vorordent hedden. Id komen so mannigerleie tidynge an von wunderliken teken mißbordigen und gesichten am himel, de gesehin werden, dat vormoitlige, wor de dach des hern nicht na vorhanden, dat sus Dutscher nation eine grote vorligheit to besorgen. De almechtige si unß gnedig und wille id mit gnaden afwenden, darumbe wy dan degelikes wol to biddende orsake genoich hebben. In saken belangen de vorfatinge tor kegenwer heft man ok itlige dage geratslagit und wert noch ein dach darut werden, de alhir rede namhaftig gemaket, welkeren schullen besoiken unse gnedige furste von Luneborch egener personen des churfursten von Sassen des lantgraven to Hessen der von Anholt und Mansfelt rede. Wo ick dan und worup de handelunge stan schal, juwer erbarkeit in miner tokunft ferner wille berichten. Und dewile de erbaren von Goßler dusser saken ok to doude und oren erbarkeiten an der Turken hulpe wil ok gelegen sin, so willen juwe erbarkeit one sodans wol vorwitligen. Und wes alhir derhalven von den buntvorwanten is worden beraden hebbe ick up eine sunderlige cedillen getekent mit A[1]) vormarket, darut juwe erbarkeit und se ferner bericht werden entfangen. Item gunstige hern id is hir de terunge nicht wolfeiel[2]) und jo so dur und durir wo to Swinfort. Hedde ick my des schullen vormoden, dat sick dusse dach so lange hedde schullen edder willen vorstrecken, ick wolde mynen heren wol ichtswes erspart hebben, dewile aver de handel sick dermaten und so geswinde alle tit heft laten ansehin also, ef he van einem dage in den anderen eynen beswerligen afscheit wolde gewinnen, so hebbe ick des to dusser tit nicht mogen andern. Dorhalven willen juwe erbarkeit darinne gedulden. Id weren andere jo so gerne alse ick von hir, moten dennoch des endes gewarden. Und juwer erbarkeit in velem to

---

[1]) *Das Zeichen in der Vorlage sieht einem offenen Zirkel ähnlich. N. 632.* [2]) *1½ fl. 6 ß. werden Hildebrand Elreckes gezahlt, die Dietrich Prutze also he lest von Nuremberge kam by om vorteert, bezahlt. Rechnungsbuch 1532—33 f. 44 b. Nach dem kleinen Rechnungsbuch werden 1531—32 in der Evangelischen sake unde to der behof utgelecht: 1119 Mk. 4 ß. 4 ₰. cf. N. 627 § 2.*

willefarn bin ick geneiget und willich. Geschreven to Nurenberge am 10 dage des monts Julii anno etc. 32.
Juwer erbarn wisheit willige dener Theodoricus Prutze.
Acta Ref. II; Cop.

641. *1532 Juli 11* (donn[e]rstags nach Kiliani).
Münden.
Herzog Erich an Göttingen: verbietet auf N. 636 vom 10. Juli jede Bewilligung auf dem Tage zu Hannover, da ihm Göttingen nicht blos erbunterthänig, sondern ihm auch bei Veranschlagung des von ihm gegen die Türken zu stellenden Kriegsvolks wie der Türkensteuer gleich andern Braunschweigischen Städten auf dem Reichstage zu Regensburg zugegeben sei[1]).
R V; Or. m. S. u. Unterschrift.

642. *1532 Juli 12* (fritags nach Kiliani).
Duderstadt an Göttingen: will den in N. 638 ausgeschriebenen Tag besuchen.
Briefsch. XXII, B; Or. m. S.

643. *1532 Juli 17* (am mytwecken nach Margarethe virginis).
Einbeck an Göttingen: übersendet Abschriften, die es von Goslar in Magdeburgs Auftrage heute erhalten[2]).
Briefsch. VII, II; Or. m. S.

644. *1532 Juli 19.*
Göttingen an Einbeck (beziehungsweise an Northeim Duderstadt Osterode): meldet, dass es Juli 24 (up negest tokunftigen dinstag nach Marie Magdalene) die Verhandlungen in Catlenburg nicht besuchen könne, weil es zu demselben Tage von Herzog [Erich] nach Münden in die Canzelei zu einem Verhörstag mit Cunze Richling[3]) *geladen sei; verlegt die Versammlung auf den 25. Juli Mittags (up den nehest danach folgenden donnestag) an die lange Brücke vor Northeim.*
Briefsch. XXII, B; Entwurf.

645. *1532 Juli 22.*
Göttingen bescheinigt den Empfang des Kaiserlichen Mandats N. 629 und der [Kriegs-]Artikel; will die Schriften seinem Landesfürsten Herzog Erich zusenden behufs Vertretung beim Kaiser.
R V; Entwurf.

---

[1]) *Nach dem kleinen Rechnungsbuch 1531 – 32 (das grosse fehlt) werden 258 Mk. 16 ß. Herzog Erich für den Türkenkrieg ausgezahlt.*
[2]) *cf. N. 635.* [3]) *cf. N. 505.*

646. *1532 Juli 23* (dinsdages na Marie Magdalene). *Nürnberg.*

Die Curfürsten Albrecht von Mainz und Ludwig von der Pfalz urkunden über den von Kaiser Karl mit einer Anzahl von Fürsten und Städten, darunter Göttingen, abgeschlossenen [Religions-]Frieden, welcher unter andern von Dietrich Prutze im Auftrage von Braunschweig Goslar Göttingen und Einbeck bewilligt worden[1]).

Acta Ref. III; Cop. Gedruckt: Hortleder a. a. O. I, p. 64 ff., Lünig a. a. O. part. gener. cont. (Bd. II), p. 589 ff. und part. spec. (Bd. V), p. 25—27, Zeit- u. Gesch.-Beschr. d. St. Gött. II, p. 421 und sonst.

647. *1532 Juli 23.*

Göttingen an Herzog Erich: bittet Befreiung von der Türkenhilfe zu erwirken[2]).

An unßern hern hertogen Erich.

Gnediger her. Wes uns die Romische keiserlike majestat unser allergnedigster her, wo wy uns to deme toege tegen den erfviend Christlikes lobedes den Turcken mit 44 mannen to pherde und vote to Egenburg acht mile boven Wien in Osterich des 15. dags mauts Augusti to erschinende rusten schullen etc., togescreven, hebben juw furstlike gnade ud ingelechten irer keiserliken majestat breffe to vor[n]emen. Diewile wy denn juwen furstliken gnaden alße unßem g[nedigen] landesfursten und angebornen gehuldiden erfhern togedan, so bidden wy deinstlig, alße korts hirbevor des dages halven to Hannover[3]) in duesser sulven sake dorch churfursten von Mentz angesat von uns begert worden, juw furstlike gnade uns hirinne an geborlicken enden entschuldigen und der halven gnediglick entheven willen. Darto wy uns

---

[1]) *Aug. 2 bestätigt Kaiser Karl den Religionsfrieden. cf. Sleidan a. a. O. I, p. 484. Gedruckt: Hortleder a. a. O. I, p. 67—68, Lünig a. a. O. part. gener. cont. (Bd. II), p. 604—605 und part. spec. (Bd. V), p. 782. An demselben Tage meldet der Kaiser den Curfürsten Albrecht und Ludwig die Annahme und übersendet die formell geänderte Versicherung betreffs der Processe, was sie Aug. 15 (sambstages nach assumptionis Marie) dem Curfürsten Johann anzeigen, worauf Curfürst Johann Friedrich von Sachsen Aug. 27 (dinstages nach Bartolomei) antwortet. Acta Ref. III; Cop. Gedruckt: Zeit- u. Gesch.-Beschr. d. St. Gött. II, p. 426—432. Aug. 3 erlässt der Kaiser über den abgeschlossenen Frieden ein Mandat. Acta Ref. III; Cop. Gedruckt: Hortleder und Lünig a. a. O. Zeit- u. Gesch.-Beschr. d. St. Gött. II, p. 433. cf. Ranke a. a. O. III, p. 297 ff. Seckendorf a. a. O. III, p. 21 ff. Rommel a. a. O. I, p. 310 ff. II, p. 274 ff.* [2]) *cf. N. 651.* [3]) *cf. N. 629, 631 und 641.*

verlaten und syn dat in bereidicheit truwelick to verdenende willig. Geven 23 Julii anno etc. 32.
R V; Entwurf.

648. *1532 Juli 24* (am abent Jacobi). *Torgau.*
Curfürst Johann an Göttingen: *meldet, dass nach dem resultatlosen Verlauf des letzten Tages zu Braunschweig und seiner Verlegung nach Nürnberg die in Nürnberg vertretenen [evangelischen] Stände eine Zusammenkunft der Sächsischen und der See-Städte in Braunschweig am Abend des 15. Aug.* (uf den tag assumptionis Marie), *welcher Herzog Ernst [von Lüneburg] persönlich beiwohnen wolle, beschlossen haben; ladet es zum 13. Aug.* (zweene tag vor dem angesatzten tag), *um die Gründe der Einberufung vom Nürnberger Gesandten Braunschweigs, die Berichte des Herzogs Ernst und der verordneten Räthe entgegen zu nehmen* und entlichen der vorfassung halben zu der gegenwer zu schliessen[1]).
Acta Ref. II; Or. m. S. Gedruckt: Zeit- u. Gesch.-Beschr. d. St. Gött. II, p. 420.

649. *1532 Juli 24* (middeweckens in vigilia Jacobi).
Duderstadt an den Bürgermeister Hans von Sneen (vom Hagen): *will des Adressaten Wunsch, dass es auf dem nach Northeim ausgeschriebenen Tage zum wenigsten durch seinen Stadtschreiber vertreten sei, erfüllen.*
Briefsch. XXII, B; Or. m. S.

650. *1532 Juli 28* (am sontag nach Jacobi). *Nienover.*
Herzog Erich an Göttingen: verlangt auf N. 647 die Zurückhaltung der geforderten Mannschaft aus Gründen wie in N. 641, indem er die Verantwortung übernehme.
R V; Or. m. S. u. Unterschrift.

651. *1532 Juli 29.*
Göttingen an [Herzog Erich]: bittet unbegründeten Gerüchten nicht zu glauben. Zettel: entschuldigt begangene Formfehler.

Gnediger herre. Unße geschickten alse wy to Munden lest gehat berichten uns, dat one angesacht, wo unse ge-

---

[1]) *Juli 23* (dinstag nach Marie Magdalene) *wurde in Nürnberg beschlossen, die Braunschweiger Zusammenkunft Sept. 8, die zu Schmalkalden Sept. 29 abzuhalten.* Acta Ref. III. *Bei Uebersendung der auf diese Zusammenkunft bezüglichen Schriften bittet Braunschweig Juli 31* (myddewekens nach Panthaleonis) *um Geheimhaltung.* Acta Ref. III; Or. cf. Rethmeyer, Kirch.-Hist. III, p. 109.

santen to Brunßwig up eynem dage juwe forstlige gnade
jegen de erbarn stede unser underlangens vordracht¹) halven
schullen hebben vorungelimpet mit widern anhengligen wor-
den etc.²) Des wy nicht in geringer bewegingc geweßen.
Doch befynden wy ut den unsern, de to tiden unde mehir
dan eyns dar gesant, dat juwer forstligen gnade edder der
vordracht, nadem itlige stede der anhengich dar nicht ge-
wesen, ny gedacht worden. Unde geschuet uns uude den
unsern von sulken unwarhaftigen andregen to kort unde
ungudlig. War ist abir, dat wy unde de erbaren stede,
alse mit juwen forstligen gnaden in voreninge sitten, to
Embig by eyn geweßen unde der vordracht halven allerleye
bewogen ok geneigt wedder by ein to komende unde myt
juwe [!] forstlige gnade sick alßdenne to beredeude. Unde
were noch woll unße underdanige flitige bittent, juwe forst-
lige gnade alse unße gnedige erfherre unde landesforste so
iliges ungehort unße antworde in ungnade sick nicht leten
bewegen unde uns alse juwer forstligen gnade undersaten,
de doch in utersten noden lif unde gud vor unde by juwe [!]
forstlige gnade to stellende schuldich, ok wedderumbe in
unserm anliggende guedichligen ansegen. Hedden juwe
forstlige gnade jenigen mangel to uns, wolden wy y gerne
der erbarn juwer forstligen gnade eigen rehide vilmehir pre-
laten ridderschup unde stede desses landes, wo wy uns ehir
erboden ok besundern der vorigen stede unser eninge be-
sichtinge anwisinge und erkantnisse lyden; ok wor juwe
forstlige gnade uns mochten horen, des gerne to wider unde
muntliger underredunge by juwen forstligen gnaden wolden
komen: dardorch juwe forstlige gnade unserut halven in
sulker swarter gemoite unde wy in dessem bedrucke nicht
dorfen beharren. Dan woran etc. [Bidden] juwer forstligen
gnade antworde. Datum mandages na Jacobi apostoli
anno etc. 32.

*Zettel.*³) Ok gnediger herre. Unße bode Pathberch,
den wy by juwen forstligen gnaden mit keyserliker majestat
unsers allergnedigesten hern schriften to Nigenower gehat⁴),

---

¹) *cf. N. 338.* ²) *Auf diese Angelegenheit bezieht sich wol auch
ein undatirter Zettel.* Gelanget an uns, dat juwe forstlige gnade dem
werdigen unserm sindico hern Johann Bruns, indem he von den ersamen
unsern frunden von Hildenßhem one in anliggenden saken to deynende
gefurdert, juwer gnade forstlige geleide medetodeilende in ungnaden be-
wogen gewest sin, mit dem anhange, also ef he keyserliger majestat und
juwen forstligen gnaden togegen schulle to ungehorsam orsake geven.
Die Beschuldigung wird als verläumderisch zurückgewiesen. R V.
³) *Ursprünglich war der Brief als Zettel, der Zettel als Brief gedacht.*
⁴) *cf. N. 647 und 650.*

heft uns ganz beswerlige sage [berichtet], dat¹) juwe forstlige gnade ym ersten anschinde unsers breifes jegen ern Johann Brun uusern deyner, alse scholde he darynne juwer forstligen gnaden wes afbrockliges vorschin hebben, nagesecht. Darup wy uns der warheid mogen erinnern, dat gemelte ern Johan sodan breif nicht begrepen vil weyniger geschr[e]v[e]n. Wy wolden ok ungerne in schriften edder anders an juwer forstligen gnade titel edder sussent wes nachdeliges witligen gestaden edder vorhengen. Und bidden deinstlig juwe forstlige gnade, ef wes dorch den schriver ym breife vorschin, juwe gnade uns dat gnedichlig entdecken; schall to andern tiden woll vorwart werden. Und wy willen [dat] in bereidich[eit] truwelig gerne vordeynen. Datum ut supra.

L I; Entwurf.

652. [1532 Ende Juli.]

Göttingen Einbeck Northeim Duderstadt Osterode schliessen auf 6 Jahre ein Bündniss.

Wy de rede der stede Gottingen Eimbig Northeim Duderstad und Osterrode bekennen opinbar in dessem breife vor uns unße nakomen in unsern rehiden unde unser stede gemeinheid wegen, dat wy dem almechtigen gode to love dem hilligen Romische[n] ryke to eren unde gemeyner nut to gude to irhoildinge cristliger leve unde des hilligen rykes frede uns der gewolt to irwerende hebben voreniget vordragen und to hope gesat vorenigen vordragen unde to hope setten uns jeginwordigen in craft desses breifes in ingeschrevener wiße.

[1.] Nachdem wy unde unße stede allhir in desseme creize tosampne grenzen unde mennichmael loße lude widder god unde recht boven den koningligen lautfridde sick an ordintligem rechte nicht laten benoigen, sunder moitwilligen unde vigentligen de unschuldigen besweren, so schall unser ein des andern jegen alß weme to eren unde rechte to gevende und to nemende desse nehist folgende sess jare, de up datum desser breife intreden unde so fort duren schullen, mechtig weßen.

[2.] Schullen ok und willen uns desse gnante tid over under einander mit truwen menen fruntschop und geloven mit worden und werken allenthalven bewisen und to halden ein des andern argeste na allem vormoge afkeren weren

---

¹) *Vorlage:* der.

und warnen, dar men dat mit eren und bescheden doin moget.

[3.] Und ef darboven jenich von uns befehidit edder beschediget worde, schullen wy andern vor den befehidegeden an den jegenpart recht schriven und beden mit begere ßo den fchide und vorwaringe aftostellen und sick an gelike und rechte benoigen to laten. Und wo uns des worde geweigert, schullen und willen wy dem beschedigten trostlig behulplig und beraden sin jegen solicke deder wedderumb to trachten, ein jowelk na siner gelegenheid und vormoge, dardorch de moitwilliger tolest von orer gewolt an fruntlige edder rechtlige wege gewiset werden.

[4.] Ef ok unser welk edder der unsern des andern beschedigers edder [t]heters anqueme, jegen de schullen wy und willen rechts gunnen und vorpflegen sunder weigeringe.

[5.] Welk ok unser hedde gefangen, de misslig und von dem sick to besorgende were und de doch vorlaten wolde edder moste, schall unser jowelk und will uns andern steden vorbenant mit gelicker urfeide und vorwaringe upt beste vorsorgen, dat wy siner unbehaft bliven moge.

[6.] Welker ok uns ßo boven rechterbedent einen edder mehr beschedigers hedde edder krege, schullen von stunt uns andern angezeiget werden. Wor uns denne desulven wedderreden edder-gingen edder dar wy sussent der foichlich mochten bekomen, schullen wy uns jegen de nicht anders hebben und hoilden, dan ef se uns allen entsecht. idoch dat wy wu vorberort an desuluen deder fruntschop und recht vor de beßwerden stad hedden geboden.

[7.] Weret ok dat unse borger inwoner efte vorwanten underlangens ßake schulde efte ansprake hedden edder gewinnen, so scholde de cleger dem antwerder folgen vor den raid edder gerichte, dar de antwerder beseten und dingplichtich were, darsulvest so de sake to erkantnisse to rechte to geborlicher utdracht gan laten und wat dar in rechte erkant edder sust in fruntschop gefunden worde schall ein idermann unweddersprecklicken ein genogen daranne hebben.

[8.] Wy schullen ok und willen an welkern der unsern de ßake ßo langeden unvortochlicken to freden helpen, den unsern ok nicht gestaden noch vorhengen jeniger were wort lettinge efte indracht, darmede se de sake in einen vortoch edder vorwildent geschoven de parte vormoidet in unkort edder schaden gedrevet worden.

[9.] Ef ok de unsen underlangens sake hedden edder gewunnen, schall dusser vordracht und fruntligen tohopesattunge to vorfange nemendes vorgeven vorlaten edder up-

drage[n], dardorch de unsern butwendigen to forderen.
Und wes des ßo geschege, schall nicht bindende noch von
werden sin.

[10.] [Ef] ok under uns eyner stad wichtige sake
vorfellen [un]de unser andern raid darynne begerden, schullen
wy willig sin an [w]egen stede tosampne to ridende und so
eyn dem andern myt rade und aller fruntwillicheid troistlig
und behulpig weßen.

[11.] Und ef jenich erdom edder twisperinge twischen
twen von uns vif steden edder den oren, des god nicht
enwille, entstunde, so scholden de dre unparticlicken stede
der sake twischen uns twen steden edder den unsern mechtich
sin in fruntschop to vordragende, und wen de fruntschop
vorbleve, ßo alsedenne in rechte to entschedende und des
von dem rade to Brunswigk by beider part rechts anwisinge,
eft des noid sinde, worde to nemende.

Und wy rede desser vorb[enannten] vif stede willen
uns underlangens noch furder fruntliger und cristliger, wen
desse vorschrivunge meldet, truwelicker menen unser ein
dem andern to gude lehin und foigen, wes men ummerst
mit eren und beschede doin moge, und uns ßo underlangens
mit der daet holden, als ein von dem andern gerne wolde
hebben und nemen, inmaten wy uns desses ßo samptligen
und unßer jowelk int beßundern jegen den andern vorwillen
und vorplichtigen. Und up dat nu desse fruntlige voreininge
und tohopegesate von uns allen int sampt und unser jowelikem
int beßundern in alle oren puncten articulen stede und vast
unuorbrocken woll geholden werden, des to orkunde und
bekantnisse sin unser stede ingesigil vor uns unse gemein-
heide borgere und vorwauten festlicken an dessen breif ge-
hangen.

Arch. 1902; Entwurf.

653. *[1532 Ende Juli.]*
*Göttingen an [Einbeck beziehungsweise an Northeim Duder-
stadt Osterode]: übersendet N. 652 zur Prüfung und Ver-
besserung; bittet den Gesandten zum kommenden Tage in Nort-
heim entlig bevehil zu geben.*
Arch. 1902; Entwurf.

654. *1532 Aug. 5. Northeim.*
Göttingen Einbeck Northeim erneuern ihr Bündniss.

Dewyle de vordracht, alse in vorigen erschenen jaren
von den vorfarn der erßamen und wyßen rede der stede

Gottingen Eynbeck und Northeym ut wolbedachtem titlikem rade und ganzer wolmeyninge to beschermunge unrechter gewolt und ungeborlikes overfals ok tom besten orer allenthalven undergeseten borgern und vorwanten upgerichtet vorbrevet und vorsegelt, eyne tit lank na orem begrepen inholde nicht uprichtich und stracke geholden, noch vor orem utgange in geborliker tit von neynerleyen parten upgescreven worden, demnach so is hute dato under bescreven von den erßamen ob gnanter stede vorordenten und afgeferdigeten sendeboden bynnen Northeym beratslagunge und deper bewech geholden und na nottorftiger bewegunge vor dat nutlikeste und ratsameste angeseyn und eyndrechtigen besloten worden, dat solke fruntlike voreynunge und tohopesattunge von one allen intsampt und or jowelken in besondern hinfurder in allen oren begrepen puncten und artickeln, de hirmede alle summarie gemeynt und utgedrucket syn, schullen stede vast getrwelick und ganz unvorbroken geholden und ok mit bewißliker daet ernstliker, dan wu van allenthalven deylen wenthen anher gescheyn, erfullet und gemeynet werden. Indeme ok bemelter voreyninge von den gedachten erliken steden van allen deylen, wu angetogen und vormeynt wert, vorsumelik nicht folgich nagekomen worde, is up den punct ok beslutlick ingegangen und belevet, dat allenthalven vorsumelicheyt jegen einander vorgeliket und to dussem male genzlik und all upgehafen und in tokunftiger tit nicht mer der gestalt gecheyn edder vorhenget werden schulle. Und woret nu tokunftich, dat jennich undersate borger edder vorwante dusser dryer stede to synem moytwyllen und ut erdichteden besweringen edder anders sick von syner overicheyt utfluchtich stelde, desulve wu de sy edder namen hebbe schall in den andern tweyen steden nicht angenamet edder to synem frevel gehanthafet, besundern up syn mechtige stellen syner ansprake alleyne by synem rade tor fruntzschup vorscreven werden. Wor aver darwedder eynigem der dryer stede utfluchtigen ungehorsam borger vorwanten edder andern jenych unfruntlicke vorscrift vorwaringe edder andere frevel anreyzende scrifte, darmede de rat des utfluchtigen by syner borgerschup vorungelimpet in moyge unmote und besorgunge gestellet, von jennygem der stede undersaten gestiftet und gegeven worde, wor sodan an den rat dar solkes gescheyn langet, schall de anholder und scriver von dem rade, dar under he beseten, mit geborliker bote gestraffet und darvon genzliken aftostande gewiset werden. Allet ane behelp und nyge utflucht. Dusses to orkunde syn dusser recess dree gelickludich gemaket utenander gesneden und jowelkem rade

bemelter stede eyn vorhandelaget. Allet gescheyn bynnen Norteym mandages nach vincula Petri anno etc. im tweunddrittigesten.
Arch. 1141; Or. Geschnittener Brief.

655. *1532 Aug. 8.* *[Nürnberg.]*
Dietrich Prutze an Johannes Bruns: schickt Abschriften und bittet Instruction für die Anfertigung weiterer Copien.

Dem werdigen wolgelarten und achtparn Johan Bruns Gottingeschem sindico minem hern und frunde.

Mine willigen deinste vor. Werdiger wolgelarter und achtpar gunstiger her. und frunt. Dem Goßlerschen genomen aveschede na overscicke ik jw to behoif¹) juwer hern de ratslege, so to Nuremberge in saken de vorstenisse tor kegenwer belangen gefallen sin, darinne sick ore erbarkeit erschin und ore nottrost ferner beraden mogen. Dem boden mogen juwe erbarkeit lonen. Von Goßler wente up Gottingen schal [he] ferner den von Eimbick ok sundere copien bringen und tostellen. Den copiisten wil juwe werdicheit mit einer voreringe wol bedenken. Und so juwe heren alle handelunge to Swinfort und Nuremberge in der religion sake geovet gerne hedden, wil ik unbeswert sin de tom forderligsten up ore beloninge copiern to laten und so mochten mi juwe achtpare werdicheit vorstendigen der producte, so juwe hern rede hebben, mit wat bokstaven de signert weren, so wolde ik von stunt den arbeit laten anfangen. Und wes juwen hern to orem dele der gedanen teringe is gefallen, darto wil juwe achtparkeit helpen fordern, dat sodans moge tom forderligsten hergeseickt werden up dat andere, de dar von wes hebben schullen, mogen betalinge entfangen²). Und dusses juwer achtparkeit antwort [bidde ik]. Und juwen hern ok juwer achtparn werdicheit willige deinste to bewisen bin ik mer dan willig. Gescreven mit ile am dage Laurentii anno etc. 32.

Juwer achtparen werdicheit willige Diderick Prutze secretarius.

Salutetis meo nomine procunsulem Hanse von Snehin et Hermannum Boden Cunradum Brecht et uxorem vestram charissimam.
Acta Ref. II; Or. m. Spuren d. S.

656. *1532 Aug. 28* (mitwochs nach Bertolomei). *Torgau.*
Curfürst Johann Friedrich von Sachsen an Braunschweig: meldet, dass die auf Sept. 8 (uf nativitatis Marie) *nach Braun-*

---
¹) *Vorlage:* behouf. ²) *cf. p. 324 Anm. 2.*

furstligen gnaden und uns lange tid und noch erhoilden ok
des itzigen vorgenomen lantschatzes halven *cinen Verhörstag
angesetzt habe und dass es daher auf der Versammlung der
Christlichen Vereinigung in Braunschweig nicht erscheinen
könne, wesshalb es Einbeck, falls dieses den Tag besuche, ent-
schuldigen werde; bittet um Mittheilung der Beschlüsse.*
Landschaftliches III; corrigirte Reinschrift.

664. *1532 Nov.* 8 (sexta post omnium sanctorum).
Göttingen an Einbeck: ladet es zum 9. Nov. (up nehist
komende sonnavende) *9 Uhr auf die Schmiedewiese vor
Hardegsen zu einer Unterredung.*
Acta Ref. II; Entwurf.

665. *1532 Nov. 9.*
*Einbeck an Göttingen: meldet, dass es neue Bewilligungen
für den Schmalkaldischen Bund ablehne und dass es die Ver-
sammlung [in Braunschweig] nicht beschicken werde.*

Den ersamen und vorsichtigen hern borgermester und
rade to Gottingen unsen besundern gunstigen hern und
guden frunden.

Unse fruntlicke deinste tovorn. Ersamen vorsichtigen
hern und beßundern gunstigen guden frundes. Der frunt-
ligen naberligen underredinge na, so hudiges dages twischen
juwer ersamen wisheit und unsen geschickten by Hardegsen
de Evangelieschen vorfatinge tor ylende[n] und beharligen
hulpe belangen gefallen, mogen wi juwer ersamen wisheit
nicht bergen, dat wi middeller tit, alse unse geschickten by
juwer ersamen wisheit gewest, und ok na orer wedderumme
anheimkunft der angezeigeden vorfatinge halven mit den, ßo
wi der wegen to rade gefurdert, underredinge und ratslege
na aller nottorft unser stad gelegennicheit gehat und by
denen in rade nicht anders befunden, dan dat uns dermaten
wu de vorfatunge mit alle oren artickelen vormeldunge doit
ut mannichfeldigen hoech noetwendigen beweehligen orsaken
nicht ist to gewilligende. Und sien nu derhalven unses deils
bedacht to gemeiner erreddinge und behoft der jegenwer tor
ilende hulpe nicht wider dan alse gescheen intoleggende,
alse to einem monat, und dennoch dat alßo ingelegt hebben:
ef de noet vorfelle, dat de Christligen stende denne unse
ingelechten summen des einen monats scholden to gebrukende
bemechtiget, wu aver de noet nicht vorfelle, uns solke anlage
dem avescheide na wedderumme tostellen. Und wetten noch-
mals: tom andern 3. und 4. monade intoleggende nicht to
bewilligende und viel weniger by unser gemein to erholdende,

sundern allent wat de Smalkaldesche eynungesvorstentenisse ores inholdes vormach, darin hebbe wi gewilliget und sin ok erbodich de tovorsegellende, wan de uns dem Brunswickischen avescheide[1]) na togeschicket und darby na unsem vermoge standhaftich to blivende und der natokomende. Darumme nu und ok ut andern bewechligen orsacken und dat wi uns bedunken laten, dat in der Smalkaldeschen vorstentenisse genochsam bewilliget, sin wi ferner bedacht und dusses beradens, dussen ernanten dach mit etligen personen nicht to beschickende und den mit vorwendinge unser beswerlichen noetwendicheit aftoscrivende. Wu et aver, gunstigen hern und frunde, de gestalt gehat, dat wi den dach mit etligen personen beschicket, wolden wi unbeswert sin geweßen juwe ersame wisheit nottorft und erhaftige vorhindernisse op gegeven und togestalde instruction den geschickten der erbarn stede vortodragende. Und bidden derhalven, willen uns juwer ersamen wisheit menunge bedenken und wes gi hirinne to vorfolgende willens und up watte gestalt, dardorch wi unser sacke einhellig vormaicket, gunstich und gutwillich by jegenwordigen mededelen. Dat kumpt uns umme juwe ersame wisheit, den wi fruntlige willforicheit in alle wege to erzeigende geflitiget, to vordenende. Datum under unser stad secrete des nogeden dages Novembris anno 32.

Acta Ref. II; Or. m. Spuren d. S.

666. *1532 Nov. 10* (dominica post Leonardi).

Göttingen an Einbeck: meldet auf N. 665, dass es die Versammlung in Braunschweig nicht beschicken werde, sunder hebben eyne slichte schriftlige entschuldinge angerichtet unde by unßer bodeschup darhin ferdigen laten ok unse gemoite up dut mal ut orsaken beholden.

Acta Ref. II; Entwurf.

667. *1532 Nov. 11.*

Das Kloster Walkenried überlässt auf 9 Jahre seine Zehnten zu Göttingen und Rosdorf gegen die jährliche Zahlung von 200 fl. der Stadt Göttingen[2]).

In deme namen des vaters des suns unde des heyligen geistes. Amen. Nachteme und dieweil sich mancherleye

---

[1]) *cf. N. 626 und 627.* [2]) *cf. N. 603. Die Verhandlungen wurden namentlich vom Hofmeister Johannes geführt. Seine Schreiben sind leider meist undatirt; aus einer rückschriftlichen Notiz geht hervor, dass man im halben September bereits in Mitte der Verhandlungen stand. Im Lauf derselben entstanden folgende Entwürfe: 1) Das Kloster Walkenried verkauft seinen Zehnten zu Rosdorf für 900 fl. Rheinisch an Göttingen,*

aufrur emporunge unde bewegunge des gemeynen volkes erhoben auch viele cloester unde orden in ummeliggenden furstentumen unde lanten verwuestet verstöret unde viele derselbigen ordens personen ummeher im lande unde ehelende laufen, das sye wider am leybe ader zele troest haben darzu auch vyle des gemeynen volkes alßo geschicket unde besinnet, das es wyder zinße aufkomen ader zehenden ordens personen unde andern zu gebende nit geneiget ist, dardurch die personen noch in clostern unde unter dem gehorsam irer prelaten leben mangel leiden, solliche nun vorangezeigte alle auch vele anderre ursachen die uns bewegen angeschin haben wir Paulus von gots gnaden abt Jacobus prior Hermannus supprior Johann kelner Johannes unsers hoves zu Gottingen hofmeister unde ganzer convent ader vosamellinge unßers closters zu Walkenreden Cistercier ader sanct Bernhardes orden herzlich bedacht unde darauf zum capitel in demeselbsigen unßerm clöster an gepurlichen enten versammelt uns aller unser beweglichen unde unbeweglichen guter halben als wir bynnen unde ausserhalb Gottingen haben unde jerlichs in unßern hof bynnen Gottingen fallen myt willen wissen unde fulbört aller unßers convents personen gruntlichen entschlossen, das wir uns mit den erßamen fursichtigen unde weißen herren burgermeistern unde rait zu Gottingen myt willen unde fulbört der chirlichen gylden daselbst von gemeyner stad Gottingen wegen umbe unser beyde zehenden vor Gottingen unde Rostorff uns von iren burgern unde undertonen jerlichs fallende gutlich fruntlich unde eigentlich voreyniget vorgelichet beredet unde vortragen haben auf form weiße unde moesse alse hirnach folget. Zum ersten wollen wir vor uns alle unsere freye eygen unde erb-

nach Ablauf von 3 Jahren kann es in jedem Jahre denselben für das empfangene Kaufgeld zurückkaufen; 2) kurzer Entwurf von N. 668, jährliche Zahlung: 200 Mk. (Göttinger Währung, wie der 3. Entwurf hinzufügt), Termine: Ostern und Pfingsten, Dauer: 6 Jahre, daran knüpft sich ein kurzer Extract von N. 669; 3) erweiterte Fassung des 2. Entwurfs, Termine: Ostern und Jacobi (Juli 25). Dauer: 10 Jahre, welche 3 Fassungen von Johannes Bruns entworfen sind; 4) trat die Scheidung von N. 667 und N. 669 ein, die die jetzige Gestalt erhalten. Die beiden Urkunden sind zurückdatirt. cf. die Rückschrift: alle duesse hendel in die purificationis Marie [Febr. 2] genzlick besloten und angenommen worden anno etc. 1533. An eben demselben Tage wird der Termin der ersten Zahlung bis auf Pfingsten aufgeschoben, wogegen die Stadt noch ausstehende Zehntleistungen für das Kloster einzusammeln verspricht. Z III. Ueber den Walkenrieder Hof cf. Schmidt a. a. O. I, p. 42 Anm. 3 und J. G. Leuckfeld, Antiquitates Walkenredenses, p. 452. Johann Sunder ist nach ihm p. 454 nach dem Bauernkrieg zum Aufseher des Hofs in Göttingen bestellt.

guter nemlich unsern hof myt allen seynen boden zweyen meygerhofen der eyner bynen Gottingen unde der andere zu Rostorff myt eynem kothofe gelegen auch unsern zehenden zu Mengerßhusen mit aller der meigerhofen lenderyge unde zubehoirungen auch unser freye eygen gartlant unde wisen¹) vor Gottingen unde das alles unbeschwert unde zehentfrey behalten sollicher gůter alle nach alle uñser bequemelicheit nach den alten vordrechten, alse zwischen uns unde auf genanten erbarn rait vorsiegelt unde vorbriefet, zugebrauchen. Zum andern haben wir deme erbarn rait alse vorstendern der stad Gottingen unde des gemaynen besten daßelbest unsere beyde zehenden zu Gottingen unde Rostorff mit aller der zehinden gerechtigkeyt unde zubehoirungen neun jar lank nehist nacheynander folgende der itzunt das erst auf nehist vorgangen sanct Michaelis tag des heyligen erzengels angetreten unde so nach eynander tauren unde weren sollen ingetain aufgetragen unde oberantwortet sollicher zehenden allermassen als wir die selbest bisher gehabt unde gebrauchet nach aller irer beqwemicheit zu gebrauchen unde wollen des sodaner zehinden dyeße zeit lank ire bekennyge herren unde weren sein²). Unde umbe des willen inen die register beyder zehenden als vor Gottingen unde Rostorff obergeben unde zugestalt unde solliche register sollen unde willen eyn erbar rait trewlich vorwaren unde aufsehin haben, das alle jar, weyle diese vordracht stehit, eyn neuwes register gemacht unde geschrieben werde nach form unde moeß alse sye das entfangen unde eyngenomen haben, unde so sich mytler unde in zeit dießer vordracht zutrage unde begeibe das die zehinguter vorkauft ader vorandert wurden, alßdanne soll unde will eyn erbar rait sollich vorenderung in das register bringen unde nach zale der buychstaben A. B. C. etc. igliches an seynen ôrt schrieben laissen, damit sollichem zehinden keyn abbruch werden unde entstehin moge. Kont auch eyn erbar rait ader derjeninge deme sollicher zehinden cynzusammelen unde die register zu schreiben bevolen sich erkunden ader erfarn das sollicher unßer zehinden auß vorseumniß frevel oder list aus den registern kommen wore, soll eyn erbar rait dorch den zehintsammeler unde anders fleis furwenden ab solliche entfrombde zehintgutere weder in zehinden mochten gebracht unde was von zehinden nachstendigk ingemanet, unde wes so ingemanet soll vor dye mue unde arbeit dorch eynen erbar rait eynbehalten werden. Wir setzen auch gemelten rait unde ge-

---

¹) *Vorlage:* wischen. ²) Unde wollen — sein *Zusatz von Bruns.*

meyne stad Gottingen sollicher beyder zehinden in die
habende unde gebrauchende were unde besitzunge, das sye
der solliche newn jaere lank manen aufnehmen vorkeufen
unde damit gleich andern der stad gutern unde alße wir
vor dießem contracte hetten tuen mogen handelen unde
beschaffen sollen unde mogen. Darentkegen unde zu
erstattunge sollicher zehinden sollen unde wollen uns unde
unßern nachkomen gemelter erbar rait unde ire nach-
koimellinge von gemeyner stad Gottingen wegen alle jaere
zweyhundert gulden y vor den gulden zwenundevierzig
schillinge¹) Gottingescher werunk, ist nemlich eyn malder
auf eynundezwenzig schillinge gerechent, die helfte auf ostern
die anderen helfte auf sanct Jacoffs tag²) bynnen Gottingen in
userm hôfe zu gutlichem danke unbekummert ane jennich
vorbot alle argelist unde geferde ausgeschlossen geben unde
bezalen³). Wannehir aber dieße newn jaer zum ende kommen,
sollen dieße beyde unser zehinden frye unde unbeschwert
wider an uns unde heimgefallen syn. Unde so es sich als-
danne begebe, das wir nach außgange sollicher newn jar
die zehenden beyde nicht behalten, sonder sye weder umbe
gelt ader sunst außtuen wolten unde eyn erbar rait das dar-
vor was eyn ander tuen wolte, so sollen eyn erbar rait unde
gemeyne stad dye nehisten syn. So wir aber solliche unser
zehinden selber gebrauchen unde eynsammeln wolten, sall
unde will uns unde unßern mitbenompten eyn erbar rait
sollicher zehinden mit ubergebunge des registers dießer newn
jarlank derumbe uberantworten unde gutwillich folgen laissen.
So aber eyn erbar rait, als wir uns nit vorsehen, in der
bezalunge sollicher summen dieser newn jar lank jo ydes
jares in der ersten unde andern tagezeiten, alße das der
erste unde letzte termyn zu hauf quemen unde nicht mit
unßerm willen geschege ader vorhenget, seumigk wurde, so
wollen wir uns unde unsern mitbenompten die gewalt fur-
behalten haben, sollichen contract aufzusagen unsere zehinden
andern zu vorkeufen ader der selbest myt eynzusamellen ader
sunst, als wir vor getain, nach allem unserm willen zu ge-
brauchen. Daranne uns eyn erbar rait unde die ehurlichen
gylden vorbenant nicht vorhyndern ader nachteiligk seyn
sollen ader wollen. Unde⁴) ßo wir in dießer zeit unsern

---

¹) *Anstatt:* gulden — schillinge *stand ursprünglich:* mark. Is —
gerechnet *Zusatz von Bruns.* ²) *Juli 25.* ³) *Hier fügte Bruns
hinzu:* Darzu habin wir by zwenzig gulden vorsessen zinses an unserm
gartlande gemeltem rade, damyt den deyner desses zehinden zu belonen.
obirgelassen. *Wieder gestrichen.* ⁴) Unde — syn *Zusatz des Hof-
meisters, redigirt von Bruns.*

hof zu Gottingen nit myt eynem ordens personen, sundern
mit eynem wertlichen zu besorgen geneiget worden, derselbige,
indeme der deme raite nit nachteyligk gesatzt wurde, sall
derselbigen fryheit alße die ordenspersonen genyessenn unde
nit mehir vorpflicht syn. Es sollen auch dorch dießen con-
tract unde vordracht alle alte vordrechte vorschreibungė
eynygung unde privilegia zwischen eynem erbarn raite unde
uns hirbevor aufgerichtet unde angenomen in keynen puncten
vorletzet, sundern in deme stande unde wirden pleiben unde
gehalten werden, alse die vor dießem contract gewesen syn.
Alles sunder argelist nige funde unde geferde. Des zur
orkunt unde auf das alle vorangezeigte puncte unde artykel
stet unde veste sollen dorch uns gehalten werden, so haben
wir Paulus abt auf gemelt dießen brief unde vordrachte myt
unßer abtie¹) unten angehengtem ingesiegel vorsiegeln laissen.
Geben im jare nach der geborṫ Jhesu Christi unsers herren
unde erloßers taußent funfhundert unde zwey²)-undedreissigk
am tage Martini³) des hilligen bischofs.

*Arch. 338; Or. m. anhangendem S. Z III; (4.) Entwurf von
Johannes Stein geschrieben von Johannes Bruns und dem Hofmeister
Johannes corrigirt.*

668. *1532 Nov. 11* (am dage Martini des hilligen
bischoppes).

*Göttingen verspricht den Bestimmungen von N. 667 nach-
zukommen⁴).*

Lib. Cop. C. fol. 192 b. Archiv 830 und Z III; Entwürfe.

669. *1532 Nov. 11.*

*Das Kloster Walkenried überlässt im Falle seiner Auf-
lösung seine Güter in und bei Göttingen an Göttingen⁵).*

Wyr Paulus von gots gnaden abt Jacobus prior Her-
mannus subprior Johannes unßers hoffes in der stad Got-
tingen hoffemester unde der ganze convent unde vorßamel-
lunge unßers closters Walkenreden sanct Bernhardes ordens
bekennen auffinbar in unde mit kraft dießes briefes vor allen
de onen sehin hören oder leßen: Nachteme unde dyeweyl

---

¹) *Folgte ursprünglich im Entwurf:* unde conventa, was auf des
Hofmeisters Johannes Verlangen wegfiel. ²) *Im Entwurf ursprünglich:*
zwey, dann drei, endlich abermals zwey. ³) *Im Entwurf ursprünglich:*
Johannis des evangelisten [Dec. 27]. ⁴) *Es lag dem Hofmeister
Johannes viel an der präcisen Fassung von N. 669 und 670.* ⁵) *Dieser
Vertrag wurde bestätigt: 1565 Juli 19 (donrstags nach der h. aposteln
teilungen) von Abt Jacob, 1567 Dec. 18 und 1568 Febr. 8 von Abt
Adam, 1568 März 21 von Richard Abt zu Altencampen. Arch. 325,
831. Walkenrieder Cop.-Buch.*

sich de dinge allenthalven wunderlich begeben unde auch
mancherleye aufrur emporunge unde bewegunge des gemeynen
volkes erheben auch in dießer selbigen aufrurischen unde
letzten zeit viele closter in landen und furstendomen werden
vorstoiret unde verwuestet alßo, das die ordenspersonen allent-
halven umeher in denselbigen landen unde furstendomen zu
hoen unde spott der ganzen religion keyn hulf ader stuer
habende im elende laufen, des wir uns auch alße uns danne
bereyt im ersten aufrur eyn mael widderfaren unde bescheen,
das uns gemelt unser closter dorch dye aufrorischen bawren¹)
abegewonnen alles was darinne nicht allein, sundern auch
daraussen auf dem lande zustendigk ist befunden zerbrochen
entwant genomen vorzeret und vornichtiget worden, das wir
obgedacht unser closter mit grosser schwarlicheit bey itziger
Römischer keyserlicher majestait herren Carlle deme funften
unßerm allergnedigisten herren widerumbe haben irlangen,
unde dachtegliches sollichen aufrurs ader grosseren, das uns
dasselbige unser closter unde alle unser gutter beweglich
unde unbeweglich dorch weltliche obirkeyt genzlichen abge-
nomen unde entwant werden mochten vermuiten unde ge-
wertig sein mussen, so haben wir solliche vorangezeigte auch
andere uns beschwerende ursachen zum capittel in unßerm
vorgnanten closter unde gewöntlicher stait vorßammelt noit-
torftiglichen bedacht unde sye allenthalven bewogen unde ßo
vele, damit wir uns unßern mitben[anten] (so es gots wille
unde uns mögelich wöre) im zeitlichen freden unser lebent-
lank erhalten mochten, uns entschlossen nemlich unde also:
das wir uns mit den erßamen vorsichtigen unde weißen
herren burgermeistern unde raite auch ehirlichen gylden²)
von ganzer gemeyner stad Gottingen wegen aller unser be-
weglichen unde unbeweglichen gueter als wir vor unde in
gemelter stad Gottingen unde darumbe lankher als nemlich
zu Rostorff Mengerßhußen unde sunst allenthalven haben,
nemlich unsern hoff mit allen darzu gehoirenden boiden for-
werken meygerhoifen zehinden kothoffen wießen gartlande
zinßen aufkömen unde renten, alße in gemelten unßern hoff
allejerlichs gehören unde fallen, gutlich freuntlich unterredet
voreyniget vorglichet unde vortragen in form meynunge unde
gestalt als hir nachfolget. Erstlich, so unser vorgemelt
cloister Walkenredenn dorch dye weltliche obirkeyt, alße wir
uns denne besorgen, uns entwant unde dorch sye eyngenomen.
alßo das die personen die in gehorßam beharret (doch die

---

¹) *Leuckfeld a. a. O. p. 134 und 454 ff.* ²) *Im 4. Entwurf folgte,
aber wieder ausgestrichen:* iren seysmannen middelern und sechtzigen.

apostaten unde ander [ausgenommen], de aben erleubniss von
uns abegewichen und abtrennigk werden), mussen abeweichen,
oder auch auf ander wege vorstôrt unde verwuestet wurden,
so sollen dye gehorßamen personen nemlich wir abt prior
supprior und ganzer convent in der samellynge ader enzelle
personen wie uns das f[o]glich¹) ader beqwemlich sein muchte
dorch auf gemelten erbarn rait gylden unde ganze gemeine
stad Gottingen in auf genanten unßern hôff unde boden nach
unßer gelegen unde beqwemlicheit zu wonen frye eyngelaissen
unde ingestaittet werden. Darzu will und sall uns unde
unser mitben[anten] er genanter erbar rait geleich iren burgern
zu recht unde vor gewalt schutzen vortedyngen unde hant-
haben unde by allen unßern forigen siegel briefen gnaden
unde privilegien, alße zwischen deme erbarn raite vorben[ant]
unde uns hie bevor aufgerichtet gegeben und angenomen
worden, syn plieben und der mit allen unßern guetern nach
unser noittorft, alße wir von alters gehabt und gebrauchen,
zu keynen pflichten unde unpflichten dringen unde von uns
heischen laisßen. Alles sonder geverde. Begebe sich aber
dem alßo nach das unser closter Walkenreden ob genant
dermassen alße ob gemelt dorch dye obirkeyt eyngenomen
ader ßo vorstôret unde verwuestet unde nicht myt unßer
ordensperßonen weder besetzet wurde unde dye person alle
wye dye gen Gottingen verordent vorstorben unde sunst keyn
gehorsam person unßers closters mehir vorhanden were, alße-
danne soll unde mak eyn erbar rait vorben[ant] alße unße
gunstige herren unde liebe freunde alle unßer bewegliche
unde unbewegliche erb eygen unde frye gueter vorbezeichenet
nemlich unsern hoff myt des bôden meigerhoffen forwerke
zehinden zinße renten unde aufkomen wo dye namen haben
mochten bynnen unde ausserhalb Gottingen zu Rostorff
Mengerßhußen unde allenthalben in genanten unßern hoff
jerlichs fallende myt alle derselbigen gnaden privilegien
fryheyt unde gerechtigkeyt, darzu alle briefe syegel und
register uber solliche vorbezeichnete gueter uns gegeben
gemacht unde uberantwortet von den stetten, als wir gemeltem
rait das glaublich werden anzeigen laissen, aller maissen als
wyr bißher dye an die zweyhundert jaer rauwelich gebraucht
inngehabt unde vor unser eygen gulden unde gelt gekauft
haben, alße getruwe vormunden vorstendere manufideles unde
executores ane ydermenniglichen vorhyderniss unde vor-
bietent eynnemen unde dye gleych andere der stad Gottingen
guiter vor fryhe unde eygen besitzen innhaben trewlich vor-

---

¹) *In der Vorlage ist das Wort beschädigt.*

waren unde der in form maeß unde gestalt alße hyr nachfolget gebrauchen. Doch also bescheytlich, das aller vorben[anter] gueter jerliches eynkomen alle jaer an eynen summen gerechenet unde vorzeichenet werden soll solange, ab auß gots unsers almechtigen vaters willen auf gemelt unser cloister Walkenreden wyderumbe aufgerichtet unde myt unser ordens personen besetzt wurde, alßedanne unde in dießem falle, wannehir dasselbige unser cloister Walkenreden widerumbe aufgerustet unde myt unser ordens personen besetzet wurde, sollen unde wollen dye von Gottingen alße sye sich des kegen uns vorpflichtiget demeselbtigen unßerm cloister Walkenreden unde des unßers ordens personen alle vorbenompte gueter nichts davon abgeßundert myt allen briefen etc. wyderumbe zustellen ader solliche gueter alle ader eyn teyls myt iren wissen unde willen behalten. Dye zinße ader aufkomen unde abenutzunge sollicher aller unser guiter vorgenant sollen solliche zeit unde jaer uber alße die dorch die von Gottingen in maessen vorgerort innegehabt unde besessen in zwey teyle geteylt; eyn deyl auf gemeltem unßerm closter Walkenreden unde des unde unser ordens perßonen sollich cloister wider aufrusten zugestelt unde das ander teyl aber, welches wir inen frywilliglich in unde mit kraft dieses briefes zueygenen unde geben dorch eynen erbar rait unde gemeyne stad Gottingen vor muhe unde unlust unde arbeyt zu gemeiner stad beste behalten werden. Im letzten falle aber, so das vilbenompte cloister Walkenreden nicht wederumbe aufgerustet oder myt unser ordens person besetzet auch solliche stifte unde religion nicht lenger ader mehir seyn solten, das wir got deme almechtigen bevelen, so haben wir abt prior supprior unde ganze convent auf genant die sachen, wyle wir solliche gueter alle unter den von Gottingen gelegen unde dye frye erblich unde eygen gekauft auch nymants in solcher zeit belenunk daranne gehabt unde auch die biß itzt anher ahen iderer vorhynderunge vor frye eygen besessen unde gebraucht, darvor byllich unde gut ansehen, das auch dye von Gottingen solliche guiter zu erhaltung ires helligen gemeynen besten nutzens wyderumbe haben sollen. Darumbe haben wir abt prior supprior unde ganze convent vilgenant zu bestetigung unde bekreftigung dießes letzten falls itzd alßedanne unde alßedanne als itzt alle vor angezeigte unßer guiter alle myt aller gerechticheit nichts darvon abgeßundert deme erßamen raite unde gemeyner stad Gottingen zu gots lobe unde ere auch zur furderung gemeynes nuttes aufgetragen gegeben unde geeigent dye frue erblich rawelich ewiglich unde ymmerdar zu haben zu gebrauchen und zu besitzen¹). Unde willen damit wir abt prior subprior unde ganzer convent veleberort vor uns unde unser mitbenanten eynes erbarn raits unde der chirlichen gylden ob gemelt sollicher gueter gebrauch unde wie vorstehit auf irer idermanns gewissen bevolen unde unser aller gewissen entleddiget unde entlestet haben. Unde ist hirby auch gehandelt und beschlossen worden, so wir abt prior supprior und andere vor angezeigte persone nach deme willen gots abgyngen unde dennoch etliche person unsers ordens oberich weren, ab dye aus anreizunge in ander wege unde mit andern dießem contracte zu entkegen sich zu begebende unterstehen wolten, sollen sye keyne macht haben, sondern ire vornement in unde mit kraft dießes briefes machtlos erkant aufgehaben und gemacht syn. Vorzien darumbe auch und tuen uns abe aller gnade fryheyt privilegien unde rechte, nemlich des hirzu unsers ordinarii bewilligung nicht komen ader das anders geschreben dann geredet unde was der behelfunge mochten gefunden, damit kunftik dießer contract mochte angefuchten werden, die sollen genzlich und ehewiglich in unde mit kraft dießes selbigen briefes abgesaigt unde craftlos syn. Des zu eyner warhaftigen orkunde haben wir Paulus abt unser abtie auch unsers convents ingesiegelle unten an dießem brief wissentlich tuen hangen. Geben im jare nach der geboirt Christi unsers herren unde erloisers tausent funfhundert unde zweyundedreissigk am tage Martini episcopi.

Arch. 830; Or. mit 1 anhangendem S. Das 2. S. ist abgerissen. Z III; (4.) Entwurf, geschrieben von Johannes Stein.

670. *1532 Nov. 11* (am dage Martini des hilligen bischoppes).

Göttingen verspricht den Vertrag N. 669 zu halten.
Lib. Cop. C. fol. 193, b. Arch. 830; Entwurf.

671. *1532 Nov. 11.*
Göttingens Botschaft an den Evangelischen Bundestag zu Braunschweig, dass es an der Vereinigung festhalte, zur Zeit Hilfszahlungen nicht bewillige, früher Eingezahltes zurückfordere²).

Bevehil eynes erbarn raits to Gottingen up den dach to Brunswig in den saken der Evangelischen vorstentnisse Martini anno etc. 32.

---

¹) Im 3. Entwurfe folgt: darvon ok alßdenne gemelte raid do armen mildechlig to bedenkende woll willen vordacht syn. ²) cf. N. 665 und 673.

— 346 —

Anfenglich sin die von Gottingen nicht anders geneigt, sunder de gemeynen Cristligen vorstentnisse im anfange upgerichtet vorsegelt unde vorbreitet na alle orem vormogende uprichtig unde fromlig to hoildende unde wedderumbe so von den glidderu desser vorstentnisse antonemende.

Dewil averst itzund, dem almechtigen sy ewich lof, neyn bedranglige noit vorhanden unde wy ok gode dem hern, de uns alse de synen mag irhoilden unde alle unser vigende anslege unde stricke kan torugge slan, unde darumbe syner gnade in desser cristligen saken ok vortruwen unde uns so taffer up unser vornunft wisheid unde raidslege nicht vorlaten mosten, konen eyn erbar raid up dit mal by den oren nicht gefynden sick in de beharligen hulpe myt oren puncten unde artickeln to begevende, angesehin nicht alleyne de beswerlicheid sunder ok de unvormogelicheid.

Id heft ok eyn erbar raid oren mant geldes na der vorhandelinge dargelecht unde darnach vormerkt, dat itlige der erbarn stede unser eninge oren summen, wuwol se dat mennichmael angenomen, nicht neddergelegt, sunder tom dele up de noit geloven gestellet, so were eyns raits von Gottingen fruntlige ansynnen, men one ore summen wolde laten wedder tokomen. Se willen bynnen Brunßwig den loven unde wissencheid stellen, dat men der summen in der noit ganz edder tom dele kone bekommen.

Acta Ref. II: Entwurf.

672. *1532 Nov. 15.*

Abschied der in Braunschweig versammelten Städte, der [Nov. 25]¹) Göttingen und Einbeck mitgetheilt wird, dass 1) ein abermaliger Städtetag stattfinden müsse, dass 2) die Städte Reiter ausrüsten und 3) Vorräthe an Korn anlegen sollen, dass 4) Hildesheim den Verfügungen der Städte nachzukommen habe.

Biavescheit belangen itlige puncte, de de roven in der erbarn stede concordien.

To gedenken, dat de geskicten der twier stede Gottingen und Einbick oren hern wederumb vormelden, dat de erbarn stede der vorbuntnisse to dussem vorgangen Martini darumb veren to Brunßwigk to dage gewesen, dat men in dussen swaren und geschwinden leuften von der concordien, wo de tokunftig mochte vorstrickt werden, wolde geratslagit hebben. Dewile aver de von steden Hildensem Gottingen und Einbick sich des dages entschuldiget, sin de anderen alse Goßler Magdeborch und Brunßwigk bedacht, *[1.]* wanner sick ander

---

¹) *cf. N, 671.*

gelegenheit wert todragen, dat se alßdan de erbarn stede alle derhalven willen weder vorschriven und allerleige noittroft darinne beratslagen.

[2.] Tom andern. Dewile sick dan ok allerleige eregit, dat den steden nadelige handelinge togemeten werden, darup vor ratsam angeschin deme so vele mogelick to bejegenen, dat de von steden over ore ridenden dener, de se sus degeliges vorsolden[1]) ein ider na siner gelegenheit itlige ruter, de von den vormogenden borgeren underhoilden worden, uptosittende hedden. Wor dan imants unde den buntsteden sodaner bedorftich und so vele der ein ider lete forderen, dat de ome mochten togescicket werden, idoch dat de stad, so de ruter fordern lete, scholde vor nederlage und gefenkenisse gut sin und einem idern vor sick und sin pert so lange se orir dechten to gebrukende alle dage und nacht 10 math. tor underhoildinge geven. Dede jemandes darover unkost, darto scholden ome to antworden nicht schuldich sin. Edder aver so vor beter angeschin mochte werden, dat ein ider stad ore ruter up oren sulvest kosten und schaden dem noittorftigen, de orir begerde, toschicken scholde.

[3.] Tom dridden, dat de rede in den steden vor ore gemene, de gilden vor ore gildebrodere und ok sus de vormogenden borgere einen vorrait von korn und allerleige proviant up twe jar lang bi sick bringen und bearbeiden mochten, des men sick in tit der noit mochte gebruken[2]).

[4.] Tom verden. Dewile de erbarn stede Goßler Brunßwigk Gottingen Honover und Eimbick ut medebevele der erbarn von Magdeborch und up ansokent des erbarn rades to Hildensem ore gescickten binnen Hildensem gehat und de sake hirbevor, de gefangen ore borgemester und kamerer belangen, to rechte vorhort und entscheden, welker ordel ok de von Hildensem under der gnanten stede angehangten secreten vorsigilt entfangen und angenomen[3]) und idoch opintlich darweder handellen itligen eine gelebote afgedrungen ok itligen ore guder mit kummer besweren. Darumme dan de erbarn stede, nademe oren erbarkeiten sodans to einer vorachtinge ores gesprocken ordels gerekent, dewile berede

---

[1]) *Die Zahl der Reisigen schwankt in Göttingen in den Jahren 1530 und 1540 zwischen 9 und 10. cf. die Rechnungsbücher.* [2]) *cf. N. 546.*
[3]) *cf. N. 513 und 543. 1531 Oct. 4 hatte Goslar, 1532 Febr. 2 hatten Lübeck Bremen Goslar Braunschweig Göttingen Einbeck gemeinsam von Braunschweig aus Hildesheim aufgefordert, dem Evangelischen Bündniss beizutreten. 1532 Nov. 15 baten die der Religion wegen aus Hildesheim verbannten Bürger die Evangelischen Bundesverwandten um Beistand. cf. Lauenstein a. a. O. p. 36—53.*

darumme itlige male an de von Hildensem geschreven, eine noittorftige scharpe scrift in aller stede namen to stellende bedacht weren, darinne de von Hildensem under anderen scholden vormaint werden, dat se dem gesproken ordel in sinem inhoilde nakemen und hedden se imants darover wat afgedrungen, dat se dat einem idern wedergeven und ok noch andere derhalven mit kummer in oren gudern unbeswert leten. Wo ore erbarkeiten aver darover und dem towedder handelen, dat alßdan de erbarn stede vororsakit worden sick wederumme to gelegener tit to vordragen und se de von Hildensem alßdan darhen ok to besriven und darvon to ratslagen, wanner ore erbarkeiten so opintlig weder der erbarn stede vorsegelinge to handelende gemeint weren, wat sick darumme erliden wolde, so de von Hildensem derhalven lenger in der erbaren stede concordien to vordulden.

Und wat de beiden gnanten stede hirup in rade finden, dat schullen ore erbarkeiten in dussen schersten 14 dagen dem rade von Brunßwigk muntligen edder scriftligen vorstendigen, in maten de anderen gesanten von steden sodans ok angenomen an ore hern to gelangen und orir overn bedenken den von Brunßwigk in geliger frist willen vormelden. Actum fridages na Martini to Brunßwigk anno etc. 32.

Hanseatica II.

673. *1532 Nov. 15* (freitags nach Martini). *Braunschweig.*

Die Räthe des Curfürsten von Sachsen, des Landgrafen von Hessen und die Gesandten der Städte zur Zeit in Braunschweig an Göttingen: nehmen die Entschuldigung wegen Nichtbeschickung des Tages an, indem sie hoffen, Göttingen werde sich den gefassten Beschlüssen fügen; melden, dass Goslar und Braunschweig in der Aussteller Aufträge hierüber mit Göttingen verhandeln werden.

Acta Ref. II; Or. m. 6 S.

674. *1532 Nov. 18* (am mandage na Briccii).

Goslar an Göttingen: ladet es zum Abend des 25. Nov. (up erst komende mandach nach praesentationis Marie) nach Hildesheim, um von Goslar und Braunschweig die von den Herzögen Ernst und Franz von Braunschweig den Räthen des Curfürsten von Sachsen und des Landgrafen von Hessen und den Städten am 11. Nov. (vergangen Martini) in Braunschweig befolen verfunge entgegen zu nehmen[1]*).*

Acta Ref. II; Or. m. S.

---

[1] cf. N. 672.

675. *1532 Dec. 4* (medeweckens nach Andree).

Göttingen an Einbeck: *meldet, dass es die von den beiderseitigen Geschickten in Hildesheim gepflogene Unterredung erwogen habe; ladet es zum 7. Dec.* (up nehist komenden sonnavent) *10 Uhr nach Northeim behufs Vereinbarung einer gemeinsamen Antwort.*
Acta Ref. II; Entwurf.

676. *1532 Dec. 6* (freitags nach Andree apostoli). Kassel.

Landgraf Philipp an Braunschweig: *bestimmt auf den Bericht seiner auf dem letzten Tag zu Braunschweig gewesenen Räthe, dass die fertig gestellten vorstentnus briefe, die er gemäss dem Abschiede von Schweinfurt*[1]*) den Oberländischen Städten zu übermitteln habe, von Göttingen in Erwartung einer Anweisung von ihm, nicht mitgenommen seien, dass Braunschweig dieselben an Goslar, Goslar an Göttingen, Göttingen an ihn sicher zuschicken*[2]).
Acta Ref. II; Cop.

677. *1532 Dec. 8* (dominica post Nicolai).

Göttingen an Einbeck: *übersendet gemäss der letzten Unterredung zu Northeim abschriftlich die Antwort an Braunschweig* up de artikel unser vordracht ok der Cristligen vorstentnisse uns to Hildenßem vorgeholden; *bittet zu melden, worin es für ein gemeinschaftliches Schreiben zustimme;* ef ok jwen halven wes darranne to settende were, kan in einer zeddellen woll vorwaret werden.
Acta Ref. II; Entwurf.

678. *1532 Dec. 10.*

Einbeck an Göttingen: *meldet, dass es der vom Adressaten entworfenen Antwort mit Ausnahme des vierten Artikels, dem es für sich die mitgetheilte Fassung gebe, zustimme.*

Den ersamen und vorsichtigen heren borgermester und rade to Gottingen beßundern gunstigen guden frunden.

Unse fruntlike deinste tovorn. Ersamen vorsichtigen heren und beßundern gunstigen guden frundeß. Wi hebben der underredinge na, ßo van jwen und unsen geschickten bynnen Northeim gefallen, de avescrifte der antworde alße juwe erßamkeit unsen frunden den von Brunswigk uppe de

---
[1]) cf. N. 632. [2]) Göttingen bescheinigt an Goslar den Empfang von 8 Hauptrerschreibungen belangend: Lindau Bibrach Ulm Costnitz Memmingen Isni Strassburg Reutlingen. Undatirter Entwurf. Landgraf Philipp quittirt über sie 1533 Juni 7. Acta Ref. II; Or.

artickele der von Hildensem halven, ßo jungest to Hildensem vorgelopen, overtoschickende sick bedechtiget, entfangen und laten uns de ganz woll gefallen und sien der mit juwer ersamkeit cynich, aterhalve dat wi uns der hogen erbeidinge mit darstreckunge lives und gudes, wie juwe erßamkeit solkes im verden artickel beslutlich angeheftet, vor uns dusser gestalt bedacht und bidden, dat de vor uns alßo darinn gesettet: „Mit angehefter erbeidinge, ßo de noet dermaten vorfelle, dat dusse sake in wideringe und in dat werk, dat got de almechtige gnediglich vorhoide und afwende, gedege, alsedenne willen sick de von Eymbecke der Smalkaldeschen hovetvorscrivingen gemete indem de uns dem Franckfordischen und Brunswigkischen avescheide na worde togestelt in aller gebor und vermogelicheit ersamlich uprichtich und unvorwitlich hebben und holden." Und achten dennoch ein solleck erbarlich erbeident, dwiel dusse sake upe trwen geloven und leife schall gerichtet, werde nicht unbillick angesehen und behertiget. Sunst sien wi mit juwer erßamkeit der gestalden antworde einich und bidden juwe erßamkeit willen de upt forderlikeste in jwen und unsen namen stellen und scriven laten in einem breve overtoschickende und tovorßegellende. Juwe erßamkeit willen sick hirinne gutwillich wu unse vortrwen steit erzeigen, dat sin wi to vordenende beflitiget. Datum under unser stad secret dinstages na Nicolai anno etc. 32.

      Consules in Eymbeck.

Acta Ref. II; Or. m. S.

679. *[1532 Dec.]*
Göttingen und Einbeck antworten auf N. 672, dass der nächste Städtetag über die Ausrüstung der Reiter beschliessen solle, dass sie sonst N. 673 annehmen.

Antworde der von Gottingen und[1]) Eymbeck[1]) belangende desser erbarn stede concordien.

De geschikten der von Gottingen und[1]) Einbeck[1]) hebben der erbarn stede desser concordien bevehl von den gesanten der von Goßler und Brunßwig myt geborliger dangsegginge gehort unde ingebracht. Darup folgende antworde werden gegeven.

[1.] Tom ersten, belangende de reisigen knechte alse boven den gemeynen marstal schollen werden geholden, is woll bedacht unde mach up nehist komende tosampnekommen wider beraidslaget unde besloten werden.

---

[1]) *Nachträglich hinzugefügt.*

[2.] Tom andern. Umbe dat korne wert ok nutte unde gud geachtet und willen de von Gottingen und[1]) Eimbek[1]) daryn willig sin.

[3.] Tom dridden is eynem rade to Gottingen und[1]) Eimbek[1]) nicht leif de von Hildenßeim so unschikligen jegen de chemerer boven de gefelde ordel unde rechtsproke handellen und laten sick de schrift myt der clausulen, wo vornotilt is, medegefallen.

Hanseatica II; Entwurf.

680. *1532 Dec. 12* (am s. Lucien avende). *[Göttingen.]*

Hartmann Henzelmann[2]), vor Zeiten in das Pauliner-Kloster zu Göttingen eingetreten, urkundet wie N. 611.

K VIII; Or. m. Unterschrift.

681. *1533 Jan. 17* (am frietage Antonii). *Moritzburg zu Halle.*

Curfürst Albrecht von Mainz an Göttingen: fordert auf Anzeige des obersten Hauptmanns des Niedersächsischen Kreises, Markgrafen Joachims des Jüngern von Brandenburg, schleunige Bezahlung der noch nicht entrichteten Summe[3]) für seinen Unterhalt.

R V; Cop.

682. *1533 Febr. 20* (donnerstages nach Valentini).

Göttingen an [Curfürst Albrecht]: meldet auf N. 681 wie bereits früher, dass es nicht reichsunmittelbar, sondern dem Herzog Erich unterthan sei, dass der Herzog auf Uebersendung der Schreiben des Adressaten seine Vertretung versprochen und verboten habe, sich in des rikes tolage ihm zum Nachtheile, to begevende.

R V; Entwurf.

683. *1533 Febr. 21* (sexta post Valentini).

Göttingen an [Herzog Erich]: übersendet N. 681 mit der Bitte um Vertretung.

R V; Entwurf.

684. *1533 März 11* (dinstages na reminiscere).

Münden an Göttingen: bittet, nachdem die erste Mahnung ohne Antwort geblieben, die Febr. 2 (purificationis Marie) fälligen Zinsen mit gegenwärtigem Boten zu übersenden.

Briefsch. V, C; Or. m. Spuren d. S.

---

[1]) *Nachträglich hinzugefügt.* [2]) *1537 wurde er Prediger zu s. Nicolai. cf. Quentin a. a. O. p. 11.* [3]) *cf. N. 658.*

685. *1533 März 19* (mitwochens nach deme sontage oculi).

Herzogin Elisabeth bescheinigt den Empfang von 500 Rheinischen Goldfl., *welche Göttingen ihr aus sonderlicher underteniger neygung und eygenem bewege als Beitrag zur Einlösung des hauß und gerichts Sichelsteyns übergeben hat.*

Lib. Cop. C. fol. 195 a.

686. *1533 April 3* (donnerdages nach judica).

Lübeck an Göttingen: verlangt auf Ansuchen der vorstender tor borch bynnen unser stat, da die früheren Fürbitten Lübecks myt einem vorlechten antworde sin upgeholden worden, dass den Antragstellern die ausstehenden Renten binnen 4 Wochen bezahlt werden, widrigenfalls es ihnen vorgunnen müsste wat recht is.

Briefsch. VI, A; Or. m. Spuren d. S.

687. *1533 April 15.*
Herzog Erich legt die Irrungen mit Göttingen bei.

Von gots gnaden wir Erich der elter hertzog zu Braunschweigk und Luneburgk etc. bekennen und bezeugen in diesem offen breife vor unß gegen allermeiniglich und tun kunt: Nachdem zweischen unß und den ersamen fursichtigen und weisen unsern lieben getrewen burgermeistern rat und gemeinde unser stad Gottingen irrung und gebrechen erhalten, wilche die hochgeporne furstin unser herzliebste freuntliche gemahel fraw Elisabeth geporne marggravine zu Brandenburg hertzogin zu Braunschwigk und Luneburgk etc. auß besonderer zunaigung, so ire liebde zu der bemelten stad Gottingen dregt, auch auf unser bewilligen und nachgeben so wir irer liebden zu freuntlichem gefallen vergonnet unterfangen und mit wißen und ganz mechtigen bewilligen der stad Gottingen dieselbigen irrungen hat ire liebde alßo auf maß artickel und wege wie hernach folgt vertragen und hingelegt. Und nemblich zum ersten sollen alle kommer gebot und verbot, so gegen die stad Gottingen und derselben inwoner und auf ire gueter widder gemeine recht und privilegia in unserm furstentumb furgenommen bey- und hingelegt sein, hinfurter nicht mer gestattet werden, sondern wir wollen sie darvor und sunst in iren anligenden als unsere getrewe undertanen beschutzen beschirmen und bey hergebrachten gueten gewonheiten privilegien freiheiten rechte siggillen und briefen gnediglich laßen. Wes auch die [!] von Gottingen an iren gutern und gerechtigkaiten, wie dan in der letzten verdragt zu Einbecke verwart sein soll oder sonst mit warhaftigen orkund zu beweisen were entwant und noch unerstadtet sein mocht, solichs soll noch gescheen und volendigt werden. Ferner die zehenden und alte Gottinsche gueter belangend sollen uf geburliche wege gesetzt und weß, deß in iren privilegien verordent und sie gefriet sein, wollen wir sie gnediglich dabey laßen. Sovil belanget die holzunge zwischen den erben[anten] und stift zu Wende wollen wir darzu commissarien verordenen, vor den dieselben geprechen verhort werden. Soll den partien allenthalb rechts gedien. Waß aber sonst von andern sachen, zufielen sollen nach irer art und geburlichen rechte und iren privilegien gerechtfertigt werden. Die handlung, alß Hanß von der Hole mit der infurung deß flachß und so die strassenhueter in der taferne zu Wende in unser oberkait begangen haben, dergleichen der gebawete halben zu Fredelandt, alß unß in der wedderlose[1]) zu hoch angeschlagen, alßo auch der rechenschaft halb von dem schatz auß vorgangenen jaren gefordert auch die forderung deß schutzgelts und weß unß sonst an dießen tag derhalben gemangelt, wollen wir gnediglich fallen und absein lassen. Belangend das evangelion und seine gerechtigkeit, alß die von Gottingen angenommen, solich handlung laßen wir in allem bey jungstem abschait und vertracht zu Nurenbergk, alß zweischen der Romischen kayserlichen majestat unserm allergnedigsten hern und andern stenden deß reichs derselben leere anhengigk aufgericht, dabey die von Gottingen mit mitbegreifen sein, pleyben, dan unß alß gehorsamem fursten deß reichs nicht geburen will hinter hochgedachter kayserlicher majestat darinnen jechtes zu bewilligen oder nachzugeben, sondern dasselbig soll ganz frey stehen. Item ob auch einiche sache von den von Gottingen gegen unsere undersaßen, so nicht in siegeln und briefen und alter possession befestiget bsondern besichtigung aigette, angezogen wurden, sollen eß die von Gottingen nicht mit verbietung unser und irer stad, sondern an den enden, do die beclagten dingpflichtig, suechen und erfolgen. Dweil auch unß in nechstem jare von prelaten ritterschaft und stedten unserer lande und furstentumb in unsern anligenden schultnoten ein gemein landschatzung und steur bewilligt und zugelaßen, also haben die bemelten von Gottingen, wiewoll wir daß gericht Freidelant[2]) eingeloset und sie wenig dorfer haben auch sunst vast beschwert sein, dannoch zu underteniger erkantnis, dass ine unser obligent und not nicht lieb und die sich gegen unß in aller undertenigkait und trewlich erzaigen, so wollen[3]) sie

---

[1]) *cf. oben p. 215 Anm.*   [2]) *Vorlage:* Freidelait.   [3]) *Construction!*

in obleigung unser obgefasten zuspruch und zu erhaltung der vorgerurten und anderer irer privilegien und gerechtigkait unß raichen funf tusent vulwichtiger guter Reinischer goltgulden, dero unß¹) itzo eintusent alsbald entricht und die uberigen vier tusent gulden berurter werung in den nechsten neun jaren nach dato dießes briefs alle jarn uf mitfasten funftehalbhundert und aber allein im neunten und letzten jar zu voliger betzalung vyrhundert alles ob gedachter Reinischer goltwerung ane einrede vorziehen oder außzuge williglich zufrieden stellen. Und hierzu haben wir gnediglich verhenget, dass die von Gottingen zu dießer summen nich allein die iren in den dorfern, sondern auch den schossschatz von denselben und den geistlichen, alß bei und under ine sitzen und begutert sein, dieße zehen jar lang, alß unß die ob berurt steur bewilligt ist, mugen gebrauchen, doch uns und unsen erben furbehalten, daß wir sonst an dorfern mochten ansprache haben. Hiemit sollen alle gramb und widderwille, so wir bies jetzt ob berurter und aller geprechen halb gegen die von Gottingen oder derselben besonder person gehabt ganz gefallen tot ab und vergessen sein. Und wir sollen und wollen alle artickel und puncte dießes briefs, in maßen die von Gottingen auch vestiglich zugesagt haben, halten und volziehen ane alle argelist oder einigs geverde. Des zu urkunde haben wir dießen brief mit unserm hantzaichen und hievor anhangeden rechten furstlichen ingesigeln bevestigt. Geschehen und geben zu Munden dienstag in den ostern nach Christi unses heilands geburt tusent funfhundert darnach in dreyunddreyssigsten jarn.

Herczoge Erych etc.

Arch. 292; Or. m. S. Lib. Cop. C. fol. 54—55 und 185—187. Zum Theil gedruckt: Zeit- u. Gesch.-Beschr. d. St. Gött. II, p. 440.

688. *1533 April 15.*

Göttingen verspricht N. 687 zu halten, namentlich 5000 Rheinische Goldfl. binnen 10 Jahren dem Herzog zu zahlen.

Wy burgermester alt und nige rat und ganze gemeynheyd der stad Gottingen bekennen opinbar vor uns und unse nachkomen: Alße de durchleuchtede hoichgeborn furst und her her Erick de elder to Brunßwick und Luneborch hertogen etc. unser gnediger her und landesfurst jegen uns to ungnaden bewegen, derhalven syn furstlige gnade eyne tyt lang mit uns in irrungen gestanden, wilke aver die durch-

---
¹) *Folgt:* unß.

luchtede hoichgeborn furstynne und frauw fruwe Elizabeth
geborn marggrafyn to Brandenburg hertogin to Brunßwick
und Luneborch etc. syner furstligen gnaden gemahel unsere
gnedige frauwe und landesfurstyn ut gnedigem gemoit und
anzeigung ok unse underdeniges und flitigen anregen under-
fangen und up artikels mate und wege vordragen allet wu
in dersulvigen vordracht begrepen, de gegeven is to Munden
am dinstag in den ostern nach Christi unsers heilandes gebort
duesent vifhundert im dryunddrittigesten jar. Alßo hebben
wy uns demnach to underdeniger irkantnisse ok to reddinge
syner furstligen gnade schulde up bewilligede gemeyne uver-
geven stuer und schattinge, de teyen jar bewilliget is, ok
umbe irholdinge unser privilegien und gerechtigheyt willen
dohin begeven und togesecht, don datsulfige und toseggen
ok solikt in kraft desses openen breifes, dat wy synen furst-
ligen gnaden vifdusent fulwichtiger Rinscher goltgulden up
frist und tyt, nemlik eyn tusent gulden alßebalde jegen over-
antwerdinge der oben berurden vordracht, levern und die
overigen vier dusent gulden in den negesten negen jaren na
dato desses breifes alle jar up mitfasten vieftehalf hundert[1])
aber alleyn in dem negeden und letzten jar to felliger be-
talinge vierhundert gulden, alles upberurder weringe, an
inrede verhindernt und uttoge willig und uns underteniglick
tofreden stellen scholen und willen und uns hinforder in alle
wege kegen syn furstlige gnade als wyr schuldig under-
daniglick und gehorsam holden und erzeigen in aller mate,
wu die vordrachtes brief boven angezeiget wider medebringet,
trostliger toversicht syn furstlige gnade werde sick ok demnach
wedderumbe inhalt der verdracht jegen uns genediglick
erzeigen ane alle argelist efte jennige gferde. Des in orkunde
hebben wy dessen brief mit unsem unden angehangen secret
bevestiget und gegeven nach Christi unsers hern und hei-
landes geburt dusent vifhundert darnach im dryunddrittigesten
jare dinstages in den ostern.

*L I; nach Entwurf A; Entwurf B in überwiegend hochdeutscher
Form.*

---

¹) *April 16* (quarta feria in paschalibus) *übernimmt Göttingen für
Herzog Erich eine Schuld von 500 Rh. Goldfl. an den Hessischen Haus-
hofmeister Johannes Meisenbuch Ostern 1534 nebst 25 Rh. fl. Zinsen zu
Kassel in der Herberge „Zum Helmen" abzuzahlen, widrigenfalls ein
Bürgermeister die Rittmeister mit 6 reisigen pferden 3 knechten und
einem knaben sich in Kassel zum Einlager stellen sollen. Entwürfe.
Ursprünglich war die jährliche Abschlagszahlung auf 400 fl. angesetzt,
wie aus einem Entwurf über die Sicherstellung Göttingens durch den
Herzog wegen der 525 fl. hervorgeht. L I. cf. N. 695 und 703.*

689. *1533 April 22* (tertia post quasimodogeniti).
Göttingen an Northeim: bittet für die in Göttingen unternommenen Befestigungsarbeiten 1 oder 1½ Schock Schubkarren.
Briefsch. X, D; Entwurf.

690. *1533 Mai 1* (quinta ipso die Philippi et Jacobi).
Göttingen an [Lübeck]: meldet, dass es, nachdem die versprochene Beschickung des Burgklosters aus bereits gemeldeten Gründen unterblieben, seinen Rathsfreund Ludolf Ruscheplatten und seinen Bürger Abel Bornemann nach Lübeck mit der Vollmacht sende, mit dem Kloster sodaner tinse und capitals halven ein von Göttingen anerkanntes Abkommen zu treffen[1]).
Briefsch. VI, A; Entwurf.

691. *1533 Mai 10* (sonabents nach dem sontage jubilate).
Der Rath zu Göttingen bevollmächtigt Vorzeiger dieses für die angefangenen Arbeiten an den Stadt-Wällen und Gräben 10 oder 12 Knechte anzunehmen und itzligem zu dage und nacht zwene buergroschen vor beloninge zuzusagen.
Briefsch. XII, F; Entwurf.

692. *1533 Mai 12* (montags nach cantate). *Weimar.*
Curfürst Johann Friedrich an Göttingen: meldet, dass er und der Landgraf Philipp auf Strassburgs Klage beim Landgrafen, dass Ulm vom Probst zu Wengen beim Kammergericht belangt werde, vergeblich gebeten haben, Ulm gemäss dem vom Kaiser gewilligten *Frieden bis zum Concil in Ruhe zu lassen;* ladet es zu den *auf Strassburgs Antrag und besonders, weil bisher* mit der vorfassung der gegenwer, wie man sich in zeit der furstehenden not in dem halten und erzaigen soll, desgleichen wie die hauptmanschaft und kriegsrete sollen verordent werden, nichts entlichs beschlossen sich auch sonst der von Brehmen und anders halben allerlay sorgfeldigkait zutragen, *von ihm und dem Landgrafen für gut befundenen Berathungen der Religionsverwandten zum Abend des 25. Juni* (auf mitwoch nach Johannis baptiste) *nach Schmalkalden, welche 'die Fürsten und Grafen persönlich besuchen wollen*

---

[1]) *Mai 18* (am sondage vocem jucunditatis) bescheinigt Lübeck, dass Göttingen dem Burgkloster 176 Mk. Lübisch gezahlt habe für Renten, welche von 6 Jahren von einer auf 800 Mk. lautenden Verschreibung aufgelaufen seien. Arch. 985; Or. m. S. *Juni 6* (sexta in pentecostes) bestätigt Göttingen den Vertrag der Geschickten mit dem Burgkloster und bittet [Lübeck] den Recess in sein Stadtbuch einzutragen. *Briefsch. XXII, B; Entwurf.*

und zu denen die Oberländischen Städte durch den Landgraf berufen seien.
Acta Ref. II; Or. m. S.

693. *1533 Mai 13* (dinstedages nach cantate). *Weimar.*
Curfürst Johann Friedrich an Braunschweig: wie N. 692.
Zettel¹): *wünscht, dass es sich mit den andern [Sächsischen] Städten vereinige, damit ewre Kriegsräthe zum ausgeschriebenen Tage mitgebracht und in Pflicht genommen werden können.*
Acta Ref. II; Cop.

694. *1533 Mai 22* (am dage der himmelfart Cristi).
Braunschweig an Göttingen: *übersendet N. 693; verlangt, da die Einigungsverwandten schlüssig werden wollen, dass es die Artikel der Gegenwehr, derentwegen die Städte einige Zusammenkünfte gehabt und bei den Verbündeten vorstellig geworden²), nochmals durchgehe und Bevollmächtigte zum Abend des 5. Juni* (up schersten donnerdach im pinxten) *nach Braunschweig zu den am folgenden Tage über die Artikel und die Beschickung der Versammlung zu Schmalkalden stattfindenden Berathungen sende.*
Acta Ref. II; Or. m. S.

695. *1533 Mai 23. Neustadt.*
Herzogin Elisabeth an Göttingen: *schreibt über den Ausgleich mit dem Herzog Erich, über den Verhandlungstag mit Lorenz Hasfort und die Verschreibung für [Johannes] Meisenbuch.*

Den ersamen und vorsichtigen unsern lieben getruwen borgemestern und ratmannen unser stad Gottingen.

Von gots gnaden Elisabet geborne³) marg[gra]finne zu Brandenburgk etc. hertzoginne zu Bru[n]swigk und Luneborch.

Vorsichtigen und wiesen lieben getruwen. Wir haben ewer beßwerunge, als mit den zehen jaren und alß ßult nit alle widerwille widder die von Gottingen hingelecht und abßien na lut deme vortrage in dem reverßalbrief, unserm hern angezeigt. Nu ys ßien liebe geneigt was darinne vorendert na lut der schrift, die die canzlai hat und der ßelbest ir abereicht, anderen zu lassen und nach lude der abrede und ufgezechenden artickelen mit mer, dan syen liebe begert.

---

¹) *Der Zettel dürfte bei N. 692 nur verloren gegangen sein.*
²) *cf. N. 606, 613, 627.* ³) *Vorlage:* geborner.

Ir wolt gedult mit ßiener liebe tragen, das he henaberkompt, so will sich sien liebe ufs furderlichste furstlich weissen zu halten. Und die andern zwe artickel, die ir uns be[i] ewern jungsten obergeschickten gesandt haben, da will ich sin liebe auch to siner ankumpf geborlich und furstlich antwort geben. Wie wir auch einen tag alß uf zukomenden montag¹) zwischen euch und Lorentze Haßforte kremer angesatzt haben: nu weren wir geneigt denßelbigen tag in eigner personen zu vorhoren, nu sint wir mit unserm hern nach Tzelle gewest und auch dorch andere geschefte vorhindert, das wir uf die besteimden zit to Munden nicht erschinen konen, wollen euch aber solchen tag uf new togeschrieben haben up den mitwochen²) nach pfinxsten zu Munden anzukomen und solche vorzogerunge euch nicht besweren und uns ut oben erzelten orsaken enschuldigt wiessen; achtens auch darvor wo wir in egner personen itzund aldar nicht ßien konen, et wert wenig fruchtbariges ußgerichtet werden, aber uf die vor bero[r]ten tagesetzung willen wir, will got, gewißlich ßien. Ir wolt auch Mesenbuchs vorwaringe ferdigen lassen, wen wir euch die quitantie abirschicken, das wir den de vorwaringe widderumbe krigen mogen. Des mochten wir euch nae gelegenheit der sake us gnedigem willen nicht bergen. Mit gnaden geneigt. Datum ilens Newenstadt fritagis nach der himmelfart anno etc. im 33.

    Elisabet etc. mit eigenen hant. etc.

L I; Or. m. S.

696. *1533 Mai 31* (am pyngestavende).

Goslar an Göttingen: meldet, dass es keinen geeigneten Mann für den Kriegsrath, der nach den Beschlüssen des Evangelischen [Bündnisses] gemeinsam von Magdeburg Braunschweig Göttingen Einbeck und Goslar zu erwählen sei, bei sich finde, wie es nach der Vereinbarung thun sollte; bittet Adressaten, sich nach einem solchen umzusehen und auf dem nächsten Städtetag zu Braunschweig namhaft zu machen³), damit man ihn gegebenen Falls zur Hand habe.

Acta Ref. II; Or. m. S.

697. *1533 Juni 3* (tercia in pentecostes).

Göttingen an [Braunschweig]: meldet, dass es zum 5. Juni (up negest tokomenden donnerstages) nicht in des Adressaten

---

¹) *Juni 4. Lorenz Hasfort scheint nach Lib. mandatorum, Urfchden f. 58 b, mit Hans Uffeln verbündet gewesen zu sein. cf. N. 628.*
²) *Juni 4.* ³) *cf. N. 694.*

*Stadt Braunschweig kommen könne, da es zu morgen vor seine
Landesfürstin [Elisabeth] geladen sei¹).*
Briefsch. Entwurf.

698. *1533 Juni 5* (donnerstages in der pfingstwochen).
Weimar.

Curfürst Johann Friedrich an Magdeburg: übersendet abschriftlich die von den Abgesandten des Papstes und des Kaisers in Sachen eines Concils dieser Tage übergebene Werbung und seine Antwort, welche auf die nächste Zusammenkunft seiner Mitverwandten in Schmalkalden verweise; bittet, dass Adressat seine Gesandten in dieser Angelegenheit instruire²).
Acta Ref. II; Cop. Gedruckt: Zeit- u. Gesch.-Beschr. d. St. Gött. II, p. 441.

699. *1533 Juni 9. Münden.*

Christoph Mengershausen an Herzogin Elisabeth: bittet von Göttingen 1) die Befreiung der [Barfüsser-]Mönche von städtischer Arbeit, 2) die Zurücknahme seiner Ausweisung, indem er sich zur Predigt des Evangeliums erbiete, 3) die Rückkehr der Nonnen in ihr Kloster zu erwirken.

Der hochgeborn durchluchtigen Elizabeth geboren markgravynnen etc. hertzogen to Brunßwick und Luneborch unser gnedigen frowen ganz underdannigen unde demodigen gescreven.

Hochgeborn durchluchtige gnedige frowe. Juwer furstlicken gnaden sy my underdanige ganz willig unde unvordrotene deynst alle tit wu bilk in vlyt tovorn bereit. Hochgeborn gnedige frouwe, nadem ick juwer furstlicke gnade verwant by alß eyn arme capellann unde dener deß klosterß to Gottingen belegen, so befynde ick my hochlicken itzundeß meer wu suß lange besweret, bidde dorch Christum Jhesum my in sodaner beswerunge medetovorlend[e]n juwer forstlicke gnade guden raet unde vorbidden to den von Gottingen in dusse nagescreven artickelen. Int erste, dat dat

---

¹) *cf. N. 694 und 695.* ²) *Magdeburg überschickte das Schreiben an Göttingen Juni 1. Zeit- u. Gesch.-Beschr. d. St. Gött. II, p. 442. Die lateinische Werbung des päpstlichen Gesandten und des Curfürsten Antwort Acta Ref. III; gedruckt: Zeit- u. Gesch.-Beschr. d. St. Gött. II, p. 442 ff. Seckendorf a. a. O. II, 43—44 mit Fortlassung des Schlusses der Werbung. Das Datum der Antwort quarta in pentecostes ist daselbst fälschlich in Juni 3 statt in Juni 4 aufgelöst. cf. Sleidan a a. O. I, p. 489 ff., Neudecker, Merkwürdige Actenstücke aus dem Zeitalter der Reformation, I, N. 20 und 23. Die Antwort aus Schmalkalden ist von Juni 30. Hortleder a. a. O. I, p. 74 ff. Zeit- u. Gesch.-Beschr. d. St. Gött. II, p. 417—451.*

kloster von deme forstedome von Brunswick unde Luneboerch
fry unde ane alle unwonlicke upgelechte blicht mochte er-
haven syn alß myt gemeynen arbeyde in den graven edder
der gelicken; orsake so dat kloster is up eyner fryen stede
deß forstendomes gelegen. Unde dar see allrede myt gewalt
unde nicht myt rechte gehandelt, de brodere besloten unde
see alß gefangen lude setten hebben unde nicht en spisen
unde da se beslutet unwillich sick betigen uptoslutende, so
one weß wert dorch got gegeven, unde doch onen oren
gemeynen arbeyt to doende ist christlick unde ewangelisch
unde juwer forstlicker gnade nicht vorfenklich an juwer
fryheit, geve ick myt aller underdanicheyt to erkennent
unde bedenkent. To dem andern. Nademe de von Got-
tingen in deme ganzem forstendome von Brunswick und
Lunenborch wanderen gaen unde staen, dat ick sampt
mynen broderen alß juwer forstlike gnade arme cappelaen
unde dener mochten ok in unse kloster ut- unde ingaen,
datsulftige to besichtende unde to erholdende in beterynge
nicht buveldich mochte werden, gode deme heren darsulvest
in cristlicker fryheyt to denende my von juwer forst-
licker gnade landeßheren unde fursten bevolen is unde ick
derhalven den borgermeister Hanß von Sneyen Hanß von
Dransfelde Hermen Witzenhusen Hans Brunß rades frunde
hebbe ersoecht unde den ingank in oren scryften geweygert.
Derhalven ick my vorbeyde alle tit, dat juwe forstlicke gnade
myner scal to rechte mechtich sy[n], to hetende unde to vor-
beydende weß kegen got unde recht is unde weß in to-
komenden concilien erkant wert wil ick frolicken erwachten.
Begeren de von Gottingen ok von my dat evangelion to
predegen, wu ick my allrede to Northem vor Hermen
Witzenhusen unde Hanß Bruneß erboden hebbe, wyll ick,
so vele my got dorch syne gnade vorlenet, willich alle tit
gefunden werden. Unde vorhope my juwer forstlicker gnade
vorbeddenß unde vorbeydenß to rechte unde myneß hogeß
vorbedenß wyl geneyten unde bydde hyrmede vor gewalt
unde nicht vor rechte, dat ick all tit erliden kan. To dem
dridden. Dat de suster darsulvest under mynem bevele unde
gewolt von juwer forstlicke gnaden landeßheren unde fursten
in beschuet und schirm genommen mochten ok in orer
fryheit erholden blyven ane jennige beswerunge, wante so
lange dat myt rechte unde nicht myt gewolt one weß toge-
meten mochte wider werden unde dat de sustere, de kegen
oren willen worden dorch twank der overicheit to Gottingen
von oren elderen ut deme susterhuse myt gewolt genommen,
dat desulftigen mochten juwer forstlicker gnade vorbidden

geneten wedder in ore huß to gaende, dar se ore olderen
inne hebben begeven unde bestotiget, deß se danne hert-
licken begern nacht unde dach. Dat willen ore elderen kegen
juwe forstlicke gnade in aller fruntsap myt underdanigem
deynste erkennen, dergelick ick sampt mynen armen bruderen
wu bilke alle tit myt unsem armen deynste und gebede to
gode deme almechtigen, deme ick juwer forstlicke gnade
sampt unsem gnedigen hern und alle de juwen myt langer
salichlicher gesuntheyt wil laten bevolen syn. Gescreven to
Munden deß mandageß na der hilgen drevoldicheyt in deme
jare na Cristi gebort etc. 33.

Broder Christophoer Mengershusen guardiaen der broder
to Gottingen juwer gnade underdanige dener unde cappelaen.

Acta Ref. XV; Or. m. S.

700. *1533 Juni 14.*

*Göttingen und Einbeck an Braunschweig: melden, dass
sie selbst ihre Weigerung, die weitern Monatsbeiträge zu er-
legen, in Schmalkalden vortragen werden; fordern abermals, dass
ihnen der nur von ihnen eingezahlte erste Monatsbeitrag wieder
zurückgegeben werde.*

An de von Brunswig.

Unse fruntlige deinste vor. Ersamen vorsichtigen heren
beßunderen guden frunde. De achtbar ern Johan Bruns
unser von Gottingen sindicus und radesfrund heft uns allent-
halven wes nw lest bynnen juwer erbarkeit stad dorch desulven
juwe erbarkeiten unde unßer hern und frunde der von Goßler
secretarien vorhandelt und ome bevolen flitigen ingebracht.
Darup wy uns na noitdorft beraidslaget und wuwoll int besundern
uns von Gottingen dit jar vaste unfruntlicheid von juwer erbar-
keit, des wy uns nicht vorschin hedden, togehoilden, dennoch
weren wy von beiden delen y geneigt, wor uns dat ummerst donlig,
myt juwer erbarkeit overeyn to komende. Gy hebben averst
hirbevorn unse anliggende besweringe, dardorch wy uns in
de beharligen hilpe edder mit darleginge mehir geldes der
andern mante ane anstande noit to begevende beswert fynden,
schriftlig entfangen und wy hebben nicht anders gemeynt
na dem lesten under uns genomen aveschede, sodann unse
entschuldinge were unserm gnedigten hern dem churfursten
von Sachssen etc. togesant; nuw abir dat noch nicht ge-
schein und wy dardorch in ungnaden villichte von sinen
churfurstligen gnaden mochten vormerkt syn und juwe erbar-
keiten sick ok itzund besweren unße entschuldinge up den
kunftigen dage to Smalkalde vortobringende, irfordert uns

de noit, wy dennoch unse anligent sulvest¹) to gemeltem Smalkaldischen dage mosten angeven. Dewil nw in unsern vorigen schriftligen juwer erbarkeit togesanten besweringen mang andern angetogen, dat alleyne wy und nicht de andern erbarn Sechssischen stede unser Cristligen vorstentnisse, wu doch opinpar vorlaten, ore summen des ersten mantes neddergelecht myt begere uns unse gelt weddertodonde unde gelick von den andern geborlige wissenheid to nemende, und datsulve uns unfruchtbar wenther gebleven, uppe dat nw sodann beswerlige artikel, de villichte den erbarn steden vorgerort mochten tom ungelimpe reken, itzund to Smalkalde nicht dorfte angereget werden, alse wy ungerne deden, is nochmals unse gudlige bede, juwe ersame wisheid uns unße neddergelechten summen wedder ton handen stellen; dan wy irbeden uns gelick andern, wore de noit anstunde, sodann gelt alle edder tom dele wedder an de stede to vorschaffende. Darynne juwe erbarkeit sick unvordechtligen bewißen, wy vor andern erbarn steden nicht mogen beswert werden, des willen wy uns vorschin unde vordeynent gerne. Begern juwer ersamen wisheit richtige antworde. Datum sabbato post trinitatis anno 33.

De rehide der stede Gottingen unde Embig.

Acta Ref. II; Entwurf.

701. *1533 Juni 15 (dominica post trinitatis)²).*

Göttingen an Einbeck: übersendet die nach der gestrigen Unterredung an der langen Brücke [bei Northeim] abgefasste N. 700 zur Besieglung und Weiterbeförderung durch den Ueberbringer nach Braunschweig; meldet, dass es nach der Antwort Braunschweigs die andern Schriften nach Schmalkalden begripen und Adressaten mittheilen wolle.

Acta Ref. II; Entwurf.

702. *1533 Juni 30.*

Göttingen an Herzogin Elisabeth: weist die Forderungen in N. 699 zurück³).

Gnedige frauwe. Sodanne supplication alse ern Cristoffer Mengerßhußen an juwe furstlige gnade gedan — hebben wy

---

¹) *Göttingen wurde zu Schmalkalden von Johannes Stein vertreten, der 10 Mk. 20 ß. 4 ₰. verzehrte. Rechnungsbuch 1532—33, f. 44b.*
²) *Anfangs datirt ohne getilgt zu werden: ut retro, d. h. wie N. 700; das spätere Datum ist das entscheidende, da es in einem Zusatz heisst:* gistern sonnavende. ³) *Schon 1532 Dec. 1 (dominica post Andree) wies Göttingen die von Conrad Oppermann für Mengershausen vorgetragene Fürbitte ab. Briefsch. XX, D.*

vorstanden. Dewil he nw sick nennet eynen „guardian itliger broder by uns" alse ef wy alle underlangens neyne broder weren, dat doch goddes word anders utwiset, so laten wy woll sodan syne afsunderinge unde secten hinfaren und irfrauwen uns der groten cristligen broderschap, darynne unse overste Christus is —. Und wuwoll wy one ut ehaftigen orsaken, der wy uns itzund bedingen, to antwordende unvorplichtet, idoch juwen furstligen gnaden to eren — willen wy — vorantworden. Tom ersten clagt he over den arbeyd ym graven unde beslutent ores cloisters. Gnedige forstinne, unser gnedigen herschup to eren unde irer forstligen gnaden ok unser stad noitdorft nach hebben wy eynen nigen wall unde graven an unser stad to beredende understanden[1]). Unde so ider man, wat standes he sy, sick des bulwerkes gedenket to irfrauwende, is ok desulve schuldig sodann last mede to tragende, des ok dejenne alse uns geistlig unde wortlig itzund vorsyn, de des doch woll befriet, idoch ut cristliger leve nicht besweren. So denne desulven monnicke starke menne ungelarde leddichgenger noch by sick ym cloister hoilden, wusten wy neyne orsake, dardorch wy schuldich sodan lude, de uns unde den unsern nicht deynen, sunder vil mehir in merkligen hendelen beswerig fallen, scholden so von borchliger eninge unde borden befrigen. Averst wes de guardian wider, dat syne brodere alse gefangen lude besloten syn, unde ungespiset bliven, beroret, wert von one ut hetischen gemoite uns jegen juwe forstlige gnade to vorungelimpende und ane de warheit angetogen, dan den gefangen wert nicht gestadet ut orer gefengnisse to gande, de monicke moigen averst hinwech gan unde wandern wan unde worhin se willen, dergelick, worden se nicht gespiset, scholden des windes ungetwivelt nicht lange mogen leven. Id is y eyn cloister, dat billig togesloten. Averst dat se hin unde her bynnen unßer stad in den winkeln, dat doch one vor oren porten mehir dan to vele noch dagelickes vorhenget wert, nicht mogen oren samen utwerpen, is woll ore groste beclagent uns abir ore eigen verlicheid unde des gemeynen entporinge to vorhoidende nicht natogevende. Wy wusten uns jegen de oilden unde armen, wan se des begerden, myt aller noitdorftigen upleginge woll cristlig to hoildende, indem de starken leddichgenger sick ok nicht des sweits der armen, sunder orer eigen arbeid ernerden, dan de almechtige heft uns sussent lame unde blinden utsettige unde warhaftige armen gnoich in unse stad gesant, wes wy den schuldich, horen wy alle dage, wetten

---

[1]) *cf. N. 689, 691, 724.*

ok vor war, dat daranne god eyn gefallent unde tom jungsten gericht darvon rekenschup hebben will, abir von den anderen gesunden starken leddichgengern (in gestalt eynes armoides forstlige wonunge gebuwet ore noitdorft dubbelt hebben unde von den rechten armen, den se bilke scholden geven, dat ore truchelen) hebben wy von godde neyn bevehil. De andere artickel von dem guardian angetogen wert mit vorigem bericht genoichsam vorantwordet, dan men kan god dem almechtigen in allen steden denen. — Und is woll to bedenkende, alse he sick irbut uns dat hillige evangelion to predigende, dan sodann ist dat hogeste ampt unde eynem mynschen ganz vordechtlig, de nicht gesant edder irwelet unde gefurdert wert, sick darto to nodigende. Vor den warnet uns god sulvist. Unde sin up dit mal, god hebbe lof, genoichsam mit predigern besorget. Tom dridden berort de guardian von den sustern by uns. Des hebben wy myt ome nichts to donde, dan ore eldern tom dele sin by uns, de utwendigen hebben ore fruntschop vom adel vor sick laten schriven[1]) unde von uns temlige antworde myt noitdorftigen rechtsirbedingen entfangen na der lenge sick dahin streckende, *dass die Stiftungsurkunde nicht eingehalten und den Schwestern* cristlige wege angeslagen, der se weigerhaftich, unsers bedunkens myt grotem unbeschede. — Wor averst de guardian uns reddelos nicht gedechte to latende, in dem he sick denne up juwe forstlige gnade to rechte irbut (annamen dat dangbarlig) unde schullen juwe forstlige gnade unßer ok to rechte mechtich weßen. Und bidden underdanigen juwe forstlige gnade densulven guardian don anwisen, he alse eyner, de sick geistliges unde standes der fullenkomenheid beromet, sick wertliger unde tidliger geschefte entsla unde sick mit gode bekummere ok uns mit sodan unerfintligen clagen, de sick to unfrede strecken, unbeswert late, wy myt unsern wedderclagen, de vor gode unde der werlt eyn cristliger ansehint hebben, schullen unvororsaket bliven. Darynne juwe forstlige gnade sick gnedich bewisen etc. Datum secunda post Petri et Pauli anno etc. 33.

Acta Ref. XV; Entwurf.

703. *1533 Juli 1. Münden.*
Herzogin Elisabeth an Göttingen: schreibt über Friedland, Cristoph Mengershausen, [Johannes] Meisenbuch und den Revers.

---

[1]) *Ausser Busse von Bartensleben verwandten sich 1533 Juli 21 (mantag nach Alexii) sein Schwager Hans von Hardenberg und Aug. 4 (mandages nach inventionis Steffani) 4 Herren von Steinberg. Acta Ref. XV.*

. Den ersamen fursichtigen und weisen unsern lieben
getrewen burgermeistern und rate der stad Gottingen.

Von gots gnaden Elisabet geborn marggrafin zu Brandenburg etc. hertzogin zu Braunschweigk und Luneburg etc. Unsern grues zuvor. Ersamen fursichtigen und weisen lieben getrewen. Ewer gegeben antwurt halben Fredelandt betreffend haben wir inhalts vorlesen, wollen solich ewer getan schreiben an unsern hern und gemaln brengen und euch nach seiner lieb furter gemuet richtig antwurt tun. Ewer gegeben antwurt betreffend Cristoffern Mengershusen wußten wir unser person halben dem rechten gleichmessig nicht zu unbillichen, weren wol geneigt euch damit weiter nicht zu beschweren und wo wir weiter clagens und anlaufens von gedachtem hern Cristoffern mochten entlassen werden, aber nicht dest weniger wollen wir ime ewer antwurt anzeigen und mit dem besten helfen verfuegen, ob wir ine zu ruhe seines furnemens stellen konnen, wu aber nicht und wir des weiter bevel von unserm hern kreigen, wußten wir aus bevel unsers hern nach gelegenheit unser furschrift nicht zu weigern. Wir weren auch wol geneigt unser zusage nach die quitanz uf Meisenbauchs vorwarung lautend euch zuzuschigken, so ist soliche noch bey unserm hern nicht vorfertigt, aber sobalt wirs uberkomen, wollen wir sie euch forderlich zufertigen. Ir wollet aber auch mitler zeit den reversalbrief, so ir unserm hern erausser geben solt, verfertigen lassen. Und euch in dem gutwilligk erzeigen, wollen wir in gnaden erkennen. Datum Munden am dinstage nach Petri et Pauli apostolorum anno etc. 33.

Elisabet etc. mit eigener hant etc.

L. I; Or. m. Spuren d. S.

704. *1533 Juli 1* (am dinstage nach Petri et Pauli). *Münden.*

Herzogin Elisabeth an Göttingen: fordert, dass es zu dem von denen von Hanstein und Roland Conradi, Amtmann zu Friedland, auf Juli 4 (negskunftigen freitags) angesetzten Gerichtstag[1]) *1 oder 2 Rathspersonen mit 40 oder 50 wohlgerüsteten Fussknechten zum Hanstein abfertige.*

L I; Or. m. S. u. Unterschrift.

---

[1]) 4½ fl. gegeven Cordo Protten vor eyn vat beyrs, hadden de borger gedrunken alse de to Hansteyn wort gerichtet, de mede in Ballenhusen was gefallen. *Rechnungsbuch 1532—33, fol. 22. cf. N. 628.*

705. *1533 Juli 4* (fridages na visitationis Marie).

Göttingen an [Burchard von Pappenheim Landcomtur der Deutsch-Ordens Ballei Sachsen]: *meldet, dass es die Ordensgüter nicht zu eignem Vortheil besteure, sondern dass de geistligen ok ridderschup unde stede des Landes Herzog Erich* tein jar lang schat unde sturgelt *zur Abtragung seiner Schulden bewilligt und dass der Herzog nach den Irrungen mit Göttingen,* sodanne sturgelt, alse synen furstligen gnaden von den geistligen under uns beseten unde begutert dergeliken den schapern unde unsern dorpern mochte tokommen, *der Stadt überlassen habe; verwirft des Adressaten Berufung auf die Ordensprivilegien; fordert, dass der* hußhelder [in Göttingen] angehalten werde, seinen *deil, des wy myt ome woll liderlige wege willen drepen,* in einem Monate zu bezahlen[1]).

C III; Entwurf.

706. *1533 Juli 13.* [Barfüsser-Kloster zu Göttingen.]
Der Convent des [Barfüsser-]Klosters zu Göttingen an Göttingen: will an den Beschlüssen des [Augsburger] Reichstags festhalten, nicht auseinandergehen und sich der Entscheidung Herzog Erichs fügen[2]).

Jhesum myt allem vormoge. Erbaren ersamen vorsichtigen wolwisen heren sampt den erliken gilden unde allen

---

[1]) *Der Landcomtur Burchard klagt schon Jan. 1532 Herzog Heinrich dem Jüngern, dass die Kastenherrn [cf. Kirch.-Ord. p. XIX, b. XXI] zu unser lieben Frauen in Göttingen für ihren [Kirchen-]Kasten 500 fl. von den Ordensgütern zu Bernsen gegen die Ordensprivilegien gefordert haben. In der Antwort von Febr. 6 bringt Göttingen die Gegenklage vor,* wo eyn unßer kinder unde borgersche des ordens guder to Bernsßen, deß mals von dem orden vorsat, myt eyner swaren summen sulvers weddergeloßet unde dem orden wedderumbe togestalt, darjegen de orden sick widderumbe itliger ampte unde deinste in der [Marien-]kerken owichlig to hoildende vorwilliget, *was der Orden nicht gehalten, dass ferner die Wollenweber in der Neustadt Zinsen vom Orden zu beziehen haben* myt dem bescheide, wor de tinße in eynem mante na der bedaginge nicht entrichtet, willen de orden dat hovetgolt myt allen bedagiden tinßen to betalende vorplichtet syn, *und dass der Orden [auch andern] Bürgern schuldig sei. In dieser Angelegenheit, für die sich Herzog Heinrich der Jüngere interessirt, wurden viele Schriften gewechselt. C III. cf. N. 687.* [2]) Nachdeme eyn erbar rat de erlicken gilden mit oren sesmannen middeler und sestich vor gut augeseheen de upgerichten ordenunge in eynen wideren vortgang to bringende hebben itlige von dem rade unde mestern erstliek an de barvoten monnecke afgeferdiget den avermals laten anzeigen, dat eyn erbar rat gilden und andere, de itzt mede vor Gottingen raden, syn bedacht ore upgerichtede ordenunge in gang to bringen wile se danne hirbevor des ermanet syn, dat sick dat concilium, alße de keyserlige Romische majestat in Deutzken landen to holdendo, togesecht vorstrecke und nicht folge geschet und sick denne warhaftig ut gotligem worde befinde, ore religion und geistlige stant

guden frunden unde broderen in Christo deme heren. Wy
hebben to guder mate juwe andragent, wu ok vor eynem
jar gesceyn, ingenomen. Bidde wy othmodichliken, gy uns
nicht willen vordenken, eyn ßodane unße antwort scriftlich
unde ok muntlick geschuet unde ys. Nademe wy armen
brodere unde unße vorvedere byna 2½ hundert jaren syn
dorch unße gnedigen heren van Brunßwick myt vorwillinge
geistliker unde weltliker overicheit alße pewestliker hillicheit
unde keyserliker majestat in cristliker wiße ingeforet unde
ßo nu unße gnedige here unde landesforste hertigo Erick
van Brunswick unde Luneborch vor eynem jare, ßo gy ok
uns beanxten wu ytsundes, heft in beschuet genomen, alß gy
uns, wu jw ane twivel bewust, sulvest syner gnaden bref dorch
den werdigen heren secretarien hern Johan Steyn uns hebben
laten geleßen, unde boven alle ytzundes bynnen eynem maent
uns unde alle brodere des convents syn forstlike gnade heft
vormant to der stanthafticheit sampt ok vor tyden van allen
anderen syner gnaden heren vedderen geystlick unde wertlick
achte oer closter uns bevolen in truwen erholden, unde deß

---

wedder syn wort und luter mynschengesette, syn so derhalven in ßodannen
oren vornemen nicht lenger in der stad to geduldende und sy derhalven
gemelta rades und derjennen itzt mede vor Gottingen radende gude wol-
meyninge, wilo se dem rade und gilden bether neyne antwort gedan, dat
de junge persone eyn ider, darto he sy geschicket, sick begeven, de
anderen aver mit alder und kranklıeyt beladen willen eyn erbar rat mit
lives notdorft gnochsam vorsorgen und hantreikinge, darmede so gemeyner
stad nicht beswerlick syn mogen, don laten [cf. N. 708] und one des
achte dage von huto an antworde dondo gegeven hebben. Actum
donnestages nach Kiliani [Juli 10] anno etc. 33. Mandages nach
Margarete [Juli 14] heft eyn erbar rat sick irkundet, dat ud deme bar-
votencloester eyn overlukende reike gekomen, darup man de probiste in
dat cloester afgeferdiget, heft befunden alße her Holtborn unde de kock
im kloester bericht gedain, dat de monnicke eynen kasten fulle lindevyre
hebben vorbrant, dat man, ßo se ud demo cloester meesten wiken, nicht
ßodan cleydinge finden eddor sporen mochte. Unde se, de jungen mon-
nicke, wenn er se wicken schullen, willen de alden medenemen. Actum
die quo supra [Juli 14]. Medeweckens nach Marie Magdalene
[Juli 23] hebben eyn erbar rat und de erlicken von rades gilden und
ganzer gemeynheit wegen de monneck avermals angesproken, alße mit
namen her Hans von Snen Karsten Werner und Hans Buern von Lindauwe
von dos rades, Cordt von Lengede und Jorgen Waßmoidt [?] von der gilden,
Abel Bornemann von der ganzen gemeynheit wegen, und so avermals er-
manet und dennoch her Johann Holtborn mit noch eynem von Meynsen
und darnach broder Gabriel und den Siboldehusen gefordert und se
up de ordenunge, wile se de irbedinge nicht angenommen, gewißet und
den andern heven nochmals angeboden ßo to vorsorgende. Dat se ge-
weigert und alle an willen des rades und gilden ok ganzer gemeyheyt
syn afgeweken mit namen: her Johann Martzhusen [?] [es folgt der
Raum für einen etwa mittellangen Namen] Clawes [??] fr[ater] Johannes
Rimensnider. Acta Ref. XV.

heft uns unde unsen broderen dusses conventes to Gottingen
unße gnedige here unde landesforste hertige Erick van
Brunswick unde Luneborch samptlick genomen in syner
gnaden vorspruch beschutz unde. beschermen, we unß to
sprekende heft, wu dat segel unde breve des gegeven bynnen
cynem mante medebringet, wil to rechte stellen unde vorbuet
ok erenstliken vor aller gewolt an unß to bewisende unde
to vorgrypende, nachdeme nu eyn antwort up itlick vor-
gevent van unß gefordert wert, ys unde schal dusse syn
unde neyn andere, dat wy entlick by blyven wiln alße unß
got schal helpen. Wy willen alle junk unde olt overste
unde undersate by keyserliker majestat edict edder mandat
blyven, alße datsulftige ys van heren forsten geistlick unde
wertlick bewillet besloten unde angenomen im vorgangen
rykesdage unde ßo nu sodan mandat unde edict keyserliker
majestat van unßem erwerdigesten in got vader unde dorch-
luchtigesten forsten unde heren Albertum erzebiscoppe to
Mencze etc. yn vorruckeder tyt twyer yar dorch synen wer-
digen commissarium, do der tyt dominum venerandum her
Johan Brunß, efte synem bevelhebber ys worden afgekundiget[1])
in der prepositüren deß stiftes to Norten, in deme biscopdum
van Mentz gelegen, unde wy ok to guder mate datsulfte
edict efte mandat keyserliker majestat wol vorstan hebben
unde vorwitlicket ys. Desgelick ok vorder datsulftige edict
unde mandat keyserliker majestat warhaftich van unsem
gnedigen heren landesforsten erluchteden heren hertigen Erick
van Brunßwick unde eyn sunderlick patron dusses closters
ys to der sulftigen tyt, wu vor benomet, ok worden vor-
kundiget unde vorwitliket. Unde darna wille wy alle uns, wu
recht cristlick unde billicke ys, ok holden. Vorder wille wy
uns nicht myt hulpe des leven godes eyn van deme anderen
sceyden, sunder eyn deme anderen yu cristliker truwer
brode[r]liker leve na luet des hilgen evangelii myt flyte
deynen. Erbarn ersamen wolwisen heren, dat wy danne
sodane clostere scholden rumen, wor uns nicht erlick vor
gode unde vor der werlde to nadeel gegeven. Bidden der-
halven gy uns willen dorch Christum Jhesum nicht wider
besweren, dat wy samplick na godes wort mochten werden
alße warhaftige eerlike truwe undersaten gefunden. Wor
gy jo dar nicht mochten mede gesadiget syn, so vorbeit wy
uns to unsem gnedigen heren und landeßforsten unde to allen
Brunßwisken heren to rechte, wes ße uns erkennen alse oren
knechten und deynern wil wy uns na der geboer alle tyt

---

[1]) *cf.* N. *515.*

holden. Wy beropen ok uns unde willen alle tyt beropen hebben to dusser unßer antwort ße vortoleggende eynem ydermanne, derhalven wy ok de utscrift by uns beholden, ßo uns nicht mochte eyn ßodans hoges vorbeides behulplick syn. Dut ys unde schal syn alle tyt unde blyven unser alle beslut unde antwort, darby wy willen bliven. Duet geve wy juwer ersamheit yn deme besten erkennen myt aller frunstzchop in Christo Jhesu, deme wy juwe ersamheiden samptlick wyllen bevolen laten weßen alle tyt. Datum ipsa die sancte Margarete virginis et martiris anno domini 1533[1]).

Dat ganze convent des closters to Getting[e]n juwe arme deynere.

Acta Ref. XV; Or., gezackter Brief.

707. *1533 Juli 14* (mandages na Margarete virginis). *Wolfsburg.*

Busse von Bartensleben an Göttingen: dankt, dass es seit dem Besuche seiner Frau die [Kloster-]Schwestern nicht belästigt habe; rügt, dass neuerdings demselben Artikel vorgelegt, während er ihnen als Stifter Ungewohntes anzunehmen verboten habe; will sich dem Schiedsspruche des Kaisers, des Kammergerichts und des Herzogs Erich unterwerfen[2]).

Acta Ref. XIV; Or. m. Spuren d. S. u. m. Unterschrift.

708. *1533 Juli 18.*

Göttingen an [das Barfüsser-Kloster]: weist N. 706 als ungenügende Antwort auf die vorgetragenen Artikel zurück; verlangt vor weiterer Verhandlung Sicherstellung wegen der vom Adressaten geübten Schäden.

Nachdeme wy jw vor etligen dagen und mennich mal

---

[1]) *Rückschrift:* Anno etc. 33 donnerstages nach Margarete *[Juli 17]* hebben de erßamen hern Hinrick van Wende de elder Karsten Werner von rades Cerdt von Lengede und Jacob Wigandes von der erligen gilden und gemeynheit wegen und mit den Johann Steyn secretarius up de ermaninge und underredinge hute achte dage gescheen nach dem genommen avescheide duesse jegentwordige antworde entphangen darby etlige van den borgern geweßen syn. Actum in monasterio minorum. *cf. N. 510 und 515.* [2]) *Juli 10* (donnerstages nach Kiliani) *wurden den Nonnen die* gesatten und hirbevor overgeven artickel *vorgehalten und angesagt:* wile se de fundacien overtreden, dat se dem rade up ßodanne artickele antworde willen geven unde de artickel inrumen; wu dat nicht geschege meeste eyn rat wil todact derjennen itz vor Gottingen raden na noitdorft und duesser sake gelegenheit raden. Des sick de nonnen beßwert hebben unde achte dage to der antworde von den geschickeden erlangt. *Juli 17* (donnerstages nach Margarete) *antworteten sie den 4 von Rath und Gilden in das Schwesterhaus Geschickten auf den Vorwurf, dass sie die Stiftungsurkunde nicht eingehalten, dass es mit Wissen des Rathes geschehen sei, was nicht zugegeben wurde. Acta Ref. XV.*

der misbrucke unde sunst umb veler argeringe willen, gemenem volke geven, fruntlick ermanet und uns darby hebben irboden¹) dey olden under jw und kranken mit aller noitdorft de jungen, de ym evangelio konden denen, mit ampten und de andern, de der werlde noitsam, einen idern na siner gelegenheit to vorsorgende und nicht von uns to wisende und doch des von jw temlige antworde nicht mogen bekomen, sunder stellen uns itzund eine cedeln mit angehangen irbedingen etc., so wetten gy sulvest jw woll to berichten, dat gy lange jar her furstliger edder ordentlicher overicheit ny hebben willen underworpen wesen. Gy sin ok noch dermaten nicht geschickt solker irbedingen folge to doinde; mochten gy uns averst genuchsame caution doin den schaden, darynne gemeine stad jwent halfen geistlig und werltlig gefort, to geldende, mochten wy derhalven rechtlige irkentnisse woll liden, indeme gy uns der swinden uprorischen plengerie, de gy und de jwen degelickes bynnen und buten oven, vorschonder und darnebin mit antworden up unse vorgeslagen meynunge bejegenden. Dat wy jw so wedderumb nicht mochten bergen. Datum fridages nach Margrete anno etc. 33.

Acta Ref. XV; Or., gezackter Brief in 2 Exemplaren. Daselbst Entwurf.

709. *1533 Juli 24* (donnersdages nach Marie Magdalene).

Göttingen an [Busse von Bartensleben]: entgegnet auf N. 707, dass er das von ihm und seiner Frau dem Schwesterhause Zugewandte wieder zurücknehmen könne, dass die Schwestern nach ihrem eigenen Geständnisse sigil unde breife nicht halten, dass es daher mit den ihnen vorgelegten Artikeln, die nichts unbilliges enthalten, habe versuchen wollen; will sich dem Schiedsspruche Magdeburgs, Braunschweigs und der andern verbündeten Städte unterwerfen.

Zettel: fragt auf der Schwestern Erbieten, sich mit des Adressaten Rath in temlige wege to begevende, ob er nicht [Jemand] schicken könne to vorsoikende ef men liderlige wege allenthalven mochte drepen, de sustere eyne tidlang ym frede hedden geßetten.

Acta Ref. XV; Entwurf.

710. *[1533 Juli 27.]²)*

Göttingen an Herzog Erich: meldet, dass der Barfüssermönch Christoph Mengershausen wegen seiner Predigt über das

---

¹) Kirchenordnung a. a. O. p. XV.   ²) Auf demselben Blatte wie N. 711.

h. Abendmahl *von Göttingen zur Rede gestellt, Antwort verweigert, aber sich zu einer Disputation bereit erklärt habe, wenn der Herzog Ort und Zeit bestimmen wolle; bittet, es zu thun, die Barfüsser und andere Prälaten und Gelehrte aus seinem Lande hinzubeordern, womöglich persönlich zu erscheinen oder wenigstens einige Räthe hinzuschicken, indem es auch den Landgrafen angegangen habe, einige Gelehrte hinzusenden.*
Acta Ref. XV; Entwurf.

711. *1533 Juli 27* (dominica post Jacobi).
Göttingen an Landgraf Philipp: meldet, dass der Barfüssermönch Christoph Mengershausen in der christlichen Gemeinde lesterlige und erschrecklige Worte über das h. Abendmahl gebraucht habe und *in dessem lobligen furstentum hin unde her sein uncrut in den unde andern stucken mang die eintfeldigen außwirft unde damyt unsers achtens in den simpeln und einfeldigen gewissen grossen zweifel unde argernisse anrichtet, dass er sich auf der Kanzel und sonst zu einer Disputation mit den Prädicanten in Göttingen erboten, wenn der Herzog Ort und Zeit bestimmen würde; bittet Adressaten, die Angelegenheit mit Herzog Erich zu bewegen und zur Disputation einige Gelehrte aus* beider ewir furstligen gnaden furstentum *zu schicken.*
Acta Ref. XV; Entwurf.

712. *1533 Aug. 4* (mandags na inventionis Stephani). *Wolfsburg.*
Busse von Bartensleben an Göttingen: meldet auf N. 709, dass er die Nonnen nicht verlassen werde; verwirft das vorgeschlagene Schiedsgericht, weil dat mick nene lickmetige richter sint, *und kommt auf die in N. 707 genannten zurück; bezeichnet als unannehmbare Artikel, 1) dass die Nonnen einen lutherischen Prediger haben, 2) dass sie das Abendmahl in 2 Gestalten empfangen, 3) dass sie eine offene Schule auch für Nichteingekleidete halten sollen, 4) dass sie nur eine [Magd] haben dürfen, welche ausginge.*
. *Zettel: fragt, ob den Schwestern die freie Wahl ihrer Obersten zustände, nach den Gründen der Ausweisung der* Mater.
Acta Ref. XV; Or. m. S. u. Unterschrift.

713. *1533 Aug. 18* (secunda post assumptionis Marie).
Göttingen an [Busse von Bartensleben]: erwiedert auf die in N. 712 als unannehmbar bezeichneten Artikel: dass es 1) nichts von einem lutherischen Prediger wisse, sunder hebben uns

irboden se myt eynem fromen gelarden predicanten, de one
goddes word reyne und nicht nach der monnickerige, de uw
orer olden lare in velen stucken nicht bekant, sunder ore
vorforinge opintlig mogen bekennen, vordragen unde lernen
scholde, to besorgende, *dass es 2) den Nonnen keineswegs zu-
gemuthet habe das Abendmahl in 2 Gestalten zu empfangen,
indem es Gott die Entscheidung überlasse, ob es seliger sei das
Sacrament gemäss der Einsetzung, dem Befehle Christi und der
Uebung der Aposteln in 2, oder nach menschlicher Erfindung
in 1 Gestalt zu geniessen, 3)* god will eyn frywillig volk unde
neynen getwungen deinst begern, unde dat se nymandis dan
von orer secten willen underwisen, darut erschinet ore blint-
heid, sundigen wedder god *und achten ihre Gesetze höher als
Gottes Gebot, dass 4) das Verlangen, dass sie nur eine [Magd]
zum Ausgehen haben sollen, der Stiftungsurkunde*[1]*) gemäss sei;
der Mater wie der anderen auswärts Eingekleideten könne die
Stadt wol entraden*[2]*).*
Acta Ref. XV; Entwurf.

714. *1533 Sept. 18* (am donerstage nach Lamperti).
[Weende.]
*Der Convent des Klosters zu Weende bescheinigt Göttingen
den Empfang von 12 Mk. Göttingisch in afkortynge der seit
einigen Jahren nicht bezahlten jährlichen Zinsen.*
Rechnungsbuch 1532—33; Or. m. S.

715. *1533 Nov. 7.*
*Göttingen an Braunschweig: meldet, dass es im Nothfalle
auch die Beiträge für vier Monate erlegen wolle.*

Den erßamen vorsichtigen und wißen hern burgermestern
und rade der stad Brunswigk unsen gunstigen guden frunden.

Unße fruntwillige deinste bevorn. Erßamen vorsichtigen
wißen hern besundern gunstige gude frundes. Wy hebben
up den avescheid lest bynnen juwer stad der Christligen
vorstentnisse halven genomen na noidtorft bedacht und mogen
uns woll erinnern, dat wy itlige bedechtlige orsacke, de uns
in de artickel der jegenwere to bewilligende heftich torugge
hoilden, dorch unsern secreterer up deme lest gcholden dage
to Smaelkalde schiftlick laten anzeigen, den wy ok na aller

---

[1]) *cf. N. 48.* [2]) *Aug. 8 (fridages nach Sixti) hatten sich mehrere
Bürger in das Annen-Kloster begeben, um dort Einbecker Bier zu zechen.
Der Rathsdiener vermochte sie nicht zu entfernen, ebenso wenig der
Stadtschreiber Johannes Stein, erst als 4 vom Rathe und 4 von den
Gilden sich zu ihnen hinbegeben, fügten sich einige, während andere unter
Spottreden den Widerstand fortsetzten.*

gelegenheid noch anhangen. Und ßyn deweniger nicht des gemoytes de lofligen angenomen voreyninge und wes wy derhalven schuldich in vorfallender noit to hoildende to leistende und wederumb to nemende. Up dat wy aber nicht vormerket alße denjennigen, de nicht mit der daet sick bewißen, sunder alleyn mit den segelen und breifen handelen wolden, so hebben wy jo von stunt eynen manet geldes dargelecht. Und hedden uns vorhopet, nachdeme got hebbe lof neyn noit vorhanden und alle ding in truwen und geloven steit, wy ut vorangezeigten orsaken in unsern irbeidende¹) geduldet weren. Wu dem allet, darmede unser harte und toneiginge wy²) sodann christlike sake trulig meynen und unsers vormogendes gerne gefordert segen, so wyllen wy nuw de vorigen artikel der jeginwer by uns unde den unsern beswerlig, idoch in vorvallender noit in dussen christligen hendelen to vorvolginge der angenomen vorsegelden hovetvorschrivinge de andern veyr mante to geborligen tiden natogevende ok geneiget ßyn. Und bidden gudlig juwe ersamkeit uns to dem dorchluchtigesten hoichgeborn fursten unsern gnedigsten hern dem churforsten von Saxen etc. vorbidden, syn churforstlige gnade unse anliggent und vormogend gnedichlick bedenken unße irbeident in gnaden anname und uns alse de geringsten mit den andern herligen geliddern insluten. Darinne juwe ersamheit sick gunstig bewißen, des wyllen wy uns vorschin und gerne vordeynen. Datum under unserm secret fridach post omnium sanctorum.

De raet der stad Gottingen.

Acta Ref. II; durchcorrigirte Reinschrift. Daselbst Entwurf.

716. *1533 Nov. 30* (am dage Andree apostoli).

Herzog Erich an Göttingen: meldet ihm und den andern unsern schutzvorwanten, *dass er Hannover, welches* uf euch und andere stet. so mit uns in einigung und buntnuß sitzen¹), zu vorhor der sachen in iren schriften erbotten, *nach Be-*

---

¹) *Vorlage:* irbeideidende. ²) *Anakoluth!* ³) *cf. N. 338. Der Anlass der Irrungen war die in Anlass der Reformation geschehene Vertreibung des Raths von Hannover. cf. Uhlhorn a. a. O. p. 52. Hannover sowohl, wie Herzog Erich und Heinrich der Jüngere hatten sich an die Anfang Oct. zu Braunschweig versammelten Städte gewandt, welche die herzogliche Klageschrift Hannover überwiesen. Dieses suchte Oct. 17 (fridages na Galli) in einem langen Schreiben an Göttingen die Anklagen zu entkräften, worauf Herzog Erich Göttingen Nov. 8 (am sonnabent nach omnium sanctorum) meldete, dass er sich die Angelegenheit überlegen wolle. Hannover beschickte den Tag zu Neustadt nicht, weil es sich in der kurzen Zeit keine Rechtsgelehrten verschaffen konnte. Landschaftliches III.*

rathung mit seinen hern und freunden *auf den Abend des 17. Dec.* (mittwochen nach Lucie) *in sein Hoflager Neustadt zu einem gütlichen Verhöre am folgenden Tage lude, was Adressat Hannover anzeigen solle; giebt Hannovers Gesandten sicheres Geleit.*

Landschaftliches III; Cop.

717. *1515 Dec. 21.*
Instruction für die Schuldentilgungscommission der Stadt[1]*).*

Nachfolgende gedengzedel unde instruction is von dem erßamen rade unde gilden to Gottingen eyntrechtigen den irwelten achte perßonen bevolen unde gegeven darut unde na sulker anzeiginge myt der stad gelovigern to handelende.

Men wil setten alle jar twey dusent gulden am capitael aftobetalende unde darumbe schall up dat capitael nicht hoiger werden gehandelt.

[1.] Erstlick schullen alle bedagide und vorseten tinße bigelecht werden, id sy to lyven edder up wedderschat vorschreven, bet up paschen erstkomende.

[2.] Tom andern schall men den, de hir tinße unde sunderges vif up dat hundert hebben to wedderkoipe, vorhoilden, men wille ore capitael in twelf jarn betalen und des nottroftige vor schrivinge don, ane pension.

[3.] We sin capitael nicht hebben, sunder der tinse gewarden will, edder ef der myt dem capitael to vele worde, schall men geven twey gulden up dat hundert to tinße seß jar lang up wedderschat.

[4.] Uppe paschen nehistkunftich schullen angan de tinße und dagende. Unde der lifrente wille men seß jar lang de helfte und denne fort alle geven.

―――――

¹) *Ueber Göttingens wachsende Schulden cf. Schmidt a. a O. II, p. 420 Anm. 35 und oben p. 61 Anm. Für die seit 1511 mit den einzelnen Gläubigern über Herabsetzung der Zinsen geschlossenen Verträge wurde ein eigenes Buch angelegt. Es wurde an rollen Mark entrichtet im Rechnungsjahr 1515 für Zinsen 1531 für Rückkauf der Rentenbriefe (pro abemptione annuo pensionis) 2026; 1516 Zinsen 2939, Rückkauf 3964; 1517 Zinsen 5571, Rückkauf 771; 1520 Zinsen 2959, Rückkauf 313; 1521 Zinsen 3325, Rückkauf 313; 1522 Zinsen 3318, Rückkauf 479; 1524 Zinsen 3386, Rückkauf 496; 1526 Zinsen 3347, Rückkauf 616; 1530 Zinsen 3174, Rückkauf 1794; 1535 Zinsen 2774, Rückkauf 564; 1540 Zinsen 2288, Rückkauf 3313.*

[5.] Beslutlick is to merkende, dat men anfenglick aller tinßlude breve beschin wo und wu de tinße gemaket unde wu lange upgeboret, unde ßo strack alßdenne myt denjennen, de lange tid upgehaven edder des geldes nicht utgedan hedden, nicht sunder na geringern wegen handeln edder na gelegenheid one nichts geven.

Konde men boven desse anwisinge na gelegenheid andere unde beter wege gefynden schall hirmede unvorgeven syn.

Ita conclusum ipso die sancti Thome Canthuariensis anno etc. decimo quinto.

Harum cedularum due sunt.

Statute V.

718. *1519 Juli 15.*

Verbot, während der [Stifts-]Fehde ausserhalb der Stadt Dienste zu nehmen, Schmähungen gegen die Kriegsführenden auszustossen, in der Nacht Waffen zu tragen und zu lärmen[1]).

Pronuntiatum sexta post diem sancte Margarete anno etc. decimo nono.

Dewyle men itzund allenthalven im furstendome myt vehiden beladen und dechlickes overfals vormoidet[2]), syn rad und gilden eyndrechtigen overkomen unde hebben besloten, dat nymandes von den borgeren noch dersulven kinder edder medebewonerren sick schulle butenwendigen to solde edder deinste geven. We dat aver vorachtide und sick darboven ane erlove des rades von hyr unde uto der stad wendede, scholde to Gottingen nimmermer inkomen, de rad wolde ok densulven noch syne wyf edder kyndere by one nicht wetten edder to wonende gestaden. Woret ok, dat jemants von leddigen knechten, de itziger tyd hir binnen der stad sick in dienste edder arvede entholden, von hir ut der stad togen und sick butenwendigk to solde edder dienste entwendeden ane willen und vorlenknisse des rades, de scholden ok nymmermer ane genade des rades wedder hir in de stad komen, sunder raet und gylden willen, dat sick desulven hir bynnen der stad bliven und beharren schullen. De raet will ok ernstliken hebben, dat eyn idermann synes futs . . . .[3]) und syner geste eyn- und upsehint schulle hebben, also dat derwegen schade

---

[1]) *cf. N. 189 Anm. 3.* [2]) *Wie auch sonst in Zeiten der Gefahr wurde 1519, also dey heren dat stychte to Mynden erowerden, jedem der zur Vertheidigung Verpflichteten sein Platz in der nach den Gewerken gegliederten Aufstellung an den Thoren und Bollwerken angewiesen. Ordinantia to bestellende de bolwarcke.* [3]) *Folgt ein übergeschriebenes, nicht zu entzifferndes Wort.*

vorhut und eyn ider von densulven synen gesten rede und
antwort gegeven konne.

Id en schall ok nymandes von den heren und fursten
edder dussen itzigen kriges hendelen jenigerleye dichten
singen edder seggen noch sussent jenniges spreken edder vor-
nemen, dat sick to vorachtinge der fursten edder sust to
unwyllen und gezanke mochte dragen. We dat darboven
dede, den wyll de rad, wor se des gewaer werden, darumbe
na gebore ferdigen unde straffen.

De rad wyllen ok, dat eyn ider sick tuchtigen unde
fredeßam schulle hoilden und hyr bynnen der stad neyne
lange messer edder andere wapen dragen¹) noch jenigen frevel
vornemen ok by nachtwyliger tid myt puckenslaende ropende
juchende edder anders neyn unstuer driven. We dat aver
vorbreke unde darinne ungehorsam worde gefunden, den wyll
de rad ungestraffet nicht laten.

Hyr inne allet wette sick eyn ider to hebbende und vor
schaden to vorwarende.

Statute V.

719. *1524 Oct. 4.*
*Willküre über die Gratification für Führung städtischer
Aemter und über die Verwaltung der 3 Hospitale.*

Wylkor des rades vor der koer des nyen rades under
ander reformirt worden.

Anno 24 dingstages in der gemeyntweken worden beyder-
leye rede olt und nye by ein vorsommelt jegen dusse anstande
koer des nyen rades allerley nottroft, wat der stad unde
deme gemeynen nutte scheddelick edder nutsam syn mochte,
to beradschlagende und sonderlick geschach in sodannem
radschlage up de kore des rades ampte merglige bewegunge,
mademe under der gemeynheit der borgere in eynem opin
gerochte overlude gesocht, dat de rades personen und in
sunderheyt dejennen, de in vorwesunge und to regirunge der
ampte vom rade gekorn, oren eygen nut hoyer und mer,
dan dat gedient und der stad beste soiken schollen und in
sodannen oren vorhandellungen umbillicken geberen und wart
darup under den rades personen eyn umbespraake geholden
welker maten se sick in den handellungen orer ampte hebben
scholden, darmede de inrytunge der ampte, so de in misse-
bruckenisse komen, to der stad nutte na andem wegen so

---

¹) *Das Verbot des Waffentragens wird oft wiederholt. cf. F. E. Puffen-
dorf a. a. O. p. 159, Jüngeres Statutenbuch, dann die einzelnen Blätter,
Statute V, undatirt und von 1509 1514 1524 1532 1533.*

vele ummer mogelick mochte in betterunge gefort werden
und worden so alle ampte, so in des rades kore bestediget,
alse nemelicken von deme borgermeysterampte an bet up
dat allergeringste to reformerende in getrwer wollmeynunge
vorgenommen und darup eyndrechtich besloten, dat neyn
rades person hinfordere sick jenniges eygenuuttes to synem
fordele von und ut den upkoemen des rades ampter soiken
noch gebruken scholle, sunder eyn ider syn ampt mit willigem
und ernstigem guden vlyte betrachten und woll vorsyn unde
deßhalven eyn ordenunge besproken wo volget, dat de borger-
meystere alse de overhovede schollen neynen sunderlichen
provytlicken nut edder beloninge hebben anders, dan wo
dat ermals von rade unde gylden in erkennunge des ampts
swarheit und veler unlustiger bemuunge togelaten worden.
Dergelyken, schollen ok de chemerer und bwehern in oren
ampten neynen sonderligen tofall entfangen. Averst de
rydemestere, de des rades unde der stad vorfellige und an-
gelegen sake enbutenwendich beschaffen und beryden moten,
schollen orer yder vier mark und darboven nicht mer vor
oren schlet des ampts entfangen. So schollen ok den
vogethern orem yder vor de bemugsamicheit des amptes vyer
clafter holtes ut deme hinderwolde werden gegeven und
darentboven mogen se ok eynen eymer mit dycker melk und
von yderm schapere, de des rades guder inne hebben, ein
lam hebben und darover nichts wyder noch mer. De wardens
schollen orer jowelk vyer mark sampt deme, dat one sunst
ut der ordinancien von billicher geborlicheyt wegen tofelt,
vor ore bewylligunge hebben, darmede de dogelicheit des
hantwerks in wylligem vlyte deste bat vorheget werde. Und
der molenheren schall ok eyn jowelk eyn molder weytes und
forder nicht hebben. Dach so will sick de raet jegen de
gylden hirinne nichts wyder noch ferner vorplichtiget hebben,
solange der stad dinge tor beteringe kommen unde de raet
sick des under eyn edder sunst mit den gylden cyns andern
voreynigen edder beratschlagen wert.

Ok wart dorch den gemeynen raet der hospitale des
hilligen crutzes hilligen geystes und sanct Bartholomeus unde
dersulven rekenschop halven hoche und sware bewegunge
geholden und dewyle de rekenschop dersulven godes husere
in lank vorlettent hirbevorn den godes husen to schaden ge-
fort, darut sick vaste grote upgewachsen schult und schaden
erfindet, darup mit eyndrechtigem rade besloten, dat nw
hinforder eyn jowelk angande blivende vormunde[1] scholde

---

[1] Jedes der drei Hospitäler hatte zwei Vormünder, von denen der

synes godes huses schult, wat der von retardaten nastendich
und der sunst an tynsen by synen tyden erschenen und be-
daget werden, mit ganzem vlyte infordern und manen, dar-
dorch datsulve godes hus to synem upkomende sunder lettent
und vortoch komen moge und sodanne syne vorhandellunge
der vormundeschop twischen der tyd, wen de nye raet ge-
koren wert, ganz beschloten hebben geschicket alsedenne vor
sanct Lucien¹) dage darnegest volgende syne rekenschop to
doinde, dat neyn hinder an demesulven vormunde befunden
und des godes huses schult, wat der von retardaten und
tynsen by syner tyd bedaget und gemaket, an reydeschop
edder sunst ander rechtliger erwynnunge, daranne sodan
schult und tynse vorschreven und genuchsam vorwart sy, in
der rekenschop overantwordet werde. Woret averst sake,
dat de olde schult von den retardaten by jemande wore so
hoch und swaer retardirt und unutgegeven upgewachsen, dat
sick we beswert duchte und ome nicht moglich wore sodanne
schult, so up summen edder bynnen solker korter tyd uto-
gevende edder sunst darjegen umbillichen behelp edder uttoch
sochte, und dat von deme vormunde deme raede angelangede,
wat anwysunge denne deme vormunden dorch den raet ge-
schege, des scholde he sick na rade und guder anwysunge
des rades alle tyd gehorsamlich holden und richten. Der-
glyken wart mit rade beweget, dat wentenher von den hove-
meistern und vormunden der godes huse vorgedacht vele

---

*eine ein Rathmann war. Jeder blieb zwei Jahre im Amte; am Montag
nach der Gemeinwoche trat der eine Vormund ab, der andere ein, so
dass stets der eine ein Jahr bereits im Amte war, wenn der andere ein-
geführt wurde; der abgehende Rathmann wurde durch einen Rathmann,
der aus der Bürgerschaft durch einen aus der Bürgerschaft ersetzt. Als
in der Gemeinwoche 1513 beim h. Kreuzhospital, ein Jahr später beim
h. Geist- und beim h. Bartholomaeushospital, die aus dem Rath gewählten
Vormünder nach zweijähriger Amtsperiode ausscheiden mussten, wurden
statt ihrer nicht wieder Rathmannen, sondern andere gewählt. Mit der
eintretenden Reaction wird diese Neuerung aufgegeben: für das Geschäfts-
jahr 1521 finden wir je einen Rathmann als Vormund verzeichnet, der
nach der Regel des Turnus ein neueintretender ist. Nach derselben Regel
können bereits für das Geschäftsjahr 1519 aber nicht früher Rathmannen
Vormünder gewesen sein. 1529 Oct. 21 (undecim milia virginum) wurde
in allen drei Hospitälern der zur gewöhnlichen Zeit proclamirte Rath-
mann durch einen Vormund aus der Bürgerschaft ersetzt. Es wurde
auf den guten Ruf der Gewählten gesehen. Beim Bartholomaeushospital
ist zum Geschäftsjahr 1524 bemerkt: Ludolf is itzund na geholdenem
radslage und riper des rades bewegunge nicht afgekundiget propter
causam, eo quod in adulterio notorio deprehensus jam pridem fuit, adhuc
indiscussam; gegen den Turnus wird er durch einen andern Rathmann
ersetzt. Allerdings ist er 1527 wiederum in demselben Hospitale Vor-
mund. cf. N. 438, Z. 55.* ¹) Dec. 13.

missebrukenisse mit kornte an haffern roggen und anders is vorgenomen worden, und derwegen vor nutte und ratsam beschloten, dat fortmer neyn vormunde noch hovemester der vorgedachten godes huse schollen macht hebben mit deme koernte der godes huse vor sick alleyne to handellen, sundern de vormunden schollen dat kornte beschluten unde den schlotel tor bewarsam hir upt radhus bringen, dardorch, so wes to behoif der godes huse mit deme kornte scholde gehandelt werden, dat mit vlytigem upsehent gedaen werde. Und is up dussen punct in rade mede vor nottroftich angeschin, dat eyn yowelk angande blivende vormunde scholle der godes huse gekomte und de vorhandellunge, so darmede dat jar lank geschein, glyk den andern upkomen und gefellen in syne rekenschop medenemen und in synem afgange deme rade darvon undericht unde anzeigunge doyn, wat von kornte an haffern weyte roggen garste und anders by dem godes huse blivet, darmede de raet des alle tyde eyn unvorhalde wettenschop drage und in sodannen underhandellungen to der godes huser aftoch und schaden nichts eygennutlikes gesocht noch wes geverlickes gehandelt werde. Und welk vormunder in dussen dingen anders, dan wo beraden und gesat worden, handelde edder darinne sumich bleve, de schulle dardorch deme rade mit eyner roden de an der stad festeninge mit kalke unde steynen to murende swarlik to straffende in peenen gefallen syn.

Anno 24 fridages[1]) na ergangen sanct Gallendage wart her Hinrick Swanflogelle und Eggerde Rucoppe mit sambt Hanse Vosse Caspar Walpote unde Ber[to]lth Dormanne anganden und blivenden vormunden der boven angezeiten hospitale dusse sattunge des rades gelesen und gesecht, dat sick eyn yder mit syner vorhandellunge darna richten scholle, dan de raet wille de peene und straffe nicht ungefordert laten.

Statute V.

720. *1531 Jan. 25.*

Im Rathskeller soll um 12 Uhr Nachts Feierabend geboten werden.

Nachdem by dage unde nachtslapender tid in der stad frien winkeller vele unduchtiger handelinge von worden und werken sick begeven, so is nw de raid olt und nye myt wetten unde bewilliginge aller gilden orer sessmannen unde middeler eyndrechtigen overkomen unde besloten, dat de

---

¹) *Oct. 21.*

winschriver nw fort nicht lenger dan an twelf[1]) slege jegen
de nacht den keller opin laten und der lude gewarden unde
denne von stunt tosluten schall. Ef averst na twelf[1]) slegen
jemandes in dem keller befunden edder sussent den win-
schriver ome na der stunde den keller to opende edder win
to vorkopende frevelig nodigede edder jenige geweldige word
efte handelunge bedreffe, schall eyn ißlig overtreder myt ge-
wonliger bote unde straffe, darynne men an sulken frien
steden plecht na older gewonheid tö fallende, ane gnade
geboidferdiget werden. Darynne sick eyn iderman wette to
vorwarende.

Actum et publicatum in judicio feria quarta post Agnete
virginis anno etc. 31.

Archiv 970, E.

721. *1531 März 28.*
*Rath und Gilden beschliessen, trotz der von Herzog Erich
zu Moringen erhobenen Forderung am Evangelium festzuhalten.*

Unser gnediger herre und landesfurste heft up deme
geholden lantdage to Moringen keyserliger majestat und des
hilligen rikes avescheit, to Augsburgk besloten, der gemenen
lantschop laten aflesen und den geschickden des erbaren
rades to Gottingen darup bevolen an de oren to dragende:
[1.] Erstlick, dat sine furstlige gnade gnedichlick begere, de
von Gottingen willen sulkem keyserliger majestat und des
hilligen rikes aveschede gehorsamlick leven und *[2.]* tom
anderen von der nigeringe wedderumb in den olden gebruk
treden ok de closter- und parnher allenthalven in oren
vorigen stant to restitueren, mit gnedigem beger, de van
Gottingen darup sinen gnaden entlige antworde, wes se sulkes
to doinde genegt, mit dem ersten totostellen.

Hirup heft ein erbar rat und de erligen gilden mit oren
seßmannen sambt den middeleren, ßo itzund dinstages nach
dem sondage judica an oren gewontligen steden by ein ge-
wesen, beratslaget und sick underlangens[2]) ein ider in sinem
stande eindrechtigen vorwillet und voreniget by dem gnaden-
riken und heilsamen ewigen wort goddes, alse hir bevoren
dorch se angenomen, sampt dem recesse[3]) und ordenunge,
der halven twisken one und den borgeren upgerichtet und
bewillet, unwandelbarlick und festelick to blivende; ok darumb
so it de noit eschet ein ider van one ore ganze vormogent
by de borgere to settende; mit[4]) bedingynge und vorbeheltlig

---

[1]) *Anfangs stand:* elf. [2]) *In A geht noch voran:* ein ider by sick
sulvest und. [3]) *cf. N. 438.* [4]) *mit — lestende fehlt in A, nachträg-*

allet, wes wy keyserliger majestat und unserm gnedigen
landesfursten in gehorsam to doinde schuldig, nicht deste
weniger underdanichlick to lestende.

Actum[1]) anno[1]) etc.[1]) 31.[1])

Archiv 970, E; Reinschrift (C) und Entwurf (B) der wahrscheinlich zweiten Fassung; in der ersten Fassung (A), daselbst in Reinschrift und Entwurf, fehlt der Wortlaut des herzoglichen Befehls. Gedruckt nach C, nur wichtigere Varianten sind aus A, dem sich C vielfach wörtlich anschliesst, mitgetheilt.

722. *1531 April 16.*
Der Besuch der Messe und das Taufenlassen ausserhalb der Stadt wird [abermals²)] bei Strafe verboten, frühere Uebertretungen sollen gesühnt werden.

Anno etc. 31 sondages quasimodogeniti is eyn erbar raid myt den erligen gilden seßmann und middelern overkomen unde eynes geworden desser nabeschriven artikel:

[1.] Tom ersten, dat dejennen, so gegen dat verbot des rades unde gylden hebben gehandelt, schullen von dem rade ungesumet beschicket unde myt der penen so hyrbevor darup gesat ernstlick gestraffet werden³).

[2.] Tom andern⁴). We nwfort unde na dusser tyd jegen de ordeninge, butenwendigen mysse to horende dopen to latende efte anders jenniges handelde, scholde von stunt ut der stad syn unde blyven eyn jar lank, de were fruwe

---

licher Zusatz in B. *In A statt dessen:* Dem nw nach schullen de gilden hirup mit den oren reden und sick beraden ef me[n] von der vornigeringe in dem olden gebruck to tredende und de clostere und parher wedderumb to restituerende genegt sy, unserm gnedigen hern darup ok des keyserligen mandates edder rikes aveschedes halven entlig antworde to gevende. ¹) A, B; fehlt in C. ²) Die Wiederholung ergiebt sich aus § 1 und der nächsten Anm. ³) Tile Pinnen zahlt Mai 4 (quarta post Walburgis), bald darauf Hans Vos, der Gildemeister der Kaufleute war und früher Vormund des Bartholomäushospitals, 5 fl. Strafe, weil sie contra ordinanciam ihre Söhne taufen liessen. Rechnungsbuch 1531—32. Auf den letzteren macht eine Randbemerkung bei § 1 aufmerksam. ⁴) April 17 (mandages na quasimodogeniti) *wird § 2 in sehr veränderter Fassung wiederholt. Hier wird bei derselben Strafe verboten, dass* nemant van den borgeren und burgerschen mitwoneren und alle dejennen, do sick hir to Gottingen entholden wat standes de sin, buten der stad tor misse gaen schullen. *1532 Nov. 22* (sexta post Elisabet) *erlegt Heinrich Weidemann 4 Mk. an Stelle des Ruthenanmauerns, weil er ausserhalb der Stadt Messe gehört hatte. 1533 Jan. 23* (quinta post Agnetis) *zahlen für dasselbe Vergehen Heinrich Wenken Claus Lutterberg Juli 25* (ad diem s. Jacobi) *Henning Kastenmeker je 1 Mk. Rechnungsbuch 1532—33, f. 8. Aus dem Jahre 1539 ist ein Verzeichniss derjenigen erhalten, welche nach Aussage der Thorwächter zu Michaelis 1538 zu Pfingsten am Fronleichnamsfeste [1539] und sonst am Sontage nach den kerken Wende s. Nicolai Geysmar Reynhusen etc. gegangen seien. Acta Ref.*

jungfruwe edder man geystlick edder wertlick, unde dar
nicht wedder inkomen, he hedde denne erst eyne roden myt
kalk unde steynen an der stad veste gemuret.
Arch. 970, E.

723. *1531 April 17.*
*Rath Gilden und Gemeinheit beschliessen beim Evangelium
zu beharren.*

Anno etc. 31 mandages na quasimodogeniti heft sick
ein erbar rad sampt den erligen gilden seßmannen middelern
gemeinheitmestern und den sestigen to erholdinge fredes und
eindracht voreniget, dat ein ider von one sick mit hant-
geloften sunderlick de personen des rades mester und seß-
manne in des borgermesters und de gildebrodere in orer
mester hande vorsecht und gelovet, by dem gnadentricken
wort goddes dem upgerichteden receß und afgekundigeder
ordenunge to blivende und darjegen geverlick nicht to han-
deln. So aver jemandes von wat stande de wore sick dusses
wedderspennich hilde und dem nicht gehorsamlick wolde
nakomen der bekende edder erwunnen worde, desulve scholde
von stunt darumb von rade und gilden gestraffet werden[1]).
Doch allenthalven hirinne vorwordet und opintlick bedinget
konningliker kaiserliker Romischer majestat, unserm gnedigen
hern und landesfursten allet, wes men orer kaiserliken
majestat und furstliken gnaden von eren und rechts wegen
schuldich, underdanichlick to leistende. Und hirup willen
ok de rat und gilden sampt oren bystande itlicke ut sick
vorordenen sick to beradende hochgedachtem unserm gnedigen
hern und landesfursten up siner gnade beger und andragent
lest to Moringen geschein antworde to gevende, der tovor-
sicht und hopeninge, dat men an sinen furstliken gnaden
einen gnedigen hern ok eine openen frie straten und frede
hebben moge. Forder is hirby ut sunderligen gnaden na-
gegeven: ef jemandes sick in aflesinge des ersten[2]) zeddeln
hedde ungehorsamlick geholden und noch in dussen receß
wolde willigen, scholde sulkes demjennigen, so forder he hir-
mede intreden wolde, vorgeven sin. Beslutlick hebben sick ok
de gedachte raed mit den gilden und oren bystenderen vor-
gemelt eindrechtigen voreniget und sin overkomen, dat ne-
mandes hir to Gottingen wonhaftich schulle hinfurder boven
dusse obgemelten voreinunge sick to dem andern wat standes

---

[1]) *Mit Strafe gegen die Uebertreter der Gebote des Raths und der
Gilden vorzugehen, war bereits vor April 16 beschlossen.* cf. N. 722.
[2]) *N. 721?*

de sin, mit unlidligen und smahen worden noch sust frevelicker handelunge nicht nodigen. Wor aver jemandes sick des ungehorsamlick und anders hilde, scholde der gelick vom rade und gilden, so he des bekende edder erwunnen worde, na gestalt der sake gestrafet werden.

Arch. 970, E; Reinschrift und Entwurf.

724. *1531 Juli 1.*
Der Bau eines Walles wird anempfohlen.
Anno 31 sonnavent nach Petri et Pauli apostolorum. So und nachdeme wy de raed erlicke gildemestere seßmanne und handeler van den erßamen rade to Brunßwick unsern hern und frunden to beteringe unser stadt veste orer ersamheid walmester her to uns gefordert und ok sampt oren ersamheit und deme unser stad festunge, dar des itzt von noiden besichtiget und des sinen radslag, dat he vor gud und radsam ansuet, dat de walle hinder sanct Johannis damme von einem bolwerke to dem andern gemaket werde, gehort, so weren wy des sampt den erlicken gyldemestern wol geneigt, dat dat also. Indeme aver dat nicht sunder merklicken schaden in macht des gemeynen besten steyt to vorlonende, von der ganzen stad hogen und nidderen allen inwonern mocht gedragen gebuwet und vorlohenet werden, wes des nun der gemeinen gildebrodern und borger meynunge und fulbort syhe, des begern wy de rad und erlicken gyldemestere ein antwort. So wyllen wy alsdenne mit der hulpe godes ßo vele doin, alße in unsern vormoge syn wert.

Briefsch. XII, F; Reinschrift und Entwurf.

725. *1531 Oct. 7.*
Die Art der Wahl des Rathes soll von der Entscheidung Braunschweigs abhängig gemacht werden; die Inhaber der städtischen Aemter müssen sich zum Evangelium bekennen.

Hiesus Christus. To gedenken, dat twischen eynem erbarn rade ok gilden middelern und erwelten sestigen to Gottingen eyn beweginge gescheen *[1.]* eft nutte fruchtßam gud billig raydsam und donlick sey, alle jar alhir to Gottingen eynen nygen rat von nygen personen to keßende edder eynen ewigen erfrait to hebbende. Und is darup entlick beraden und angenommen, dat die eyne partye, alße die jerligen nygen chor und anderinge begeren, schullen wan sie willen in duessem jare ore gemoite grunt und meyninge uptecken laten und deme rade tostellen, ßo willen die rat und jennen myt on uvereynkomen in eynem mante darnach ok ore gemoite rait und bewegent anstellen und, wan dat ßo gescheen, schullen beyde partye idlig vier vorordenen, die by eyn komen und diese twey meyninge tosluten und an den erbarn rait to Brunßwick ferdigen. Wes dar alßedenne gefunden, schullen wy allentsyden unwedderroplick by bliven laten. *[2.]* Od schal ok nemandes to amptern gekoren werden, he sihe dem evangelio geneigt, und wor yemant in duesem chor dar boven gekorn worde und widder dat evangelion handelde, demsulven schullen rat und gilden macht hebben von stunt to entsettende[1]).

Actum sonavendes nach Francisci anno etc. 31.

Arch. 970, E; Reinschrift. Sowohl § 1 als § 2 sind auch in gesonderter Fassung ausgefertigt.

726. *1531 Nov. 15.*
Die Zeitpfennige sollen pünktlich bezahlt werden.

Nadem wy de raid to Gottingen mit willen unde fulborde aller gilden hantwerke unde gemeincheid eyn cristlige ordenunge angerichtet unde in den druck[2]), alse iderman bewust, komen laten, darynne nw von den kerken oren leynern unde ceremonien geordent unde beschicket. Nuw beclagen sick de kastenhern, dat ßodann gerenge und gewonlige tidpenninge, alse den opperluden in den kerken allen, von itligen to betalende werden geweigert. Dewil nw lesulven opperlude gemeyne kerken deynere syn unde men er nicht woll kan entraden, darumbe willen wy unde geeden alle unsern borgern und medewonern, wan se von den pperluden umbe ore tidpennige besocht werden, schullen e desulven one gudwilligen geven. Wor se darinne averst enfort sumich fallen unde des an uns clage keme, schall yn ißlig myt eynem ferdinge unser stad sin vorfallen unde ennoch syne tidpennig entrichten. Darna sick idermann ette to hoildende.

Anno etc. 31 medeweckens nach Martini ist dusse zedel 1 gericht afgelesen und publicert worden.

Statute V.

----

[1]) *Von § 2 wurde mit wenigen Aenderungen 1539 Oct. 4 (sonnendes nach s. Michaelis) jeder Gilde eine Ausfertigung zugestellt, in r die Wahlen auf Oct. 6 (up negest zukunftigen mandag) angesetzt rden. Arch. 970, E. Auf Unruhen bei der Aemterbesetzung des schäftsjahres 1534 weist die Drohung vom 9. Oct. (die s. Dionisii) 33 hin:* nademe de erbare rad sampt den erligen gylden sick dusser igen gedanen kores, wo de afgekundiget, eyndrechtigen vorgeliket, so ll man eynen idern *bei Strafe der Verweisung aus der Stadt* hyrmede varschuwet hebben, dat nymandes uppe sodanne koor wes vorachtliges ler jennige smahworde jemandes to nadeyle reden edder spreken ulle. [2]) *cf. N. 516.*

727. *1532 Febr. 9.*
Maskenaufzüge werden verboten.

Weyle und nachdeme wy olt und nige rat bewegen, dat die [!] almechtige got uns na synem gotlicken evenbilde wole geschapen und vele menschen in dessen dagen ore angesichte todecken mit larven mommery und anderer farven verstellen to hone gotliker scheppinge und far der selen salicheyt, so syn wy in eyndrechtigem ratslage mit bewilligung und fulbord der erlicken gildemester seßmannen und middeler eyns geworden solick henfurder nicht mer to gestadende. Derhalven vorbeden wy die [!] rat vorbenomet, dat nun henfurt nemandes bynnen unser stad sick vorcleyden mit larven mommery ömitzende edder anders bedecken und vorstellen schall. Und ßo jemandes darover betreden, schall dorch der stad knechte in den piltze edder ander ende gefort werden so lange he bekant und denne eyn ferndel roden an der stad feste betalet[1]) edder vorborget hebbe.

Anno etc. 32 feria sexta des negeden dagis et mants Februarii.
Statute V.

728. *1532 Sept. 4.*[2])
Wildes und unbefugtes Tanzen wird verboten.
Van schuppende danzende und umbwarpende.

Nachdeme olt und nige rat dat schuppen und umbwarpen fruwen und junkfruwen am danze up unserm rathueße ok to danzem demjennen, die nicht to den wartschuppen gebeden, vorbeden, so wart doch von velen darvor overgegan. Demna ßo willen wy up gedacht rat mit bewilligung der erlicken gildenmester sesmannen und middeler ßodann vorbot itzt vorniget und wedderhalet und hirmede allen unsern borgern inwonern unsern und oren kindern hantwerkes knechten und gesynde nemandes udbescheden, und die up unserm rathuse danzen worden, solick schuppen danzen und umbwarpen der fruwen und junkfruwen to donde, eigen und bydenze bneffen deme reigen to makende und to forende ok to ropende und to krischende an deme danze by pene twyer molder havern und niger secke darto to gevende upt nige vorboden hebben und ßo vaken sie edder der eyn des overkommen und overtreder syn werde, sodanne havern und secke von one to furderende und to gevende, an alle gnade.
Statute V.

---

[1]) *Das Anmauern einer Ruthe wurde, wie aus den Bruchregistern in Rechnungsbüchern hervorgeht, mit 4 Mk. abgelöst; die Strafe beträgt also hier 1 Mk.* [2]) *cf. N. 729 Anm.*

729. *1532 Sept. 4.*
Vor Zank und Raufereien zu Weende und Nicolausberg wird gewarnt.
Von ungeschickeden kive und hader buten unser stad. So alße vast vele beyde montlike und schriftlike clage over die unsern alße nemlick borgere inwonere etc., die sick orer ungeschicklicheyt hader und kyves gezenks und detlicker handelinge to Wende und up sanct Clawes berge¹) schullen oven und gebruken etc., dat wy doch gerne unde vele lever anderst horden, an uns gelangen. Nun bedenken wy, wo darinnen nicht werde geraden, dat wy ok die unsern derhalven to marklicken schaden laste und falle komen mochten, und willen hirmit alle die unsern und eynen ydern von onen sick solicker ungeschicklicheyt gezenks haders kyves und unlust in den up benomeden steden ok sunst nicht to ovende to gebrukende gewarschuwet und des die solickes schuldich befunden worden irinnert, dat ein iderman den schaden falle und last sulvest dragen und sick witen schulle. Und darmede willen wy uns den rat und gemeyne stad solickes schaden lasten und fals entlestet hebben. Hirnach wette sick eyn ider to holdende.

Hec tria²) prescripta edicta sunt publicata in judicio feria quarta post Egidii anno etc. 32.
Statute V.

730. *1532 Oct. 30.*
Den Kalandsherren sollen 8 Beschwerdepunkte vorgelegt werden³).
Hiesus. Artickel den Kalandes heren vortoholdende.
[1.] Erstlick, dat eyn erbar rat sick vorsehen, man die christlig und temlige middel, den kalandes heren vorgeslagen wedde angenommen und bedacht, dat ßodanne almoßen hirbevor dorch unse borger borgersche und andere medewoner

---

¹) *Am Rande steht:* Olrickeshusen Wende. ²) *N.* 728, 729 *und ein Verbot des Waffentragens.* ³) *Bereits die Kirchenordnung p. XX, b nahm Verhandlungen mit den Kalanden in Aussicht. Schon im April 1532 waren diese Artikel abgefasst, es bleibe dahingestellt, ob dieses die 32 mandatirten, noch im Entwurfe erhaltenen sind. 1532 April 16 verwirft die Tile Blanken, April 18 (donstages na misericordias domini) Gregor Vidt und Nicolaus Eggestein, am selben Tage nehmen sie Johannes Bruns und Johannes Stein an, April 25 (die jovis post jubilate) verweigert Heinrich Lengeler sie hinder den andern anzunehmen, April 30 tercia post cantat.) verwerfen sie Johannes bei der Linde und Johannes Pollen, nimmt sie Hermann Bode an. Im Sept. 1532 werden abermals Artikel entworfen, die zu Verhandlungen führten (N. 730) und nach vorgenommenen Veränderungen in N. 735 vorliegen. cf. daselbst Anm.*

gegeven und der stad ud deme schote entogen scholden den armen togwandt worden syn, wile ore vormeynte godes deinste, die gode und synem allerhilligesten wort togegen, underwegen bliven.

[2.] Tom andern erfindet sick in warheyt, dat sie mit sodannen gudern nach orem eygen moitwillen und sunder medewetten der andern, die des mede to donde und in unse christlige vorslege gewilliget, handelen und datjenne wat den armen gegeven under sick parten und vordeilen.

[3.] Tom dridden, dat von sodanen gudern deme rade neyn schot ok neyn tolage tom Turken und anderen schatte gelick unsen borgern gegeven wart.

[4.] Tom vierden, dat sie mit seigel und breven over sodane gudere holden ok hovetgelt vordechtligen handelen an des rades alße der overricheyt wetten und fulbort.

[5.] Tom veften, dat sie ok deme rade alße der overicheit und gemeyner stad togegen heymlicke conventicula, dat syn undersprake, an des rades wetten solicke guder den armen to entwendende holden.

[6.] Tom sesten. Indeme sie des rades vorslege vorachten und in schattinge bewilligen, ßo werden dardorch der kalande guder vorberort vorbracht dem rade gemeyner stad borgern und den armen to markliken schaden und nachdeile.

[7.] Tom sevende[n]. Ed hebben ok eyn erbar rat gemeyne stad und ore borger umb orer pheide willen alße mit nachtweigen hovemeister krethof und andern marklike schaden entphangen, die dem rade unde oren borgern noch nicht wedder irstadet.

[8.] Tom achten. Deme armen tom hilligen crutz ok andern in unser stad wart datjenne one by den kalenden fundert alße harlier was witbrot gelt und andere almoeßen vorbeholden.

Anno etc. 32 medewecken nach Symonis et Jude apostolorum syn duesse vorbescreven artickel hern Tilen Blancken alße deken der kalende to sanct Jorgen und Nicolai und Henrico Lengellern alße kalandes hern sancti spiriti in namen aller kalandes hern to Gottingen vorgeholden und darnach angesecht worden, dat sie sick solicker artickel mit dem rade bynnen achte dagen vordragen und der eyn andracht maken. Wo dat aver nicht geschege will eyn erbar rat sick wes ungehorsamen anders holden und raden etc. Hec pacta sunt ex commisione dominorum consulum per dominos Hansonem de Sueyn et Helmoldt Groten actum in pretorio Gottingensi.

K XI.

731. *1533 Jan. 15.*
Die peinliche Verfolgung von Freveln wird auf gewisse Fälle beschränkt.

Nachdem hir am gerichte vele pinliger clage gefort werden, de doc[h]¹) na orer art unde gelegenheid borchlig syn, sunder ut unvorstande beide[r]¹) der partn und vorspreken, in der pinlicheid beharren und darme[de]¹) nicht alleyn eynen ungeborligen proces foren, sunder ok dat gerichte beleidigen unde andern clegern in oren borchligen saken ym wege liggen, derhalven sin olt und nye raid cyndrechtigen overkomen willen derhalven eynen idern, de hir am gerichte to donde will hebben, flitigen warschuwen, dat hinfort, wor neyn frevel edder gewolt begangen edder de sake sussent hut unde har lif leven edder bloitrust andript, schullen sodan sake nicht pinlig sunder borchlig, alse se in sick sulvest syn, geachtet werden. Wor dat ok von dem jegendeil ut eyntfeldicheid vorswegen bleve, dennoh will de raid ampts halven darynne, wes de billicheid unde recht irfordert, gan to latende sick vorbehoilden hebben. Darynne de vorspreken unde alle partie sick wetten to hebbende.

Publicatum quarta post octavam epiphanie domini anno 1533.

Statute V.

732. *1533 April 7.*
Der Rath verpflichtet die alten Wollenweber, die Ordnung der neuen gegebenen Falls einzuhalten²).
Er beantragt die Ernennung der Wardeine durch den Rath.

Actum secunda feria post palmarum anno etc. 1533.
Utsproke eynes erbarn rades mit wetten aller gilden.

Na vorgebrachten clagen antworden in und nach reden der wardeinen und orer seßmann der drapener von wegen

---

¹) *Loch am Rande.* ²) *1475 begaben sich der Rathmann Tile Stockeleff und Bertold Helmoldes nach Derenter und bewogen 1476 März 31* (dominica judica) *die Webermeister Godart von Kessel Godart von Fenla Derk von Sundesbeck, den Färber Conrad von Dussendorp und den upreider Derk Budnick nach Göttingen zu kommen, indem ihnen Umzugskosten und für 6 Jahre Lohn und Freiheiten versprochen wurden. T VI und Rechnungsbuch 1475—76 fol. 22. Seitdem bestehen die neuen Wollenweber, die 1476 Dec. 20* (in vigilia beati Thome) *die erste ordinancie uppe do nyen kor der laken vom Rathe empfing* (Ordinarium f. 106 ff.), *welche 1490 Aug. 1* (in die Petri ad vincula) *und dann korts vor dem latesten upror, wie Heinrich Helmoldes 1532 berichtet, erneuert wurde, womit 1514 oder 1529* (cf. N. 87 und 437. 438) *gemeint sein könnte. Die Schrift der undatirten Ordnung giebt keinen sichern An-*

des nien und gemenen hantwerkes der breden laken bynnen
unser stad an einen und den mestern und oren seßmannen

*halt. 1532 klagen die neuen Wollenweber über Uebergriffe der alten,
welche die schmalen Tücher anfertigten. Das Verbot des Rathes von
Sept. 25 (medeweckens nach Mathei) blieb ohne Erfolg. 1533 März 8
(sabbato post dominicam invocavit) und April 2 (feria quarta post judica)
bringen Martin Hinkel und Hans Hildebrandes wardeyne der drapener
des nien hantwerkes (das andere Mal werden sie der nien wullenwefer
mester genannt) und die Sessmannen durch ihren Redner Heinrich
Flemming vor, dass 1) jeder, der breite Tücher machen wolle, $^1/_2$ Mk.
dem neuen Hantwerk, $1^1/_2$ Mk. dem Rathe [als Eintrittsgeld] zu zahlen
habe, dass 2) wer Meister werden wolle, vom Wardeine zum Rath geführt
werden müsse ef de genochsam sy antonemende vor einen borger und
dat hantwerk, dass 3) wo dem breiden hantwerk schuldich is und de des
gebruket, mach man ome sin hantwerk nedderleggen, wo he dar nicht
na fraget, so mogen se ome dat hantwerk bekoren, so dick und vaken
also he gefunden wart, dat he dar nicht nach fraget, so is he dem rade
und hantwerke vorfallen mit twelf Gottingesken schillingen, dat he sick
nicht gehorsam geholden heft, dass die alten Wollenweber ores hant-
werkes gebruken und se nicht des olden und dass die von den alten
Wollenwebern, welche de breden laken anfertigen und de smalen nicht,
auch die Ordnung der neuen halten sollen. Darauf wurde von den
Gildemeistern Tile Gisen und Hans Triselmann und den Sessmannen der
alten Wollenweber durch ihren Redner Wilhelm Domann erwiedert, dass
sie 1) noch vor Ankunft des Handwerks von der herschop von Brunswig
und dem Rathe von Göttingen eine bestedigide frie gilde gehabt hätten,
Göttinger laken zu machen so gud alse se ummer konen, dass die neuen
Wollenweber togelaten vor eine gemeine hantwerk to Gottingen, allen
borgern fry unschedelig orer gilde und gemeine (ein idern des to ge-
brukende) wobei es nach dem Willen des Rathes und der Gilden bleiben
sollte, dass ihnen, den alten, beim Kommen der neuen versprochen sei,
dat se nicht schullen gripen in ore gilde und orer laken to maken noch
spynnen to laten to Boventen edder andern dorpen, dat one mochte
schedelick sin an orem gespinne, dat se nicht mer anslagen wan de
vif furve noch wit noch grawe noch groncke, ein Versprechen, an dessen
Einhaltung sie zweifeln, dass sie, die alten, bisher die $^1/_2$ Mk. nur ent-
richtet, wenn sie mit Gewalt gezwungen, ihnen die Tücher mit Beschlag
belegt und dat sigil geweigert sei, dass sie nicht gebruken orer molen ok
nicht ores segels, dat sy der oberkeit alse dem rade und ihnen von
diesem fry irkant, dass sie nicht wissen, wozu die Wardeine die $^1/_2$ Mk.
brauchen werden, des se. de olden, behoif hedden, da sie als freie Gilde
eigen molen und hantwerk Gottingeske laken to maken haben, des ore
mestere sware eide doin orem gnedigen hern einer stad Gottingen ut
oren gildeinbrödern, des de wardenen nicht doin, dass sie daher die $^1/_2$ Mk.
nicht zu entrichten brauchen, dass sie 2) ihren mesterknecht selbst vor
den Bürgermeister bringen, damit er, sobald er Bürger sei, nach Erlegung
von 1 Loth Göttingisch an den Herzog und von 1 Mk. an den Rath die
Gilde erwerbe, und dass er daher nicht vor dem Wardein erscheinen
könne, dass 3) die Wardeine, dat sint gemeine knechte to dem hant-
werk, de werden besoldet von der cemery, dat so soggen de drapeners,
welke laken gebreklig were inneholt or ordinantien, über sie wegen
Mängel an den Tüchern die 12 ß. oder 2 Pfund Wachs nicht verhängen
können, der orsake halfen, dat on schedelick mochte sin an orer gilde
gerechtigheit; so hebben ok gehat ore wullenpurer und geßworne und*

von wegen der olden wullenwefergilde up unser Nienstad am andern deil hebben wy de raid to Gottingen na noitdorftiger beweginge desser sake gelegenheid erkant geordenet und utgesproken wo hir nafolget.

[1.] Tom ersten. Nachdem de gilde der olden wullenwefer boven veler mynschen gedechtnisse und ehir des nien hantwerkes inlatinge up unser Nigenstad gewesen, so schullen se by alle orer gilden rechte von dem nien hantwerke gelick vor der inlatinge ok so hinfort ungesweken bliven.

[2.] Tom andern. Alse dann dat nie hantwerk der breiden laken mit gudem rade gemeiner stad to wolfart ingenomen und darup eine ordinantien, wo de mestere in orer annaminge und de laken an orer lengide breide und wesende schullen geschicket sin togerustet, angenomen und over vorjarte tid so gehoilden, so schall gelicker maten sodan ordinantie in oren creften und werden ungeletzet wesen.

[3.] Tom dridden. So jenigem borgere edder borgers kinde, de der olden wullenwefergilde an sick gebracht, darnach gelevede dat nie hantwerk to arbeidende, schall dem nien hantwerke mit der halven mark sowol alse andere vorplichtet sin. Averst wy de raed willen demsulven to gude und der olden wullenwefergilde to eren eine mark laten fallen, so dat he alleyne unser stad chemerige ok eine halfe mark schall betalen. Doch nich demyn dejennigen sick des

---

ok ein wardenen, dat hebben se, de drapener, von one gedrungen und under sick getogen, sunder rechts irkantnisse (up dat se doste stadliger gewalt konen gebruken), dersulven wullnpurer noch ein deils am levende sin, von oldem herkomen und hopen, so schullen one wedder togestadet, alse ehr gescheen is, de ein erbar raid sulven gekoren hebbe to tiden und ok gelt upgehaven, dat desulven gegeven hebben, und vorhopen sick, de drapener sin schuldich one do possession weder to gevende. *Auf N. 733 trugen April 23* (quarta post quasimodogeniti) *die alten Wollenweber an, dass 1) die ¹/₂ Mk. nur von den neu in die alte Gilde Eintretenden zu erlegen sei, nicht aber von den jetzigen Gildegenossen und deren Rechtsnachfolgern, 2) dass sie nicht liden können, dass de oren in ihren Häusern besichtigt werden, wol aber die schauwe up deme rathuse und remen, dass de andern broke by oren mestern bliven sollen, dass 3) ihnen, da sie die Mühle des neuen Handwerks nicht benutzen, angezeigt werde, worauf sich de schult erstrecken solle. April 30* (middeweken nach misericordia domini) *antwortet der Rath, 1) dass von der Zahlung der ¹/₂ Mk. nur die befreit seien, welche schon vor 10 Jahren die breiten Tücher angefertigt haben,* dewile de drapener dat oversehein, *2) dass die alten Wollenweber* dem vorigen ud sproke in deme artic[el] synen gang geven bed up Michaelis, dat die nigen wullenwefer ore antworde don up dem chore der drapenerer und der geßworne, alßedonno · mag men deme artickel ok eynen geborligen weg geven, *3)* ist nicht do meyninge in dem utsproke, alle schult des hantwerkes, sunder na vermoge schulde und antworde alleyne do schult umbe broke, dar iderman inne vorfallen, dat de lut der ordinancie moge gefordert werden.

understunden schullen de tid over, dewil se dat hautwerk
arbeiden, den drapenern und orer ordinantien sick na der
anwisinge to hebbende proberen to latende des hantwerkes
schult to betalende und wes darynne wider mede vorfatet
underworpen wesen. We ok von den unsern sodann hantwerk an sick gebracht, des mag desulve nicht alleine de tid
sines levendes, sunder ok sine erven sick irfrauwen.

Willen ok, dat nw fort de drapener ore ordinantie
holden und wes darynne eine tidlang vorsumet, des in einem
mante folge doin.

Laus deo. Anwisinge des rades. Eodem tempore.

Ein erbar raid heft ok dem gemeinen besten to nutte
und gude ok for fredes willen vor gud angeschin, dat gemelte
nie hantwerk den chor den wardenen und wullenpurer
wedderumb an den raid laten komen, so willen se dem
hantwerke to gude na noitdorft raden und sick befliten de
schickligsten, se sin in der gilden edder dem hantwerke, to
irwelende, averst de andern geßworen edder sussent twey,
de sampt den erligen gilden vor gemeine stad helpen in tiden
der noittorft raden, willen de raid by one den chor laten
bliven. Darup de party twischen dit und Michaelis sick
hebben to bedenken.

*In die „Ordinancia des wantmakendes unde drapenye" eingetragen.
Daselbst 2 Cop. auf losen Blättern.*

733. *1533 Mai 20.*

Der Rath verwirft im Gegensatz zu den Gilden die Benutzung von Leichen- und Altarsteinen zum Bauen.

Actum in pretorio Gottingensi dinstages nach vocem
jucunditatis anno etc. 33.

Nachdeme eyn erbar rat de erlicken gilden mit orem
seßmannen middeler und sestich duessen dag by eyn und in
underredinge gewoßen syn, de lickesteyne up allen kerkhoven kerken und kloestern und darto itlige altare, udbenomen
twey in jowelker kerken, uptonemende und dat gebuwete und
gemeyne stad darmede to beterende, so hebben gemelte gilden
mit oren seßmannen middeler und sestich darup besloten und
vor gut angesehen, dat solikt geschen schulle to beteringe
und beschuttinge gemeyner stad und aller inwoner. Darjegen
eyn erbar rat heft den bedacht gemelden gilden etc. vorgeslagen dat solikt to donde nicht ratßam und vor gemeyne
stad syhe ud folgenden orsaken: erstlick wile itzt neyne not
und kummer der steyne vorhanden, tom andern Bodane likesteyne und altarsteyne syhen more und im water nicht warhaftig, tom dridden nachdeme darsulvest beter steyne to

sodaner muweren syn, tom vierden man kome an schaden solicke lick- und altarsteyne nicht upnemen, tom vieften wenner man solikt belengede, ßo werden deejennen, de solicke altar to buwende vorgunstiget, alße sunderlick unser gnediger her, to grotteren ungnaden bewoegen werden mochte¹).
K XI; Entwurf.

734. *[1533 Juli 10 (?).]*

In Folge von acht Klagepunkten werden an das Prediger-Kloster sechs Forderungen gestellt und ein demselben Nahestehender mit Ausweisung bedroht².)

De vorordenten von rade gilden unde gemein hebben hute donnersdage vaste bewogen de gelegenheid des cloisters ton predigern. Befinden darynne vele besweringe.

Tom ersten sin alleyne darynne dre personen, junge gesellen.

Tom andern dryven de ore lust unde freide mit schetende unde anders.

Tom dridden understan de sick up besloten zellen unde gemake to stigende.

Tom veirden sin alle ore sigil unde breife hinwech gebracht unde de eyne vorbut hir, de andere dar.

Tom viften sin se unduldich unde floicken schelden unde vorachten unße angerichtiden cristligen ordenunge.

Tom sesten worden de gudere vaste vorslepet und in alle winkel gedragen.

---

¹) *Construktion! Ursprünglich war der letzte Punkt als erster in folgender Weise entworfen:* Man wette, dat de rat und gemeyne stad korts mit unserm gnedigen hern vordragen und alle artickel upgehaven syn. Wenner man nun solikt mit den altarn und lickesteynen vorneme, wile alle kerken von unserm gnedigen hern to lehene gehan und alle altar mit syner gnaden fulbort syn gebuwet, sy to besorgen, dat alle datjenne der wegen vorhandelt vorgevens gescheen sey. ²) *Juli 10 fällt auf einen Donnerstag. Die beiden Predigermönche Bertoldus Jungen und Johannes Rakelrand werden Juli 10* (donnestages nach Kiliani) *aufgefordert, ihren geistlichen Stand aufzugeben und bis Juli 13* (folgenden sontag) *zu antworten, denn man sei* geneigt etwas anders mit dome cloester vortonemende: wo se sick aver hirinne sperren und widderwertig erzeigen, wolden eyn erbar rat unde gilden wes anders und wat de noit beschet vornemen, dat one denne to ungude gedien und erwachsen konde, *Juli 24* (quinta feria post Marie Magdalene) *lassen sie Rath und Gilden vor Zeugen* ut demo hueße, dat her Parnessen gewiset, [wisen] und dat und ander tosluten, *weil sie die geforderte Antwort nicht gegeben und das Klostergut durchbringen, Juli 26* (sabbato) *werden sie, weil sie Klostergut verkaufen,* auch von dem slapehuse besloten, *Juli 27* (sondag darnach) *verlassen sie vor Zeugen* frywillich das Kloster. *Acta Ref. XV.*

Tom seve[n]den is by den luden grote sorge to hebbende des fures halven.

[8.] Ok gan se leddich, dat doch ym evangelio vorboden wert.

Hirup is vor gud angesehen:

[1.] Tom ersten alle cleynode yme cloister in eyn gemak to beslutende.

[2.] Tom andern den probisten bevolen alle tinse unde upkomen intofordernde.

[3.] Tom dridden dat cloister mit borgern to besettende, de acht hebben, nymandes daranne schaden do.

[4.] Tom veirden den dren monnicken autoseggende, se mit den oren reden, we sick na unser ordenunge will hoilden, dem scholle sodan alse darynne berort bejignet. Willen ok itlige yme cloister bliven, schullen gude vorsorginge hebben nach dem se gar nu alle borgers kinder sin.

[5.] Tom viften, dat alle breife schullen se tovorn by den rad bringen, de gudere vorwart worden angeschin, dat se daranne neynen eigendom hebben unde dat darmede wu sick eigent unde allenthalven tovor antworde gehandelt worde[1]).

[6.] Tom sesten dewil se dem nicht nakomen, dat men ok one neynen stur edder vorpleginde don.

[7.] Tom sevenden heft Rakebrandes sohne gesecht, he schie woll in unse ordenunge; is eyn lesteringe goddes unde sines wordes, scholde billig ut der stad gewiset werden.

Item[2]) Kummel [?] unde Rakebran[d] hebben sick vorsehen de sigil unde breife to vorwarende unde dem rade darvon to antwordende.

Acta Ref. KV.

---

[1]) *Schon 1526 übergab Degenhard, Prior der Predigerbrüder, dem Rath ein Inventar, namentlich von Werthsachen. 1533 Sept. 25* (donnestages nach Mathei) *wurde ein genaues Inventar im Pauliner-Kloster aufgenommen. 1531, 1532, 1533 wurde von den Paulinern, 1531 von den Barfüssermönchen Silber von Geräthen und Messgewändern in verschiedenem Betrage genommen und theilweise der Münze übergeben. Dann wurden auch Sachen dieser beiden Klöster zu Gunsten der Stadt cerkauft. Für die Auffassung intressant ist es, dass diese Einnahmen in den Rechnungsbüchern eingetragen wurden in die Rubrik:* recepta von golde und gelde, dat wy hebben geborget und nicht vortynsen. *Im Barfüsser-Kloster wurde* post recessum monachorum *1533 Juli 23* (quarta post Marie Magdalene) *ein Incentar aufgenommen und später noch mehrmals. Daselbst wurde 1536 einiges gefunden, das unter der Diele versteckt, 1538 anderes, das im Kreuzgange vergraben war. K XI.*
[2]) *Von anderer Hand.*

735. *1533 Dec. 24.*

Die Kalande sollen der Stadt Antheil an der Nutzung und Verwaltung ihres Vermögens geben¹).

Nademe vele fromer lude geistliges und wertliges standes guder andacht und wolmeininge ore guder, der ok vele ut unser stad plicht entrucket, in de drey kalende binnen unser stad gegeven darvor etlicke lifgulde gekoft ok vigilien und selemisse to holdende und darvon arme lude to cledende und to spisende bevolen; dewile nu ein erbar rat opentlich befindet dat sodan vigilie und selemisse sampt andern erdachten hendeln in den kalenden nicht gescheín ok de almesen und spende den armen luden entogen werden und dennoch de gudere den namen der kerkengudere dragen ok darumb bilke orer art und natur folgen; hirup heft ein erbar rat vaste bewegunge gehat und wuwoll von oren borgern mennichmael gesunnen sodan gudere inholt unser ordenunge in de gemeinen kasten to nemen, dennoch wolden se gerne hirinne metiger ok na der billickeit alse vor gode und idermanne to vorantworden were und nymandes sick hedde to beclagen handelen und darumb folgende meinunge bedacht.

Dat de rat und hern vom kalende sick hedden voreiniget alle sigel und breve mit dem capital der kalenden to inventeren und in drey laden to besluten; de slotel scholden by den kalenden und de lade by dem rade in vorwaringe bliven.

De summa der pension scholde na der hern vom kalande und des rades norttorftiger beweginge in sulken gebruck werden gestalt tom ersten darvon alle tinße schott und plicht betalet, tom andern jowelkem personen in den kalenden eine temlige tolegginge alle jar medegedeilet und wes dar overich in de hende der armen und andern milden sacken mildiglicken gegeven werden.

Darup wolde de rat ore personen irweligen vordegedingen ore upkomen flitigen helpen ermant mochten werden.

Und scholde dusse vordracht so drey jar geholden werden: wan de tom ende, mochte darinne na gelegenheit wider sin to radende²).

---

¹) *cf. N. 730.* ²) *1532 Sept. 9 beschlossen Rath und Gilden, weil Artikel, die den obigen gleichen, trotz wiederholter Mittheilung von den Kalandsherrn nicht gehalten worden, die entschiedene Forderung, dass die Kalande 1) für die Abtragung der Stadtschulden eyne temlige tolage geben, dass sie 2) tom schatt der teyen jar, für welche der Herzog de geistligen bynnen der stad und oren geboden übergeben, beitragen sollen, was sie bisher nicht gethan (in einer wieder gestrichenen Randbemerkung ist der Beitrag bereits auf 80 fl. normirt), 3) über den Verschluss des*

Dewile ok unse gnediger her von den geistligen gudern de helfte fordert und dem rade de geistlicken by und under one beseten und begudert nagegeven, is des rades beger, de kalenden sick voreinigen und sodan schattinge upbringen, und wuwol ore helfte sick hoher mochte strecken, dennoch will de rat dat jerliges up achtentich goltgulden fallen laten.

Id heft ok ein rat und gemeine stad der geistlicken halven vele dage bereden unkost und spildinge gedan brant leivent und mordent an den oren anschin moten, darto is or gut lange jar unvorschotet gebleven. Begert de rat eine temlige und fruntlicke tolegginge to doende, wu veel mal von on gesunnen. De rat is ok der tovorsicht, dat de kalandes hern sint dusser handelinge nemandes ingenomen ok sick hinfort innomendes nicht understan werden.

Ein rat heft ok mildichlicken bedacht, nachdem dusse gudere guder andacht und wolmeininge von velen fromen luden tor ere godes und selen salicheit tosammen gedragen, nachdem wol vormotlich, dat vigilien selemisse und dergelicken erdachte vormeinte gude werke in oren gebruck und anschin nicht wederkomen werden, dat men nu im falle, so de personen afstorven, to einem erlicken testamente gedacht hedde, daranne got ein gefallen geschege, des wy ok von gode warhaftigen bevehel hedden und allenthalven vor gode wusten to vorantworden, nemlich spende to gevende wege to beterende kerkendeiner to holdende etc. ewiglich to blivende und des sigel und breve antorichtende.

Dewile de hern von den kalanden sick beswern ym vorigen artickel[1]) der inventerung und vorwaringe orer guder sigel und breife etc., heft ein erbar rat in allen besten den gemetiget wo folget, dat de rat wolde veir personen ut den kalenden und de kalenden mochten ok veir personen von den borgern erwelen. Desulven achte personen scholden dem rade gewiss und gut darvor sin, dat sodan gudere sigel und breve bynnen Gottingen in irer substantien und wesende unvorleinet und unvorruckt bleven; darup denn mochten de kalenden ore sigel und breife sulvest vorwaren und inven-

---

Vermögens. cf. darüber nächste Anm. Sept. 10 (dinstages nach nativitatis Marie) *wurde dieser Beschluss den Kalandsherrn gemeldet. K XI. Darauf folgten weitere Verhandlungen cf. N. 730.* [1]) *Beschluss von Sept. 9:* Tom dridden. So alßedenne de kalandes hern de inventerunge der breve und segel ok de by den rat to bringende geweigert, so heft man one wider angesecht, dat se sodanne breve und segel in gemoyne vorwaringe nemlick der stad wechßel up vorige ange stalte wege scholden bringen, de slotel over de breve by sick beholden und darto scholden de slotel to der wessel vom rade und kalandes hern vorwart werden, dat eyn an den andern to ßodannen broven nicht mochte komen.

tiren laten ok des inventarii warhaftige kuntschup by twei
des rades leggen, de den by oren eyden geloflick scholden
in geheim beholden und vorwaren.

Dut is vorgeslagen und nagegeven von dem erbarn rade
gilden und middelers dorch Harmen Witzenhusen Kersten
Werners Antonium Wischeman Corth Tappen Nolten Kraen
und Jasper Stichtereisen in bywesende magistri Linden Andreae Mundeman und Henrici Hummen middewekens na
Thomae apostoli anno etc. 33.

Johann by der Linden sst. manu propria
Joannes Eltingerodt sst. manu propria.

Anno etc. 34 sonnavendes¹) nach epiphanie domini
hebben rat gilden und middeler na nottorftiger bewegunge
besloten desse vorordenten puncte einem idern personen von
den kalenden vortoholdende und ef jemandes befunden, de
darinne to willigende nicht geneigt, scholde von stunt de
stad rumen und nummermer dar wedder ingelaten werden.
Ein rat wolde ok, so de kalenden sick hirinne sperreden,
alle gudere segel und breve den kalenden behorich behemmen
und so vele mogelick infordern laten, solange dat darmede
de billicheit mochte vorgenommen werden.

K XI; Or.

---

¹) *Jan. 10. An diesem Tage willigen Johannes Bruns und Hermann Bode in de vorlinderunge des artickels der breife etc., dann Gregor Nidt und Ciriacus Sorge Jan. 17* (sonnavents post octavas trium regum), *Nicolaus Eggestein Jan. 25* (dominica post Fabiani), *Johannes Sorge März 3* (dinstages post reminiscere), *Johannes bei der Linde März 18* (quarta post letare), *Johannes Pollen März 21* (sabbato post letare), *Tile Blanken und Tile Nidt April 21* (tertia post misericordias domini), *Andreas Mundemann Oct. 10* (sabbato post Dionisii), *Johannes Eldigerot 1536 Febr. 19* (sabbato post Valentini). *Auch in der Folge wird noch über Renitenz der Kalandsherrn geklagt. 1537 verwendet sich Herzog Erich der Aeltere für sie. 1542 Febr. 15* (middewekens na Valentini) *wenden die noch lebenden Kalandsherrn zu s. Georgii dem neu zu errichtenden Pädagogium das Kalandsvermögen zu.*

1500¹) *Neuer Rath:* Simon Giseler der Aeltere I, Heinrich von Nörten, Simon von Medem, Hans Wischemann, Hans Stockeleff, Heinrich Hummen, Heinrich Witzenhusen, Tile Greve, Wilhelm Klockener, Heinrich Giseler, Claus von Sneen I, Henning Lindemann.
Alter Rath: Ludolf Snippen, Bertold Witzenhusen, Hans Resen, Hans von Dransfeld I, Simon Giseler (Giselers von Münden Sohn), Cord Meier, Bertold Helmoldes, Ludolf Stockeleff, Hans von Sneen I, Wedekind Swaneflogel der Jüngere, Hans Feldmann.
Kämmerer: Simon von Medem, Heinrich Giseler.

1501 *Neuer Rath:* Ludolf Snippen, Bertold Witzenhusen, Hans Resen, Hans von Dransfeld I, Simon Giseler II, Cord Meier, Bertold Helmoldes, Ludolf Stockeleff, Wedekind Swaneflogel, Hans Feldmann, Simon Giseler der Jüngere III (Simons Sohn).
Kämmerer: Ludolf Snippen, Bertold Witzenhusen.

1502 *Neuer Rath:* Simon Giseler I, Heinrich von Nörten, Simon von Medem, Hans Wischemann, Hans Stockeleff, Heinrich Hummen, Heinrich Witzenhusen, Tile Greve, Wilhelm Klockener, Heinrich Giseler, Claus von Sneen I, Henning Lindemann.
Kämmerer: Simon Giseler I, Heinrich Giseler.

1503 *Neuer Rath:* Ludolf Snippen, Hans Resen, Hans von Dransfeld I, Simon Giseler II, Cord Meier, Bertold Helmoldes, Ludolf Stockeleff, Wedekind Swaneflogel, Hans Feldmann.
Kämmerer: Ludolf Snippen, Hans Resen.

---

¹) cf. Einleitung p. V und G. Schmidt a. a. O. I, S. 431.

1504 *Neuer Rath:* Simon Giseler I, Heinrich von Nörten, Simon von Medem, Hans Wischemann, Hans Stockeleff, Heinrich Hummen, Heinrich Witzenhusen, Tile Greve, Wilhelm Klockener, Heinrich Giseler, Henning Lindemann.
Kämmerer: Simon Giseler I, Heinrich Giseler.

1505 *Neuer Rath:* Ludolf Snippen, Hans Resen, Hans von Dransfeld I, Simon Giseler II, Cord Meier, Bertold Helmoldes, Ludolf Stockeleff, Wedekind Swanenflogel, Hans Feldmann, Heinrich Boning, Eggerd Rukop[1]).
Kämmerer: Ludolf Snippen, Bertold Helmoldes.

1506 *Neuer Rath:* Simon Giseler I, Simon von Medem, Hans Stockeleff, Heinrich Witzenhusen, Tile Greve, Heinrich Giseler, Henning Lindemann, Hans von Dransfeld der Jüngere III[2]).
Kämmerer: Simon Giseler I, Heinrich Giseler.

1507 *Neuer Rath:* Ludolf Snippen, Hans von Dransfeld I, Simon Giseler II, Cord Meier, Bertold Helmoldes, Ludolf Stockeleff, Wedekind Swanenflogel, Hans Feldmann, Heinrich Boning, Eggerd Rukop.
Kämmerer: Cord Meier, Bertold Helmoldes.

1508 *Neuer Rath:* Simon Giseler I, Simon von Medem, Hans Stockeleff, Heinrich Witzenhusen, Tile Greve, Heinrich Giseler, Henning Lindemann, Hans von Dransfeld III.
Kämmerer: Simon Giseler I, Hans Stockeleff.

1509 *Neuer Rath:* Ludolf Snippen, Hans von Dransfeld I, Simon Giseler II, Cord Meier, Bertold Helmoldes, Ludolf Stockeleff, Wedekind Swanenflogel, Hans Feldmann, Heinrich Boning, Eggerd Rukop.
Kämmerer: Ludolf Snippen, Cord Meier.

1510 *Neuer Rath:* Simon Giseler I, Simon von Medem, Hans Stockeleff, Heinrich Witzenhusen, Tile Greve, Heinrich Giseler, Henning Lindemann, Hans von Dransfeld III.
Kämmerer: Simon Giseler I, Hans Stockeleff.

---

[1]) Gildemeister der Kaufleute 1504—5. Vormund des Kreuzhospitals 1500- 1. [2]) Hans von Dransfeld der Jüngere in der Rothen Strasse (platea rubea) war Gildemeister der Kaufleute 1500—1.

1511 Neuer Rath: Ludolf Snippen, Hans von Dransfeld I, Simon Giseler II, Cord Meier, Bertold Helmoldes, Ludolf Stockeleff, Wedekind Swanenflogel, Hans Feldmann, Heinrich Boning, Eggerd Rukop.

Kämmerer: Hans von Dransfeld I, Bertold Helmoldes.

1513 Neuer Rath: Hans von Dransfeld I, Simon Giseler II, Cord Meier, Bertold Helmoldes, Ludolf Stockeleff, Wedekind Swanenflogel, Hans Feldmann, Heinrich Boning, Eggerd Rukop, Dr. Johann Winkelmann, Hans Tollen der Aeltere[1]).

Alter Rath: Hans Stockeleff, Heinrich Witzenhusen, Tile Greve, Heinrich Giseler, Henning Lindemann, Hans von Dransfeld III, Heinrich Swanenflogel[2]), Hermann Witzenhusen, Heinrich Helmoldes der Aeltere.

Kämmerer: Hans von Dransfeld I, Cord Meier.

1514 Neuer Rath: Heinrich Witzenhusen, Tile Greve, Henning Lindemann, Hans von Dransfeld III, Heinrich Swanenflogel, Hermann Witzenhusen I, Heinrich Helmoldes I, Hans Fürstenberg[3]), Hans Pollen[4]).

Alter Rath: Hans von Dransfeld I, Simon Giseler II, Bertold Helmoldes, Ludolf Stockeleff, Wedekind Swanenflogel[5]), Hans Feldmann, Heinrich Boning, Eggerd Rukop, Dr. Johann Winkelmann, Hans Tollen I[5]).

Kämmerer: Heinrich Witzenhusen, Hans Fürstenberg.

Beisitzer[6]): Hans von Dransfeld der Mittlere[7]), Cord Hemann[8]), [Hans] Grevener[9]), Hermann Helmbrechts[10]), Heinrich Meier[11]), Hans Hoppener[12]), Cord Harden-

---

[1]) *Vormund des Geisthosp.* 1502, 03. *Vormund des Bartholomaeushosp.* 1508, 09. *Gildemeister der Kaufleute* 1505, 06. [2]) *Vormund des Kreuzhosp.* 1506, 07, 10, 11. *Gildemeister der Kaufleute* 1502, 03. [3]) *cf. p. 401 Anm. 11.* [4]) *Vormund des Geisthosp.* 1508, 09. *Vormund des Kreuzhosp.* 1502, 03. [5]) W. *Swanenflogel fehlt im Verzeichniss, bekleidet aber ein Rathsamt; im Verzeichniss Hans Fürstenberg, das ist ein Schreibfehler, da der unter den Rittmeistern aufgeführte Hans Tollen im Rathmannenverzeichnisse fehlt.* [6]) *Diese werden: bisittere und gesworn, jurati ex civibus, assessores genannt.* [7]) *Vormund des Geisthosp.* 1506, 07, 09, 10., *des Bartholomaeushosp.* 1502, 03, *des Kreuzhosp.* 1514, 15, 17. [8]) *Gildemeister der Schuhmacher* 1515, 16, 21, 22. [9]) *Hans Grevener war* 1511, 12, 14, 15 *Gildemeister der Bäcker.* [10]) *Gildemeister der Wollenweber* 1501, 02, 04, 05, 08, 09, 11, 12, 14, 15. [11]) *Dieser ist sicher der Heinrich Meier, welcher* 1500, 01, 03, 04, 06, 07, 09, 10, 12, 13 *Gildemeister der Leinweber war. Ein anderer Heinrich Meier war* 1510, 11 *Gildemeister der Wollenweber.* [12]) *Meister der Knochenhauer* 1500, 01, 06, 07, 10, 11, 14.

berg[1]), *Hans Ludolfes[2]*), *Hans Armborstmeker vor dem Geismarthor[3]*).

1515 Neuer Rath[4]): Dr. *Johann Winkelmann, Hans Tollen I, Helmold bei der Linde[5]), Joachim Distelauw[6]), Cord Gerken in der Godmannsstrasse[7]), Hans Hagemann[8]), Hans Kynen[9]), Heinrich Meier, Cord Nycrodt, Giseler Stolcrogge, Cord Burmann[10]) Hans Ludolfes.*

Alter Rath: Hans *Fürstenberg[11]), Hans Pollen, Martin Weckenesel[12]), Heinrich von Schedcn[13]), Tilemann Borcherdes[14]), Martin Dormann, Heinrich Droven[15]), Cord Hardenberg, Heinrich Mundemann[16]), Jürgen Remeling, Hans Hoppener[17]), Cord Gerken von Sieboldshausen[18]).*

Kämmerer: Hans *Tollen I, Hans Ludolfes.*

Beisitzer: Johann Landgreve, Hans Detmars[19]), Cord Artmers[20]), Tile (risen[21]), Arnd Schomann[22]), Hardegen Otten[23]), Jürgen Staken[24]), Dietrich Fobbe, Hans Bock[25]), Hans Armborstmeker der Jüngere[26]).

1516[27]) Neuer Rath: Hans *Fürstenberg,* Hans *Stockeleff,* Hans

---

[1]) *Meister der Schneider 1501, 02, 08, 09, 11, 12, 14.* [2]) *Meister der Schmiede 1509, 10.* [3]) *Gemeinheitsmeister 1500 — 1514.* [4]) *Der Rath dieses Geschäftsjahres wurde, wie immer, Montag nach der Gemeinwoche, also 1514 Oct. 9, verkündet. 1541 Oct. 8* (dominica post Francisci) urkunden die Rathmannen, welche im Geschäftsjahr 1515 dem alten Rath angehören, über einen Rentenkauf. Da derartige Urkunden vom neuen Rath ausgestellt werden, so wird die grosse Veränderung im Personalbestande des Raths noch im Geschäftsjahre 1514 vorgenommen sein. cf. N. 84—87. [5]) *Vormund des Kreuzhosp. 1512, 13, des Bartholomaeushosp. 1504, 05.* [6]) *Gildemeister der Kaufleute 1511, 12.* [7]) *1509, 10 ist ein Cord Gerken Gildemeister der Schuhmacher.* [8]) *Gildemeister der Schuhmacher 1514.* [9]) *Vormund des Bartholomaeushosp. 1514, 15. Wardein 1502, 08, 11, 13.* [10]) *Meister der Schneider 1510, 11.* [11]) *Meister der Schuhmacher 1513. Vormund des Bartholomaeushosp. 1512, 13.* [12]) *Gildemeister der Kaufleute 1514.* [13]) *Gildemeister der Wollenweber 1500, 01, 13, 14.* [14]) *Vormund des Geisthosp. 1500, 01. Vormund des Kreuzhosp. 1504, 05, 08, 09. Nach N. 87 p. 65, nicht aber nach dem Verzeichniss, Meister der Gemeinheit 1514.* [15]) *Marktmeister 1513, 14.* [16]) *Wardein 1507, 10.* [17]) *Meister der Knochenhauer 1500, 01, 06, 07, 10, 11, 14.* [18]) cf. Anm. 7. [19]) *Gildemeister der Schuhmacher 1516, 17, 30.* [20]) *Gildemeister der Bäcker 1510, 11, 17, 18.* [21]) *Gildemeister der Wollenweber 1521, 22, 24, 25, 27, 28 (30).* [22]) *Gildemeister der Leineweber 1507, 08, 13, 14, 17, 18, 20, 21, 23, 24, 26, 27, 29 (30).* [23]) *Meister der Knochenhauer 1502, 03, 07, 08.* [24]) *Meister der Schneider 1513, 14, 16, 17, 22, 23, 25, 26.* [25]) *Wardein 1500, 05, 10.* [26]) Vielleicht Sohn Hans Armborstmeker des Aelteren. — Dieser Aeltere, auch Sohn des Hans oder in der Wenden[gasse] genannt, war neben H. A. vor dem Geismarthor jahrelang Gemeinheitsmeister. [27]) Anno 1515 feria secunda

Pollen, Heinrich Witzenhusen, Claus von Sneen II, Heinrich Giseler, Martin Weckenesel, Hans von Dransfeld III, Tilemann Borcherdes, Heinrich Swanenflogel, Martin Dormann, Hermann Witzenhusen I, Heinrich Droven, Heinrich Helmoldes I, Cord Hardenberg, Heinrich Mundemann, Jürgen Remeling, Hans Hoppener, Cord Gerken von Sieboldshausen.

Alter Rath: Dr. Johann Winkelmann, Hans von Dransfeld I, Hans Tollen I, Cord Meier, Helmold bei der Linde, Bertold Helmoldes, Joachim Distelauw, Ludolf Stockeleff, Cord Gerken in der Godmannsstrasse, Wedekind Swaneflogel, Hans Hagemann, Heinrich Boning, Hans Kynen, Eggerd Rukop, Heinrich Meier, Cord Nyerodt, Giseler Stoterogge, Cord Burmann, Hans Ludolfes.

Kämmerer: Hans Pollen, Martin Dormann.

Beisitzer: Heinrich Armborstmeker[1]), Heinrich Bertoldes, Cord Artmers, Tile Gisen, Arnd Schomann, Heinrich Ripenhusen[2]), Heinrich Detmars[3]), Johann von Treise[4]), Hans Stuken[5]).

1517 Neuer Rath: Dr. Johann Winkelmann, Hans von Dransfeld I, Hans Tollen I, Cord Meier, Helmold bei der Linde, Bertold Helmoldes, Joachim Distelauw, Ludolf Stockeleff, Cord Gerken in der Godmannsstrasse, Hans Hagemann, Heinrich Boning, Hans Kynen, Eggerd Rukop, Heinrich Meier, Cord Nyerodt, Giseler Stoterogge, Cord Burmann, Hans Ludolfes.

Kämmerer: Ludolf Stockeleff, Hans Hagemann.

Beisitzer: Heinrich Armborstmeker, Heinrich Bertoldes, Cord Winkelmann[6]), Tile Grevelsen[7]), Heinrich Stocker[8]), Heinrich Ripenhusen, Hans Hardenberg, Dietrich Fobbe, Wilhelm Kemmer von Duren[9]).

1518 Neuer Rath: Hans Fürstenberg, Hans Stockeleff, Hans Pollen, Heinrich Witzenhusen, Claus von Sneen II,

---

[Oct. 8] post communes subscripti sunt electi et pronuntiati ac deinde per concordiam iterum admissi et locati ut sequuntur. ¹) Vormund des Bartholomaeushosp. 1506, 07, 15, 16. ²) Meister der Knochenhauer 1501, 02, 05, 06, 08, 09, 12, 13. ³) Meister der Schmiede 1502, 03, 05, 06, 08, 09, 11, 12, 14, 15. ⁴) Wardein 1515, 17, 22, 23, 26, 27, 30. ⁵) Gemeinheitsmeister 1522, 23, 24, 25, 26, 27. ⁶) Gildemeister der Bäcker 1522, 23. ⁷) Gildemeister der Wollenweber 1514, 15. ⁸) Gildemeister der Leinweber 1514, 15, 27, 28. ⁹) Wardein 1516, 22, 24, 25, 29.

Heinrich Giseler, Martin Weckenesel, Hans von Dransfeld III, Tilemann Borcherdes, Heinrich Swanenflogel, Martin Dormann, Hermann Witzenhusen, Heinrich Droven, Heinrich Helmoldes I, Cord Hardenberg, Heinrich Mundemann, Jürgen Remeling, Hans Hoppener, Cord Gerken von Sieboldshausen.

1519 Neuer Rath: Dr. Johann Winkelmann, Hans von Dransfeld I, Cord Meier, [Bertold Helmoldes], Ludolf Stockeleff, Cord Gerken in der Godmannsstrasse, Hans Hagemann, Heinrich Boning, Hans Kynen, Eggerd Rukop, Heinrich Meier, Cord Nycrodt, Giseler Stoterogge, Cord Burmann, Hans Ludolfes.

1520 Neuer Rath: Heinrich Giseler, Hans Pollen, Claus von Sneen II, Martin Weckenesel, Hans von Dransfeld III, Heinrich Swanenflogel, Martin Dormann, Hermann Witzenhusen, Heinrich Droven, Heinrich Helmoldes I, Heinrich Mundemann, Hans Hoppener, Cord Gerken von Sieboldshausen.

1521 Neuer Rath: Dr. Johann Winkelmann, Hans von Dransfeld I, Cord Meier, Bertold Helmoldes, Ludolf Stockeleff, Cord Gerken in der Godmannsstrasse, Hans Hagemann, Heinrich Boning, Hans Kynen, Eggerd Rukop, Heinrich Meier, Cord Nycrodt, Giseler Stoterogge, Hans Ludolfes.
Kämmerer: Cord Meier, Hans Ludolfes.
Beisitzer: Hildebrand Tyhof[1]), Hans Duvel[2]), Cord Gerken Knochenhauer[3]), Hans Hennen.

1522 Neuer Rath: Heinrich Giseler, Hans Pollen, Claus von Sneen II, Martin Weckenesel, Hans von Dransfeld III, Heinrich Swanenflogel, Martin Dormann, Hermann Witzenhusen I, Heinrich Droven, Heinrich Helmoldes I, Heinrich Mundemann, Hans Hoppener, Cord Gerken von Sieboldshausen.
Kämmerer: Hans von Dransfeld III, Martin Dormann.
Beisitzer: Hildebrand Tyhof, Hans Duvel, Heise Schilling[4]), Heinrich Kunzelmann[5]).

---

[1]) Vormund des Geisthosp. 1526, 27, des Kreuzhosp. 1520, 21. Gildemeister der Kaufleute 1515, 17, 22, 23, 25. [2]) Vormund des Geisthosp. 1515, 16. Gildemeister der Bäcker 1502, 03, 07, 08, 12, 13, 16, 17, 22, 23. [3]) Meister der Knochenhauer 1509, 10, 13, 14. [4]) Meister der Schuhmacher 1517 (18, 20), 21, 23, 24, 27, 28. [5]) Meister der Schneider 1500, 02, 03, 05, 06, 09, 10, 12, 13, 15, 17 (18, 20), 21, 23, 24, 27, 28, 30.

1523 *Neuer Rath:* Dr. Johann Winkelmann, Cord Meier, Ludolf Stockeleff, Cord Gerken in der Godmannsstrasse, Hans Hagemann, Heinrich Boning, Hans Kynen, Eggerd Rukop, Heinrich Meier, Cord Nycrodt, Giseler Stoterogge, Hans Ludolfes.

Kämmerer: Cord Meier, Hans Hagemann.

Beisitzer: Hermann Witzenhusen der Jüngere[1]), Heise Schilling, Arnd Schomann, Heinrich Kunzelmann.

1524 *Neuer Rath:* Heinrich Giseler, Hans Pollen, Claus von Sneen II, Martin Weckenesel, Hans von Dransfeld III, Heinrich Swanenflogel, Martin Dormann, Hermann Witzenhusen I, Heinrich Helmoldes I, Heinrich Mundemann, Hans Hoppener.

Kämmerer: Hans von Dransfeld II, Heinrich Helmoldes I.

Beisitzer: Hermann Witzenhusen II, Arnd Schomann, Werner von Esebeck[2]), Bernd Poel Fleming[3]).

1525 *Neuer Rath*[4]): Dr. Johann Winkelmann, Cord Meier, Hans Hagemann, Heinrich Boning, Hans Kynen, Eggerd Rukop, Heinrich Meier, Cord Nycrodt, Giseler Stoterogge, Hans Ludolfes.

Kämmerer: Cord Meier, Hans Ludolfes.

Beisitzer: Hildebrand Tyhof, Werner von Esebeck, Cord Gerken Knochenhauer, Bernd Poel Fleming.

1526 *Neuer Rath:* Heinrich Giseler, Hans Pollen, Claus von Sneen II, Martin Weckenesel, Hans von Dransfeld III, Heinrich Swanenflogel, Hermann Witzenhusen I, Heinrich Helmoldes I, Heinrich Mundemann, Hans Hoppener, Mag. Georg Lendecke, Caspar Walpot[5]).

Kämmerer: Heinrich Swanenflogel, Hermann Witzenhusen I.

Beisitzer: Hildebrand Tyhof, Cord Gerken Knochenhauer, Hans Duvel[6]), Arnd Schomann.

---

[1]) *Vormund des Kreuzhosp.* 1522, 23.   [2]) *Gildemeister der Wollenweber* 1517 (18, 20), 21, 23, 24, 26, 27, 29, *Anfang* 30.   [3]) *Er wird auch Bernd von Dortmund genannt, Wardein* 1526, 29.   [4]) Na geholdenem radslage und sunderlicker underredinge beyder rede syn Ludolff Stockeloffo und Cord Gercken nicht gekoren edder gekundiget to dusser tyd.   [5]) *Vormund des Geisthosp.* 1524, 25.   [6]) Obiit isto anno [1525] penthecostes [Juni 4].

1527 Neuer Rath: Dr. Johann Winkelmann, Cord Meier, Hans Hagemann, Heinrich Boning, Hans Kynen, Eggerd Rukop, Cord Nycrodt, Giseler Stoterogge, Hans Ludolfes, Hermann Wischemann.
Kämmerer: Cord Meier, Hans Ludolfes.
Beisitzer: Hildebrand Tyhof, Werner von Esebeck, Arnd Schomann, Bernd Poel Fleming.

1528 Neuer Rath: Heinrich Giseler, Claus von Sneen II, Martin Weckenesel, Hans von Dransfeld III, Heinrich Swanenflogel, Hermann Witzenhusen I, Heinrich Helmoldes I, Heinrich Mundemann, Mag. Jürgen Lendecke, Caspar Walpot, Hildebrand Tyhof.
Kämmerer: Hermann Witzenhusen I, Mag. Jürgen Lendecke.
Beisitzer: Werner von Esebeck, Bernd Poel Fleming, Ludolf Segeboden[1]), Hans Tollen II Bäcker.

1529 Neuer Rath: Dr. Johann Winkelmann[4]), Cord Meier[2]), Hans Hagemann[2]), Heinrich Boning, Hans Kynen, Eggerd Rukop, Cord Nycrodt, Giseler Stoterogge, Hans Ludolfes, Hermann Wischemann, Heinrich Helmoldes der Jüngere.
Kämmerer: Hans Ludolfes, Hermann Wischemann.
Beisitzer: Ludolf Segeboden, Hans Tollen II, Heinrich Speckbotil[3]), Arnd Schomann.

1530 Neuer Rath: Heinrich Giseler I, Claus von Sneen II[4]), Martin Weckenesel, Hans von Dransfeld III, Heinrich Swanenflogel, Hermann Witzenhusen I, Heinrich Helmoldes I, Heinrich Mundemann, Mag. Jürgen Lendecke, Caspar Walpot, Hildebrand Tyhof, Heinrich Speckbotil.
Kämmerer 1529 Oct. 11 (feria secunda post communes) bis *1529 Oct. 21* (XI milia virginum): Hermann Witzenhusen, Hildebrand Tyhof.
Beisitzer 1529 Oct. 11 bis Oct. 21: Hans Kogel[5]), Andreas Ileman[6]), Hans Gerken Knochenhauer, Bernd Poel Fleming.
Kämmerer 1529 Oct. 21 bis 1530 Oct. 10 (feria secunda post communes)[7]): Hans Kogel, Jacob Hinder-

---

[1]) *Vormund des Bartholomaeushosp. 1510, 11, 17 (18).* [2]) Obierunt circa Dionisii *[Oct. 9]* 1530. [3]) *Gildemeister der Kaufleute 1528, 29.* [4]) Resignavit Michaelis 1530 vor dem kore. [5]) *Vormund des Kreuzhosp. 1530.* [6]) *Gildemeister der Schuhmacher 1526, 27, 29, Anfang 30.* [7]) cf. *N. 438, Z. 65.*

dor¹), *Andreas Hemann, Hans Gerken in der Godmannsstrasse, Hans Gerken Knochenhauer, Bernd Poel Fleming.*

1531 *Neuer Rath: Hans Kynen, Eggerd Rukop, Cord Nycrodt, Giseler Stoterogge, Hans Ludolfes, Hermann Wischemann, Heinrich Helmoldes II, Hans von Sneen²) II, Hans Dransfeld [IV], Helmold Groten, Hans Engelhardes, Hermann Hardenberg³), Heinrich Sybelinges.*

Kämmerer: Ludolf Ruscheplatten⁴), Hans Porsen⁵), Abel Bornemann⁶), Hans Wigandes, Peter Monnick, Hans Teigeler.

1533 *Neuer Rath: Hans von Sneen II, Johannes Bruns Syndicus, Hans von Dransfeld [IV], Hans Kynen, Hans Ludolfes, Heinrich Helmoldes II, Helmold Groten, Heinrich Sybelinges, Giseler Swanenflogel, Hans Eildeck von Buren¹¹), Hans der Lange, Hans Marscher.*

Alter Rath: Heinrich Swanenflogel, Hermann Witzenhusen I, Hildebrand Tyhof, Caspar Walpot, Jost Meier, Heinrich von Wrende der Aeltere, Jacob Protten⁷), Karsten Werner, Ludolf Ruscheplatten, Andreas Mulner.

Kämmerer dorch de gylden ut den borgeren gekoren: Henning Hohof⁸), Hans Gerken in der Godmannsstrasse, Bartholomaeus Garboden, Hans Helmoldes, Cord Trappen, Jürgen Hoved.

1534 *Neuer Rath: Hermann Witzenhusen I, Hildebrand Tyhof, Heinrich von Weende I, Jacob Protten, Karsten Werner, Ludolf Ruscheplatten⁹), Hans Kogel, Hermann Hardenberg [II], Hans Distelauw, Heinrich Stocker, Cord von Lengeden, Jürgen Hoved.*

Kämmerer: Hans Gerken in der Godmannsstrasse, Hans Helmoldes Bäcker, Abel Bornemann, Hans Suckesen, Dietrich Fobbe, Jacob Druden¹⁰).

---

¹) *Vormund des Geisthosp. 1522, 23. Marktmeister 1516.* ²) 1530 secunda post Martini *[Nov. 14]* electus in procunsulem. ³) *Meister der Schmiede 1525, 26.* ⁴) *Vormund des Bartholomaeushosp. 1531 [32].* ⁵) *Wol Sohn Hans Porsen des Aelteren, der 1503, 04, 08, 09 Gildemeister der Bäcker war.* ⁶) *Vormund des Kreuzhosp. 1531.* ⁷) *Gildemeister der Bäcker 1531. Jacob Protten identisch mit Jacob Lüdecken. N. 511.* ⁸) *Vormund des Geisthosp. 15/20], 21, 30, 31, des Bartholomaeushosp. 16, 17, 26, 27, des Kreuzhosp. 28, 29.* ⁹) Sexta proxima [post communes 1533] (Oct. 17) est per gildas electus in proconsulem. ¹⁰) *Gemeinheitsmeister 1527—30.* ¹¹) *Hans Buren war 1524, 25, 28, 29, Gildemeister der Schuhmacher.*

Druckfehler und Nachträge.

N. 13 Anm. 1 p. 10 Z. 1 v. u. füge hinzu:

Nach Conrad Bruns Tode bestimmte Tile Brandes den von Bruns empfohlenen Johannes Stein, der als Notarius im Consistorium gewesen war, zu dessen Nachfolger. Göttingen protestirt gegen die Person, welche sich ane jenige vorrede in das Amt boven vorige eyninge eindränge und ersucht ihn, sich der Amtsfunctionen zu enthalten, bis es mit Brandes die Angelegenheit na wonheid ordnen würde, darauf geht Johannes Stein nicht ein und wird trotz der Fürsprache der Herzogin Katharina 1515 Juli 18 aus Göttingen verwiesen. Brandes beruft sich auf das ihm zustehende Ernennungsrecht und weigert sich wiederholt, einen andern Official zu bestellen. Herzog Erich scheint die Opposition gegen Johannes Stein begünstigt zu haben. J VI.

N. 19. 1505 Jan. 9.

Herzog Heinrich der Aeltere und Göttingen schliessen ein Bündniss.

Wy Hinrick de elder von gots gnaden hertoge to Brunswigk und Luneborch up eyne und wy de rad der stad Gottingen uppe ander syd bekennen opinbar in dessem breve vor uns, unse erven und gemeynien borgere, dat wy uns dem almechtigen gode to love dem helgen Romschen ryke to eren der gemeynen nut to fromen und umme beschermynge willen des gemeynen wanderende kopmans unser lande undersaten unde borgere uns ok unrechter gewalt unde overfals samptlicken to erwerende unde uptoldende geloflicken unde gudlicken voreynet vorstricket vordragen und to hope satet hebben, voreynen vorstricken vordragen unde to hope saten uns jegenwordigen to teyn jaren gifte desses breves nafolgende doch

dat hilge Romsche ryke utbescheiden, ok dat wy de rad to
Gottingen unsem lantfursten und ydermanne don schullen
unde willen wes wy one von ere unde rechtes wegen plichtich
sin in dem se uns wedderumme by gnaden friheiden vor-
schrivingen oldem herkomende wontheide unde rechte bliven
laten. Int erste schal unde will unser eyn dem anderen
behulpen unde beraden sin tegen eynen yderman dar unser
eyn des anderen to eren unde rechte mechtich is unde des
wedderparts nicht. Tom anderen dat unser eyn des anderen
vigent bynnen vorgerorder jartal nicht schall noch will wer-
den noch dat den unßern to doynde gunnen noch gestaden;
eyn ok anderen vigende nicht starken husen edder hegen
nicht husen edder hegen laten von den unsern der wy un-
geverlick moge unde mechtich sin. Ok en schal unser eyn
den anderen edder de syne nicht beschedigen noch besche-
digen laten, dar men dat jummer keren kan und mach.
Unser eyn schal ok dem anderen alle dinge truwelicken
unde in gudem geloven to holden eyn des anderen beste to
wettende unde dat argeste aftowendende, ok vor schaden
vorwaren unde vorhoiden na aller mogelicheid. Ok schal
unser eyn des anderen dage in synen anliggende saken mede
beriden unde beriden laten malk uppe syne kost, daryune
dat beste helpen vornomen unde truwelicken beraden sin
wan unde wo vaken unser eyn von dem anderen darumme
ersocht und erfordert wert. Wy vorgenante hertoge Hinrick
schullen ok des rikes und unse fryen straten truwelicken
vordedingen beschutten unde beschermen; des wy er benante
rad to Gottingen sinen gnaden mede beraden unde behulpen
sin schullen unde willen. Ok schall unser eyn dem anderen
stede slote bleke und gebede na aller reddelicheit unde ge-
loven open holden to synem unde der synen behof jegen
ydermanne, des wy to rechte nicht mechtich weren; ok schal
unser eyn dem anderen unde den synen de to- unde affoire
in unsen landen steden unde gebeden nicht vorhinderen noch
dorch de syne edder yemandes anders vorhinderen laten.
Unser eyn schall ok den andern unde de syne truwelicken
vorbidden beschutten unde beschermen na allem vormogen.
Wy genante fursto willen ok den rad to Gottingen vorbenant
unde ore medeborgere unde de ore bynnen unde buten orer
stad wesende by oren privilegien friheiden vorschrivingen
older wontheid unde rechticheiden laten alse se de von uns
hebben unde by tyden unser voreldern to Brunswigk unde
Luneborch hertogen gehat hebben unde se darynn nicht vor-
korten noch vorhinderen den unßern ok dat to doynde in
neyne wiß vorhengen. Vortmer wor unser eyn des anderen

to eren unde rechte mechtich is und des wedderparts also
nicht, schal unser eyn den anderen nicht vorlaten, sunder
unser eyn den anderen by landen unde luden friheiden
gnaden vorschrivingen oldem herkomende unde rechten to
beholdende bybestendich unde behulpen sin eyn vor den
anderen recht beiden. Ef unser welk dar en boven over-
fallen unde vorweldiget worde stede edder slote bestalt edder
dat god afkore afgewunnen edder vorkortet worden, so schall
unser eyn dem anderen von stunt beraden unde behulpen
sin na allem vormogen, id en were denn, dat dejenne dem
des behof were myn begerde, unde dejenne, de de hulpe
heischede edder begerde, scholde de ruter mit foder unde
kost besorgen. Worden denn also stede edder slote gewunnen
de unser neynem reide togehorden edder tostunden de schol-
den wy eyndrechtigen breken edder na gelikem antale uppe
eynen gesworen borchfrede ynnemen unde beholden ane ge-
verde. Wolden wy ok desulven stede unde slote umme gelt
von uns komen laten, scholden wy sulk gelt gelick deilen. Nemen
wy ok fromen an vangen reisiger have etefehe edder dingetal,
de frome scholde uns gelick gelden unde to gude komen na
antale der lude, de dar mede weren, yo twey to vote vor
eynen to perde to rekende. Weret ok dat eyn part wes
vordingede buten dem andern parte, so dat de edder de syne
dar nicht mede ym felde weren, darvon scholde de part de
jegenwordich were twey deil unde de ander part eynen deil
hebben. Makede ok unßer welk sunderlicke fehide ane des
anderen rad medewettent willen unde fulbord, darto schall
unser eyn dem anderen nicht vorplichtiget sin bystand to
doynde. Worde id sick ok begevende, dat von partyecheid
wegen uppe unser welken dat recht nicht stunde to stellende,
so schall de likewoll deme anderen parte vorplichtiget sin to
holdende alle artikel unde stucke desser vordracht, de ok
unser eyn dem anderen unvorbroken holden schall ane alle
geverde. Ef wy ok uppe vorges[creven] wyse mit yemande
to fehiden quemen desser vordracht halven so en schullen
wy noch willen uns mit deme edder den nicht befreden edder
zonen, id geschege dann mit unßer beider parte willen wetten
unde fulborde. Wy en willen ok noch schullen mit nymande
handelinge holden unde hebben, de dusser vordracht edder
orem ynholde afbroklick edder vorfenglick mochte sin, id
en schege denne mit unser beider parte wetten willen unde
fulborde; kemet ok dat jenich gebreck scheel edder unwille
twischen uns von beiden syden entstunde, dat god vorboide,
so schullen wy unde willen eyn yßlick twey von beiden parten
darto vororden unde schicken sodan sake unde schel

muntlicken to vorhorende, wan unde wo vaken des to doynde worde uppe belegenen steden de dinge fruntlicken edder rechtlicken bytoleggende; wor aver one de fruntschop entstunde, so schullen se macht hebben uns beiden parten anwisinge to doynde wo wy uns in schriftlicker overgevinge der schulde antwerde wedderrede unde narede hebben, schullen ok in wat tyden se uppe overgevinge der behelp in rechte scheiden willen, unde ef se by sick sulvest des rechten nicht en wusten, so mogen se sick uppe unser beider kost rechts beleren laten unde wes se denne so in rechte scheidende werden, des schullen se von uns ane allen vorwyt bliven; allet in saken de dem rechten underworpen sin. Worden sick ok jenige schele begeven de upgeroerden tyd over twischen den unsen, des schall de kleger deme antworder folgen vor synen geborlicken richter. Alle desse vorges[creven] artikel unde puncte sampt unde besundern reden unde loven wy hertoge Hinrick unde wy de rad to Gottingen vorgenant vor uns unse erven unde nakomen unser eyn dem anderen in guden truwen genzlicken stede unde unvorbroken sunder argelist unde geverde festlick woll to holdende. Unde desses to merer orkunde hebben wy hertoge Hinrick vor uns unde unße erven unse ingesegil unde wy de rad to Gottingen vor uns unde unse nakomelinge unse stad ingesegil witlicken hengen laten an dessen bref, der twey sin von eynem lude, der eynen wy hertoge Hinrick unde den anderen wy de rad to Gottingen vorgenant hebben schullen, de gegeven sint na der gebort Cristi unsers heren vefteynhundert ym veften jare am midwecken nach der hilgen dryer konunge dage.

Arch. 18; Or. m. 2 S.

N. 36 p. 33 Z. 6 v. o. st. Mk. Göttinger Silbers l. Göttinger Silbermk.

N. 37 Z. 4 st. binnen — habe l. binnen 2 Wochen nach Empfang des Befehls an den Rath von Nürnberg, widrigenfalls es am 12. Tage, indem 3 Termine zu je 4 Tagen angesetzt werden, vor dem Kammergerichte zu erscheinen habe.

N. 46 Z. 3 streiche: mit Bezug auf die folgende Nummer.
Z. 7 st. 4850 l. 3750
p. 36 Anm. 3 Z. 2 v. u. st. Sendeboden l. Sendeboten.

N. 47 Z. 3—6 st. erklären — habe l. nehmen auf Ansuchen Hannovers dasselbe in ihr Bündniss auf.

p. 37 Z. 3 v. u. st. dessernageror den l. desser nagerorden

N. 50 Z. 4 st. wie N. 37 l. binnen 6 Wochen, widrigenfalls es am 45. Tage, indem 3 Termine zu je 15 Tagen angesetzt werden, vor dem Kammergericht zu erscheinen habe.

N. 52 Z. 3 st. Secretar l. Secretär

N. 53a. 1509 Dec. 9 (am sonnavende nach Lucie). Braunschweig.

Die in Braunschweig versammelten Vertreter von Braunschweig Goslar Hildesheim Göttingen Hannover und Einbeck an Lübeck: verweisen auf die Klage des Adressaten über Belästigungen abseiten des Königs von Dänemark auf die von ihnen und Magdeburg im letzten Sommer gegebene Antwort.

Hans. II; Cop.

N. 69 Z. 4 st. $12^{3}/_{4}$ Centner $11^{1}/_{2}$ Pfd. l. $11^{3}/_{4}$ Centner $10^{1}/_{2}$ Pfd.

N. 70 Z. 3 st. $12^{3}/_{4}$ l. $11^{3}/_{4}$.

Z. 4 st. $11^{1}/_{2}$ l. $10^{1}/_{2}$; st. $107^{1}/_{2}$ l. $106^{1}/_{2}$; st. $13^{1}/_{2}$ l. $12^{1}/_{2}$ sh.

N. 72 Z. 3 st. Secretar l. Secretär.

N. 73 Z. 4 st. Einbecker l. [Einbeker].

Z. 5 st. 4500 fl. l. 3500 fl. Rh.

N. 74 Z. 4 streiche: im Umkreise zweier Meilen.

Z. 5 st. 4500 l. 3500

Z. 7 ergänze: und will dejenne, sodanne tinße orentwegen [d. h. Ruscheplate und dessen Erben] von uns upnemen, ungeverlick eyne mile weges edder twey ut unser stad laten — myt toschickinge unser knechte.

N. 75 Z. 5 u. 6 streiche: mit Bezug auf N. 68

Z. 6 füge hinzu: zur Auslösung des ihm verpfändeten alten Zolls.

N. 76 Z. 4 st. Uriels l. Uriel.

N. 77 Z. 3 u. 4 st. klösterlichen — Gehorsams l. der Keuschheit, des Gehorsams und der Armuth (sub promissione seu emissione trium votorum, videlicet religionis castitatis et obedientie et quod nichil in proprio vel particulari habeatis, sed quidquid habebitis in communi possideatis in manibus ministre seu matris dicte domus)

p. 57 Anm. Z. 3 v. u. st. zum Bürgermeister erhoben *l. in den Rath gebracht;*

Z. 2 v. u. st. Anhang I l. Verzeichniss der Rathmannen.

N. 82 p. 58 Z. 2 st. $7^{1}/_{2}$ l. $4^{1}/_{2}$.

N. 83 p. 58 Anm. 1. Goslars Vortritt erklärt sich durch dessen alte, unbestrittene Reichsunmittelbarkeit.

N. 84 p. 58 Z. 11 st. utgestrecked earm eunde *l.* utgestreckede arme unde

N. 85 Z. 1 st. März 7 *l.* März 8; *st.* tercia *l.* quarta

N. 86 Z. 1 st. März 7 *l.* März 8; *st.* tercia *l.* quarta

p. 60 Anm. 3 Z. 4 v. u. st. Anhang I l. Verzeichniss der Rathmannen.

Z. 2 v. u. füge hinzu:
 Consules scilicet infrascripti, also do sich na inneholde orer urfeide unde breve myt den gilden vordroigen, worden de gesat ut sequitur: *Hans von Dransfeld I 20 Mk.*; *Hans von Dransfeld II 20 Mk.*; *Henning Lindemann 150 Mk.*, daron *1514 April 2* (dominica judica) *100 Mk.* bezahlt; *Hermann Witzenhusen 10 Mk.*; *Heinrich Swanenflogel 10 Mk.*; *Heinrich Boning 10 Mk.*; *Tile Greren 6 Mk.*; *Heinrich Witzenhusen 300 Mk.*, daron *1514 März 29* (quarta post letare) *100 Mk.* bezahlt; *Ludolf Stockeleff 300 Mk.*; *Eggerd Rucop 100 Mk.*; *Bertold und Heinrich Helmoldes 600 Mk.*, daron bezahlt $96^{1}/_{2}$ *Mk. 8 ß.* mit *100 fl.*, *129 Mk. 16 ß.* und *70 Mk. April 8* (in vigilia palmarum) *1514. Rechnungsbuch 1513—14. fol. 66.*

N. 91. 1514 Sept. 9 (sabbato post diem nativitatis Marie).
 Herzogin Katherina verkauft von sich aus und im Namen ihres abwesenden Gemahls dem Abt Conrad von Reinhausen und dem Rath von Göttingen als Vormündern des Hospitals zu Reinhausen die Rente von 30 fl. Rh. für 600 fl. Rh.; die Renten sind, wenn das Kapital binnen Jahresfrist nicht zurückgezahlt wird, durch genuchaftige Güter sicher zu stellen.
 Arch. 84; Or. m. S. u. Unterschrift.

N. 96 Anm. 1 p. 68 füge hinzu:
 Für die Datirung kommen noch folgende Eintragungen in das Rechnungsbuch 1514—15 in Betracht: 1) [1515 Jan. 14] dominica post octavas epiphanie, dewile wy myt unserm gnedigen herrn in erringe itwelker artickel hangen unde sin furstlike gnade sick erboden, wen he wedder inhemisch kome, de up liderlike wege wille laten handeln *wird die Rede* up gewonlicke quitancien *ausgezahlt. 2) 35 ß —* doctori Lunden pro clarede, also unßer gnediger her hir uppem raidhuse was. *a. a. O. f. 33, b. Diese undatirte Notiz steht zwischen einer von [1514] Oct. 7* (sabbato in communibus) *und einer von [1515] April 29* (dominica jubilate).

Anm. 2 p. 69 Z. 6 v. u. st. erbenborgere *l.* Erben borgere.

N. 101 Z. 3 st. Secretar l. Secretür.
Anm. 1 p. 70 Z. 9 v. u. st. Zugleich — später l. Auch erzbischöflicher (cf. p. 368).

N. 104 Z. 8 st. an den Schuldnern (Bürgern von G.) l. am Schuldner (nämlich an der Stadt Göttingen)
Z. 10 füge hinzu: hofft, dass Göttingen keine Repressalien an Einbecker Gut üben werde.

N. 107 p. 72 Z. 3 ff. st. sofort — abzustehen l. hinauszutreiben, wenn er kuntschaft ader kunden verhore, nachdem Herwiges einige Rathmannen vor ihn geladen habe zur Feststellung des zwischen ihm und dem Rathe Verhandelten; bittet, Herwiges das Recht nicht zu stopfen [2].

N. 108 Z. 7 ff. st. sei — werde l. und ihm, Herwiges, die Beweisführung nicht zugesprochen sei; widerlegt die angebliche Drohung gegen den Official mit dem Hinweis auf den Unwerth eines solchen Zeugnisses; könne Herwiges im Process vor dem Herzog die Sache, vele ome tofellich, bewißen, mosten wy dat dulden.

N. 119 Z. 6 schalte ein nach Absolution: in der Voraussetzung, von der Stadt der Wahrheit gemäss berichtet gewesen zu sein,
Z. 9 st. bei ordentlicher l. in der
Anm. 1 p. 119 l. cf. N. 207a. und N. 13 Anm. 1 Nachtrag.

N. 120 Z. 7 streiche: der nach den Stadtgesetzen ihr Mitbürger geworden,
Z. 8 schalte ein nach hat: verweist auf seinen letzten Willen, so is ok darmede eyn unser borger na wonheid und rechte unser stad geweert;

N. 121 Z. 4 st. seinen Bürger l. [seinen Bürger].
p. 76 Anm. 2 füge hinzu: Das Verzeichniss im Rechnungsbuch von den 1516 abgetragenen Schulden nennt die in Nr. 109 angeführten Gläubiger nicht.

N. 122 Z. 1 st. Oct.][1]) l. Oct.][3]).
p. 77 Anm. 1 füge hinzu:
1516 dominica in communibus *wird* per — ducem Ericum — et civitates *beschlossen, den olden Rathmannen die ihnen aufgelegte Schatzung zurückzuerstatten. Es geschieht theils durch Baarzahlung, theils durch Steuererlass, die auf mehrere Jahre vertheilt werden. Die Verzeichnisse darüber im Rechnungsbuch 1516—17 und 1517—18 fol. 51 führen Henning Lindemann und Tile Greven nicht auf. Heinrich Helmoldes wird erst in der Abschlagszahlung des Rechnungsjahres 1518 erwähnt.*

N. 125 Z. 8 st. stehen freies Verfügungsrecht über sein Eigenthum l. *stehen, dass der Verkauf gestattet oder der Kaufpreis durch Göttingen ihm ausbezahlt werde.*

N. 126 Z. 7 st. verweigere. l. *verweigere, da es nach dem Tode seiner Frau das Haus als Erbnehmer zu erwerben glaube.*

N. 130 Z. 2 st. [eddele — her¹)], *l.* eddele — her¹):

N. 138 Z. 7 — 11 st. erklärt — Städte l. *erklärt den Versuch Medems, die dem Gegentheile zu stellende Caution durch die unbegründete Berufung zu umgehen, für eine Verletzung des alten von der Herrschaft mit andern Gewohnheiten bestätigten Gesetzes über die Caution, nicht eines neu erlassenen, wie Medem behaupte, das auch in benachbarten Städten Geltung haben werde;*

N. 139 Z. 3 st. es mit Bezug auf die vorhergehende Nummer l. *es, da die der Herzogin versprochene Antwort auf das von ihr gemachte Zugeständniss ausgeblieben,*

N. 140. 1517 Juli 5 (sabbato post visitationis gloriosissimae Mariae).

Göttingen an Herzog Erich: meldet auf N. 139, dass es kürzlich der Herzogin geantwortet [N. 138] habe, dann dass Bertold Sothen und Bertold Medem itwelker gebreken halven sick uppe tynse und hovetsummen strekende vor uns to schulden unde antworden gekomen und mank andern *Sothen als Ankläger von Medem* na hergebrachter wontheyd richtliger ovinge unde unser stad gesette eyne wissenheyd unde caution *verlangt habe, die von Medem* myt cyner vormeynten appellation geweigert unde afgewant allet in afbrock und vorachtinge eyns unßer stad geßettes up de vorgescreven caution. *worauf die Herzogin auf seinen Antrag uns alse desser sake ym ersten anstande richter eyne pinlike inhibition darinne wyder nicht richtliges vortonemende, der wy gehorsamlick nagekomen, togeßant dann aber den nach Münden in dieser Sache abgesandten Rathmannen zugestanden [cf. N. 136] habe, die Sache an Göttingen zu remittern, wenn Medem der* ingank unser stad myt nalatinge der pene in gedachtem statuto utgedruckt fry *gestattet werde, worauf es nicht eingehen könne, weil Medem von* uns gar nichts beswert edder to weigeringe der caution, der suste eyn ider an geistligen und wertliken gerichten, wor de vom jegendeyle gefurdert, ut rechte schuldich, mit dem geringsten nicht vororßaket *und weil eine solche Verletzung des Stadtgesetzes, das* jerliges mit der klocken wert opintlick afgekundig[t], *einen jeden zu Ausflüchten*

reizen würde; bittet vom Herzog Schutz für seine alten Rechte und beglückwünscht ihn zur glücklichen Heimkehr.
Arch. 1834; Entwurf.

N. 141 Z. 3 u. 4 st. mit den Meistern der andern Gilden l. der Gildemeister mit den Gildebrüdern
st. zurück zu weisen l. zurückzuweisen.

N. 142 Z. 2 st. [? strengen — frunde] l. strengen — frunde³):

N. 144 Z. 3 nach Annahme schalte ein: Der Clausur
Z. 5 nach vestro), schalte ein: indem er die Schwestern, welche horas canonicas et etiam beatae Mariae zu halten befähigt seien, von andern Pflichten befreit,
Z. 7—8 streiche: befreit — Gebetsstunden,
Z. 11 st. Goldfl. l. Ducaten.

N. 144a. 1517 Aug. 11 (vridags na Sixti). Blumenau. Herzog Erich an Göttingen: ladet es zum 19. Aug. (up den midwochen na der hymmelfart Marie), zur Besprechung der Braunschweigischen Fürsten über das Münzwesen.

M VI: Or. m. Spur d. S.
cf. N. 123, 147. Der Münzertrag von 1501, an dem auch Göttingen Theil genommen hatte, gedruckt: Rethmeier, Chron. p. 841. cf. Bode, Münzwesen, p. 88, 133, 201.

N. 151 Z. 4 st. Gemahls — Göttingen l. Gemahl, dass
Z. 5 st. deren l. denen nach Entgegennahme ihrer
Z. 7 st. entgegenzunehmen und l. Sicherheit und Geleit zu verschaffen und die Sache
Z. 9 st. sei l. sei, zu dem Ihrigen kommen und an sie keine Gewalt gelegt werde¹).

N. 152 Z. 4 st. zumal — würden l. zumal ihnen nie Recht verweigert worden,
Z. 6 u. 7 st. verhiessenen gesetzmässigen Austrag l. Austrag vor dem fürstlichen oder dem städtischen Gericht unsernt halven

N. 154 p. 88 Anm. 1 füge hinzu:
Die Summe hatte die Stadt auf Verlangen des Widerparts ausgelegt um weiteres Gezänk zu verhüten; zur Wiedererlangung dieses Geldes und nicht to hinderstellingo orer sako wurde, wie es nicht anders umbe unser stad schuld wyllen by uns wert gehalten, Einlager aufgelegt. Ueber die Caution cf. N. 140 Nachtrag.

N. 157 Z. 1 st. [? werdige — frund] l. werdige — frund:

N. 159 Z. 8 st. Nach-schrift l. Zettel:

*N. 160 Z. 3 st. die Herberge — könne l. noch nicht wisse, wer von den unsern den Michaelismarkt zu Leipzig besuchen werde
Z. 6 st. die 60 fl. l. [die 60 fl.]
Z. 7 st. 2 fl. l. 1½ fl.*

N. 161 Z. 3 st. Secretar l. Secretär

N. 162 Z. 3 st. Secretar l. Secretär

N. 164 Z. 3 st. 4½ Fd. l. 3½ Fd.

*N. 167 Z. 1 st. [16—18] l. 16 (secunda post jubilate).
Z. 4 (p. 94 Z. 1) st. sich zur vertragsmässigen Hilfe l. gemäss den Verträgen¹) 100 geschickte Schützen
Z. 5 (p. 94 Z. 2) st. leisten²). l. schicken²).
p. 93 Anm. 1 fällt weg.
p. 94 Anm. 2 Z. 2 st. geschickt. l. geschickt mit der hinzugefügten Bitte um einen oder zwei Büchsenmeister.*

*N. 170 Z. 4 u. 5 streiche: sein Vetter.
Z. 6 nach werde, einzuschalten: ebenso andere Herren und Freunde;*

N. 171 Z. 9 st. habe l. habe, welche Berathungen Lüneburg trotz der Einladung nicht beschickt,

*N. 176 Z. 3 u. 4 st. durch — im Namen l. von
Z. 6 nach sei, einzuschalten: wo Cord von Mandelslo weitere Befehle ertheilen werde,*

N. 186 Z. 8 st. habe. l. haben.

N. 187 Z. 3 st. Secretar l. Secretär.

N. 188 Z. 3 st. Stadtsecretars l. Stadtsecretärs

*N. 195. 1520 Jan. 9 (montags nach epiphanie domini).
Herzog Erich spricht Göttingen von 825 fl. Rh. (1 fl. zu 42 Matth. Goslarer Währung) los und ledig, die es auf seinen Befehl in den nächsten 3 Jahren zur Ablösung des Zehnten zu Lenglern dem Rathmann Cord Meier zu zahlen sich verpflichtet habe.*
Arch. 1520; Or. m. S. u. Unterschrift.

N. 199 hat auf N. 200 zu folgen.

N. 203 Z. 3 st. Rustenfeld l. Rusteberg.

N. 204 Z. 7 nach Befreiung schalte ein: (auf das wenigste betagen und widerumb by das sein komen laten)

N. 206 Z. 3 nach Rathmannen schalte ein: *Bertold Dormann und Henning Hohof Bürger*
Z. 4 schalte ein nach beurkunden: *in Gegenwart von Zeugen*
Z. 4 streiche: *Rathmanns*
Z. 5 u. 6 streiche: *alljährlich* — sowie

N. 207a. *1520 Dec. 2. Leipzig.*
Hermann Rabe an Göttingen: meldet die den Predigerbrüdern zu Göttingen bewilligte Absolution.

Den achtparn erbarn und weisen herrn burgermeister und rate der stad zu Gottingen seynen großgunstigen hern und forderern.

Andechtigs gepete und was ich gegen got zu tun guts vermag. Erbare weisen gunstige hern und forderer. Ewr erbar weißheiten schreiben hab ich empfangen in welchem ir meldet, wie in dem fall, ßo von wegen eins freveln priesters, den ir aus gehabter gewonheit nach ansagunge und bevele des amptmanns unsers gnedigsten hern cardinals und erzbischofs zu Mentze und Magdeburg habt lassen angreifen und demselben uberantworten, von dem official uber euch und ewr stad ungehorter sachen und unvorwarnt ein interdict gefellet und geleget, habt ir die brudere unsers ordens und closters bynnen ewr stad gelegen angeret von in begeret, angesehen ewrs vermutens, das dasselbe interdict unpillich nit nach ordnunge des rechts gelegt, und ap sie privilegia hetten, solten sie divina und gotliche ampt halten, das sie dan ewrn erbarn weißheiten zu dank und gefallen getan; derhalben ir euch erpietet, so sie von der clerisei mochten angefochten werden, hantzuhaben und schutzen; von mir begeret desgleichen in rat hulfe und schutze mitzuteilen etc. Erbare weißen hern, ewrn erbarn weißheiten zu gefallen und uf ire bitte, wiewol sie in warheit vorgessentlich und ubel widder die ordnungen der heiligen rechte getan und gehandelt, derhalben sie auch in die grossen schwere pene des bannes und anderer censuren und penen unsers ordens gefallen, so ubersende ich in aus pabstlicher gewalt ein absolution und dispensation, bittende gar freuntlich ewre erbare weißheiten wolden sie wie zugesagt gegen unserm gnedigsten hern zu Mentze helfen vorsunen auch andern, von welchen sie angefochten, vortedigen und die sachen helfen zu schlichten und ap hinforder, do got vor sei, solcher falle sich begebe, solche anmutunge von meinen brudern nit mer begeren. Womit ich ewrn weißheiten weis gefallen und fruntschaft zu beweisen, tu ich willig und gern. Geben zu Leipzig am ersten sontag des advents im 1520 jare.

Ewr erbaren weißheiten andechtiger williger capellan, bruder Hermannus Rabe doctor und provincial zu Sachsen prediger ordens.

J VI; Or. m. S.

N. 208 Z. 7 st. 375 fl. l. 275 fl.
p. 106 Anm. 1 Z. 2 v. u. st. verpflictet l. verpflichtet.

N. 213 Z. 3 u. 4 st. seiner — Bedrängniss l. mit einer andern auf dieselbe Zeit bereits in wichtigen Geschäften angesetzten Tagesleistung.

N. 214 Z. 7 st. letzteren l. die Gegner.

N. 215 Z. 3 nach Lüneburg schalte ein: und ihren Anhang

N. 217 Z. 3 st. zu Münden l. [zu Münden]
Z. 10 st. „um l. um, st. laden" l. laden,
Z. 11 nach Tagen schalte ein: zuzustellen
Z. 12 st. baldmöglichst l. in Korn, st. zuzustellen l. bis zur Einforderung bereit zu halten,

N. 220. 1521 Aug. 23 (in vigilia Bartolomei).
Tilemannus Conradi[1]*) verzichtet auf 48 Mk., welche an unbezahlten Zinsen von den dem Herzog Erich und der Herzogin Katharina [geliehenen] und auf die Einnahmen des der Stadt Göttingen verkauften Schulzenamts angewiesenen 146 fl. Rh. [Capital] angelaufen sind, und entbindet den Rath von der Zahlung.*
Arch. 280 j; Or.

N. 220 Anm. 1 p. 110 st. Drei — 150 fl. l. An demselben Tage (am avende s. Bartolomei) bezeugt Herzog Erich dem Tilemann Conradi, Pfarrer zu s. Albani in Göttingen, eine Schuld von 150 fl. Rh., für welche er 5 Mk. Zinsen auf die Herbstbede und 1 Mk. auf das zu Johannis to middesommer fällige Dienstgeld zu Elliehausen anweist.

N. 223 Z. 4 und 5 streiche: zur — ausbedungenen
Z. 6 streiche: leichten (?)
Z. 7 nach angenamet) einzuschalten: in Anbetracht des kaiserlichen Mandats und ihres Verhältnisses zum Herzoge.

. N. 227 Z. 2 nach Vorstreckung einzuschalten: des dritten Theils

N. 230 ist ganz zu streichen.

N. 231 Z. 1 st. N. 231 l. N 230.

N. 231. [1521 nach Oct. 3.]
Göttingen an Hildesheim: bedauert auf N. 230, dass gy darut anders und wyder, dan wo unse erste gegeven antworde in sick geludet, vorstendiget syn unde ingenommen hebben; wy twiveln averst nicht, wan unse beroerde antworde in sick angesehin und vorstanden, werden jwe ersamheid darut befinden, dat uns jwe anliggent, dat got weyt, ganz behartiget und dat wy uns noch jwem gedanem beclagent und beyde nicht anders dan wo sick will eigen geborlick holden wolden, *denn bevor sich Adressat von der kaiserlichen Acht befreit, könne Göttingen der Forderung nicht Folge leisten, weil im Vertrage die Action gegen Papst und Kaiser ausgenommen; giebt Adressaten zu bedenken,* wat beswerde de acht und averacht in sick heft; *will für die Aufhebung der Acht durch Berathschlagungen mit den verbündeten Städten wirken.*
Briefsch. I, A; *Entwurf.*

N. 233 Z. 1 st. Oct.[1]*) l. Oct.*[2]*).*

N. 234 Z. 6 st. Oberacht l. Aberacht.

N. 238 Anm. 2 p. 116 Z. v. u. st. N. 204 l. N. 206.

N. 239a. 1522 Nov. 21 (die presentationis Marie).
Herzog Erich schliesst mit Bernhard Abt von Steina einen Vertrag, vermöge dessen das Kloster Steina das Patronatsrecht der Kirche s. Albani zu Göttingen erwirbt und das Patronatsrecht an der Pfarrkirche zu Münden an den Herzog abtritt.
Gedruckt: Zeitschr. d. hist. Ver. f. Niedersachs. Jahrg. 1871 p. 111 f.

Zu N. 240. Ein inhaltlich gleiches, in der Form aber abweichendes Mandat vom 1521 Nov. 28 gedruckt bei Lünig, Reichsarchiv II, p. 389—390. Nach dem von Speyer 1529 erlassenen Mandat (cf. N. 432 Anm. 1) wird der betreffende Rechtssatz in das jüngere Statutenbuch von Göttingen eingetragen.

N. 248 Z. 8 st. Beischrift l. Zettel:

N. 253 Z. 5 st. Vertreterin l. Vertreter

p. 127 Z. 1 v. o. st. Geoy l. Georg

p. 127 Anm. Z. 2 v. u. st. 243 l. 245

N. 277 Z. 6 st. Sonnabend l. Sonnabends

N. 299 (p. 135) Z. 1 v. u. st. to toleynde l. tototeynde

p. 139 Anm. Z. 20 v. u. st. sein l. seien

p. 139   „   „ 11 „   „   „ Secretarius l. secretarius p. 149 Z. 12 v. u. st. to vorsichtig *l.* tovorsichtig

p. 153   „   3 „   „   „ junene [?] *l.* in nene

p. 161   „ 20 „   „   „ etene *l.* eteve

p. 173   „   2 „   o. „ Aufgelt l. Aufgeld

N. 366 Z. 5 st. Wahlstätte l. Malstätte

N. 374 Z. 4 st. Sendeboden l. Sendeboten

p. 175 Anm. Z. 1 v. u. st. 390 l. 391.

N. 389 Z. 3 st. erhlärt l. erklärt

N. 398 Z. 2 st. sagt zum l. sagt den zum

Zu *N. 408: Aug. 25* (dinxtag nach Bartholomei) *wird Göttingen von Herzog Erich zur Taufe seines Sohnes am 21. Sept.* (Matheustag) *nach Münden geladen. Or. H V.*

N. 424. Stückbeschreibung füge hinzu: Gedruckt: Ch. U. Grupen, Disceptationes forenses, 1737, p. 804 ff. cf. Friese, Rechtsalterthümliches vom f. Gericht Leineberg, Vaterl. Arch. f. Niedersachsen, 1840, p. 26 ff.

Zu N. 437: Als Michaelis 1524 der Rath magistro Johanni Andernaco dat regiment orer schole *auf ein Jahr übertrug, in der die Schüler in* grammatica *unde andern fryen kunsten unterrichtet werden sollten, klagte der Magister, dass* de schole na itzd gelegenheid unde ut dem erdome Martini Luthers vaste geringo unde vorcleynet sy. *S VII.*

Zu N. 438 Z. 48: Die bereits am Montag nach der Gemeinwoche (Oct. 11) *ernannten Vorstände der 3 Hospitäler Kaufleute Schuhmacher Wollenweber Leinweber und die Gemeinheitsmeister wurden 1529 Oct. 21 durch neue ersetzt; die Bäcker Schneider Schmiede behielten ihre alten.*

p. 214 Anm. Z. 18 v. u. st. jdoch *l.* idoch

N. 486. Zu setzen: 1533 Juli 20. cf. 706 Anm. 2.

N. 501 Z. 1 st. [1530] *l.* [1531]. *Hildebrand Tyhof gehört als zuerst genannter dem neuen, Helmold Grote dem alten Rathe an, was im Geschäftsjahr 1532 der Fall war.*

N. 503 Z. 9 st. bitet l. bittet

p. 235 °Anm. Z. 3 v. o. st. Geismart — *l.* Geismar —

p. 243 Anm. 1 Z. 6 v. o. st. pro consulis *l.* proconsulis

N. 520 Z. 3 st. Amtmann l. Amtmannes

p. 247 Anm. 1 st. 503 l. 508

N. 529 Z. 1 st. 1538 l. 1531

p. 256 Z. 4 v. o. st. Ferdinend *l.* Ferdinand

p. 258 Anm. 1 cf. N. 207a.

N. 548 Z. 4 st. Münzherrn l. Münzherren

N. 554 Z. 4 st. Sindicus l. Syndicus

p. 267 Z. 8 v. u. st. bychop l. byschop

p. 276 Z. 4 v. u. st. ca[r]spel l. caspel

N. 574 Z. 2 st. Sindicus l. Syndicus

N. 592 Z. 2 st. Lehngericht l. Lehnsgericht

N. 600a. 1531 Dec. 13. Hierher gehört N. 501. cf. daselbst Nachtrag.

p. 300 Z. 11 v. u. st. anescheit l. avescheit

p. 303 Z. 8 v. o. st. ader l. aver

N. 612 Z. 2 st. Holtborn²) l. Holtborn

p. 304 streiche Anm. 2. cf. 708a.

p. 311 Anm. Z. 15 v. o. st. perite l. perite.

p. 318 Z. 15 v. o. nach wil. schiebe ein: [3.]

N. 634 Z. 17 st. vareyninge l. voreyninge

N. 657 Z. 7 st. Befehlhabers l. Befehlshabers

p. 335 Anm. 1 Z. 2 st. 2 g l. 2 g.

p. 346 Anm. 1 st. N. 671 l. N. 674.

N. 705 Z. 4 st. steure l. steuere

N. 708a. 1533 Juli 20. Hierher gehört N. 486.

Orts- und Personenregister.

Die Zahlen beziehen sich zunächst auf die Nummern der Urkunden; wo die Seite gemeint ist, wird es jedesmal durch ein p. markirt. Den Beamten von Göttingen sind die Jahre, in denen sie funktioniren, beigefügt.

Aachen, 506. 507.
Abdinghof, Kloster in Paderborn, Convent des, 269.
— Johann, Abt von, 269. 286.
Abel Bornemann, B. zu Göttingen. Käm.
Achtermann, Hans, 543.
Adam Graf von Beichtlingen, kaiserlicher Kammerrichter.
— von Fulda, Mag., lutherischer Prediger zu Fulda.
— Abt von Walkenried.
Adelebsen (Adelevesen, Adeleveßen), n. w. von Göttingen, alle von 587 A. 3. 628 A. 1.
— Bode von, 165. 460. 462. 589. 628 A. 1.
— Christoph von, 394—396. 589.
— Hans von, 392—396. 405. 589.
Agnes von Roringen, Nonne im Annenkloster zu Göttingen.
Albern, Gerken, kaiserlicher reitender Bote, 334
Albrecht, Erzbischof von Mainz, Curfürst.
— Graf zu Mansfeld.
— Snellen.
—, Hans, Laienbruder der Mainzer Diöcese, 50.
Alemann, Heine, Bgm. zu Magdeburg, 627. 635.
Alfeld, n.-ö. von Einbeck, 302.
Alheid, Mutter Johanns von Köln, 319 A. 1.
—, Mutter Bertolds von Medem, 132. 134.
Allendorf (Aldendorf) a. d. Werra, 353. 455. 469 A. 1. 481. 489 A. 3. 491. 628 A. 1. Bürgermeister zu, 319 A. 1. Bürger zu, 481.
— Cord von, 472. cf. Poppich, Conrad.
Alten, Anton, Ritter von, 67 (p. 52 A. p. 54).
Altencampen, Kloster, p. 341 A. 5. Richard, Abt zu, p. 341 A. 5.
Altmark, Hauptmann der, 475. 477. 565. 568. 596.
Ambrosius Wegener.
Amöneburg (Amelborch, Amelburgk) an der Ohm, ö. von Marburg, 39.
Andernach, Johann von, Mag., Lehrer zu Göttingen, 437 Nachtr.
Andreas Kellner, Paulinermönch.
— Grone oder Fricke.

Andreas Ilemann, B. zu Göttingen, Käm.
— Nolten.
— Molthan.
— Mulner, Rtm. zu Göttingen.
— Mundemann.
— Stolp, Mag.
Andres, Jacob Soite, mag. sacramentorum, 533 u. A. 4.
Anhalt, Fürstenthum, Georg, Fürst von, Domprobst, 658. 660.
— Wolfgang, Fürst von, 559. 560. 632. 640. Räthe des, p. 324.
Anna, Frau des Göttinger Bgm. Hans von Sneen, 204.
Antdorff s. Antwerpen.
Anton von Alten, Ritter.
— Graf von Schaumburg.
— Wischemann, Kalandsherr zu Göttingen.
Antwerpen (Antdorff), 49.
Arnd Bonnekeßen.
— Schomann.
— Witello, Secretär zu Bremen.
Armborstmeker, Hans, B. zu Göttingen, p. 401 A. 26.
— Hans der Aeltere, Sohn des Hans, B. zu Göttingen, Meister d. Gemeinheit, p. 401 A. 26.
— Hans der Jüngere in der Wendengasse, Sohn Hans des Aelteren, B. zu Göttingen, Käm. Beis. (1515), p. 401 A. 26.
— Hans, vor dem Geismarthor, B. zu Göttingen, Käm. Beis (1514), p. 401 A. 3 u. 26.
— Heinrich, B. zu Göttingen, Käm. Beis. (1516—17), p. 402 A. 1.
Artmers, Cord, B. zu Göttingen, Gm. d. Bäcker, Käm. Beis. (1515—16), p. 401 A. 20.
Askalon in Palästina, Paulus, Bischof von, Dr. Vicar des Erzbischofs von Mainz, 76. 133. 283. 287.
Ascanien, Graf zu, 559. 560. cf. Anhalt, Fürst von.
Augsburg, 105. 155. 240. 575. 632 § 2. 721. cf. Deutschland, Reichtag.
Augustins, Hans, 521.

B.

Baden, Philipp, Markgraf von, Reichsstatthalter, 354.
Badnick, Derk, 732 A. 2.
Baiern, Herzogthum, Johann, Herzog von, 314.
— Ludwig, Herzog von, 582.
— Wilhelm, Herzog von, 582.
Balder, Kersten, Bgm. zu Goslar, 543. 555. 627.
Ballenhausen, s.-ö. von Göttingen, 15. 628 A. 704.
Baltasar Schrutenbach, hessischer Rentmeister zu Giessen.
Bamberg, 588.
— Bischof von, 577 A. 3.
Barcelona, 193.
Bartensleben, Busse von, Hauptmann der Altmark, 474—478. 565. 567. 568. 571. 575. 578. 583. 590. 596. p. 364 A. 1. 707. 709. 712. 713. Frau des Busse von, geb. von Hardenberg, 474. 565. 575. (578). 707. 709. Deren Mutter 575. cf. Hardenberg, Salome von.
Barterode, w. von Göttingen, 393. 394.
Bartholomäus Garboden, B. zu Göttingen, Käm.
Basilius Schumann, Licentiat.

Bastian Notemann.
Becker, Claus, 521.
— Goddert, 494. 496.
Beckerhennen, Hans, Führer der grossen Mühle, p. 289 A. 1.
Beckmann, Bode, B. zu Göttingen, 322. 351. 376. 391.
—, Johannes, Notarius publicus, 471.
Beichlingen, Adam von, Graf, kaiserlicher Kammerrichter, 243. 244.
Benedictus Botterwege, Secretär zu Göttingen.
Benterodt, Heinemann, Meister der Kaufmannsgilde zu Münden, 209.
Berlepsch, Sittich von, Erbkanzler zu Hessen, Amtmann zu Salza und Thamsbrück, 472. 473.
Bernburg, an der Saale, Herr zu, 559. 560. cf. Anhalt, Fürst von.
Bernd Poel von Dortmund, Fleming, B. zu Göttingen, Käm. Beis., Käm.
Bernhard, Abt zu Steina.
Bernhards, Eddeling, 497.
— Ilse, 497.
Bernsen, w. von Hannover, 705 A. 1.
Bertold (Bartold, Bartolts, Berthold).
—, Vogt Herzog Erichs I., p. 25 A.
— up dem Broicke.
— Dormann, B. zu Göttingen.
— Helmoldes, B. zu Göttingen.
— Helmoldes, Rtm. zu Göttingen.
— Bischof zu Hildesheim, Administrator zu Verden.
— Lyndemann, B. zu Göttingen.
— Ludiken.
— von Medem.
— Otto, genannt der hinkende Otto.
— Sothen, B. zu Duderstadt.
— Witzenhusen, Rtm. zu Göttingen.
Bertoldes, Heinrich, B. zu Göttingen, Käm. Beis. (1516).
Bertram von Damme, B. zu Braunschweig.
Biberach im Rissthal, 559. 560. 608 A. 1. 676 A. 2.
Birnstiel, Johann, Mag., Prediger zu Göttingen, 503 u. A. 3. 504. 564. Frau des, 503 A. 3.
Blanken, Tile, Decan der Kalande s. Georg und Nicolai zu Göttingen. 730 u. A. 3. p. 397 A. 1.
Blankenau bei Fulda, 322.
Blaubach (Blabach), Vorwerk s.-ö. von Göttingen, 15.
Blickershausen a. d. Weser, n.-w. von Witzenhausen, 497.
Blomen, Hans, Bgm. zu Hannover, 65.
Blomenrode, Cord, B. zu Göttingen, 96 A. 2.
Blumenau, 144a.
Bocholt (Boicholt, Boicholtes) a. d. Aa, n. von Wesel, Wuncke, Margaretha, Subpriorin und Mater des Annenklosters zu Göttingen. 63. 94. 556. 571. 712.
Bock, Hans, B. zu Göttingen, Käm. Beis. (1515), p. 401 A. 25.
Bode von Adelebsen.
— Beckmann, B. zu Göttingen.
—, Hermann, Stadtschreiber zu Göttingen, 18 A. 1. 50. 87 A. 1. 308 A. 5. 446. 655. 730 A. 3. p. 397 A. 1.
Bodenhausen, n.-w. von Kassel, alle von. 628 A. 1.
— Hans, 120. 126
— Heinrich von, Mitglied der Regentschaft in Hessen, 48 (p. 39). 58.
— Ilse, Frau Heinrichs von, 48 (p. 39).
— Craft von, Herr zu Itelu, 364. 371. 378. 379.

Bodenßen (Bodenhausen?), Hans von, 55.
— Joachim von, 55.
Bodenwerder a. d. Weser, s.-ö. von Hameln, Herberge zu, 277. 280.
Böhmen, p. 323.
Boylken, Hans, B. zu Magdeburg, 326.
Boyneburg, Hans von, Mitglied der Regentschaft in Hessen, 58.
Bokeln (Bokelen) bei Neustadt a. Rübenberge, 179.
Bomgarden, Hans, 581.
Boning (Bonigk, Boningk, Boninges), Heinrich, Rtm. zu Göttingen
    (1505—1529), 21. 85. 86 Nachtr. 233. 235. 237.
— Eilerd, B. zu Göttingen, 351 A. 1.
Bonneburg, Friedrich von, 601.
Bonnekeßen, Arnd, B. zu Northeim, 348.
Borchardes, Hans, B. zu Göttingen, 96 A. 2.
Borcherdes, Tilemann der Aeltere, Rtm. zu Göttingen (1515—18.), 84.
    87. p. 401 A. 14.
Bornemann, Abel, B. zu Göttingen, Käm. (1531. 1534.), 361. 554. 555.
    690. p. 367 A. p. 406 A. 6.
— Heinrich, 96 A. 2.
Botho, Graf zu Stolberg-Wernigerode.
Botterwege, Benedictus, Secretär zu Göttingen, 164.
Bovenden, n.-ö. von Göttingen, 4. 732 A. 2.
— Ludolf von, 587 A. 3.
Brader, Hans, Meier in Klein-Schneen, 15.
Brand, Zierenberg im, n.-w. von Kassel, 564.
Brandenburg, Markgrafschaft, 298 A. 1.
— Elisabeth, Tochter des Curfürsten Joachim I. von, zweite Gemahlin Herzog Erichs I. von Braunschweig-Kalenberg, cf. daselbst.
— Joachim I., Curfürst von, 194. 414. 583. 584. 596.
— Joachim der Jüngere, Markgraf von, 658. 681.
— Georg, Markgraf von, 532. 553. 577 u. Anm. 3.
Brandes, Heinrich, Bgm. von Braunschweig, 65. 627.
— Kersten, 151—153 A. 1. 154.
— Tile, Probst zu Nörten, 13 u. Nachtr.
Braunschweig (Brawnßwigk, Bronswig, Brunßewig)-Lüneburg, Herzogthum, Haus Braunschweig-Lüneburg, 10 Nachtr. 40. 65 A. 2. 254
    (p. 122). 352. p. 206. 588. 618 A. 1. 699 (p. 360). Herzöge von,
    144a. 233. 534. 657. 706. 718. 732 A. Wappen der, 618 A. 4.
    Stände von (der dryer lande), p. 122. Städte, 633 § 5. 641.
Braunschweig-Grubenhagen, Philipp II., Herzog von, 361. 525 § 5.
    527 § 2. 559. 560. 628 A. 1.
Braunschweig-Lüneburg, 146. 187 A. 2. 298. Stände von, p. 122.
— Otto, Herzog von, 9. 10. 165.
— Heinrich der Mittlere, Sohn Ottos, Herzog von, 9—11. 16. 17.
    65 A. 3. 149. 165. 184. 186. 191. 214. 215.
Braunschweig-Lüneburg-Celle, Ernst, Sohn Heinrich des Mittleren,
    Herzog von, 513 A. 2. 559. 560. 577. 582. 601. 623. 626. 627 u.
    A. 1. 628 A. 1. 640. 648. 674. Kanzler des, 601.
Braunschweig-Lüneburg-Gifhorn, Franz, Sohn Heinrich des Mittleren,
    Herzog von, 559. 560. 674.
Braunschweig-Lüneburg-Harburg, Otto, Sohn Heinrich des Mittleren,
    Herzog von, 559. 560.
Braunschweig-Lüneburg-Kalenberg, 187 A. 2. Stände von, 122.
— Oberwald (Overwalt, Overwold; Overwalt, dar Gottingen inne licht;
    dusses land to Gottingen; ort lants, darinne die stat Gottingen
    gelegen) a. d. oberen Leine, 3. 4. 9. 10. 11. 17. 62. 67. 162. 175.

178. 183. 192. 196. 197. 211. 275. 298. 299. 315. 394. 410. 453. 454. p. 214 A. 547. 711. 718. 721. Stände (gemeyne ganze lantschup; glidmassen; Prälaten Ritterschaft und Städte), 3. 9—11. 16. 189. 190. 192. 196. 197. 211. 214. 248. 254. 259. 260. 262. 299. 315. 378. 394. 417. 547. 651. 687. 688. 705. 721. Adel 225. Städte, 16. 233. 641. Landtag, 3. 162. 190. 211. 214. 239. 248. 251. 260. 310. 339. 341 A. 1. 364. 366. 378. 410. 411. 520. 523. 547. 721. 723. Häupter der Landschaft, 10. Hüter (inhoder des) Landes, 178. Landdrosten, 67.

Braunschweig-Lüneburg-Kalenberg, Wilhelm der Jüngere, Herzog von Braunschweig-Wolfenbüttel und von, 1. 4. 9. p. 12. p. 26 A. p. 49. 128. 424.

— Erich der Aeltere (I.), Sohn Wilhelms, Herzog von, 1. 3—5. 8. 9. 11 A. 2. 13 Nachtr. 16. 18. 19 Nachtr. 23—25. 27. 28. 30. 31. 39 A. 1. 43—45. 49. 52. 62. 65—69. 72. 73. 78. 87 A. 1. 88. 91 u. Nachtr. 96 u. Nachtr. 97—99. 101 A. 1. 103. 107. 108 u. Nachtr. 110. 112. 124. 125. 127—129. 131. 132. 139. 140 u. Nachtr. 144a. 149. 151. 153. 154 161. 162. 164. 165. 168. 170—175. 178. 181. 182. 184. 185. 189. 190 A. 1. 195 Nachtr. 196. 197. 204. 205. 207. 208. 211. 215 A. 4. 217—219. 220 Nachtr. 221. 222. 223 u. Nachtr. 224. 225. 233. 235. 237—239. 239 a. 242—244. 246—248. 250—254. 257. 259. 260. 262. 264. 267. 275. 277. 279. 280. 282—284. 287. 291. 292. 295. 296. 298. 299. 303. 305. 306. 308 A. 5. 309—312. 315—317. 319. 322. 325. p. 149. 330. 335. 338—341. 345. 347. 349. 351—353. 360. 363. 364. 366. 370. 371. 376—381. 383. 384. 386. 389. 391—394. 397. 402. 404—406. 408 Nachtr. 409. 410. 417. 418. 420. 424. 429. 430. 437. 438. 442. 443. 448 u. A. 1. 449. 450. 453. 454. 459 u. A. 2. 460—463. 465 (p. 213 A. 1 u. 5. p. 215 A. 1). 471. 494—496. 505 u. A. 5. 508 u. A. 3. 510. 514. 515. 518. 520. 523. 539. 547. 579 u. A. 1. 583. 584. 587. 590. 595. 596. 618 u. A. 4. 628 A. 1. 636. 637. 641 u. A. 1. 644. 645. 647. 650. 651. 659—661. 663. 682. 683. 687. 688 u. A. 695. 699 (p. 360). 703. 705—707. 710. 711. 716 u. A. 721. 723. 732. p. 395 u. A. 2. p. 397 A. 1.

— Katharina, Tochter des Herzogs Albert von Sachsen, erste Gemahlin Erichs I., Herzogs von, 13 Nachtr. 44. 45. 62. 91 u. Nachtr. 127. 132. 134—138. 139 Nachtr. 140 Nachtr. 151—154. 175. 176. 180. 181. 189—192. 199. 214. 218. 236. 238. 253. 262. 283. 291. 298.

— Elisabeth, Tochter des Curfürsten Joachim I. von Brandenburg, zweite Gemahlin Erichs I., Herzogs von, 408. 448. 564. 685. 687. 688. 695. 697. 699. 702—704.

— Erich der Jüngere (II.), Sohn Erichs I., Herzog von, 408 u. Nachtr.

— Amtleute des Herzogs, 4. 18 A. 132. 165. 389. 520. Anwälte, 27. Diener, 18. 417. Gesandte, Bevollmächtigte, Vertreter des Herzogs, 103. 161. 162. 175. 177. 180. 181. 199. 218. 253. 402. 404. Hofmeister, 67. 107. 108. 153. Kanzler, 8. 27 A. 1. 67. 217. 248. 251. 292. 312. Kanzlei, 424. 644. 695. Kellner, 67 A. 1. Köche, 67 A. 1. Marschälle, 67. 349. 460. Räthe, Befehlshaber, 67 A. 1. 87 A. 1. 122. 153. 171. 311. 371. 404. 410. 417. 418. 505 A. 5. 508 A. 3. Schultheissen, 18. 65. 96. 132. 165. Secretäre, Schreiber, 67 A. 1. 72. 161. 162. 235. 292. Vögte, 18 A. 1 (p. 21 u. 25). 69. 165. Zöllner (tolsamer, zolner, strassenhueter), 18. p. 353.

Braunschweig-Lüneburg-Wolfenbüttel, 187 A. 2. 657.

— Wilhelm der Jüngere, Herzog von, cf. Braunschweig-Kalenberg.
— Heinrich der Aeltere, Sohn Wilhelms, Herzog von, 9. 16. 18 A. 1. 19. 39. 59. 65. A. 3. 67 A. 1. 340. Diener des Herzogs, 18 A. 1.

Braunschweig-Lüneburg-Wolfenbüttel, Heinrich der Jüngere, Sohn
Heinrichs des Aelteren, Herzog von, 149. 170. 185. 189. 252. 254.
256. 312. 328. 329—331. 333. 358. 359. 363—365. 367. 370. 372.
373. 375. 416. 457. 466. 534. 536. 538. 540. 548. 628 A. 1. 657.
705 A. 1. 716 A. 1. Räthe des Herzogs, 254. Vogt zu Ganders-
heim, 538.
— Wilhelm, Sohn Heinrichs des Aelteren, Herzog von, (187.) 189.
194. 254.
Braunschweig. Stadt. 12 A. 3. 14. 17 A. 1. 47. 53 a. 65. 83. 87 A. 1.
122. 123. 146—149. 159. 166. 167. 169. 171. 184. 186. 194. 212.
213. 216. 235. 254. 279. 308 A. 5. 327—330. 333. 336. 338. 340 A. 4.
356. 357. 363. 369. 374. 440. 441. 444. 457. 464. 467. 470 u. A. 3.
479. 480. 483. 492. 503 u. A. 2. 513 u. A. 2. 517 A. 2. 519 u.
A. 2 u. 3. 522. 528. 531. 532 A. 1. 543. 544. 546. 548. 549. 551.
553. 557. 561. 562 (p. 274) A. 1. 572. 574. 577. 597. 605—607.
610. 611. 613. 616. 619. 623—626. 627 u. A. 1. 628 A. 1. 632. 635.
640. 646. 648 u. A. 1. 651. 652 § 11. 656 u. A. 1. 657. 663. 665.
666. 671. 672 u. p. 347 A. 3. 673. 674. 676—679. 693. 694. 696.
697. 700. 701. 709. 715. 716 A. 1. 724. 725. Neustädtisches
Rathhaus, 546. 627 A. 1. Küche des, 627 A. 1. Kirche zu
s. Martini, 479; zu s. Petri, 479. Bgm. zu, 65. 606. 627. Syn-
dicus, 65. 308 A. 5. 479. Stadtschreiber, 87 A. Bevollmächtigte,
467. 519. 543. 605. 607. 623. 624. 625. 646. Wallmeister, 551. 724.
Brecht, Conrad, 655.
Breiger, Ludolf, Bgm. zu Braunschweig, 627.
Bremen, 559. 560. 577. 597. 606. 607. 611. 613. 616. 624. 627 u.
A. 1. 672. (p. 347) A. 3. 692. Gesandte, 607. 627.
— Erzbischof von, 96 A. 2.
Bremer, Ludwig, Prediger, 484 A. 3.
Brinke, Cord van dem, B. zu Göttingen, 66.
Brinckman, Jost, Rtm. zu Hildesheim, 543.
Broelen, Conrad, Bgm. zu Allendorf, 319 A. 1.
Broicke, Bartolts up dem, 543.
Bronken, Tile, B. zu Braunschweig, 356.
—, Tilemann, B. zu Braunschweig, 356.
Brun Rissmann.
Bruning von Grone.
Bruns, Johannes, Commissar des Erzbischofs von Mainz, Rathsschreiber.
Syndicus, Rtm. zu Göttingen (1533. 1534), Pfarrer in Rossdorf,
37. 38. 82. 101 u. Nachtr. 165 A. 2. 187. 188. 532. 548—550.
554. 564. 577. 598—602. 604. 617. 626 A. 2. 627. 628 A. 1.
651 (p. 328 A. 1. 329). 655. 667 (p. 338 A. 1. 340 A. 1, 3
u. 4). 699. 700. 706 (p. 368). 730 A. 3. p. 397 A. 1. Frau des, 655.
Magd des, 601.
— Konrad, Official der Probstei zu Nörten, Canonicus der Peters-
kirche daselbst, 13 u. Nachtr. 77. 80.
Brunsen, Henning van, 543.
Bumester, Hans, Rtm. zu Hildesheim, 543.
Burchard von Pappenheim, Landcomtur der Deutsch-Ordens-Ballei
Sachsen.
— von Saldern.
Buren (Buern) von Lindau, Hans Eildeck von, Rtm. zu Göttingen (1533),
706 A. 2. p. 406 A. 11.
Burmann, Cord, Rtm. zu Göttingen (1515—17), p. 401 A. 10.
Bursfelde, Kloster a. d. Weser, n.-w. von Münden, 345.

Bustorp (?) bei Paderborn, 286.
Busse von Bartensleben, Hauptmann der Altmark.
— Warmbolt, Rtm. zu Hildesheim.
Buth, Cord, 577.

C. cf. K und Z.

Christian L, König von Dänemark.
— von Hanstein, Amtmann auf dem Rustenberge, hessischer Statthalter.
— Mengershusen, Minoriten-Guardian zu Göttingen.
Christoph (Christof, Christoffel, Chriftoffel).
— von Adelebsen.
— Gross, cursächsischer Rath.
— Mengershusen.
— Schmet, B. zu Mühlhausen i. Th.
— Zemern, Marschall Erichs L

D.

Dahlum (Dalem), Landwehr s. von Bockenem, 183.
Damm, Henning, Bgm. zu Braunschweig, 627.
Damme, Bertram von, B. zu Braunschweig, 115. 116.
Dänemark, Königreich, 194. Hauptmann aus, 194.
—, Johann, König von, 53a.
—, Christian II., König von, 627 A. 1.
Dannenberg, Hans, 61.
Dassel, w. von Einbeck, 174 A. 1.
Degenhard, Prior der Predigerbrüder, 734 A. 1.
— Munter.
Deys, Hermann, B. zu Paderborn, 436.
Deister, Bergrücken, s.-w. von Hannover, 165 A. 2. 167. 181. 182. Danach das Land am linken Leineufer, 67 A. 1.
Dempter, Wilhelm van, Rtm. zu Hildesheim, 543.
Dethmar, Henning, B. zu Goslar, 266. 271.
Detmars (Dethmar), Hans, B. zu Göttingen, Käm. Beis. (1515), 96 A. 2. 439 A. 4 (p. 204). p. 401 A. 19.
— Heinrich, B. zu Göttingen, Käm. Beis. (1516), p. 402 A. 3.
Deutschland, Deutsches Reich, Römisches Reich deutscher Nation, 14. 40. 338. 437. 465. 471. 652. p. 366 A. 2. Oberes und Niederes, p. 213 A. 5. Kaiser des, 40. 231 Nachtr. 329. 465. u. p. 214 A. 514. 519. 525 § 4. 542. 706. 721. 723. Kaiserlicher Commissar, 349. 640. Statthalter, 350. 354. 382. 427. Reichsregiment, 312. 315. 329. 331. 359. 365. Curfürsten, 187. 240. 255. 465. 512 A. 1. 547. Fürsten, 465. 471. 547. 575. Stände, 18. 49. 240. 255. 465. 547. 562. 640. 687. Reichstage, 24 A. 3. 29. 38. 105. 155. 193. 240 u. A. 1. 255. 312. 314. 320. 346. 354. 355. 382. 398. 413. (Augsburger Reichstag von 1530), 492. 507 u. A. 2. 515. 537. 539. 547. 553. 565. 575. 629 A. 2. 632 § 2. p. 368. 721. (Regensburger Reichstag von 1532), 582. 611 A. 2. 629. 632. 641. Reichskammergericht, 27. 28. 37 Nachtr. 39. 40. 50. 65 A. 3. 71. 79. 88. 131. 241. 242. 244. 257. 307. 312. 329. 331. 365. 416 A. 2. 466. 467. 537. 552. 692. 707. Procuratoren am, 552. 594 u. A. 2. Hofgericht, 27. 65 A. 3 (p. 47). Niedersächsischer Kreis, 535. 629. 631. 632. 637. 641. 647. 658. 681. 682. Hauptmann des, 631. 658. 681. Rheinischer Kreis, 632. Hauptmann des, 632. Mandate des Kaisers

und der Reichsregierung, 25. 27—29. 37—39. 41. 50. 79. 88. 105.
155. 193. 214. 215. 223. 240 u. Nachtr. 241. 255. 263. 307. 312.
314. 321. 346. 350. 355. 382. 385. 397. 398. 413. 416 A. 2. 420.
427. 428. 437. 438. 442. 466. 507. 510. 537. 565. 629. 645. 647.
Deutschland, Deutsches Reich, Römisches Reich deutscher Nation,
    Maximilian I., Kaiser des, 17. 18. 19. 23. 24. 25. 27. 28. 37. 38.
    49. 65 u. A. 3. 78. 105.
— Karl V., Kaiser des, 193. 214 A. 2. 224. 240. 257. 312. 331. 437.
    438. 442. 506. 510. 512 A. 1. 514. 535. 547. p. 277 A. 1. 576
    A. 2. 611. 631. 640. 645. 646 u. A. 1. 647. 657. p. 842. 687.
    692. 698. 706 A. 2. 707. 721.
— Ferdinand I., Römischer König, Erzherzog von Oesterreich, 320.
    321. 346. 506. 535. 640.
Deventer a. d. Yssel, 732 A. 2.
Dietmar, Abt zu Heina.
— von Hanstein.
Dietrich (Derk, Diderick, Dirick, Ditterich).
— Badnick.
— Emden, Bgm. zu Mageburg.
— Erben, B. zu Göttingen.
— Fobbe, B. zu Göttingen, Käm. Beis., Käm.
— von Grone.
— Patberg (Parberg), Bote.
— Pininck, Rtm. zu Hildesheim.
— von Plesse.
— Prutze.
— Schacht.
— von Schachten.
— von Sundesbeck.
— Wißmeler, B. zu Mühlhausen.
— Zobel, Vicar des Erzbischofs von Mainz.
Diez a. d. Lahn, Graf zu, 550. 559. 560. cf. Hessen, Landgraf von.
Distelauw, Hans, Rtm. zu Göttingen (1534).
— Joachim, Rtm. zu Göttingen (1515—1517), p. 401 A. 6.
Doleatoris, Jakob, Dr., Dechant zu s. Sever in Erfurt, 283 A. 4. 287.
Domann, Wilhelm, Schultheiß zu Göttingen, 132. 732 A. 1.
Donau, 194. 640.
Dorhagen, Cord, B. zu Göttingen, 439 A. 4.
— Heinrich, 521.
— Hildebrand, p. 289.
Dormann, Bertold, B. zu Göttingen, 206 Nachtr. p. 380.
— Martin, Rtm. zu Göttingen (1515—24), 206.
Dortmund, Bernd Poel von, Fleming, B. zu Göttingen, Käm. Beis.
    (1524—25. 27—28), Käm. (1530), p. 404 A. 3.
Dransfeld, s.-w. von Göttingen, 15 (p. 15).
— Hans der Aeltere (I.) von, Rtm. zu Göttingen (1500—13. 1517—21),
    22. 39. 48. 86 A. 3 u. Nachtr.
— Hans der Mittlere (II.) von, B. zu Göttingen, Käm. Beis. (1514),
    p. 400 A. 7.
— Hans der Jüngere (III.) von, Rtm. zu Göttingen (1506—14. 1516—30),
    54. 86 A. 3 u. Nachtr. 217. 233. 235. 237. 260. 302. 416. 479.
    486. p. 399 A. 2.
— Hans von (IV.), Rtm. zu Göttingen (1531. 33), 699.
Drempell (Tremeln, Tremmeln), Peter, kaiserlicher reitender Bote,
    314. 346. 397.
Droven, Heinrich, Rtm. zu Göttingen (1515—16), p. 401 A. 15.

Druden, B. zu Göttingen, Käm. (1534), 498. 508 A. 3.p. 406 A. 10
Duderstadt, n.ö. von Göttingen, 13 A. 1. 18 A. 1. 118. 203. 325.
   628 A. 1. 633. 634. 638. 642. 644. 649. 652. 653. Hauptmann
   zu, 35. Markt zu, 18 A. 1.
Duren, Wilhelm Kemmer von, B. zu Göttingen, Käm. Beis. (1517),
   p. 402 A. 2.
Dussendorp, Conrad von, Färber, 732 A. 2.
Dulcis cf. Sussen.
Duvel (Duvels), Hans, B. zu Göttingen, Käm. Beis. (1521—22. 26), 122
   p. 403 A. 2. p. 404 A. 6.
   — Mathius, Guardian des Annen-Klosters zu Göttingen, 94.
Dux, Ernst, Pfarrer zu s. Jacobi in Göttingen, 94.

E.

Eddeling, Bernhards.
Edzard, Graf von Ostfriesland, 340 A. 4.
Eggerd Rukop, Rtm. zu Göttingen.
Eggestein (Eckstein), Nicolaus, 489. 558 A. 1. 730 A. 3. p. 397 A. 1.
Eggenburg, n.ö. von Krems, 629. 631. 647.
Eichsfeld, Amtmann des, 319 A. 1. 568. Mainzische Räthe auf
   dem, 325.
Eildeck von Buren (Buern von Lindau), Hans, Rtm. zu Göttingen
   (1533), 702 A. 2. p. 406 A. 11.
Eilerd Boning, B. zu Göttingen.
Einbeck (Eimbeck, Eymbeck, Embeck, Embecke, Embeke), 4. 12. 14.
   47. 53a. 65. 69 A. 1. 74. 88. 89. 92. 93. 97. 98. 102. 104. 109. 113.
   121. 122. 166. 184. 228. 229. 254. 270. 302. 325 A. 3. 328—331.
   338—340. 341. 358. 361. 362. 373. 374. 380 A. 1. 383. 390. 400.
   401. 407. 467. 509. 519 u. A. 2. 525 § 5. 527 § 2. 532 A. 1. 543.
   561. p. 274 A. 1. 573. 597 u. A. 2. 598—602. 604. 605. 607. 613.
   616. 617. 619. 623—625. 626 u. A. 2. 627 u. A. 1. 628 A. 1.
   633—635. 639. 643. 644. 646. 651—655. 664—666. 672 u. p. 347
   A. 3. 677—679. 696. 700. 701. Bürgermeister zu, 87 A. 1. 185.
   373. Gilden und Gemeinheit zu, p. 156. Probstei von s. Alexander
   in, 94. Rathmannen, 89. 373. Geschickte von, 122. 374. 467.
   519. 543. 601. 605. 607. (623—625.) 627 A. 1. (646.) 672. Ritt-
   meister zu, p. 63 A. 1. 627. Secretär zu, 627. Stadtschreiber
   zu, 390.
Einem, Franz, Rittmeister zu Einbeck, 627.
   — Mylliges von, B. zu Einbeck, 109. (113. 121 A. 2 u. Nachtr.) 407.
   — Tile, Rtm. zu Hildesheim, 543.
Eyselt, Nickel, Schuhmachergeselle, 557.
Elbe, 298. 657.
Eldert, Simon, B. zu Göttingen, 96 A. 2.
Eldigerot (Eltingerodt), Johannes, Kalandsherr zu Göttingen, 735 u.
   p. 397 A. 1.
Elveckes, Hildebrand, p. 324 A. 2.
Elisabeth, Tochter Joachims 1. von Brandenburg, zweite Gemahlin
   Erichs 1. von Braunschweig-Kalenberg, cf. daselbst.
   — Priorin des Nonnenklosters zu Katlenburg.
   — geb. von Leichteren, Frau Ottos von Hagen.
Elliehausen, w. von Göttingen, 220 Nachtr.
Elkershausen, s. von Göttingen, 15.
Elsass, 23 A. 1.

Emde, Levin von, Dr., Bgm. zu Braunschweig, 543. 627.
Emden, Dietrich von, Brm. zu Magdeburg, 627.
Engelhardes, Hans, Rtm. zu Göttingen (1531), 543. 570 A. 2.
Engern, Herzog von Sachsen, Westfalen und, Johann, Bischof von Hildesheim, p. 122.
Erasmus Snidewyn, Rathsschreiber zu Göttingen.
Erben, Dietrich, B. zu Göttingen, 101 A. 2 Nachtr.
Erfurt (Erfford, Erffort), 283. 285. 287. Geistliches Gericht zu, 13 A. 1. Garn von, 487.
— Hans von, Buchdrucker zu Reutlingen, 355 A. 4.
Erich der Aeltere (I.), Herzog von Braunschweig-Kalenberg.
— der Jüngere (II.), Herzog von Braunschweig-Kalenberg.
Ernst, Herzog von Braunschweig-Lüneburg-Celle.
— Dux, Pfarrer zu s. Jacobi in Göttingen.
— von Geismar, B. zu Göttingen.
— Graf von Hohenstein, Herr zu Klettenhof und Lora.
— von Uslar.
Ernstes, Heinrich, B. zu Einbeck.
Eschwege a. d. Werra, 469. Augustinerconvent zu, 469. 472. 481 u. p. 225 A. 4. 489.
Esebeck, n.-w. von Göttingen, 4.
— Werner von, B. zu Göttingen, Käm. Beis. (1524. 25. 27. 28), p. 404 A. 2.
Esslingen a. Neckar, 334. 346. 350. 355. 601. 608 A. 1.

F. (V.)

Fabius, 548.
Valentin Hardenberges, B. zu Göttingen.
— Raven.
Falkenberg, Berg zwischen Kassel und Ziegenhain, Friedrich von, Amtmann zu Blankenau, 322.
Fedelboge, Heinrich, Meister der Kaufmannsgilde zu Münden, 209.
Vederwisch, herzoglicher Amtmann, 4.
Feige (Vige), Johann, hessischer Kanzler, 564.
Veit Hagenauw, B. zu Goslar, 95.
Feldmann, Hans, Rtm. zu Göttingen (1500—1513).
Felsberg (Velßperg) an der Eder, 106.
Venedig, 38. 41. 105.
Fenla, Godart von, Webermeister, 732 A.
Ferdinand I., Römischer König, Erzherzog von Oesterreich.
Verlhusen, Hermann von, 18 A. 1.
Vettmelck, Advocat, 132. 134.
Fleming, Bernd Poel von Dortmund, B. zu Göttingen, Käm. Beis. (1524—25. 27. 28), Käm. (1530), p. 404 A. 3.
— Heinrich, B. zu Göttingen, 732 A. 1.
Florcke, Bote, 577.
Floreke Rommelen, Inhaber von Wölpe, 233.
Fobbe, Dietrich, der Jüngere, Käm. Beis. (1515. 17), Käm. (1534), 145.
Fochting, Cyriacus, 563.
Vogt, Volkmar, Amtmann des Eichsfeldes, 319 A. 1.
Volkerode, s.-w. von Göttingen, 628 A. 1. Untersasse zu, 107.
Volkmar Vogt, Amtmann des Eichsfeldes.
— Hawtoges, B. zu Halberstadt.
Vos, Hans, B. zu Göttingen, 593. 719. 722 A. 3.
Franck, Johannes, Vicar, 337.

Franke Schilden, Cord, B. zu Göttingen, 96 A. 1 u. 2.
Frankfurt am Main, 50. 71. p. 101. 194. 199. 241. 537. 544. 550.
552. 553. 572. 597 u. A. L 601. 602. 627 § 3. Herberge „Zu den
drei Schenken", 601. Messe zu, 537.
Frankreich, 38. 349.
— Ludwig XII., König von, 29. 42.
— Franz I., König von, 105. 349.
Franz (Franciskus, Frantze).
— Herzog von Braunschweig-Lüneburg-Gifhorn.
— König von Frankreich.
— von Einem, Rittmeister zu Einbeck.
— von Halle.
— Marquardi.
— Bischof von Minden.
Fredrickes, Hans, Sessmann der Schmiede zu Göttingen, 145.
Freiberg an der Mulde, 308 A. 5.
Freiburg im Breisgau, 240 A. 1.
Fricke oder Grone, Andreas, Barfüssermönch, 512 u. A. L 514. 523. 541.
Fricke, Tile, Rtm. zu Hildesheim, 543.
Friedland, s. von Göttingen, 15. 34. 35. 204. 465 § 4. p. 215 A. L
547 (p. 263). 687. 703. Amtmann zu, 67 A. L (81.) p. 115. 421. 704.
Friedrich von Bonneburg.
— von Falkenberg, Amtmann zu Blankenau.
— Hübenthal, lutherischer Prädicant.
— Pfalzgraf bei Rhein.
— Graf von Spiegelberg.
Fryen (Frygen), die, vor dem Walde, die spätere Amtsvogtei Ilten.
ö. von Hannover, 16. p. 113.
Friesland, 110. Ostfriesland, Edzard, Graf von, 340 A. 4.
Fritzlar an der Eder, Canoniker zu, 232.
Fuchs, Paul, 588.
Fuchsart, Dr., Kanzler Erichs I., 27 A. L
Fürstenberg an der Weser, bei Holzminden, 463.
— (Forstenberges, Furstenberges) Hans, Rtm. zu Göttingen (1514—18).
84. 86. 106. p. 401 A. 11.
Fulda, 39. 43. 52. Abt zu, 27 A. L 39. 43—45. 52. Secretär des
Abts zu, 39.
— Adam von, lutherischer Prediger, 447. 456. 482 u. A. 2 u. 3. 481
u. A. 3. 485. 620—622.
Furn cf. Tervueren.

G.

Gabriel, Barfüssermönch, p. 367 A.
— Kotold, kaiserlicher Bote.
Galle, Heinrich, Rtm. zu Hildesheim, 543.
Gandersheim am n.-w. Harz, 265. 534. 538. 628 A. L Vogt zu, 538.
Barfüsser zu, 538. 540.
Ganten, Heinrich, 498. 500. 508 u. A. 3. 521. p. 263 A. L
Garboden, Bartholomäus, B. zu Göttingen, Käm. (1538).
— Claus, Mühlenmeister zu Göttingen, 585.
Garden, cf. Mariengarten.
Gassen, Hans Munter an der, B. zu Göttingen, 96 A. 2.
Gebhard, Graf von Mansfeld.
Geismar, s.-ö. von Göttingen, p. 106. 425. Kirche zu, 722 A. 4.
— Ernst von, B. zu Göttingen, 96 A. 2.
Gelleren, Henze von, 483 A. 2.

Gelnhausen, an der Kinzig. bei Hanau, 484.
Georg, Fürst von Anhalt, Domprobst.
— Markgraf von Brandenburg.
— Hovet (Jürgen Hoved), Rtm. zu Göttingen.
— von Leichteren.
— von Marnholte, Abt zu Helmershausen.
— Herzog von Sachsen.
— Wilperge, Söldner-Hauptmann.
— Witzenhusen, Bgm. zu Goslar.
Georgenberg, Kloster bei Goslar, 370.
Gerhard (Gerd) von Hardenberg.
Gericke, Cyriacus, Prediger zu Cöthen und Zerbst, 529. 530.
Gerk Albern, Kaiserlicher Bote.
— Ludickens, B. zu Magdeburg.
Gerke, Pawel, B. zu Braunschweig, 115. 116.
Gerken (Gercken), Cord (Konrad), B. zu Göttingen, Käm. Beis. (1521. 25. 26. 30), p. 403 A. 3.
— in der Godmannsstrasse, Cord, Rtm. zu Göttingen (1515—23), p. 401 A. 7.
— in der Godmannsstrasse, Hans, B. zu Göttingen, Käm. (1530. 33. 34). p. 401 A. 7.
— von Sieboldshausen, Cord, Rtm. zu Göttingen (1515—22), p. 401 A. 7 u. 18.
Gieboldehausen, n.-w. von Duderstadt, 628 A. 1.
Giessen, an der Lahn, Rentmeister zu, 23 A. 4.
Gifhorn, n. von Braunschweig, 657.
Gisen (Gysen) Tile, B. zu Göttingen, Käm. Beis. (1515), 96 A. 2. 732 A. p. 401 A. 21.
Giseler (Gißeler, Gyseler, Gyßeler, Gyßeller).
— Heinrich der Aeltere, Bgm. zu Göttingen (1500—12. 16—30), 6. 15. 24 A. 1. 54. 59. 87 A. 1. (p, 62.) 223. 241. 346. 349. 397.
— Heinrich der Jüngere, Sohn Simons, B. zu Göttingen, 18 u. p. 25 A. 65 A. 3. 439 A. 4. 577 (?).
— Moritz, B. zu Göttingen, 392 A. 2. 393. 394. 405.
— von Münden, B. zu Göttingen, 66. p. 398.
— von Münden, der Jüngere, p. 12.
— Simon der Aeltere, Bgm. zu Göttingen (1500—10), 6. 15. 36. 37. 38. 48. 54. 65 A. 3. 128.
— Simon II., Giselers von Münden Sohn, Rtm. zu Göttingen (1500 bis 1513).
— Simon der Jüngere III., Sohn Simons, Rtm. zu Göttingen (1501), 18 u. p. 25 A. 65 A. 3.
— Stoterogge, Rtm. zu Göttingen.
— Swanenflogel, Rtm. zu Göttingen.
Gittelde, s. von Seesen, Heinrich, Edler von, 208. 265. 267. 291.
Gladenbeck, Hermann, Diener Erichs I., 417.
Godart (Geddert) Becker.
— von Fenla.
— von Kessel.
Goslar (Goßlar, Gosler), 53a. 65 A. 3. 83. 112. 148. 166. 167 A. 2. 184. 187. 234. 247. 252. 254—256. 258. 261. 266. 271—273. 276. 277. 280. 284. 311. 318. 327—330. p. 157. 338. 340. (341.) 358. 359. (360) 363. 365. 367—370. (372.) 373—375. 377. 387. 416. 434. 435. 457. 458. 464. 466. 467. 479. 503 A. 3. 519 u. A. 2 u. 3. 529. 530. 532 A. 1. 543. 546. 548. 549. 553. 554. 555 u. A. 2. p. 274 A. 1. 574. 586. 597. 601—603. 605. 607. 613. 623—626. 627 u A. 1. 635. 640. 643. 646. 655. 657 u. A. 2. 672 u. p. 347 A. 3.

673. 674. 676 u. A. 2. 679. 696. 700. Harzforsten bei, 370.
Kirchen am Rammelsberge, 370. Klöster: Georgenberg, 370.
416 A. 2; Peterskloster und Ricchenberg, 370. Bgm. zu, 266.
284. 318. 555. 627. Secretär, 601. 627. 700. Geschickte, 284. 519. 543.
548. 549. (601.) 605. 607. 623. 626. 627. 646. 672 § 4. 679. 700.

Goßwin Rave, Schöffe zu Homberg.
Gottesbühren, s.-w. von Karlshafen, 493. Prediger zu, 493.
Gottschalk von Grone.
Gottfried Meyger, Schultheiss zu Homberg.
Göttingen.
— Festungswerke, 107 A. 2 (p. 72). p. 380. Stadtwall, 691. 702. 724. Stadtgraben, 101. 691. 702. Bollwerke, 718 A. 2. Johannisdamm, 724.
— Thore, 67 A. 1. 718 A. 2. Albanithor, 502 A. 1. Geismarthor, 502 A. 1. p. 401 A. 26. Leinebergthor, 54. Weenderthor, 101. Thorwächter, 54. 722 A. 4.
— Stadttheile und Strassen: Neustadt, 564. 705 A. 1. 732. Markt, 67 A. 1. 87 A. 4. 437. Markt hinter dem Rathhause, 618 A. 4. Steinerne Löwe auf dem, 618 A. 4. Barfüsserstrasse, 48. 94. Godmannsstrasse, p. 401. Rothe Strasse (platea rubea), p. 399 A. 2. Weender Strasse (Wendengasse), p. 401 A. 26. Freudenberg an der Unteren Masch, 101.
— Stadtgüter-Aufseher, 87 A. 4. 101.
— Rathhaus (radhuß, huß, pretorium), 37. 50. 55. 67 A. 1. 84 (p. 59). 87 A. 4. 105. 106. 145. 165 u. A. 2. 173. 196. 208. 219. 264. 372. 382. 437. 494. 512 A. 1. p. 290. 592. 618 A. 1. 719 (p. 380). 728. p. 388. 733 (p. 391) A. Rathsstube, 579 A. 1. Hinterhaus (hinderhuß), 84. Archiv, 11. dornze, 67 A. 1. 87 A. 4. 165 A. 2. Küche (Koke, antiqua coquina), 67 A. 1. 105. 438 A. 2. vorlove, 67 A. 1. 579 A. 1. Rathskeller, 8. 720. Rathsglocke. 67 A. 1 (p. 51 u. 52). 438 A. 3. Pforte, 87 A. 4 (p. 63). Rathhausschlüssel, 87 A. 4.
— Kirchen, Hospitäler, Kapellen, 87 A. 4. 437. 438. Hauptkirche, 621. Albanikirche, 239u. 471. 558 A. 1 (p. 270). Jacobikirche, 94. 100. 220 A. 1 Nachtr. 471. Johanniskirche, 8. 67 A. 1. 82. 471. 489 A. 3. 504 A. 2. Orgel, 67 A. 1. Kirchhof der, 618 A. 4. Marienkirche, 76. 503 A. 3. 564. 705 A. 1. Nicolaikirche, 471. 504 A. 2. 680 A. 2. h. Geistkirche und Hospital, 51. 719. h. Kreuzkirche und Hospital, 203. 425. 502 A. 1. 719. 730. Bartholomäuskirche und Hospital, 425. 581. 719. Geschworne des, 581. Vormünder des Geist-, Kreuz- und Bartholomäushospitals, 87. 203. 438 Z. 55. p. 274. 719 u. A. p. 399 A. 1. p. 400 A. 1—4. 7. p. 401 A. 5 u. 14. p. 402 A. 1. p. 403 A. 1, 2. p. 404 A. 1 u. 5. p. 405 A. 1 u. 5. p. 406 A. 1, 4, 6, 8. Hausaltar des deutschen Ordens, 705.
— Kirchhöfe, 733.
— Klöster: Annenkloster, 48. 63. 77. 94. 111. 112. 133. 144. 474. 475. 556. 562. 565—568. 570. 571. 575. 578. 580. 583. 584. 590. 595. 596. 699. 702. 707 u. A. 2. 709. 712. 713. Kapelle der, 556 § 7. 562 (p. 274). 567 (p. 280). 578 A. 1. Chor, 562 § 6. Sprechhaus, 562 (p. 274). Barfüsserkloster, 512. 514. 523. 536. 541. 567. 699. 702. 706 u. A. 1. 708. 710. 734 u. A. Kirche des, 477. 501. Kreuzgang, 734 A. Paulinerkloster, 96 A. 2. 437 A. 1. 438 A. 3. 472 A. 4. 542. 612. 614. 615. 734 A. Schlafhaus, p. 393 A. 2. Kreuzgang, 96 A. 2. Kirchhof, 241. 438 A. 3.
— Schule. Mädchenschule, 562 § 5. p. 279. 712. Pädagogium, 735 A. Schulmeister, 67 A. 1. Knabenschule, 437 Nachtr.

Göttingen. Sonstige Häuser: Brothaus, 397. Färberhaus an der Steinmühle, 53. Kaufhaus, 67 A. 1. Marstall, 15. Richthaus der Officialen, 80. 94. Haus des Augustinerconvents zu Eschwege, 469. 472 u. A. 4. 481. 489 u. A. 3. Walkenrieder Hof zu Göttingen, 667. 669.
— Mühlen: Grabenmühle, 21. Steinmühle, 6 A. 1. 53. Stockleffer-Mühle am Freudenberge, 36. 101. Walkmühle der beiden Wollenweber-Gilden, 114. Weender Mühle, 6 A. 1. 36. Grosse Mühle, 585.
— Hagen, Hohe am linken Leine-Ufer, 21.
— Leineberg, w. von der Stadt, Gericht auf dem, 4. 18. 165. 424 u. Nachtr.
— Rath, alter und neuer, ganzer, 15. 19. 31. 32. 48. 55. 67 A. 1. 87 A. 4. 101. 107 A. 2. 108. 111. 112. 114—116. 120. 122. 145. 165 A. 2. 206. 208. 219. 308. 317. 338. 381. 393. 437 u. A. 4. 439. 443. 451. 456 A. 3. 465. p. 214 A. 456 A. 3. 475. 484 A. 3. 486. 494. 511. 512 A. 1. 514. 517 A. 2. 530. 542. 556. p. 270 A. 1. 559. 560. 562. 585. 618 A. 652. 654. 667. 687. 688. 706 A. 717 bis 735. p. 401 A. p. 404 A. 4. Neuer (sitzender) Rath, p. 25 A. 87 A. 4. (p. 62.) 597 A. 1. Alter (ruhender) Rath, 87 A. 4. Neuer (democratischer) Rath, 96 A. 2. 122. Alter (gestürzter) Rath, 96 A. 2. 122. Aelteste des Raths, 67 A. 1. 87 A. 4. 165 A. 2.
— Bürgermeister, 18. 23. 37. 50. 65 A. 3. 79. 105. 206 A. 3. 219. 255. 307. 308 A. 5. 349. 397. 502. 556 § 7. 559. 560. 562. 667. 669. 687. 688 u. A. 1. 699. 719 (p. 378). 723. p. 406 A. 2 u. 9. Kämmerer, 87 A. 4. (p. 63 A. p. 64. 111. 120.) 122 A. 3. 202. 210. 361. 437. 438. 473. 554. 717. p. 378. p. 398—406. Kämmereibeisitzer, p. 400 A. 6. p. 400—406. Bauherren, 556 § 7. 719 (p. 378). Vogtherren, 719 (p. 378). Marktmeister, p. 401 A. 15. p. 406 A. 1. Mühlherren, 585. 719 (p. 378). Münzherren, 548. 549. Wardeine, 719 (p. 378). 732. p. 401 A. 16. 25. p 402 A. 4. 9. p. 404 A. 3. Rathsschreiber, 18 A. 23 A. 27 A. 32. 33. 36 A. 3. 37. 38. 50. 52. 82. 87 A. 4. 101. 156. 164. 165 A. 2. 187. 188. 268. 308 A. 5. 397. 502. Syndicus, 308. cf. Bruns, Johannes. Kastenherren, 726.
— Gilden, 30. 31. 84. 87. 101. 106. 120. 122. 138. 152 A. 1. 165 u. A. 2. 173. 245. 249. 260. 301. 306. 380 A. 1. 431. 437—439. 442. 443. 451. 456 A. 3. 465. 482 A. 2. 484 A. 3. 486. 494. 501. 512 A. 514. 542. 556. p. 270 A. 1. 562. 567 (p. 278). 585. 667. 669. 706 (p. 367 A. p. 369 A.). 717—726. 732. 733. 734 u. A. 2. Gildemeister, 30. 31. 67 A. 1. 87. 122. 145. 165. 437—439. 474. 481. 723. 724. 727. 728. Sessmannen, 67 A. 1. 84. 87. 165 A. 2. 437 bis 439. 474. 481. 585. 669 A. 2 (p. 342). 706 A. 2. 720—725. 727. 728. 733. Handeler, 438 A. 3. 724. Beisitzer, 175. Middeler, 562. 585. 669 (p. 342) A. 2. 720—723. 725. 727. 728. 733. 735. Sestig, 669 A. 2 (p. 342). 706 A. 2. 723. 725. 733. Verordnete, 30. 734. de der stad god vorwaren helpen, ·87 A. 4. itz radende, 567. 706 A. 2. p. 392. Gildebrüder, 437—439. 723. 724. Kaufgilde, 30. 87. 394. 437—438. 439 A. 4. 593. Meister, 30. 87. 394. 437. 593. p. 399 A. 1 u. 2. p. 400 A. 1 u. 2. p. 401 A. 6. 12. p. 403 A. 1. p. 405 A. 3. Sessmannen, 87 A. 4 (p. 61). Beisitzer, 593. Gildebrüder, 593. Bäcker, 30. 87. 511. Meister der, 87. 437. 511. p. 400 A. 9. p. 401 A. 20. p. 402 A. 6. p. 403 A. 2. p. 406 A. 5 u. 7. Beisitzer, 511. Gildebrüder, 511. Knochenhauer, 30. 87. 395. 439 A. 4 (p. 204). Meister, 87. 437. p. 400 A. 12. p. 401 A. 17. 23. p. 402 A. 2. p. 403 A. 3. Schmiede, 30. 87. 145. 439 A. 4. Meister, 87. 437. p. 401 A. 2. p. 402 A. 3. p. 406 A. 3. Beisitzer, Sessmannen, Geschworne, 145. Schneider (schrader), 30. 87. 394. 437. 439. A. 4. Meister, 87. 437. 439 A. 4. p. 401 A. 24. p. 403 A. 5. p. 406 A. 3. Schuhmacher, 30. 87. 395. 437.

439 A. 4. Meister, 87. 437. p. 400 A. 8. p. 401 A. 7, 8, 19. p. 403 A. 4. p. 405 A. 6. Wollenweber, 9. 30. Alte, 53 A. 1. 87. 114. 437. 439 A. 4. 487 u. A. 1. 732 u. A. Neue, 53. 87. 114. 437. 487 u. A. 1. 732. Meister, 732 u. A. p. 400 A. 10. 11. p. 401 A. 13, 21. p. 402 A. 7. p. 404 A. 2. Sessmannen. 732 u. A. Redner, 732 A. Verordnete und Gesellen, 114 Drapener, 437. 439 A. 4. 732 u. A. Leineweber, 30. 439 A. 4. Meister, 87. 437. p. 400 A. 11. p. 401 A. 22. p. 408 A. 8.
Göttingen. Gemeinheit, 15. 30. 31. 48. 54. 84. 87. 106. 122. 135. 165. 173. 237. 260 306. 394. 431. 437—439. 442. 443. 451. 455. A. 3. 465. 474. 475. 486. 501. 559. 560. 687. 688. 706 A. 2. p. 369 A. 1. 719. 726. 734. Meister der, 87. 122. 437—439. 723. p. 401 A. 3, 14, 26. p. 402 A. 5. p. 406 A. 10. Sessmannen, 96 A. 2. 437. Bürger, 578. 667 (p. 338). 705 A. 1. 719. 724. 726. 728—730. 734. 735. Einwohner (medebewoner, gemeines volk), 84. p. 214 A. 718. 723. 724. 726. 728—730. edellude, 557.
— Michael von, B. zu Göttingen, 439 A. 4.
Graunewold, Hans, B. zu Göttingen, 96 A. 2.
Gregorius Nydt (Nidt), Pfarrer zum h. Kreuz in Göttingen.
Greve (Greven), Tile, Rtm. zu Göttingen (1500—14), 15. 21. 54. 86 u. A. 2 u. Nachtr. 122 Nachtr.
Grevelsen, Tile, B. zu Göttingen, Käm. Beis. (1517), p. 402 A. 7.
Grevener, Hans, B. zu Göttingen, Käm. Beis. (1514), p. 400 A. 2.
Grevenstein, s. von Arnsberg, 623 A. 1.
Grime, 557.
Grymmen, Hans, B. zu Goslar, 266. 271.
— Paul, B. zu Goslar, 266 A. 1.
Gronau, s. v. Hannover, 366. 378.
Grone, w. von Göttingen, 4.
— oder Fricke, Andreas, Barfüssermönch, 512 u. A. 1. 514. 523.
— Bruning von, 15.
— Dietrich von, Amtmann zu Friedland, dann zu Jühnde, 34. 67 A. 1. 81 A. 1.
— Gottschalk von, 20. 21.
— Gunzel von, 15. 34.
— Gunzel, Sohn Gunzels, 15.
— Hans von, 15. 35.
— Johann, Amtmann zu Jühnde, Marschall, 20. 21. 165. 217. 245. 304. 309. 316. 322.
Gronewolt, Matthias, Vertreter der Gemeinheit zu Göttingen, 439 A. 4.
Gross, Christoph, cursächsischer Rath, 627.
Gross-Lafferde, ö. von Hannover, 216.
Gross-Schneen, s. von Göttingen, 15 (p. 18).
Grotejans (Grothejans), Henning, B. zu Einbeck, 400. 401.
Groten, Cord, Rtm. zu Hildesheim, 543.
— Hans de, B. zu Göttingen, 38.
— (de Grothe), Helmold, Rtm. zu Göttingen (1531—33), 501 u. Nachtr. 730.
Grube, Heinrich, Hüter des Leineberg-Thores zu Göttingen, 54.
Gunzel von Grone I.
— von Grone II.
Gunzer, Johannes, Mainzer Notar, 385.
Gutenberg (Undenberg), Tile Wolf von, Herr zu Itter, Hofmeister Erichs I., 67. 107. 108. (153.)

H.

Habern, Wilhelm, curpfälzischer Gesandter, 576 A. 2.
Hagemann, Hans, Rtm. zu Göttingen (1515—29), p. 401 A. 8. p. 405 A. 2.
Hagen, Bergrücken bei Göttingen, am linken Leine-Ufer, 21.
— Elisabeth, Frau Otto's von, 118. 120. 125. 200. 203.
— Hans von, 649. cf. Sneen, Hans von.
— (Westernhagen), Otto von, 118. 120. 125—127. 130. 142. 200. 203.
— Wilhelm vom, B. zu Goslar, 602.
Hagenauw, Veit, B. zu Goslar, 95.
Halberstadt, 194. 416. 492. 532 A. 1. 576. 658.
— Adel und Geistlichkeit des Stifts, 548.
Halle a. d. Saale, 535. Moritzburg zu, 535. 681.
Halle, Franz von, 317.
— Heinrich von, 317.
— Thomas von, 317.
Hamburg, 532 A. 1. 597 A. 2. 627 A. 1.
Hamel, Nebenfluss der Weser, 302 A. 2.
Hameln (Hamelen, Hamellen) a. d. Weser, 153. 165 A. 2. 211. 214. 230. 247. 310. 311. 404.
Hammenstedt, ö. von Northeim, 380 A. 1. 406.
Hanawer, Nicolaus, Prediger zu s. Albani in Göttingen, 558 u. A. 1. 614.
Hannover (Hanover, Honnover, Honover), 4. 46. 47. 53a. 65. 74. 83. 122. 153. 165 A. 2. 166. 184. 233. 239. 247. 252. 254. 259. 264. 277. 280. 293 (p. 133). 302. 328. 333 (p. 157). 338—340. 340. 341 A. 1. 363. 373. 411. 412. 467. 471. 519 u. A. 2. 543. 628 A. 1. 629. 631. 637. 641. 647. 672. 716 u. A. Bgm. zu, 65. 454.
Hans Achtermann.
— von Adelebsen.
— Albrecht, Laienbruder der Mainzer Diöcese.
— Armborstmeker der Aeltere, Sohn des Hans, B. zu Göttingen, Meister der Gemeinheit.
— Armborstmeker der Jüngere, Sohn Hans des Aelteren, B. zu Göttingen, Käm. Beis.
— Armborstmeker vor dem Geismarthor, B. zu Göttingen, Käm. Beis.
— Augustins.
— Beckerhennen.
— Blomen, Bgm. zu Hannover.
— Bock, B. zu Göttingen.
— von Bodenhausen.
— von Bodenßen (Bodenhausen?).
— Boylken, B. zu Magdeburg.
— von Boyneburg, Mitglied der Regentschaft in Hessen.
— Bomgarden.
— Borchardes, B. zu Göttingen.
— Brader, Meier in Klein-Schneen.
— Bumester, Rtm. zu Hildesheim.
— Buren (Buern von Lindau), Hans Eildeck von, Rtm. zu Göttingen.
— Dannenberg.
— Detmars, B zu Göttingen, Käm. Beis.
— Distelsauw, Rtm. zu Göttingen.
— von Dransfeld der Aeltere (I.), Rtm. zu Göttingen.
— von Dransfeld der Mittlere (II.), B. zu Göttingen, Käm. Beis.
— von Dransfeld der Jüngere (III.), Rtm. zu Göttingen.
— von Dransfeld IV., Rtm. zu Göttingen.
— Duvel, B. zu Göttingen, Käm. Beis.

Hans Eildeck von Buren (Buern von Lindau), Rtm. zu Göttingen.
— Engelhardes, Rtm. zu Göttingen.
— von Erfurt, Buchdrucker zu Reutlingen.
— Feldmann, Rtm. zu Göttingen.
— Vos, B. zu Göttingen.
— Frederickes, Schmiedemeister zu Göttingen.
— Fürstenberg (Forstenberges), Bgm. zu Göttingen.
— Gerken in der Godmannsstrasse, B. zu Göttingen, Käm.
— Graunewold, B. zu Göttingen
— Grevener, B zu Göttingen, Käm. Beis.
— Grymmen, B. zu Goslar.
— von Grone.
— de Groten, B. zu Göttingen.
— Hagemann, Rtm. zu Göttingen.
— von Hardenberg
— Hardenberg. B. zu Göttingen, Käm. Beis.
— Helmoldes, B. zu Göttingen, Käm.
— Hennen, B zu Göttingen, Käm. Beis.
— Hildebrandes, B. zu Göttingen.
— Hildebrandes, B. zu Braunschweig.
— von der Hole.
— Holthusen, Göttinger Landsasse.
— Hoppener, Rtm. zu Göttingen.
— Kynen, Rtm. zu Göttingen.
— von Köln, kaiserlicher Bote.
— Kogel, Rtm. zu Göttingen.
— Corden.
— Kow (Kop).
— Kuntzen, B. zu Göttingen.
— der Lange, Rtm. zu Göttingen.
— Lindau, Hans (Eildeck von) Buren (Buern) von, Rtm. zu Göttinge
— Ludolfes, Rtm. zu Göttingen.
— Marscher, Rtm. zu Göttingen.
— Meiger, Rtm. zu Hannover.
— Mengershausen, B. zu Göttingen.
— Metz, cursächsischer Rath.
— Munter an der Gassen, B. zu Göttingen.
— Nyerodt, B. zu Göttingen.
— von Nörten, B. zu Göttingen.
— von Oldershausen, Erbmarschall.
— Ostermann, B. zu Göttingen.
— Pollen (Pollenen), Rtm. zu Göttingen.
— Porsen I., B. zu Göttingen, Meister der Bäcker.
— Porssen II., B. zu Göttingen, Käm.
— Reyndt, B. zu Göttingen.
— Resen, Rtm. zu Göttingen.
— Schaper, B. zu Göttingen.
— Schillingk.
— Schillingk oder Westfal.
— von Sneen I., Bgm. zu Göttingen.
— von Sneen II., Bgm. zu Göttingen.
— vom Soide.
— Staben, B. zu Göttingen.
— Staken, B. zu Göttingen, Käm. Beis.
— von Steinberg.
— Stichtereise, B. zu Göttingen.

Hans Stockhausen.
— (Johannes) Stockeleff, Bgm. zu Göttingen.
— Suckesen, B. zu Göttingen, Käm.
— Swaneflogel, B. zu Göttingen.
— Tegetmeiger, B. zu Göttingen.
— Teigeler, B. zu Göttingen, Käm.
— Tyllien, herzoglicher Gesandter.
— Tyßemann, B. zu Einbeck.
— Tollen der Aeltere, Rtm. zu Göttingen.
— Tollen II., B. zu Göttingen, Käm. Beis.
— Trisselmann.
— Uffeln.
— Usseler, Bgm. zu Einbeck.
— Utermolen, Bgm. zu Einbeck.
— Wegener.
— Wenerling.
— Westfal oder Schilling.
— Wigandes, B. zu Göttingen, Käm.
— Wischemann, Rtm. zu Göttingen.

Hanstein a. d. Werra, ö. von Witzenhausen, 704 u. A. 1.
— alle von, 628 A. 1. 704.
— Christian, Amtmann auf dem Rusteberge, Statthalter zu Kassel, 36. 203. 208. 267. 425. 451. 452.
— Dietmar von, 425 A. 1.
— Kaspar von, 151 A. 1. 425 A. 1.
— Ludwig von, Abt zu Helmarshausen, 36.
— Tile von, Hauptmann, 36. 319 A. 1.

Hardegen Otten, B. zu Göttingen, Käm. Beis. (1515), p. 401 A. 23.
Hardegsen (Herdegsen), n.-w. von Göttingen, 251. 295 (p. 134). 410. 587 A. 3. 665. Schmiedewiese bei, 664. Vogt Erichs I. zu, 69. 173.
Hardenberg, n.-ö. von Göttingen, p. 274 A. 1.
— die von, 556 § 7. 578. 628 A. 1.
— Gerhard von, 63. 112.
— Hans von, 15. 35. p. 52 A. 1. p. 54. 103. 248. 251. 253. 568. p. 364 A. 1.
— Hans, B. zu Göttingen, Käm. Beis. (1517).
— Heinrich von, 48, 474.
— dessen und der Salome Tochter, vermählt mit Busse von Bartensleben.
— Hermann I., Rtm. zu Göttingen (1531), p. 406 A. 3.
— Hermann II., Rtm. zu Göttingen (1534).
— Jost von, 108.
— Cord, Käm. Beis. (1514), Rtm. zu Göttingen (1515—18), p. 401 A. 1.
— Margarethe, Wittwe Gerhards von, 63. 112.
— Salome, Wittwe Heinrichs von, 48. 474. 475. 575 (578).

Hardenberges, Valentin, B. zu Göttingen, 618 A. 4.
Harste, n.-w. von Göttingen, Amtmann zu, 351 A. 1. 520.
Hart, Johann, Secretär zu Goslar, 543. 602. 627.
Hartmann Henzelmann, Paulinermönch, Prediger zu s. Nicolai in Göttingen.
— Graf von Kirchberg, Doctor, Coadjutor zu Fulda.
Harz, Forsten im, 370. 375.
Hasfort Lorenz, 695 u. A. 1.
Hawtoges, Volkmar, B. zu Halberstadt, 416.
Heddenhusen, Cord, Meier in Ballenhausen, 15 (p. 12).
Heidelberg a. Neckar, 576 A. 2. 577 A. 4.

Heiligenstadt auf dem Eichsfelde, 13 A. 1. 325. 343. 628 A. 1. 634.
— Martinskirche zu, 94. Geistliches Gericht zu, 13 A. 1.
Heina, Cistenzienserkloster bei Melsungen in Hessen, Convent von, 218.433.
— Dietmar, Abt zu, 245. 249. 268. 429. 433.
— Johann, Abt zu, 433 A. 2.
Heinemann Benterodt, Meister der Kaufmannsinnung zu Münden.
— Schiel, B. zu Mühlhausen.
Heinkel (Hinkel), Martin, B. zu Göttingen, p. 289. 732 A.
Heinrich (Heine, Heinricus, Heintze, Henrich, Henrick, Henze, Hinrick).
— Doctor, Canoniker zu Fritzlar, 232.
— Alemann, B. zu Magdeburg.
— Armborstmeker, B. zu Göttingen, Käm. Beis.
— Bertoldes, B. zu Göttingen, Käm. Beis.
— von Bodenhausen, Mitglied der Regentschaft in Hessen.
— Boning (Boninges), Rtm. zu Göttingen.
— Bornemann, B. zu Göttingen.
— Brandes, Bgm. zu Braunschweig.
— der Aeltere, Herzog zu Braunschweig-Wolfenbüttel.
— der Mittlere, Herzog zu Braunschweig-Lüneburg.
— der Jüngere, Herzog zu Braunschweig-Wolfenbüttel.
— Detmars, B. zu Göttingen, Käm. Beis.
— Dorhagen.
— Droven, Rtm. zu Göttingen.
— Ernstes, Bgm. zu Einbeck.
— Fedelboge, Meister der Kaufmannsinnung zu Münden.
— Fleming.
— Galle, Rtm. zu Hildesheim.
— Ganten.
— von Gelleren.
— Giseler, Bgm. zu Göttingen.
— Giseler der Jüngere, Sohn Simons, B. zu Göttingen.
— Edler von Gittelde.
— Grube, Hüter des Leineberg-Thores zu Göttingen.
— von Halle.
— von Hardenberg.
— Helmoldes der Aeltere I., Rtm. zu Göttingen.
— Helmoldes II., Rtm. zu Göttingen.
— Hovener, B. zu Northeim.
— Hummen, Rtm. zu Göttingen.
— Hummen, Kalandsherr zu Göttingen.
— Kettelbrandt, Bgm. zu Hildesheim.
— Kunzelmann, B. zu Göttingen, Käm. Beis.
— Lengeler.
— Leffheydt, B. zu Einbeck.
— von Lunden, herzoglicher Schultheiss zu Göttingen.
— Marquardi, Guardian des Franciscanerklosters zu Göttingen.
— Mechtzhusen, Bgm. zu Goslar.
— Meier, Rtm. zu Göttingen.
— Meier, B. zu Göttingen, Wollenweber.
— Meiger, Stadtschreiber zu Göttingen.
— Mundemann, Rtm. zu Göttingen.
— Nörten, Rtm. zu Göttingen.
— Odera, B. zu Northeim.
— Oelemann.
— Osterode, Prädikant zu s. Martini in Braunschweig.
— Pfeifer, genannt Schwertfeger, Mühlhäuser Wiedertäufer.

Heinrich Reinhusen, Rtm. zu Lübeck.
— Richling.
— Ripenhusen, B. zu Göttingen, Käm. Beis.
— Rock der Aeltere.
— Ruden, B. zu Göttingen.
— von Scheden, Rtm. zu Göttingen.
— Scheinkorn, B. zu Einbeck.
— Schilling, B. zu Göttingen, Käm. Beis.
— Sybelinges, Rtm. zu Göttingen.
— Speckbotil, Rtm. zu Göttingen.
— Stocker, Rtm. zu Göttingen.
— Swaneflogel, Rtm. zu Göttingen.
— Thomas. Bgm. zu Nordhausen.
— von Weende der Aeltere, Rtm. zu Göttingen.
— Weidemann.
— Wenken.
— von Wildungen, hessischer Rentmeister.
— Winkel, lutherischer Prediger zu Braunschweig und Göttingen.
— Wischemann.
— Witzenhusen I., Rtm. zu Göttingen.
— Witzenhusen II., B. zu Göttingen, Käm. Beis.
— Zange, B. zu Mühlhausen.
— Zinecke.

Heyße, Tylke, 402 (p. 185). 404.
Heißen, Hermann, herzoglicher Zolleinnehmer zu Weende, 18 A. 1.
Helfenstein, Graf von, kaiserlicher Statthalter, 427.
Helfmann, Johannes, Licentiat, Procurator am Kammergericht, 594 A. 2.
Helmarshausen, Kloster bei Karlshafen a. d. Weser, 36.
— Ludwig von Hanstein, Abt zu, 36.
— Johann von Lippe, Abt zu, 36 A. 1.
— Georg von Marnholte, Abt zu, 36 A. 1.

Helmbrecht Mengershausen, Rtm. zu Northeim.
— von Witzenhusen, Sebaldus, Prediger zu Gottesbühren, 493.

Helmbrechts, Hermann, B. zu Göttingen, Käm. Beis. (1514), p. 400 A. 10.
Helmold Kokes, B. zu Göttingen.
— Groten (de Grothe), Rtm. zu Göttingen.
— bei der Linde, Rtm. zu Göttingen.

Helmoldes, Bertold, B. zu Göttingen, 732 A. 2.
— Bertold, Rtm. zu Göttingen (1500—13. 16—21), 86 Nachtr.
— Hans, B. zu Göttingen, Bäcker, Käm. (1533. 34).
— Heinrich I. Rtm. zu Göttingen (1513—14. 16—30), 86 Nachtr. 122 u. Nachtr.
— Heinrich II., Rtm. zu Göttingen (1529—33), p. 389 A.

Henneberg (Hynnenberg), Wilhelm Graf von, 39.
Hennen, Hans, B. zu Göttingen, Käm. Beis. (1521).
Henning (Hennyng) von Brunsen.
— vom Damm, B. zu Braunschweig.
— Dethmar, B. zu Goslar.
— Grothejans, B. zu Einbeck.
— Hohof, B. zu Göttingen, Käm.
— Kastenmeker.
— Lindemann, Rtm. zu Göttingen.
— Papa, Mag., Prediger zu s. Petri in Braunschweig.
— Probst (Prowest), Bgm. zu Braunschweig.
— Roder.

Henning Ruscheplatte, Landdrost zu Göttingen.
— Stapel, B. zu Göttingen.
Henzelmann, Hartmann, Paulinermönch, Prediger zu s. Nicolai in Göttingen, 680 u. A. 2.
Herberhausen, ö. v. Göttingen, 22. 172 A. 1.
Herdegsen s. Hardegsen.
Hermann (Herman, Hermen).
— Schreiber Erichs I., 292.
— Bode, Stadtschreiber zu Göttingen.
— Deys, B. zu Paderborn.
— von Gladenbeck.
— Grevener, B. zu Göttingen, Käm. Beis.
— Hardenberg I. u. II., Rtm. zu Göttingen.
— Helmbrechts, B. zu Göttingen, Käm. Beis.
— Heißen, herzoglicher Zolleinnehmer zu Weende.
— Herwiges, Untersasse zu Volkerode.
— von Lengeden.
— Lucken.
— von Oldershausen, Marschall.
— Puster, Rittmeister zu Northeim.
— Stichtereise, B. zu Göttingen.
— Subprior zu Walkenried.
— Wischemann (Wisskemann), Rtm. zu Göttingen.
— Witzenhusen I. u. II, Rtm. zu Göttingen.
— Wroger.
Herse von Röden.
Herting Schenk, Kanzler des Abts zu Fulda.
Herwiges, Hermann, Untersasse zu Volkerode, 107 u. Nachtr. 108 u. Nachtr.
Hessen, Landgrafschaft, 165 A. 2. 194. 433. 456. 481. 482 A. 3.
— Wilhelm, Landgraf zu, 2. 4 (p. 4). 6. 23 A. 1. 24 A. 1. 26. 27 A. 1.
— Philipp, Landgraf zu, 58. 64. 232. 330 (349). 353 A. 1. 378 (p. 176). 429. 433. 446. 451. 452. 455. 473. 481. 489—491. 493. 513 A. 2. 524—528. 532. 550. 552 A. 1. 559. 560. 564 u. A. 1. 569. 572. 576 A. 2. 582. 588. 591. 594. 597 u. A. 1. 601. 606. 608 u. A. 1. 610. 611. 620—623. 628 A. 630 u. A. 4. 632. 640 (p. 324). 656. 673. 674. 676 u. A. 2. 692. 710. 711.
— Diener des Hofs, p. 226. Landhofmeister, 58. 64. Räthe von. 344. 451. 452. 630 A. 4. 640. 673. 674. 676. Regenten, Statthalter, 58. 64. 208. 451. 452. Kanzler, 564. Secretär, 524. 564. Rentmeister, 90. Städte in, 431. Verweser der Klöster und Stifter von, 429. 433.
Hessen, Johann von, Haushofmeister Erichs I., 218.
Hevensen (Hevnste), ö. von Hardegsen, 173.
Hildebrand Elveckes.
— Dorhagen.
— Cruße, Notar an der Probstei Nörten.
— Tyhof, Rtm. zu Göttingen.
Hildebrandes, Hans, B. zu Göttingen, 732 A. 1.
— Hans, B. zu Braunschweig, 157. 279.
Hildesheim (Hildenschim, Hildenßem, Hildenßheim, Hildeßem). 4. 12 A. 3. 14. 47. 53a. 65. 83. 87 A. 4. 122. 149. 153. 154. 166. 174. 184. 212. 216. 227. 228. 230. 231 u. Nachtr. 234. 235 (p. 115). 254. 257. 278. 279 A. 1. 282. 284. 293. 294. 328—330. 338. 340. (341.) 402—404. 411. 467. 513 u. A. 2. 519 A. 3. 532 A. 1. 543. 546. p. 274 A. 1. 597 A. 2. 627 A. 1. 628 A. 1. 651 (p. 328)

A. 2. 672 u. p. 347 A. 3. 674. 675, 677—679. Bgm zu, 65.
Secretär, p. 63 A.
Hildesheim, Stift von, 187 A. 2. 311. 340 A. 4. Bischof zu, 404.
Capitel, 4. 216. Domherren, 236. Stiftsmannen, 179.
— Bartold, Bischof zu, 4
— Johann, Bischof zu, 22. 149. 162. 165. 172. 174. 175. 178. 179.
183. 184. 186. 211. 214—216. 224. 235. 254. 257. 275. 280. 293. 298. 302.
— Michaelisberg (von dem berge), Kloster zu, 236.
Hilwardshausen, Kloster n.-ö. von Münden (Hilwardehusche lant), 15.
Hinderdor, Jacob, B. zu Göttingen, Käm. Beis. (1530), p. 406 A. 1.
Hippolyt von Medici, Cardinal.
Hirter, Ludwig, Doctor, Procurator am Kammergericht, 594 A. 2.
Höckelheim, Kloster w. von Northeim, 604.
Hocker, Johann, B. zu Paderborn, 436.
Hoenfelsch, Johann, Abt-Komtur zu Felsberg, 106.
Hofgeismar, n. v. Kassel, 628 A. 1.
Hoffmeister (Homeister), Claus, Göttinger Förster, 206. 238.
Hoheneggelsen, Landdrostei Hildesheim, Amt Marienberg, 212.
Hohenstein, w. von Stolberg im Harz, Ernst, Graf von, Herr zu
Klettenhof und Lora, 126. 130 A. 1. 628 A. 1.
Hohof, Henning, B. zu Göttingen, Käm. (1533), 206 Nachtr. 489 A. 3.
p. 406 A. 8.
Hoya, Grafschaft, w. von Bremen, 410. 411. Graf von, 410.
Hole, Hans von der, p. 353.
Holtborn, Johann, Paulinermönch, 612.
— Johann, Barfüssermönch, p. 367 A. 708a.
Holtensen (Holzhausen), n. von Göttingen, 628.
— (Holthusen), n. von Northeim, 633.
Holthusen, Hans, Landsasse, 4.
Holzsatel, Wigand, von Nassenerfurt, Statthalter der Deutschordens-
Ballei Sachsen, 106.
Homan von Verlhusen.
Homann, Johannes, B. zu Göttingen, 145.
Homberg (Homburg), 283 A. 4. Priester zu, 90. Schöffe zu, 90.
Honden, Otto, Amtmann zu Schönstein. 245.
Honorius, Paul, Mag., 622.
Hoppener, Hans, Käm. Beis. (1514), Rtm. zu Göttingen (1515—26),
p. 400 A. 12. p. 401 A. 17.
Hoved (Hovet), Jürgen (Georg), Käm. (1533), Rtm. zu Göttingen
(1534), 266 A. 1.
Hovener, Heinrich, B. zu Northeim, 348.
Hovet, Johann, Pfarrer zu s. Johannis in Göttingen, herzoglicher
Kanzler, 8. 67.
Höxter a. d. Weser, 308 A. 5.
Hübenthal, Friedrich, lutherischer Prädicant (437.) 442 A. 4 (p. 205).
443. p. 214 A.
Hummen, Heinrich, Rtm. zu Göttingen (1500—04), 6. 15.
— Heinrich, Kalandsherr zu Göttingen, 735.
Hundecop, Lucas, B. zu Göttingen, 516 A. 1.
Hundsrück, Schloss, n. von Dassel, 175. 179. 225.
Hutter, Thomas, B. zu Mühlhausen, 343.

I.

Jacob Doleatoris, Doctor und Decan zu s. Sever in Erfurt.
— Druden, B. zu Göttingen, Käm.
— Hinderdor, B. zu Göttingen, Käm.

Jacob Cordewag.
— Krabben, B. zu Lübeck.
— Krethove.
— von Leichtern.
— Ludecken (Protten), Glm. d. Bäcker, Rtm. zu Göttingen.
— Protten (Ludecken), Glm. d. Bäcker, Rtm. zu Göttingen.
— Romer, kaiserlicher Bote.
— Soite (Süthe, Süsse), Andres, magister sacramentorum.
— Steinmuller, kaiserlicher Bote.
— Abt zu Walkenried.
— Prior zu Walkenried.
— Wigand.

Jasper (Caspar) Kordewan.
— Stichtereise.

Ibrahim-Pascha, Türkischer Grosswesir, p. 322.
Jeße, Cord, B. zu Göttingen, 38.
— Johannes von, 542.
Ilemann, Andreas, B. zu Göttingen, Käm. Beis. Käm. (1530), p. 405 A. 6.
— Cord, B. zu Göttingen, Käm. Beis. (1514), p. 400 A. 8.
Ilse Bernhards.
— von Bodenhausen.
— Snelrades, Schwester im Annenkloster zu Göttingen.
Immenhausen, n. von Kassel, 482. 484.
Innsbruck (Ißbrugk), 18.
Joachim von Bodenßen (Bodenhausen?).
— der Aeltere, Curfürst von Brandenburg.
— der Jüngere, Markgraf von Brandenburg.
— Distelauw, Rtm. zu Göttingen.
— von Maltzan.
— Wegener, Bgm. zu Goslar.

Job Swindysen.
Johann, Abt zu Abdinghof.
— von Andernach, Lehrer zu Göttingen.
— Herzog von Baiern.
— Beckmann, Notarius Publicus.
— Birnstiel, Mag., Prediger zu Göttingen.
— Bruns, Stadtschreiber, Syndicus, Rtm. zu Göttingen.
— Eldigerot (Eltingerodt), Kalandsherr zu Göttingen.
— Feige (Vige), hessischer Kanzler.
— Franck, Vicar.
— Friedrich, Curfürst von Sachsen.
— Grone, herzoglicher Marschall, Amtmann zu Jühnde.
— Gunzer, Mainzer Notar.
— Hart, Secretär zu Goslar.
— Abt zu Heina.
— Helfmann, Licentiat, Procurator am Kammergericht.
— Abt zu Helmarshausen.
— Bischof zu Hildesheim.
— Hocker, B. zu Paderborn.
— Hoenfelsch, Abt-Comtur zu Felsberg.
— Holtborn, Paulinermönch.
— Holtborn, Barfüssermönch.
— Homann, B. zu Göttingen, Meister der Schmiede.
— Hovet, Kanzler Erichs I. und Pfarrer zu s. Johannis in Göttingen.
— von Jeße.
— Kilian, Rtm. zu Einbeck.

Johann von Köln, B. zu Göttingen.
— Cordewaen, Secretär zu Einbeck.
— Landgreve, B. zu Göttingen, Käm. Beis.
— bei der Linde, Mag.
— Marshusen (Marßhusen, Martshusen, Martzhusen), Barfüssermönch.
— Mechelmehusen, Canoniker zu Heiligenstadt, Commissar der Probsteien Nörten und Einbeck.
— von Meisenbuch, hessischer Haushofmeister.
— von Metzenhausen, Erzbischof von Trier.
— Nolten, Commissar der Propstei Nörten.
— Nordeck, Secretär des Landgrafen Philipp.
— Pistorius, Prediger.
— Pollen, Kalandsherr zu Göttingen.
— Querliss, Prediger.
— Rakebrand, Predigermönch.
— Rechlinger, Doctor.
— Remensnider, Barfüssermönch.
— Rodiger. B. zu Paderborn.
— Curfürst von Sachsen.
— Schaden, Herzog Erichs I. Kanzler.
— Segel, Amtmann zu Münden.
— Sommering.
— Sorge.
— Spangenberg, Augustinervicar.
— Speigelberg, Rtm. zu Nörten.
— Stein, Notar, Stadtschreiber, Prediger zu Göttingen.
— Sunder Walkenrieder Hofmeister zu Göttingen.
— Sutel, Prediger, dann Superintendent zu Göttingen.
— Treise, B. zu Göttingen, Käm. Beis.
— König von Ungarn.
— Uterßhusen, Priester zu Homburg.
—, Hofmeister des dem Kloster Walkenried gehörigen Hofes zu Göttingen. cf. Sunder, Johann.
—, Kellner zu Walkenried.
— Winkelmann, Bgm. zu Göttingen.

Jost Brinckmann.
— von Hardenberg.
— Meier, Rtm. zu Göttingen.
— Ruscheplatte, Secretär Herzog Erichs I.
— Winther, Prediger zu Allendorf und Göttingen.

Isny, w. von Kempten, 559. 560. 608 A. 1. 676 A. 2.
Ißprugk s. Innsbruck.
Itter, Tile Wulf von Gutenberg, Hofmeister Erichs I., Herr zu, 67. 107. 108.
Jühnde (Jhune, June), s.-w. von Göttingen, 81 A. 1. 304. Amtmann von, 67 A. 1. 217. 245.
Jungen, Bertoldus, Predigermönch, 734 A. 2.
Julius II., Papst, 77.
Jürgen (Jurgen) Hoved (Hovet), Rtm. zu Göttingen.
— Kastenmaker, B. zu Göttingen.
— Lendecke, Mag., Rtm. zu Göttingen.
— Mengershausen, B. zu Northeim.
— Remeling, Rtm. zu Göttingen.
— Ruisbicker, Mitglied der Regentschaft zu Hessen.
— Sode, Bgm. zu Hannover.
— Staken, B. zu Göttingen, Käm. Beis.

Jürgen Waßmoidt, B. zu Göttingen.
— Wullenwever, B. zu Lübeck.
Jutte Zeligen, Nonne im Annenkloster zu Göttingen.

K. (C.)

Kale, Cord, Rtm. zu Hildesheim, 543.
Kalenberg, Schloss, n.-w. von Hildesheim, 165 A. 2. 302. 308 A. 5. 442. 450. 510. 520.
Karl V., deutscher Kaiser.
Karsten (Kersten) Balder, Bgm. zu Goslar.
— Brandes, B. zu Göttingen.
— Werner, Rtm. zu Göttingen (1533).
Kaspar (Caspar) von Hanstein.
— Molenfelde aus Hessen.
— Walpot, Rtm. zu Göttingen.
Kassel, 58. 90. 245. 452. 524. 526. 527. 532. 569. 588. 594. 606. 608 A. 1. 628 A. 1. 630 A. 4. 676. 688 A. 1. Herberge zum Helmen, 688 A. 1. Statthalter zu, 208.
Kastenmaker, Jürgen, 96 A. 2.
Kastenmecher, Conrad, 558 A. 1.
Kastenmeker, Henning, 722 A. 4.
Katherina, Tochter Albrechts von Sachsen, Wittwe Erzherzog Sigismunds von Oesterreich, erste Gemahlin Erichs I. von Braunschweig-Kalenberg.
— Lintbaumes (Lynthoff), Priorin des Annenklosters zu Göttingen.
— Wittwe Trisselmanns, B. zu Göttingen.
Katlenburg, Nonnenkloster, ö. von Northeim, 361. 638. 639. 644. Convent des, 66.
— Elisabeth, Priorin zu, 66.
Katzenelnbogen, s.-ö. von Koblenz, Graf zu, 550. 559. 560. cf. Landgraf von Hessen.
Keckhof, 498.
Kellner, Andreas, Paulinermönch, 615.
Kemmer von Duren, Wilhelm, B. zu Göttingen, Käm. Beis. (1517), p. 402 A. 9.
Kerstlingerode (Kerstingerode), s.-ö. von Göttingen, Otto von, Amtmann zu Friedland, 81. 235 (p. 113). 421. 465 (p. 215 A. 1). 628 A. 1.
Kettelrandt, Heinrich, Bgm. zu Hildesheim, 65.
Kessel, Godard von, Webemeister, 732 A. 2 (p. 389).
Kilian, Johann, Rtm. zu Einbeck, 89 A. 1.
Kynen, Hans, Rtm. zu Göttingen (1515—81), 84. 134. p. 401 A. 9.
Kirchberg (Kirchperge), Hartmann, Graf von, Doctor, Coadjutor zu Fulda, 27 A. 1. 39. 43 (44. 45). 52.
Claus (Clawes), Barfüssermönch, p. 367 A.
— Becker.
— (Nicolaus) Eggestein (Eckstein).
— Garboden.
— Hoffmeister, Göttinger Förster.
— Lutterberg.
— Papen, Schmiedem. zu Göttingen.
— I., von Sneen, Rtm. zu Göttingen.
— II., von Sneen, Bgm. zu Göttingen.
Cleve, Herzog von, 340 A. 4.
Kleinhans (Cleynhans), 498. 508 A. 3.
Klein-Scheen (Lutken Snehin, Sneyn), s.-ö. von Göttingen, 15. 206.
Clemens VII., Papst, 698. Gesandte des, 698 u. A. 2.

Klettenhof, n.-w. von Nordhausen, Ernst, Graf von Hohenstein,
   Herr zu, 126.
Klockener, Wilhelm, Rtm. zu Göttingen (1500—04), 15.
Knipping, Mathias, Rittmeister zu Einbeck, 627.
Coburg, 503 A. 3.
Kock, B. zu Göttingen, 340 A. 4.
Kogel, Hans, B. zu Göttingen, Käm. (1530), Rtm. (1534), p. 405 A. 5.
Kokes, Helmold, B. zu Göttingen, 7 u. A. 1.
Koldingen, herzogliches Schloss, s. von Hannover, 303.
Köln am Rhein, 24 A. 1. 41. 42.
— Erzbischof zu, 340 A. 4.
— a. d. Spree, 584.
— Hans von, kaiserlicher Bote, 38.
— Johann von, B. zu Göttingen, 319. 322. 325 A. 3. 335. 345.
König (Konnigk), Konrad, Doctor, Syndicus zu Braunschweig, 65. 308 A. 5.
Cöthen, w. von Dessau, 529. 530.
Conrad (Conradus), Priester, 497.
— Canoniker zu Fritzlar, 232.
— Secretär „tom Bustorppe" in Paderborn, 286.
— Brecht.
— Broelen, Bgm. zu Allendorf.
— Bruns, Official, Syndicus, Rtm. zu Göttingen.
— von Dussendorp.
— Kastenmecher.
— König, Doctor und Syndicus zu Braunschweig.
— Munnemann.
— Oppermann.
— Poppich (Poppiges, Puppich) von Allendorf, Prior zu Eschwege,
   Augustiner.
— Abt zu Reinhausen.
— Sussen, Licentiat.
Conradi, Roland, Amtmann zu Friedland, 704.
— Tilemannus, Pfarrer zu s. Jacobi in Göttingen, 220 Nachtr.
Konstanz (Costnitz), 29. 559. 560. 608 A. 1. 676 A. 2.
Kop, Hans, 508 A. 3.
Cord (Cort, Kurt), Arthmers, B. zu Göttingen, Käm. Beis.
— Blomenrode, B. zu Göttingen.
— van dem Brinke, B. zu Göttingen.
— Burmann, Rtm. zu Göttingen.
— Buth.
— Dorhagen, B. zu Göttingen.
— Franke Schilden, B. zu Göttingen.
— Gerken, B. zu Göttingen, Käm. Beis.
— Gerken in der Godmannsstrasse, Rtm. zu Göttingen.
— Gerken von Sieboldshausen, Rtm. zu Göttingen.
— Groten, Rtm. zu Hildesheim.
— Hardenberg, Rtm. zu Göttingen.
— Heddenhusen.
— von Jeße.
— Ilemann, B. zu Göttingen, Käm. Beis.
— Kale, Rtm. zu Hildesheim.
— Krengen, B. zu Einbeck.
— von Lengeden, Rtm. zu Göttingen.
— von Mandelslo.
— Meier (Meger), Rtm. zu Göttingen.
— Nyerodt, Rtm. zu Göttingen.

Cord Nolle.
— Protten.
— van Riden (Rige), Rtm. zu Lübeck.
— Schacht.
— von Steinberg.
— Trappen (Tappen), B. zu Göttingen, Käm.
— Winkelmann, B. zu Göttingen, Käm. Beis.
Corden, Hans, Göttinger Bote, 237.
Cordewaen, Johann, Secretär zu Einbeck, 626 A. 2. 627.
Cordewag, Jacob, 456 A. 3.
Kordewan, Caspar oder Jasper, Prediger zu Göttingen, 456 A. 3.
Kotold, Gabriel, kaiserlicher Bote, 105.
Kow (Kop) Hans, 498. 508 A. 3.
Krabben, Jacob, B. zu Lübeck, 627.
Kraft von Bodenhausen, Herr zu Iteln.
Kraen, Nolte, 735 (p. 397).
Crage, Ludicke, Bgm. zu Braunschweig, 627.
Krengen, Cord, B. zu Einbeck, 109 (113). 121 A. 2. Dessen Wittwe, 361. 362.
Krethove, Jacob, Büchsengiesser, 545 A. 3.
Krigesche Wittenborgh (Belgrad), 640 (p. 322).
Cruse, Doctor, 308 A. 5.
Cruße, Hildebrand, Notar an der Probstei Nörten, 51.
Kummel, Predigermönch zu Göttingen, 734.
Kummermann, Göttinger Bote, 257.
Kuntzen, Hans, B. zu Göttingen, 96 A. 2.
Cunze Richling.
Kunzelmann (Cuntzelmann), B. zu Göttingen, 319 A. 1.
— Heinrich, B. zu Göttingen, Käm. Beis. (1522. 23), 439 A. 4. p. 403 A. 5.

L.

Lafferde s. Gross-Lafferde.
Lamprecht, Lambert, Secretär und Gesandter Erichs I., 161. 162.
Landgreve, Johannes, B. zu Göttingen, Käm. Beis. (1515), 96 A. 2.
Lange, Hans der, Rtm. zu Göttingen (1533).
Langensalza (Salza) a. d. Salza, 472. Amtmann zu, 472.
Lauenburg (Lauenberg), Schloss s.-w. von Einbeck, 178. 179.
Laurentius Orsperger, Notar.
Leffheydt, Heinrich, B. zu Einbeck, 109 (113. 121 A. 2).
Leichteren, Georg von, 200.
— Jakob von, 200.
— Wolf von, 200.
Leiden, Tuch von, 15.
Leine, 165 A. 2. 167. 181. 182.
Leipzig (Liptze), 67 A. 1 (p. 53). 159. 160.
Lendecke, Jürgen, Mag., Rtm. zu Göttingen (1526—30).
Lengeden (Lengede), Cord von, Rtm. zu Göttingen (1534), 498. 500. 508 A. 3. p. 367 A. p. 369 A.
— Hermann, B. zu Göttingen, 498. 508 A. 3.
Lengeler, Heinrich, Kalandsherr zu Göttingen, 730 u. A. 3.
Lenglern (Lengelen), n. von Göttingen, 4. 18 A. 1. 389. Vorwerk daselbst, 165 A. 2 (p. 92). 195.
Leo X., Papst, 144.
Leonhard Mertz, Doctor, Syndicus zu Magdeburg.
Levin von Emde, Bgm. zu Braunschweig.

Lichtenberg, 189 A. 3.
Lindau, n.-ö. von Göttingen, 628 A.
— am Bodensee, 559. 560. 608 A. 1. 676 A. 2.
— Hans, (Eildeck von) Buren (Buern) von, Rtm. zu Göttingen (1533), 706 A. 2. p. 406 A. 11.
Linde, Helmold bei der, Rtm. zu Göttingen (1515—17), 84 (p. 59). p. 401 A. 5.
— Johannes bei der, Mag., 730 A. 3. 735 u, p. 397 A. 1.
Lindemann (Lyndemann), Bertold, B. zu Göttingen, 356.
— Henning, Rtm. zu Göttingen (1500—14), 15. 59. 84. 86 Nachtr. 122 Nachtr.
Lynden, Stephan tor, 482 A. 3.
Lintbaumes (Lynthoff), Katherina, Priorin des Annenklosters zu Göttingen, 63. 94.
Lippe, Johann von der, Abt zu Helmarshausen, 36 A. 1.
Lippoldes (Lyppoldes), Tilemann, B. zu Göttingen, 48. 556 § 7. 578 A. 1.
Listrius Martin, Prediger zu Hildesheim, 513 A. 2.
Lora, s.-w. von Nordhausen, Ernst, Graf von Hohenstein, Herr zu, 126.
Lorenz Hasfort.
— Schyven.
Lübeck, 17. 53a. 56. 57. 115. 116. 399. 426. 487 u. p. 230 A. 1. 532 A. 1. 559. 560. 577. 605—607. 611. 623. 624. 626. 627 u. A. 1. p. 347 A. 3. 686. 690 u. A. Gewandschneider zu, 487 u. A. 1. Aelterleute der, 426. 487 u. p. 230 A. 1. Burgkloster daselbst, 388. 399. 686. 690 u. A. Stadtbuch, 690 A.
Lucas Hundecop, B. zu Göttingen.
Lucken, Hermann, 555 A. 2.
Ludecken (Protten), Jacob, Rtm. zu Göttingen (1533), 511. p. 406 A. 7.
Ludeke von Peine, B. zu Braunschweig.
Luderus Snake, Prior des Burgklosters zu Lübeck.
Ludicke Crage, Bgm. zu Braunschweig.
Ludickens, Gerk, B. zu Magdeburg, 627.
Ludiken, Bertold, Rtm. zu Hildesheim, 543.
Ludolf Bovenden.
— Breiger, Bgm. zu Braunschweig.
— Ruscheplatten, Rtm. zu Göttingen.
— Segeboden, B. zu Göttingen, Käm. Beis.
— Snippen, Bgm. zu Göttingen.
— Stockeleff, Rtm. zu Göttingen.
Ludolfes, Hans, Käm. Beis. (1514), Rtm. zu Göttingen (1515—33), 122. p. 379 A. p. 401 A. 2.
Ludwig, Herzog von Baiern.
— Bremer, Prediger.
— von Hanstein, Abt zu Helmarshausen.
— Hirter.
— Pfalzgraf bei Rhein, Curfürst.
— Tasschemaker, B. zu Lübeck.
— König von Ungarn.
Lunden, Heinrich von, Doctor, herzoglicher Schultheiss zu Göttingen, p. 25 A. (65.) 96 Nachtr.
Lüneburg (Luneborgk, Lunenborch, Lunenburgk), Fürstenthum, s. Braunschweig-Lüneburg.
— Stadt, 168. 171 u. Nachtr. 628 A. 1. Lüneburger Haide, 194.

Luther, Martin, Doctor, 437 Nachtr. 444. 503 u. A. 2. 504. 509. 516
    u. A. 1. 517 u. A. 2 u. p. 244 A. 1. 529. 530. 564.
Lutken — s. Klein-.
Lutterberg, Claus, 722 A. 4.

M.

Magdeburg (Magdeborch, Maydeburch), 14. 47. 53a. 65 A. 3. 83. 148.
    159. 160. 163. 166. 167 A. 2. 184. 186. 194. 198. 226. 254 (p. 122).
    256. 258. 326. 327. 328. 333. 338 (p. 163). 387. 414. 415. 422.
    423. 464. 467. 513 A. 2. 519 u. A. 2 u. 3. 528. 544. 548—550.
    553. 559—561. 574. 576. 582. 586 u. A. 2. 597 u. A. 1. 605.
    607. 608 A. 1. 611. 613. 623. 626. 627 u. A. 1. 632. 635. 643.
    672. 696. 698 u. A. 707. 709.   Gildemeister zu, 159. 253.
    Schreiber, 159. 160. Judenborgk zu, 326.
— Stift, Adel und Geistlichkeit, 548. Erzbischof von, s. Mainz.
Mainz, 611 A. 2. Martinsburg zu, 515.
— Erzbisthum, 706 (p. 368). Geistliches Gericht zu, 13 A. 1. Erz-
    bischöfe zu, 119. 133. 194. 556. Erzbischöfliche Generalrichter,
    Vertreter, Commissare, 13 A. 1. 144. 194. 325. 515. 706. Räthe,
    613. 658. 660. 661.
— Albrecht, geb. Herzog zu Sachsen, Erzbischof und Curfürst zu,
    13 A. 1.
— Uriel, Erzbischof und Curfürst zu, 76.
— Albrecht, geb. Markgraf von Brandenburg, Erzbischof und Cur-
    fürst zu, Erzbischof zu Magdeburg, 119. 133. 194. 283 A. 4. 422.
    429. 430. 433 A. 2. 515. 535. 548 (556 § 7). 569. 574. 586 A. 2.
    611. 613. 625. 631. 637. 646 u. A. 1. 647. 658. 660. 681. 682.
    706 (p. 368).
Maltzan (Moltzan), Joachim von, 298. 299.
Mandelslo (Mandelsen), Cord von, 176 u. Nachtr. 178. 179. 181. 233.
    248. 251. 253.
Mansfeld, Grafschaft, 628 A. 1. Mansfeldische Räthe, p. 324.
— Albrecht, Graf zu, 559. 560. 632.
— Gebhard, Graf zu, 559. 560. 632.
Marburg a. d. Lahn, 445. 456. 620. 622.
Margarethe, Wittwe Gerhards von Hardenberg.
— Ravens, Schwester im Annenkloster zu Göttingen.
— Wuneke (Bocholt), Mater des Annenklosters zu Göttingen.
Mariengarten (tom Garden), Kloster, s.-w. von Göttingen, 15. 609.
Markoldendorf a. d. Ilme, w. von Einbeck, 222.
Marnholte, Georg von, Abt zu Helmarshausen, 36 A. 1.
Marquardi, Franz, 516 A. 1.
— Heinrich, Franziscaner-Vicar der Provinz Sachsen, Guardian des
    Franziscanerklosters zu Göttingen, 80. 94. 111. 112.
— Marquardus, Stadtschreiber zu Göttingen, dann Schreiber Dietrichs
    von Plesse, 27 A 1. 32. 33.
Marscher, Hans, Rtm. zu Göttingen (1533).
Marshusen (Marßhusen, Martshusen, Martzbusen), Johann, Barfüsser-
    mönch, 501. 512 A. 1. p. 367 A.
Martin, Priester, 556 § 9.
— Dormann, Rtm. zu Göttingen.
— Heinkel (Hinkel), B. zu Göttingen.
— Listrius, Prediger zu Hildesheim.
— Luther, Doctor.
— Michaelis, Secretär zu Bremen.

Martin Sebexsen.
— Weckenesel, Rtm. zu Göttingen.
Martinsburg zu Mainz, 515.
Matthias Duvel, Guardian des Annenklosters zu Göttingen.
— Gronewolt, Vertreter der Gemeinheit zu Göttingen.
— Knipping, Rittmeister zu Einbeck.
Maximilian I., deutscher Kaiser.
Mechelmeshausen, Wüstung s. von Göttingen, 15.
Mechelmeshusen, Johann, Canoniker zu Heiligenstadt, Commissar der Probsteien s. Peter in Nörten und s. Alexander in Einbeck, 94.
Mechtzhusen, Heinrich, Bgm. zu Goslar, 318.
Medem, Bertold von, 132. 134. 135. 136. 137. 138 Nachtr. 139. 140 Nachtr.
— Alheid, Mutter Bertolds von, 132. 134.
— Simon von, Rtm. zu Göttingen (1500—10), 15. 54.
Medici, Hippolyt, Cardinal, p. 323.
Meier (Meiger, Meyger, Meygere), Gottfried, Schultheiss zu Homberg, 90.
— Hans, Rtm. zu Hannover, 65.
— Heinrich, Käm. Beis. (1514), Rtm. zu Göttingen (1515—25), p. 400 A. 11.
— Heinrich, B. zu Göttingen, Wollenweber, p. 400 A. 11.
— Heinrich, Stadtschreiber zu Göttingen, 50. 82.
— Jost, Rtm. zu Göttingen (1533), 470 A. 3.
— Cord, Rtm. zu Göttingen (1500—13. 16—29), 87 A. 4. 195 Nachtr. 208. 267. 389.
Meinersen, Amt Celle (?), 16.
Meynsen (Mainz?) Barfüssermönch von, p. 367 A.
Meisenbuch, Johannes, hessischer Haushofmeister, 688 A. 695. 703.
Meissen a. d. Elbe, Markgraf zu, 559. 560. cf. Sachsen.
Melanchthon, Philipp, 504 u. A. 4.
Meler, Thomas, Büchsenschütz, 300.
Memmingen a. d. Iller, 559. 560. 608 A. 1. 676 A. 2.
Mengershausen, Christoph, Franziscanerguardian zu Göttingen, 512 A. 699. 702 u. p. 362 A. 1. 703. 710. 711.
— Hans, B. zu Göttingen, 151.
Mengershusen, Helmbrecht, Rtm. zu Northeim, 380. 383 (390). 406 (409).
— Jürgen, Sohn Helmbrechts, 380 A. 1 (390). 406 (409).
Mertz, Leonhard, Doctor, Syndicus zu Magdeburg, 574.
Metz, Hans, Hauptmann zu Wittenberg, cursächsischer Rath, 627.
Metzenhausen, Johannes von, Erzbischof zu Trier, 532 u. A. 3.
Michael von Göttingen, B. zu Göttingen.
Michaelis, Martin, Secretär zu Bremen, 627.
Mylliges van Eynem, B. zu Einbeck, 109 (113). (121 A. 2.) 407.
Minden, Stift zu, 165 A. 2 (p. 91). 718 A. 2.
— Franz, Bischof von, 165 A. 2 (p. 91).
Moldenhawer, B. zu Göttingen, 96 A. 2.
Molenfelde, Gebrüder von, 431.
— Kaspar von, 431.
Molins del Rey (Molin de Re), bei Barcelona, 193.
Molthane, Andreas, Paulinermönch, 614.
Monnick, Peter, B. zu Göttingen, Käm. (1531), 151—153 A. 1. (154.)
Montfort, Verweser der Reichs-Statthalterschaft, 350. 382. 398.
Moringen, w. von Northeim, 174 A. 1. 175. 176. 178. 179. 222. 523. 547. 721. 723.
Moritz (Mauritius) Giseler, B. zu Göttingen.
Moritzburg zu Halle a. d. Saale, 681.

Mühlhausen (Molhaußen) a. d. Unstrut, 332. 342—344. Der ewige Rath zu, 332 A. 1. Achtmänner, 332 A. 1.
Mulner, Andreas, Rtm. zu Göttingen (1532, 33), p. 289.
Mundemann, Andreas, B. zu Göttingen, 735 u. p. 397 A. 1.
— Heinrich, Kalandsherr zu Göttingen (1515—30), p. 401 A. 16.
Münden (Munden) am Zusammenfluss der Werra und Fulda, 18 A. 1. 30. 67 A. 1 (p. 57). 72. 107. 136. 137. 140 Nachtr. 141. 150. 151. 156. 165 A. 2. 175. 180. 191. 199. 209. 210. 214. 217. 219. 236, 238. 253. 274. (281.) 285. 288. 289. 290. 295. 298. 319. 322. 325. 330. 335. 339. 345. 376. 378. 383. 389. 391. 392. 397. 406. 409. 410. 417. 424. 442. 450. 461. 463. 495. 498. 499. 505 u. A. 5. 508. 521. 564. 587. 595. 641. 644. 651. 684. 687. 688. 695. 699. 703. 704. Ruthhaus zu, 376. Pfarrkirche zu, 239a. Gildemeister, 141. 209. Kaufmannsinnung, 141. 158. 209.
— herzogliches Amt zu, 351 A. 1. Amtmann zu, 468. 498—500. 505 A. 5. Hofgericht zu, 18 A. 1. 424. Kanzellei zu, 424. 644.
—, Giseler von, B. zu Göttingen, 15. 66.
Münder a. d. Hamel, n.-ö. von Hameln, 302.
Munnemann, Conrad, B. zu Göttingen, 558 A. 1.
Münster, Stift von, 275. Bischöfe, 179. 235 (p. 114). 340 A. 4. Räthe des Bischofs, 275.
Munster, Pater, Barfüssermönch, 512.
Munter (Munther), Degenhard, B. zu Göttingen, 145.
— Hans, an der Gassen, B. zu Göttingen, 96 A. 2.
Münzer, Thomas, Wiedertäufer, 332 A. 1.

N.

Nassenerfurt bei Homberg in Niederhessen, Wigand Holzsatel, Statthalter der Deutschordens-Ballei Sachsen, 106.
Negenborne, Sander, Rittmeister zu Hildesheim, 65.
Neustadt am Rübenberge, n.-w. von Hannover, 103. 139. 204. 402. 459 A. 2. 661. 695. 716 u. A. 1.
Nidda a. d. Nidda, s.-ö. von Giessen, 482 u. A. 3. Graf zu, 550. 559. 560. cf. Hessen.
Nidt (Nydt), Gregorius, Pfarrer zum h. Kreuz in Göttingen, 425. 502 A. 1. 730 A. 3. p. 397 A. 1.
— Tile, p. 397 A. 1.
Niedersächsischer Kreis, 535. 631. 658. 659. 681. 682.
Niedernjesa, s.-ö. von Göttingen, 15.
Nienover, n.-ö. von Uslar, 579. 650. 651 (p. 328).
Nyerodt (Nyeroth), Hans, B. zu Göttingen, 380. 381. 383. 390. 406. 409.
— Cord, Rtm. zu Göttingen (1515—31), 380. 381. 383. 406.
Nygenstein, 165 A. 2 (p. 91).
Nicolaus (Nickel) Eggestein (Eckstein).
— Eyselt.
— Hanawer, Prediger zu s. Albani in Göttingen.
Nicolausberg, n.-ö. von Göttingen, 729. Kirche zu, 722 A. 4.
Nolle, Cord. 470 A. 2.
Nolten, Andreas, Notar, 63.
— Johann, Commissar der Probstei Norten zu Göttingen, 63.
— Kraen, B. zu Göttingen.
Nordeck, Johann, Landgraf Philipps Secretär, 524. 532. 564.
Nordhausen am Süd-Harz, 504 A. 1. 597 u. A. 1. 598. 610. 623 u. A. 1. 628 A. 1. Bürgermeister, 416.
Norenbarch s. Nürnberg.

Nörten, n.-ö. von Göttingen, 556 § 9. 628 A. 1. p. 360 (?).
— Probstei zu, 13. 51. 63. 80. 94. 101 A. 1. 107. 108. 706 (p. 368).
— Hans von, B. zu Göttingen, 66. 319 A. 1.
— Heinrich, Rtm. zu Göttingen (1500—04).
Northeim (Northem, Northen), 4. 12. 59. 65 A. 1. 67 A. 1. 87 A. 4 (p. 62).
89 A. 1. 113. 117. 152 A. 1. 153. 162. 164. 170. 176. 183. 191.
221. 223. 235 (p. 114). 248. 251. 253. 270. 274. 281. 288—290.
299. 301. 340 (341). 348. 380. 381 (p. 178). 383. 390. 400. 401. 409.
556 § 9 (?). 561. 598. 599. 628 A. 1. 633. 634. 638. 639. 644. 649.
652—654. 662. 675. 677. 678. 689. p. 360 (?). Kapelle unserer
lieben Frauen auf dem Münsterkirchhofe zu, 662. Lange Brücke bei,
229. 561. 598. 617. 644. 701. Hopfengärten zu, 406. Bgm. zu,
87 A. 4. Secretär zu, 12. Kalandsbrüderschaft zu, 400. 401.
Rittmeister zu, 87 A. 4. Schulzenamt zu, 164. Vogtei zu, 164.
Notemann, Bastian, B. zu Göttingen, 618 A.
Notzbicker, 601.
Nürnberg (Norenberch, Nurenberch, Nurmberg). 37. 39. 40. 43. 194.
240. 241. 250.. 255. 263. 307. 312. 314. 320. 321. 553. 588.
611 A. 2. 624. 625. 627 u. A. 1. 631. 632. 640 (p. 321, 324 A. 2,
325). 646. 648 A. 1. 655. Friede von, 646. 687 (p. 353). 692.
— Burggraf zu, 596. cf. Brandenburg.

O.

Oberland, 67 A. 1 (p. 58). 194.
Oberwald s. Braunschweig-Kalenberg.
Odera, Heinrich, B. zu Northeim, 117.
Oelemann, Heinrich, 498. Sohn des, 498.
Oldershausen, die von, 628 A. 1.
— Hans von, Erbmarschall, 67.
— Hermann, Erbmarschall, 349. 416. 460. 462. 628 u. A. 1.
Olrickeshusen, 729 A. s. Nicolausberg.
Oppermann, Conrad, p. 362 A. 3.
— Tile, 483 A. 2.
Orsperger, Laurentius, Notar, 50.
Osnabrück, Konrad, Bischof zu Münster und, 12. 340 A. 4.
Ostermann, Hans, B. zu Göttingen, 96 A. 2.
Osterode am Nordwest-Harz, 276. 280. 503 A. 3. 628 A. 1. 633. 634.
638. 644. 652. 653.
— Heinrich, Mag., Prädicant zu s. Martini in Braunschweig, 479.
Oesterreich, 647.
Ostfriesland, Edzard Graf von, 340 A. 4.
Otten Hardegen, B. zu Göttingen, Käm. Beis. (1515). p. 401 A. 23.
Otto, Herzog von Braunschweig-Lüneburg-Harburg.
—, Bertold, gen. der Hinkende, 96 A. 1 u. 2.
— von Hagen (Westernhagen).
— Honden, Amtmann zu Schönstein.
— von Kerstlingerode, Amtmann zu Friedland.
— Graf von Rietberg.
Overwald, Overwult, Oberwald. s. Braunschweig.

P.

Paderborn, 286. 436.
— Stift, 609. Decan und Capitel zu, 323. 324.
Papa, Henning, Mag., Prediger zu s. Petri in Braunschweig, 479 u. A. 2.
Papen, Claus, B. zu Göttingen, 145. 439 A. 4 (p. 204).

Pappenheim, Burchard, Landcomtur der Deutschordens-Ballei Sachsen,
    705 u. A. 1.
Parsalono s. Barcelona.
Parnessen, 734 A. 2.
Patbérg (Parberg), Dietrich, Bote, 482 A. 3. p. 328.
Paul (Paulus, Pawel), Doctor, Bischof von Ascalon, Vicar des Erzbischofs von Mainz, 76. 133. 288.
— Fuchs.
— Gerke, B. zu Braunschweig.
— Grymmen, B. zu Goslar.
— Honorius, Magister.
— Abt zu Walkenried.
Peine, w. von Braunschweig, 233 (p. 113). 235. 237.
— Ludeke von, B. zu Braunschweig, 279.
Peter (Petrus), Czillen, Franziscaner-Vicar der Provinz Sachsen.
— Drempell (Tremeln), kaiserlicher Bote.
— Monnick, B. zu Göttingen, Käm.
Pfalz, Friedrich, Pfalzgraf bei Rhein, kaiserlicher Statthalter, 240.241.
    250. 255. 314. 413. 428.
— Ludwig, Pfalzgraf bei Rhein, Curfürst, 255. 569. 574. 576 A. 2,
    611. 625. 646 u. A. 1.
Pfeifer, Heinrich, genannt Schwertfeger, Mühlhäuser Wiedertäufer,
    332 A. 1.
Pharao, König, 308 (p. 140).
Philipp, Markgraf von Baden, Reichsstatthalter.
— Herzog zu Braunschweig-Grubenhagen.
— Landgraf von Hessen.
— Melanchthon.
— Herzog zu Pommern.
— I., König von Spanien.
Pinnen, Tile, 722 A. 3.
Pininck, Dietrich, Rtm. zu Hildesheim, 543.
Pistorius, Johannes, Prediger, p. 227 A. 3.
Plesse, Burg n. von Göttingen, 360 A. 1. Amtmann zur, 6.
— die von, 628 A. 1.
— Dietrich von, 6. 7. 32 A. 1. 380 A. 1. 381. 406. 409. 475. 478. 566.
    570 A. 2.
Pollen (Pollenen), Hans, Rtm. zu Göttingen (1514—26), 84—86. 134.
    p. 400 A. 4.
— Johannes, Kalandsherr zu Göttingen, 730 A. 3. p. 397 A. 1.
Pommern, Philipp, Herzog zu, 577 u. A. 4.
— Herzog zu, 596. cf. Brandenburg.
Poel von Dortmund, Fleming, Bernd, B. zu Göttingen, Käm. Beis.
    (1524. 25. 27. 28), Käm. (1530), p. 404 A. 3.
Poppich (Poppiges, Pupich) von Allendorf, Conrad, Augustinerprior
    zu Eschwege, 469 u. A. 1. 472. 473. Verwandte des, 469 A. 1.
    473. 481. 489 A. 3.
Porsen, Hans I., B. zu Göttingen, p. 406 A. 5.
— Hans II., B. zu Göttingen, Käm. (1531), p. 290. p. 406 A. 5.
Probst (Provest) Henning, Bgm. zu Braunschweig, 543. 606. 608. 610. 627.
Protten, Cord, 430 A. 4. 704 A. 1.
— (Ludecken), Jacob, Rtm. zu Göttingen (1532, 1533), 511 u. Nachtr.
    585. p. 406 A. 7.
Prutze, Dietrich, Secretär zu Braunschweig, 543. 577. 623—625. 640
    (p. 321, 324 A. 2, 325). 648. 655.
Puster, Hermann, Rtm. zu Northeim, 12.

Q.

Quedlinburg, 535. 631.
Querliss, Johannes, Prediger zu Zierenberg, 564.

R.

Rakebrand, Johann, Predigermönch, 734 u. A. 2.
— Sohn des (?), 734.
Rammelsberg, Forst und Bergwerk bei Goslar, 358 A. 1. Kirche und Hüttenwerk am, 370.
Rave, Goßwin, Schöffe zu Homberg, 90.
Raven, Valentin, 498.
Ravens, Margarethe, Schwester im Annenkloster zu Göttingen, 94.
Rechlinger, Johann, Doctor, 43. 52.
Regensburg, 27 A. 1. 37. 50. 355. 382. 398. 611 A. 2. 629. 632. 641.
Reyfstock, Procurator am Kammergericht, 594 A. 2.
Reyndt, Hans, B. zu Göttingen, p. 204 A. 4.
Reinhausen, Kloster s.-ö. von Göttingen, 15. Hospital zu, 91 u. Nachtr. Kirche zu, 722 A. 4.
— Conrad, Abt zu, 91 u. Nachtr.
Reinhusen, Heinrich, Rtm. zu Lübeck, 627.
Remeling, Jürgen, Rtm. zu Göttingen (1515—18).
Remensnider, Johannes, Barfüssermönch, 512 A. 1. p. 367 A.
Resen, Hans, Rtm. zu Göttingen (1500—05).
Reutlingen, 355 A. 4. 559. 560. 608 A. 1. 676 A. 2.
Rhein, 194.
— Friedrich, Pfalzgraf bei, 240. 241. 250. 255. 314. 413. 428.
— Ludwig, Pfalzgraf bei, Curfürst, 255. 569. 574. 576 A. 2. 611. 625. 646 u. A. 1.
Rheinischer Kreis, 632. Hauptmann des, 632.
Rhodus, 640 (p. 323).
Richard, Abt zu Altenlampen.
— Erzbischof zu Trier.
Richling, Kunze, B. zu Göttingen, 505 u. A. 5 p. 263 A. 1 u. 3. 644.
— Heinrich, B. zu Göttingen, 505 A. 5.
Riechenberg, Kloster bei Goslar, 370.
Riden (Rige), Cord van, Rtm. zu Lübeck, 627 u. A. 2.
Rietberg, s. von Bielefeld, 340.
— Johann, Graf von, 12 A. 3. 319 A. 1. 340.
— Otto, Graf von, 340. 341.
Ripenhusen, Heinrich, B. zu Göttingen, Käm. Beis. (1516), p. 402 A. 2.
Rissmann, Brun, 579 u. A. 1.
Rock, Heinrich der Aeltere, Büchsenmeister, 545.
Röden, Herso von, 20.
Roder, Henning, 543.
Rodiger, Johann, B. zu Paderborn, 436.
Roland Conradi, Amtmann zu Friedland.
Rolandi, Roland, Amtmann zu Münden, p. 236 A. 4.
Rom, 52. 77. 100. Papst zu, 231 Nachtr. 329. 542.
— Julius, Papst zu, 77.
— Leo X., Papst zu, 144.
— Clemens, Papst zu, 640. 698. Gesandte des, 698 A. 2.
— Cardinäle zu, 100.
Romer, Jacobus, kaiserlicher Bote, 37.
Rommelen, Florcke, 233.

Roringen, n.-w. von Göttingen, Agnes von, Schwester im Annenkloster zu Göttingen, 94.
Rossdorf, s.-w. von Göttingen, 4. 101 A. 1. 667 u. p. 337 A. 1. 669.
Rübenberg bei Neustadt a. d. Leine, 402.
Rucketasche aus Homberg, 283 A. 4.
Ruden, Heinrich, B. zu Göttingen, 84. 122.
Rudolfshausen, 570.
Rügen, Insel, Fürst zu, 596. cf. Brandenburg.
Ruisbicker, Jürgen, Mitglied der Regentschaft in Hessen, 58.
Rukop, Eggerd, Rtm. zu Göttingen (1505—13. 16—31), 86 A. 3 u. Nachtr. 719 (p. 380). p. 399 A. 1.
Ruscheplatte, Henning, Landdrost von Göttingen, 58. 67. 72 A. 1. 73. 74 u. Nachtr. 75.
— Jost, Secretär Erichs I., 72. 73.
Ruscheplatten, Ludolf, Käm. (1531), Rtm. zu Göttingen (1533), 489 A. 3. 690.
Rustenberg, Rustenfeld, s. von Göttingen bei Arendshausen, Gericht auf dem, 325 A. 3. Amtmann auf dem, 36. 203. 628 A. 1.

S.

Saalfeld, Vertrag von, 582 A. 1.
Sababurg (Zapfenburg), bei Kassel, 491.
Sachsen, Curfürsten von, 491. 632. Städte des, 509. Fürsten von, 233.
— Friedrich, Curfürst von, 194.
— Johann, Curfürst von, 349. 509. 532. 553. 559 u. A. 2. 560. p. 277 A. 1. 569. 574. 582. 586 u. A. 2. 597 u. A. 1. 601. 606. 608 u. A. 1. 610. 611. 613. 619. 623. 640 (p. 324). 646 A. 1. 648. Dessen Räthe, 601. 623. 627. 640 (p. 324). 648. 674. Canzelei, 559 A. 2. 623.
— Johann Friedrich, Herzog, dann Curfürst von, 532. 559. 560. 646 A. 1. 656. 673. 674. 692. 693. 698 u. A. 2. 700. 715. Räthe des, 673. 674.
— Georg, Herzog von, 472.
Saldern (Salder), Burchart von, 162.
Salome, Gemahlin Heinrichs von Hardenberg.
Salza (Langensalza) a. d. Salza, 472. Amtmann zu, 472.
Sander Negenborne, Rittmeister zu Hildesheim, 65.
Sattenhausen, ö. von Göttingen, 142.
Schacht, Cord, 543.
— Dietrich, Bgm. zu Braunschweig, 65.
Schachten, Dietrich von, Amtmann zur Plesse, Mitglied der Regentschaft in Hessen, 6. 58.
Schaden (Schade), Johann, herzoglicher Kanzler zu Münden, 217. 248. 251. 292. 312.
Schaper, Hans, B. zu Göttingen, 439 A. 4 (p. 204).
Schaumburg (Schauenburg, Schomburg, Schumborch), Grafschaft und Burg bei Rinteln a. d. Weser.
— Anton Graf von (165 A. 2).
— Johann Graf von (165 A. 2), 184.
Scheden, Heinrich von, Rtm. zu Göttingen (1515), p. 401 A. 13.
Schefferhenne, B. zu Kassel, 202.
— dessen Frau, 202.
Scheinkorn, Heinrich, B. zu Einbeck, 109 (113. 121 A. 2).
Schenk, Herting, Kanzler des Abtes von Fulda, 52.
Schiel, Heinemann, B. zu Mühlhausen, 343.

Schilden s. Franke.
Schilling, Heise, B. zu Göttingen, Käm. Beis. (1522. 23), p. 403 A. 4.
Schillingk, Lorenz, B. zu Göttingen, p. 290.
— oder Westfal, Hans, 468 u. A. 3.
Schyven, Hans, 662.
Schleusingen (Sluesyngen), ö. von Meiningen, 39.
Schmalkalden, n. von Meiningen, 524. 527 § 2. 528. 531. 532 A. 1.
 544. 550. p. 277 A. 1. 569. 574. 576. 577. 588. 594 A. 2. 623
 A. 1. 627 A. 648 A. 1. 656. 678. 692. 694. 698 A. 2. 700 u. A. 1. 715.
Schmet, Christoph, B. zu Mühlhausen, 343.
Schnepf, Lector zu Marburg, 445. 446 A. 4. 447.
Schomann, Arnd, B. zu Göttingen, Käm. Beis. (1515. 23. 24. 26. 27. 29),
 p. 401 A. 22.
Schöningen (Scheyningen, Scheningen), w. von Marburg, 166. 331.
Schönstein, bei Treysa in Hessen, Otto Honden, Amtmann zu, 245.
Schrindysen, Job. aus Hessen. 232.
Schrutenbach, Baltasar, Rentmeister zu Giessen, 23 A. 1.
Schumann, Basilius, Licentiat, Prädicant, 503. 509. 516. 517 (p. 244
 A. 1). 529. 530.
Schwäbisch-Hall, am Kocher in Württemberg, 119.
Schwarzburg, Graf von, 628 A. 1.
Schweinfurt, 504 A. 2. 611. 613. 616. 617. 619. 623. 624. 625 u. A. 1.
 627 u. A. 1. 632. 635. 640. 655. 676.
Sebaldus Helmbrecht von Witzenhausen, Prediger zu Gottesbühren.
Sebexsen, Martin, 400.
Seesen, am Nord-Harz, 60. 61.
Segeboden, Ludolf, B. zu Göttingen, Käm. Beis. (1528. 29), p. 405 A. 1.
Segol, Johann, Amtmann zu Münden. 463. 498—500.
Sybelinges, Heinrich, Rtm. zu Göttingen (1531—33).
Siboldehusen, Barfüssermönch, p. 367 A.
Sichelstein, Schloss und Amt, s. von Münden, 58. 685.
Sicilien, 532. 640.
Sieboldshausen, Cord Gerken von, Rtm. zu Göttingen (1515—22).
Simon Eldert, B. zu Göttingen.
 — Giseler der Aeltere, Bgm. zu Göttingen.
 — Giseler II., Sohn Giselers von Münden, Rtm. zu Göttingen.
 — Giseler III., Sohn Simons, Rtm. zu Göttingen.
 — von Medem, Rtm. zu Göttingen.
Sivert, Arzt zu Göttingen, 521. Dessen Frau, 521.
Sittich von Berlepsch, Erbkanzler zu Hessen, Amtmann zu Salza und
 Thamsbrück.
Snake, Luderus, Prior des Burgklosters in Lübeck, 388.
Sneen (Snehin, Sneyn), Anna von, Frau Hans' II. von Sneen, 204.
 — Hans I. von, Rtm. zu Göttingen (1500).
 — (Hagen), Hans II., Bgm. zu Göttingen (1532—34), 204—206. 502.
 516 A. 1. 532. 548. 550. 552. 564. 579 A. 1. 601. 649. 655. 699.
 p. 367 A. 1. 730.
 — Claus I. von, Rtm. zu Göttingen (1500—1502).
 — Claus II. von, Rtm. zu Göttingen (1516—30), 271.
Snellen, Albrecht, 297.
Snelrades, Ilse, Schwester im Annenkloster zu Göttingen. 94.
Snidewyn, Erasmus, Stadtschreiber zu Göttingen, 397 (p. 183). 481
 u. p. 227 A. 1.
Snippen, Ludolf, Bgm. zu Göttingen (1500—11), 50. 128. 425.
Sode, Hans vam, 543.
 — Jürgen von, Bgm. zu Hannover, 454. 459.

— 458 —

Soite (Süsse, Süthe), Andres, Jacob, magister sacramentorum zu
 Göttingen, 533 A. 4.
Soltau a. d. Böhme, Schlacht bei, 184 A. 1. 190 A. 1.
Sommering, Johann, 283 A. 4.
Sorge, Cyrianus, p. 397 A. 1.
— Johannes, p. 397 A. 1.
Sothen (Soten, Sotten), Bertold, B. zu Duderstadt, 132. 136. 139.
 140 Nachtr.
Spangenberg, Johannes, Augustinervicar, 469. 472.
Spanien, Philipp l., König von, 29.
Speyer, 320. 346. 349. 351. 364 (p. 173). 378. 382. 385. 413. 427. 428.
 430. 466. 537. 629. 632.
Speigelberg, Johann, Rtm. zu Northeim, 20. 87 A. 4.
Speckbotil, Heinrich, B. zu Göttingen, Käm. Beis. (1529), Rtm. (1530),
 p. 405 A. 3.
Spiegelberg (Speigelberg), Friedrich Graf von, 67.
Spree, 584.
Stade, a. d. Schwinge bei der Elbmündung, 17.
Staben, Hans, B. zu Göttingen, 96 A. 2.
Staken, Hans, B. zu Göttingen, Käm. Beis. (1516), p. 402 A. 5.
— Jürgen, B. zu Göttingen, Käm. Beis. (1515), p. 401 A. 24.
Stapel, Henning, B zu Göttingen, 96 A. 2.
Stehlin (Stelin), Wolfgang, Licentiat, Syndicus zu Göttingen, 308.
— Wolfgang, Wolfgangs Vater, Doctor, Kanzler zu Freiberg, 308 A. 5.
Stein, Johannes, Notar, Stadtschreiber zu Göttingen, 13 u. Nachtr.
 502 u. A 594. 669. p. 362. 706 u. p. 369 A. 372 A. 2. 730.
— Thomas, 587 u. A. 3.
Steina, Kloster n. von Göttingen, 190. 239a. 260. p. 274 A. 1.
— Bernhard, Abt zu, 239a. 628 A.
Steinberg, die von, p. 364 A. 1.
— Hans von, 67.
— Cord von, 248.
Stegemuller, Jacob, kaiserlicher Bote, 307 (312). 432.
Stephan tor Lynden.
Stettin, a. d. Oder, Herzog zu, 596. cf. Brandenburg.
Stichtereise, Hans, B. zu Göttingen, 145.
— Hermann, B. zu Göttingen, 145. 151.
— Jasper, B. zu Göttingen, 735.
Stickhausen, bei Leer in Ostfriesland, 110.
Stockhausen (Stockhusen), Hans von, Gesandter Erichs I., 161. 162.
 248. 251.
Stockeleff (Stockeleiff, Stockeleifes, Stockeleves, Stockliff), Hans
 (Johann), Rtm. zu Göttingen (1502—12. 16, 18), 15. 54. 78. 87 A. 4.
— Ludolf, Rtm. zu Göttingen (1500—13. 16—23), 22. 81. 86 Nachtr.
 128. 129. 308.
— Tile, Rtm. zu Göttingen (1476), 732 A. 2.
Stocker, Heinrich, Käm. Beis. (1517), Rtm. zu Göttingen (1534),
 p. 409 A. 8.
Stockhausen, Hans von, Herzog Erichs I. Gesandter, 161. 162. 248. 251.
Stolberg (Stalberg), im Südwest-Harz, 194.
— Wernigerode, Botho, Graf zu, 200.
Stolp, Andreas, Secretär zu Lübeck, 606. 608. 610. 627.
Stoterogge, Giseler, Rtm. zu Göttingen (1515—31).
Strassburg am Rhein, 559. 560. 606. 608 A. 1. 611. 623. 632. 640.
 676 A. 2. 692. Bürgermeister zu, 359.
Suckesen, Hans, B. zu Göttingen, Käm. (1534).

Suleimann I., türkischer Sultan, 640.
Sunder, Johannes, Walkenrieder Hofmeister, p. 338 A.
Sundesbeck, Derk von, 732 A. 1.
Sunthuß, Doctor, Advocat im Reichskammergericht, 39.
Sussen (Suessen, Dulcis), Konrad, Licentiat, 283. 287.
Sutel, Johann, Prediger, dann Superintendent zu Göttingen, 504 u.
    A. 1. 510 A. 1. 517 u. A. 2 u. p. 244 A 2.
Swaneflogel (Swanenflogell), Hans, B. zu Göttingen, 66.
— Giseler, Rtm. zu Göttingen (1533).
— Heinrich, Rtm. zu Göttingen (1512. 13. 16—33), 85. 86 Nachtr.
    p. 380. p. 400 A. 2.
— Wedekind, Rtm. zu Göttingen (1500—14. 16), 87 A. 4. 446.

T.

Tasschemaker, Ludwig, B. zu Lübeck, 627.
Tegetmeiger, Hans, B. zu Göttingen, 89 A. 1.
Teigeler, Hans, B. zu Göttingen, Käm. (1531).
Tervucren (zu der Furn) in Tyrol, 24. 25.
Thamsbrück a. d. Unstrut, Amtmann zu, 472.
Thomas von Halle.
— , Heinrich, Bgm. zu Nordhausen, 416.
— Hutter, B. zu Mühlhausen.
— Meler, Büchsenschütz.
— Münzer, Wiedertäufer.
— Stein.
Thüringen, Landgraf zu, 559. 560. cf. Sachsen.
Tyhof, Hildebrand; Käm. Beis. (1521. 22. 25—27), Rtm. zu Göttingen
    (1528— 33), 501 u. Nachtr. p. 403 A. 1.
Tile (Tyle, Tylke, Till) Blanken, Decan der Kalande s. Georg und
    Nicolai zu Göttingen.
— Brandes, Probst zu Nörten.
— Bronken, B. zu Braunschweig.
— Einem.
— Fricke.
— Gisen (Gysen), Rtm. zu Göttingen.
— Greve (Greven), Rtm. zu Göttingen.
— Grevelsen, B. zu Göttingen, Käm. Beis.
— von Hanstein, Hauptmann.
— Heyße.
— Lyppoldes (Lippoldes), B. zu Göttingen.
— Nidt (Nydt), Pfarrer.
— Oppermann.
— Pinnen.
— Stockeleff, Rtm. zu Göttingen (1476).
— Wolf von Gutenberg (Undenberg), Hofmeister Herzog Erichs I.
Tilemann (Tilemannus, Tilonnius) Borcherdes der Aeltere, Rtm. zu
    Göttingen.
— Bronken, B. zu Braunschweig.
— Conradi (Cordes), Pfarrer zu s. Jacobi in Göttingen.
— Lippoldes (Lyppoldes). B. zu Göttingen.
Tyllien, Hans, herzoglicher Gesandter, 180. 181.
Tyßemann, Hans, B. zu Einbeck, 109. (113.) 121.
Tollen (Tolle), Hans der Aeltere, Rtm. zu Göttingen (1513—17), 82.
    165 A. 2. p. 400 A. 1 u. 5.
— Hans II., B. zu Göttingen, Käm. Beis. (1528. 29).

Toncs, Laienbruder aus Heina, 268.
Tonninges, Färber zu Göttingen, 53.
Torgau a. d. Elbe, 559 A. 2. 616. 648. 656.
Trappen (Tappen), Cord, B. zu Göttingen, Käm. (1533), 735.
Treise, Johann von, B. zu Göttingen, Käm. Beis. (1516), p. 402 A. 5.
Tremeln s. Drempel.
Trier, Erzbisthum.
— Richard, Erzbischof zu, 240. 241.
— Johannes von Metzenhausen, 532 u. A. 3.
Triselmann, Hans, B. zu Göttingen, Käm. Beis., 732 A. 2.
Trisselmann, Hans, Katherina, Wittwe des, 8.
Türkei (Türken, Türkennoth), 155. 255. 263. 320. 349. 354. 355 A. 4. 382. 507. 532. 535. 548. 629. 631. 632. 640. 641 u A. 1. 647. 658. 730.
— Suleiman I., Kaiser der, 640.

U.

Uffeln, Hans, reisiger Knecht, 628 u. A. 1. 695 A.
— Vater des Hans, 628 A. 1.
Ulm, 532. 559. 560. 588. 597 A. 1. 608 A. 1. 611. 640 (p. 323). 676 A. 2. 692.
Ungarn, 29. 640. König von, 349.
— Johann, König von, 632.
Undenberg s. Gutenberg.
Uriel, Erzbischof und Curfürst zu Mainz.
Uslar, n.-w. von Göttingen, 68. 201. 364. 378.
— Ernst von, 35. 118. 120. 125.
Usseler, Hans, Bgm. zu Einbeck, 185.
Utermolen, Hans, Bgm. zu Einbeck, 65.
Uterßhusen, Johannes, Priester zu Homberg, 90.

V. cf. F.

W.

Walkenried, Kloster n.-ö. von Nordhausen, 603. 667. 669.
— Paulus, Abt zu, 603. 667. 669.
— Jacob, Abt zu, p. 341 A. 5.
— Adam, Abt zu, p. 341 A. 5.
— Jacob, Prior zu, 667. 669.
— Hermann, Subprior zu, 667. 669
— Johannes (Sunder). Hofmeister des Walkenrieder Hofes zu Göttingen, 667 (p. 337 A. 1. 341 A. 4). 669.
— Johann, Kellner zu, 667.
Walpot, Caspar, Rtm. zu Göttingen (1526—1533), 628 A. 1. p. 404 A. 5.
Warmbolt, Busse, Rtm. zu Hildesheim, 543.
Waßmoidt, Jorgen, B. zu Göttingen, p. 367 A.
Weckenesel, Martin, Rtm. zu Göttingen (1515—30), p. 401 A. 12.
Wedekind Swaneflogel, Rtm. zu Göttingen.
Weende (Wenden), n.-ö. von Göttingen, 18. 405. 498. 508 A. 3. 729. Kloster zu, 18 A. 1. 508 A. 3. p. 274 A. 1. 687. 714. Kirche zu, 722 A. 4. Herzogliches Zollhaus zu, 18. 65. Wirthshaus zu, 498. 500. p. 353.
— Heinrich der Aeltere von, Rtm. zu Göttingen (1533). 511 u. Nachtr. p. 369 A.

Wegener, Ambrosius, 628 u. A. 1.
— Hans, 628 u. A. 1.
— Joachim, Bgm. zu Goslar, 627.
Weidemann, Heinrich, 722 A. 4.
Weimar, 574. 606. 692. 693. 698.
Weissenburg im Elsass, 23.
Weissenstein (jetzt Wilhelmshöhe) bei Kassel, 489.
Wenerlinck, Hans, Rtm. zu Hildesheim, 543.
Wongen, Probst zu, 692.
Wenken, Heinrich, 722 A. 4.
Werra, Fluss, 455.
Worner von Esebeck, B. zu Göttingen, Käm.
—, Karsten, Rtm. zu Göttingen (1533), p. 367 A. 735.
Weser, Fluss, 298.
Westernhagen cfr. Hagen.
Westfal oder Schillingk, Hans, 468 u. A. 3.
Westfalen, Herzog von Sachsen, Engern und, 254. 298 A. 1.
Wicke, Doctor, 257.
Wien, 27. 28. 640. 647.
Wigand Holzsatel von Nassenerfurt, Statthalter der Deutschordens-Ballei Sachsen, 106.
· — Jacob, p. 369.
Wigandes, Hans, B. zu Göttingen, Käm. (1531).
Wygenberg (?) wol bei Bockenem, 183.
Wildungen, Heinrich von, hessischer Rentmeister, 90.
Wilhelm, Herzog von Baiern.
— Herzog von Braunschweig-Wolfenbüttel-Kalenberg.
— Sohn Heinrichs des Aelteren, Herzogs von Braunschweig-Wolfenbüttel.
— von Dempter, Rtm. zu Hildesheim.
— Domann, Schultheiss zu Göttingen.
— von Duren, Kemmer, B. zu Göttingen, Käm. Beis.
— Habern, curpfälzischer Gesandter.
— vom Hagen.
— Graf von Henneberg.
— Landgraf von Hessen.
— Kemmer von Duren, B. zu Göttingen, Käm. Beis.
— Klockener, Rtm. zu Göttingen.
Wilperge, Georg, Hauptmann der Göttinger Söldner, 306.
Winkel, Heinrich, Mag., lutherischer Prediger zu Braunschweig und Göttingen, 440. 441. 444. 470 u. A. 2. 479. 480. 483 u. A. 2. 492. 517 A. 2.
Winkelmann, Cord, B. zu Göttingen, Käm. Beis. (1517), p. 402 A. 6.
— Johann, Dr., Pfarrer an der h. Geist-Kirche, dann Bgm. zu Göttingen (1513—29), 51. 82. 223. 255. 307. 308 A. 5. 314. 382.
Winther, Jost, lutherischer Prediger zu Allendorf und Göttingen, 455. 481 u. A. 4. 484 A. 3. 485. 489 u. A. 3. 490. 491. 503 A. 3. 510 A. 1. 517 A. 2. 525—528. 533. 558.
Winzenburg (Wysenborch, Wintzenbergck), s.-ö. von Alfeld, 235. 275.
Wirzburg, am Main, Abt zu, 39.
Wischemann (Wisskemann), Antonius, B. zu Göttingen, 735.
— Hans, Rtm. zu Göttingen (1500—04), 15.
— Heinrich, herzoglicher Gesandter, 175. 177.
— Hermann, Rtm. zu Göttingen (1527—31), 489.
Wißmeler, Dietrich, B. zu Mühlhausen, 332.

Wittelo, Arnt, Secretär zu Bremen, 627.
Wittenberg a. d. Elbe, 220 A. 1. 444. 503 u. A. 3. 504. 510 A. 1. 529. 530. 610. 627.
Wittenborgh, Krigesche (Belgrad), 640 (p. 322).
Witzenhausen (Witzenhusen) a. d. Werra, 36. 364. 378. 628 A. 1. Schultheiss zu, 552 A. 1. Wilhelmiter-Kloster zu, 36 A. 1.
— Bertold, Rtm. zu Göttingen (1500—01).
— Georg, Licentiat, Bgm. zu Goslar, 266. 284.
— Heinrich I., Rtm. zu Göttingen (1500—14. 16), 15. 54. 86 Nachtr.
— Helmbrecht von, Sebaldus, Prediger zu Gottesbühren, 493.
— Hermann I., Rtm. zu Göttingen (1513—14. 16—33), 85. 86 Nachtr. 128. 129. 217. 255. 271. 308. 359. 470 A. 3. 543. 549. 570 A. 2. 735.
— Hermann II., B. zu Göttingen, Käm. Beis. (1523—24), p. 404 A. 1.
Wolf von Gutenberg (Undenberg), Herr zu Itter, Till, Hofmeister Herzog Erichs I.
— von Leichtern.
Wolfenbüttel, 189. 312. 331. 359. 360. 370. 372. 548. 577. 657. Befehlshaber zu, 657.
Wolfgang, Fürst zu Anhalt.
— Stehlin, Doctor, Kanzler zu Freiberg.
— Stehlin, Licentiat, Syndicus zu Göttingen.
Wolfsburg, w. von Gardelegen, 474. 475. 565. 566. 575. 583. 590. 707. 712.
Wölpe (Wolpe) bei Nienburg a. d. Weser, 165 A. 2. 233.
Worms am Rhein, 38. 41. 79. 240. 241. 250.
Wroger, Hermann, 628 A. 1.
Wullenwever, Jürgen, B. zu Lübeck, 627.
Wunnecke (Winneke), (Bocholt), Mater des Annen-Klosters zu Göttingen, 63. 94. 556. 571. 575.

Z.

Zähringen bei Freiburg in Baden, 29.
Zange (Zcange), Heinrich, B. zu Mühlhausen i. Th., 343.
Celle (Zcelle), 9. 10. 16. 17. 513 A. 2. 657. 695.
Zeligen, Jutte, Nonne im Annenkloster zu Göttingen, 94.
Zemern, Christof, Marschall Erichs I., 67 A. 1.
Zerbst in Anhalt, 194 A. 2. 529.
Ziegenhayn a. d. Schwalm, Graf zu, 550. 559. 560. cf. Hessen.
Zierenberg im Brande, n.-w. von Kassel, 564.
Zinecke, Heinrich, Rtm. zu Hildesheim, 543.
Czillen, Petrus, Franciscanervicar, 48.
Cyriacus Fochting.
— Gericke.
— Sorge.
Zobel, Dietrich, Vicar des Erzbischofs von Mainz, 119.
Zwingli, Ulrich, 482 A. 2. 558 u. p. 270 A. 1.

Sach- und Wortregister.

A.

Abacuck (Schimpf), p. 270 A. 1.
Abendmahl, 510 A. 1. 517. p. 270 A. 1. p. 275 § 1. 710. 711. 713.
Ablass, 76. 100. 133.
Ausweisung, 18 u. A. 1. 134. 138. 151 Nachtr. 392. 394. 438. 442. 443. 718. 722. cf. Reformation.
Acht, 18. 23—25. 27. 28. 49. 65. 67. 215. 223. 230. 234—236. 257. 542.
achte, 404.
ackerfente, 15.
affertycht, 556 § 2. 571.
affundicheyd, 401.
Altäre, Einweihung der, 76. 118. Projectirte Niederreissung der, 733.
apengeyter, 145.
Appellationen, 4. 107 A. 2. 132. 138. 140 Nachtr. 351 A. 1. 494—496. 498—500. 505 u. A. 3. 508. 579. 587.
Arme, 730.
armbost, 15.
arne, 511.
Arzt, 521. 581.
Aufbewahrung von Geld und Documenten, 55. 58. 67 A. 1.
Aufgeld, 364.
Aufruhr, 84. 87 A. 4. 437. 438.
Auslieferung von Gefangenen und Verbrechern, 18 u. A. 1. 165 A. 2. 332. 342—344. 402. 404.
Auslösung von Gefangenen, 15. 187. 189 A. 3. 190. 191. 278. 284. 293. 294.

B.

backenkrut, 67 A. 1.
Bann, 119. 144. 270a. 542. 578.
Bauernkrieg, 667 (p. 338) A. 669 (p. 342).
bedagen, 194.
bedagung, 254.
bededingen, 4. 238.
Beschlagnahme (Kummer, bekummern), 4. 15. 18 A. 1. 36. 87 A. 4. 89. 104 u. Nachtr. 109. 338. 392—394. 405. 436. 505 A. 5. 587 A. 3. 687.
Besoldung der Kriegsknechte, 182. 235. 237. 279. 302 A. 3. 303. 305. Des Stadtschreibers, 32. 33. 101. Des Syndicus, 308 A. 5. Der städtischen Aemter, 719. Der Prediger. cf. Reformation.

betrechten, 402.
Beutetheilung, 19. 338.
Betgottesdienste, 263. 629. 640.
Beweisführung, 108 Nachtr.
Bier, 15. 67 A. 1. 87 A. 4. 509. 713 A. 2.
byntrimen, 52.
Blendung, 18 A. 1.
boden, 54.
Brandschatzung, 206. 402. 406.
Brandstiftung, 18 A. 1.
breken, 15.
bruwelse, 87 A. 4.
Büchsenmeister, 167 A. 2 Nachtr. 175. 545 A. 3. 602.
buveldich, 699.
Bulle, die goldene, 49.
Bündnisse.
    Bündniss der Sächsischen Städte, 14. 46. 47. 83. 123. 146—148.
166. 167. 169. 171. 212. 216. 228. 229. 231 Nachtr. 234. 366. 414.
423. 434. 458. 464. 467. 513 u. A. 2. 519. 525 § 3. 543. 544.
546. 548. 549. 561. 597 A. 2. 605—608. 610. 611. 613. 627 A. 1.
672. 679. 709. 716. Verhalten in der Stiftsfehde, 149. 166—169.
171. 176. 177. 183—187. 212. 216. 227—231. 234. 247. 252. 254.
256. 258. 261. 276—280. 282. 284. 293. 294. 299. 301. 311. Verhalten zur neuen Steuer Herzog Heinrichs des Jüngern, 327. 328.
329. 331. 333. 336. Verhalten im Streit Herzog Heinrichs mit
Goslar, 363. 368. 375. 377. 416 A. 457. 458. 467. Bündniss der
Sächsischen Städte mit Herzog Erich, 338. 363. 397. 402. 404. 651.
716. Hansa, 607.
    Bündniss zwischen Göttingen, Einbeck, Northeim, 12. (89 A. 1. 113.)
270. 654. Bündniss zwischen Göttingen, Einbeck, Northeim, Duderstadt, Osterode, 633. 634. 638. 639. 642. 644. 649. 652. 653.
    Bündniss zwischen Heinrich dem Aelteren und Göttingen, 19 Nachtr.
    Schmalkaldischer Bund. Fürsten und Grafen, 559. 560. 608 A. 1.
692. Sächsische (Lüneburgische) Städte, 559. 560. 599. 600.
605—608. 613. 623. 624. 626. 627. 632 § 5. 648. 650 693. 700.
Seestädte, 559. 560. 648. 656. Oberdeutsche Städte, 559. 560.
597 A. 1. 606. 608 A. 1. 610. 623. 632. 676. 692. Sächsischer
Kreis, 610. Göttingens Eintritt, 522. 524—528. 531. 532. 544.
550. 559. 560. Bundestage. Schmalkalden, 1531 April, 524. 527.
528. 531. 544. p. 277 A. 1. Frankfurt, 1531 Juni, 550. 552. 553.
569. 572. 611. Schmalkalden, 1531 Aug., 569. 574. 576 u. A. 2. 577.
Nordhausen, 1531 Dec., 597 A. 2. 598. 610. 623. Frankfurt, 1531 Dec.,
597—602. 608. 610. 627. Braunschweig, 1532 Febr., 605—607.
Schweinfurt, 1532 Mai, 611. 613. 616. 617. 619. 623—625. 627. 632.
635. 640. (643.) 655. 676. Braunschweig, 1532 Juni, 623. 624. 626.
627. 648. 665. Nürnberg, 1532 Juli, 624. 627 A. 1. 632. 640.
655. (692.) (Schmalkalden, 1532 Sept., 648 A. 1. 656.) Braunschweig, 1532 Nov., (648.) 656. 663—666. 671. 673. 674. 676 (677
bis 678). Schmalkalden, 1533 Juni, 623 A. 1. 692—694. 698.
700 u. A. 1. 701. Schmalkalden, 1535 Dec., 623 A. 1. Verhandlungen. Gegenwehr, 627 § 5—7. 655. 692. 694. Eilende und
beharrliche Hilfe, 606. 608 A. 700. Hauptmann, 597 A. 1. 606.
623. 657. 692. Kriegsräthe, 606. 635. 656. 692. 693. 696. Mannschaft, 606. Geschütze, 602. 606. Geldbeiträge, 606. 608 A. 1. 623.
626. 627 § 2—4. 665. 671. 700. 715. Stimmen, 608 u. A. 610.
Briefe, 627. 632. 676 u. A. 2.. Gesandtenüberfall, 588. 591. Kammer-

gericht, 552. 594 u. A. 2. Religionsfrieden, 569. 574. 582. 586 A. 2. 611. 624. 625. 640. 646 u. A. 1. (687.) Türkenhilfe, 682. 640.
Burgfriede, 338.
Bürgen, Bürgschaft, 15. 35. 61. 81. 84. 145. 189 364. 378. 585. 618 A. 4.
bussen, 15. 65 A. 3.

C. cfr. K. und Z.

D.

dagestede, 4.
Dankgottesdienst, 408.
degel, 145.
Dienst, städtischer, Austritt, 32. 101 A. 1. 308.
dingetal (dingede), 338.
dingplichtig, 84 (p. 59). 687 (p. 353).
dingward, 84 (p. 60).
dornze (dorntze), 6. 54. 67 A. 1. 87 A. 4. 165 A. 2.
drechlig, 562 (p. 274).
dubbelthaken, 602.
duplick, 93.

E.

echtig, 331.
Ehebruchsordnung, 496. Ehebruch, p. 379. A.
Eid, 18 A. 1. 67 A. 1. 84. 87 A. 4. 96 A. 2. 442. 564.
Einlager, 84. 153. 154. 338. 688 A. 1.
Empfang, festlicher, 67 A. 1.
ende, 585.
Entlassung Gefangener, 36. 233.
Erbzins, 82.
eteve, p. 161 Z. 20 Nachtr.
Exemtion vom geistlichen Gericht, 13 A. 1.

F.

Färber, 732 A. 2.
Fasten, 67 A. 1. (349.)
Fehde (vehede, fehide, vorwaringe, vorwarnung), 3. 15. 18. 123. 238. 319 A. 1. 340. 341. 351 A. 1. 380. 381. 383 388. 390. 391. 400. 401. 406. 505 A. 5. 549 A. 3. 628 u. A. 1. 730 (p. 388). cf. Stiftsfehde.
Feierabend im Rathskeller, 720.
veirpaß, 67 A. 1.
Feldschlangen, 175. 602.
felich, fellich, 4. 48.
felicheyd, 87 A. 4.
fenyen, 308 A. 5 (p. 140).
Fensterzins, 219.
Verhör, peinliches, 351 A. 1. 468 A. 3. 628 A. 1.
Vertheidigung der Stadt, 718 A. 2.
Verzicht auf Aemter, 51. 84 (—86). 308.

Finanzen, 56. 57. 60. 61. 66. 68. 69 u. Nachtr. 72. 74. 79 Nachtr. 87 A. 4. 89—93. 95. 97—99. 102. 104 u. Nachtr. 106. 109. 113. 115—117. 121. 122. 140. 141. 143. 150. 158—160. 163. 193. 201. 202 u. A. 2. 209. 210. 232. 235. 245. 249. 265—268. 269. 271. 271—274. 279. 281. 283. 285—288. 290. 297. 313. 318. 323. 324. 326. 337. 348. 356. 357. 361. 362. 387. 388. 399—401. 407. 421. 429—431. 433. 609. 662. 684. 686. 688 A. 1. 690 u. A. 1. 714. 717. 735 A. 1.
Fischerei, 4.
Flachs, 687.
Fleisch, 349. 601.
Flucht aus der Stadt, 86 A. 3. 87 A. 4. 381.
Formfehler, 651.
Fürstenausschuss, 354. Fürstentag, 147. 153.

G.

Gänse, 585.
Garn von Erfurt, 487.
Gartenland, p. 340 A. 3.
Gebiss, 145.
gedenkezedele, 254.
gedinge, 48. 238.
geferde, 65.
Geistlichkeit, Beziehung Göttingens zur, 8. 13. 36. 48. 63. 76. 77. 80. 100. 107. 108. 111. 112. 119. 133. 144. cf. Reformation.
Geldstrafen, 138. 140. 144. 165. 722 A. 4. 726. 727 A. 1.
Geleit, 87 A. 4. 151. 152—154. 254. 280. 319. 335. 340 A. 4. 363. 373. 390. 409. 442. 552 A. 1. 628.
geledegelt, 338.
Gericht, offenes, 404. gehegedes up der vorloven, 579 A. 1. Gerichtsakten, 134. 136. Gerichtsordnung, 402. 404. 424 u. Nachtr. 731.
Geschlechtsvormundschaft, 579 A. 1.
Geschütze, 65 A. 3. 545 u. A. 3. 602.
Gesinde der Rathspersonen, 87 A. 4.
Gevatterschaft, 39.
Glockenschlag, 67 A. 1. 140 Nachtr. 262. 410. 438 A. 3.
Glückwunschschreiben, 408.
Gose, 67 A. 1. 548.
Granalien, 554. 555 u. A. 1.
Grobschmied, 145.
gropengeiter, 145.
gruntroringe, 338.
guldenstucke, 67 A. 1.
Gutsherren, 331.

H.

Hafer, 84. 87 A. 4. 719. 728.
halbhaken, 602.
hantbiel, 145.
Handwerkersehre, 151 A. 1.
hantdeder, 18 A. 1.
hantfat, 145.
hantgelofte, 67 A. 1.

hanthaftig, 18 A. 1.
Heeresfolge, 4. 15. 110. 165. 168. 170. 171. 173. 175—177. 180 bis 182. 191. 192. 235. 237. 259. 260. 275. 293. 299. 301. 303. 306.
Heergeld, 237.
hindekoßen, 438.
Hinrichtung, 96 A. 1 u. 2. 704 A. 1.
Hofdienst, 15.
hofewerk, 15. 67 A. 1.
Hofgericht, Mündener, 18 A. 1. 132.
Hofsteuer, 328. 329. 331.
Holz, 238 A. 2. 585.
Hopfengarten, 406.
Huldigung, 9—11. 18 A. 1. 65. 67 A. 1.

I.

Inhibition der Urtheilsvollstreckung, 96 A. 2. 132. 140.
Instructionen, 52. 103. 161. 162. 175. 180. 181. 218. 308 A. 5. 446. 465. 524—527. 606. 625.
Inventare, 469. p. 394 A. 1. 735 u. p. 396 A.

K.

Kalk, 107 A. 2.
camer, 54.
kangeiter, 145.
kasten, 438. 705 A.
Caution, 138. 140 Nachtr.
Kleinschmied, 145.
clerisie, 518.
Concil, allgemeines, 350. 613. 692 698. 699. 706 A. 2.
Copialbuch, städtisches, 511.
Korn, 101. 719 (p. 380). Mangel an, 546 § 2. Vorräthe, 605. 672. 679.
Kornmette, 15. 36.
Krämer, 145.
Krankenbesuche, 493.
Kriegssteuer, 259. 260.
krog, 500.
kuntorschlot, 145.

L.

lantgeruchte, gemeyn, 262.
Landfriede, 18. 49. 206. 240. 365. 402. 652.
lantsetliche gewonheit, 260.
Lärm, nächtlicher, 501.
Legitimationspapiere, 558.
Lehen, 6—8. 20—22. 36. 127. 128. 172. 204. 380. 425. geistliche, p. 235 A. 1. Lehnsgericht, 592.
Leibrente, 87 A. 4. 106. 337. 361. 362. 735.
Leibzucht, 101. 118. 191. 579 A. 1.
Leichensteine, 733.
lichtferdicheid, p. 307 A.
lindevyre, p. 367 A. 2.
losement, 235.

M.

malmesic; 67 A. 1.
Märkte, 206. zu Duderstadt, 18 A. 1. zu Frankfurt, 537. zu Göttingen, 618 A. 1. zu Leipzig, 159. 163. 198. 226. 387.
Marktzins, 219.
marten, 577.
Maskenaufzug, 727.
Meisterprobe, 145. 511.
Messe, 67 A. 1. p. 268 § 9. 722. 735.
Messgewänder, 477. 734 A. 1 (p. 394).
Messerschmied, 145.
mesterknecht, 732 A. 2.
Miethe, 8. 53.
Milch, dicke, 719 (p. 378).
myssive, 516 A. 1.
molemette, 87 A. 4.
Münze, 87 A. 4. 123. 144a. 147. 148. 157. 334. 548. 554.

N.

nagel und tur, beschliessen mit, 236.
Nullität, 18 A. 1. 27 A. 1.

O.

Obst, 54.
oltseten, 404.
opperlude, 726.
Orden, deutscher, 106. Güter des, 705 A. 1.
othnodig (othmodichlick), 523 (p. 248). 706 (p. 367).

P.

pasbrieve, freye, 222.
Papst, 231 Nachtr. 329. 510 A. 1. 542. 706. cf. Rom.
peregrynen, 438.
Pergament, p. 199 A. 2. p. 200 A. 3. 571.
pestilenz, 493.
Pfand, Pfandbesitzthum, 15. 465 § 4. p. 215 A. 1. 687. Pfandeinlösung, 15. 58. 65. 195. 465 § 4. Pfandschilling, 378. Pfänden, 338.
pflege, 338.
pytzer, 605.
pleitsake, 563.
policye, 437.
predigestol, 437.
Privilegien, geistliche, 77. 94. 144. 523. 567. 699. 705. weltliche, 3. 67. 96. 520. 568. 687. 688.
Process, bürgerlicher, 731. fiscalischer, 553. peinlicher, 96 A. 2. 351 A. 1. 731.
Proviant, 222.
Pulver, 15. 26. 602.

Q.

queck, 18 A. 1.
qwad, 293.

R.

Rathsstuhl, 84.
Rathswahl, 18 A. 1. 87. 93 A. 1. 96. 719. 725.
Rauferei, 729.
Rechenschaft, 84. 87 A. 4. 438. 667. 719.
Rechtsbelehrung, 338 § 10.
redemer, 579 A. 1.
Reformation, 101 A. 1. 320. (332. 342—345.) 349. 382. (385. 397.) 398. (428.)429. Einführung in Göttingen, 437—439.442.443.448A.1. 465 § 3 u. § 5. 471. 522. 547. 721. 723. Berufung lutherischer Prediger, 440. 441. 444. 445. 447. 451. 456 u. A. 3. 470. 479. 480—485. 490—493. 503. 504. 509. 516. 517. 529. 530. 533. 564. 620—622. 630. Prädicanten, 514. 518. 558. Deren Disciplin, 485. Deren Sold, 455 A. 2. 456 A. 3. 482 A. 3. 483 A. 2. 484 A. 3. 503 u. A. 2 u. 3. 509. 517. p. 244 A. 1. 530. 533 A. 4. nie prediger im Annenkloster, 562 § 1 u. § 6. 567. 575. 712. 713. Superintendent, 504 A. 2. 530. 620—622. 630. dessen Sold, 530. 621. Pfarrermangel, 529. Genügende Anzahl, 703. Kirchenordnung, 470 A. 3. 471. 486 A. 1. 516 u. A. 1. 517 u. A. 2. 562 § 5 u. A. 2. 705 A. 1. 706 A. 2. 721. 723. p. 387 A. 2. 734. 735. Kirchenkasten, 726. 735. Disputation, p. 216 A. 1. 510 u. A. 1. 512 u. A. 1. 515. 518. 520. 541. 710. 711. Clerisei und Klosterpersonen, 518. Austritt aus dem Kloster, 562 § 3. 612. 614. 615. 680. Gebot des Austritts, 706 A. 2. 708. 734. Verbot des Ausgehens, 699. 702. Ausweisung von Nonnen und Mönchen, 486 Nachtr. u. A. 1. 514. 523. 562 § 2. 571. 575. 699. 712. 713. 734. Belästigung der Mönche, 501. 518. 523. 534. 536. 538. 541. 707 A. 2. 713 A. 2.
 Reformation in Hildesheim, 513. 519 A. 3. 543 u. A. 1. 627 A. 1. 672. 679.
Reichsangehörigkeit Göttingens, 37. 39. 40. 50. 71. 79. 88. 131. 240. 241—244. 250. 255. 307. 312. 315. 346. 347. 350. 352. 353. 355. 382. 385. 386. 389. 507. 535. 537. 589. 629. 631. 636. 637. 641. 645. 647. 650. 658—661. 681—683. cf. Deutschland, Mandate.
Reichsregiment, 312. 315. 329. 331. 354. 365.
Reichssteuer, 350. (352.)
Reisekosten, 503 u. A. 3.
Roggen, 585. 719. Roggenbrot, 511.
Ruthen, Anmauern von, 107 A. 2. 719 (p. 380). 722 u. A. 727 u. A.

S.

sachmoitig, 541.
Salpeter, 26. 69. 70.
Säcularisation, 429. 433. 473. 669. 734 u. A. 735.
Scapulier, 144.
schanse, 235.
Schiedsspruch, 4. 14. 19. 165. 187. 319. 338. 380 A. 1. 404. 578. 596. 628 A. 1. 652 § 11. 707. 712. 725.
schlet, p. 378.

Druck von Oskar Bonde in Altenburg.

www.ingramcontent.com/pod-product-compliance
Lightning Source LLC
Chambersburg PA
CBHW022058300426
44117CB00007B/504